Bruno Bettelheim:
So können sie nicht leben
Die Rehabilitierung emotional gestörter Kinder

Aus dem Amerikanischen von
Gudrun Theusner-Stampa

Klett-Cotta
im
Deutschen
Taschenbuch
Verlag

Von Bruno Bettelheim
sind im Deutschen Taschenbuch Verlag erschienen:
Kinder brauchen Bücher (15000)
Kinder brauchen Märchen (15010)
Der Weg aus dem Labyrinth (15051)
Erziehung zum Überleben (15056)
Ein Leben für Kinder (15083)

Ungekürzte Ausgabe
Mai 1985
4. Auflage Januar 1991
Deutscher Taschenbuch Verlag GmbH & Co. KG,
München
© 1955 The Free Press, New York
Titel der amerikanischen Originalausgabe:
Truants form Life. The Rehabilitation of
Emotionally Disturbed Children
© der deutschsprachigen Ausgabe:
1973 Ernst Klett Verlage GmbH & Co. KG, Stuttgart
ISBN 3-12-900670-2
Umschlaggestaltung: Boris Sokolow
Gesamtherstellung: C. H. Beck'sche Buchdruckerei, Nördlingen
Printed in Germany · ISBN 3-423-15007-6

Inhalt

Die *Sonia Shankman Orthogenic School* der Universität von Chicago ist eine Behandlungsinstitution in Form einer Heimschule zur Rehabilitierung emotional sehr schwer gestörter Kinder. Sie erforscht die Ursachen und Behandlungsmöglichkeiten primärer Verhaltensstörungen der Kindheit und bildet zugleich Personen aus, die sich auf die Erziehung und Behandlung gestörter Kinder spezialisieren oder allgemein in einem Sozialberuf mit Kindern arbeiten wollen. Der vorliegende Band ist der zweite einer geplanten Reihe von drei Bänden, in denen die Arbeit der Schule erklärt werden soll. Jeder Band ist in sich abgeschlossen, aber wer sich ein umfassendes Bild vom Zweck und von der Arbeit der Schule machen will, sollte alle drei lesen.

Im ersten Buch der Reihe, »Liebe allein genügt nicht« (deutsche Ausgabe 1970), wollte ich beschreiben, wie die pädagogischen und therapeutischen Anschauungen der Schule während eines mehr oder weniger typischen Tages in die Praxis umgesetzt werden. Ich habe jedoch nicht versucht, im Rahmen des ersten Bandes die Arbeit der Schule erschöpfend zu schildern. Viele Leser haben deshalb nach dem Leben der Kinder nach ihrer Entlassung aus der Schule gefragt, nach ihrer Wiederanpassung an die Welt draußen und nach ihrem späteren Erfolg im Leben; manche wollten auch mehr über die Mitarbeiter der Schule wissen.

Diese beiden Fragen sind natürlich für uns alle, die wir in der Schule arbeiten, noch viel wichtiger. Auch nachdem sich unsere Grundanschauung entwickelt hatte und ihre Anwendung in der Praxis veranschaulicht worden war, war es weiterhin notwendig, ihre Wirkung auf die Kinder, die unter ihrem Einfluß leben, kritisch unter die Lupe zu nehmen. Im vorliegenden Band versuche ich die Fragen zu beantworten, die implizit in der ersten der beiden allgemeinen Fragen enthalten sind: Wie geht die Rehabilitierung des einzelnen Kindes tatsächlich vor sich? Wie kommen die Kinder zurecht, wenn sie die Schule verlassen haben?

Um unsere Anschauungen in die Praxis umzusetzen, mußten wir eine ganz spezifische Umwelt schaffen, einen ganz besonderen sozialen Organismus, der die Matrix sein sollte, in der die Kinder anfangen konnten, ein neues Leben zu entwickeln. Diese besondere Gesellschaft hat ihre eigenen Sitten geschaffen. Manche sind identisch mit denen unserer Gesellschaft allgemein oder laufen ihnen parallel. Andere aber entsprechen den Maßstäben der Umgebung manchmal nicht. Z. B. hat bei uns häufig die Duldung oder sogar Förderung asozialer oder regressiver Tendenzen den Vorrang vor der Förderung schulischer Fortschritte. Beim Sexualverhalten, beim verbalen Ausdruck, in bezug auf Ordnung und Sauberkeit weichen höfliche Konventionen der emotionalen Aufrichtigkeit. Der Schutz des Besitzrechts tritt hinter die emotionalen Bedürfnisse zurück. Dies sind wohlbekannte Normen der Beziehung zwischen Therapeut und Patient, insbesondere zwischen Therapeut und Kind. Aber es wird alles viel komplizierter, wenn wir uns klarmachen, daß die Mitarbeiter in einer Behandlungsinstitution wie der unseren ein Leben im Goldfischglas führen. Die Mitarbeiter sind ständig der sehr scharfsichtigen Kritik der Kinder ausgesetzt. Es wäre unmöglich, wollte man die Kinder ermutigen, nach einem Sittenkodex zu leben, während die Mitarbeiter sich nach einem ganz anderen richten[1]. Im allgemeinen sind die Mitarbeiter gezwungen, gemäß einer sehr viel anspruchsvolleren und ehrlicheren Moral zu leben, als es die Gesellschaft fordert.

Einige Probleme der Mitarbeiterauswahl und der Arbeitszuweisung sind im ersten Band besprochen worden — ich habe z. B. erwähnt, daß in einer Behandlungsinstitution wie unserer Schule die besonderen Begabungen und Vorlieben, emotionalen Vorzüge und sogar emotionalen Probleme des Mitarbeiters jeweils mit den Therapiebedürfnissen eines bestimmten Kindes abgestimmt werden müssen. Das ist vor allem für das Wohl des Kindes notwendig, gereicht aber oft auch dem Mitarbeiter zum Vorteil. Im vorliegenden Band will ich darauf etwas näher eingehen, da die Fallgeschichten der Kinder unvollständig wären ohne eine Bemerkung darüber, warum ein bestimmter Mitarbeiter mit dem Kind arbeiten wollte, dessen Fall dargestellt wird, und warum er (oder sie) dabei Erfolg haben konnte. In dem geplanten Buch über die Mitarbeiter und die Schule als soziales Gebilde werde ich immer wieder auf Erfahrungen mit bestimmten Kindern zurückkommen müssen, wo sie Probleme der Mitarbeiterschulung, der Haltungen und der Integration von Mitarbeitern berühren oder sie veranschaulichen. In allen drei Bänden stehen also die Kinder im Mittelpunkt der Aufmerksamkeit, und so soll es auch sein. Das Universum der Schule ist für sie geschaffen worden und besteht weiterhin für sie.

Die Konzentration auf die Kinder ist jedoch im vorliegenden Band am auffallendsten. Die Geschichten dieser vier Kinder können Art und Umfang unserer Arbeit nur umrißhaft veranschaulichen, aber wir hoffen, daß sie zeigen werden, wie die Rehabilitierung schwer gestörter

Kinder an der Schule vor sich geht. Jede Geschichte spricht nur für sich und läßt nur indirekte Schlüsse auf andere zu. Das muß auch so sein, denn wir versuchen hier, soweit es menschenmöglich ist, alle Bemühungen auf die besonderen Erfordernisse jedes Falles abzustimmen, auf die Eigenarten, die die Störung und die sich herausschälende Persönlichkeit jedes einzelnen Kindes bedingen. Wir versuchen nicht, seinen allgemeinen Bedürfnissen gerecht zu werden, sondern immer den Erfordernissen des besonderen Augenblicks, der besonderen Situation und der besonderen persönlichen Beziehung.

Selbst wenn man ihr das ganze Buch widmen wollte, wäre die vollständige Darstellung auch nur eines Falles nicht möglich. Außerdem könnten wir, wenn wir nur eine Fallgeschichte verwendeten, den Anschein erwecken, wir hätten willkürlich einen besonders erfolgreichen Fall gewählt, oder einen Fall, bei dem unsere Theorien und Methoden in besonders günstigem Licht erscheinen. Der Leser könnte sogar meinen, wir arbeiteten nur mit einer Art von Störungen.

Man hat allgemein die Gefahr der Entstellung und der voreingenommenen Interpretation bei der Vorlage von klinischem Material erkannt; das hat zur Herstellung vollständiger Fallberichte mit Hilfe elektronischer Aufzeichnung aller Interaktionen oder mit Hilfe anderer Maßnahmen geführt. Wenn man aber große Mengen von Daten ohne Abstriche vorlegt, wird der Einzelmensch oft unter einer Masse von Details begraben, die auch alles Einfühlungsvermögen des Lesers nicht zu einem stimmigen Bild von einem Menschen verweben kann.

Das Endergebnis der Vorlage von zu wenigen und von zu vielen Daten ist das gleiche. Der Leser steht vor einer Aufgabe, die sein schöpferisches Vorstellungsvermögen überfordert, er gibt auf und akzeptiert den Autor und seine These oder lehnt ihn ab, ohne zureichende Gründe für die eine oder die andere Reaktion: im einen Fall, weil er zu wenig über den Menschen erfahren hat, dessen Entwicklung und Behandlung er verstehen soll, im anderen, weil die Überfülle von Einzelheiten sein spontanes Einfühlungsvermögen zerstört hat. Weder im einen noch im anderen Fall kann der Leser die Behauptungen des Autors kritisch würdigen, indem er sie an dem prüft, was ihm selbst als die innere Logik des Falles erscheint.

Diese Betrachtungen erklären, warum in diesem Buch mehrere lange, wenn auch nicht vollständig erschöpfende Fallgeschichten vorgelegt werden. Sobald entschieden war, daß einige lange Fallgeschichten aufgenommen werden sollten, stellte sich das schwierige Problem, die Kinder auszusuchen, die die Arbeit der Schule vertreten sollten — es hatten ja viele lange Zeit hindurch im Mittelpunkt unseres Lebens gestanden.

Eins der Motive für die endgültige Auswahl war die Hoffnung, diese Geschichten würden zur Beantwortung der Frage vieler Leser des ersten Bandes beitragen: Wie dauerhaft sind die Erfolge der Schule? Obwohl ich die beste Absicht habe, diese legitime Frage zu beantworten, ist es mir zur Zeit noch nicht in befriedigender Weise möglich. Diese wenigen Fälle liefern nur eine vorläufige Antwort.

Eine direkte und klare Antwort kann ich heute noch nicht geben, weil die Schule bis zum Herbst 1944, als ich die Leitung übernahm, auf der Grundlage einer völlig anderen Anschauung geführt worden war, andere Methoden angewandt hatte und für andere Arten von Kindern bestimmt war als heute. Die zehn Jahre, die seitdem vergangen sind, mögen in unserer raschlebigen, sich rasch wandelnden Zeit wie eine lange Zeit erscheinen, aber sie sind keine lange Zeit, um diese schwer gestörten Kinder zu rehabilitieren oder um die dauernden Ergebnisse unserer Arbeit abzuschätzen. Wir brauchten einige Zeit, um Mitarbeiter zusammenzubringen, die fähig und bereit waren, sich auf das schwierige Unternehmen einzulassen, die Schule auf Grund radikal anderer Prinzipien neu zu organisieren. Die Mitarbeiter mußten von den neuen Anschauungen unterrichtet und ausgebildet werden, um sie in die Tat umsetzen zu können; dann mußten sie Versuche anstellen, um den physischen und psychischen Rahmen zu schaffen, der nötig war, sollten diese Anschauungen wirksam werden. Wir alle mußten lernen, und wir haben auch alle aus unseren frühen Jahren voll Versuch und Irrtum eine Menge gelernt. Es vergingen fast drei Jahre, bevor wir auch nur einigermaßen das Gefühl hatten, nun hätten wir unsere Ideen genügend ausprobiert und verbessert und könnten sie in die Tat umsetzen. Wir meinen deshalb, die Schule funktioniere erst seit der zweiten Hälfte des Jahres 1947 wirklich auf der Grundlage der heute in ihr herrschenden Anschauungen.

Die Kinder müssen drei oder vier Jahre lang in der Schule bleiben, bis wir sie als rehabilitiert betrachten können. Diejenigen, die die Schule vor 1950 verlassen haben, waren nicht so lange dem Einfluß unserer Anschauungen und unserer Methoden ausgesetzt gewesen, daß ihre Geschichten zur Veranschaulichung der Arbeit der Schule dienen könnten. Darum wollte ich nur Fallgeschichten von solchen Kindern vorlegen, die während dieses Minimums von drei Jahren dem ausgesetzt gewesen waren, was wir als unsere vollständige Bemühung ansehen. Manche dieser Kinder waren schon bei uns, als wir die Schule neu organisierten; aber alle haben etwa drei Jahre lang den Nutzen dessen gehabt, was wir damals als das beste ansahen, was wie über Rehabilitierung wußten und was wir in die Praxis umsetzen konnten.

Wir haben seit 1947 eine Menge gelernt und können unseren Kindern heute viel besser dienen. Wir haben sowohl einen größeren und angemessener ausgebildeten Mitarbeiterstab als auch sehr verbesserte räumliche Möglichkeiten[2]. Also würden Kinder, die uns erst vor kürzerer Zeit verlassen haben, sich besser als Beispiele für die Ergebnisse unserer heutigen Bemühungen eignen. Selbst ihre Geschichten würden jedoch die Schule nicht so zeigen, wie wir sie gern hätten. Wir werden mit der Schule und ihrer Arbeit nie ganz zufrieden sein, denn unsere Vorstellung von Vollkommenheit und unser Wunsch, den Kindern zu helfen, übersteigen immer unsere Leistungsfähigkeit.

Wenn ich über unsere deutlichsten, wenn nicht dramatischsten Erfolge hätte berichten wollen, hätte ich andere Fallgeschichten auswählen können. Zum Beispiel kamen zwei Kinder, ein Junge und ein Mädchen, zu uns, im einen Fall, nachdem lange Behandlung beim Kinderpsychiater, im anderen psychoanalytische Behandlung ohne positive Wirkungen geblieben war. Diese Kinder waren schizophren — das eine war mehrfach als unbehandelbarer, hoffnungsloser Fall diagnostiziert worden. Sie waren völlige Versager in der Schule, zu Hause und im Leben. Das Mädchen konnte mit neun Jahren nicht einmal gehen oder vernünftig sprechen. Später erkannten wir, daß ihre ganze Geistestätigkeit sich auf wilde Größenwahnvorstellungen konzentriert hatte, die als Ausgleich für ihre Gefühle der bitteren Entbehrung und äußersten Verzweiflung dienten. Der zehnjährige Junge hatte einen alles durchdringenden Verfolgungswahn. Während das Mädchen sich kaum bewegen konnte, war er so überaktiv, daß er nicht eine Minute stillsitzen konnte. Er sprang ständig aufgeregt auf und nieder, wobei er sich selber schlug und wild grimassierte.

Beide blieben fast sechs Jahre bei uns. Während dieser Zeit mußten sie sich mehreren schwierigen Problemen stellen, vor denen wir sie nicht ganz abschirmen konnten, da sie mit ihren Familien zu tun hatten. Die Mutter des einen Kindes mußte zweimal wegen akuter und gefährlicher paranoischer Zusammenbrüche in eine Anstalt eingeliefert werden, und dieses Kind mußte außerdem die durch die ausgeprägten Persönlichkeitsveränderungen seiner Mutter nach Schockbehandlungen hervorgerufenen Ängste bewältigen.

Die beiden machten zunächst äußerst langsame Fortschritte, wie man es oft bei stark gestörten Kindern beobachtet. Während ihrer ersten zwei oder drei Jahre bei uns fand wenig wirkliche Integration statt. Im vierten Jahr fingen sie dann an, ausgezeichnete Fortschritte in der Integration zu machen, die mit ständig zunehmender Kraft weitergingen. In den letzten beiden Jahren (während sie weiterhin in der Schule lebten) besuchten sie eine High School in der Stadt und bewährten sich dort nach anfänglichen Anpassungsschwierigkeiten sehr gut. Sie verließen uns in der Mitte des Jahres 1952. Seitdem haben sie die High School mit sehr guten Schul- und Sozialzeugnissen abgeschlossen und sind an eine unserer größten Universitäten gegangen. Dort schneiden sie im Vergleich mit dem Durchschnitt der Jugendlichen ihrer Altersgruppe gut ab.

Ich habe ihre Fallgeschichten nicht für dieses Buch ausgewählt, weil ich nicht das Optimum vorführen will, das man bei schwer gestörten Kindern erreichen kann. Ich hoffte vielmehr, mit Hilfe einer Zufallsauswahl (abgesehen davon, daß ich nicht Geschichten von Kindern auswählen wollte, die die Schule erst vor kurzem verlassen haben) zeigen zu können, was man durchschnittlich tun kann. Da unsere Anschauungen seit 1947 im wesentlichen unverändert geblieben sind, schien es mir angebracht, die Geschichten der ersten Gruppe von Kindern vorzulegen, die unsere Schule verlassen hat, nachdem unsere Grundprinzipien während eines beträchtlichen Zeitraums in Kraft gewesen waren. Ich beschloß deshalb, diesen Band *allen* Kindern zu widmen, die während der zweiten Hälfte des Jahres 1950 die Schule verlassen haben. Dieser Beschluß verhinderte die Auswahl erfolgreich behandelter Fälle, ebenso das Weglassen anderer, die nur mäßige Erfolge waren.

Die meisten dieser Fallgeschichten (ausgenommen Teile von Harrys Geschichte) wurden 1952 und 1953 geschrieben und im Frühling 1954 in bezug auf das gegenwärtige Entwicklungsstadium der Kinder ergänzt. Wir berichten kurz, wie es den Kindern in den ersten drei Jahren nach ihrem Weggang von uns ergangen ist. Diese Geschichten veranschaulichen unsere Ansichten über Umerziehung und Therapie nicht optimal, aber sie zeigen die Ergebnisse der längsten katamnestischen Periode, die uns heute zur Untersuchung zur Verfügung steht.

Unser »Patienten-Durchgang« ist begrenzt durch die lange Dauer der Rehabilitierungszeit und durch die beschränkte Kapazität der Schule (34 Kinder vor der Fertigstellung des neuen Gebäudes im Jahr 1952, seitdem durchschnittlich 40). Darum haben in jenem Halbjahr nur vier Kinder die Schule verlassen. Aber jede Auswahl einer kleinen, fortlaufenden Reihe aus einem größeren Kontinuum sollte so repräsentativ sein wie jede andere; also können die Kinder, die während des zweiten Halbjahrs 1950 die Schule verlassen haben, als repräsentativ für die Arten von Kindern gelten, mit denen wir arbeiten. Wir wollen sie Paul, Mary, John und Harry nennen.

So verschieden diese Kinder sind, sie stellen nur einen guten Querschnitt der großen Vielfalt von Störungen dar, mit denen wir uns befassen; sie bieten keineswegs ein vollständiges Bild. Dieses Buch soll es dem Leser ermöglichen, sich einen Eindruck von der Art der Probleme zu verschaffen, denen wir uns gegenübersehen, und von der Art, wie wir mit ihnen fertig zu werden versuchen, aber die Fallgeschichten sind nur Beispiele; sie können unsere Arbeit nicht vollständig schildern. Da es nur wenig klinisches Material über Kinder mit schweren emotionalen Störungen gibt, hoffen wir, daß die Fallgeschichten zusätzlich bestimmte Aspekte der Rehabilitierung solcher Kinder veranschaulichen können.

Auf Grund diagnostischer und vieler wichtiger struktureller Erwägungen können die meisten unserer Kinder als schizophren bezeichnet werden. Aber auf Grund der Symptome, mit denen sie eingeliefert werden, und auf Grund mehr traditioneller Beurteilungsweisen werden viele Kinder an die Schule überwiesen, weil sie als verwahrlost oder sonstwie unlenkbar angesehen werden. Manche haben schwere motorische oder intellektuelle Sperren; viele bewegen sich auf einer Ebene, die der Geistesschwäche nahekommt. Andere haben schwere psychosomatische Störungen, oder sie leiden an dem, was Kanner [3] als infantilen Autismus beschrieben hat. Viele Kinder zeigen ein Persönlichkeitsbild, das dem einer schweren Charakterneurose gleicht; wir haben auch schon mit Transvestiten, Brandstiftern usw. gearbeitet.

Die hier vorgelegten vier Fälle sind Proben aus dieser Vielfalt, obwohl sie außerdem auch alle ausgeprägte schizophrene Symptome zeigten. Zur Zeit der Überweisung an die Schule galt einer ausdrücklich als Verwahrloster (Harry), ein anderer als psychosomatischer Fall (John), der dritte zeigte eine »Hospitalismus-Psychose« (Paul), das vierte Kind wurde wiederholt als schizophren diagnostiziert (Mary).

Denen, die sich hauptsächlich für die Untersuchung von Mädchen interessieren, mag die Auswahl unfair erscheinen. Der Umstand, daß drei von den vier Kindern Jungen sind, beruht nicht nur auf Zufallsfaktoren. Bis vor kurzem hat uns die Anordnung unseres Schlafsaalgebäudes (zusammen mit einigen technischen Gründen, von denen keiner wesentliche Bedeutung hatte) sehr gegen unseren Willen ein Verhältnis von Jungen zu Mädchen von etwa dreieinhalb zu eins aufgezwungen. Diese unerwünschte Lage änderte sich 1952 mit der Errichtung eines neuen Schlafsaalgebäudes. Seitdem ist das Verhältnis ausgeglichener.

John ist das einzige Kind in dieser Gruppe, das schon an die Schule gekommen war, bevor ich in ihren Mitarbeiterstab aufgenommen wurde und mit ihrer Neuorganisation begonnen hatte. Harrys Geschichte unterscheidet sich insofern von den anderen, als ich mit ihrer Niederschrift begann, während er noch bei uns lebte; sie ist auch schon in Auszügen veröffentlicht worden [4].

Die vier Kinder, die in diesem Buch beschrieben werden, sind keine Vertreter dessen, was wir heute als hervorragende Ergebnisse unserer Bemühungen ansehen würden. Wir hätten es vorgezogen, wenn wir mit zweien der Kinder mindestens noch ein Jahr lang hätten arbeiten können. Wir glauben, das Endergebnis wäre erheblich besser gewesen, wenn man uns gestattet hätte, weiterzuarbeiten. Auch in diesem Sinn jedoch ist diese Gruppe typisch, denn nach unserer Erfahrung bleiben nur etwa zwei Drittel unserer Kinder so lange bei uns, wie wir es für ihre volle Rehabilitierung oder zur größtmöglichen Annäherung an dieses Ziel für nötig halten, die ihre natürliche Begabung, die ursprüngliche Störung und unsere Methoden erlauben.

Es kehren auch nicht alle Kinder, wenn sie uns verlassen, zu ihren Angehörigen oder in ein »normales« Elternhaus zurück; das kommt nur bei etwa einem Drittel bis der Hälfte unserer Kinder vor. Die übrigen sind zwar sehr gut in der Lage, außerhalb einer hochspezialisierten Anstalt zu leben, sind aber noch nicht so weit, daß sie in die Umwelt zurückkehren könnten, in der die ursprüngliche Traumatisierung stattgefunden hat. Diese Kinder verbringen z. B. ein oder zwei Jahre in einem Internat, bevor sie so weit sind, daß sie zu ihren Angehörigen zurückkehren können. Auch in dieser Hinsicht ist unsere Vierergruppe typisch. Zwei der Kinder (Harry und John) kehrten zu ihren Familien zurück. Die anderen beiden kamen in besondere Heime, die man als Spezial-Internate bezeichnen könnte, denn sie hatten keine Familien: die eine (Mary) war Waise; der andere (Paul) hatte als Kleinkind seinen Vater verloren, und seine Mutter konnte ihm kein Heim bieten.

Wenn man beurteilen will, was diese Kinder an der Schule gewonnen haben, muß man bedenken, daß die Anpassung, die sie bei der Rückkehr zu ihren Familien oder bei der Eingliederung in ein neues Heim zu leisten haben, ungeheuer groß ist. Ihre Rückkehr ist nicht zu vergleichen mit der Heimkehr eines Kindes, das in einem Ferienlager, auf einer langen Urlaubsreise oder in einem Internat gewesen ist. Das Kind, das unsere Schule verläßt, ist ein Kind, das früher einmal im Leben vollständig versagt hat und das nun als ein von Grund auf anderer Mensch heimkommt. Es hat vielleicht seine Fähigkeit, zu Hause zu leben, im Verlauf von Besuchen ausprobieren können, die möglicherweise während seiner letzten Jahre bei uns häufiger und ausgedehnter waren. Aber sowohl Eltern als auch Kinder können bei einem Besuch sehr viel »verkraften«. Bei Besuchen im Lauf des ersten oder zweiten Jahres bei uns neigen Kind und Eltern dazu, einander auf die

Probe zu stellen. Danach versuchen sie, den besten Eindruck zu machen. Der Unterschied zwischen solchen Besuchen und der endgültigen Heimkehr ist dem zwischen Liebeswerben und Ehe ähnlich — alle Beteiligten wissen, daß die neue Lebensordnung für die Dauer gedacht ist.

Das Kind, das nicht zu einem Leben im Elternhaus zurückkehrt (oft, weil es kein Elternhaus hat), können selbst lange Besuche nicht angemessen auf das Kommende vorbereiten. Die Enttäuschung über den Umstand, daß das Kind kein Zuhause hat, wird — obwohl wir unser Bestes tun, dem Kind über seine Gefühle darüber hinwegzuhelfen, daß es keine Eltern hat oder daß sie nicht fähig sind, ihm ein geeignetes Heim zu schaffen —, noch einmal schneidend erlebt. Es hat das Gefühl, es habe schließlich alles ihm Mögliche getan, um sich zu rehabilitieren. Unbewußt klammert es sich an die Hoffnung, die Belohnung für seine Mühen werde ein guter Vater oder eine gute Mutter sein. Unsere Erfahrung deutet darauf hin, daß kein Kind vor dem Ende des Jugendalters wirklich oder ganz den Umstand akzeptieren kann, ohne ein eigenes Heim und eine eigene Familie leben zu müssen. Diese Entbehrung trifft es ganz scharf, wenn es die Schule verläßt, um in ein Internat oder in eine Pflegefamilie zu gehen, und vermehrt seine emotionalen Belastungen, während es sich in die Welt hinauswagt.

Aber nicht nur die Rückkehr zu den Eltern oder die erneute Auseinandersetzung mit dem Umstand, daß sie keine Eltern haben, setzen unsere Kinder stark unter Druck, wenn sie uns verlassen, und machen ihre ersten Monate in der Gesellschaft für sie zu einer schweren Prüfung ihrer neuerworbenen Integration. Kinder, die an die Orthogenic School kommen, haben nicht nur darin versagt, zu lernen, wie man in einem Elternhaus oder mit seinen Eltern lebt. Sie waren völlige Versager in bezug auf das Leben selbst. Andere Behandlungsmethoden haben ihnen nicht geholfen. Wenn ambulante Behandlung ihnen hätte helfen können, wie sie in Child-Guidance-Kliniken oder in ambulanter kinderpsychiatrischer oder kinderpsychoanalytischer Praxis geboten wird, wären sie nicht als Kandidaten für unsere Schule ausersehen worden. Wir konzentrieren uns ausschließlich auf Kinder, die am Tag 24 Stunden Anstaltsbehandlung brauchen. Man kann daher leicht ihre Angst verstehen, ob sie nun fähig sein werden, ein Leben zu bewältigen, das sich früher als Überforderung ihrer Kräfte erwiesen hatte. Der Eintritt ins Leben in der Außenwelt ist für sie die höchste Prüfung. Sie ist zwar eine große Herausforderung, bedeutet aber auch eine furchtbare Belastung ihrer Kräfte. Man muß die Aufgaben, die diesen Kindern bei ihrer Wiederanpassung an die Welt gestellt sind, unter diesem

Blickwinkel sehen. Es ist eine schwierige und angstbeladene Anpassung, die sich selbst für ein »normales« Kind als zu anstrengend erweisen könnte. Wir sind froh, daß selbst mit diesen Behinderungen fast all unsere Kinder (ausgenommen natürlich diejenigen, die wir vorzeitig zu ihren Eltern zurückschicken müssen, weil unsere Fähigkeiten nicht ausreichen, um ihnen zu helfen) eine neue Lebensform erfolgreich bewältigen.

Die Erlebnisse der vier Kinder, deren Leben in der Schule in diesem Buch beschrieben wird, machen diese Punkte deutlich. Das Leben nach dem Fortgehen von uns war für keins von ihnen einfach. Mindestens in einem Fall (bei Harry) war es so schwierig, daß es sogar ein normales Kind hätte zerbrechen können. In diesem Sinn sind diese vier Kinder nicht repräsentativ — glücklicherweise treffen die meisten unserer Kinder viel weniger komplizierte und schädliche Lebensumstände an, wenn sie die Schule verlassen. Wir können uns jedoch nie darauf verlassen, daß das Leben unseren Kindern äußerst günstig sein wird. Bestenfalls sind die Eltern — obwohl sie sich bewußt und tapfer bemühen, gute Eltern zu sein — wahrscheinlich immer noch Menschen, mit denen das Zusammenleben schwierig ist. Schlimmstenfalls veranlassen die Neurosen der Eltern diese, Fehler zu wiederholen, die denen gleichen, die ursprünglich die Schwierigkeiten ihres Kindes hervorgerufen oder verschlimmert haben. (Glücklicherweise ist jetzt die Wirkung auf das Kind ganz anders, da es nun nicht mehr so verwundbar ist, sondern älter, besser integriert und darauf vorbereitet, sich gegen den Einfluß der elterlichen Neurosen zu verteidigen.) — Es mag zwar die Eltern glücklich machen, ihr Kind wieder zu Hause zu haben und zu sehen, daß es gedeiht, aber der große Schmerz, den sie durch den Umstand erlitten haben, daß ihr Kind unsere Schule gebraucht hat, ist gewiß nicht ganz verwunden. Andererseits leidet ein Kind, wenn es nicht sofort zu seinen Angehörigen zurückkehrt, entweder, weil es angezeigt ist, das Kind eine Zeitlang in ein Internat zu schicken, oder weil die Familie nicht intakt ist, unter den emotionalen Schwierigkeiten, die alle Kinder erleben, die nicht »normal« bei ihren Eltern leben können.

Angesichts dieser und vieler anderer potentiell negativer Faktoren müssen wir danach streben, das Kind in solchem Maß zu stärken, daß es fähig ist, ganz allein relativ erfolgreich ungünstige Umstände zu meistern. Technisch gesprochen: Wir müssen uns klarmachen, daß die »Substruktur« der Persönlichkeit des Kindes immer schwach bleiben wird. Die Grundlage für die Entwicklung seiner Persönlichkeit ist im Säuglingsalter und in der frühen Kindheit gelegt worden. Wir können sie vielleicht hier und dort verstärken, gleichsam abstützen, aber wir können dem Kind keine neue Substruktur geben. Wir müssen versuchen, dem Kind zu helfen, auf dieser von Haus aus schwachen und nur zum Teil »umgebauten« Grundlage genug Ich-Stärke und Persönlichkeitsintegration zustande zu bringen, so daß seine beschränkten inneren Kraftreserven es durchtragen, selbst wenn die äußeren Umstände es im Stich lassen.

Das bedeutet nicht, daß wir hoffen könnten, diese Kinder würden immer Erfolg haben. Ob sie ihre Integration bewahren und verstärken können, hängt davon ab, wie traumatisch oder förderlich ihre späteren Lebenserfahrungen ausfallen. Diese können wir, abgesehen von der Planung der nächsten Schritte im Leben jedes Kindes mit den Eltern oder dem Vormund, relativ wenig beeinflussen. Aber die Kinder sollten vieles von dem behalten, was sie während ihrer Jahre an der Schule erworben haben, wenn auch der Umfang des Behaltenen davon abhängt, wie weit ihre Lebensumstände es erlauben, daß die Behandlungsergebnisse reifen. Soweit wir dies heute beurteilen können und wie es z. B. Harrys jüngste Lebensgeschichte zeigt, hat eine solche Reifung im allgemeinen stattgefunden.

Auf jeden Fall müssen Erfolg oder Mißerfolg unserer Behandlungsmethoden im Licht der Tatsache gesehen werden, daß wir mit den gestörtesten Kindern arbeiten — mit Kindern, die von früher Kindheit an total unfähig waren, in der Gesellschaft zu funktionieren. Unser Erfolg muß daher hauptsächlich dadurch gemessen werden, daß man den Integrationszustand des Kindes beim Verlassen der Schule mit dem vergleicht, den es beim Eintritt zeigte. Wir können zufrieden sein, wenn die Kinder, die in der Schule erfolgreich rehabilitiert werden, im späteren Leben ebensogut vorwärtskommen wie der Durchschnitt.

Da uns bisher wenig Material über stationäre Behandlungen bei Kindern zur Verfügung steht, müssen wir uns im Augenblick mit unseren subjektiven Eindrücken vom Behandlungserfolg begnügen. Selbst diese Art der Beurteilung erscheint denen von uns bedeutungsvoll, die miterlebt haben, wie ein Kind von acht oder zehn Jahren, das kaum oder niemals in verständlichen Sätzen sprach, das hoffnungslos geistesschwach wirkte und auch so diagnostiziert worden war, langsam die Fähigkeit erwarb, zu sprechen, zu spielen, zu lernen und schließlich ein normales Leben zu führen. Wer direkt an der Entfaltung einer integrierten Persönlichkeit hat teilnehmen können, wo vorher keine war, wer mitgeholfen hat, einen Geist zu befreien, der so erstarrt war, daß er nicht vorhanden zu sein schien, wer aus der Nähe beobachtet hat, wie menschliche Beziehungen, positive Gefühle und Lebenslust auftauchten, wo vorher nichts war als trotzige oder hoffnungslose Isolierung, Haß, wütende Angst oder mörderische Gewalttätigkeit, wird leichter von der Wirksamkeit unserer Methoden überzeugt, als man es durch irgendeine statistische Auswertung erreichen könnte.

Die beiden Bände, »Liebe allein genügt nicht« und der vorliegende, sollen es dem Leser ermöglichen, sich selber eine Meinung über die Ergebnisse unserer Bemühungen zu bilden. Wie schon gesagt, wir sehen die vier Fälle, über die wir hier berichten, nicht als Beispiele für unsere großartigsten Erfolge an. Wir glauben, wir hätten erheblich mehr für jedes dieser Kinder tun können, wenn sie länger bei uns geblieben wären, und nur zwei von ihnen, Harry und Paul, fallen in die Kategorie der völlig Rehabilitierten. John gehört zu denen, die die Schule erheblich gebessert, aber nicht völlig rehabilitiert verlassen haben; in seinem Fall meinten wir, weitere Behandlung in der Anstalt verspräche keine viel größere oder schnellere Besserung als ambulant durchgeführte Therapie, während er zu Hause lebte. Mary gehört zu denen, die wegen der Altersgrenze die Schule verließen und als erheblich gebessert, aber noch nicht völlig rehabilitiert angesehen wurden.

Was für ein Geist herrscht in der Schule? Erstens einmal lassen sich Geräusche und Bewegung nicht einfach schriftlich schildern. Die Räume in einer für Kinder gedachten Institution sollten nicht nur farbenfroh und freundlich sein, sondern auch oft voller Stimmen und Bewegung. Der individuelle Ausdruck von Persönlichkeit und Gefühlen sollte nie bis zu stagnierender Stille gedämpft oder, noch schlimmer, unterdrückt werden; sie sollten aber auch nicht in einem lärmenden Chaos untergehen. Es muß jedem Kind jederzeit möglich sein, in Handlungen und Geräuschen Freiheit und Selbstbehauptung auszudrücken, aber wie dies geschieht, ist, obwohl es den Unterschied zwischen guten und schlechten Institutionen ausmacht, nicht zu beschreiben.

Was für den Lärm gilt, gilt auch für Ordnung und Sauberkeit. Wir sorgen dafür, daß davon nur so viel aufrechterhalten wird, wie sich mit echter Behaglichkeit verträgt. Wir erwarten von keinem Kind, daß es Arbeiten im Haus oder irgendwelche täglichen Routinearbeiten ausführt [5]. Der erzieherische Wert der Hausarbeit an sich ist fragwürdig, und das Durchsetzen solcher Tätigkeiten ist es nicht wert, daß man die Beziehungen zwischen Betreuern (Betreuerinnen) und Kindern stört. Weil die Kinder in der Schule niemals gezwungen werden, solche Arbeiten zu tun, entwickeln manche von ihnen in einem bestimmten Stadium ihrer Rehabilitierung Besitzergefühle der Schule gegenüber und erfüllen dann gern ein paar Haushaltsaufgaben. Das ist etwas ganz anderes. Gerade weil wir sie niemals zum Arbeiten zwingen, haben wir in Notlagen immer viele Freiwillige — z. B., wenn an einem Sonntag, wenn unsere Hausmeister frei haben, sehr viel Schnee fällt.

Andererseits kann es, wenn ein Kind, das nach unserer Ansicht sehr wohl seine Handlungen steuern kann, absichtlich und trotzig z. B. Flüssigkeiten auf den Fußboden des Eßzimmers verschüttet, therapeutischer sein, es aufzufordern, bei der Beseitigung der Unordnung zu helfen, anstatt sie zu übersehen oder sie an seiner Stelle zu beseitigen. Wenn jedoch ein Kind, das seine Feindseligkeit und Angst noch nicht anders ausdrücken kann, in Verzweiflung Geschirr und Gläser auf den Boden wirft, wird weiter nichts getan, als daß man die Scherben wegräumt und neues Geschirr und Essen auf den Tisch bringt, so daß die Mahlzeit mit möglichst wenig Unterbrechung weitergehen kann. Wenn wir aber das Gefühl haben, ein Kind brauche solche Ventile nicht mehr und sei fähig, seine Gefühle verbal und interpersonell auszudrücken oder uns so auf die Probe zu stellen, anstatt unbelebte Dinge zu zerstören, halten wir es davon ab, unser Inventar zu zerstören, und wenn es sich nicht davon abhalten läßt, schicken wir es (natürlich mit seiner vollständigen Mahlzeit) aus dem Eßzimmer, so daß es allein essen muß.

Unsere scheinbare Inkonsequenz, die alle Kinder beobachten können, mit der wir manche Kinder bei jeder Mahlzeit mehrere Teller zerbrechen lassen, manchmal monatelang, andere aber nicht, versetzt sie in Erstaunen. Wenn sie soweit sind, fangen sie an, darüber nachzudenken und zu reden. Sie finden in dieser und anderen ähnlichen Erfahrungen eine Demonstration des Umstands, daß jedes Kind anders behandelt wird, daß man von keinem Kind erwartet, es solle sich nur wegen unserer Bequemlichkeit mehr zusammennehmen als es kann, daß wir aber auch Selbstbeherrschung und sozialisierteres Verhalten von einem Kind erwarten, sobald es fähig und bereit ist, sie einzusetzen.

Die Entscheidungen darüber, was wir von einem Kind erwarten oder nicht, kommen nicht auf der Grundlage unserer Bequemlichkeit oder einer vorgefaßten Meinung über das zustande, was immer »richtig« ist, sondern nur auf Grund dessen, was unserer Mutmaßung nach dem Kind mit größter Wahrscheinlichkeit hilft. Im allgemeinen verschwindet negativistisches Verhalten schneller, wenn man es nicht beachtet und es dadurch seinen Wert als Belästigung verliert. Sobald das Kind gelernt hat, daß schlechtes Benehmen den Erwachsenen nicht ärgert und reizt, genügt gewöhnlich die Kritik anderer Kinder, die aus solchen Verhaltensweisen herausgewachsen sind, um diese in Grenzen zu halten.

Haltungen in bezug auf Lärm und Ordentlichkeit sind schwer zu beschreiben, aber es ist sehr wichtig für die Förderung des Wohlbefindens der Kinder, einen flexiblen Mittelkurs zwischen beiden zu steuern. Es ist etwas einfacher mitzuteilen, wie es zur Selbstfindung als Individuum beiträgt, wenn alle persönlichen Besitztümer respektiert werden und niemand das Recht hat, sie ohne Erlaubnis anzurühren. Jedes Kind hat einen privaten Wohnbereich in seinem Schlafraum, mit einer Kommode, einem Regal und einem Kleiderschrank, die ihm allein gehören. Selbst seine Betreuer betreten diesen Bereich nur, wenn sie dazu eingeladen werden.

Die Kleider der Kinder, das Spielzeug und andere sehr persönliche Besitztümer werden nicht von den Hausmädchen aufgeräumt. Diese Dinge werden nur von den eigenen Betreuern des Kindes angefaßt.

Wenn es sich irgend machen läßt, werden sie in Gegenwart des Kindes und gemäß seinen Vorschlägen aufgeräumt. Wenn diese Besitztümer ohne Wissen des Kindes berührt oder aufgeräumt würden, könnte leicht die Angst entstehen, wir würden eines Tages einige davon nicht nur aufräumen, sondern wegnehmen. Auf jeden Fall müssen wir jede »Ordnung« vermeiden, die als Zwang auferlegt würde, denn das wäre für das Kind nichts anderes als ein weiteres Erlebnis des Herumgestoßenwerdens von Erwachsenen. Der Umstand, daß wir die Privatsphäre des Kindes und sein Recht auf seinen eigenen Besitz schützen, hilft ihm, ein Gefühl der Verantwortlichkeit und der Selbstachtung zu entwikkeln.

Das Gruppenleben wird nur dann annehmbar und kann nur dann zur Entwicklung der eigenen Persönlichkeit beitragen, wenn in allen wichtigen Tätigkeiten und Erfahrungen fortwährend Individualität ausgedrückt werden kann. Darum müssen die Kinder in Dingen, die ihr Leben beeinflussen, die Möglichkeit haben, eine persönliche Wahl zu treffen. Bei ihrer Unsicherheit sind sie dazu nur bereit, wenn sie zu jeder Zeit von sichtbaren, greifbaren Beweisen ihrer Fähigkeit umgeben sind, die physischen Umstände ihres Lebens zu beeinflussen. Niemand kann sich als Herr seines Schicksals fühlen, wenn er nicht einmal so einfache Dinge wie die Farbe seiner Wände oder das Muster seiner Vorhänge bestimmen kann. Ja, nur ein Mensch, der schon von seiner Ich-Stärke überzeugt ist, kann es sich leisten, auf Entscheidungen über solche Äußerlichkeiten ohne Verlust von Selbstachtung zu verzichten. Andererseits kann ein Mensch, dem es an jeglicher Selbstachtung fehlt, wie es bei vielen unserer Kinder der Fall ist, Selbstachtung niemals erwerben, ohne an solchen Entscheidungen in bedeutsamem Maß teilzuhaben.

Man muß jedoch sorgfältig darauf achten, daß die Entscheidungen der Kinder nicht so unüberlegt sind, daß ihre Durchführung den Kindern nur wieder einmal zeigen würde, sie seien unfähig, Meister ihrer selbst zu werden, das Fällen eigener Entscheidungen mache ihr Leben meistens nur weniger lebenswert. Wir gehen z. B. nicht auf den Vorschlag einer Gruppe depressiver Kinder ein, die die Wände ihres Schlafraums schwarz gestrichen haben wollen. Sie würden nur darunter leiden, wenn wir es täten. Darum legen wir den Kindern lieber eine sorgfältige Auswahl vernünftiger Wahlmöglichkeiten vor. Bei Wandfarben können sie z. B. jede Farbe außer Weiß, Schwarz oder sehr dunkelbraunen Farbtönen wählen; in diesen Grenzen ist ihre Wahl unbeschränkt und wird von uns getreulich befolgt. Da es in jedem Schlafraum vier Wände gibt, ist Raum genug vorhanden, um Individualität zum Ausdruck zu bringen. Wenn dabei für jede Wand eine andere Farbe herauskommt, trägt das nur zur Fröhlichkeit der Umwelt bei. Wir müssen lediglich dafür sorgen, daß die gewählten Farben sich nicht »beißen«, sondern das fröhliche Aussehen des Raumes noch heben. Unser Treppenhaus z. B. ist zur Zeit in Abstufungen von gelb, rot, blau, grün und grau gestrichen, mit der Folge, daß das, was sonst ein langweiliger Ort sein könnte, sich in einen recht anziehenden und gewiß lebendigen Raum verwandelt hat.

Jeder Raum hat andere Vorhänge, Bettdecken und Möbel. Wenn z. B. für einen Schlafraum neue Vorhänge gekauft werden, legen wir den Kindern, die ihn bewohnen, mehrere vernünftige Muster vor, unter denen sie auswählen können. Wenn ihnen davon keins gefällt, legen wir ihnen eine neue Reihe von Mustern vor, bis sie eins finden, auf das sie sich alle leicht einigen können. Die Wahlfreiheit der Kinder ist zwar groß, aber begrenzt. Wir finden es unwichtig, eine unbegrenzte Wahlmöglichkeit anzubieten, die meist doch nur verwirrend, wenn nicht geradezu überwältigend wirkt; aber es ist sehr wichtig, ein relativ breites Spektrum von vernünftigen Wahlmöglichkeiten anzubieten.

Die Kinder beteiligen sich auch an der Anordnung der Möbel, indem sie im Schlafraum den Platz für ihr Bett und ihre Kommode aussuchen. Außerdem hat jedes Kind das Recht, seinen Wandanteil zu schmücken oder nicht. Es sucht die Gegenstände oder Bilder aus, die es an der Wand haben möchte, und tut andere an ihre Stelle, sooft es ihm gefällt [6]. Ähnliche Freiheit gibt es auch in vielen anderen Situationen, z. B. bei der Auswahl der Speisen für einen Tag; dieses Vorrecht haben die Kinder mindestens sechsmal im Monat.

Aus diesem Grund geben wir uns alle Mühe, sicherzustellen, daß weder der private Wohnbereich des Kindes noch das ganze Schlafraumgebäude unpersönlich oder einförmig wird. Wir versuchen alles, um zu erreichen, daß jeder Raum die deutlichen Merkmale der besonderen Persönlichkeiten trägt, die ihn benützen oder in ihm wohnen, daß er ihre Interessen zeigt — wenn nötig, sogar ihren schlechten Geschmack. Die Gebäude und ihre Ausstattung sollten den Kindern und ihrem Leben passen, nicht wie ein nagelneuer, sondern ein sehr bequemer alter Schuh, der aber trotzdem gut gepflegt wird. Er sieht vielleicht nicht schön aus, aber er hat seinem Besitzer gute Dienste geleistet und sitzt mittlerweile so gut an seinem Fuß, daß er gar nicht mehr weiß, ob er überhaupt einen Schuh trägt.

Der physische Rahmen einer Anstalt gewinnt erst dann seine größte persönliche Bedeutung für die Kinder, wenn er immer mehr zu der Umwelt wird, in der konstruktives Leben vor sich gehen kann — zum sicheren Mittelpunkt ihres Lebens, in dessen Sicherheit sie von Ausflügen in die Außenwelt zurückkehren können und in dessen Mauern sie das Gefühl haben, daß nichts wirklich Schlimmes geschehen kann.

Für ein gestörtes Kind ist jede neue Umwelt eine potentielle Gefahr, da es das Unbekannte zutiefst fürchtet und nicht bewältigen kann. Es begegnet einer fremden physischen Umwelt mit all den ängstlichen Erwartungen, die sich aus seinen früheren bedrohlichen Erlebnissen und seiner Abwehr gegen sie herleiten. Manche Kinder fürchten sich, wenn sie zu uns kommen, zunächst besonders vor gerade den Dingen, die sie später als schützende Merkmale ihrer neuen Umwelt schätzen lernen. Die Türen und Zäune z. B. rufen bei vielen Kindern, wenn sie an die Schule kommen, Angst hervor. Erstens fürchten sie, man könnte sie einsperren. Sie untersuchen alle Türen, um zu sehen, ob sie wirklich immer von innen unverschlossen sind, wie man ihnen gesagt hat. Während die Neulinge wachsende Sicherheit gewinnen, ändern sich solche Besorgnisse auf bezeichnende Weise: manch ein Kind, das entzückt ist, wenn es erfährt, daß alle Türen von innen unverschlossen bleiben müssen, macht sich später Sorgen über die Möglichkeit, es könne jemand Unerwünschter eindringen. Es kann sich erst vor Kindesentführern, Schulfahndern, Polizisten und anderen Personen, die ihm gefährlich scheinen, sicher fühlen, wenn es überzeugt ist, daß sich diese Türen nicht gegen unseren Willen von außen öffnen lassen und daß kein Eindringling ohne unser Wissen oder unsere Erlaubnis in die Schule hereinkommen kann.

Eins unserer Kinder wagte es, bald nachdem es an die Schule gekommen war, nach langem Zögern, uns seine Angst vor Riesen zu gestehen. Es sagte: »Sie sind böse Leute. Sie haben Messer. Sie schneiden kleine Jungen und stechen sie in den Bauch.« Diese Angst blieb zwar ziemlich lange erhalten, aber ein paar Monate später war sie schon weniger bedrückend geworden. »Wir können die Tür zu unserem Schlafraum zuschließen, und kein Riese kann hereinkommen.«

Genau wie Türen und Zäune den Kindern zunächst ein Gefühl des Eingeschränktseins geben, schließlich aber als Schutz gegen unerwünschte Außenseiter angesehen werden, erheben die Kinder vielleicht am Anfang Einwände gegen Fenstergitter und Sicherheitsgitter. Sie fragen, ob sie wie die Gitterstangen im Gefängnis sind. Später genießen sie jedoch ihre Vorteile: Die Kinder können frei auf den Fensterbrettern spielen, ohne daß Unfälle zu befürchten sind. Ihre Auflehnung gegen Einschränkungen weicht also, wenn sie die Motive für unsere Handlungen erkennen, einer positiven Einschätzung der Vorsichtsmaßnahmen, die wir für ihre Sicherheit treffen [7].

Die Freiheit der Kinder, ihren Lebensraum in ihrem Zimmer ganz nach ihren eigenen Neigungen zu gestalten, ist an die für die physische Sicherheit notwendigen Begrenzungen gebunden. Da unser Bestehen auf Sicherheit das Kind darüber beruhigt, daß es nicht schutzlos wird, wenn es seine Freiheit zum individuellen Ausdruck wahrnimmt, werden Einschränkungen, die gefordert werden müssen, gewöhnlich bereitwillig akzeptiert. Scharfe Instrumente und gefährliche Spielsachen werden von den Betreuern eingeschlossen, wenn das Kind sie nicht gerade im Beisein der Betreuer benützt. Aber sie werden in einem besonderen Schrank im Schlafraum eingeschlossen, so daß sie leicht zugänglich bleiben. Dadurch wird das Kind davor bewahrt, sich selbst zu verletzen; es gibt ihm auch ein Gefühl des Sicherseins vor den eigenen feindseligen Handlungen und denen anderer.

Die Sicherheit der Kinder wird ferner durch die einfache, kompakte und leichtverständliche Anordnung des äußeren Aufbaus der Schule gefestigt. Selbst normale Kinder finden es schwierig, ihre einander widersprechenden Wünsche nach physischer Nähe und emanzipierter Distanz miteinander zu vereinbaren. Für emotional gestörte Kinder verbindet sich mit Distanz oft ängstlicher oder feindseliger Trotz, wütende oder depressive Isolierung, während Nähe lediglich ängstliche oder feindselige Anklammerung ist. Solche Kinder müssen lernen zu wagen, mit diesen einander entgegengesetzten Neigungen in bezug auf den Raum beweglich zu experimentieren, bevor sie sie in persönlichen Beziehungen in Angriff nehmen können. Eine streng geschlossene Anstalt setzt eine bedrückende und daher angsterzeugende Einsperrung durch, die jeden Versuch mit der Entfernung verhindert. Eine weit übers Gelände verstreute offene Anstalt erlaubt Versuche mit der Distanz, erschwert aber die Erfahrung der Sicherheit, die die Nähe gibt. Nur eine zusammenhängende, aber eindeutig offene Anstalt ermöglicht das Experimentieren mit beidem. Für unsere Kinder ist es jedoch viel wichtiger, mit der Nähe Versuche anzustellen, denn sie müssen lernen, in der Intimität menschlicher Beziehungen Sicherheit zu suchen und zu finden.

Die räumliche Nähe unserer Schlafräume, Schulklassen, Freizeiteinrichtungen und Büros ist ein wichtiger Faktor zur Herstellung von Geborgenheit. Anstalten im Pavillonstil mit weiträumigen Gartenanlagen zwischen den Gebäuden mögen zwar sehr hübsch und möglicherweise für normale Kinder wünschenswert sein, aber sie erzeugen bei schwer gestörten Kindern die Angst, verlorenzugehen, sich zu verirren, vielen Gefahren zu begegnen, wenn sie von einem Gebäude zum anderen gehen. Unsere Kinder sind erleichtert, daß unsere Gebäude und Spielplätze alle in leicht erreichbarer Entfernung sind. Das Aufsuchen der Behandlungs- oder Schulzimmer oder das Spielen im Freien wirkt weniger als Bruch, weil die Kinder nicht sehr weit gehen, keine gefährlichen Straßen überqueren und keinen Fremden begegnen müssen. Eine relative Handlungsunabhängigkeit ist also zu erreichen, ohne daß man weite Entfernungen, Trennungsängste oder Angst vor Fremden überwinden muß — die sich alle einzeln als überwältigend erweisen könnten. Die Nähe aller Einrichtungen befähigt viele Kinder, ihre ersten Schritte in der Überwindung von Schulphobien, vom Drang zum Weglaufen oder des ständigen Zurückscheuens vor Gruppenspielen zu tun.

Eins unserer Kinder, ein neunjähriges Mädchen, hatte immer nur in Anstalten gelebt. Ihr Leben hatte sich nie zu einer Einheit zusammengefügt. Sie hatte nur die Teilbefriedigung verschiedener Funktionen erlebt, die ihr wenig oder nichts miteinander zu tun zu haben schienen. Zuerst sah sie die Schule auch so: »Ein Heim wie dieses ist ein Ort, wo man saubere Kleider kriegt, wo man oben einen Mittagsschlaf hält und wo man in ein Eßzimmer geht, um zu essen.« Ihre Angst vor Entfernungen hatte dazu geführt, daß sie äußerst unregelmäßig zur Schule gegangen war; deswegen mußte sie ständige Ermahnungen und viel äußeren Druck aushalten. Nachdem sie erst kurz bei uns war, machte sie sich jedoch allein auf den Weg in ihr Schulzimmer. Das Unternehmen war ein Erfolg. Daraufhin machte sie zum erstenmal eine positive Bemerkung über die Schule: »Dies Haus gefällt mir. Man muß nicht viele Häuserblocks weit zur Schule gehen — alles ist gleich hier.« Für sie war, wie für viele andere Kinder, der Gang ins Schulzimmer einfach nur ein Aspekt des Daheimseins.

Natürlich hängt die Geborgenheit, die man von Gebäuden bekommen kann, davon ab, ob sie stabil und zuverlässig sind. Viele Kinder bringen ihre Furcht darüber zum Ausdruck, indem sie uns über die Festigkeit der Schulgebäude befragen. Manche sind besorgt, weil einige unserer Gebäude alt sind, und sie beruhigen sich nur, wenn wir ihre Festigkeit z. B. durch die Dicke ihrer Mauern beweisen. Für das Wohlbefinden eines gestörten Kindes sind solche unmittelbaren Eindrücke von Festigkeit wichtiger als ästhetische Erwägungen, die auf kritische, aber sichere Erwachsene wirken. Der Schutz, den das Gebäude bietet, wird jedoch am Ende von den Kindern ästhetisch empfunden, die ihr Gefühl der Zufriedenheit in besitzerstolzen Feststellungen äußern wie: »Unser Schlafraum ist schön«.

Das Verhalten stark gestörter Kinder zeigt deutlich, wie sie in der physischen Sicherheit der Schule ihre Zuflucht finden. Die am schwersten gestörten Kinder pflegen eine Zeitlang, nachdem sie zu uns gekommen sind, zusammengekrümmt in einer Ecke zu spielen, von Wolldecken bedeckt oder auf andere Art geschützt und umhüllt. Sie drükken sich tatsächlich an die Wände; sie sitzen oder liegen gern auf dem Fußboden. Es ist, als drückten sie sich an die Wand oder an den Fußboden, um eine Stütze zu haben, die ihnen beim Aushalten der Belastungen des Lebens hilft. Erst später wird der Schoß der Betreuerin ihre Zuflucht.

Andere Kinder lassen sich tage- oder monatelang unbestimmt herumtreiben, bevor sie sich für das erste Zuwendungsobjekt entscheiden. Das ist gewöhnlich ihr Bett — der einzige Platz, den sie bewältigt haben, und an dem sie ein Minimum an Geborgenheit empfinden. Dort bewahren sie bei Tag und bei Nacht all ihre Besitztümer auf, um sie gleich finden zu können, ohne sich in die gefährliche Welt jenseits hinauswagen zu müssen. Erst später können sie den Raum um das Bett herum in ihre Unternehmungen einbeziehen: ihren Schlafraum, seine Ausstattung und schließlich die Schule als ganzes. Von diesem Zeitpunkt an zerstören die Kinder nur noch selten unser Inventar, weil sie dessen nützliche oder beschützende Funktionen erkennen.

Bei ihrer anfänglichen Suche nach Geborgenheit spielen unsere Kinder also spontan die ursprünglichsten Erlebnisse von Kleinkindern wieder durch. Diese machen normalerweise ihre ersten Versuche des Wachsens und der Umweltbemeisterung innerhalb der wohlbekannten Umwelt ihres Gitterbettchens. Erst nachdem sie die Eroberung des Raumes im Bettchen gemeistert haben, sind sie bereit, sich den Laufstall zu erobern. Unsere Kinder rekapitulieren diese kleinkindlichen Erlebnisse, wo das Kind Geborgenheit aus der festen Stütze seines Bettchens bezieht, daraus, wie die Mutter es sicher im Arm hält, und selbst vom Fußboden, der es vor der primitiven Furcht vor dem Hinfallen bewahrt, wenn es anfängt, sich eher kriechend als gehend fortzubewegen. Unsere Kinder scheinen die Abfolge von Erfahrungen wieder einfangen zu müssen, um sich in dem sicheren, stabilen, deutlich verstehbaren und unveränderlichen Raum der Schule entwickeln zu können.

Auch Licht und Dunkelheit sind für die Entwicklung des Geborgenheitsgefühls bei unseren Kindern von höchster Bedeutung, genau wie beim Säugling. Während der Schlafzeiten erlebt der Säugling seine

27

erste Trennung von der Mutter, die für ihn nur erträglich ist, wenn sein Schreien sofort ihre Gegenwart und damit Befreiung von der Spannung herbeiführt. Da sie während der Nacht erscheint, wenn sie gebraucht wird, lernt der Säugling ihr Wiedererscheinen am Morgen mit Sicherheit zu erwarten; so wird er fähig, sie während der Nacht über längere Zeitspannen zu entbehren. Wenn die Spannung ansteigt, z. B. während des Zahnens, körperlicher Krankheiten oder bei Veränderungen der physischen und personalen Struktur seiner Umwelt, nimmt das Bedürfnis des Säuglings nach der Gegenwart der Mutter während der Nacht stets zu.

Ebenso werden gestörte Kinder, die ständig unter dem Druck ängstlicher Erwartungen stehen, nachts angespannter. Wenn sie noch nicht gelernt haben, denen zu vertrauen, von denen sie abhängig sind, sind sie besonders empfindlich gegen alles, was ihre auf schwachen Beinen stehende Sicherheit schwächt. Für solche Kinder ist die Dunkelheit der Nacht eine ständige Bedrohung. Sie beraubt sie der sichtbaren Gegenwart schützender Figuren und bekannter, ungefährlicher Objekte — und das in einem Lebensabschnitt, in dem sie noch solche greifbaren Beweise der Geborgenheit brauchen. Sie können nachts auch nicht sehen, ob eine nur vorgestellte, bedrohliche Figur sich nicht doch wirklich nähert. Sie fühlen sich verlassen, und der Druck ihrer Wut wie auch ihre sehnsüchtigen Wünsche verstärken noch ihr Gefühl des Isoliertseins. Dadurch entsteht die Angst, von allen menschlichen Kontakten abgetrennt zu sein, die sich im Dunkeln steigert. Viele Kinder bemühen sich, wach zu bleiben, weil sie die Drohung des Kontaktverlusts nicht ertragen können, die für sie mit dem Erlebnis der Dunkelheit beginnt. Dunkelheit bedeutet hilfloses Ausgeliefertsein an die eigenen feindseligen Tendenzen; manch ein Kind kann diese nur in unmittelbarer Gegenwart schützender Gestalten in Schach halten, die ihm sichtbar beweisen, daß seine wütenden Gefühle nicht wirklich zu Zerstörungen führen.

Dies alles wird mindestens herabgesetzt, wenn immer genug Licht vorhanden ist, damit man sehen kann, daß sich seit dem Tag nichts geändert hat, und daß man leicht den Weg ins Bad, zur diensthabenden Nachtbetreuerin oder zum Zimmer der eigenen Betreuerin (des Betreuers) finden kann. Darum müssen die äußeren Gegebenheiten der Schule entsprechend eingerichtet werden. In den Gängen wird das Licht während der Nacht niemals abgeschaltet, und schwache, dunkelblaue Lampen brennen die ganze Nacht in den Schlaf- und Badezimmern. Außerdem können die Kinder ihre eigenen Taschenlampen nach Belieben benützen.

Nächtliche Inkontinenz ist oft der Ausdruck eines gestörten Gleichgewichts zwischen zerstörerischen Wünschen und Wünschen nach Abhängigkeit. Der beruhigende Umstand, daß beleuchtete Bereiche nach Belieben zugänglich sind, bewahrt viele Kinder davor, immer wieder erleben zu müssen, daß sie ihre Blase oder ihren Schließmuskel nicht beherrschen können. Das beleuchtete, freundliche Badezimmer, in dem sie am Tag mit ihrer Betreuerin gespielt haben, erleichtert ihnen das Auf-die-Toilette-Gehen in der Nacht. Wenn ein Kind mit solcher Hilfe die Beherrschung seiner Ausscheidungsfunktionen erlangt hat, hat es nicht nur ein Symptom aufgegeben, sondern auch die darunterliegende Angst vor dem Verlassenwerden bezwungen, die ein Zentralproblem seiner Störung war.

Die Sicherheit emotional gestörter Kinder ist von der greifbaren Gegenwart schützender Gestalten abhängig. Aber da diese Kinder im allgemeinen jene, von denen sie abhängig sind, mit magischen Kräften der Allmacht und der Allwissenheit ausstatten, was den eigenen überwältigenden Hilflosigkeitsgefühlen der Kinder entspricht — wird manchmal sogar die Gegenwart einer beschützenden Figur bedrohlich. Die Autorität, mit der die Erwachsenen ausgestattet werden, wird zur Belastung, wenn ein Kind z. B. nachts masturbieren möchte. Aus diesen Gründen ziehen wir es vor, Erwachsene nicht im gleichen Raum wie die Kinder schlafen zu lassen — ganz zu schweigen von der Tatsache, daß eine solche Dauermaßnahme ein Eingriff in die Freiheit des Erwachsenen wäre, der ihm nicht passen würde und für den er sich höchstwahrscheinlich an denen rächen würde, die seiner Fürsorge anvertraut sind.

In ähnlicher Weise sind die Ausscheidungsfunktionen für viele Kinder zu einem Mittel geworden, um feindselige Phantasien zum Ausdruck zu bringen, woraus Störungen ihrer Toilettengewohnheiten hervorgegangen sind. Man muß diese Kinder vor unangebrachten Störungen in solchen Situationen beschützen. Darauf beruhen unsere Badezimmergepflogenheiten. Die Badezimmer sind den Kindern zugänglich, ohne daß sie Angst vor Entfernung oder Dunkelheit überwinden müssen, und jedes Kind kann jederzeit Ausscheidungsfunktionen ausüben, ohne die drohende Aussicht, daß irgend jemand in seine zerstörerischen oder sexuellen Betätigungen einbricht. Seine Privatsphäre ist gesichert, da es das Toilettenabteil verriegeln kann, aber es muß zu keiner Zeit die Gegenwart eines Erwachsenen entbehren, wenn es den Wunsch oder das Bedürfnis nach solcher Gegenwart zeigt. Viele Unregelmäßigkeiten in den Toilettengewohnheiten der Kinder verschwinden, weil wir uns konsequent nach diesen Grundsätzen richten.

Manche Kinder sind, besonders in den Frühphasen ihrer Anpassung an uns, äußerst empfindlich gegen Veränderungen in der äußeren Erscheinung der Schule. Jede strukturelle Veränderung, selbst wenn sie am Ende unsere Arbeit erleichtert, bringt einige Kinder aus dem Gleichgewicht. Als die Kinder z. B. von dem alten in den neuen Flügel umzogen, der viel größere Schlafräume hat, brauchten sie einige Monate, bis sie den Grad an innerer Sicherheit wiedererlangt hatten, den sie vorher gehabt hatten. Sie brauchten all ihre Kräfte, um die neue physische Umgebung zu bewältigen, obwohl sie ja äußerst einfach ist; diese Kräfte wurden so vorübergehend der Bemeisterung emotionaler Schwierigkeiten oder dem Erreichen größerer Integration beim Lernen und beim Aufnehmen von Beziehungen entzogen. Selbst Verbesserungen, die die Kinder fordern oder wünschen, wie z. B. eine Renovierung oder Ersetzung verbrauchter Möbel, erregen Angst.

Die physische Unveränderlichkeit der Schule macht die Kinder weniger empfindlich gegen unvermeidbare Veränderungen im Mitarbeiterstab. Die Kinder können neue Betreuer oder Lehrer leichter annehmen und assimilieren, weil sie sich auf die sichere Grundlage der Dauerhaftigkeit stützen können, die sie in der Struktur des Hauses und in dem konsequenten Wertsystem finden, das ihr physisches Dasein bestimmt. Diese bleiben gleich, selbst wenn die Menschen nicht die gleichen bleiben. Dies gilt natürlich nur, wenn Veränderungen im Mitarbeiterstab selten vorkommen [8].

Die Angst der Kinder, sie würden die Fähigkeit verlieren, die vor ihnen liegenden Aufgaben zu lösen, wenn der physische Rahmen ihres Lebens sich verändert, wird besonders akut, wenn sie vorübergehend das Gelände der Schule verlassen. Sie fürchten, die Schule könnte sich während ihrer Abwesenheit verändern, und sie lassen sich durch unsere entschiedene Versicherung, sie würden bei ihrer Rückkehr das Haus im gleichen Zustand vorfinden wie beim Fortgehen, nur oberflächlich beruhigen. Bevor sie sich ganz eingelebt haben, schwächen selbst kurze Abwesenheiten ihr Gefühl der Sicherheit in bezug auf das Gebäude, und die Furcht taucht wieder auf, sie könnten nicht fähig sein, sich zurechtzufinden.

Diese Übertragung von Gefühlen hinsichtlich der emotionalen Bewältigung auf die physische Umwelt wird veranschaulicht durch typische Aussagen von Kindern, die den Punkt erreicht haben, wo sie bereit sind, sich mit ihrer Umwelt auseinanderzusetzen. Solange ein Kind autistisch in sich zurückgezogen verharrt, reagiert es kaum auf die Schule — zumindest nicht sichtbar. Aber wenn die Kinder bereit sind, den Versuch der Bewältigung des Lebens an der Schule zu wagen, kommt ihnen die Schule ungeheuer groß vor. Sie sagen oft Dinge wie: »Ich wette, dies ist die größte Schule der Welt« oder »Dies ist das größte Haus, das es gibt«. Für diese Kinder ist der Versuch, das Leben in einer so einfachen und bescheiden proportionierten Einrichtung wie der Schule zu meistern, eine fast unlösbare Aufgabe, deren Schwierigkeit sich in dem Gefühl ausdrückt, die Gebäude seien ungeheuer groß.

Früher oder später helfen jedoch die einfachen, soliden und unveränderlichen Züge der physischen Umwelt, die so ganz um die Bedürfnisse und Wünsche der Kinder herum organisiert ist, diesen, Vertrauen zu fassen. Nachdem sie mit den Gebäuden ganz vertraut geworden sind, kann man ein dem oben beschriebenen entgegengesetztes Phänomen beobachten. Wenn die Kinder von einem Ausflug zurückkehren, auf dem sie einer fremden Umwelt ausgesetzt waren, erscheint ihnen im Vergleich die alte, vertraute Umgebung der Schule sehr einfach. Die Kinder drücken das voll Verblüffung so aus: »Wenn ich früher in die Schule zurückgekommen bin, kam sie mir so groß vor, aber wenn ich jetzt zurückkomme, ist die Schule so klein.«

Sobald die Schule eine Zuflucht, wenn auch noch keine Heimat geworden ist, sind ihre physischen Merkmale potentielle Kraftquellen, weil das Kind die freie Möglichkeit hat, sie gemäß seinen Bedürfnissen zu benützen. Solange es noch zutiefst ungeborgen ist (oder später in Krisenzeiten), kann es nah beim Haus bleiben oder es gar nicht verlassen und sich so gegen Begegnungen mit der Außenwelt schützen, solange diese ihn mit Niederlage oder überwältigender Angst bedrohen. Aber sobald es im Schutz der Schule geborgen ist, kann das Kind mit seiner inneren Stärke Versuche anstellen, indem es sich selber in Forschungsunternehmungen außerhalb der Grenzen der Schule auf die Probe stellt. Die Betreuer bewahren das Kind davor, bei solchen Ausflügen vorzeitig zu weit zu gehen, aber mit Ausnahme dieser Einschränkung werden die Wahl des Zeitpunkts und die Gestaltung solcher Versuche ganz dem Kind überlassen.

Auch hier wieder veranschaulichen die spontanen Handlungen der Kinder, wie sie das Haus als ihren Sicherheitsstützpunkt benützen. Kinder, die sich besonders vor dem Unbekannten fürchten — z. B. diejenigen, die auch unter schweren Leseschwierigkeiten leiden —, wagen sich nur auf Ausflüge, wenn man ihnen erlaubt, Wegmarkierungen zu machen, die sie sicher zurückleiten. »Schnitzeljagden« sind, so meinen wir, eine der besten Methoden, ängstlichen Kindern zu helfen, sich vom Haus fortzuwagen. Bei diesen »Jagden« setzen die Wagemutigeren in sehr kurzen Abständen Wegmarken. Die ängstlichen Kinder brauchen ihnen nur zu folgen. Da diese Zeichen von Kindern gemacht werden, denen sie in gewissem Maß vertrauen, und da die »Jagd« sie schließlich zum Haus zurückführt, können sie es über sich bringen, es für kurze Zeit zu verlassen. Die wohlbekannte physische Struktur der Schule ist also die Basis für ihre Geborgenheit, ein verläßliches Bezugssystem, aus dem sie sich mit größerem Mut in eine »gefährliche Welt« draußen hinauswagen können. Dieser Welt können sie noch nicht erfolgreich gegenübertreten, aber sie können sie nun wenigstens ein wenig beurteilen, indem sie sie mit der Schule vergleichen, die sie gut kennen.

Selbst dann müssen die Kinder zunächst noch irgendeinen greifbaren Beweis für die Geborgenheit mit sich tragen, die zur Gänze von »der Schule« symbolisiert wird. Solche Hilfsmittel sind notwendig, wenn die Kinder sich geographisch von der Schule entfernen, solange sie sich selber oder der Außenwelt noch nicht trauen. Viele unsichere Kinder nehmen eine Auswahl ihrer Lieblingsdinge mit auf den Spaziergang. Andere Besitztümer, die oft die Kinder selbst repräsentieren, werden an einem sicheren Ort im Haus untergebracht oder einem zuverlässigen Erwachsenen anvertraut, bevor die Kinder es wagen, das Gelände der Anstalt zu verlassen. Erst dann sind sie frei, die neue Umgebung zu erforschen, ohne ängstlich die Rückkehr zu verlangen.

Wenn ein Kind sich an der Schule eingerichtet hat und sich ganz geborgen fühlt und die Schule als zuverlässiges Bezugssystem für sein Leben akzeptiert, wird es fähig, konstruktiv mit den Erlebnissen umzugehen, die es in einer unsicheren Welt gehabt hat, ebenso mit früheren Mißerfolgen und Enttäuschungen. Erst dann kann es ungefährdet sein Elternhaus besuchen, ohne daß für den Fortschritt seiner Rehabilitierung ein Schaden entsteht. Besuche zu Hause sind etwas ganz anderes als kurze Zusammenkünfte mit den Eltern in der Schule. Solche Begegnungen mögen schon bald wünschenswert sein, nachdem ein Kind zu uns gekommen ist; es kann z. B. nötig sein, daß ein Kind seine Eltern sieht, damit es sich vergewissern kann, daß seine destruktiven Wünsche sie nicht aus der Welt haben verschwinden lassen. Besuche im Elternhaus müssen sehr viel vorsichtiger gehandhabt werden. Wenn ein solcher Besuch stattfindet, bevor das Kind angefangen hat, sich in der Schule zu Hause zu fühlen, besteht die Gefahr, daß es noch schärfer empfindet, es habe kein richtiges eigenes Heim, und daß es noch länger braucht, bis es sich in der Schule zu Hause fühlt, was für seine Rehabilitierung wesentlich ist[9]. Andererseits können die Besuche des Kindes im Elternhaus, während es sich in der Schule immer mehr heimisch fühlt, länger und häufiger werden, vorausgesetzt natürlich, daß sie nicht von den Eltern zu Versuchen mißbraucht werden, die Geborgenheit zu zerstören, die das Kind in der Schule findet.

Je mehr die beschützende Funktion der Schule dem Kind deutlich macht, daß seine Grundbedürfnisse nach physischer Geborgenheit, nach Wärme, Nahrung und Ruhe immer erfüllt werden, desto mehr werden die fremden Gebäude langsam »sein Zuhause«. Dies gilt besonders, wenn bedeutsame Beziehungen zu beschützenden Erwachsenen zur Befriedigung all seiner anderen Bedürfnisse hinzutreten. Ein Elternhaus wird für das Kind zu einem wahren Zuhause, während es lernt, seine Eltern zu lieben und sich auf sie zu verlassen, während sich unter ihrem Einfluß seine Persönlichkeit formt. Welche Art von Zuhause es wird, hängt von der besonderen Art der Eltern-Kind-Beziehungen ab, die darin herrschen, und von den Erlebnissen, die man gemeinsam hat. Aber an der Schule kehrt sich dieser Prozeß oft um. Wir haben schon gesehen, daß der physische Rahmen für ein neues Kind Bedeutung bekommen kann, bevor es fähig ist, zu den Mitarbeitern eine Beziehung herzustellen und seine Erlebnisse mit ihnen zu teilen. Zum Beispiel manifestiert sich die Empfindlichkeit gegen Veränderungen in der dinglichen Umwelt bei unseren Kindern rascher als Reaktionen gegen Veränderungen beim Mitarbeiterstab, z. B. wenn ein Mitarbeiter in Urlaub geht. Erst wenn sich ein Kind in der physischen Umwelt der Schule »zu Hause« fühlen kann, beginnt es, andere Kinder zu erkennen und zu akzeptieren, Kontakt zu seinen Betreuern (Betreuerinnen) und allmählich eine enge Beziehung zu ihnen herzustellen.

Wenn diese Ziele erst einmal erreicht sind, kann die Rehabilitierung vergleichsweise rasch vorangehen. Aber es kostet Zeit, bis ein Kind sich dieses neue Heim zu eigen gemacht hat — wenn es schwer gestört ist, kann das leicht ein Jahr oder länger dauern. Die Freiheit, seine Umgebung zu manipulieren und sogar zu verwandeln, indem es seinen Bereich im Schlafraum einmal so einrichtet, einmal anders, ist für das Kind von äußerster Bedeutung, wenn es in der Schule seine Heimat finden soll. Der Fall eines achtjährigen Jungen gibt uns ein Beispiel dafür.

In unserem technischen Zeitalter stehen bei ziemlich vielen Kindern Autos, Züge und Maschinen im Mittelpunkt der Angst. Als dieser Junge noch bei seinen Eltern lebte, verließen ihn solche Ängste nie, auch dann nicht, wenn er gar nicht zu Hause war. Er mußte jeden Tag zwanghaft stundenlang Züge beobachten. Wir erfuhren viel später, daß damit bewirkt werden sollte, daß die Züge nicht entgleisten und ihn überfuhren. Er sammelte einen ungeheuren Vorrat an Wissen über Züge an, offenbar in dem Versuch, sie zu beherrschen und sich so von seinen regelmäßig wiederkehrenden Albträumen von Zugunglücken und ihren mörderischen Folgen zu befreien.

Einige Monate, nachdem er an die Schule gekommen war, beschloß er, den Raum um sein Bett herum und besonders das Bett selbst als Bahnhof auszugestalten. Er arbeitete mehrere Wochen lang mit größter Sorgfalt daran. Während er diesen Plan ausführte, ließ sein Zwang zum Beobachten von Zügen etwas nach. Schließlich wurde sein Bett für ihn zum symbolischen Bahnhof — zu einem Ort, wo alle Züge anhalten müssen. Jetzt konnte er in Frieden schlafen, weil er sich vor dem Überfahrenwerden sicher wußte. Erst nachdem diese selbstgewählte Schutzmaßnahme die Intensität seiner Ängste erheblich vermindert hatte, ließ er uns etwas von ihnen wissen. Albträume von Zügen verschwanden, nachdem er bereit geworden war, seine Ängste mitzuteilen, und, was vielleicht noch wichtiger ist, nachdem die Möglichkeit, frei mit seinen Ängsten umzugehen, ihm gezeigt hatte, daß er ihnen gegenüber nicht so machtlos war, wie er sich vorher gefühlt hatte.

Er konnte seinen Wohnbereich und sein Bett als Bahnhof herrichten, weil wir allen Kindern die Materialien liefern, um ihre Grundbedürfnisse zu befriedigen, nicht nur zum Ausruhen und zum Essen, sondern auch für spontane Betätigungen. Daß der Junge bei der Verwendung dieser Materialien seine Vorstellungskraft frei und erfinderisch einsetzen konnte, setzte ihn in die Lage, seinen Schwierigkeiten auf ihrem eigenen Kampfplatz zu begegnen. Er formte sich die Grundmaterialien zum Leben und zur Befriedigung so, daß sie zur selbstgewählten Matrix für seine in der Entwicklung begriffene Persönlichkeit wurden. Diese Freiheit, ihre eigenen Lebensumstände zu beeinflussen, veranlaßt die Kinder, sich an der Schule wirklich »zu Hause« zu fühlen. Ein therapeutisches Nebenergebnis besteht darin, daß die autonome, schöpferische Umgestaltung ihrer Umwelt durch die Kinder gelegentlich den Inhalt ihrer emotionalen Schwierigkeiten offenbart; wichtiger ist, daß sie ihnen die Gelegenheit gibt, einen spontanen Beitrag zur Behebung dieser Schwierigkeiten zu leisten.

Natürlich wird das Leben, das im Rahmen der Schule vor sich geht, von den Ansichten und Haltungen des Mitarbeiterstabes bestimmt und geschaffen und nicht von physischen Gegenständen und ihrer Anordnung. Eine noch so gut entworfene Anstalt würde nicht viel taugen, wenn ihr Gesamtplan und all seine Einzelheiten nicht die richtige

Anschauung und die richtigen Einstellungen widerspiegelten. Gebäude werden nur bedeutsam, wenn sie mit menschlichem Sinn ausgestattet sind — nur wenn sie als Rahmen für konstruktives Leben Bedeutung und Würde bekommen. Wir glauben, daß unsere Gebäude eine solche Bedeutung bekommen haben. Wir hoffen, daß die viel wichtigeren Faktoren: Anschauungen, Einstellungen und Verhalten der Mitarbeiter, in den folgenden Fallgeschichten deutlich werden.

Zweiter Teil

Dieser Band mit Fallgeschichten soll zeigen, wie emotional gestörte Kinder in einer besonderen Art von Anstaltsmilieu behandelt werden können, wo jede Tätigkeit darauf ausgerichtet ist, die Rehabilitierung zu fördern. Ein solches Milieu ist nach unserer Ansicht höchst geeignet, um Kindern mit schweren emotionalen Störungen zu helfen.

Im Gegensatz dazu wird oft eingewendet, Anstalten (Heime) seien als solche

»Kleine Dinge und Zeit«

**Paul,
ein Fall von
»Heimschädigung«**

**Psychische
»Heimschädigung«**

ungeeignete und schädliche Aufenthaltsstätten für Kinder. Als Grund wird gewöhnlich angegeben, das Leben in Anstalten habe auf manche Kinder eine schlechte Wirkung. Diese Anschuldigung mag im Fall einer inkompetent geführten, unzulänglichen Einrichtung wohl gerechtfertigt sein, aber sie gilt gewiß nicht für eine gute.

Es scheint mir daher angezeigt, als erste der vier Geschichten, die diesen Band bilden, einen Bericht vorzulegen, der zeigt, wie die Störung eines Kindes, die durch gewisse Arten von »Heimen« und Anstalten stark verschlimmert worden war, durch eine andere Art, vertreten durch die Orthogenic School, meßbar gebessert wurde. Die Frage lautet also in Wirklichkeit nicht, ob ein Kind in einer Anstalt leben sollte, sondern ob es die richtige Art von Anstalt ist.

Nicht das Leben in der Anstalt an sich verursachte Pauls Schwierigkeiten. Ja, hätte seine Mutter mit einigen der Hilfsorganisationen wirklich zusammengearbeitet und ihren Rat befolgt, wäre Pauls frühe Kindheit vielleicht ganz anders verlaufen. Die Hauptursache für Pauls Schwierigkeiten war der Umstand, daß seine Eltern ihm kein normales Familienleben bieten konnten. Aber auch die verschiedenen Kinderheime, Kindergärten und schließlich das Waisenhaus, in denen er die ersten zehneinhalb Jahre seines Lebens zubrachte, konnten seine emotionalen Bedürfnisse nicht befriedigen. Dort wurde ausreichend für sein körperliches Wohlergehen gesorgt, aber das farblose und leere emotionale Leben, das noch immer für viele Anstalten so typisch ist, konnte seine Störung nur verschlimmern.

Der wesentliche Grund, warum diese Anstalten Paul nicht helfen konnten und warum ihm das Leben dort wie ein Albtraum vorkam, war der Umstand, daß die Menschen, denen er anvertraut war, entweder sein tiefes Elend nicht erkannten oder nichts dagegen tun konnten. Die Mitarbeiter waren nicht nur blind gegen seine Verlassenheit und Verzweiflung und neigten nicht nur dazu, die übliche Routine wichtiger zu nehmen als emotionale Bedürfnisse, sondern es gelang ihnen auch nicht, ihn vor der starken Feindseligkeit seiner Mutter gegen diese Einrichtungen zu schützen (die er zu ertragen hatte, obwohl er wußte, daß sie ihn freiwillig dorthin gegeben hatte). Dieser wichtige Zusatzfaktor machte es dem Jungen unmöglich, in den »Heimen« irgendeine Befriedigung zu finden.

Eine Untersuchung der Anstaltsmerkmale, die Pauls Schwierigkeiten vermehrten, mag ein Licht auf das werfen, was in Kindergärten, Waisenhäusern, Kinderzentren und ähnlichen Einrichtungen schiefgehen kann, und Vorschläge zur Abhilfe ermöglichen. Es gibt schließlich keinen Grund, warum eine gute Anstalt nicht die korrigierenden Erfahrungen liefern könnte, die nötig sind, um die schädlichen Einflüsse zu bekämpfen, die auf ein Kind aus seiner eigenen Vergangenheit wirken. Wenn wir Paul dazu bringen konnten, in einem Alter, in dem er sich in Wirklichkeit wegen seiner früheren bitteren Erfahrungen heftig gegen unsere Hilfe wehrte, gute »mütterliche Fürsorge« anzunehmen, hätte es relativ einfach sein müssen, in seinen ersten Jahren mit ihm zu arbeiten, als noch keine Vergangenheit seine Fähigkeit verkrüppelt hatte, sich zu anderen Menschen in Beziehung zu setzen.

Ein Kind, dessen Bezugssystem aus unpersönlichen Regeln und Vorschriften besteht, kann in seiner passiven Anpassung an sie zum Automaten werden. Es braucht keine selbständigen Entscheidungen zu fällen (und kann es auch nicht), weil für seine physische Existenz ausreichend gesorgt wird und weil man seine Betätigungen plant. Seine Realitätsprüfung umfaßt nicht die Vielfalt von Bedingungen, wie sie im Leben herrschen. Eine vollständige Regulierung seines Lebens durch äußere Vorschriften hält es davon ab, innere Steuerungsmechanismen und spontane autonome Reaktionen zu entwickeln. Seine inneren Konflikte fördern das Wachstum seiner Persönlichkeit nicht, weil ihre Lösung nicht zur Bildung bedeutsamer persönlicher Beziehungen führen kann. Auch Konflikte, die die Folge von außen kommender Erlebnisse sind, haben keine Persönlichkeitsentwicklung zur Folge, da sie keine Konflikte zwischen Menschen sind, sondern einfach Zusammenstöße zwischen den Triebtendenzen des Kindes und den unpersönlichen Regeln einer Anstalt.

Ein solches Kind lebt daher sowohl psychisch isoliert als auch physisch fern von Erwachsenen. Selbst wo es einen engeren Kontakt mit Erwachsenen gibt, fördert die Intimität das Persönlichkeitswachstum des Kindes nicht, falls wesentliche Merkmale der normalen Eltern-Kind-Beziehung fehlen. Denn wenn es den Erwachsenen nicht »kennt«, ist dem Kind die Möglichkeit genommen, sich mit Erwachsenen zu identifizieren, ihre höhere Integration nachzuahmen und reifere Ich-Ideale zu entwickeln. Es kann keinen Begriff von der Kohärenz des Lebens oder von der rationalen Organisation von Zeit, Raum und Persönlichkeit bilden und hat kein Empfinden für die tiefere Logik von Ereignissen. Für es ist ein Tag wie jeder andere; manche dieser Kinder haben uns gesagt, sie hätten das Gefühl, alles sei immer das gleiche.

Das Leben wird nur ein Ablauf, in dem man Routinehandlungen ausführt — waschen, anziehen, essen, ruhen —, die nur nach den Körpergefühlen des Kindes als angenehm oder unangenehm empfunden werden. Eine solche Lebensordnung wird nur lose in Verbindung gebracht mit den Erwachsenen, die für sie verantwortlich sind. Häufig kann das Kind die Mitarbeiter nicht einmal beim Namen nennen, sondern es nennt sie nach ihrer Funktion, »Schwester«, »Köchin« oder »Oberin«. Es neigt also dazu, sie nicht als Personen voneinander zu unterscheiden, sondern je nach den besonderen Aspekten der äußerlichen Routine, die sie beaufsichtigen.

Diese Art der Abweichung in der Persönlichkeitsentwicklung zeigt auf, welche Gefahr darin liegt, wenn man ein Kind aufzieht, indem man für seine einzelnen Funktionen sorgt, anstatt für sein ganzes Wesen zu sorgen. Außerdem wird diese Gefahr in einer Anstalt noch vergrößert, wo eine Reihe von Erwachsenen ebenfalls die Routineaufgaben erfüllen, die für sie festgelegt worden sind, anstatt daß jeder seine eigene besondere Persönlichkeit bei der Verwirklichung einer allen gemeinsamen Anschauung einsetzt und so den Erlebnissen mit den Kindern individuelle Eigenart hinzufügt. Wenn man Kinder beobachtet, die dies entbehrt haben, wird deutlich, daß jedes Kind die Möglichkeit haben muß, eine kontinuierliche, zentrale Beziehung zu mindestens einem Erwachsenen in der Anstalt zu bilden, damit seine Persönlichkeit sich aus der Erstarrung lösen kann. Das wird nicht nur durch die Gefühlswärme erreicht, die von dem Erwachsenen ausgeht, sondern noch mehr dadurch, daß das Kind in dieser Beziehung eine Flexibilität in seinen emotionellen und intellektuellen Interaktionen erwirbt, die in seinem Leben vorher gefehlt hat.

Pauls Eltern hatten sich schon vor seiner Geburt getrennt. Als kleines Kind hatte er kaum Kontakt mit seinem Vater — jedenfalls keinen, an den er sich erinnern konnte —, und als er sechs Jahre alt war, starb sein Vater nach längerer Krankheit.

Der Vater stammte aus der Mittelschicht. Er war sein Leben lang krank oder leidend und nie gesund genug gewesen, um zu arbeiten. Er mußte von seinen Angehörigen unterhalten werden; diese widersetzten sich seiner Heirat mit äußerster Heftigkeit. Angesichts seiner finanziellen Abhängigkeit ist es begreiflich, daß ihre Ansichten ihn stark beeinflußten. Ihr Ressentiment gegen seine Heirat und ihre Ablehnung seiner Frau vergifteten ihre Beziehungen zu Mutter und Kind.

Abgesehen von den Ansichten seiner Familie hatte Pauls Vater selber das Gefühl, seine Frau habe ihn in die Ehe hineinmanövriert, er habe nie wirklich heiraten wollen. Sie sei viel zu herrschsüchtig, klagte er; das Leben mit ihr sei unerträglich.

Als er sie schließlich verließ, äußerten seine Angehörigen ihren Haß ganz offen und behaupteten, es sei »ganz in Ordnung, sie leiden zu lassen«. Im Familienkreis wurde sie »diese Hexe« genannt. Später, als sie wiederholt Unterhaltsklage gegen ihren Mann erhob, fühlten sie sich in ihren Klagen ganz gerechtfertigt; man sagte von ihr, sie sei es gewesen, die ihn »aus dem Haus hinausgeworfen« habe. Sie waren besonders gekränkt, weil sie »ihren guten Namen vor Gericht gezerrt« und sie so in Schande gebracht hatte. Die Angehörigen waren auch entrüstet, als sie im Verlauf des Prozesses angeblich zu Paul sagte, sein Vater sei tot.

Diejenigen, die mit Pauls Vater in Kontakt gekommen waren, beschrieben ihn als ganz unreif. Er übernahm keinerlei Verantwortung für sein Kind und zeigte kein Interesse an ihm. Er besuchte Paul niemals in einem der Säuglingsheime oder einer der Pflegestellen, in denen Paul vor seiner Unterbringung in einem Waisenhaus war (wohin er nach dem Tod seines Vaters kam). Nur mit Hilfe des Gerichts konnte der Vater gezwungen werden, seiner Frau Unterhalt zu zahlen, und die Gerichtsunterlagen zeigen, daß er mit Pauls Unterhalt chronisch im Rückstand war.

Weder der Junge noch seine Mutter wurden benachrichtigt, als der Vater starb; die Mutter erfuhr es erst durch Zufall, Monate später.

Pauls Mutter war schon immer eine tief unglückliche Frau gewesen. Ihre eigene Mutter, Pauls Großmutter, war eine äußerst gestörte Per-

son. Jede der beiden Frauen hielt die andere für geistesgestört, und
sie stritten sich um Paul. Beide führten oft wirre Reden, manchmal
redeten sie sogar zusammenhangloses Zeug. Sie erzählten uns völlig
verschiedene Versionen ihrer Familiengeschichte und änderten diese
Versionen bei jedem Erzählen. Es schien, als hielten sich Mutter und
Tochter nur unsicher im Gleichgewicht und könnten nur knapp einen
Ausbruch der Schizophrenie vermeiden. Die Großmutter, bei der Paul
wiederholt kurze Zeit lebte, beschuldigte die Mutter in Pauls Gegenwart, sie vernachlässige ihn. Die Mutter, die von dreizehn Jahren an
gezwungen gewesen war, selbst für ihren Unterhalt zu sorgen, leugnete
gewohnheitsmäßig ihre Rolle als Ehefrau und Mutter; sie wollte lieber
eine »Akademikerin« sein, obwohl sie keinen akademischen Beruf erlernt und niemals einen solchen ausgeübt hatte. Sie sagte, sie habe
ihren Mann, der zehn bis sechzehn Jahre jünger war als sie (sie gab bei
jedem Gespräch ihr Alter verschieden an), nur geheiratet, weil sie gedacht habe, da sei »finanziell was zu holen«.
Paul lernte nie ein Familienleben kennen. Er wußte kaum, was es
heißt, geliebt zu werden. Seine Geburt war zwar normal, aber seine
Mutter stand unter starkem seelischem Druck und erholte sich vom
Wochenbett »auf Grund häuslicher Zwistigkeiten nur langsam«. Aus
der Entbindungsstation des Krankenhauses, in dem er zur Welt gekommen war, kam Paul direkt in ein Säuglingsheim, wo er seine ersten
vier Lebensjahre zubrachte. Sowohl die Fürsorgeorganisation, die sich
um den Kleinen kümmerte, als auch die Sozialarbeiterin des Säuglings-
heims drangen darauf, Paul solle in einer Pflegefamilie untergebracht
werden, aber seine Mutter war nicht damit einverstanden. Sie konnte
diesen Gedanken einfach nicht akzeptieren, zum Teil weil sie »fürchtete, sein Vater werde den Unterhaltszuschuß herabsetzen, wenn Paul
in einer Pflegefamilie lebte«. Nach Beobachtungen gelegentlich ihrer
Besuche in dem Säuglingsheim wurde sie als intelligent, aber bitter
beschrieben und als ganz unfähig, Situationen realistisch zu sehen. Die
Mitarbeiter im Säuglingsheim meinten, sie sei »sehr unsicher in ihrer
Beziehung zu sich selbst und zu dem Baby«. Paul gegenüber war sie
»ungeduldig und reizbar«.
Daß Paul gelegentlich über Nacht bei seiner Mutter war, bedeutete für
ihn sehr wenig. Sie arbeitete so lange, daß er schon halb schlief, wenn
sie ihn mit nach Hause brachte, und morgens lieferte sie ihn wieder im
Säuglingsheim ab, bevor er wirklich wach war. Meistens war er ständig
im Heim, und dort lebte er ein Leben, das nur nach der Uhr ging.
Die Mutter besuchte Paul im Säuglingsheim ziemlich oft, aber sie kam
unregelmäßig und zeigte wenig Interesse. Einmal benützte sie ihre

ganze Besuchszeit dazu, dem Kind beizubringen, »Paul liebt Mama«.
Bei späteren Besuchen brachte sie ihm ähnliche Sätze bei.

Von Pauls Leben während dieser Zeit wissen wir wenig, außer daß er
unglücklich gewesen sein muß (zu der Zeit, als wir seine Geschichte
zusammentrugen, war das Heim von der Stadt geschlossen worden,
weil es die Mindestanforderungen nicht erfüllte). Vom Alter von sieben Monaten an lutschte er unaufhörlich am Daumen, aber im übrigen
war seine körperliche Entwicklung zu dieser Zeit normal.

Als Paul vier Jahre alt war, nahm seine Mutter ihn plötzlich aus dem
Säuglingsheim heraus, das seit seiner Geburt sein Zuhause gewesen
war, obwohl sie keine anderen Pläne für seine Versorgung gemacht
hatte. Alle Bemühungen, diese irrationale Handlung zu verhindern,
führten zu nichts. Zunächst nahm sie ihn mit nach Hause, aber da sie
sowohl tagsüber als auch an den Abenden arbeitete, mußte sie ihn bei
einer Reihe von Freunden und Verwandten jeweils für einen Tag »un-
terstellen«. Diese vielen Ungewißheiten und die ständig wechselnde
Umgebung müssen sich für ein Kleinkind, das vorher nur den unveränderlichen und abstumpfenden Tageslauf im Säuglingsheim gekannt
hatte, sehr traumatisch ausgewirkt haben. Nach zwei Monaten hatte
die Mutter ihre Liste von Bekannten ganz erschöpft, und sie erkannte,
daß es so nicht weitergehen konnte. Nun zog sie mit dem Jungen zu
ihrer Mutter, aber dieses Arrangement mißfiel allen drei Beteiligten
aufs äußerste. Schließlich bestand die Großmutter darauf, Paul müsse
fort; also kam er mit viereinhalb Jahren in ein anderes Kinderheim
— sein zweites —, wo er etwa sechs Monate blieb. Dieses Heim war viel
besser als das erste; hier wurden die Kinder und ihre Eltern beobachtet und Aufzeichnungen gemacht. Die Mitarbeiter hielten Paul für
ein stark gestörtes Kind, das »viel zuviel Wechsel« erlebt hatte — mit
schlimmen Folgen für sein Wohlergehen. Und obwohl man der Mutter von weiteren Umstellungen dringend abriet — oder vielleicht gerade deswegen —, nahm sie Paul auch aus diesem Heim wieder fort.
Wieder wies sie Pläne für seine Unterbringung in einer Pflegefamilie,
die äußerst nachdrücklich befürwortet wurden, kurzerhand zurück.
Statt dessen folgten weitere hektische neun Monate des »Unterstellens«
in den verschiedensten Privathäusern und Umwelten. Es ist nicht verwunderlich, daß die anderen Kinder Paul, als er in den Kindergarten
kam, als »verrückt« bezeichneten, während seine Kindergärtnerinnen
in ihm ein sehr unausgeglichenes Kind sahen — völlig isoliert von anderen Kindern und von der Welt —, dessen Zeichnungen jedoch große
Begabung erkennen ließen.

Als Paul noch nicht sechs Jahre alt war, hatte sich die Fähigkeit seiner

Mutter, ihn zu ertragen, ebenso alle verfügbaren »Abstellplätze«, erschöpft, also steckte sie ihn in ein Waisenhaus. Die Sozialarbeiterin, die vor seiner Aufnahme die Situation untersuchte, fragte Paul, wo er am liebsten leben würde. »Ich möchte einen guten Platz, wo ich essen kann, Kleider, ein hübsches Haus, wie ein Vogelhaus«, sagte er. Bei wem er denn gern leben würde? Er wäre gern ganz allein. Die Sozialarbeiterin war verblüfft über seine Unfähigkeit, zwischen Menschen, die er gut hätte kennen sollen, und ganz fremden Menschen zu unterscheiden. Alle Menschen erschienen ihm fremd, oder vielleicht wäre es richtiger zu sagen, er war allen Menschen völlig entfremdet.

Paul wurde in das Waisenhaus aufgenommen, aber erst, nachdem man der Mutter nachdrücklich geraten hatte, ihn doch lieber in eine Pflegefamilie zu geben — ein Rat, den sie wieder ablehnte. In diesem Waisenhaus blieb Paul vier Jahre lang [1].

Während dieser Zeit traten in seiner Familie Ereignisse ein, die für ihn traumatisch waren: Seine Mutter heiratete zum zweiten Mal und bekam ein Jahr später ihr zweites Kind, ein Mädchen. Paul war äußerst wütend darüber, daß dieses Baby offensichtlich der Liebling der Mutter war und bei ihr leben konnte, während es ihr nicht gelungen war, für ihn ein Heim zu schaffen.

Im Waisenhaus ging es ihm von Anfang an recht schlecht; im Lauf der Zeit wurde es immer schlimmer. Bald wurde klar, daß Paul große Schwierigkeiten hatte, sich mitzuteilen. Seine Sprechweise wurde immer stärker elliptisch; er sprach die Silben nur schlecht aus, und es schien ihm gleichgültig zu sein, ob jemand ihn verstand oder nicht. Er sprach in kurzen, unvollständigen Sätzen, so daß es unmöglich war, ihn zu verstehen, wenn er nicht diese zögernd hervorgebrachten, verstümmelten Gruppen von Wörtern mehrmals wiederholte. Selbst dann mußte man Paul und die Situation kennen, um erraten zu können, was er sagen wollte. Außerdem verlor er leicht das Interesse am Reden überhaupt. Jeder Kontakt, den man zu ihm herstellte, ging bald wieder verloren.

Während ihrer Besuche im Waisenhaus lud Pauls Mutter vier Jahre lang ihre widersprüchlichen Gefühle auf ihn ab. Typisch für ihre Ambivalenz gegenüber dem Jungen war die Art, wie sie mit ihm üppige Pläne für die Feier seines Geburtstags schmiedete und sowohl den Geburtstag als auch die Pläne vergaß, wenn der Tag herankam. Später, als Paul an der Schule war, versuchte sie, dieses Verhalten fortzusetzen. Aber ihre Besuche waren geregelt und selten, und wir konnten ihr Bestreben, ihre Schuldgefühle, ihr Ressentiment und ihre paranoiden Wahnvorstellungen auszuagieren, etwas eindämmen. Trotzdem gelang es ihr immer noch, Paul schrecklich aus dem Gleichgewicht zu bringen, und dies gab uns einen guten Begriff davon, wie ihre Zusammenkünfte im Waisenhaus verlaufen sein mochten.

Da sie von Schuldgefühlen verfolgt wurde, weil sie ihn vernachlässigt hatte, malte sie ihm ihre eigene Existenz in den düstersten Farben aus. Da sie tatsächlich ein Leben am Rand des Existenzminimums führte, war dies nicht schwierig. Sie klagte, sie und ihre Tochter müßten hungern und könnten sich keine angemessene Kleidung kaufen; sie müßten leiden, weil sie keine Heizung und kein fließendes Wasser im Haus hätten; sie würden vom Hauswirt, von den Nachbarn und von den Negern verfolgt, die »ihnen auf die Pelle rückten«. Als sie in einer Reihe von geschäftlichen Unternehmungen Mißerfolg gehabt hatte, erzählte sie, welche Verfolgung sie von ihren Konkurrenten zu leiden habe. Sie gab den Verwandten von Pauls Vater (und so indirekt Paul selbst) die Schuld an ihrem Unglück. Wieviel besser hatte es Paul, der behaglich im Waisenhaus lebte! So belud sie ihn mit Schuldgefühlen, nicht nur wegen der Vorteile, die er angeblich genoß, während seine Mutter und seine Schwester litten, sondern noch mehr, weil er sie und ihr Gejammer nicht mochte.

Zugleich wollte sie wegen ihrer eigenen Schuldgefühle als besorgte und beschützende Mutter erscheinen. In dieser Rolle griff sie alles an, was das Waisenhaus und seine Mitarbeiter für Paul taten, und setzte es herab. Sie nörgelte über das Essen, die Kleidung, das Programm, die Unterbringung. Sie machte ihn sehr verlegen, weil sie in seiner Gegenwart mit Mitarbeitern stritt und schimpfte; auf diese Weise wurde jede mögliche knospende Bindung zum Waisenhaus, die sich hätte bilden können, zerstört, und er begann, die Anstalt im allerschlechtesten Licht zu sehen. Er wurde von einem Loyalitätskonflikt zerrissen — er war eingeklemmt zwischen seiner Mutter und dem Waisenhaus. Infolgedessen konnte er überhaupt keine Bindungen herstellen, und alles an seinem Leben war ihm zuwider.

Was für Gefühle Paul seiner Mutter gegenüber hegte, kam erst langsam, nach und nach und unzusammenhängend ans Licht. Erst dann verstanden wir, daß seine Handlungen oft eng mit seinen Gefühlen gegenüber seiner Mutter zusammenhingen. Zum Beispiel war Pauls charakteristische Reaktion auf jede Frustration, gleich nachdem er an die Schule gekommen war (und vielleicht auch schon im Waisenhaus), daß er sich auf den Boden warf und schrie und strampelte. Nachdem er eineinhalb Jahre bei uns gewesen war, spielte er einmal eine Szene durch, die uns erlaubte, auszuloten, was dieses Hinfallen bedeuten könnte. Es begann unmittelbar, nachdem ihm mitgeteilt worden war,

seine Mutter und seine Halbschwester würden zu einem kurzen Besuch
kommen. Er erzählte uns, wie schrecklich er aus der Fassung gerate,
wenn seine Mutter so eindringlich ihre elende Lebensweise beschreibe.
Es war ihm auch klar, wieviel besser es ihm ging, weil er an der
Schule lebte, und wie schlimm das Leben bei seiner Mutter sei. Während er noch sprach, warf er sich plötzlich vom Stuhl auf den Boden,
was fast ein Jahr lang nicht mehr geschehen war, und begann zu schreien
und zu strampeln, wie er es während seiner ersten Monate bei uns so oft
getan hatte.

Als wir fragten, warum er plötzlich auf den Boden gefallen sei, schrie
Paul: »Weil ihr mich gestoßen habt!« Dann hielt er inne, als sei er
über seine eigene Bemerkung überrascht; er begriff, daß ihn niemand
gestoßen hatte. Er sprach unter großem Druck und versuchte zu erklären, daß er sich gestoßen fühlte, emotional »heruntergeworfen«, und
zwar durch den Konflikt zwischen seiner Treuepflicht gegen seine
Mutter und seiner Loyalität gegen die Schule. Er war zu Boden gefallen, buchstäblich niedergeworfen von einem inneren Kampf, mit
dem er nicht fertig werden konnte.

Beruhigung half nichts. Wir sagten ihm, wir wollten keineswegs einen
solchen Konflikt in ihm heraufbeschwören, und er brauche sich wegen
seiner geteilten Verpflichtung nicht schuldig zu fühlen; aber Paul
behauptete nur, er wisse, daß wir in Wirklichkeit wegen seiner Gefühle wütend auf ihn seien. Als er schließlich einsehen konnte, daß
wir es vielleicht nicht waren, war er immer noch sicher, wir würden
eines Tages wütend sein, und das sei Grund genug, sich jetzt unglücklich zu fühlen.

Paul hatte nicht nur gegen seine ambivalente Bindung an seine Mutter
zu kämpfen, sondern auch gegen sein Mißtrauen in bezug auf unsere
Motive, das zum Teil auf seine früheren Erfahrungen in Anstalten, zum
Teil auf die Tiraden seiner Mutter gegen uns zurückzuführen war. So
wurde verständlich, daß jeder Besuch seiner Mutter, so selten die Besuche auch waren, ihn in einen schrecklichen Gefühlsaufruhr versetzte,
weil er seine Wut wegen früherer Entbehrungen neu belebte und seine
Ambivalenz nicht nur ihr gegenüber, sondern auch gegenüber der
Schule aktivierte. Diese Zusammenkünfte waren auch so quälend, weil
sie Paul zwangen zu erkennen, wie gestört seine Mutter in Wirklichkeit
war.

Obwohl Paul nicht zugeben wollte, daß die Besuche ihn belasteten,
tat er sein Bestes, um sie zu vermeiden. Als er z. B. einmal erfuhr, seine
Mutter werde am nächsten Tag zu Besuch kommen, machte Paul Pläne,
zu der Zeit im Kino zu sein, und er versuchte sogar fortzugehen, bevor

sie kam. Er versuchte jeden Besuch abzukürzen, indem er das Zimmer vorzeitig verließ und so die Zeit verminderte, die er mit seiner Mutter zubringen mußte.

Paul merkte ganz genau, was für emotionale Forderungen seine Mutter an ihn stellte. Je stärker er wurde, desto deutlicher wurden ihre Hoffnungen und Erwartungen, er werde für sie sorgen. Das erweckte bei Paul die Furcht, sie könnte ihn zwingen, die Schule zu verlassen und sie zu unterhalten. Nach einem Besuch — etwa zwei Jahre, nachdem Paul zu uns gekommen war — agierte Paul diese Gefühle im Spiel mit seiner Betreuerin. Er stellte Spielfiguren von Vater und Mutter vor ein Spielzeughaus und ließ sie von einer Gruppe Soldaten erschießen. Die ganze Familie wurde getötet, nur der kleine Junge blieb am Leben. Er sei noch rechtzeitig von seinen Eltern weggegangen, sagte Paul, und die Soldaten hätten von da an gut für ihn gesorgt. Aber dann bekam Paul Schuldgefühle und mußte die Soldaten bestrafen, weil sie die Familie getötet hatten. Also ließ er sie einander gegenseitig erschießen, bis auch sie alle tot waren. Offenbar hatte er den kleinen Jungen vergessen. Als man Paul nach seinem Schicksal fragte, sagte er: »Oh, die Soldaten haben ihn auch erschossen, vor einer Weile. Ich hab's vergessen. Er ist auch tot.« Dann sagte er mit einem gezwungenen Grinsen: »Ist das nicht komisch?«

Was ihn wirklich beunruhigte, kam erst nach viel Besänftigung und Beruhigung heraus. Nachdem etwa zehn Minuten in Schweigen verstrichen waren, begann er sich darüber zu beklagen, daß ein anderes Kind vor einiger Zeit die Schule verlassen hatte. Als die Betreuerin ihn beruhigte, er werde nicht fortgehen, sondern noch lange an der Schule bleiben, antwortete Paul sehr abwehrend: »Mir ist das gleich.« Er wechselte das Thema, nahm den Hörer des Spieltelefons ab und fragte, welche Nummer die Schule habe. Er gab nun vor, er rufe die Schule an; es gelang ihm, eine falsche Nummer zu wählen, und er sagte daher, es antworte niemand. Er schien einfach nicht richtig wählen zu können. Er geriet in Angst und rief aus: »Wie kommt es, daß ich immer die falsche Nummer erwische?« Er faßte allen Mut zusammen, um es noch einmal zu versuchen, und er wählte schließlich die richtige Nummer, obwohl es immer noch nicht die richtige Verbindung war. Er bekam statt dessen das nahe Museum für Naturwissenschaft und Industrie, wo er in Wirklichkeit viele genußreiche Stunden zugebracht hatte. Erfreut über diese »falsche« Verbindung, wählte er noch einmal. Endlich machte er in seinem Spiel den richtigen Anruf und sagte glücklich: »Oh, da ist die Orthogenic School.« Darauf stürzte er sich in eine Geschichte, deren wesentlichen Bestandteil er immer noch einmal wiederholte: »Ich rufe an, um Ihnen zu sagen, daß Paul sofort in die Schule zurückkommen muß.« Dies sagte er in praktisch fehlerfreier Aussprache, obwohl, wie ich später schildern werde, seine gewöhnliche Sprechweise stockend, gezwungen und infantil war. Warum mußte Paul sofort zurückkommen? »Weil er seine Aufgaben lernen muß. Es ist sehr wichtig für ihn, zu lernen und in der Schule zu bleiben.« Nachdem er dies klargestellt hatte, rannte er aus dem Spielzimmer in das nahe Schulzimmer und wiederholte, er wolle dableiben und lernen. Beim Hineingehen schaute er zu seiner Betreuerin zurück und sagte abschließend: »Und du weißt — weißt sehr gut —, also frag' nicht.«

So sah Pauls typische Reaktion auf einen Besuch seiner Mutter aus: die Spielszenen und Phantasien nahmen andere Formen an, aber der Inhalt war immer gekennzeichnet durch die Angst, die diese Zusammenkünfte hervorriefen.

Im Lauf der Zeit wurden die Besuche seltener, zum Teil infolge der erfolgreichen Arbeit der Hilfsorganisation mit Pauls Mutter. Außerdem mußte sie gemerkt haben, obwohl sie noch immer die größenwahnsinnige Hoffnung hegte, Paul werde die Führung übernehmen und sie von ihrem Elendsleben befreien, daß Paul sie in Wirklichkeit kaum brauchen konnte. Er wurde als Person stärker und zeigte ihr mehr Rücksicht, aber er ließ auch unmißverständlicher merken, daß er ein eigenes, selbständiges Leben führen wollte.

Während der kurzen Zusammenkünfte mit seiner Mutter nahm Paul sich sehr zusammen, aber vorher wurde er sehr ängstlich, und hinterher war er wütend, ängstlich und von Schuldgefühlen erfüllt. Im Lauf der Zeit wurde er häufig vor und nach einer Zusammenkunft mit seiner Mutter völlig unansprechbar; er errichtete eine Wand zwischen sich und den emotionalen Reaktionen, die er fürchtete.

Wie traumatisch diese Besuche waren, brachte Paul eines Tages zum Ausdruck, nachdem seine Mutter wieder fortgegangen war. Er beschuldigte uns, wir wünschten ihm das Schlimmste, und schrie: »Warum tut ihr es nicht gleich? Macht doch, bringt mich doch um!« Wir hatten das Gefühl, Pauls Wut auf uns, weil wir ihn ihrer Gegenwart aussetzten, sei gerechtfertigt. Aber wir mußten uns seiner Mutter gelegentlich fügen, um sie an der Ausübung ihres legalen Rechts zu hindern, Paul von der Schule fortzunehmen. Genau das hätte sie tun können, wenn wir nicht — mit Hilfe der Hilfsorganisation — einen sehr vorsichtigen Kurs gesteuert hätten.

Nach einem der letzten Besuche seiner Mutter, kurz bevor Paul die Schule verließ, faßte er sein Gefühl in Worte, daß ihre Beziehung mit seiner früheren Unfähigkeit zu tun gehabt habe, zu buchstabieren und zu schreiben, die sich jetzt erst, gegen Ende seines Aufenthalts bei uns, allmählich auflöste. Jedesmal, wenn er mit seiner Mutter zusammentraf, sowohl im Waisenhaus als auch in der Schule, bat sie ihn, ihr zu schreiben. Bei dieser Gelegenheit konnte er sich schließlich, von Schuldgefühlen bedrückt, dazu aufraffen. Wie immer gelang es ihm, Namen und Adresse seiner Mutter falsch zu schreiben, obwohl er bei anderen Gelegenheiten diese Wörter völlig richtig schrieb. Der Brief kam zurück. Paul verbesserte nicht die Anschrift, sondern warf den Brief weg. Bevor er ihn aber beiseite schleuderte, sah er ihn mit einem langen, nachdenklichen Blick an und sagte: »Das ist der Grund, warum ich nie richtig schreiben gelernt hab'.« Seine Beziehung zu seiner Mutter hatte so versagt, und die Folgen für ihn waren so schlimm gewesen, daß er nicht den Wunsch hatte, die deutliche Sprechweise oder die ausreichende Orthographie zu erlernen, die für die Kommunikation mit ihr nötig gewesen wären.

Nichts kennzeichnete ihre Beziehung besser als seine Reaktion auf die Nachricht, er müsse bald die Schule verlassen. Viele Monate lang, seit ihm klargeworden war, daß er bald unsere übliche Altersgrenze erreichen werde[2], hatte er sich gewünscht, auf eine Internatsschule geschickt zu werden, weit von Chicago, wo seine Mutter wohnte. Leider war das aus finanziellen Gründen nicht möglich. Als er erkannte, daß er in Chicago würde bleiben müssen, wollte er sich vergewissern, daß seine Mutter keinen Einfluß auf sein Leben mehr nehmen konnte. Ich erzählte ihm von den Vorsichtsmaßnahmen, die die Hilfsorganisation in dieser Hinsicht traf, und versicherte ihm, er sei nun alt genug, um selbst bei den Plänen für seine Zukunft mitzureden. Das war ihm eine große Erleichterung, obwohl er immer noch ängstlich war. Später, als ich ihn kurz vor seinem Weggang fragte, was ich für ihn tun könne, hatte Paul nur eine Bitte: Man solle seiner Mutter nicht sagen, wo er in Zukunft sein werde, so daß sie ihn nicht erreichen könne. Er wiederholte diese Bitte mehrmals gegenüber verschiedenen Mitarbeitern, um sicher zu gehen, daß wir alle wüßten, was er wollte. Und bei seinem ersten Besuch in der Schule fragte er mich, ob ich mein Versprechen, sein Geheimnis nicht zu verraten, gehalten hätte.

Das bedeutete nicht, daß Paul gefühllos war. Zu dieser Zeit empfand er echtes Mitleid mit seiner Mutter und mit ihren bedrückenden und elenden Lebensumständen. Eines Tages, wenn er seinen sicheren Platz im Leben gefunden hätte, wollte er seiner Mutter und seiner Halbschwester helfen. Aber er wollte sicherstellen, daß er seine Lebensziele erreichen konnte, ohne daß seine Mutter ihm dazwischenfuhr.

Schon in Pauls zweitem Jahr im Waisenhaus wurden seine Wutausbrüche so stark, daß sie selbst in einer Umgebung, in der schlimme Wutanfälle an der Tagesordnung waren, als ungewöhnlich angesehen wurden. Lange bevor seine extremsten destruktiven Handlungen stattfanden — die zu seiner Unterbringung in der Schule führten —, war er gegen andere Kinder und Erwachsene gewalttätig geworden. Während der vier Jahre im Waisenhaus war er unfähig, irgendwelche erwähnenswerten Beziehungen zu Erwachsenen oder Kindern zu entwickeln — ausgenommen vielleicht eine externe Sozialarbeiterin, von der er wußte, daß sie mit Erfolg Pläne für sein Ausscheiden aus dem Waisenhaus machte. Er schloß sich ihr gegenüber ein wenig auf und vertraute ihr an, er könne es nicht ertragen, ein anderes Kind anzusehen; er hatte das Gefühl, sie seien alle seine Todfeinde.

Kurz bevor er zu uns überwiesen wurde, wies sein Verhalten im Waisenhaus darauf hin, daß seine Störungen in immer schnellerem Tempo zunahmen. In seinen letzten sechs Monaten dort machte er mehrere Selbstmordversuche, wobei er schrie, er wolle sterben. Er versuchte, aus dem Fenster zu springen. Er schlug einem Kind zwei Zähne aus und verletzte eine Woche später ein anderes im Streit schwer. Schließlich verletzte er ein drittes Kind so schwer, daß man es als Mordversuch ansehen konnte. Als diese gewalttätigen und selbstzerstörerischen Handlungen immer häufiger und schlimmer wurden, fühlte sich das Waisenhaus nicht mehr fähig, mit Paul fertig zu werden; man verlangte schließlich von der Hilfsorganisation, die die Verantwortung für ihn auf sich nahm, eine Notunterbringung [3]. Eine psychiatrische Beurteilung bestätigte den bedenklichen Eindruck, den man im Waisenhaus gewonnen hatte, und es wurde die sofortige Einweisung in eine therapeutische Anstalt empfohlen. Da kam Paul zu uns.

Als wir Paul kennenlernten, war er zehn Jahre alt. Die psychiatrische Untersuchung, der er beim Eintritt in die Schule unterzogen wurde, offenbarte nicht so sehr mörderische und depressive Phantasien — wie man nach seinen Mord- und Selbstmordversuchen hätte erwarten können —, sondern Leere, große Flachheit und Instabilität der Gefühle, die Unfähigkeit, Beziehungen herzustellen, äußerste Distanziertheit und ausgeprägt kindliche Gefühle und Verhaltensweisen. Seine Abwehrmechanismen waren sehr primitiv und unzulänglich. Mit uns spielte er den »Schlauberger«, um seine Unfähigkeit zu verbergen, sich auszudrücken, und uns nannte er dumm, weil wir nicht verstanden, was er sagte.

Während des ersten Gesprächs war er aggressiv und deutete unser Anbieten von Süßigkeiten und andere Bemühungen, es ihm behaglich zu machen, als Ausfluß unserer Angst vor ihm oder als Versuche, ihn zu bestechen. Er zerbrach jedes Spielzeug, das wir ihm gaben, aber anscheinend weniger aus Destruktivität als aus dem Wunsch, mit einer Schau größter Aggressivität seine Unfähigkeit zu verdecken, mit dem Spielzeug umzugehen. Er hatte einfach nie gelernt, wie man spielt. In ähnlicher Weise behandelte er, wenn er getestet wurde, das Testmaterial destruktiv, um seine Unzulänglichkeit zu verdecken. Er grapschte sich z. B. das Testformular, auf dem seine Ergebnisse aufgezeichnet wurden, und zerriß es; dann, als er erkannte, daß er nicht gut abschnitt, beschuldigte er die Untersucherin, sie betrüge und verfälsche absichtlich seine Leistungen. Großsprecherisch sagte er zu ihr, er wolle nichts mehr von diesem albernen Zeug, und er werde mir sagen, daß sie betrogen habe — dann würde ich sicher die Untersucherin hinauswerfen, weil sie ihn so schäbig behandelt habe.

Der Intelligenztest ergab, daß seine Intelligenz normal war (ein I. Q. von genau 100). Dies schien zwar eine korrekte Messung seiner durchschnittlichen Fähigkeiten, aber es gab keineswegs ein angemessenes Bild von der Ungleichmäßigkeit seiner Leistungen, besonders auf verbalem Gebiet. Auf diesem Gebiet entsprachen sie kaum denen eines Achtjährigen. Auf Grund seiner verbalen Leistungen allein hätte man ihn als Borderline-Fall klassifiziert, der kaum an das niedrigste Niveau des stumpfen Normalen heranreichte. Nur seine überlegene Denkfähigkeit und sein Gedächtnis brachten sein Testergebnis auf die Stufe des Normalen.

Pauls schulische Zurückgebliebenheit hing mit seinen schlechten verbalen Leistungen zusammen. Es erwies sich, daß er mehr als drei Stufen hinter der Norm für sein Alter zurückblieb. Seine Leistungen waren bezeichnenderweise am niedrigsten, wo es um Wortbedeutung, Orthographie und Lesen ging; hier war er noch nicht für den Eintritt ins erste Schuljahr bereit. Aber sein Gesamtergebnis wurde durch seine Fähigkeiten im Rechnen gehoben, wo er mehr der Norm seiner Altersstufe nahekam.

Obwohl Pauls Mutter ihr Äußerstes getan hatte, um ihn gegen seine Lehrer einzunehmen, hatte er den Gegenstand am besten gelernt, den nur sie ihm beigebracht hatten: Rechnen. Er konnte die Sprache nicht beherrschen lernen, besonders nicht ihren Gebrauch — d. h. Wortbedeutung und Aussprache (ebenso wie Orthographie und Lesen, die auf

Wortgebrauch beruhen); diese Fertigkeiten erwirbt das Kind normalerweise durch die Personen, die im Kleinkindalter unmittelbar für seine Bedürfnisse sorgen. Pauls Verlust des Gebrauchs der Sprache — und damit der angemessenen Kommunikationsmöglichkeit und der Entwicklung interpersonaler Beziehungen — trat so früh und mit so drastischen Folgen ein, daß er selbst während seines Aufenthalts an der Schule die für sein Alter angemessenen verbalen Fähigkeiten nicht völlig erwarb. Er war aber sehr wohl fähig, die Fertigkeiten zu erlernen, die ein Kind später in der Schule erwirbt. Darin war er viel erfolgreicher, als man es vom Durchschnitt erwartet.

Die Wirkungen dieser frühen Behinderung in Pauls intellektueller Entwicklung waren während all seiner Jahre an der Schule bemerkbar. Als er uns mit vierzehneinhalb Jahren verließ, hatte er im Rechnen die Kenntnisse des elften Schuljahrs schon weitgehend erworben, d. h., er war mehr als zwei Jahre weiter als der Durchschnitt seiner Altersgruppe. In Sozialkunde war er sogar noch besser; er wußte ebensoviel wie Schüler beim Abschluß der High School wissen müssen, wenn sie dieses Fach wählen. Seine größten Fortschritte machte er also in Fächern, die er vorher niemals gelehrt worden war; weniger bewährte er sich in denen, die er schon begonnen hatte, bevor er zu uns kam. Aber in Fertigkeiten wie der Beherrschung des Wortschatzes, die er von seinen Eltern oder deren Ersatzfiguren hätte aufnehmen sollen, konnte er bis zu seinem Weggang von uns nur das Niveau vom Beginn des sechsten Schuljahrs erreichen. Auf diesem Gebiet hinkte er daher noch etwa zwei Jahre hinter den Normalen her.

Vom »wilden Tier« zum »großen Diktator«

Pauls Fortschritte, ob sie sich nun in seiner wachsenden Fähigkeit zeigten, ein gewisses Maß an Selbstvertrauen zu erwerben, oder in dem Umstand, daß er allmählich dem Leben gegenüber weniger pessimistisch wurde, sind schwer zu beschreiben. Denn im Grunde blieb er ein nicht mitteilsamer Mensch. Selbst wenn er es wollte, konnte er sich nur selten in Worten ausdrücken. Darum mußte auch ein großer Teil unserer Hilfe nonverbal sein, sonst hätte er sie nicht angenommen. Seine Reaktionen konnte man oft nur durch Beobachtung seines Gesichts- oder Körperausdrucks abschätzen.

Er war sehr geschickt im Gebrauch seines Körpers, um seine Gefühle zu zeigen. Zuerst machte er Wut und Frustration hauptsächlich durch Wutanfälle, Um-sich-Schlagen und unartikuliertes Schreien Luft, indem er sich und sein Spielzeug hinwarf, und indem er Gegenstände zerbrach oder zerriß. Im Lauf der Zeit begann er, sein zunehmendes Gefühl des Wohlbefindens durch seinen Körper auszudrücken — durch Entspannung des Muskeltonus, verbesserte Koordination, ein verlegenes Grinsen und viel später durch ein richtiges Lächeln. Während seine nonverbalen Ausdrucksmöglichkeiten von plumpen Körperbewegungen zu feiner unterschiedenen Veränderungen fortschritten, bekam vor allem sein Mund immer größere Bedeutung. Wir konnten seine Gefühle an seinem Stirnrunzeln oder Schmollen ablesen. Später wurden solche Veränderungen im Gesicht zu mehr oder weniger absichtlich eingesetzten Mitteln, mit deren Hilfe er Gefühle offenbarte und uns schließlich seine inneren Gedanken und Reaktionen mitteilte.

Als Paul zu uns kam, war er zunächst sehr sanftmütig. Am meisten fürchtete er, von den älteren Jungen verprügelt zu werden, wie es im Waisenhaus geschehen war. Er hatte ebenso vor den Mitarbeitern Angst. Aber er merkte schnell, daß wenig Forderungen an ihn gestellt wurden und daß wir ihn beschützen würden. Am ersten Abend in der Schule begann er in selbst ausgelöster Regression am Daumen zu lutschen, obwohl er es schon im Waisenhaus nicht mehr getan hatte; vom dritten Tag an tat er es fast unausgesetzt. Monatelang mußten wir, wenn wir verstehen wollten, was in ihm vorging, genau beobachten, wie er am Daumen lutschte: verzweifelt oder mit Vergnügen, autistisch oder weil er sich so sehr auf den Versuch konzentrierte, eine Beziehung herzustellen. Das gab uns Hinweise, wie wir verfahren mußten.

Ähnlich wurde mit der Zeit die Art, wie er die einzelnen Wörter hervorstieß, aus denen er seine kurzen Mitteilungen bildete, aufschlußreicher als das, was er tatsächlich sagte. Denn Paul genoß es, seinen ganzen oralen Apparat aggressiv zu benützen. Er rülpste z. B. oft, laut und erstaunlich ausdrucksvoll. Sein orales Lieblingsvergnügen, dem er nur das Lutschen noch vorzog, bestand darin, mit den Lippen ein schmatzendes Geräusch hervorzubringen, auf das sofort ein lautes, glucksendes Geräusch folgte, das er mit der Zunge machte. Mit diesen Tönen begann und endete er jeden Satz; sie begleiteten oft jedes Wort. Wenn andere Kinder sein Schmatzen erwähnten oder wenn wir ihm sagen mußten, man könne ihn deswegen schlecht verstehen, geriet er entweder in Wut oder er zog sich in wütende und trotzige Isolierung zurück. Diese Reaktion verdeckte er, indem er Radio hörte, in Comics-Heften blätterte und heftig und aggressiv am Daumen lutschte. Oft schmatzte er mit den Lippen, wenn er eifrig bestrebt war, etwas mitzuteilen, es in Worten aber nicht konnte. Die Geräusche, die oft an die Stelle der Sprache traten, waren dem Lallen von Säuglingen sehr ähnlich. Natürlich benützte er, wie man erwarten konnte, seine mangelhafte Sprechfähigkeit absichtlich und feindselig, um unsere Aufmerksamkeit durch lange Pausen zu beanspruchen, uns auf die Folter zu spannen und unsere Geduld auf die Probe zu stellen.

Paul konnte zwar viele seiner Gefühle und Besorgnisse in einfallsreichen Zeichnungen ausdrücken, aber er zerstörte die meisten seiner Kunstwerke sofort, nachdem sie fertiggestellt waren. Es ist schade, daß wir sie hier nicht abdrucken können, denn sie würden viel zu einem Bericht beitragen, der, weil er sich weitgehend auf Sprache stützt, vieles von dem wegläßt, was in Pauls Leben an der Schule bedeutsam war. Unter anderem muß das wegbleiben, was er uns durch seine künstlerischen Produktionen offenbarte. Aber da so viele heimgeschädigte Kinder in dieser Weise sprechgehemmt sind, muß jeder Bericht über sie an ähnlichen Mängeln leiden [4]. Bei einem Besuch vor seinem Eintritt in die Schule erzählte Paul uns einige angeberische Geschichten darüber, wie mächtig er sei, wie gefährlich und wie einflußreich; er war aber völlig uninteressiert, als wir unsererseits versuchten, ihm etwas über die Schule zu erzählen — mit einer bezeichnenden Ausnahme: Immer wenn die Rede auf Mahlzeiten kam, war er ganz Ohr. So wenig Paul sprach, seine kurzen und oft unverständlichen Aussagen betrafen fast immer die Nahrung. Er machte sich Sorgen, unsere Mahlzeiten könnten nicht zu den gleichen Zeiten serviert werden wie im Waisenhaus, und er könnte vielleicht nicht fähig sein, sich an eine Änderung anzupassen. Tatsächlich gab ihm schon der Gedanke daran ein Gefühl völliger Hilflosigkeit. Wie ein Säugling schien er nur für die Essenszeit zu leben; wenn diese Zeit geändert wurde, verlor sein ganzes Leben den Zusammenhalt [5].

An seinem ersten Tag in der Schule aß Paul wenig; am nächsten bat er um zwei Portionen von allem und verschlang sie. Danach wuchsen seine Nahrungsforderungen ständig weiter, und innerhalb von zwei Wochen aß er mindestens vier bis fünf Portionen von allem. Es war wirklich erstaunlich, welche Nahrungsmengen er aufnahm. Er aß nicht nur große Mengen, sondern während dieser ersten Wochen aß er praktisch den ganzen Tag lang.

Dieses übermäßige Essen kam sicher nicht vom Hunger, sondern vom emotionalen Ausgehungertsein. Paul war sein Leben lang ein gesundes Kind gewesen, physisch gut entwickelt und von normalem Gewicht. In der Schule begann er sofort zuzunehmen und hielt sein Übergewicht stetig. Er aß sehr schnell, als hätte er immer Angst, es gebe nicht genug, oder andere Kinder könnten ihm seine Portion wegnehmen. Er pflegte ins Eßzimmer zu stürzen, nach dem Essen zu grapschen, bevor er sich hingesetzt hatte, während der ganzen Mahlzeit weiter nach dem Essen zu grapschen, und die ganze Zeit beschuldigte er auch noch die anderen Kinder, sie nähmen ihm »seinen Anteil« weg. In Wirklichkeit hätte er beobachten können, daß an der Schule jeder soviel zu essen bekommen kann, wie er will, und daß es keine für ein bestimmtes Kind abgeteilten Portionen gibt. Infolge seiner Gier nahm Paul im ersten Monat zwei Pfund zu, im zweiten sechs, im ersten Halbjahr an der Schule insgesamt sechzehn. Im nächsten halben Jahr nahm er weniger rasch zu, aber immerhin um weitere zehn Pfund. Im zweiten Jahr nahm er neunzehn Pfund zu und im dritten achtundzwanzig. Erst jetzt verflachte sich seine Gewichtskurve. Später, unter dem Druck der Angst, uns verlassen zu müssen, begann er noch einmal, sich vollzustopfen. Kurzum, nach den ersten paar Monaten hatte Paul erhebliches Übergewicht.

Der Eintritt in unsere Schule veränderte nicht nur Pauls physische Umwelt, sondern sein ganzes Leben. Da er sich selbst auf primitive Weise mit der ganzen Welt gleichsetzte, schien er das Gefühl zu haben, diese grundlegende Veränderung in seinem eigenen Leben habe automatisch auch alle anderen und alles andere verändert. Am Ende seiner ersten Woche bei uns wollte er einen Besuch im Waisenhaus machen, »weil alles anders geworden ist«. Er betonte, er wolle dort nicht irgendeine Einzelperson sehen, sondern nur, »wie sich dort alles verändert hat«. Das Waisenhaus sei früher einmal sehr groß gewesen, sagte er, dort hätten etwa 500 Kinder gewohnt (eine starke Übertreibung), und trotzdem sei nicht genug Platz vorhanden gewesen, denn »alle Kinder wollten rein«. Jetzt, da er von dort fortgegangen war, stellte er sich vor, auch alle anderen hätten das Waisenhaus verlassen, und er war sicher, mittlerweile könne kaum noch jemand übrig sein.

Diese Bemerkungen waren die Einleitung zu unserem ersten Gespräch über sein Leben im Waisenhaus. Es war für ihn, wie auch später aus seinen mehr ins einzelne gehenden Erinnerungen hervorging, ein Ort ohne Menschen gewesen. Er sprach ganz frei über »die Kinder«, was sie taten und wie sie stritten. Bezeichnenderweise kannte er keins von ihnen mit Namen. Er sprach von ihnen nur als von den »großen Burschen«, schattenhaften Gestalten mit einer schrecklichen Macht, zu verletzen und zu quälen und ihn ohne Grund zu verprügeln. Ebenso anonym waren die Erwachsenen, mit denen er Kontakt gehabt hatte. Bis zum Ende seines Aufenthalts bei uns sprach er von allen Leuten im Waisenhaus entweder als von »großen Burschen« (offenbar meinte er damit erwachsene männliche Aufseher und ältere Jungen, die die Rolle von Aufsehern spielten oder sie sich anmaßten) oder »kleinen Burschen« (damit bezeichnete er alle Kinder, die wie Paul von den Mächtigeren herumgestoßen wurden). Diese Anonymität übertrug er auf die Kinder an der Schule. Wenn er von ihnen sprach, pflegte er zu sagen »die Burschen«, wenn er zu ihnen sprach, hieß es »ihr Burschen«. Es vergingen Jahre, bis er beständig Namen verwendete, wenn er zu oder von den Kindern an der Schule sprach. Selbst dann kehrte er noch zu einem gebrüllten »ihr Burschen« zurück, wenn er unter Druck stand.

Im Waisenhaus hatte es auch weibliche Mitarbeiter gegeben, aber zu dieser Zeit erinnerte er sich an keine von ihnen, auch an keine andere Frau in seinem Leben (mit Ausnahme seiner Mutter, seiner Großmutter und der einen Sozialarbeiterin, die wesenlich dazu beigetragen hatte, daß er zu uns kam). Erst viel später konnte er sich an einige seiner Volksschullehrerinnen als Personen erinnern. Schließlich erinnerte er sich an die Namen dieser Frauen und an einige ihrer Persönlichkeitszüge — wenigstens an die Haltung, die sie im Umgang mit ihm gezeigt hatten. Aber die Leute im Waisenhaus, mit Ausnahme der externen Sozialarbeiterin, blieben bis zum Schluß für ihn anonym. Und selbst seine Erinnerung an die Sozialarbeiterin war abhängig von der Hilfe, die er von ihr dabei erfahren hatte, »aus allem herauszukommen«.

Im Gegensatz dazu erinnerte Paul sich an die Routine des Tagesablaufs bis in die kleinsten Einzelheiten. Während seiner ersten Wochen bei uns führte er sie weiter gewissenhaft und mechanisch durch, wie ein Automat, und ganz offensichtlich ohne Interesse an dem, was er tat. Jede Abweichung von der Routine, die er gekannt hatte, rief äußerste Panik hervor. Als er z. B. die Betreuerin eines Morgens ein sauberes Hemd herauslegen sah, das er anziehen sollte, fing er an zu zittern und zu schreien. Er warf sich auf den Boden, rollte hin und her und strampelte wild, bis seine Betreuerin erriet, daß das, was er schrie, »Mittwoch« heißen sollte. Sie unterstellte richtig, daß er gewöhnt war, am Mittwoch ein frisches Hemd zu bekommen. Erst als sie ihm endlich verständlich machen konnte, daß er kein frisches Hemd anzuziehen brauche, weil nicht Mittwoch war, konnte sich Paul wieder fassen.

Im großen ganzen versuchte Paul während jener ersten Tage, sich sehr gut zu benehmen und zu beherrschen. In Wirklichkeit isolierte er sich natürlich von uns und konzentrierte sich darauf, ängstlich zu beobachten, was um ihn her vor sich ging. Zum erstenmal wurde er lebendig, als er eine »Küchen-Razzia« erlebte. Diese Unternehmung, bei der die Kinder von ihrer Betreuerin in die große Küche geführt werden, wo sie dann kochen und essen dürfen, was sie wollen, ist sehr beliebt.

Obwohl sie bei allen Kindern, die mit der Schule vertraut sind, als selbstverständlich gilt, regte seine erste Erfahrung dieser Art Paul ungeheuer auf, und er benahm sich, als tue er etwas ganz Verbotenes und Kühnes. Er schien zu denken, er habe zusammen mit seiner Betreuerin die Köchinnen, die Mitarbeiter und vor allem mich überlistet. Nachher war er ängstlich, die Köchinnen könnten ihn verraten, und trotz der Versicherungen der Betreuerin war er sicher, wenn der »Überfall« entdeckt würde, würde er verdroschen. Paul hatte offenbar das Gefühl, alles, was eine Zuwiderhandlung gegen die von ihm vermutete Routine der Schule bedeutete, verdiene gerechterweise strenge Bestrafung.

Bald nach diesem ersten Abenteuer fing Paul an, einige der gefährlichen und destruktiven Tendenzen zu agieren, von denen er vorher nur gesprochen hatte. Er richtete seine Feindseligkeit gegen unbelebte Objekte. Im Waisenhaus hatte er zwar gedroht, sich oder andere zu vernichten, aber bei uns machte er Versuche damit, Gegenstände zu zerstören, die man am Körper trägt. Eines Tages zündete er seinen Schlafanzug an; man kam dazu, bevor großer Schaden geschehen war, aber ein paar Tage später machte er einen Haufen aus den Schlafanzügen der anderen Kinder und hielt wieder ein Zündholz daran. Im Waisenhaus hatte er seine Selbstmord- und Mordversuche gemacht, wenn keine Erwachsenen in der Nähe waren. An der Schule wurde er in Gegenwart seiner Betreuerin destruktiv, und es war ihm sichtlich eine Erleichterung, wenn sie die kleinen Brände löschte. Wenn diese Brände auch nicht wirklich selbstzerstörerische Handlungen waren, so drückten sie doch gewiß selbstzerstörerische Tendenzen aus, denn als wir fragten, warum er sie gelegt habe, antwortete er: »Will nicht leben; will sterben«, und er fügte zur weiteren Erklärung hinzu, er sei ein »verrückter Mörder«.

Warum wählte Paul die Brandstiftung als Ausdruck für seine inneren Spannungen? Das ist schwer zu sagen. Vielleicht waren die Kleidungsstücke als Symbole für Menschen eine ausreichende Zielscheibe für seine destruktiven Tendenzen, weil seine Impulse an der Schule sich in einem gewissen sozialen Zusammenhang, d. h. in der physischen Nähe seiner Betreuer, ausdrücken konnten — wenn auch wahrscheinlich noch nicht im Zusammenhang mit einer persönlichen Beziehung zu ihnen. Wenn es erlaubt ist, in diesem Stadium schon auf das Wissen vorzugreifen, das wir erst viel später erwarben, bietet sich eine andere Erklärung an.

Für Paul mögen unsere etwas subtileren Methoden des Setzens von Grenzen und des Vermeidens von Exzessen im Vergleich zu dem, was er im Waisenhaus gekannt hatte, wie ein Fehlen jeder Beschränkung ausgesehen haben. Dieses plötzliche Fehlen von Vorschriften, wie es ihm erschien, war wahrscheinlich erschreckend. Er brachte dies später zum Ausdruck, indem er sich laut beklagte, wir ließen ihm und den anderen Kindern »zuviel durchgehen«. Genau wie er glaubte, er und seine Betreuerin seien bei der »Küchen-Razzia« mit etwas »davongekommen«, so mag ihm seine gegenwärtige Freiheit, sich zu überessen, den Eindruck verschafft haben, daß in der Schule gar nichts verboten sei. Das legt nahe, daß er sein asoziales Verhalten benützte, um diese Vermutung, von der er sehr fürchtete, sie könne zutreffen, zu prüfen — denn Paul fürchtete sich mit Recht vor dem, was er vielleicht tun würde, wenn man ihm nicht Einhalt geböte. Der Umstand, daß er nach nur zwei Versuchen die Brandstifterei endgültig aufgab, weist darauf hin, daß sein wirkliches Bedürfnis darin lag, uns auf die Probe zu stellen.

Aber dies erklärt nicht, warum er unsere Autorität lieber durch Brandstiftung prüfte als auf andere Weise. Man könnte leicht über die phallischen und urethralen Hintergründe der Brandstiftung spekulieren. Wir wußten nichts über Pauls Sauberkeitserziehung, aber sie war vermutlich streng und sicherlich eine Routine-Angelegenheit gewesen. Unter den Jungen, deren Schlafanzüge er in Brand gesteckt hatte, waren Bettnässer. Daß diese Jungen ohne Hemmungen nachts ihre Pyjamas naßmachten, mag Paul aus dem Gleichgewicht gebracht haben, weil es alten Groll und alte Ängste neu belebte. Und daß die Betreuerinnen sie nicht bestraften, mag für ihn nur ein bedrohliches Zeichen mehr gewesen sein, daß die Kinder an der Schule »mit allem davonkommen«.

Leider bleiben dies nur Vermutungen, da Bestätigung weder durch Pauls eigene Bemerkungen erfolgte, noch aus seinem Verhalten hervorging, wie wir es im Zusammenhang mit den Brandstiftungsversuchen beobachteten. Es gab jedoch eine auffallende Parallele zwischen seinem Feuerleger-Verhalten und seinen Eßgewohnheiten. Er begann an der Schule mit mäßigem Essen. Nur weil wir ihm nicht Einhalt geboten, wurde sein Appetit unmäßig. Sein Hinunterschlingen von Essen war ein sich fortzeugender Prozeß — eine Tätigkeit, die gleichsam aus sich selbst lebte. Ähnlich hätten die kleinen Feuerchen, die er anzündete, wenn man sie nicht gelöscht hätte, durch Verzehren der Stoffe, mit denen sie gefüttert wurden, sich zu destruktiven Bränden auswachsen können. Paul war durchaus bereit, das Brennmaterial zu liefern, bis wir ihn davon abhielten. Wollte er durch das Legen der Brände versuchen herauszubekommen, ob wir ihn auch vom übermäßigen Essen abhalten würden, wenn es für ihn gefährlich würde?

Für seine weitere gesunde Entwicklung war es, so glaube ich, wichtig, daß wir, anstatt ihn ganz davon abzuhalten, Brände zu legen, die Feuer lediglich ohne allzu großes Aufsehen und ohne Schwierigkeiten löschten und später ihre Bedeutung verkleinerten. Hätten wir ihn von vornherein daran gehindert, hätte er vielleicht geglaubt, wir teilten seine Angst, wenn erst einmal die destruktiven Prozesse im Gang wären, könnten sie nicht mehr angehalten werden. Und wenn wir großes Aufheben gemacht hätten, hätte das leicht ein sehr ähnliches Gefühl in ihm erzeugen können. Er hätte jeden scharfen Tadel als ein Zeichen dafür gewertet, daß wir Angst hätten oder kaum in der Lage seien, den Flammen Einhalt zu gebieten. Unser Mangel an Aufregung und die Leichtigkeit, mit der wir seine destruktiven Bemühungen abbrachen, schienen Paul zu überzeugen, daß wir seinen negativen Tendenzen steuern konnten. Daß dies vielleicht die richtige Erklärung für seine Versuche mit dem Feuerlegen ist, scheint unterstützt zu werden durch die Tatsache, daß er sich im Zeitraum unmittelbar danach sowohl gegen die Kinder als auch gegen die Betreuer gewalttätigen Ausbrüchen hingab und verkündete, er sei ein »wildes Tier« — d. h. unbeherrscht in seinen zerstörerischen Neigungen.

In diesem Zusammenhang können wir verstehen, warum Pauls selbstzerstörerische Tendenzen in der Schule in Form von Brandstiftungsversuchen und Angriffen auf andere auftauchten und niemals in selbstmörderischer Form. Im Waisenhaus hatten sich seine Zerstörungshandlungen hauptsächlich gegen die bedrückende äußere Welt gerichtet; erst in der letzten Verzweiflung kehrten sie sich gegen ihn selbst. Sobald er bei uns war, spürte Paul fast sofort, daß seine Welt jetzt wohlwollend und nachgiebig war. Weil ihm die inneren Beherrschungsmechanismen fehlten — da er sich sein Leben lang nach äußeren Vorschriften gerichtet hatte, die seiner eigenen Persönlichkeit fremd waren —, erschien ihm diese Nachgiebigkeit verführerisch; sie verlockte ihn, seiner Destruktivität nachzugeben. Glücklicherweise zeigten ihm seine Erfahrung beim Feuerlegen und unsere Reaktion, daß wir, wenn nötig, unsere Autorität ihm gegenüber geltend machen konnten und es auch taten.

Im Rückblick ist das leicht zu verstehen. Wir hatten aber zunächst nicht erkannt, daß wir es Paul ermöglicht hatten, seine alten Steuerungsmechanismen zu rasch aufzugeben, und daß er vielleicht bessere Fortschritte gemacht hätte, wenn wir in diesen ersten Wochen ganz verstanden hätten, was seine Handlungen bedeuteten und wie unser Verhalten auf ihn wirkte. Selbst mit diesem Wissen kann man sich nur schwer vorstellen, welchen anderen Kurs wir hätten einschlagen können. Wir versuchen zwar, unsere Handlungen so genau wie möglich auf die Bedürfnisse jedes Kindes zuzuschneiden, aber es bleibt immer der Umstand, daß wir in einer Anstalt leben. Wir hätten Pauls übermäßiges Essen einschränken können, aber das hätte vielleicht auf andere Kinder ungünstig gewirkt, die hätten Angst bekommen können, wenn wir solche Grenzen setzten. Wir zögern zwar nicht, potentiell gefährlichen Handlungen Einhalt zu gebieten, ebenso solchen, die im einzelnen zu große Angst erzeugen, aber es ist schwierig, dies auf die Einschränkung der Nahrungsaufnahme auszudehnen, obwohl — wie Pauls Beispiel zeigt — auch übermäßiges Essen Angst erzeugen kann. Da Paul seine Gier nach Essen und die Befriedigungen bemerkte, die es ihm bot — Befriedigungen, die er in seinem früheren Leben schmerzlich hatte entbehren müssen —, fürchtete er, er würde so viel essen, daß er sich selbst vernichten oder »platzen« könnte. Er spürte wahrscheinlich auch, was für eine destruktive Handlung sein Hinunterschlingen von Nahrung war, und dies mag für ihn symbolisch die Vernichtung derer bedeutet haben, die er haßte. Darum wünschte er sich, um dagegen geschützt zu sein, durch übermäßiges Essen sich oder andere zu vernichten, wir sollten seiner Nahrungsaufnahme Grenzen setzen, und er bekam Angst, als wir es nicht taten.

Da wir unser Handeln so oft auf dürftiges Wissen gründen müssen, meinen wir, es sei besser, in Richtung auf Duldung vom rechten Weg abzuweichen als in Richtung auf zu große Einschränkung. Unsere Anschauung hat zur Folge, daß wir dem Kind soviel Befriedigung bieten wie möglich, besonders am Anfang, um ihm zu helfen, sich ein positiveres Bild von der Welt zu machen und eine Beziehung zu uns herzustellen. Wenn es erst einmal durch die Beziehungen, die es zu Mitarbeitern herstellt, viel Befriedigung erlebt hat, meinen wir, wir könnten von ihm mehr soziale Anpassung erwarten. Zu diesem Zeitpunkt gleichen interpersonale Belohnungen auch schon den Aufschub von Befriedigung und die Versagung asozialer Tendenzen aus und lassen sich einsetzen, um das Kind zur Sublimierung einiger Triebe hinzulenken. Wenn wir nicht ganz sicher sind, daß es falsch ist, versuchen wir daher, die Befriedigung der Grundbedürfnisse des Kindes, wie Nahrungsaufnahme und Ausscheidung, Ruhe und Bewegung, Selbstregulierung, Ungestörtheit der Intimsphäre und Freiheit, sich seine Gefährten zu wählen, nicht einzuschränken. Dies scheint zwar für die meisten Kinder günstig zu sein; Pauls Fall zeigt, daß es nicht für alle geeignet ist.

Außerdem gab es andere Schwierigkeiten, die mit unseren Verfahrensweisen und nicht mit unseren Anschauungen zusammenhängen. Um ein Kind verstehen und ihm helfen zu können, müssen wir wenigstens mit ein paar Annahmen anfangen. Das gilt besonders, wenn wir es mit Kindern zu tun haben, die sich so wenig ausdrücken können, daß sie nicht mitteilen können, was sie auf dem Herzen haben und dazu neigen, irrational zu handeln. Damit wir eine angemessene Entscheidung treffen können, welches Kind wir aufnehmen sollen, und dann, in welche Gruppe wir es tun sollen, damit es vom Zusammensein mit anderen Kindern am meisten gewinnt, müssen wir so viele Informationen wie möglich über das Kind zusammentragen. Es läßt sich nicht vermeiden, daß dieses Grundmaterial unsere Meinungen beeinflußt. Hätten wir uns z. B. Paul ohne vorgefaßte Meinungen genähert, hätten wir vielleicht einen Zusammenhang zwischen seinem Feuerlegen und seinem übermäßigen Essen hergestellt, denn dies waren zu jener Zeit seine bezeichnendsten Verhaltensweisen. Aber was uns eben an den Informationen, die wir vor Pauls Eintritt in die Schule über ihn bekamen, am meisten beeindruckte, waren seine selbstmörderischen und mörderischen Tendenzen. Wir waren ständig auf diese gefaßt, damit wir ihm helfen und ihn beschützen könnten. Sie waren die Folgen seiner Verzweiflung gewesen. Um ihm zu helfen, dieses depressive Bild von der Welt zu überwinden, versuchten wir, es ihm so behaglich wie möglich zu machen. Wir deuteten sein Feuerlegen im Rahmen dieses Bezugssystems, d. h. als destruktive Handlungen im Einklang mit seiner suizidalen Vergangenheit und nicht als Folgen der übergroßen Duldsamkeit, der wir ihn ausgesetzt hatten. Es war unser Fehler, daß wir unterschätzten, was die Anschauungen der Schule schon bei ihm bewirkt hatten, und daß wir die Bedeutung seiner früheren Selbstmordneigung überschätzten.

Darüber hinaus schien es vernünftig, da Paul erst so kurz bei uns war, seine Handlungen auf seine Erlebnisse im Waisenhaus zurückzuführen und die Verantwortung für sie abzulehnen. Es war nicht das erstemal, daß die Kenntnis der Vergangenheit eines Kindes uns veranlaßt hatte, uns einem seltsamen Narzißmus hinzugeben, der dazu führt, daß wir uns als die Urheber nur guter Erfahrungen sehen, während wir bestürzendes Verhalten auf Ereignisse der Vergangenheit zurückführen [6]. Ein tieferer Narzißmus würde uns sogar dazu führen, alles, Gutes und Böses, was ein Kind in der Schule tut, als teilweise von unseren Handlungen bestimmt anzusehen. Wissen, das wir fremden Quellen verdankten, hinderte uns also daran, unsere eigenen Beobachtungen spontan zu beurteilen und sie beim Planen für Pauls Zukunft einzubeziehen.

Von dieser Abschweifung auf einige Probleme der Anstaltsbehandlung von Kindern möchte ich nun zu dem Bericht über Pauls Leben in unserer Schule zurückkehren. Sobald Paul überzeugt war, wir seien sehr wohl fähig, alle weiterreichenden Folgen seiner destruktiven Handlungen zu verhindern, fing er an, nicht nur gegen unbelebte Gegenstände zu agieren, sondern auch gegen Personen, wenn uns auch die Art, wie er mit Menschen umging, oft fraglich erscheinen ließ, ob er sie jemals als solche erkannte.

Er schlug Kinder und Betreuerinnen (Betreuer); er warf mit Dingen, wenn auch nicht immer auf eine bestimmte Person gezielt. Wenn ein anderes Kind versuchte, Vergeltung zu üben, wehrte Paul sich nicht, sondern zeigte seine Erregung, indem er explosiv und unbändig lachte. Er fiel dann zu Boden, oder er warf sich gegen einen Tisch, dabei zitterte sein Körper wild von Kopf bis Fuß, und seine Arme und Beine droschen wild durch die Luft. Seine Glieder, sein Kopf und sein Rumpf schienen sich ganz ohne zentrale Steuerung zu bewegen. Diese Bewegungen waren zwar wegen seiner Körperkraft gefährlich (mit etwas mehr als zehn Jahren war Paul 1,45 m groß, wog etwa 81 Pfund und war sehr muskulös), aber sie glichen in Wirklichkeit nichts so sehr wie dem unkoordinierten Wabbeln einer Geleemasse. Dieser Bewegungssturm war begleitet von unartikuliertem Geschrei. Wenn diese Wutausbrüche zu Ende waren, spielte Paul den Clown oder Trottel. Diese Wutanfälle waren so häufig, daß sie kontinuierlich wirkten. Gewiß, sie folgten gewöhnlich auf irgendeine Frustration, aber für Paul war alles frustrierend, besonders, daß wir ihn nicht andere Kinder schlagen ließen.

Dann beschloß er eines Tages plötzlich, er sei ein »wildes Tier«. Er veranlaßte die anderen Kinder, ihn zu jagen, während er ihnen zuschrie, sie müßten ihn niederhalten, weil er so gefährlich und böse sei, und prahlte, dazu seien drei oder vier Leute nötig. Tatsächlich waren oft die Bemühungen von zwei Erwachsenen nötig, um ihn im Zaum zu halten. In den folgenden Monaten unterbrach er immer wieder die Spiele der Kinder, indem er sie auf vielerlei Weisen provozierte, wobei er behauptete, er sei »verrückt«, und sich benahm wie ein »wildes Tier«. Er reizte sie, ihn zu jagen und sogar zu Versuchen, ihn zu verprügeln, und wenn wir dies verhinderten, wütete er gegen uns. Obwohl er es war, der ständig die anderen Kinder reizte, behauptete er, sie seien es, die planten, sich gegen ihn zusammenzutun, ihn zu schlagen oder sogar zu töten.

Innerhalb etwa eines Monats erweiterte er seine Behauptungen, er sei ein »wildes Tier« oder ein »Verrückter«. Er wurde ein »lebender Leichnam« und, wieder etwas später, der »große Diktator«. Wenn auch die anderen Kinder dadurch stärker beunruhigt wurden als durch seine Darstellung des »wilden Tieres« (vielleicht spürten sie, daß einer zwar ganz für sich ein Tier oder ein Verrückter sein kann, daß aber ein Diktator jemand braucht, um ihm etwas vorzuschreiben), wiesen diese wahnhaften Aussagen doch darauf hin, daß Paul Fortschritte in Richtung auf ein menschlicheres Verhalten machte. Denn ein Diktator ist ein Mensch, kein Tier, und wenn er auch andere beherrscht, bemerkt er doch mindestens ihre Existenz.

Die Befriedigung, die Paul schon aus dem Gedanken bezog, er könne uns herumkommandieren, mag ihm geholfen haben, sich weniger wild zu gebärden. Jedenfalls waren seine Episoden als »wildes Tier« und als »Verrückter« von einem merklichen Mangel an Körperbeherrschung begleitet gewesen, während er sich als »großer Diktator« streng beherrschte und nach Nazi-Art starr herummarschierte. Er schlug immer noch auf die Welt ein, aber er befahl auch anderen, für ihn zu kämpfen und zu töten, was wiederum bedeutete, daß er selbst weniger gewalttätig sein mußte. Dies bedeutete auch einen gewissen Fortschritt gegenüber dem »wilden Tier«. Er pflegte zu verkünden: »Ich bin der große Diktator. Alle Kinder tun, was ich sage. Sie müssen (tun), was ich will.«

Während er steif wie ein Roboter oder ein mechanisches Spielzeug herumstolzierte, pflegte er brüllend zu lachen. Aber wenn die Schau zu Ende war, fiel er auf seine Gewohnheit zurück, infantile Sauggeräusche zu machen. Schließlich, wenn er sich beruhigt hatte, gestand er, er sei hungrig, und verschlang — ganz still — jede Nahrung, die man ihm anbot.

Was lauerte hinter diesen Wahnideen, ein Diktator zu sein? War es der Wunsch, so große Macht zu besitzen, daß er nie wieder zu hungern brauchte? Seine Hungerreaktionen nach dem Abklingen seiner Schau schienen diese Deutung zu rechtfertigen. Jedenfalls waren das »wilde Tier« und der »große Diktator« bezeichnend für Paul, wenn er am wenigsten beherrscht war. Und als diese Episoden weniger häufig wurden, begab er sich endlich in den langen, mühsamen Prozeß, die Herrschaft über sich selbst zu erwerben.

Der Beginn der Selbstbeherrschung und der Kampf gegen sie

Während seiner ersten Monate bei uns bestand Pauls offensichtlichste und dramatischste emotionale Entwicklung im Verzicht auf Steuerung von außen und in dem Prozeß des Unbeherrscht-Werdens. Diese Entwicklung schuf für jedermann an der Schule große Schwierigkeiten. Aber dies war nicht seine einzige emotionale Verwandlung. Wenn auch Erlebnisse unmittelbarer positiver Art ihm noch zu fremd waren, zu unerwartet, um »wirklich« zu sein, beeindruckten sie ihn doch in flüchtigen Augenblicken.

Unseren ersten Hinweis darauf, daß Paul positiven Erfahrungen zugänglich war, bekamen wir am Valentinstag, kurz nach seiner Ankunft, als andere Kinder ihm Valentinsgaben schickten. »Wußte nicht, daß (ich) überhaupt Freunde hatte«, sagte er ganz erstaunt. Das besonders festliche Abendessen und die Vergünstigungen, die die Kinder bekamen, machten ihm auch Eindruck. »Diese Schule ist mehr anders«, war seine Formulierung, ohne daß er dies weiter ausführte.

Am nächsten Tag ging er mit seiner Betreuerin in die Stadt; sie kauften neue Kleidung für ihn, und er war offensichtlich erfreut über die Möglichkeit, sich seine Sachen selber auszusuchen. Auf dem Heimweg erwähnte er das Thema Tod. Er denke Tag und Nacht darüber nach, sagte er zu seiner Betreuerin; es mache ihm Sorgen zum »Verrücktwerden«. Nur wenn er das »wilde Tier« oder den »Verrückten« spiele (also wenn er andere provozierte und angriff), mache er sich weniger Sorgen um das Sterben.

Fühlte sich Paul nur dann lebendig, wenn er andere so mißhandelte, wie er selbst sich unfair mißhandelt gefühlt hatte? Oder konnte er sich nur stark und vital fühlen, wenn er andere beherrschte? Vielleicht war in ihm, weil er gezwungen gewesen war, ein ganz von anderen reguliertes Leben zu führen, das Gefühl entstanden, sein wahres Selbst sei »tot«, und er grübelte deshalb über das Sterben. Welche Motive er auch haben mochte, der Umstand, daß er anfangen konnte, offener über sein »verrücktes« Verhalten zu sprechen und seine Ängste offen auszudrücken, nachdem er greifbare Beweise unseres guten Willens erhalten hatte (wie bei den Valentinsgaben und den neuen Kleidern), zeigte, daß er unseren Bemühungen gegenüber nicht ganz unempfindlich war.

Danach zeigte er immer wieder einmal gegenüber der Lieblingsbetreuerin, der er seine Ängste in bezug auf den Tod anvertraut hatte, gewisse Gefühle. Aber für Paul war nicht einmal diese neue Freundin ein Mensch mit einer selbständigen Existenz. Er konnte sie in gewissem Maß als gute und treue Dienerin gebrauchen, aber in dem Augenblick, in dem sie nicht jede seiner Launen befriedigte, verschwand diese Toleranz.

In diesen ersten Monaten verbrachte ich ziemlich viel Zeit mit Paul, aber er konnte nur wenig mit mir anfangen. Das mag zum Teil an seiner allgemeinen Angst vor Männern gelegen haben, die wir später besprechen werden. Wahrscheinlicher ist der Grund darin zu suchen, daß meine Dienste nicht immer positiver Art sein konnten, da ich ihn oft zügeln mußte. Wir versuchen, die Personen, die unmittelbar mit den Kindern arbeiten — Betreuer(innen), Lehrer(innen) und Krankenschwestern —, davon zu befreien, mehr als den sanftesten Zwang ausüben zu müssen; sie machen höchstens einmal eine kritische Bemerkung. Für so schwer gestörte Kinder wie die unseren scheint es unmöglich zu sein, zu irgend jemand eine persönliche Beziehung herzustellen, der sie mit Zwang zu etwas bringen muß. Da es in Pauls Fall (wie in vielen anderen) unser Ziel war, ihn in mindestens eine positive Beziehung hineinzuführen, hielten wir es für besser, wenn er mit den ihm am nächsten stehenden Personen keine negativen Erlebnisse hatte. Andererseits ist es manchmal notwendig, einem Kind Einhalt zu gebieten, besonders einem, das andere so gewalttätig angreift, wie Paul es tat. Gewöhnlich tue ich dies oder, in meiner Abwesenheit, ein Mitarbeiter, der nicht versucht, eine sehr enge Beziehung zu dem Kind herzustellen.

Für Paul war ich nur »noch ein Aufseher«, ein Begriff, den niemals jemand anders benützt hat, um meine Funktionen zu beschreiben, wenn auch manche Kinder, bevor sie an der Schule Fuß gefaßt haben und eine Beziehung zu mir herstellen, mich, um es mit den Worten eines Jungen zu sagen, als »eine Kombination aus Hausmeister und Polizist« ansehen: »er sorgt dafür, daß alles, was wir kaputtmachen, wieder heilgemacht wird, und daß niemand einen anderen verletzt«. Aber auch für Paul hatte ich meine guten Seiten. »Er geht nicht (die) ganze Zeit rum und kontrolliert«, sagte Paul. »Trägt kein' Stock«, und »Prügelt nicht hier«. Dann fügte er entzückt hinzu: »Sie sind alle bange vor mir.« Das war der einzige Grund, den er sehen konnte, warum wir ihn für sein schlechtes Benehmen nicht schlugen.

Innerhalb weiterer drei Wochen erzählte Paul seiner Lieblingsbetreuerin, er verschließe oft absichtlich seine Ohren gegen die Geräusche anderer Leute und mache Geräusche mit dem Mund, um ihr Reden zu übertönen — oder er tue einfach nur so, als ob er sie nicht höre.

Dieses Geständnis zeigte, daß er zumindest ein Minimum an Vertrauen zu dieser Betreuerin gefaßt hatte, und er versuchte bald, in ihrer Gegenwart sein Verhalten als »wildes Tier« zu bezähmen. Aber selbst bei ihr konnte er sich nicht wie ein Mensch fühlen. Um seine positiven Gefühle auszudrücken, die ebenso unbeherrscht und asozial waren wie seine negativen, pflegte er zu schreien: »Ich bin eine lachende Hyäne!« Und er schrie oder lachte hysterisch, während er verzweifelt versuchte, seinen sich schüttelnden Körper so weit zu beherrschen, daß er sich enger an seine Betreuerin schmiegen konnte.

Etwa zu der Zeit, als er diesen Wunsch nach menschlicher Wärme und nach Kontakt zeigte, begann er, seine Sorge über den Mangel an von außen auferlegten Regeln für sein Verhalten laut werden zu lassen. Er mag gespürt haben, daß er, während er schrie oder um sich schlug, die Befriedigung nicht erlangen konnte, die aus der emotionalen Nähe zu einem anderen Menschen entsteht. Er fühlte sich ganz unfähig, sein asoziales Verhalten selber zu beherrschen, erkannte aber, daß das nötig wäre, wenn er im Arm gehalten und geliebkost werden wollte. Vielleicht wollte er, wir sollten ihn im Zaum halten, damit er diese Annehmlichkeiten genießen könnte.

Wie vorher beklagte er sich ausführlich darüber, wie wir die Kinder verwöhnten, und erinnerte sich billigend an die strenge Zucht im Waisenhaus. Ebenso forderte er uns auf, die anderen Kinder in Schach zu halten, aber nicht ihn selber. Er behauptete, er sei bis zu seiner Ankunft in der Schule ein Musterknabe gewesen, und erklärte, jetzt werde er verhätschelt und verwöhnt wie alle anderen.

In den Monaten, in denen der »große Diktator« allmählich gegenüber dem »wilden Tier« und dem »Verrückten« an Boden gewann, nahm Pauls Geschrei so zu, daß es schließlich fast zum Dauerzustand wurde. Er konnte sich nun aber schon besser ausdrücken und fand Worte, um seine Nöte vorzubringen. Schließlich wurde ihm das Schreien so zur Gewohnheit, daß er nicht mehr mit normaler Stimmstärke sprechen konnte.

Paul schien allmählich, wenn auch erst unscharf, die Stärke seiner destruktiven Triebe zu bemerken, ebenso die Art, wie er sie unterschiedslos gegen sich und gegen andere kehrte. Er wollte bei einer anderen Schlafraumgruppe leben, bei älteren und größeren Jungen, die ihn schon oft davon abgehalten hatten, mit den kleineren Kindern Streit anzufangen. Er schien sich nach der Einschränkung seiner aggressiven Impulse zu sehnen, die sie hätten bewirken können, oder vielleicht wollte er, daß sie ihn bestraften und so seine Schuldgefühle milderten.

Es wäre falsch, diese Bestrebungen nur als Versuche zu sehen, äußere Regulierung zu suchen oder Selbstbeherrschung zu erlangen. Auch andere Motive waren an seinem Wunsch beteiligt, die Situation wiederherzustellen, die er im Waisenhaus gekannt hatte, denn die Neuheit der Schule hatte nun ein wenig nachgelassen. Es war nicht mehr nur eine Veränderung zum Besseren. Die Wirkung und die Herausforderung seiner neuen Umgebung wurden langsam spürbar. Sich an sie anzupassen, bedeutete die Entwicklung eines neuen Systems von intellektuellen und emotionalen Haltungen und einen Umbau seiner Persönlichkeit. Während Paul vielleicht die Konsequenzen dieser Herausforderung noch nicht voll erkannte, war er sich doch klar darüber, daß er, weil strenge Regeln fehlten, sie selbst würde entwickeln müssen. Diese Aufgabe schien ihm einfach zu schwer.

Er forderte vom Leben nicht mehr, als in seiner gegenwärtigen wohlwollenden und angenehmen Umgebung weiter vegetieren zu dürfen, ohne die emotionale Energie aufwenden zu müssen, die zur Entwicklung von Selbstbeherrschung nötig ist. Er wünschte sich niemals, zu keiner Zeit, ins Waisenhaus zurückzukehren. Aber er hätte lieber alle Vorteile der Schule genossen, ohne seine Persönlichkeit ändern zu müssen, um dazu voll in der Lage zu sein. Er glaubte, dies vielleicht erreichen zu können, indem er die Regelungen des Waisenhauses an die Schule verpflanzte. Außerdem mag er das Gefühl gehabt haben, die Waisenhausdisziplin werde, auf die Schule übertragen, nicht so hart wirken wie früher, da seine neue Umgebung nicht bedrückend war und da seine Bedürfnisse auf so angenehme Weise befriedigt wurden.

Paul befand sich wirklich in einer emotionalen Zwangslage, und seine Wut darüber war recht real. Meistens war er so aufgeregt, daß er heftig nach jedem Menschen ausschlug. Es war gefährlich, am Eßtisch in seiner Nähe zu sein, da er Stühle und Tische umwarf, Teller voll Essen auf den Boden schleuderte und im nächsten Augenblick Nachschub verlangte.

So bedrohlich dieses Verhalten war — es war irgendwie auch komisch. Wir konnten nicht umhin, diesen großen, kräftigen Zehneinhalbjährigen mit einem Kleinkind im Kinderstühlchen zu vergleichen, das mit Becher und Löffel Radau macht, Brei über Bord wirft und vor Wut und Frustration kreischt. Sogar Pauls Erscheinung wirkte babyhaft, wenn er mit den Lippen schmatzte und einen Schmollmund machte.

Kurz darauf begann er zwischen zwei Forderungen zu schwanken: Wir sollten ihn zum Essen zwingen und ihm sagen, wann er aufhören solle. Dies schien ein weiterer Ausdruck seines Kampfes gegen den Erwerb von Selbstbeherrschung zu sein. Wenn wir ihm sowohl das Abfahrts- als auch das Haltesignal geben würden, brauchte er nicht die Entscheidungen zu fällen, zu denen er immer noch nicht fähig zu sein glaubte. Wenn er seine Nahrungsaufnahme selber bremste, würde er vielleicht nicht genug zu essen bekommen; aber er wußte auch sehr gut, daß er zuviel aß, wenn er sich nicht zusammennahm. So wurden wir wieder in die Verlegenheit gebracht, ob wir ihn wegen seines Mangels an Selbstbeherrschung leiden lassen oder ihm die schweren Entscheidungen abnehmen sollten, auf die Gefahr hin, daß er vielleicht niemals die Fähigkeit entwickeln würde, sich selbst zu steuern. Außerdem wäre er, hätten wir ihm befohlen zu essen oder aufzuhören, wahrscheinlich ebenso von wütendem Groll gegen uns erfüllt gewesen, wie er von Angst erfüllt war, wenn wir nicht eingriffen.

Die gleiche Unfähigkeit zur Selbstbeherrschung erstreckte sich auch auf die Art, wie Paul sein Spielzeug verwendete, wie er seine Kleider kaufte usw. Obwohl er sich verhätschelt fühlte, konnte er nicht umhin, im gleichen Atemzug mehr zu verlangen, mit dem er von uns forderte, ihm Einhalt zu gebieten. Auch hier hätte er jede Einschränkung zutiefst übelgenommen.

Ein halbes Jahr solcher Duldsamkeit unsererseits hatte schließlich doch eine Wirkung. Paul gab offen zu, daß die Schule ein paar gute Seiten hatte. Z. B. war angesichts seiner vorherrschenden Angst die Chefköchin für ihn die Person von größter Bedeutung. Eines Tages sagte er von sich aus: »Sie kocht gut.« Wichtiger noch, als wir fragten, ob er meine, das Essen sei besser geworden (denn bis dahin hatte er unaufhörlich über das Essen geklagt), sagte er: »Essen hat sich nicht geändert; mein Geschmack hat.« Diese Erkenntnis, daß er selbst sich verändert hatte, so daß früher unerfreuliche Erlebnisse ihm nun gut schienen, war ein vielversprechendes Zeichen.

Paul machte auch in anderer Hinsicht echte Fortschritte. Schon zwei Monate nach seiner Ankunft kam er in den Schulfächern gut voran. Seine Clownerien und seine Verzweiflungsausbrüche machten ihn zu einem schwierigen Schüler, aber sein echtes Interesse am Lernen machte ihn auch zu einem Schüler, der die Mühe lohnte. Bald stellte sich sein Talent fürs Zeichnen und Malen heraus. Dieses Interesse brachte ihm große Befriedigung, wenn er sich auch meistens mit der Darstellung von Friedhöfen und bizarren, wenn auch begabten Variationen über den Tod befaßte. Brachte er seine eigenen depressiven Gefühle zum Ausdruck? Oder versuchte er, nach dem Vater zu greifen, der gestorben war? Auf jeden Fall erlangte er durch seine künstlerischen Leistungen seine erste Anerkennung von Kindern und Erwachsenen.

Mit dem Beginn des Sommers bot ihm die Arbeit im Garten eine Möglichkeit, mit seinen drückenden oralen Ängsten fertig zu werden. Während andere Kinder Blumen pflanzten, zog er nur Radieschen, Zwiebeln und Mais. Es war für Paul ungeheuer wichtig, seine eigenen Nahrungsmittel anzubauen. Die Themen seiner künstlerischen Betätigung wechselten nun auf Ackerbau über, aber er stellte immer noch ziemlich autistische, auf ihn selbst zentrierte Betätigungen dar, die Menschen ausschlossen. Sie waren in seiner inneren Welt noch nicht gegenwärtig.

Schließlich begann aber auch seine Isolierung von anderen Menschen abzunehmen. Vielleicht hatten sich seine oralen Betätigungen als befriedigend erwiesen, oder seine primitiven Bedürfnisse waren besser erfüllt worden — auf jeden Fall kamen Pauls tiefe Sehnsüchte allmählich ans Licht. Eines Tages offenbarte er uns seine abgrundtiefen Gefühle der Isolierung. Er sagte, er habe nie Freunde gehabt, und er werde auch nie welche haben. Nach einer seiner Explosionen, die diesmal eingetreten war, weil die Kinder ihn abgelehnt hatten, sagte er: »Ich bin aufs Empire State Building gegangen und hinuntergesprungen. Nachher waren alle meine Freunde. Ich hatte mehr Freunde als irgendwann vorher.«

Ob dies sein geheimes Gefühl zum Ausdruck brachte, er müsse erst für seine bösen Absichten bestraft werden, bevor ihn jemand gern haben könne? Oder daß nur eine dramatische Tat ihm Anerkennung bringen könne? Die Schauspielerei, die noch seine depressivsten Bemerkungen tönte, war hier sehr deutlich. Nur das höchste Gebäude der Welt war gut genug zum Ausdruck seiner Selbstmordphantasien, die aus anderen Motiven als dem Drang nach Selbstzerstörung stammten. Genau wie seine Mord- und Selbstmord-Explosionen im Waisenhaus Versuche gewesen waren, aus seiner Isolierung auszubrechen, so sprach er jetzt, nachdem die Kinder seine Bemühungen, ihr Interesse oder ihr Mitleid durch seine Darstellung des »wilden Tieres« zu erregen, abgewiesen hatten, von einem Sprung vom Empire State Building. Leider konnten wir nicht sicher sein, welche komplexen Gefühle Pauls vereinzelte Bemerkungen hervorgerufen hatten, denn er war entweder nicht bereit oder nicht fähig, ausführlicher zu ihnen zu assoziieren. Er hatte sie mehr zu sich selber als zu irgendeiner anderen, bestimmten Person gesprochen. Da er nur so sprach, wenn eine relativ vertraute Betreuerin dabei war, mögen sie trotzdem frühe Kommunikationsversuche gewesen sein.

Solche Versuche, Kontakt mit anderen aufzunehmen, kamen nur selten vor. Meistens war Pauls Gefühlsausdruck zwar exploxiv in seiner Wut, aber seicht im Inhaltlichen. Er war nicht an irgend jemand gerichtet und hing auch nicht mit etwas zusammen, das um ihn her vor sich ging. Er schien vielmehr aus inneren Motivationen aufzusteigen, die er nicht steuern und die wir nicht beeinflussen konnten.

Monatelang fehlte ihm jede Orientierung in bezug auf sein Leben als Ganzes. Z. B. konnte Paul sich keine Zukunft für sich vorstellen, er erwartete nur, daß ihm niemals etwas Gutes geschehen werde. Er lebte nur für den Augenblick. Aber lange konnte er sich nicht einmal die Namen oder Eigenschaften der sechs Kinder merken, mit denen er in der Intimität seines Schlafraums zusammen lebte. Noch nach sechs Monaten an der Schule konnte er seine Spielkameraden nur gelegentlich beim Namen nennen. Er sprach jeden, sei er Kind oder Erwachsener, an, indem er »Hey« schrie. Wenn die Person, deren Aufmerksamkeit er erregen wollte, nicht antwortete, rückte er näher, zupfte am Ärmel oder an der Jacke, kam mit seinem Gesicht ganz nah an das der betreffenden Person heran und schrie: »He, du!«

Meistens blieb sein Ausdruck jedoch stumpf und in sich gekehrt. Obwohl er fast ständig schrie, war seine Stimme seltsam frei von emotionellem Affekt und emotioneller Modulation, so daß sie flach klang.

Wenn Paul aß oder trank, verschwand jedes kurzlebige Interesse, das er vielleicht für die Vorgänge um sich her zu fassen begonnen hatte, sofort. Zu diesen Zeiten gab es nichts auf der Welt als das Essen, das vor ihm stand. Selbst dann war er aber anscheinend noch von tiefen Gefühlen hin- und hergerissen, denn er veränderte ständig seine Haltung, so daß sein Körper fortwährend in Bewegung war. Paul konnte sich auf nichts konzentrieren, er fühlte sich niemals entspannt, er tat niemals etwas gelassen. Wenn er einen Augenblick im Essen innehielt, mußte er aufstehen und im Eßzimmer herumgehen, bevor er sich wieder hinsetzte und weiteraß.

Selbst zufällige Beobachter waren betroffen darüber, wie völlig auf ihn selbst zentriert sein Leben war. Sein einziges Motiv, sich für irgend etwas zu interessieren, war die Frage, was für ihn »dabei herauskommen« könnte. Er hatte keinen Begriff von persönlichen Beziehungen oder vom normalen Geben und Nehmen unter Menschen. »Ich« war seine einzige Sorge; ein »Du« existierte nicht in Pauls Welt. Er gab seine Befehle gebieterisch durch einzelne Worte bekannt. Wenn er z. B. etwas zu essen wollte, pflegte er zu rufen: »Milch« oder »Butter«; bei Spielzeug forderte er: »Auto«; beim Gärtnern, wenn er am zufriedensten war, verlangte er »Harke« oder »Schaufel«. Wenn man seine Forderungen nicht auf der Stelle erfüllte, brach er in seine gewöhnliche Raserei aus.

Seine fordernde Art, seine heftige Wut über die geringste Frustration, sein Bedürfnis, immer im Mittelpunkt zu sein, seine totale Unfähigkeit, irgend etwas auch nur einen Augenblick lang mit jemand zu teilen, und sein völliger Mangel an Interesse für irgendeinen Menschen, der sich nicht ausschließlich auf ihn konzentrierte — dies alles offenbarte Pauls Unzugänglichkeit für menschlichen Kontakt. Selbst als er anfing, aus eigenem Antrieb mit anderen Kindern zu spielen, konnte er sie kaum ertragen. Er brauchte nach seinem Eintritt in die Schule nicht weniger als vier Monate, um die beiden Betreuerinnen unterscheiden zu können, die er täglich sah und die für all seine Bedürfnisse sorgten; es dauerte noch länger, bevor er seiner Lieblingsbetreuerin, dem Menschen, den er am besten kannte, irgendwelche persönlichen Fragen stellen konnte. Einmal, als er sie physisch in den Griff bekommen hatte, indem er sich sehr fest an ihren Arm klammerte — als sei dies ein Ersatz für die emotionale Nähe, an deren Erlangung er immer noch verzweifelte — brachte er sich dazu, sie zu fragen, wo sie wohne. Die anderen Kinder wußten, daß ihr Zimmer nur drei Türen von ihrem Schlafraum entfernt war, und auch Paul hatte man dies wiederholt gezeigt, damit er sie zu jeder Tages- und Nachtzeit finden könne. Aber seine abgrundtiefe Isolierung mußte sich erst ein wenig heben, ehe er sie als eine lebendige persönliche Einheit ins Auge fassen konnte, die fortfuhr zu existieren, auch wenn sie nicht bei ihm war.

Während dieser ersten Monate lag seine einzige Möglichkeit, sich zu orientieren, in einer Abhebung der Waisenhausroutine von der Schule. Noch nach sechs Monaten bei uns konnte er nur auf diese Weise irgend etwas beurteilen. Er wog besonders die Vorteile der Schule gegen die des Waisenhauses ab: Bei uns war das Essen besser, und er wurde nicht zum Essen gezwungen; er war beschäftigt und »mußte nicht immer alle mitnehmen«. In diesem Zeitpunkt sah er unsere entspannte und nachgiebige Einstellung zum Essen in günstigem Licht, wenn er auch zu anderen Zeiten noch zum Essen gezwungen werden wollte, damit er sicher sein konnte, genug zu bekommen. Seine Bemerkung, er müsse nicht immer »alle mitnehmen«, spiegelte wahrscheinlich seine allmählich aufsteigende Erkenntnis, daß wir seine Intimsphäre respektierten und ihn als Individuum behandelten, nicht nur als Mitglied einer Gruppe. Er hatte immer noch das Gefühl, Erwachsene seien bedrohlich, aber man könne gelegentlich einen Freund unter ihnen finden, wie seine Lieblingsbetreuerin. Er faßte den Vergleich aber doch dadurch zusammen, das Beste an der Schule sei, daß er hier soviel schlafen könne, wie er wolle, was ihm die Freiheit gab, sich von der Welt zurückziehen.

Als nächstes lernte Paul, Erwachsene von Kindern zu unterscheiden. Vorher waren Erwachsene für ihn nur größer gewachsene Kinder gewesen. Auch hier war er selber sein einziges Bezugssystem. Dieser Zug war noch deutlicher zutage getreten, als er gerade zu uns gekommen war; damals hatte er nur zwischen »Kleinen« (Kindern seiner Größe oder kleiner) und »Großen« — allen anderen — unterscheiden können. Nun dämmerte ihm zum erstenmal, daß es auch Nachteile haben könnte, zu den mächtigen »Großen« zu gehören, die die »Kleinen« wie ihn verhauen konnten. Er beschloß, es könne sogar besser sein, ein Kind zu sein, denn Erwachsene müßten schwer arbeiten, um ihren Lebensunterhalt zu verdienen. Aber dann mußte er eine solche potentiell gefährliche Unterscheidung sofort wieder leugnen, die von einer Außenwelt Kenntnis nahm. Er versicherte, es sei »alles dasselbe«. Ähnlich bestand, wenn er sich nicht entscheiden konnte, ob er »der Gute« oder »der Böse« sei, kein Unterschied, denn alles war »alles das gleiche«.

Einmal versuchte er zu erklären, wie dies zustande kam: »Der Böse erdolcht den Guten, der Gute sticht zurück« — aus Rache wahrscheinlich. Da jeder erdolcht wird, macht es keinen echten Unterschied, ob man gut oder böse ist. Tatsächlich leugnete Paul jede Notwendigkeit, sich mehr zu sozialisieren; er schien sagen zu wollen, was ist schließlich der Sinn des Versuchs, wenn man immer wieder dabei landet, andere Leute anzugreifen? Für die Zwangslage, in der er sich befand, war keine direkte Lösung möglich. Er mußte wie ein kleines Kind Selbstbeherrschung erwerben, indem er die Wertvorstellungen von Menschen assimilierte, mit denen er sich identifizierte. Um sich aber mit Menschen identifizieren zu können, mußte er erst eine Beziehung zu ihnen herstellen.

Wieder führte eine Krise zu neuen Entwicklungen in Pauls Leben, wie eine Krise wesentlich dazu beigetragen hatte, daß er an unsere Schule kam. Wir lassen zwar lieber kein neues Kind in eine Gruppe eintreten, bevor alle anderen gut Fuß gefaßt haben, aber manchmal braucht ein Kind wie Paul so lange, um sich zu orientieren, daß wir uns gezwungen sehen, eine Ausnahme zu machen.

Als ein paar Monate vergangen waren, konnten wir nicht länger damit warten, einen neuen Jungen in Pauls Gruppe aufzunehmen. Seine Ankunft im Schlafraum war für Paul eine unmittelbare Bedrohung, aber er fand Möglichkeiten, um sich zu beruhigen. Zum erstenmal bat er seine Lieblingsbetreuerin, zu seinem Bett herüberzukommen, und gab ihr einen Gutenachtkuß [7]. Dann erzählte er ihr eine Geschichte, die er einen »Witz« nannte: Zwei Leute setzten sich irgendwohin in Marsch, fanden sich aber bald wieder an der gleichen Stelle, von der sie losgegangen waren. Pauls Angst, der neue Junge könne ihn dahin zurückversetzen, von wo er mit seiner Betreuerin ausgegangen war, zeigte, daß er der Zuverlässigkeit menschlicher Bindungen noch nicht vertraute. Aber er hatte gelernt, sie zu schätzen, da er sich angesichts ihres möglichen Verlusts bedroht fühlte.

Während der nächsten paar Tage verfiel er wieder in Distanziertheit. Der Neuankömmling belebte alle Ängste Pauls, er werde im Stich gelassen, aufs neue, und ehe er Gefahr lief, sich verlassen zu finden, gab er lieber allen menschlichen Kontakt auf. Aber diesmal begann er zu entdecken, daß in der Schule ein neues Kind nicht an seine Stelle trat, wie seine Halbschwester selbst den wenigen Platz usurpiert hatte, den er im Leben seiner Mutter eingenommen hatte. Sobald er erkannte, daß seine Angst, verlassen zu werden, grundlos war, gestattete Paul sich, Versuche damit anzustellen, abhängiger zu sein als jemals zuvor. Er bat seine Betreuerin, ihn beim Baden zu waschen, während er mit Babystimme sang: »Meine Mammi wäscht mir die Hände« oder »das Gesicht« oder »die Beine«. Wenn sie ihn anzog, pflegte er in einem Singsang zu wiederholen: »Meine Mammi zieht mir frische Socken an« und so fort.

Die Befriedigung, die er aus dieser zärtlichen Versorgung zog, die einem Kleinkind angemessen gewesen wäre, war lange von entscheidender Bedeutung. Nach ein paar Wochen kam ein weiteres zentrales Gefühlserlebnis hinzu. Emotional trat dieser Zehneinhalbjährige in eine Phase ein, in der er zwischen einer infantilen (prä-ödipalen) Abhängigkeit und einer ödipalen Bindung hin und her schwankte. Wie die ödipale Phase im Kleinkindalter brachte auch diese Periode viel Auf und Ab mit sich.

Pauls erste wirkliche Phantasie, in gewissem Maß auf der Realität aufgebaut, in der er lebte, war ödipaler Art. Er erfand eine ausgesponnene, verschieden ausgeschmückte Geschichte, in der er seine Lieblingsbetreuerin heiratete, also die Person, die für ihn die Rolle einer guten Mutter spielte. Er erzählte diese Geschichte seiner Betreuerin in einer Situation, in der normalerweise eine Mutter ihrem kleinen Kind Dienste leistet — als er gebadet wurde. Es war für ihn ein ganz neues Erlebnis, über seine Gefühle für sie zu sprechen. Wie neu, läßt sich erschließen aus dem Umstand, daß er wirklich versuchte, in ganzen Sätzen zu sprechen, leise, ohne die Stimme zu erheben. Es schien ihm Mühe zu machen, überhaupt zu sprechen, und er sprach langsam, wobei er fast jeden Satz mehrmals wiederholte.

Die Phantasie lief etwa folgendermaßen ab: »Ein gewisses Mädchen stand im Bad — ich frage mich, ob du weißt, wen ich meine. Na ja, eines Tages kam ein junger Mann vorbei und sah dieses Mädchen im Bad arbeiten, wie ich. Sie räumte Jungssachen weg, und dem Mann gefiel sie, weil sie etwas für kleine Jungen tat. Na gut, er bat sie, ihn zu heiraten. Und sie heirateten also, und es gab ein großes Fest. Weißt du, wer zu dem Fest kam? Ich.« Er zögerte. Dann fügte er mit großem Stocken und Widerstreben die Namen anderer Jungen aus seiner Schlafraumgruppe hinzu. »Nach diesem Fest zogen dieses Mädchen und dieser Bursche in ein Hotel. Sie hatten dort ein paar winzige Zimmer und das kleinste Bad, das du jemals gesehen hast.« Daß dies eine echte ödipale Phantasie war, in der er die Rolle des Ehemannes spielte und seine Betreuerin die Rolle der Ehefrau (und Mutter), demonstrierte er nachher, als er mit ihr zusammen aus dem Bad hinausging. Er klammerte sich an ihren Arm, schmiegte sich eng an sie und sagte: »Ich werde mein Leben lang deinen Arm festhalten.« Ein paar Wochen später sagte er: »Du wartest und ich warte, bis ich zwanzig bin, dann heirate ich dich.«

Von nun an wurde Paul allmählich zufriedener mit dem Leben. Er fing an zu lachen und zu lächeln und nannte seine Lieblingsbetreuerin oft scherzhaft »Mammi«. Zur Entwicklung dieser seiner ersten menschlichen Beziehung führten die einfachsten Dienstleistungen von der Art, wie sie eine Mutter für ihr Kind tut. Er bemerkte oft, wie schön es sei, daß jemand sich um seine Kleider kümmere, ihm neue kaufe, sein Spielzeug aufräume usw. Seine körperliche Koordination war immer noch schlecht, und er sah ständig desorganisiert und struppig aus, aber von dieser Zeit an begannen seine Bewegungen ihre bezeichnende Starrheit oder unbeherrschte Zittrigkeit zu verlieren. Wenn er lief, sah er jetzt mehr wie ein ganz kleines Kind aus. Wenn er aufgeregt war, neigte er weniger dazu, den Verrückten zu spielen; er reagierte mehr wie ein Zwei- oder Dreijähriger. Auch seine Eßgewohnheiten veränderten sich; sein Gesicht und sein Schmatzen mit den Lippen drückten nun offensichtlich Vergnügen aus. Aber er war noch unfähig, während des Essens mit den Menschen um ihn her in besserem Kontakt zu sein — nicht einmal mit denen, die ihn fütterten. Der Vorgang des Essens als solcher beanspruchte Paul so vollständig, daß er bei den Mahlzeiten wenig Energie übrig hatte, um auf andere zu reagieren.

Hierin glich seine Entwicklung der des Säuglings nicht, der normalerweise beginnt, seine Mutter als Person zu erkennen, während sie ihn füttert. Pauls Verhalten weist vielleicht darauf hin, daß, während menschliche Beziehungen normalerweise in dieser Zeit entstehen, die Essenssituation so selbstzentriert wird, daß sie zur Herstellung menschlicher Beziehungen nicht mehr geeignet ist, wenn ein Baby gleichgültig und von den verschiedensten Leuten gefüttert wird (wie es bei Paul im Säuglingsheim gewesen war) und wenn die Angst vor dem Verhungern vorherrscht (wie sie es bei ihm tat); andere Tätigkeiten, wie Anziehen oder Baden, müssen dann an ihre Stelle treten. In dieser Hinsicht unterschied Paul sich auch von anderen Kindern in der Schule, mit denen wir beim Füttern Kontakt hatten herstellen können.

Aber in manch anderer Hinsicht zeigte Paul, daß das Wichtigste, was jetzt in seinem Leben geschah, das Baby-Sein war. »Lebende Bilder« war sein Lieblingsspiel, und jedesmal, wenn er an die Reihe kam, stellte er ein Baby dar. Er legte sich auf den Boden, strampelte und schrie und lutschte am Daumen. Er konnte die Pose kaum aufgeben, damit das Spiel weitergehen konnte, und er blieb oft auf dem Boden liegen; die Welt um sich her nahm er überhaupt nicht wahr.

Seine Zuneigung zu seiner Lieblingsbetreuerin nahm noch andere infantile Züge an. Er mußte z. B. jede Minute des Tages wissen, wo sie war und was sie tat. Wenn sie auch nur wegen einer Besorgung das Haus verließ, fragte er, wann sie zurück sein werde, sah auf die Uhr, um festzustellen, ob sie pünktlich war, und geriet in Verzweiflung, wenn sie sich verspätete. Fast die ganze Zeit ihrer Abwesenheit brachte er lediglich damit zu, auf sie zu warten; manchmal blätterte er verloren und ziellos eine Zeitschrift durch. Er erzählte ihr seinerseits immer in allen Einzelheiten, wo er hinging, und wenn es nur für einen Augenblick war. Beim Baseball, der später eins seiner Lieblingsspiele wurde, ließ er seine Betreuerin nicht aus den Augen und pflegte das Spiel alle paar Minuten zu unterbrechen (sehr zum Ärger seiner Mitspieler), um ihr nachzulaufen und sie zu fragen: »Soll ich zu dir kommen oder Spiel aufhören?« Jeden Morgen, wenn er in seine Schulklasse ging, sagte er ihr, wann er zurück sein werde (es war immer die gleiche Zeit) und versicherte sich, daß sie dann dasein und auf ihn warten werde.

Das bedeutete nicht so sehr, daß er eine echte Freundschaft begonnen hatte, sondern daß er sich ängstlich an die einzige Person klammerte, die ihm etwas bedeutete. Er war sich über ihre Gefühle ihm gegenüber noch sehr unsicher, besonders über ihre Dauerhaftigkeit. Die geringste Versagung von ihr brachte ihn in heftige Wut. Oft folgten jedoch auf den Ausbruch depressive Gefühle und Bemerkungen, niemand möge ihn. Er deutete die geringste, ganz unvermeidbare Frustration als vollständige Ablehnung durch die Welt. Ein anderes Kind brauchte nur die harmloseste und leicht kritische Bemerkung zu machen, schon fiel Pauls Welt auseinander. Er brach in Tränen aus und schrie, alle seien unfair zu ihm; er schien aber nie genau die Person bezeichnen zu können, die ihn ablehnte.

Mit der Befriedigung seiner infantilen Bedürfnisse war Paul in der Lage, das Leben und besonders die Essenssituation positiver zu sehen. Er bemerkte häufig, das Essen schmecke gut. Vorher hatte er sich ständig beklagt, er bekomme nicht genug zu essen oder er werde vergiftet, aber jetzt konnte er die Mahlzeiten nicht hoch genug loben. Zu seiner fortgesetzten Verblüffung waren sie immer reichlich. Er triumphierte: »Mittags Huhn und abends Mais; es ist grad, wie wenn man alles bekommt, was man will«, oder »Hier bleibe ich schön fett«.

Ein weiteres halbes Jahr verging, bevor Pauls neugewonnene Überzeugung, daß für seine Grundbedürfnisse gesorgt werde und daß er fähig sei, wenigstens einige davon selbst zu befriedigen, ihn dazu brachte, eine gewisse Selbstbeherrschung zu erwerben. Selbst diese war nur vorübergehend möglich, und sie war abhängig von dem engen Kontakt, der im Augenblick zwischen Paul und seiner Lieblingsbetreuerin bestand. Sie machten zusammen Sahnebonbons, und Paul war glücklich, nicht nur, weil er soviel davon naschen konnte, wie er wollte, sondern daß er nun selber Bonbons machen konnte. Einmal, nachdem eine solche Koch-Sitzung vorbei war, begann er in seiner Aufregung über diese neue Fertigkeit mit seiner Wasserpistole wie wild Wasser im ganzen Raum herumzuspritzen. Er hatte dies auch schon früher getan und hatte das Spiel zunächst genossen, aber dann war er in seiner Wasserschießerei so hemmungslos geworden, daß man ihm Einhalt gebieten mußte. Diesmal schien er selber zu spüren, wann er weit genug gegangen war und übererregt wurde. Er sagte zu sich selber: »Nur noch zweimal«. Nachdem er dann zweimal geschossen hatte, legte er die Wasserpistole hin. Es war das erstemal, daß er sich selber in irgend etwas Grenzen gesetzt hatte, und das Interessante war, daß dies erst geschah, nachdem er seine neue Fertigkeit, Bonbons zu machen, voll ausgekostet hatte. Diese Art der Selbstbeschränkung unterschied sich scharf von der Einschränkung des Essens durch die Behauptung, das Essen sei vergiftet oder schmecke schlecht. Sie war offen, direkt und rational — aber für lange Zeit war sie noch nicht die Regel, sondern die seltene Ausnahme.

Während Paul mit seiner Lieblingsbetreuerin eine rudimentäre Freundschaft schloß, erstreckte sich seine Fähigkeit dazu noch nicht auf andere Menschen, am wenigsten auf Kinder. Er mußte sie immer noch ängstigen, um seine eigene Stellung besser zu sichern. Die Versuche, sie als »wildes Tier« und »Verrückter« einzuschüchtern, lösten sich in kindlichere Arten des Erschreckens auf. Er pflegte nun aus Winkeln hervorzuspringen und zu kreischen: »Ich bin ein Gespenst!« Wenn dies die Kinder wütend machte, protestierte er empört: »Ich hab nur ein paar Worte gesagt, ein paar Worte, ist das verboten?«

Seine Sicherheit beruhte auf größenwahnhaften Vorstellungen von seiner eigenen Macht. Als »wildes Tier« und »Verrückter« war er außerhalb des Menschheitskreises geblieben. Als »großer Diktator«, als Herrscher der Welt, kehrte er zu ihm zurück. Gewöhnlich nannte er uns »Sklaven« und kommandierte uns alle herum. »Hol' mir dies, Sklave!« war während dieser Zeit ein häufiger Befehl. Auf diese Weise brachte er sein tieferliegendes Gefühl über seine Beziehungen zu anderen zum Ausdruck, und es blieb dabei, bis er stärker sozialisiert war (etwa einhalb Jahre später). Offenbar mußte er, um sich selber etwas Ähnliches wie Zurückhaltung aufzuerlegen, die Herrschaft über alle anderen ausüben. Nur wenn er der Herr einer Welt von Sklaven war, war seine Sicherheit gewährleistet.

Selbst diese übertriebene Methode, Selbstbeherrschung zu erwerben, war schwer durchzuhalten. Immer wieder kam Paul auf seine alte Forderung zurück, wir sollten ihn in Schach halten, damit er nicht die Kunst lernen mußte, sich selbst zu beherrschen. Er protestierte: »Ihr tut hier nichts, als den Leuten Süßigkeiten-Riegel geben, anstatt sie zu bestrafen«. Dies war wieder seine häufige Klage — daß wir nicht genug straften, obwohl er niemals erklären konnte, warum er glaubte, soviel Strafe sei notwendig.

Er mag möglicherweise Schuldgefühle wegen seines schlechten Benehmens gehabt haben. Aber wenn dies der Fall war, offenbarten seine eigenen Erklärungen seiner Motive es doch nie. Ob er nun die Kinder erschreckte oder ihre Spielsachen an sich riß und fortwarf, er brachte immer die gleiche Entschuldigung für seine asozialen Handlungen: Andere könnten ihm diese Dinge antun, darum sei es besser, sie zuerst anderen anzutun. Als wir versuchten, mit ihm darüber zu reden, wurde er nur noch unerreichbarer und beklagte sich: »Was soll ich denn tun? Soll ich nur herumgehen wie eine Statue und nie irgend etwas tun? Soll ich herumstehen und mich von ihnen schlagen lassen?« Wenn wir darauf hinwiesen, daß niemand ihn geschlagen habe, und daß er wisse, wir würden es nicht zulassen, sagte er: »Ja, aber im Waisenhaus haben sie mich geschlagen, und darum muß ich sie zuerst hauen, damit sie es nicht tun.« Für ihn reichte das als Erklärung aus.

Während Paul noch zu niemandem in Beziehung trat, außer vielleicht zu seiner Lieblingsbetreuerin, begann er nach etwa einem Jahr bei uns, die Welt um sich her zu »sehen« und wahrzunehmen, daß sie ihm lohnende Erfahrungen zu bieten hatte. Von da an änderten sich seine Tätigkeiten und Interessen. Er gab es auf, häufige Kinobesuche zu verlangen; Kino bedeutete für ihn »Krimis« oder »Westerns«, »aufregende« oder »Mord«-Filme. Er konnte uns sagen, daß sie seine Angst vergrößert hatten, so daß er Abwehrmechanismen gegen sie hatte errichten müssen; diese Abwehr hatte zwar die Filme ausgesperrt, aber auch seinen Kontakt zur Welt blockiert. Ein anderer Junge sprach zufällig darüber, wie beunruhigend Filme über Mord seien. Paul warf ein: »Mordfilme sind fein; man muß nicht hören, was sie sagen — so mach ich's.«

Als seine Lebenserfahrungen für ihn weniger »mörderisch« wurden, konnte er es besser ertragen, zu hören und zu sehen, was um ihn her vor sich ging. Das Leben nahm für Paul langsam eine neue, frische Bedeutung an. Z. B. erkannte er erst jetzt, obwohl er das nahe Museum für Wissenschaft und Industrie schon oft besucht hatte, wie viele interessante Ausstellungsstücke es enthielt. Er bemerkte, daß er sie nie vorher wirklich gesehen hatte; er hatte sie angeschaut, aber an etwas anderes gedacht. Sein Interesse am Werken und an künstlerischer Betätigung wurde ebenfalls größer. Von dieser Zeit an wurde die Malerei zu seinem liebsten Ausdrucksmittel, vielleicht weil seine Sprechschwierigkeiten sich zwar besserten, aber doch weiterhin ein ernstes Hindernis in der verbalen Kommunikation darstellten.

Diese Fähigkeit, reale Erlebnisse zu genießen, erlaubte ihm, in gewissem Maß auf seine asozialen Methoden des Statusstrebens zu verzichten. Jetzt spielte er nur noch selten den »lebenden Leichnam«; das »wilde Tier« gab er ganz auf; er beurteilte es jetzt als ein »verrücktes Spiel« und war froh, daß die Betreuer ihn davon abgehalten hatten. Erwachsene erschienen ihm nicht länger wie Riesen, die Kinder herumkommandieren oder verprügeln können. Auf spielerische Weise begann er eine realistischere Lebensauffassung zu erforschen. In einem seiner Phantasiespiele (auch diese waren eine neue Entwicklung) rief Paul den Direktor des Museums für Wissenschaft und Industrie über ein Spielzeugtelefon an und bat ihn, dafür zu sorgen, daß die neuen Ausstellungsstücke, für die er sich erst seit kurzer Zeit interessierte, besser bekanntgemacht würden. Er wollte, der Direktor solle sich besonders bemühen, eine Ziege vom Bikini-Atoll auszustellen, damit jeder sie sehen könne. (Damals waren in allen Zeitungen Geschichten über die Tiere zu lesen, die sich von den Strahlungsschäden erholten, die sie bei den Bikini-Atombombenversuchen erlitten hatten.) Paul sagte, er glaube, die Ziege werde dadurch geheilt, daß man sie liebe und sie gut versorge. Er konnte aber an die wiederherstellende Kraft der Zuneigung nur glauben, wenn sie mit der Sicherheit zusammenhing, genug zu essen zu haben. Im weiteren Verlauf seines imaginären Gesprächs schlug er vor, das Museum solle eine Fernsehsendung über eine Weizenmaschine veranstalten, »damit die Leute sehen, daß genug Brot für immer da ist«. Ähnlich zeichnete er gern Kakteen, weil »sie den Menschen das Leben retten; es ist viel Wasser drin; Menschen leben, wenn wenigstens Wasser da ist«. Wenn er in gutem, freundlichem Kontakt mit seiner Lieblingsbetreuerin war, hatten seine Essensphantasien beruhigende Merkmale, die über das Vertrauen hinausgingen, das er in die Größe der Nahrungsmittelvorräte der Schule setzte.

Diese optimistischere Lebensanschauung war aber noch sehr kurzlebig, und im allgemeinen herrschte eine depressive, feindselige Stimmung vor. Die positivere Anschauung hing davon ab, ob Pauls Lieblingsbetreuerin ihm lange Zeit hindurch ihre ungeteilte Aufmerksamkeit widmen konnte, ohne daß auch nur die geringste Frustration ihre Nähe unterbrach. Außerdem mußte er greifbare Beweise ihres guten Willens haben, bevor er optimistischer empfinden konnte — sie mußte Dinge für ihn tun, Plätzchen backen, seine Kleider flicken, ihm beim Bauen eines Flugzeugs helfen, ihm beim Malen Pinsel zureichen und so fort.

Z. B. erlaubte sich seine Betreuerin, einige Zeit, nachdem Paul ganz fröhlich über die Angemessenheit des Nahrungsmittelvorrats geworden war, eine ganz sanfte Kritik an Paul, weil er andere Kinder geschubst hatte. Er reagierte sofort, indem er sich ganz trostlos fühlte, und er verlor für eine Weile den Kontakt zu ihr. In seiner Isolierung zeichnete er Bilder von einer Welt ohne Menschen. Provokativ, als sei er stolz darauf, die Welt abzulehnen, sagte er: »Meine Bilder haben keine Menschen. Alle Leute sind weggegangen. Ganze Welt durch Zeitbombe explodiert. Sie haben (sie) selber gelegt, die letzten Menschen. Niemand hat überlebt.« Ein andermal, als er sich seiner Betreuerin entfremdet fühlte, zeichnete er einen Zug; beim Zeichnen machte er die Geräusche einer Eisenbahn und sagte: »Niemand ist im Zug, niemand lebt.« Ähnlich hatte er Phantasien von Unfällen, von explodierenden Autos oder von Ertrinkenden — immer entpersönlichten Menschen —, niemals von jemand mit einem Namen.

Für seinen Schutz verließ Paul sich immer noch nur auf sich selbst; er konnte noch keinem anderen Menschen trauen. Bezeichnenderweise war der erste Gegenstand, den er benützte, um sich zu schützen, ein Teddybär, den er kurz nach seinem Eintritt in die Schule bekommen hatte. Er überwältigte dieses Spieltier, damit es »wüßte, wer (der) Meister ist«. Viele Monate lang behandelte er es aggressiv, schlug es und mißhandelte es in jeder Weise, genau wie er jeden an der Schule angegriffen hatte. Nach dieser Behandlung wurde es sein bester Freund, der auf ihn aufpaßte und ihn nachts beschützte. Paul zog es immer noch vor, einem unbelebten Symbol unseres guten Willens zu vertrauen, anstatt dem wirklichen guten Willen irgendeines Menschen.

Kindliche Vergnügungen und ein sich wandelndes Bild vom Leben

Am Ende seines ersten Jahres bei uns, das Paul seinen elften Geburtstag brachte, bemerkten wir bei ihm Zeichen einer neuen Entwicklung. Sie kamen zuerst in den Feiertagen ans Licht und waren vielleicht durch die festlichen Vorgänge hervorgelockt worden. Wie vorher waren auch diese neuen Schritte in Richtung auf höhere Leistung und eine positivere Lebensauffassung ans Essen gebunden. Beim Gärtnern hatte Paul immer darauf geachtet, genug für sich selbst anzupflanzen, aber für niemand sonst. Nun begann er sich Sorgen zu machen, ob auch andere ausreichend zu essen bekamen. Seine Anerkennung der Existenz anderer Menschen und sein Interesse an ihnen begannen also damit, daß er sie in seine Hauptsorge mit einbezog.

Das Erntedankfest war Pauls erstes »wirkliches« Fest, und er genoß es gründlich[8]. Im Waisenhaus, klagte er, sei nie irgendwas Besonderes geschehen. Aber dies, sagte er, sei sein erstes richtiges Erntedankfest. Den ganzen Tag lang aß er ungeheure Mengen (nachdem er zum siebtenmal Truthahn bekommen hatte, gab seine Betreuerin das Zählen auf), und er schien ganz überzeugt, daß ein reichlicher Vorrat vorhanden sei. Aber er mußte sich immer noch vollstopfen, um es sich zu beweisen.

Einige Tage später sprach ich mit einigen Kindern und fragte sie, wie ich es von Zeit zu Zeit zu tun pflege, welche Veränderungen man nach ihrer Meinung in den Verfahrensweisen an der Schule einführen sollte, was für Verbesserungen sie vorschlagen könnten und was für Klagen sie hätten. Als wir diese schwierigen Fragen erledigt hatten, stellte ich die einfachere, was ihnen denn an der Schule am besten gefiele. Paul antwortete: »Wie Leola kocht«. (Leola war unsere Chefköchin.) Gutes Essen war sein Bollwerk gegen Krankheit und Tod, denn einen Augenblick später fügte er hinzu, die Schule habe noch einen anderen guten Zug: Das Krankenzimmer sei so weit vom Wohnbereich der Kinder entfernt, daß »die Keime nicht durchkommen (können)« und sich die Krankheiten nicht ausbreiten. Dies war das erste Zeichen, daß sein Essen eine Beziehung zur Angst vor Krankheit hatte.

Kurz nach dem Erntedankfest äußerte Paul zum erstenmal eine Abneigung gegen bestimmte Speisen und ließ sich sogar gelegentlich von seinen Lieblingsgerichten nicht ein zweites Mal geben. Es schien uns, als lehne er die Speisen nicht so sehr ab, weil sie ihm nicht schmeckten oder weil es ihm widerstrebte, eine zweite Portion anzunehmen, sondern weil er ausprobieren wollte, ob er sich beschränken und sein Essen reduzieren konnte, ohne daß etwas Unerfreuliches geschah. Dies war eine weitere ganz neue Entwicklung, denn Paul hatte zwanghaft alles gegessen, ob es ihm schmeckte oder nicht, und hatte eine zweite, dritte und vierte Portion verlangt, gleichgültig, wie voll er schon war.

Er behauptete nicht mehr, wir versuchten, ihn auszuhungern, aber er fühlte sich höchst unbehaglich in bezug auf seine neue, unerklärliche Zurückhaltung gegenüber dem Essen. Er hatte das Gefühl, sie müsse einen Grund haben, und angesichts seiner tiefen oralen Ängste konnte es nur ein schlimmer Grund sein. Er behauptete: »Ich weiß einfach, daß (Ihr) Vitamine ins Essen tut, damit wir weniger essen.« Aber Vitamine sind schließlich gesund; also wies seine Bemerkung auf seine Ambivalenz hin: Unsere Absichten waren sowohl schlecht (wir brachten ihn dazu, weniger zu essen) als auch gut (wir gaben ihm Vitamine). Diese widersprüchlichen Gefühle uns gegenüber vermehrten natürlich seine Verwirrung und sein Unbehagen.

Vielleicht um ganz genau festzustellen, wie wir die Nahrungsmittel behandelten, um hinter unsere wahren Absichten zu kommen, fragte Paul nun, ob er den Köchinnen beim Zubereiten einiger Mahlzeiten helfen könne. Wir richteten es so ein, daß er bei den Vorbereitungen für das Sonntagsabendessen helfen konnte, und bald tat er es so, als trage er die Hauptverantwortung. Er glaubte ernsthaft, diese Mahlzeit sei ganz allein seine Schöpfung, und er prahlte glückselig damit. Sein Erfolg beim Helfen bedeutete ihm viel; er war ein zusätzlicher Beweis, daß er selber für seine Ernährung sorgen konnte. Es war ihm auch eine echte Freude, die Mahlzeit für andere zuzubereiten. Zum erstenmal bekam er eine realistische Vorstellung davon, wieviel Nahrungsmittel für eine Mahlzeit notwendig sind, und konnte sich überzeugen, daß unsere Vorräte auch in jeder Notlage ausreichen würden.

Bei Einzelsitzungen mit seiner Betreuerin hatte er immer gern Teegesellschaft gespielt. Dann hatte er immer nur selber gegessen, obwohl er und seine Betreuerin die Vorbereitungen zusammen machten. Nun ergriff Paul gelegentlich die Initiative und bereitete eine Leckerei für sie zu, was seine neue Fähigkeit demonstrierte, sich zurückzuhalten, wenn er mit appetitanregenden Speisen zu tun hatte, und seine neue Fähigkeit, etwas für andere Menschen zu tun.

Diese verstärkte Beherrschung seines oralen Verlangens gab Paul den Mut, die Erforschung infantiler Verhaltensweisen weiter auszudehnen, vielleicht weil er das Gefühl hatte, er werde nun fähig sein, auch diese Regression zu beherrschen. Wahrscheinlich konnte er sich um so primitivere Befriedigungen gönnen, je mehr Herrschaft er über seine Wünsche ausüben konnte. Auch mag das Kochen für seine Schulkameraden seine Schuldgefühle wegen seines eigenen gierigen oralen Verlangens vermindert haben, und er fühlte sich deswegen besser in der Lage, ihm nachzugeben. Da er beobachtet hatte, daß das Füttern anderer ihm keine überwältigende Macht über sie gab, fühlte er sich ziemlich ungefährdet, wenn er sich erlaubte, oral abhängig zu werden.

Jedenfalls kehrte er im Kielwasser seines Erfolgs bei der Beherrschung seiner Gier nach Essen und beim Zubereiten von Speisen für andere zur Babyflasche zurück. Eines Tages hatte Paul sein Vergnügen bei einer Teegesellschaft, die er für sich und seine Betreuerin gab. Bei der Vorbereitung für das Festchen bemerkte er eine kleine Puppe, die eine Flasche mit Sauger hatte. Sie war während seiner Spielstunden immer offen zu sehen gewesen, aber nun fragte er zum erstenmal: »Was ist mit der Flasche?« Als seine Betreuerin dagegen fragte: »Was soll damit sein?«, sagte Paul: »Dachte, könnte Milch reintun«, und tat es. Er begann daran zu saugen, stellte sie aber bald mit der Bemerkung beiseite, der Gummi schmecke »schrecklich«. Das Trinken durch einen Sauger war Paul noch nicht möglich; er mußte die mit oraler Regression verbundenen Gefahren zuerst noch weiter untersuchen.

Er beschloß, eine andere Methode zu versuchen, um die Milch aus der Babyflasche in seinen Mund zu bekommen. Erst schüttete er Milch aus einem großen Behälter in die winzige Spielzeugflasche, dann legte er den Kopf weit zurück und schüttelte sich die Flüssigkeit langsam in den weit offenen Mund. Als er die Spielzeugflasche geleert hatte, prüfte er die im großen Behälter zurückgebliebene Milch und sagte verblüfft: »Fast voll wie vorher«. Nachdem er den ganzen Liter Milch auf diese außerordentlich langsame Art ausgetrunken hatte, bot er an, das Geschirr abzuwaschen und aufzuräumen. Es war das erstemal, daß er freiwillig anbot, dies zu tun. Die Betreuerin sagte, sie werde gern wie immer aufräumen, aber er wies diesen Gedanken entschieden zurück. Er schüttelte nachdrücklich den Kopf und sagte: »Ich bin (die) Mutter.« Er mußte zugleich die Mutter sein, die das Baby fütterte, und das Baby selbst.

In der nächsten Sitzung zeichnete Paul seine Lieblingsbetreuerin als Baby, das am Daumen lutscht. Offenbar wollte er sie auf seine eigene emotionale Stufe herunterholen, um die Kluft zwischen sich und ihr zu überbrücken. Das schien die Identifizierung zu erleichtern. Genau wie er behauptet hatte, zugleich die fütternde Mutter und das saugende Baby zu sein, so mußte nun seine Betreuerin beides sein. Nur diese doppelte Verkörperung konnte ihm die Identifizierung mit ihr ermöglichen.

Innerhalb einer Woche, nachdem die Identifizierung stattgefunden hatte, begann Paul, durch einen Strohhalm Milch zu saugen — zunächst nur in der Abgeschlossenheit des Spieltherapiezimmers, aber bald darauf überall. Paul nahm seine Milchflasche sogar mit ins Klassenzimmer und auf den Spielplatz, und von Zeit zu Zeit nahm er ein paar kräftige Züge.

Er fing auch an, uns von seinen Träumen zu erzählen. In dem ersten Traum, von dem er berichtete, war er der König des Weltalls, ein Supermann, der eine Million Dollar besaß und alle regierte. Am nächsten Morgen erzählte er einen weiteren Traum. Er hatte im Traum das

Waisenhaus wieder besucht, und alle Kinder dort hatten ihn jetzt sehr gern gehabt. Während er im Schwimmbecken planschte, saßen alle herum, sahen ihm zu und bewunderten ihn. In seinen Assoziationen zu diesem Traum erinnerte er sich, daß er während seines Aufenthalts im Waisenhaus einfach nicht hatte schwimmen lernen können. Jetzt verstand er, daß seine Angst vor dem Wasser daher gekommen war, wie die älteren Jungen ihn behandelt hatten, die ihn ins Schwimmbecken gestoßen oder ihn an Beinen und Armen durch die Luft gewirbelt und ins Becken geworfen hatten. Erinnerungen an früher erlittene Mißhandlungen veranlaßten ihn immer, fast sofort wieder den starken Mann zu spielen, der die anderen einschüchtert. Auch diesmal sprang er auf und begann die anderen Kinder bösartig anzugreifen, unfähig, die durch diese Erinnerungen geweckten heftigen Aggressionsgefühle zu beherrschen. Solche explosiven Reaktionen machten es uns schwer, ihm bei der Bemeisterung seiner Vergangenheit zu helfen.

Aber Pauls Träume gaben einen Hinweis darauf, daß er zumindest auf einer unbewußten Ebene anfing, sich im Hinblick auf sich selber, seine Vergangenheit und seine Zukunft anders zu fühlen. Sein erster Traum zeigte, daß er versuchte, durch die Einbildung, er sei allmächtig, seinen Mangel an persönlichem Status im Waisenhaus auszugleichen. Im zweiten Traum verschafften ihm seine neuen, realen Leistungen im Schwimmen und Tauchen Achtung bei Leuten, die früher auf ihn herabgeschaut hatten. Diese neue Stärke machte es ihm möglich, in bezug auf Vergangenheit und Zukunft eine beruhigendere Anschauung zu entwickeln. Die Vergangenheit war zwar eine unglückliche Zeit gewesen, aber ähnliche Situationen würden ihn nicht mehr hilflos finden. Als ob er die Gültigkeit solcher Hoffnungen prüfen wollte, mußte Paul sich selbst sofort beweisen, daß er nun anderen die Qualen zufügen konnte, die man ihm angetan hatte; dies war ein weiteres Motiv für seine Angriffe auf die Kinder in der Nähe.

Aus ähnlichen Gründen konnte Paul auch noch nicht die geringste Frustration ertragen. Jede Niederlage bedeutete den Verlust alles Gewonnenen und erweckte die Angst, er sei ganz in seine alte mißliche Lage zurückgefallen, habe alle Macht der Selbstbestimmung verloren und sei selbst wieder das hilflose Opfer jeder Mißhandlung. Das mag erklären, warum die unbedeutendste Unannehmlichkeit für ihn ungeheuer wichtig wurde und warum seine typische Reaktion auf das Verlieren irgendeines Spiels lautete: »Ich töte dich!«

Wenn er sich relativ geborgen fühlte und einer vertrauten Person emotional nahe war, konnte Paul erkennen, daß es ihm an Steuerungsfähigkeit fehlte. Dann pflegte er Geschichten zu erfinden, um uns zu besänftigen, wie er es eines Tages tat, als er wieder einmal die Schule über das Spielzeugtelefon anrief. Diesmal war er ein berühmter Journalist, der »diesen Jungen, Paul, in der Schule« kannte. Er kommentierte: »Er ist ein guter Kerl, aber gerät in zu viele Schwierigkeiten. Sie müssen geduldig mit ihm sein!« Geduld wurde wirklich von uns allen gefordert.

Solche Einsichten waren jedoch selten. Meistens war Paul wütend, und er begann auch Schuldgefühle zu empfinden. Diese waren eine relativ neue Entwicklung, die daher rührte, daß er einige der Verhaltensmaßstäbe angenommen hatte, denen er nun eine Zeitlang ausgesetzt gewesen war. Er konnte es sich nun leisten, sie zu übernehmen, weil er sicherer war, daß seine physiologischen Grundbedürfnisse erfüllt werden würden. Daß er Schuldgefühle empfand, machte ihn aber auch wütend, und er pflegte uns heftig zu beschuldigen, wir verursachten ihm Schuldgefühle, weil wir ihm zu viele Dinge gäben und ihn zu gut versorgten.

Er benützte seine Schuldgefühle über das, was die Schule für ihn tat, sogar als Ausrede für seine Aggressivität gegen die Kinder und die Betreuer. Als er sich nach einem besonders heftigen Wutausbruch wieder beruhigt hatte, erklärte er dessen Ursache, indem er schrie: »(Ihr) laßt mich nicht meine Sachen kaufen! Laßt mich nicht Spielzeug, Schlittschuhe, nichts kaufen! Alles, was ich will, kauft Ihr (für mich). Wollt mich nicht (meine) eigenen Sachen kaufen lassen!« Als wir aber andeuteten, er könne sein Taschengeld für Dinge ausgeben, die er sich wünsche, wurde Paul noch wütender und beschuldigte uns, wir versuchten ihn auszunützen, indem wir ihn unter Druck setzten, sein eigenes Geld auszugeben und nicht unseres. Diese Wut genoß Paul ganz gewaltig. Einfach wütend zu sein und seine Wut an anderen auszulassen, war ein neuer Luxus für ihn. Früher hatte sich Paul nicht sehr oft gewöhnliche Wut leisten können. Er hatte nur die Möglichkeit gehabt, in Gewalttätigkeit zu explodieren. Jetzt konnte er, wenn er wollte, tagelang wütend auf uns ein. Was war das für ein Luxus, und was für eine Macht hatte er dadurch über uns! Aber wenn diese Wutorgien vorbei waren, fühlte er sich schuldig, sehr demütig und ungeheuer liebebedürftig und liebeheischend.

Etwa zu dieser Zeit kam auch noch eine andere Veränderung zutage, die sich in Paul zugetragen hatte. Seine hoffnungsvollere Lebensanschauung spiegelte sich in seiner Erwartung, daß Weihnachten ihm Gutes bringen werde. Aber diese Hoffnung erweckte auch vorweggenommene Schuldgefühle, die er stärker empfand, weil die Vergnügungen, auf die er sich freute, nicht länger schattenhafte Wünsche, sondern erwartete Realität waren. Diese Realität war zu gut, als daß er sie hätte genießen können. Ihre Wirkung rief nur Abwehrreaktionen hervor. Er hatte sich so lange gute Dinge im Leben gewünscht und war so tief enttäuscht worden, daß die guten Dinge ihn nun, wenn sie kamen, überwältigten, und er sich gegen ihren Ansturm wehren mußte.

Aber auf die Dauer pflegten doch überreichliche Befriedigungen alte Wunden zu heilen. Am Weihnachtsmorgen war Paul der einzige Junge, der sich die Mühe nahm, sehr sorgfältig seine besten Kleider anzuziehen, was offenbarte, welch ein wichtiger Tag dies für ihn war. Die meisten Kinder laufen zuerst zu ihrem Gabenhaufen und lassen den Weihnachtsstrumpf für später. Paul näherte sich zuerst dem Kamin, wo die Strümpfe hingen, und nahm den seinen langsam herunter. Dann, anstatt seine Geschenke auszupacken und sich mit ihnen zu beschäftigen, sprach er mit den anderen Kindern über die ihren. Danach packte er langsam die Geschenke wieder in seinen Strumpf. Als wir ihn schließlich daran erinnerten, daß er seine Gaben noch nicht einmal angesehen hatte, antwortete er grob: »Laßt mich in Frieden«, und rannte aus dem Zimmer, wobei er schrie: »Das ist genug. Ich kann es nicht aushalten. Ich kann es nicht aushalten.« Nachdem er wie wild durch das ganze Haus gerannt war, wie er es als »wildes Tier« zu tun pflegte (wenn er dies auch schon seit einiger Zeit aufgegeben hatte), kam Paul schließlich ins Wohnzimmer zurück, wo die Weihnachtsfeier im Gang war. Aber er wollte seine Geschenke immer noch nicht ansehen. Erst mehrere Stunden später, als alle anderen Kinder damit fertig waren und die meisten das Wohnzimmer verlassen hatten, öffnete er seine Geschenkpakete, eins nach dem anderen, langsam und bedächtig. Er war zufrieden, einfach nur eine Weile dazusitzen und sie auf sich wirken zu lassen. Dann wertete er sie alle ab. »Oh, hab nur'n Haufen Mist gekriegt. Nur ein paar mistige Sachen, das ist alles.« Schließlich nahm er ein sehr einfaches Spiel auf und begann, fortwährend darüber zu klagen, er wisse nicht, wie man das spiele. Er war sicher, wir hätten es ihm gegeben, weil wir wußten, die anderen Kinder könnten ihn in diesem Spiel besiegen.

Es dauerte ein paar Tage, bevor Paul seinen emotionalen Schock zu überwinden schien und anfing, aus diesem Erlebnis Nutzen zu ziehen. Er rief jedem zu, dies sei das erste richtige Weihnachten seines Lebens gewesen. Eines Nachts hörte man ihn im Schlaf sagen: »Ja, will in Waisenheim arbeiten. Nein, nehmt alten Schlafanzug nicht weg.« Als die Jungen aus seinem Schlafraum Paul am nächsten Morgen darüber berichteten, leugnete er, irgend etwas Derartiges gesagt zu haben, und erklärte, er habe nur geträumt, jemand habe versucht, seine Kleider zu stehlen. Konnte er sich wirklich nur an unerfreuliche Ereignisse aus seinem Leben oder aus seinen Träumen erinnern? Oder wagte er nicht, seine Schuldgefühle und seinen Wunsch zuzugeben, nun, da ihm angenehme Dinge geschahen, etwas dadurch wiedergutzumachen, daß er freundlich zu denen war, die noch im Waisenhaus litten?

Paul wurde noch von anderen Ambivalenzen zerrissen. Einerseits wollte er als reifer, selbständiger Mensch anerkannt werden, andererseits strebte er nach Dienstleistungen und Befriedigungen, wie man sie einem kleinen Kind gewährt, obwohl er sich, wenn er sie annahm, noch unreifer fühlte. Eine weitere beunruhigende Ambivalenz hatte ihr Zentrum in dem Konflikt zwischen seinen destruktiven Tendenzen, die er selbst jetzt weitgehend mißbilligte, die er aber noch nicht integrieren konnte, und seinen erwachsenden konstruktiven Wünschen. Dieser Konflikt trat in allem zutage, was Paul tat. Sollte er z. B. lesen oder andere in Wettspielen besiegen? Sollte er etwas sehr Kindisches oder etwas sehr Erwachsenes erbitten? Wollte er mit Soldaten spielen, deren Gewehre »andere erschießen« konnten, oder sollte er mit Bauklötzen Häuser bauen, so daß »Menschen drin glücklich leben« könnten?

In konstruktiver Laune pflegte Paul aus Bauklötzen Dörfer zu bauen und sich an seiner Leistung zu freuen. Aber wenn er glücklich mit dem Gedanken gespielt hatte, in den schönen Häusern zu wohnen, die er gemacht hatte, mußte er sie ausnahmslos durch »schreckliche Erdbeben« oder »Einstürze« zerstören. Warum? Er erklärte gewöhnlich, er zerstöre diese Häuser, »weil's zu Hause ist«, oder wir könnten sagen, weil sie ihn daran erinnerten, daß er nie in einem solchen Zuhause gewohnt hatte. Das Errichten schöner Häuser repräsentierte also seine Wünsche, ihre Zerstörung die Realität, die er gekannt hatte — und in seinem Spiel agierte er den Widerspruch zwischen Realität und Wunschwelt, einen Widerspruch, den er noch nicht lösen konnte. Wenn die heftig destruktive Stimmung vorbei war, wurde Paul gewöhnlich zerknirscht und suchte in einer wiederherstellenden oder echt aufbauenden Tätigkeit Sicherheit. Einmal schaute er verzweifelt im Zimmer herum, bis ihm endlich eine Lösung einfiel: »Werd' Bild für Wand machen.« Und beim Entwerfen eines Wandbildes fand er dann Erleichterung.

So trat Paul seinen destruktiven Tendenzen dadurch entgegen, daß er ein Kunstwerk schuf. Auf diese Weise wurde nicht nur sein Schuldgefühl besänftigt, weil er eine Wiedergutmachung für seine Destruktivität leistete, sondern weil er gleichsam auch zeigte, daß, wenn er in enger Beziehung zu einer Mutterfigur stand, seine destruktiven Handlungen nur Spiel waren (Zerstörung der Spielzeughäuser), während seine konstruktiven Tätigkeiten real waren (Verschönerung der Wände in seinem Zuhause). Als er wieder Frieden mit sich geschlossen hatte, rief er wieder einmal mit dem Spielzeugtelefon die Schule an. Als Mitglied des »Schuldirektoriums« fragte er: »Was brauchen Sie für (die) Kinder? Süßigkeiten? Papier? Farben? Buntstifte? Sie haben alles, was (sie) brauchen? Das ist gut. Auf Wiedersehen.« Die Materialien, die er zum Malen brauchte (Malen war seine beste Methode des Sublimierens), waren ihm jetzt vielleicht noch wichtiger als Süßigkeiten. Wenn auch Süßigkeiten, die Pauls Bedürfnis nach oraler Befriedigung repräsentierten, noch an erster Stelle erwähnt wurden, ging er doch sofort zu den Malutensilien über. Wenn seine Betreuerin, Nahrung und die Mittel zur Selbstverwirklichung durch künstlerische Produktion vorhanden waren, dann war nach seinem Gefühl die Schule vollständig.

Das bedeutet nicht etwa, daß es Paul immer gelang, seine destruktiven Tendenzen zu sublimieren. Sie waren noch viel zu stark, und seine Fähigkeit, sie zu integrieren, war noch viel zu schwach. Diese Unfähigkeit war tatsächlich eine Quelle seiner Wut und seiner Schuldgefühle. Seine plötzlichen Umschwünge von Aggression zu schuldbewußter Wiedergutmachung und wieder zurück zur Aggression waren an der Art zu beobachten, wie er im Verlauf der Entstehung eines Bildes von einem Thema zum anderen wechselte. Als er z. B. eines Tages eine Kriegsszene zeichnete, in der große Kanonen abgefeuert wurden, übermalte er sie plötzlich und schuf statt dessen eine friedliche Gartenszene. Hatte der Gedanke an seinen Garten, wo er seine eigenen Nahrungsmittel anbauen konnte, beruhigende Gedanken geweckt und es ihnen ermöglicht, die Vorherrschaft zu ergreifen? Oder hatte er beim Malen der Kriegsszene so viel Feindseligkeit empfunden, daß er dies durch die Erschaffung einer konstruktiveren und friedlicheren Szene wiedergutmachen mußte? Vielleicht war, während er die erste Szene malte, durch seine Phantasien so viel Spannung abgeführt worden, daß nun seine integrativen Kräfte die Oberhand gewinnen konnten. Was immer der Grund gewesen sein mag, das Schlachtfeld wurde in einen Gemüsegarten verwandelt und die Kanonen in harmlose Statuen.

Nachdem er einen friedlichen Seelenzustand ausgedrückt hatte, schlug seine Stimmung wieder um. Er erklärte: »Ich bin der große Diktator!« Auf die Frage, warum er zu diesem Ehrgeiz zurückgekehrt sei, gab er eine neue Antwort. Wir hatten ihm diese Frage ein paar Monate vorher zum erstenmal gestellt. Damals hatte er nur antworten können: »Um zu diktieren! Zu diktieren! Zu diktieren!« So drückte er seinen Wunsch aus, andere zu versklaven, damit er sich sicher fühlen könnte. Aber nun fügte er hinzu: »Damit (ich) sie alle wütend auf mich machen kann.« Früher hatte Paul kein Bedürfnis verspürt, seine Wut auf seine

Umwelt zu rechtfertigen. Die Wut war immer noch da, aber jetzt brauchte er, wegen seines neuen Schuldbewußtseins, einen Grund, damit er seine Wut an uns auslassen konnte, und darum verlangte er nach der Fähigkeit, uns wütend zu machen. Es schien ihm, nur wenn wir auch wütend seien, könne er seine feindseligen Wünsche uns gegenüber agieren.

Paul fühlte sich in bezug auf sein körperliches Wohl jetzt ziemlich sicher, und da diese drückendste Angst nicht mehr im Weg stand, konnte er sich den Luxus leisten, sich andere Wünsche zu befriedigen, wie z. B. den nach Rache für all seine früheren Entbehrungen. Auch eine andere Erklärung bietet sich an. Wenn kleine Kinder sich entwickeln, machen sie oft ein Stadium durch, in dem die Angst vor den Forderungen des Über-Ichs ihre Angst vor der Realität überschattet. Jetzt, da Paul ein Über-Ich entwickelte, mag seine Angst vor dessen möglichen Forderungen die Angst vor der Realität überflügelt haben. Das könnte erklären, warum er nicht mehr der Diktator sein mußte, um sicherzustellen, daß jedermann ihm als Sklave diente und für sein körperliches Wohlbefinden da sei. Er brauchte vielmehr die Gewißheit, in Frieden mit seinem Über-Ich leben zu können. Pauls emotionales Wohlbefinden gründete sich noch nicht auf das Geliebtwerden von anderen und darauf, sie wiederzulieben, sondern auf das Freisein von Schuldgefühlen wegen seiner Feindseligkeit. Er wollte jedermanns Wut erregen; er wollte die Welt, in der er lebte, in Aufruhr bringen, um seine eigene Aggressivität zu rechtfertigen. Dann brauchte er die Einwände seines Gewissens gegen seine Feindseligkeit nicht zu fürchten. Es bestünde dann auch keine Notwendigkeit, seine Wut zu integrieren, oder die schwierige Aufgabe auf sich zu nehmen, seine eigene Persönlichkeit zu ändern und zu ordnen.

Wahrscheinlich steckte hinter seinem Wunsch, noch einmal der Diktator zu sein, auch noch ein ödipaler Mechanismus. Er sehnte sich nach der Macht des Diktators, um alle Mitbewerber um Liebe und Versorgtwerden auszuschalten. Empört, daß er nicht nur seine Lieblingsbetreuerin, sondern auch die anderen Betreuer, die Lehrer, die Köchinnen, die übrigen Mitarbeiter (einschließlich meiner Person) mit anderen teilen mußte, wünschte sich Paul oft, alle anderen Kinder beseitigen zu können. Aber sobald er diesen Impuls verspürte, wurde er von solchen Schuldgefühlen ergriffen, daß er eher seine eigene Vernichtung agieren mußte als die ihre [9].

Paul spielte z. B. oft aggressive »Spiele« mit anderen Kindern, die unterbunden werden mußten. Er spielte dann mit dem Schlagbrett, mit Bauklötzen oder irgendeinem einfachen Spielmaterial »Hinrichtung«.

Gewöhnlich richtete er zuerst andere hin, dann sich selbst, aber diese Abfolge wurde manchmal auch umgekehrt. Das Spiel war immer geräuschvoll, aber nur selten waren die Geräusche artikuliert. Gelegentlich pflegte Paul jedoch etwas zu sagen wie: »Vorbereitung für Hinrichtung. (Da sind) sieben Leute (und) ein Kind.« (Paul wohnte damals in einem Raum mit sieben anderen Jungen zusammen.) Er paßte die Handlung seinen Worten an, nahm sieben Holzpflöcke gleicher Länge und einen kürzeren auf, der das Kind darstellte. Der kurze Pflock erledigte dann die sieben langen. Später veränderte er das Drama manchmal. Dann »bereiteten sich die Leute auf Pauls Hinrichtung vor«. In einer weiteren Version wurden die sieben Pflöcke Pauls Sklaven.

Paul wollte sich nicht nur der »Geschwister« entledigen. Wäre es nach ihm gegangen, wäre niemand übriggeblieben als seine Lieblingsbetreuerin und er. Eines Tages, als sie ihm eine Geschichte erzählt hatte, sagte er: »Nun will ich Geschichte erzählen. Da war einmal eine schreckliche, schöne, lausige, wunderbare Schule an der Sechzigsten und der Dorchester-Straße (Adresse unserer Schule). Alle weinten die ganze Zeit; Kinder wurden mit großen Peitschen geschlagen. Schließlich kam Mädchen namens Gayle. Sie sagte ›ich bin das Gesetz. Du gehst raus, du gehst raus, du gehst raus, du gehst raus‹. Und sie nahm alle Peitschen ganz weg (und dann), nur ich und du blieben noch in der Schule übrig.«

In gewisser Weise war der Kern dieser Geschichte wahr. Sie berücksichtigte zwar die objektive Realität nicht, beschrieb aber Pauls emotionale Realität wirklichkeitsgetreu. Der physische Wechsel vom Waisenhaus in die Schule beseitigte nicht die Peitschen und die einschüchternden »Großen«. Denn die Angst vor ihnen begleitete Paul bis in die Schule. Er befreite sich von dieser Angst, als an die Stelle seiner Konzentration auf sie die emotionale Konzentration auf seine Lieblingsbetreuerin trat. Für Paul hatte sie ein neues Gesetz, eine neue Lebensweise zur Wirkung gebracht; ihre gegenseitige Zuneigung und die Dienste, die sie ihm leistete, verbannten die einschüchternden Gestalten aus seinem Sinn. Danach lebten nur noch er und sie in der Welt seiner Gefühle.

Auf der Ebene der objektiven Realität wußte er, daß er seine Lieblingsbetreuerin nicht ganz für sich allein haben konnte; darum wollte er die Welt verändern, so daß nur noch sie beide existierten. Er wollte alle anderen vernichten, wie das kleine Kind (was Paul ja in emotionaler Hinsicht war) den Pappi und die anderen Kinder verbannen will, damit es die Mammi immer für sich allein haben kann. Aber schließlich war Paul kein Dreijähriger mehr, und gemäß seinem neuen Schuldgefühl — wenn es auch noch keine neue Moral war — hatte er das Gefühl, er selber müsse in der gleichen Weise behandelt werden, wie er andere zu behandeln wünschte. Daher kehrte er von spezifischen Phantasien, in denen er sich vorstellte, jedermann in der Schule zu vernichten und in herrlicher Nähe einer Mutterfigur zu leben, ziemlich häufig zu allgemeineren Phantasien zurück, in denen er die ganze Welt einschließlich seiner selbst zerstörte.

Im Lauf der Zeit konnte Paul immer besser über seine feindseligen Wünsche sprechen, und er mußte sich nicht mehr so oft auf seine Comics oder auf die Morddramen im Radio oder im Kino zurückziehen. Andere Unternehmungen waren befriedigender: vor allem seine künstlerischen Arbeiten und die Malerei, zu der er sich immer mehr flüchtete. Wenn er zeichnete oder malte, war er ruhig, in gewissem Maß zufrieden, und ganz sicher sehr beansprucht. Aber in dem Augenblick, in dem er aufhörte, wurde er aggressiv.

Seine selbstzerstörerischen Antriebe — die so oft einen Unterton des auf Schuldgefühlen beruhenden Strafbedürfnisses hatten — traten keineswegs nur in den Spielstunden zutage. Sie zeigten sich z. B., wenn er Schlittschuh lief oder rodelte, und sie waren oft ein Mittel für ihn, um auszuprobieren, wie gut wir auf ihn aufpaßten. Mit sehr offensichtlicher Angst versuchte Paul, auf Schlittschuhen einen vereisten Hügel hinunterzurutschen, obwohl er wußte, wir würden ihn keine wirkliche Gefahr riskieren lassen. Er war wütend, als wir ihn bremsten: »Ich kann gar nichts tun. [Ihr] laßt mich nichts machen. Macht mich einfach zu einer privilegierten Person.« Eine »privilegierte Person« zu sein bedeutete, daß wir auf ihn aufpaßten und sein Wohlbefinden sicherten und ihn von potentiell schädlichen Handlungen abhielten.

Auch in den Spielstunden sehnte sich Paul nach der Erfahrung, vor seinen destruktiven Tendenzen geschützt zu werden. Er spielte gern mit Spielzeugsoldaten und stellte sie immer so auf, daß sie ihre Gewehre gegeneinander richteten. Aber sobald die gegnerischen Armeen aufgestellt waren, geriet er in Panik. Gelähmt vor Angst, wagte er sie nicht einmal zu berühren. »Dreh sie rum«, bat er. »Laß die Gewehre nach der andern Seite zeigen. [Laß sie] nicht die Gewehre gegeneinander richten.«

Manchmal schienen die Spielzeugsoldaten die Selbstvernichtung dem Schießen aufeinander vorzuziehen. Manche begingen Selbstmord, indem sie von Befestigungen heruntersprangen, andere, indem sie aus den Fenstern von Gebäuden fielen, wie Paul es auch einmal versucht hatte. Er sorgte aber immer dafür, daß sie im letzten Augenblick gerettet wurden.

Je mehr Pauls Gefühl zunahm, wir sorgten für sein Wohlbefinden, desto mehr konnte er spüren, daß es in seinem Leben eine gewisse Sicherheit gab. Er fühlte sich ermutigt, den Kampf aufzunehmen, sich selbst als Person zu finden. Dieses Ziel war unerreichbar gewesen, solange eine unsensible Umwelt ihm ein von außen aufgezwungenes, entpersönlichtes und daher anonymes Lebensschema aufgezwungen hatte. In der reaktionsbereiten, persönlichen Umwelt der Schule war Paul fähig, einige Wertvorstellungen aufzunehmen und sich aus ihnen eine zerbrechliche Selbstbeherrschung zu schmieden. Er war nicht mehr hilflos von seinen Gefühlen getrieben und zerrissen. Der Prozeß, in dem er zusätzliche Wertmaßstäbe erwarb, wurde durch seine verbesserte Selbststeuerung gestärkt, und dies führte wiederum zur Entstehung eines persönlicheren Über-Ichs. Pauls Verhalten wurde allmählich von einer zunehmenden inneren Konsistenz geprägt. Außerdem fand er in seinem Erfolg bei der Beeinflussung seiner Umwelt durch vernünftige Handlungen, anstatt durch irrationale Explosionen, eine Stützung seines Ichs. Vor allem aber wurde sein Ich gestärkt durch die soziale Anerkennung, die seine künstlerischen Produktionen fanden.

Da er nun zumindest die Rudimente einer Persönlichkeit erworben hatte, konnte Paul sich als ein menschliches Wesen auffassen, das fähig ist, mit anderen in Interaktion zu treten und die Befriedigungen zu genießen, die sie zu bieten hatten. Um jedoch die Kluft zwischen dem theoretischen Fähigsein dazu und der tatsächlichen Verwirklichung zu überbrücken, war eine lange, harte Anstrengung erforderlich. Dies war das Problem während der nächsten zwei Jahre, des zweiten und dritten, die Paul bei uns zubrachte. Da Paul sich als Person entdeckte (nicht als »wildes Tier« oder Sklavenherrscher), begann er auch andere Leute als Menschen anzusehen. Einsicht in einige ihrer Gefühle, Motive und Arten, Probleme zu lösen, halfen ihm, besser mit seinen eigenen inneren Schwierigkeiten fertig zu werden.

Ein Großteil dieser Arbeit, seine Welt durch die Entwicklung engerer Beziehungen zu anderen persönlicher zu machen, fand statt, während Paul mit seiner Lieblingsbetreuerin allein war. Wenn er sie auch bei regelmäßigen, geplanten Spielstunden sah, waren diese Zusammenkünfte, wie bei den meisten unserer Kinder, nicht genug und nicht einmal am wichtigsten. Pauls dringende emotionale Probleme und Lebensschwierigkeiten mußten auf der Stelle bewältigt werden. Nur wenn die gleiche Person bereit war, ihm zu jeder Tages- und Nachtzeit zuzuhören, mit ihm zu spielen und etwas für ihn zu tun, konnte er einschätzen lernen, wie wichtig ein anderer Mensch für ihn werden konnte. Dies ist gewöhnlich die Vorbedingung dafür, daß man andere als Menschen erkennt.

Obwohl diese Entwicklung höchst schwierig zu erfassen und zu beschreiben ist, besteht eine auffallende Parallele zwischen dem, was mit Paul geschah, und dem, was sich in der Entwicklung eines kleinen Kindes ereignet, das ja auch anfängt, die Rudimente einer Persönlichkeit (Ich und Über-Ich) zu erwerben, wenn es entdeckt, daß seine Eltern nicht nur diejenigen sind, die es mit Dingen und Dienstleistungen versorgen, sondern eigene Persönlichkeiten. In Pauls erstem Jahr an der Schule waren wir hauptsächlich Versorger — »Sklaven«. In den nächsten zwei Jahren nahmen die Sklaven allmählich Menschengestalt an, im gleichen Entwicklungstempo, wie Paul sich vom Tyrannen zum Menschen wandelte.

Dies war zwar Pauls wichtigste »Entwicklungsaufgabe«, aber er fuhr auch fort, an den älteren zu arbeiten. Während dieser Zeit entwickelten sich z. B. Pauls Selbstbeherrschung, seine soziale Anpassung, sein Vertrauen in die Welt und seine eigenen Fähigkeiten, vor allem aber seine Liebenswürdigkeit, immer mehr und wurden verläßlicher.

Wie zu erwarten, wurde Paul zum erstenmal im Zusammenhang mit zwei zentralen Problemen — dem Teilen von Speisen und dem Erkennen von gutem Willen bei einem anderen Menschen — auf das Verhalten eines anderen aufmerksam und fing an, sich über seine Motivation Gedanken zu machen [10].

Eines Tages gab Paul (wie er es in letzter Zeit oft getan hatte) seiner Lieblingsbetreuerin ein paar von den Sahnebonbons, die sie miteinander gemacht hatten. Ganz selbstverständlich sagte sie »danke«. Paul sah auf, verblüfft, und fragte: »Sagst [du] gern danke?« Die Betreuerin fragte, warum ihn das überrasche; er antwortete, er habe sie es nie vorher sagen hören. Er wollte gern wissen, was sie in bezug aufs Danke-Sagen empfinde, und war ganz erstaunt, als sie sagte, es falle ihr leicht. Nach einer bezeichnenderweise langen und nachdenklichen Pause, in der er mit der Überwindung seiner Unfähigkeit, sich auszudrücken, zu kämpfen schien, brach es aus ihm hervor: »Wenn ich König bin, werde ich jeden, [der] dieses Wort gebraucht, . . . verfolgen lassen!« Er konnte dies ohne Schwierigkeiten sagen, bis er zu dem Wort »verfolgen« kam. Dann begann er zu stottern; es mißlang ihm immer wieder, das richtige Wort zu sagen; schließlich bat er die Betreuerin, es auszusprechen. Erst dann konnte er es richtig wiederholen. Nach dieser Hilfe von ihr beim Ausdrücken seiner Aggression fuhr er fort und sagte, er hasse die ganze Welt, und vor allem hasse er »danke«.

Ein wenig später sagte die Betreuerin ganz zufällig und in anderem Zusammenhang »bitte«. Wieder explodierte Paul. Er haßte beide Ausdrücke! Vielleicht war sein eigener Wunsch, gefüttert zu werden, ohne bitten oder danken zu müssen (wie ein Kind erwartet, von seinen Eltern ernährt zu werden), so groß, daß er über ihre Bereitwilligkeit, ihm zu danken, erstaunt war. Seine Reaktion mag auch auf seinem Ressentiment darüber beruht haben, daß er Dinge annehmen mußte. Vielleicht wünschte er zu leugnen, daß er bestimmte Dinge bekommen hatte, wenn das Annehmen entweder seine Schuldgefühle wegen seiner unterschwelligen Feindseligkeit weckte oder ihn an den Umstand erinnerte, daß diese Geschenke nicht von dem Menschen stammten, der für ihn am wichtigsten war, von seiner Mutter.

Pauls Wunsch, »danke« und »bitte« abzuschaffen, deutet auf eine weitere Motivation für seine megalomanen Tendenzen hin. Wenn er »König« des Weltalls wäre, könnte er in der Welt zurechtkommen, ohne die Worte zu benützen, die er haßte. Kurzum, er mußte sich entweder ändern oder die Welt beherrschen. Und er war keineswegs sicher, ob er seine eigenen Wünsche in Übereinstimmung bringen könnte.

Trotzdem, Paul änderte sich und fing an, vielfältigere und menschliche Emotionen zu erleben. Diese zeigten sich in seinem Gesichtsausdruck. Als er an die Schule kam, schien sein Gesicht zunächst ausdruckslos und unbestimmt. Es spiegelte, wenn überhaupt etwas, nur seine allgemeine Leere, Schwerfälligkeit, Zusammenhanglosigkeit und seinen Mangel an Koordination. Dann wurde er langsam rund und rosig. Er hatte zwar, wie schon beschrieben, ständig zugenommen, aber es dauerte über eineinhalb Jahre, bis sich auch sein Gesicht rundete und sehr kindlich wurde. Manchmal belebte es sich und zeigte Interesse an der Welt. Wenn Paul sehr ernst war, schien er reifer, als es seiner Altersstufe entsprochen hätte. Sein Gesicht bekam dann einen Ausdruck tiefer Entschlossenheit, besonders, wenn er in seine künstlerische oder schulische Arbeit vertieft war. Aber wenn ihm irgend etwas Angenehmes geschah — wenn er auch nie zugeben wollte, daß ihm etwas gefiel —, sah er sofort wieder wie ein Baby aus. Gelegentlich pflegte er zufrieden zu lächeln. Während dieser Zeit neigte Paul dazu, wenn er wütend war, zu schmollen und am Daumen zu lutschen, anstatt einen seiner heftigen Wutausbrüche zu bekommen. Ganz allgemein zeigte er sehr kindliche Verhaltensweisen. Seine übertriebenen, unbeherrschten Armbewegungen wirkten jetzt weniger aggressiv als babyhaft.

Andererseits erwarb sich Paul ganz allmählich bei den anderen Kindern und den Mitarbeitern durch seine Leistungen in der Schule, im Baseball und vor allem in der Kunst echtes Prestige, aber er konnte diese Billigung immer noch nicht als echt akzeptieren. Wenn irgend jemand etwas Lobendes über ihn sagte, konnte er sich nicht darüber freuen. Er begann sofort den Clown zu spielen, als sei das Lob ein Streich, den man ihm gespielt hätte. Offenbar konnte er von den Absichten anderer Leute nur das Schlechteste glauben und hatte nur auf unangenehme Erlebnisse mit angemessenen Gefühlen zu reagieren gelernt. Also reagierte er auf angenehme Episoden so, als seien sie auch abwertend. Während er früher nur emotionale Extreme zum Ausdruck gebracht hatte — Wut oder seltener auf sich selbst zentrierte Zufriedenheit (z. B. wenn er gierig aß) —, schien er jetzt manchmal auch gemäßigtere Gefühle zu empfinden und auszudrücken.

Paul fing an, wirklich wahrzunehmen, wie andere Kinder zu ihm in Beziehung traten. Er provozierte sie weiterhin und entlud seine Feindseligkeit gegen sie, aber jetzt spürte er, daß sie ihn nicht mochten, und das tat weh. Es war ein erstes Zeichen, daß er andere als Menschen ansah und von ihnen gern gehabt werden wollte. Aber seine Fähigkeit, sich mit den anderen Jungen seiner Gruppe, die seine nächsten Gefährten waren, ins Benehmen zu setzen, wurde behindert durch ihre Beziehung zu der Betreuerin, die er mit ihnen teilen mußte. Seine Eifersucht komplizierte seine Gefühle gegenüber diesen Jungen, so daß er sich oft weigerte, ihre Existenz zuzugeben, und sich in Phantasien zurückzog, in denen er für den Rest seines Lebens allein mit seiner Betreuerin zusammenblieb.

Eines Tages, als er eine Spielstunde mit ihr hatte, malte er ein Bild. Er war guter Stimmung und malte das grüne Gras, wobei er sagte: »Der Frühling kommt; Winter fast vorbei«. Er zeichnete ein paar Figuren und sagte: »Das [bist] du und [all die] kleinen Kinder um dich herum«. Als die Betreuerin fragte, was sie auf dem Bild gerade tue, sagte er: »Du erzählst [den] Kindern ein schönes Märchen«. Paul hatte Märchen sehr gern und bat sie immer wieder, ihm welche vorzulesen. Aber schon der Gedanke, sie könnte jemand anders etwas vorlesen, stürzte ihn in tiefsten Trübsinn, also überarbeitete er sein Bild, so daß es nicht mehr die Realität darstellte, die er kannte, sondern seinen Wunsch, sich mit seiner Betreuerin zu identifizieren. In diesem neuen Bild stellte er ihr Leben dar. »Dies ist dein Farmhaus [im] Westen«, sagte er. »Und da [ist ein] kleiner See bei [deinem] Haus [und] hier [sind] deine Felder.« Er sprach längere Zeit mit seiner Betreuerin über ihre Lebensgeschichte und fragte sie nach ihrer Kindheit aus. Er versuchte zu verstehen, wie das Leben eines anderen Menschen verlaufen war und wie Menschen aufwachsen, die erfolgreiche Leute werden. Er hörte mit Interesse, daß sie auf einer Farm groß geworden war. Er beschloß, er müsse auch Farmer werden, wenn er groß sei, so daß er seine eigene Nahrung anbauen könne. Auf diese Weise, durch Zeichnungen und Phantasien über seine Zukunft, machte er seine ersten wirklichen Versuche, sich mit seiner Lieblingsbetreuerin zu identifizieren.

Pauls Interesse an ihrem Leben spiegelte die Veränderung, die in seiner Einstellung zu anderen Menschen vor sich ging. Vorher hatte er sich gewünscht, seine Betreuerin solle ihm all ihre Zeit widmen und nicht so »faul« sein, Freizeit für sich selbst in Anspruch zu nehmen; nun wollte er an ihrem Leben außerhalb der Schule teilhaben. Das zeigte einen erheblichen Fortschritt in seiner Erkenntnis seiner Betreuerin als eines selbständigen Menschen. Wo er früher gewünscht hatte, sie solle ganz ihm gehören, wollte er nun mehr an ihrem Leben teilnehmen.

In diesen Phantasien schien er auch zu versuchen, eine gemeinsame Vergangenheit mit ihr zu konstruieren, so wie ein Kind sie mit seiner Mutter teilt. In der Folge sprach er sich noch deutlicher über ihre gemeinsame Zukunft aus. An einem anderen Tag erklärte Paul, während er wieder eine Farmszene malte: »Du wohnst auf Farm im Westen, und ich [werde] auf Farm im Westen leben.« Dann: »Nicht weit davon«. Er zeichnete einen kleinen Hof vor dem Haus: »Hier spielen alle Kinder«. Nachdem er genug über zwischenmenschliche Beziehungen gesagt hatte, zeichnete Paul eine Scheune zur Aufbewahrung von Nahrungsmitteln: »so daß wir genug zu essen haben«. Erst diese Erfahrung, die als erste Mutter und Kind aneinander bindet, konnte ihn veranlassen, »wir« zu sagen. Aber zugleich drückte diese Bemerkung seine orale Angst aus, er könne nicht genug zu essen haben, und die beruhigende Überzeugung, daß er zumindest bei einer ausgewählten Person in dieser Hinsicht geborgen war.

Der Wunsch, immer mit seiner Betreuerin zusammenleben zu können, lag nur eben unter der Oberfläche dieser Bemerkungen. Nachdem er eine Weile tief in Gedanken versunken dagesessen hatte, fragte Paul schließlich: »Hat jemand dir einen Antrag gemacht?« Sie fragte, was er meine. »Ich meine, warst du schon mal verlobt?« Als sie mit nein antwortete, schien er sehr erleichtert. »Oh, ich dachte, du [wärest] es wahrscheinlich.« Dann hielt er inne, ohne seine Wünsche weiter zu treiben. Paul wußte schon, daß sein Wunsch nach einem Eheleben mit seiner Betreuerin nicht Wirklichkeit werden konnte.

Aber dieses Wissen besänftigte seine Wut und Frustration nicht, die sich bald danach in einem gewalttätigen Ausbruch Luft machten. Er war beim Ballspielen, als er ohne ersichtlichen Grund einen ziemlich heftigen Streit mit einem anderen Kind anfing und begann, es zu schubsen und mit Füßen zu stoßen; er wäre wohl noch weiter gegangen, wenn wir ihn nicht sofort gebremst hätten.

Als wir ihn wegen dieses Verhaltens befragten, behauptete Paul, er sei wütend, weil wir ihn gezwungen hätten, mit anderen Kindern zu spielen. Das war natürlich nicht wahr. Die Wahrheit war einfach, daß er das einzige Kind sein wollte, und er behauptete sogar: »Dies [ist eine] Schule mit nur einem Kind, Paul.« Seine Wut war ausgebrochen, nachdem er seinen Wunsch geäußert hatte, keine anderen Kinder um sich zu haben.

Paul war wahrscheinlich wütend über unseren Wunsch, er solle Beziehungen zu anderen entwickeln, den er spürte, während wir ihm die höchst intime und ausschließliche Beziehung zu seiner Betreuerin verweigerten, die er sich so verzweifelt wünschte. Er konnte darüber nicht offen sprechen, aber er konnte über seine Angst vor seiner eigenen explosiven Wut sprechen. Er wünschte, er könnte sie beherrschen. Aber da er es nicht konnte, meinte er, es sei besser für ihn, sich von anderen Leuten fernzuhalten, besonders in Wettbewerbssituationen wie bei Ballspielen; ein Ballspiel hatte in diesem Fall fast dazu geführt, daß er jemand verprügelte. Er spürte, daß nur unser Eingreifen ihn davon abgehalten hatte, zu weit zu gehen. Allein schon der Gedanke, er könne das Spiel verlieren, hatte ihn unerträglich wütend gemacht. Als wir erklärten, er müsse diese Wettspiele nicht mitspielen, beschuldigte er uns natürlich, wir versuchten, ihn von seiner Lieblingsbeschäftigung abzuhalten, wir wollten nicht, daß er gewinne, usw. Während er mit seiner Betreuerin über diese Dinge sprach, nahm Paul ein Stück Ton, aus dem er einige Figuren formte, die er dann wütend mit einem Tonstab umwarf. Er sagte, er sprenge sie alle mit Dynamit in die Luft. Aber das machte ihm Schuldgefühle, und er mußte sich selber bestrafen. Er machte eine andere Figur, die ihn selbst darstellte, sagte, »er taugt nichts«, und zerquetschte sie, während er sprach.

Bis jetzt hatte Paul nur mit seiner üblichen Wut und seinen gewohnten Schuldgefühlen reagiert. Aber am Ende dieses Ausbruchs tauchten neue Gefühle auf. Er wandte sich plötzlich zu seiner Betreuerin und sagte: »Du bist [ein] Baby«. Er formte eine kleine Spielzeugwiege und sagte: »Dies [ist] deine Wiege«. Dann nahm er einen Hammer und zerschlug sie. Auf diese Weise projizierte er seinen eigenen Wunsch, ein Baby zu sein, auf seine Betreuerin und bestrafte sie dann, weil sie seinen Wunsch nicht erfüllte. Vielleicht machte er sie zum Baby, weil sie ihm nicht besser helfen konnte. Oder vielleicht hatte er das Gefühl, sie behandle ihn nur wie ein Baby, weil sie selber eins sei. Er dachte vielleicht auch, wenn er nur bei ihr ein Baby sein könnte — oder, noch besser, ihr Baby —, würde alles gut werden; aber da dies nicht möglich war, wurde er wütend und zerstörte ihr Bild.

Die Betreuerin schlug vor, er solle ihr sagen, warum er so wütend sei, aber Paul war nicht gleich dazu bereit. »Nein«, antwortete er. »Will nicht darüber sprechen. Wenn ich rede, werd [ich] nur wütender.« Nachdem er ein paar Minuten darüber nachgedacht hatte, konnte er jedoch die Gründe, warum er nicht über seine Wut reden konnte, ganz klar erkennen. Auch dies war eine neue Entwicklung. Er führte nun den Umstand, daß das Reden ihn wütend machte, auf seine jammervolle Kindheit zurück. Noch einmal holte er Erinnerungen an das Waisenhaus und an sein Gefühl der Isolierung herauf, das er dort empfunden hatte. Er behauptete, dort hätten nicht fünfhundert, sondern tausend Kinder gelebt. Es sei eine Strafanstalt gewesen, sagte er, weil es von einem Plankenzaun umgeben war, der von Stacheln gekrönt war.

Paul war immer noch empfindlich gegen das Gefühl des Verlorenseins und Eingesperrtseins, das er dort gehabt hatte, aber er konnte nun auch andere Aspekte des Lebens dort realistischer sehen. Er hatte sich z. B. immer beklagt, im Waisenhaus habe er nie genug zu essen bekommen. Nun gab er zu, die Kinder hätten viel zu essen bekommen, »aber sie wurden doch nicht dick, wegen all [ihrem] Weinen«. Als wir fragten, warum die Kinder so unglücklich gewesen seien, wurde Paul ziemlich vage und konnte nur die Erklärung liefern, die älteren Jungen hätten die kleineren auf dem Spielplatz herumgestoßen. (Das war übrigens genau das, was er in der Schule tat.) Er wußte, daß seine Traurigkeit und Depression nicht nur auf unzureichende Ernährung geschoben werden konnten; jemand konnte ausreichend ernährt sein und doch wegen schlechter Beziehungen zu anderen unglücklich bleiben. Immer mehr traten in seiner Vorstellung zwischenmenschliche Beziehungen an die Stelle des Essens als Ursache persönlichen Wohlbefindens. Das mag daran gelegen haben, daß er sicherer war, gut ernährt zu werden, und daher frei war, sich mit anderen Problemen zu beschäftigen. Aber diese Verschiebung des Gewichts von der physiologischen auf die interpersonale Befriedigung konnte auch die Folge seiner allgemeinen Persönlichkeitsentwicklung sein.

Paul konnte zwar gelegentlich über seine Wut und sein Unglücklichsein sprechen, aber ein großer Teil blieb immer noch unausgesprochen. Er drückte dies durch das Konstruieren von und Spielen mit destruktiven Objekten aus, z. B. machte er einen Galgen; aber er wollte nicht über die Phantasien sprechen, die in ihm aufstiegen, während er mit solchen Folter- und Vernichtungsinstrumenten spielte. Statt dessen agierte er die Erinnerungen an sein Unglücklichsein und an seine Selbstmordversuche, die sie in ihm wachriefen: Er ging zum Fenster hinüber, lehnte sich weit hinaus und kündigte an, er werde gleich springen, oder er ging auf die Feuerleiter und rief, er werde sich gleich fallen lassen. Die Versicherung, wir seien tief besorgt um sein Wohlergehen, wir hätten ihn gern und könnten seine Gefühle gut verstehen, ließen ihn immer innehalten. Diese »Selbstmordversuche« waren nicht wirklich ernst gemeint. Sie waren eine Art Schauspielerei, durch die Paul versuchte, einige der Gefühle wieder zu erleben, die seine früheren Selbstmordversuche motiviert hatten, um eine Methode zu finden, mit ihnen fertig zu werden. Auch hier strebte er also nach einem Verstehen menschlicher Gefühle — wenigstens derjenigen, die ihn in seine verzweifeltsten Augenblicke hineingetrieben hatten.

Paul versuchte auch die anderen Arten asozialen Verhaltens zu verstehen, die sein früheres Leben überschwemmt hatten. Er sprach davon, wie im Waisenhaus die Kinder in einem Restaurant gegessen hätten und dann hinausgegangen seien, ohne zu zahlen. Paul gab den Vorschriften im Waisenhaus die Schuld, die besagten, die Kinder müßten pünktlich um acht Uhr zurück sein, sonst würden sie bestraft. Manchmal habe sich an der Kasse des Restaurants eine so lange Schlange von Leuten gebildet, sagte Paul, daß er Angst bekommen habe, zu spät zu kommen, und deshalb hinausrannte, ohne zu bezahlen. Er versuchte also, sein delinquentes Verhalten auf die unpersönliche Disziplin zu schieben. Wir hörten zum erstenmal von diesen Vorfällen (entweder hatte man im Waisenhaus nichts davon gewußt, oder man hatte uns nichts darüber berichtet).

Wir fragten Paul, warum er nie vorher darüber gesprochen habe und warum er uns nur immer von isolierten Vorfällen aus seinem Leben erzähle, denn wir seien daran interessiert, alles nur mögliche über ihn zu wissen. Mit dieser Ermutigung konnte er erklären, daß er sich während all seiner Jahre im Waisenhaus immer beschäftigt hatte, indem er sich in Radiosendungen und Comics vertieft hatte, damit er nicht über sein Leben nachdenken mußte. Nach dieser Erinnerung hatte er nie richtig gespielt, bevor er an unsere Schule gekommen war, und das war wahrscheinlich wahr, weil er keine Spiele kannte, als wir ihn kennenlernten. Er erwähnte den Spielplatz des Waisenhauses, aber er konnte sich nur an zweierlei erinnern, das er dort getan hatte: allein schaukeln oder Streit mit den anderen Kindern.

Ich möchte hinzufügen, daß er beim Sprechen über diese Erinnerungen oft sagte, die Vergangenheit langweile ihn. Das Leben im Waisenhaus oder früher, in den Kinderheimen, war so leer und angsterregend gewesen, daß er es in der Erinnerung nur als äußerst langweilig empfinden konnte; er konnte sich auf wenig anderes als Unglücklichsein und Mißhandlung besinnen. Alles andere war »immer das gleiche« gewesen — höchst langweilig. Man kann nur schwer sagen, ob diese Gefühle die wirkliche Schalheit und Leere seines früheren Lebens widerspiegelten oder die Angst, die er früher empfunden hatte und wieder empfand, während er sich die Vergangenheit ins Gedächtnis rief.

Auf die beunruhigenden Erinnerungen an seine Vergangenheit, die er nicht verstehen konnte, reagierte Paul entweder mit wütenden, »mörderischen« Gefühlen oder mit einer Verleugnung seiner Existenz als Mensch. Aus dem Untertauchen in die schmerzlichen Gedanken, die diese Erinnerungen weckten, konnte er nur durch seine relativ neuerworbene Fähigkeit, seine Gefühle in sublimierter Form mit Hilfe seiner Malerei auszudrücken, zur Realität zurückgebracht werden. In seinen Schöpfungen konnte Paul agieren, was ihn beunruhigte, und so »alles verstehen«.

Ein Beispiel zur Veranschaulichung: Paul hatte wieder einmal darüber gegrübelt, wie wenig geschätzt er sich allgemein fühle, wie »zu nichts gut« er sei, wie er von anderen Kindern abgelehnt werde und wie er sie dafür hasse. Wie gewöhnlich weckte dies wütende Erinnerungen an seine Vergangenheit. Nach ein paar heftigen Worten zog er sich in ein unglückliches, bitteres Schweigen zurück. Nichts konnte ihn eine Zeitlang dazu bringen, wieder über diese Erinnerungen zu sprechen. Dann begann er mit Fingerfarben zu malen.

Er benützte nur Blau und malte zuerst den Himmel. Während er die Farbe herumschmierte, begann er langsam, in einsilbigen Wörtern, mit sich selber zu sprechen. Er male, sagte er, eine leere Welt. Dann fügte er Grün hinzu: Gras. Seine Welt war nicht mehr ganz leer, wenn auch noch ohne Menschen. Er spielte mit der Farbe, während er sie auf dem Papier verrieb, indem er seine Finger in der klebrigen Masse bewegte. Er schien Vergnügen daran zu finden, wie sie sich anfühlte; das mag ihm geholfen haben, sich deutlicher auszudrücken. Jedenfalls wurden aus den Wörtern plötzlich Sätze.

Ganz deutlich sagte Paul: »Er ist auf einem Hügel und geht hinunter; geht weg ... kein Paul mehr.« Offenbar fürchtete er, wenn er wieder abwärts in die Wut und Isolierung der Vergangenheit ginge, könnte er den Kontakt mit der Welt verlieren, verschwinden und als Mensch vernichtet werden, wie er schon früher versucht hatte, sich zu vernichten. So zeigte er, wie sehr er vor allem Angst hatte, was mit seiner Vergangenheit zu tun hatte, obwohl er nicht anfangen konnte, sich ein gutes Leben aufzubauen, bevor er den Schatten überwinden konnte, den die Vergangenheit auf die Gegenwart warf [11].

Pauls Betreuerin beruhigte ihn; sie werde ihn nicht verschwinden lassen; wir würden auf ihn aufpassen und dafür sorgen, daß ihm an der Schule nichts Böses geschehe. Aber er wiederholte mit sehr menschlicher, trauriger Stimme: »Da ist kein Paul mehr.« Dann zeichnete Paul noch deutlicher einen kleinen Hügel mit seinen Fingern und sagte noch einmal: »Er ist auf einem Hügel und geht hinunter; geht weg ... Paul ist nicht mehr da.« Aber jetzt war es kein Selbstgespräch mehr; es war eindeutig eine Kommunikation. Da sie dies erkannte, fragte die Betreuerin Paul, warum er das sage, und fügte hinzu, wir wollten, daß er bei uns bliebe, und wir wollten ihn gut versorgen. Paul antwortete: »O. K., sag dir, wie's ist. Du und Paul, sie gehen über den Hügel; [sie] fallen von einer Klippe; [sind] tot. Nein, er geht allein, bis zum Ende. [Dann] kommt Gayle, gerade noch rechtzeitig, als er gerade vor dem Herunterfallen ist, und zieht ihn zurück. [Er] hat keinen guten Halt ... rutscht wieder ab. Gayle sieht, was passiert, packt ihn schnell, zieht ihn rauf.«

Während er diese Geschichte erzählte, bahnte er mit den Fingern einen Weg durch die Farbe, um zu zeigen, wie er abwärts ging; dann, gerade als er nahe daran war, von der Klippe hinunterzufallen, wurde er von der anderen Hand zurückgezogen, die seine Betreuerin darstellte. Er spielte diese Situation, in der er, weil er keinen guten Halt hatte, abrutschte und von ihr gerettet werden mußte, mehrmals hintereinander durch. In seiner ersten Version der Geschichte sagte Paul, sie stürzten beide über die Klippe hinunter in die Vernichtung, aber er veränderte die Geschichte sofort, so daß er im letzten Augenblick von ihr gerettet wurde. Es waren also nur ihre Zuneigung zu ihm und ihre Sorge um sein Wohlbefinden, von denen er sich überzeugte, indem er sie immer noch einmal agierte, die ihn am Leben hielten und ihn davor bewahrten, in den Abgrund gestürzt zu werden.

Was anfänglich eine zweifelhafte Hoffnung gewesen war (schließlich waren sie zuerst beide zu Tode gestürzt), wurde am Ende als Realität angenommen, da er ihrer Versicherung, sie wolle ihn beschützen, Glauben schenken konnte. Aber sobald Paul diesem Gedanken vertraute, kamen ihm Bedenken über ihre Fähigkeit, für ihn zu sorgen. Er fragte: »Wer sorgt für dich? Wie kannst du für mich sorgen?« Schließlich gab er sich selber die Antwort: »Dr. B.« (womit er mich meinte).

Er versuchte anscheinend zu begreifen, wo die Quellen wirklicher Stärke zu suchen sind. Seine Betreuerin konnte ihn durch ihre Beziehung zu ihm vor seinen destruktiven Tendenzen bewahren. Aber wenn Stärke aus solchen Beziehungen zwischen Menschen hervorgeht, woher bekam dann seine Betreuerin ihre Stärke? Daß sie ein wenig davon aus ihrer Beziehung zu ihm bekommen könnte, konnte er noch nicht glauben; er hielt zu wenig von sich, um zu glauben, er könnte solche Bedeutung haben. Ihre Kraft, wie seine neue Kraft zu lieben, mußte aus irgendeiner Beziehung stammen, und er schloß, es müsse ihre Beziehung zu mir sein. Nur auf diese Weise konnte sie trotz seiner destruktiven Tendenzen für ihn sorgen. Aber was würde geschehen, wenn die destruktiven Tendenzen anderer Kinder hinzukämen? Konnte sie in einem solchen Fall noch für sich selber und für ihn die Verantwortung übernehmen?

Er malte ein neues Bild, um mit dieser neuen Angst fertig zu werden. Er wischte das vorige Bild aus, verteilte die Fingerfarbe neu über das Papier und skizzierte eine neue Geschichte: »Du bist hier in der Mitte; Soldaten kommen, [um] dich zu fangen; du schießt Gewehr, und alle gehen weg.« Aber Schießen — d. h. das Vernichten anderer — erschien ihm nicht mehr als annehmbare Lösung. Also fing er wieder von vorn an. Mit den Fingern tief in der Farbe, die Stirn vor Konzentration in Falten gelegt, gab er vor, die Feinde kreisten von allen Seiten den Punkt ein, der seine Betreuerin darstellte. Während seine Finger sich von den vier Ecken des Papiers her auf sie zu bewegten, beschrieb er, wie die feindlichen Armeen sie bedrohten und wie es ihr gelang, sie zu verscheuchen. Abschrecken ist weniger asozial als Töten, aber Paul war noch nicht zufrieden. Er fing noch einmal an. »Von allen Seiten kommen sie, zwei Männer hier, zwei Männer da.« Er führte von jeder Ecke zwei Finger über das Papier, um zu zeigen, wie »sie« wieder herankamen. Er ließ sie also seine eigene Erfahrung wiederholen, indem er zeigte, wie sie vom Schießen auf Menschen dazu überging, sie zu verscheuchen (wie er in seiner Schau vom »wilden Tier« und mit »Ich bin ein Gespenst«) und sie schließlich zu Freunden (kurzum, zu ihren Kindern) machte, in einer Beziehung, die er jetzt als die Quelle wirklicher Stärke erkannte. Er erklärte den Umstand, daß auf seinem Bild die Betreuerin vor der Aggression anderer sicher war und die Situation beherrschte, indem er sagte: »Sie ist schrecklich stark«. Die reale Betreuerin fragte: »Warum ist sie so mächtig?« und Paul antwortete: »Weil sie acht Kinder hat« [12].

Nachdem er auf diese Weise seine feindseligen Wünsche und Phantasien bewältigt hatte und irgendwie zu dem Schluß gekommen war, nur warme und enge menschliche Beziehungen könnten seinen unglücklichen Gefühlen ein Ende machen, schien Paul auf ähnliche Weise mit seinen megalomanen Tendenzen fertig werden zu wollen. Auch diese drückte er aus, indem er sie auf seine Betreuerin projizierte. Er fing wieder an, mit den Fingerfarben zu malen, und sagte: »Du bist auf einem Stern. Da sind viele Sterne, aber deiner [ist der] schönste, größte; du bist König der Universität.« Er wiederholte diesen Satz mehrmals; abwechselnd war seine Betreuerin König des Universums und der Universität — er konnte sich nicht für eins von beiden entscheiden. In seinen früheren Träumen war er der König des Weltalls gewesen. Nun war diejenige, von der er Sicherheit zu erlangen versuchte, und mit der er sich zu identifizieren versuchte, der König. Die »Universität« war wahrscheinlich ein Zugeständnis an die Realität. Sie ist schließlich die größere Organisation, zu der die Schule gehört, und sie hatte ihm indirekt seine neue Lebensmöglichkeit gegeben.

Paul fuhr fort: »Da sind keine Leute auf anderen Sternen, zuerst. Sie kriegen raus, daß du da bist, also kommen diese Männer [seine Finger bewegten sich wieder in der Farbe] rauf [zu] den Sternen. Jetzt sind sie freundlich; es gibt kein Jagen mehr.« Noch einmal sagte er: »Da sind keine Leute auf [den] Sternen, bis sie rauskriegen, daß du da bist; dann kommen Männer, um auf anderen Sternen zu sein. Sie jagen niemand nicht mehr; sie leben glücklich mit dir.« Indem er sich zu seiner Betreuerin wandte, fragte er: »War das nicht eine hübsche Geschichte? Hat sie dir gefallen?«

Durch seine Beziehung zu seiner Betreuerin konnte Paul seine Einsamkeit und Isolierung überwinden. Daß sie, die ihm half, als eine Person gesehen werden mußte, die mächtig genug war, nicht nur jedermann den gleichen Dienst zu erweisen (denn auf den anderen Sternen lebte niemand — sie wurden nur ihretwegen bevölkert), sondern sogar das Weltall zu regieren, entsprach Pauls früheren megalomanen Tendenzen. Diese konnte Paul überwinden, indem er sie auf die Person projizierte, mit der er sich am stärksten identifizierte. Er konnte dies nun ungefährdet tun, denn während er sich selber teilweise von diesen Tendenzen befreite, konnte er sie auch (durch Stellvertretung) durch Identifizierung mit ihr behalten. Durch seinen Wunsch, ihr solle seine Geschichte gefallen, zeigte Paul, daß seine Beziehung zu ihr die Haupttriebfeder seiner Fähigkeit war, seine Gefühle zu äußern und zuzugeben.

Natürlich hinderte Pauls Identifizierung mit seiner Betreuerin ihn nicht daran, sie zuweilen weniger positiv zu sehen. Immerhin ließ er sie am Anfang seiner Geschichte auf Menschen schießen. Er nannte sie oft »verrückt« oder beschuldigte sie, eine »Kleptomanin« zu sein, oder »dumm«. In seinen ersten Wochen bei uns hatte er diese gleichen

Dinge über sich selbst gesagt, aber seit längerer Zeit nicht mehr. Auch die Projektion der »bösen« Seite seiner selbst auf seine Betreuerin schien nötig zu sein, bevor er sich ganz mit ihr identifizieren konnte; es sah fast so aus, als würde es leichter, wie sie zu werden, wenn er die Kluft zwischen sich und ihr verkleinerte.

Viel später erzählte Paul uns recht dramatisch, wie seine Welt sich nur durch seine Beziehung zu ihr mit Menschen bevölkert hatte. Etwa zweieinhalb Jahre, nachdem Paul zu uns gekommen war, trat ein neuer Junge in die Schule ein. Als Gayle, Pauls Betreuerin, sich dem Neuankömmling vorstellte, lachte Paul glücklich und sagte: »Das ist der erste Name, den ich jemals gekannt habe.« Er sagte dies mit soviel innerer Überzeugung, daß keins der anderen Kinder nachfragte oder diese Bemerkung seltsam fand.

Lange bevor Paul bewußt wußte und offen aussprechen konnte, wo, wann und bei wem für ihn persönliche Beziehungen begonnen hatten, hatte er angefangen, in den Ereignissen seines Lebens Kontinuität und Fortschritt zu spüren. Wie schon erwähnt, waren seine ersten Bemerkungen an der Schule von Aussagen darüber durchsetzt gewesen, wie personenleer seine Welt im Waisenhaus gewesen war und wie zeitlos und endlos ihm sein Leben dort vorgekommen war. Er hatte immer geglaubt, er würde bis zu seinem Tod im Waisenhaus leben. Er erklärte nun glücklich: »Ich wußte, ich würde fünfzig Jahre dort bleiben. Heute weiß ich's besser.« Seine Zukunft nahm neue Dimensionen an. Er hatte etwas zu erhoffen. Aber da dies die Folge seines Wohlbefindens an der Schule und seiner Identifizierung mit seiner Betreuerin war, konnte er seine Zukunft zunächst nur als eine Erweiterung seines Lebens an der Schule sehen. Er sprach oft davon, eines Tages Betreuer zu werden, und beschäftigte sich damit in seinen Tagträumen. Später, als seine Selbständigkeit wuchs, konnte er sich eine Zukunft außerhalb der Schule vorstellen. Nun erwog er, Lehrer zu werden, denn er meinte, da er sich in der Schule bewährte, und sich gern etwas beibringen ließ, würde es ihm vielleicht Freude machen, andere zu lehren.

Pauls neues Zeitgefühl — Gefühl für Gegenwart und Zukunft und für die Kontinuität des Lebens — stand in scharfem Gegensatz zu der Zeitlosigkeit seines früheren Lebens. Während er einmal in positiven Wendungen von der selbständigen Zukunft sprach, die er sich aufzubauen hoffte, erinnerte sich Paul plötzlich zum erstenmal an etwas aus seinem Leben vor der Zeit im Waisenhaus. Er erinnerte sich, daß er zwei Jahre lang in den Kindergarten gegangen war und dann in die erste und zweite Klasse der Grundschule, daß er dort aber fast nichts gelernt hatte. Um das Wesen dieser Erlebnisse besser zu verstehen, wollte Paul ein optisches Bild von ihnen haben; er befahl also seiner Betreuerin, sein ganzes Leben in einer Reihe von Bildern darzustellen. Sie sollte seine Erlebnisse im Kindergarten und in den ersten zwei Klassen schildern. Als sie fertig war, sah er sich die Malerei sehr sorgfältig an. Als er fand, daß sie etwas, was er in einem Schuljahr gelernt hatte, nicht ganz richtig gezeichnet hatte, sagte er: »Das Schuljahr hättest du beinah nicht geschafft.«

Das Lernen war ihm sehr wichtig; es war das einzige sichtbare und zuverlässige Zeichen seiner wachsenden Leistungen. Monatelang beanspruchten ihn seine Arbeiten in der Schule fast ausschließlich. Er machte bemerkenswerte Fortschritte, und in weniger als drei Jahren erreichte er ein durchschnittliches Niveau in der Schule, das seinem Lebensalter entsprach. Aber diese Aussage ergibt kein richtiges Bild. Er erreichte diesen Fortschritt, indem er in Fächern, die er vor seinem Eintritt in unsere Schule nie gehabt hatte, wie Naturwissenschaften und Sozialkunde, Aufgaben löste, die weit über der Norm für sein Alter lagen. In der Rechtschreibung, im Lesen und in bezug auf seinen Wortschatz lag er noch weit zurück. Obwohl er schon viel gelernt hatte, hatte er sich die für eine angemessene Kommunikation notwendigen Mittel noch nicht angeeignet.

Aber Paul hegte große Hoffnungen für sich, wenn er auch noch nicht ganz bereit war, dies offen zuzugeben. In einem Jahr bekam er zu Ostern ein Plüschkaninchen, dem er sehr zugetan war. Eine Zeitlang begleitete ihn das Kaninchen in die Klasse und lernte, was er lernte. Später nahm Paul das Kaninchen zwar auch noch mit, ließ es aber oft auf dem Tisch der Lehrerin. Eines Tages, als Paul etwa zwei Jahre an der Schule war, nahm er das Kaninchen wieder mit an seinen eigenen Tisch und steckte ihm einen Bleistift zwischen die Pfoten. Er erklärte, das Kaninchen sei ein Künstler geworden, und ließ es ein Bild zeichnen, das er dann hochhielt, so daß jeder es bewundern konnte. »Mein Kaninchen ist ein großer Künstler«, sagte er. »Jetzt wollen wir mal das Kunstinstitut besuchen. Wir wollen die Bilder sehen. Sie gefallen ihm. Alle gehen ins Kunstinstitut, um Kaninchens Bild anzuschauen. Jetzt malt Kaninchen noch ein Bild.« Dies alles geschah, lange bevor Paul selber das Kunstinstitut besuchte und seine eigene beträchtliche Malbegabung entwickelte. Ermutigt durch seine unerwarteten und unverhofften Schulerfolge konnte er nun anscheinend erkennen, wo seine wahre Begabung lag, und sie durch das Kaninchen unbewußt in die Zukunft projizieren.

Unterdessen mußte Paul trotz seiner fröhlichen Zukunftshoffnungen und seiner ausgezeichneten Fortschritte in der Gegenwart die Erfah-

rungen nachholen, die ihm auf einer früheren Lernstufe gefehlt hatten.
Außerhalb des Schulzimmers z. B. war er am glücklichsten, wenn er
wie ein ganz kleines Kind die Welt erforschte. Er pflegte alles aufzuheben, was er auf der Straße fand, und es sorgfältig zu untersuchen.
Anstatt die Gesellschaft anderer Kinder zu suchen, rannte er weg und
wieder zu seiner Betreuerin hin, wie es ein kleines Kind tut, und zeigte
ihr seine Funde; wenn er Ermunterung oder Anerkennung gefunden
hatte, fuhr er fort, die Alltagswunderdinge um sich her zu erforschen.
Sein Widerstreben gegen die Gesellschaft anderer Kinder mag zum
Teil durch seine Sprechschwierigkeiten begründet gewesen sein. Seine
Sprechweise war immer noch recht kleinkindhaft. Er gebrauchte ständig Wörter falsch. Wenn er sich an ein relativ neues oder schwieriges Wort wagte, blieb er stecken. Im Gespräch glitt er über die Wörter
hinweg, die er nicht ganz aussprechen konnte. Diese Merkmale stimmten zwar mit der Stufe seiner psychischen Entwicklung überein, sie
paßten aber so wenig zu seinem Lebensalter, daß sie ihn sehr verlegen
machten, und das war ein weiteres Hindernis für die Bildung von
Freundschaften.
Pauls Verlegenheit über seine kleinkindhaften Züge war am ausge-
prägtesten, wenn er mit anderen Kindern zusammen war. Bei seiner
Lieblingsbetreuerin schien er jedoch bereit zu sein, immer stärker babyhaft zu werden, so daß die anderen Kinder Bemerkungen darüber
machten. Zum Beispiel sagte ein Junge: »Du sprichst wie ein Baby«,
worauf Paul überzeugt erwiderte: »Ich bin ein winzigkleines Baby.«
Er ließ sich von seiner Betreuerin begierig die einfachsten Dinge über
das Leben und die Welt um ihn her immer noch einmal erklären. Er
konnte unermüdlich einfachen Geschichten zuhören und hatte seine
Freude daran, die Illustrationen in dem Geschichtenbuch mit dem Text
in Verbindung zu bringen.
Auf vielerlei Weisen gab Paul zu erkennen, daß er jetzt bereit war,
»normale« Arten des Reagierens und Handelns zu lernen, die Kinder,
die in einer Familie aufwachsen, ganz von selbst lernen. Aber solche
Dinge, die in der Kindheit leicht, fast automatisch erworben werden,
sind für ein Kind in der Vorpubertät sehr schwer intellektuell zu assimilieren. Jetzt, nachdem er schon mehr als zwei Jahre an der Schule
war, wollte er wissen, wann er »bitte« und »danke« sagen sollte.
Jetzt »haßte« er diese Ausdrücke nicht mehr. Es war ihm jetzt eher
zuwider, daß er nicht wußte, wann er sie anwenden sollte.
Ähnlich hatten gemeinsame Unternehmungen und Spiele früher wenig
Reiz oder Sinn für ihn gehabt. Er hatte noch nicht entdeckt, daß durch

Spiele persönliche Beziehungen zwischen Kind und Kind oder zwischen einem Kind und einem Erwachsenen aufgebaut werden können. Wir hatten schon lange gemerkt, daß er nicht einmal einfache Spiele spielen konnte, aber er hatte seine Unwissenheit hinter einer undurchdringlichen Maske der Uninteressiertheit verborgen. Diese bröckelte schließlich ab. Er beklagte sich bei seiner Betreuerin über ein anderes Kind, aber in Wirklichkeit wollte er sagen, er wolle mit diesem Jungen reden und spielen, aber er könne es nicht. Er sagte: »Wie kann ich mit ihm reden? Hab nix, mit ihm drüber [zu] reden. Weiß nix. Was soll ich machen, Streit anfangen?« Die Entladung von Feindseligkeit war anscheinend immer noch die einzige Art, sich zu anderen in Beziehung zu setzen, die er kannte. Vielleicht hatte er das Gefühl, nur durch die Ablehnung anderer, nur indem er sie kränkte, nur indem er »Streit anfing«, könne er sich ihnen gegenüber als realer Mensch behaupten. Daß er selbst von anderen verletzt und abgelehnt worden war, hatte ihn bis vor kurzem davon abgehalten, sich als Person zu fühlen, und in der Bemühung, sich selber zu meistern, versuchte er anderen all das anzutun, was man ihm angetan hatte.

Paul findet sich selbst als Person

Es war für Paul ein langer, harter Kampf, seine persönliche Identität zu finden. Nachdem er zwei Jahre bei uns gewesen war, wurde dies zu seinem zentralen Problem. Er kämpfte, um sich jedes bißchen Identität, das er gewonnen hatte, zu bewahren und zu schützen. Dies machte ihn vorsichtig dagegen, sich von anderen Kindern nachahmen zu lassen, was ihn wiederum zwang, sie als selbständige Wesen anzuerkennen, die weder Sklaven noch Unterdrücker waren. Nun beobachtete er die Kinder wie ein Habicht und bekam die schrecklichsten Wutanfälle, wenn er glaubte, jemand mache ihn nach. Von jemand nachgeäfft zu werden, war eine Bedrohung seiner Existenz. Er hatte eine gewisse Identität gewonnen, indem er die wenigen Erwachsenen nachahmte, die ihm an der Schule wichtig waren. Nun fürchtete er, selbst dies zu verlieren, wenn ihn jemand kopierte.

Paul hatte die Kinder immer weggeschubst, weil er sie nicht als selbständige Menschen erkennen konnte. Sie waren nur eine Bedrohung, und er mußte sie einschüchtern, um sich selbst sicher zu fühlen. Jetzt bekamen seine Einschüchterungsversuche eine neue Bedeutung. Die Kinder waren als Individuen in seinem Blickfeld aufgetaucht; indem er zeigte, daß er ihnen überlegen war, versuchte er, mehr eine Person zu werden. Sein gestärktes Selbstvertrauen äußerte sich, wenn er versuchte, die jüngeren oder kleineren Kinder zu schlagen, bei denen er sich sicher war, sie würden nicht zurückschlagen. Er störte ihre Spiele, weil er im Mittelpunkt der Aufmerksamkeit stehen wollte. Wenn wir eingriffen, um die Interessen der anderen Kinder zu wahren, hatte er das Gefühl, wir seien sehr unfair und schüchterten ihn ein; er konnte nicht begreifen, daß wir versuchten, andere zu beschützen, wie wir früher ihn selbst beschützt hatten.

Er konnte es nicht ertragen, bei einem Spiel zu verlieren. Zwar hatte er schließlich gelernt, Dame, Mühle und Schach für sein Alter recht gut zu spielen, und sein Geschick wurde anerkannt, aber das war nicht genug. Sobald ein anderer ihn bei einem Spiel zu überflügeln schien, nannte er ihn einen Betrüger, einen Gauner. Warum? Pauls Ausrede war: »Weil du gewinnst.«

Das sagte er nicht im Scherz. Er mußte wirklich gewinnen, um sich als autonome Person fühlen zu können. Er hatte dieses Gefühl zu lange entbehrt und war um es »betrogen« worden. Er mußte jedes Spiel gewinnen, jedesmal. Er ging sogar so weit, die Hand dessen, mit dem er spielte, festzuhalten, um ihn von einem guten Zug abzuhalten, während Paul statt dessen einen schlechten Zug für den Mitspieler machte. Wenn ihm im Spiel seine Bauern oder Mühlesteine weggenommen wurden, pflegte Paul seinen Gegner zu ohrfeigen oder zu treten. Natürlich betrog Paul beim Spielen, manchmal offen und unverschämt, ein andermal höchst geschickt, und gewöhnlich gelang es ihm, zu gewinnen, koste es, was es wolle.

Auch auf andere Art verteidigte Paul seine wankende Identität. Jede Veränderung war bedrohlich für ihn, wie früher, weil er nicht sicher war, ob er sich ihr würde anpassen können, und jedes Versagen bei der Bewältigung einer neuen Situation schien seine Integration zu gefährden, die noch so wenig gesichert war. Die geringste Abweichung vom Üblichen, von der Routine, an deren Befolgung er sich gewöhnt hatte — ja, die er sogar gern hatte und auf die er sich verließ —, stürzte ihn in große Angst. Er fing dann an zu weinen, aber sein Weinen hatte seine wütende, launische Qualität verloren und glich mehr dem Wimmern eines Säuglings. Er schwenkte die Arme und jammerte: »Neu, neu, neu. Veränderung, immerzu Veränderung. Mag das nicht. Mag das überhaupt nicht.« Wenn er etwas Unerwartetes zu bewältigen hatte, schien er zu fürchten, er würde als Person auseinanderfallen und die Aufgabe der Integration müßte noch einmal begonnen werden, vom Säuglingsalter an.

Selbst die Verbesserungen, nach denen Paul selber verlangte, waren ihm unbehaglich. Wir besorgten z. B. eine neue Kochplatte, weil die alte nicht mehr gut funktionierte und weil Paul etwas kochen wollte. Als er sie aber entdeckte, sagte er mit tiefer Angst in der Stimme: »Oh, nun habt Ihr eine neue Kochplatte gekauft. Ich nehme an, Ihr werdet immer weiter neue Sachen kaufen.« Das war nicht das frühere Schuldgefühl, weil er zuviel bekam oder weil er verwöhnt wurde, sondern eine neue Angst wegen der Folgen, die Veränderungen möglicherweise auf seine Herrschaft über sich selbst und über die Realität haben könnten.

Pauls Wunsch, alles sehr gut zu machen, damit er »jemand« sein könne (aber auch ein »Angeber«), und seine Angst, sich nicht sehr gut zu bewähren und daher, nach seinen Worten, ein »Niemand« zu sein, durchzog einen Großteil seines Denkens und Verhaltens. Er gab recht viel an und prahlte, daß er Spiele immer gewinne, wie wichtig er seiner Betreuerin und mir sei usw. Daß wir nicht umhin konnten, manches davon zu mißbilligen, machte ihm die Dinge nicht leichter. Eines Tages z. B., als er anscheinend ziellos kritzelte, zeichnete er einen Mann. Er nannte ihn »Herr Angeber« und sagte: »Das bin ich.« Nach einer Weile ruhigen Überlegens fügte er hinzu: »Ich könnte damit aufhören.« Aber dann fiel ihm »Herr Niemand« ein, und er sagte: »Darum höre ich nicht auf.« Kurzum, er mußte ein Angeber sein, weil er fürchtete, sonst würde er wieder ein »Niemand« sein. Es scheint bedeutsam, daß er wieder versuchte (wie mit dem Kaninchen), diesen Gedanken beim Zeichnen auszudrücken, denn durch seine künstlerischen Arbeiten erwarb er sich ja am Ende wirklich einen hohen Status. Es war, als ahne er eine zukünftige Entwicklung voraus, durch die er ein wirklicher »Jemand« werden konnte, nicht, indem er in unannehmbarer Weise »angab«, sondern durch künstlerische Leistung.

Aber das lag noch in der Zukunft. In jener Zeit mußte Paul noch lernen, seine Sicherheit auf alltäglichere Weise zu stützen, durch wirkliche und soziale Leistungen anstatt durch unechte oder asoziale Methoden (Gewinnen durch Betrug). So wurden echte Erfolge in der Entwicklung seiner persönlichen Autonomie und Identität immer wichtiger.

Pauls größter Erfolg — ein Erfolg, bei dem kein Betrug im Spiel war — war zu dieser Zeit noch seine intellektuelle Leistung. Auch sie war nicht frei von feindseligen Qualitäten und Wettbewerbsmerkmalen, aber diese waren nicht die Hauptmotivation. Er genoß die Ergebnisse seiner intellektuellen Bemühungen wirklich, und er wußte, daß er sich selbst durch die Konzentration aufs Lernen davon abhalten konnte, andere einzuschüchtern und mit ihnen zu streiten. Er brauchte diesen greifbaren Beweis persönlichen Wertes immer noch als Gegenmittel gegen seinen starken Wunsch, seine Überlegenheit um jeden Preis zu behaupten. Es war ihm ganz klar, welchen Wert die guten Schulleistungen für ihn hatten. Er sagte z. B. zu mir: »Weißt du, in der Schulklasse, wenn ich eine Menge zu tun habe, komme ich nie in Schwierigkeiten. Nur in der Freizeit.«

Paul versuchte auch, seine neugefundene Identität durch Vergleiche seiner Lebensweise mit der anderer Leute zu stützen, in der Hoffnung, für sich selbst eine Lebensweise, ein Ich-Ideal zu finden. Er las gierig alles, was ihm in die Hände fiel, um zu erfahren, wie andere Menschen lebten und arbeiteten und wodurch sie im Leben motiviert wurden.

Während er Pläne für sein zukünftiges Leben machte, wurde er realistischer in bezug auf seine gegenwärtigen Strebungen gegenüber seiner Lieblingsbetreuerin. Nach zwei Jahren akzeptierte Paul allmählich ihr gegenüber die Rolle des zwölfjährigen Jungen. Er plante nicht mehr, seine Mutterfigur zu heiraten. Statt dessen begann er, in der Phantasie die normalen Familiensituationen durchzuspielen, von denen er nun Kenntnis hatte, die er aber in der Realität niemals erlebt hatte. In diesem Spiel war er der kleine Junge, liebevoll versorgt von einem guten Vater und einer guten Mutter. Mit Hilfe von Puppen stellte er alle Arten von Familienszenen dar — wie Eltern ihrem kleinen Jungen etwas vorsummten oder ihm Kinderreime vorsangen, mit ihm spazierengingen und ihn an der Hand hielten. Wie auch die Situation sein mochte, Mutter und Vater konzentrierten sich immer auf das Kind. Eine Zeitlang legte Paul, wenn die Eltern schliefen, immer den Puppenjungen zwischen sie. Erst viel später gab er dem Jungen ein eigenes Bett, während Vater und Mutter in einem großen Bett zusammen schliefen.

Der Inhalt dieser Spiele, in denen Paul eine Vergangenheit einzufangen schien, die er nie gekannt hatte, verschob sich schließlich auf seine Zukunft. Genau wie er bei seiner Lektüre anscheinend Vorbilder für sein zukünftiges Berufs- und Gesellschaftsleben zu finden versuchte, so erforschte er in seinen Spielen Möglichkeiten für sein Privat-, sein Familienleben. Er machte sich Gedanken, ob er fähig sein werde, eine Familie zu gründen und zu versorgen. Er erdachte sich Phantasiegeschichten übers Erwachsenwerden, Heiraten und Kinderhaben. Während er in diese Tagträume vertieft war, zeigte sein Gesichtsausdruck, wie lustvoll sie ihm erschienen; er war wirklich einen Augenblick lang glücklich. Aber meistens war er von Angst besessen, ob er, der nie ein Familienleben gekannt hatte, fähig sein würde, seinen Kindern ein gutes Leben zu verschaffen.

Einmal, als er »eine Familie versorgen« gespielt hatte, wechselte sein Ausdruck plötzlich von Glücklichsein zu Verzweiflung. Als ob er auf Emotionen reagierte, die aus einem ganz anderen Bereich seiner Persönlichkeit aufstiegen, sagte er: »Komm nur und sieh, wie ich sie behandeln werde.« Dies bezog sich auf die Puppenkinder, deren Vater er spielte. »Ich werd' sie einfach töten, das ist alles.« Deprimiert und unglücklich stieß er die Puppen beiseite und starrte blicklos ins Leere. Paul schien der Wahrscheinlichkeit, daß seine konstruktiveren Tendenzen endgültig den Sieg über den Druck seiner destruktiven Tendenzen davontragen würden, noch immer nicht zu trauen.

Über seine Ängste und Zweifel, sein Unglücklichsein und dessen Ursprung in der Vergangenheit sprach er jetzt in ganz reifer Weise; diese beunruhigenden Gefühle waren ihm nun ganz vertraut geworden. Andererseits benahm er sich, wenn er sich zufrieden fühlte, sehr unbeholfen. Positive Gefühle konnte er nur auf kleinkindhafte Art ausdrücken. Als er einmal darauf aufmerksam gemacht wurde, stimmte er zu und sagte: »Manchmal bin ich ein sehr kleiner Junge, nicht?« und lachte glücklich, wobei er bekräftigend mit dem Kopf nickte. Wir erinnerten ihn, daß er sich in seiner Arbeit in der Schule, im Sport und bei seinen künstlerischen Arbeiten reif verhalte und vielleicht für sein Alter sogar ungewöhnlich erwachsen erscheine, aber er erwiderte: »Nein, ich bin ein ganz kleiner Junge, etwa drei Jahre alt.«

Ob er es nun aber zugeben wollte oder nicht, er verzichtete langsam auf einige seiner babyhafteren Verhaltensweisen. Die Art, wie er am Daumen lutschte, veränderte sich; das Lutschen wurde weniger intensiv und aufreizend. Über zwei Jahre lang war das Daumenlutschen eine isolierende Betätigung gewesen, dazu eine sehr aggressive. Paul steckte nicht nur den ganzen Daumen tief in den Mund, sondern er steckte oft auch in jedes Nasenloch einen Finger. Nun gab er es auf, alle Körperöffnungen vor der Welt zu verschließen. Er hatte nicht mehr ständig den Daumen im Mund, und wenn, dann verschwand er nicht mehr ganz und gar. Trotzdem verbrachte Paul noch weiterhin einen Großteil seiner Zeit in autistischer Absonderung; während er am Daumen lutschte, versank er in großartige Tagträume, in denen er die deprimierenden Ereignisse seines Lebens und ihre Wirkung zu vergessen versuchte. In anderen Augenblicken erkannte er jedoch, daß er diese Schatten der Vergangenheit nur durch positive Erfolge bannen konnte. »Ich träume nicht davon [ein großer Diktator zu sein], wenn ich Rollschuh laufe oder hier herumgehe und eine Menge Dinge tue. Wenn ich still bin, denke ich daran«, sagte er, und er fügte fast unhörbar hinzu: »und mir Sorgen über mich mache«. Er konnte leichter seine Wahnvorstellungen zugeben als seine realistischen Ängste. Später erklärte Paul, dies sei der Grund, warum er sich immer etwas zu schaffen mache und warum er so große Angst habe, allein gelassen zu werden. Es erklärte auch, warum er die Zerstreuung durch Comics oder Filme noch nicht ganz hatte aufgeben können.

Die Angst vor dem Alleinsein entwickelt sich typischerweise in einer bestimmten Phase der Rehabilitierung von Kindern, die, wenn sie an die Schule kommen, laut den Wunsch äußern, ganz allein gelassen zu werden. Wie Paul kämpfen sie in ihren ersten Monaten bei uns wie wild gegen das, was ihnen angesichts ihrer früheren Erfahrungen als Eindringen in ihre Privatsphäre erscheint. Erst nachdem unsere Handlungen sie überzeugt haben, daß wir ihre Privatsphäre achten und ihr Vertrauen nicht mißbrauchen, indem wir ihnen unseren Willen aufzwingen, wenn sie aus ihrem Schneckenhaus herauskommen, können sie ihre wütende und ängstliche Isolierung aufgeben. Auch Paul hatte sich, wie viele schwer gestörte Kinder, von einer unerträglichen Realität abgeschnitten und brachte seine Zeit in wuterfüllten und größenwahnhaften Tagträumen zu. Sie waren sein einziger Trost, und er mußte sie so lange gegen unser Eindringen schützen, wie er nicht glauben konnte, daß eine gute Realität in seiner Reichweite lag.

Wenn solche Kinder beginnen, Beziehungen zu anderen Menschen herzustellen, haben sie Schuldgefühle wegen der alten feindseligen Wünsche, die sie immer noch hegen, und sie fürchten, sie könnten die Annehmlichkeiten verlieren, die ihnen die neugebildeten Beziehungen bieten. Wenn die Person, die ihnen mittlerweile nützlich geworden ist (denn Liebe hat sich vielleicht noch nicht entwickelt), sie auch nur für kurze Zeit verlassen muß, erleben sie eine doppelte Angst: Sie könnten die eine Person, die ihnen etwas bedeutet, endgültig verlieren, und sie könnten in die feindselige Isolierung zurückfallen, die sie früher vorzogen, heute aber fürchten. Ein Teil ihrer entstehenden Angst vor dem Alleinsein beruht auf der Erkenntnis, daß feindselige Phantasien sie nicht mehr befriedigen, sondern im Gegenteil unüberwindliche Schuldgefühle schaffen. Während sie zuerst unsere Gegenwart hassen, weil sie sie daran hindert, aggressiv zu denken und zu handeln, fürchten sie am Ende unsere Abwesenheit, weil sie ihnen solche Gedanken und Handlungen wieder ermöglicht.

Sobald Paul zugegeben hatte, daß er sich Sorgen um sich machte, wurde er sehr wütend auf seine Betreuerin. Er führte ein fiktives Gespräch mit einem Irrenhaus und verlangte, man solle »ein Mädchen, das zuviel redet« abholen.

Wir glaubten, Paul könnte es gelegentlich schwergefallen sein, seine

Mängel einer Frau einzugestehen. Wir meinten, es sei vielleicht besser, ihm eine engere Beziehung zu einem Mann anzubieten, um ihm die männliche Identifizierung zu erleichtern. Und da seine Erfahrungen mit seiner Mutter so unglücklich gewesen waren, wäre er vielleicht eher fähig, seine Schwierigkeiten mit einem Mann durchzuarbeiten. Aber Paul war zu einem solchen Schritt noch nicht bereit. Wir versuchten zu verschiedenen Zeiten, ihm männliche Mitarbeiter vorzustellen, aber er konnte sie nicht akzeptieren. (Er konnte mich akzeptieren, aber nur, weil ich eine etwas fernerstehende Figur war.) Er hatte zu große Angst und sagte offen, er fürchte sich vor Männern. Kurzum, unsere verstärkten Bemühungen, ihn zu ermutigen, eine positive Beziehung zu einem Mann aufzubauen, führten zu nichts. Aber Paul wurde veranlaßt, ausführlicher über die Tatsache zu sprechen, daß er im Waisenhaus nur männliche Aufseher gekannt hatte. Es wurde ihm schließlich klar, daß er gerade aus diesem Grund keine befriedigende Beziehung zu einem Mann haben konnte.

Aber es gab noch andere Gründe, die Paul nicht so leicht preisgab. Sie traten einmal zutage, als das Ausscheiden eines Schulkameraden Paul wieder einmal befürchten ließ, er müsse vielleicht die Schule verlassen. Paul kehrte zu einem Verhalten zurück, das er schon vor längerer Zeit aufgegeben hatte und das er als »sich wie ein Landstreicher benehmen« bezeichnete. Da mir klar war, daß dies auf seine Ängste zurückging, beruhigte ich ihn ausführlich darüber, daß sein Aufenthalt in der Schule noch relativ lange dauern werde. Ich unternahm einen Rückblick auf die bemerkenswerten Fortschritte, die er gemacht hatte, wies aber auch auf die Mängel hin, die ihn allermindestens noch die nächsten paar Jahre bei uns halten würden. Dadurch ermutigt, sagte Paul, er könne nicht begreifen, warum er auf Belastungen reagiere, indem er sich wie ein »Landstreicher« benehme. Dann dachte er noch einmal über sein Leben im Waisenhaus nach. Diesmal dachte er weniger an die Mißhandlungen, die er von den Aufsehern und den älteren Jungen hatte ertragen müssen, sondern an die Versuchung zu homosexueller Betätigung, die sie dargestellt hatten. Ältere Männer führten ihn in Versuchung, ihnen passiv nachzugeben; jüngere Knaben forderten ihn zum feindseligen Angriff heraus. Es schien also, als ob sogar die Männer, die nett zu Paul waren, für ihn eine Bedrohung waren. Sie weckten Angst in ihm in bezug auf das, was sie ihm antun könnten, und eine noch größere Angst in bezug auf das, was er ihnen antun könnte.

Er hatte sich zwar früher vor allem darüber beklagt, daß ihn ältere Männer und Jungen mißhandelt hätten, aber nun erzählte er uns, daß viele Jungen im Waisenhaus, besonders die kleinen, »Ungeziefer« gewesen seien. Sie hatten ihn auf vielerlei Arten provoziert, vor allem sexuell; sie waren z. B. aufreizend auf und über sein Bett gesprungen, obwohl er sie bat aufzuhören. Wenn er es schließlich nicht mehr aushalten konnte, hatte er sie mit Füßen gestoßen und geschubst, und einmal hatte er einen Jungen so heftig gestoßen, daß er eine ernsthafte Schnittwunde am Kopf davontrug. Paul fühlte sich ermutigt, uns mehr von solchen Erlebnissen zu erzählen, als wir ihm versicherten, so etwas sei zwar an sich unerwünscht, aber die Menschen reagierten nun einmal häufig feindselig auf Provokation, und er habe wahrscheinlich den Jungen nicht so schlimm verletzen wollen. Dies veranlaßte Paul zuzugeben, daß er zwar im Waisenhaus viel herumgestoßen worden sei, aber auch seinerseits mehrere Kinder verletzt habe. Er habe sich ausgedacht, wie er sich an ihnen rächen könne, und habe es so eingerichtet, daß er unschuldig erschien. Bei mehreren Gelegenheiten sei es ihm gelungen, andere Kinder schwer zu verletzen, aber so, daß es für die Aufseher jeweils wie ein Unfall aussah.

Paul projizierte auf die ganze Welt seine Überzeugung, die Schwachen könnten sogar die Starken bedrohen und vernichten. Ein paar Jungen sprachen über die Vereinten Nationen und meinten, wenn die großen Nationen abrüsteten, würden die kleinen es ihnen nachtun. Paul widersprach heftig. »Wenn die Großen zuerst abrüsten«, sagte er, »tun sich die Kleinen alle zusammen und überfallen sie.«

Die Vergangenheit und die Angst, die sie hervorrief, man könnte ihn eines Tages wieder ausnützen und mißhandeln, überschattete immer noch Pauls neue Fähigkeiten und seine wachsende Sicherheit. Aber sein Fortschritt in der Integration ging trotzdem weiter. Häufig zählte er in einer Bemühung, sich selber zu beruhigen — wie wenn einer im Dunkeln pfeift —, die Dinge auf, die er an der Schule gelernt hatte: »Radfahren gelernt, Baseball gelernt, Rollschuhlaufen gelernt, Schwimmen gelernt. Als nächstes werd' ich Schlittschuhlaufen lernen.« Die Aufzählung seiner früheren Leistungen regte ihn an, von der Zukunft sogar noch bessere Dinge zu erhoffen. Aber gelegentlich, wenn er etwas neues probierte, veranlaßte ihn die Drohung einer möglichen Niederlage, die jeder neuen Tätigkeit innewohnte, wieder wie ein Baby mit den Lippen zu schmatzen und zu babyhafter Sprache zurückzukehren. Erst wenn das Projekt mit Erfolg angelaufen war, und wenn er sah, daß alles gut gehen würde, konnte er sich mehr seinem Alter gemäß benehmen.

Trotz dieser Erbschaft langjähriger Erfahrungen mit Niederlagen wagte sich Paul, der nun dreizehn Jahre alt war, an viele neue Unternehmungen. Er breitete sich nach allen Richtungen aus. Der Horizont seiner Lektüre erweiterte sich über sein früheres Interesse an Lebensgeschichten hinaus, und durch ziemlich wahlloses Lesen sammelte er eine erstaunliche Menge verschiedenster Informationen. Er konnte sie zwar noch nicht ganz integrieren, aber er arbeitete schwer und war ständig bestrebt, mehr zu lernen und mehr zu wissen. Für Paul tat sich eine ganze neue Welt auf, und er hatte es eilig, sie zu bewältigen. Die wohlverdiente und echte Anerkennung, die er von den anderen Kindern für sein Wissen erhielt, war ihm sehr wichtig. Sie verschaffte ihm Befriedigung und diente zugleich als zusätzlicher Anreiz für weitere Leistungen. Die Anerkennung der Kinder war für Paul wichtiger als Anerkennung von Erwachsenen. Im Waisenhaus war er von den älteren Kindern, die von allen jüngeren gehaßt wurden, abgewertet worden, so daß es für ihn nun sehr viel bedeutete, ein älteres Kind zu sein, das von jüngeren Kindern gemocht und geachtet wurde.

Das Maß der intellektuellen Entwicklung Pauls tritt darin zutage, daß seine Leistungen in Intelligenztests (die während seiner ersten beiden Jahre bei uns bei einem I.Q. von 100 stehengeblieben waren) innerhalb weniger Monate um 12 Punkte zunahmen. Ähnlich machte er in der Schule, wo seine Fortschritte zuerst langsam gewesen waren, jetzt, da er sich als Person fand, sprunghafte Fortschritte. Als er in die Schule eintrat, lagen seine Leistungen drei Jahre unter dem, was man seinem Alter nach hätte erwarten können. Während seiner ersten zwei Jahre bei uns war er gerade eben fähig, in zwölf Monaten die Schulanforderungen eines Schuljahrs zu schaffen. In seinem dritten Jahr machte er jedoch so ausgezeichnete Fortschritte, daß er das Pensum von fast drei Schuljahren bewältigte.

In dem gleichen dritten Jahr, in dem er in der Schule so hervorragend vorwärtskam, beschleunigten sich auch die Fortschritte, die er in seiner künstlerischen Arbeit machte, und seine Bilder bekamen einen völlig anderen Charakter. Nun gab es in seinen Gemälden keine Zweifel mehr, kein Schwanken, keine Unsicherheit. Es gab kein sklavisches Nachahmen mehr, kein Ausschauhalten nach äußeren Vorbildern; er wußte im voraus, was er ausdrücken wollte, und mit feinem Empfinden für Farbe, Form und die Wiedergabe von Gegenständen gelang es ihm, genau das zu tun. Spontan und selbständig hatte Paul sein wahres Ausdrucksmittel, seine zentrale Begabung gefunden.

Seine künstlerischen Leistungen und die wohlverdiente Anerkennung, die er erhielt, verhalfen Paul zu der Erkenntnis, daß er ein Mensch war, der einen wirklichen Beitrag leisten konnte und der für andere eine Bedeutung hatte. Einmal, nachdem er mir wieder ein Bild geschenkt hatte, das ich in meinem Sprechzimmer aufhängte, weil es mir wirklich gefiel, äußerte er Stolz darüber, daß er Beziehungen haben konnte, in denen er der Gebende war. Er hatte das Gefühl, aus solchen Erfahrungen viel über persönliche Beziehungen gelernt zu haben. Er erzählte der Psychiaterin, mir gefalle sein Bild, und er fügte hinzu, er fühle sich soviel mehr von Energie erfüllt. »Vorher dachte ich, ich könnte nur durch Nahrung Energie und Stärke bekommen. Jetzt weiß ich, daß ich von Kindern, Betreuern, Baseball, Schwimmen und Zeichnen Energie bekomme, also wenn ich für jemand ein Bild mache.«

Er hatte einen Begriff davon erhalten, was in Beziehungen von Erwachsenen zueinander, von Erwachsenen zu Kindern und von Kindern zueinander liegt. Er stellte voll Stolz fest, jetzt wisse er über Erwachsene Bescheid: »Sie benehmen sich wie Damen und Herren. Sie gehen ins College, sie sorgen für Kinder und mögen Kinder. Ich werde auch erwachsen sein, eines Tages, aber das dauert noch lange.«

Er macht Frieden mit sich und der Welt

Die dritte Wiederkehr des Tages, an dem Paul in unsere Schule gekommen war, war für ihn ein sehr wichtiger Markstein. Er hatte sich monatelang auf diesen Tag gefreut und darüber spekuliert, was ihm sein viertes Jahr wohl bringen werde. Das Ergebnis war entscheidend, denn am Ende dieses Jahres wurde Paul vierzehn Jahre alt, was damals unsere Altersgrenze war. Darüber war er sich nur allzu klar. Wir hatten ihm zwar versprochen, wir würden ihn länger behalten, wenn es wünschenswert sei, und er wußte, daß wir bei anderen Kindern den Aufenthalt an der Schule über das Alter von vierzehn Jahren hinaus verlängert hatten, er wußte aber auch, daß das Ausnahmen waren.

Seine Besorgnis über die Zukunft tauchte in seinen harmlosen Spekulationen über die Zahl der Geschenke auf, die er an seinem Jahrestag bekommen würde. (Am Jahrestag seines Schuleintritts bekommt jedes Kind so viele Geschenke, wie es Jahre an der Schule verbracht hat. Paul kannte diesen Brauch.) Er meinte, in seinem Fall sei die Anzahl der Geschenke ganz falsch. Drei Geschenke würden diesmal ausreichen, aber an seinem vierten Jahrestag müßte er nicht vier, sondern viermal soviel Geschenke bekommen wie am dritten, und so fort. »Ich würde wahrscheinlich am Ende große Autos und so was bekommen«, sagte er mit lauter, provokanter Stimme. Dann schwieg er eine Weile und fuhr nachdenklich fort: »Weißt du, [was] ich gern hätte, ich hätte gern ein großes Auto und einen großen Garten, aber am allerliebsten wäre mir, wenn sie das Empire State Building abreißen würden.« Dies sagte er sehr nüchtern, als falle es ihm gerade ein, ohne bewußten Vorbedacht. Warum wollte er, daß das Empire State Building abgerissen werden sollte? »Weil es mir nicht gefällt. Ich möchte, daß ein anderes Gebäude größer, wichtiger wäre als Empire State.« Obwohl er dies sehr ernst und mit viel Gefühl sagte, war er unfähig zu erklären, warum ihm das Empire State Building so sehr zuwider war. Wahrscheinlich hatten ihn seine übertriebenen Forderungen nach einem großen Auto an seine größenwahnhaften und destruktiven Phantasien erinnert, die durch seine Angst, die Geborgenheit der Schule verlassen zu müssen, wieder zutage gefördert wurden. Er wollte nicht mehr vom Empire State Building herunterspringen, aber solange es existierte, repräsentierte es seine alten Ängste, er müsse aus dem Fenster springen oder sich vom höchsten Gebäude der Welt hinunterstürzen, um durch Selbstzerstörung Bedeutung zu erlangen. Indem er wünschte, dieses Symbol möge zerstört werden, schien Paul sich ein für allemal von seinen selbstmörderischen und megalomanen Tendenzen befreien zu wollen.

In diesem Zusammenhang möchte ich noch einmal erwähnen, daß Pauls mörderische und selbstmörderische Handlungen nicht nur destruktive Tendenzen darstellten. Wenn das der Fall gewesen wäre, hätte er wahrscheinlich viel früher auf sie verzichten können. Aber schließlich waren dies die Tendenzen, die zu seiner Unterbringung in der Schule geführt hatten. Für Paul hatten sie sich deshalb als wertvoll erwiesen. Es war verständlich, daß sie wieder erwachten, als er eine nahe bevorstehende Unterbringung in einer anderen Anstalt befürchtete, wo sie sich wieder als notwendig erweisen könnten, um sein Los zu verbessern.

Pauls dritter Jahrestag muß viele seiner früheren Gefühle wieder aufgerührt haben. Ein paar Stunden, nachdem er seine Geschenke bekommen hatte, zeichnete er die Beine und den Kopf eines Mannes, ohne Körper, mit nichts dazwischen. Er erklärte: »Komischer Kerl. Hab ihn vor drei Jahren gesehen.« Als wir ihn baten, uns mehr über diesen »Kerl« zu erzählen, sagte er, das sei »jemand, der von einer Insel gekommen ist und sehr seltsam war«. Wie in freier Assoziation fügte er hinzu, er sehe diese Zeichnung als etwas an, das ganz unter seinen heutigen Fähigkeiten liege, und führte dann aus, wieviel mehr er heute wisse. Die Zeichnung schien die Person vorzuführen, die er vor drei Jahren gewesen war: ein Kopf voller Phantasien und Beine zum Stoßen und Laufen — kein Herz zum Fühlen, kein »Körper«, um diese chaotische Persönlichkeit zu stützen und zu vereinigen. Nun sah er den alten Paul einfach als einen komischen Kerl — das war überhaupt nicht er selbst, sondern jemand, den er zufällig gesehen hatte —, vielleicht als jemand, der sein Leben lang auf einer seltsamen Insel gelebt hatte und seltsam geworden war und der vieles nicht wußte.

Im großen und ganzen waren Pauls letzte Monate an der Schule gekennzeichnet von weiterer intellektueller Entwicklung und immer noch größeren Schulleistungen. Am wichtigsten war, daß er soziale Sensibilität entwickelte. In diesem Bereich trat zunächst eine vorläufige Besserung ein, die sich dann festigte. Als sich seine Reaktionsbereitschaft und seine Rücksicht auf die Gefühle anderer entwickelten, bekam er auch Respekt vor ihren Rechten. Er fühlte sich sicher genug, so daß er seine eigenen »höheren Rechte« nicht mehr so sehr betonen mußte. Gelegentlich konnte er jetzt ein Spiel spielen, ohne zu betrügen. Und selbst wenn er verlor, bekam er keinen Wutausbruch mehr und beschuldigte seinen Gegner nicht mehr des Betrugs.

Immer stärker entwickelte er eine echte Führungsbegabung und gewann Anerkennung dafür. Dies galt vor allem für seine drei Hauptinteressengebiete: Sport, Kunst und Briefmarkensammeln, worin er die anerkannte Autorität an der Schule wurde. Die Kinder hatten das Gefühl, wenn sie ihn um Rat fragten, bekämen sie echte Hilfe, und wenn sie mit ihren Schwierigkeiten zu ihm kämen, würde er eine Lösung finden.

Ein ruhiger und ziemlich ereignisloser Fortschritt zog sich über mehrere Monate hin. Im Grunde war Paul nun sehr zufrieden. Dieses friedliche Leben verschaffte ihm die Muße, zu versuchen, mehr darüber herauszufinden, wie andere Menschen lebten und welche Motive sie hatten. Er fragte sich z. B., warum seine Lieblingsbetreuerin, die das Kino nicht mochte, mit ihm dorthin ging. Es war eine ziemlich große Offenbarung für ihn, als er schließlich herausbekam, sie könnte das vielleicht um seinetwillen tun, und daß sie bereit war, um seines Vergnügens willen eine Unannehmlichkeit auf sich zu nehmen. Vorher hatte er undeutlich geahnt, daß Betreuer vielleicht so handeln könnten, aber jetzt wurde ihm ganz klar, was dies bedeutete. Und er machte sich daran, diese neue Einsicht auf alle anderen Menschen anzuwenden. Er verstand jetzt, daß ein Mensch — einschließlich seiner selbst — etwas tun könne, um einem anderen, den er gern hatte, einen Gefallen zu tun, selbst wenn er selbst diese Tätigkeit nicht angenehm fand. Das war nur ein Beispiel für die vielen Bemühungen, denen Paul sich unterzog, um die Motive anderer auszuloten und um zu entdecken, wie andere Menschen funktionieren.

Paul erkannte, daß in ihm selbst Veränderungen stattgefunden hatten — daß er mehr zu einem Gebenden geworden war. Er hortete nicht mehr wie ein Geizhals Dinge, vielleicht, weil er nun darauf vertraute, es werde immer genug für ihn da sein. Wenn ihm eine großzügige Auswahl an Süßigkeiten angeboten wurde, konnte er die Stücke auswählen, die er haben wollte, und auf den Rest verzichten. Er war verblüfft, als er herausfand, daß er zum erstenmal zu etwas Eßbarem nein sagen konnte, anstatt es alles an sich zu reißen und es so lange aufzubewahren, bis es schlecht wurde.

Aber obwohl er nicht mehr versuchte, sich vor zukünftigen Notlagen zu schützen, indem er hortete, machte er sich immer noch schwere Sorgen um seine Zukunft. Wir versuchten, ihm so viele Erfahrungen wie möglich zu verschaffen, die ihm helfen würden, sich selber zu beweisen, daß er Verpflichtungen übernehmen und sie sachgerecht erfüllen konnte. Das war nicht leicht, denn er fürchtete immer noch, bei jeder neuen Unternehmung zu versagen, selbst bei denen, in denen er sich auszeichnete, wie bei künstlerischen Arbeiten oder beim Ballspielen. Um seine Selbstliebe vor der ungewissen Zukunft zu schützen, mußte er die Tätigkeit, seine Fähigkeit, die Ausrüstung und den Zweck abwerten. Erst wenn er greifbare Beweise hatte, daß er sich bewährte, konnte er seine Minderwertigkeitsgefühle überwinden und seinen Erfolg genießen. Aus diesem Grund überlegte er es sich jedesmal lange, bevor er eine neue Verantwortung übernahm.

Die Tätigkeit, die er immer noch am meisten genoß, war die Beteiligung an der Zubereitung des Sonntagsessens. Sie half ihm sehr, seine extremen oralen Ängste in bezug auf die Zukunft zu beruhigen. Die Fähigkeit, gut zu kochen, war für Paul von entscheidender Bedeutung, und es machte ihm großes Vergnügen. Er legte das zusätzliche Geld, das er auf diese Weise verdiente, gut an, um sein Ich noch mehr zu stützen, indem er Briefmarken für seine Sammlung kaufte. Seine Sammlung wurde die beste an der Schule.

Immer wieder offenbarte er, wie sein früher Mangel an einem Elternhaus und seine Unsicherheit in bezug auf seine grundlegendsten physiologischen Bedürfnisse noch in der Gegenwart seine Gedanken, Gefühle und seine Zukunftspläne färbten. Er beschloß z. B., er würde am liebsten ägyptische Geschichte studieren; die Ägypter seien die größten Männer gewesen, denn sie hätten die dauerhaftesten Gebäude gebaut, die Pyramiden. Sie seien sehr klug gewesen, so starke Wohnstätten zu bauen, die alle Notlagen überstehen konnten. Für sich selbst hatte er nur ein Zukunftsziel: »für eine bessere Welt« zu arbeiten.

Er hatte zwar Besuche seiner Mutter zu meiden versucht, aber in seinem letzten Jahr an der Schule wurden ihm ihre Zusammenkünfte gleichgültig. Wie er sagte: »Ich nehme nichts übel.« Als man ihn aufforderte, diese kryptische Bemerkung etwas zu erläutern, sagte er,

die Besuche seien »O. K.«, aber er fände es noch mehr »O. K.«, wenn
es keine gäbe. Das verbarg aber nicht die Tatsache, daß jeder Besuch
seinen Groll verstärkte, den er empfand, weil er in frühester Kindheit
schon vom Zusammenleben mit seinen Eltern ausgeschlossen worden
war. Wie tief er es empfand, niemals ein Elternhaus gehabt zu haben,
kam nach einem der Besuche zum Vorschein. Einige Kinder erzählten
sich Witze. Paul beschloß, auch einen zu erzählen, stotterte und stam-
melte dabei aber mehr als gewöhnlich. Der Witz ging so: »Jemand
lebte in einem Raum, der Raum hatte keine Fenster, er hatte auch keine
Tür.« Als die Kinder protestierten, das gebe doch keinen Sinn, bestand
er darauf, das sei doch der Fall, und fügte hinzu: »Das ist das Zimmer,
das ich im Haus meiner Mutter hatte.« Er versuchte, sich vorzumachen, er könne über die Tatsache, daß der einzige Raum, der ihm im
Haus seiner Mutter zur Verfügung stand, weder Licht noch Luft hatte,
und daß es ein Raum war, den er weder betreten noch verlassen konnte,
Witze machen. Oder, wenn man spekulieren will, kann man dieser Bemerkung auch eine viel tiefere Bedeutung geben. Er wollte uns vielleicht sagen, er habe einmal ein Heim, einen Platz im Leben seiner
Mutter gehabt, aber nur vor der Geburt, im Mutterleib — einen Raum
ohne Fenster und Türen. Und nachdem er zur Welt gekommen war,
gab es im Haus seiner Mutter keinen Platz mehr für ihn.
In seinem Spiel mit den Puppen — wo er tastend mehr über das Leben
in der Familie zu lernen versuchte — brachte er ähnliche Gefühle zum
Ausdruck. Er richtete das Puppenhaus so ein, daß die Mutter in der
Küche kochte, der Vater sich im Wohnzimmer ausruhte, während die
Kinder in ihrem Zimmer spielten. Methodisch und zielstrebig ging er
daran, das Haus einzurichten, und stellte häufig Fragen, um sich zu
vergewissern, daß eine Familie so leben und sich so verhalten könnte.
Plötzlich klang seine Stimme nicht mehr vernünftig, sondern dramatisch, als er sagte: »Viele sind die Wohnungen, in denen ich gewohnt
habe!« Dann fing er sich wieder und murmelte leise und verständig:
»Ich meine, ich hab' ein paar Wohnungen und Häuser gesehen, wenigstens weiß ich, wie sie aussehen sollten, auch wenn die Orte, wo
ich gelebt habe, nicht so waren, auch wenn ich in keinem anständigen
Haus gewohnt habe.« Und er fuhr fort, das Haus einzurichten und
Familienleben zu spielen. Am nächsten Tag sagte er: »Gestern haben
wir viel geredet.« Als man ihn erinnerte, er habe zwar viel gespielt
und einige sehr bedeutsame Bemerkungen gemacht, aber in Wirklichkeit wenig geredet, war er erstaunt. »Ich dachte, ich hätte viel geredet!«
Dies führte spontan zu freien Assoziationen in bezug auf seine Un-

fähigkeit zu reden, als er an die Schule kam, und zu weiteren Erinnerungen an sein Leben in der frühen Kindheit. Zuerst erinnerte er sich, daß seine Mutter ihn aufs Gericht geschleppt hatte, sehr gegen seinen Willen, als sie seinen Vater wegen des Unterhalts für ihn verklagt hatte. Er war wie vom Donner gerührt, als er erkannte, daß diese Erinnerung seiner früheren Ansicht widersprach, sein Vater sei gestorben, als er, Paul, noch ein Baby war. Er erinnerte sich, wie unglücklich er wegen des gegenseitigen Hasses seiner Eltern war und wie ängstlich und verzweifelt er sich fühlte, als er im Gerichtsgebäude saß und wartete. Dies führte zu einer weiteren Erinnerung daran, wie seine Mutter ihn benützt hatte, um Geld zu bekommen. Als er entweder vier oder sechs Jahre alt war (er war sich darüber nicht klar), hatte sie ihn in ein Ferienlager geschickt. Er war dort verletzt worden — nicht schlimm, er gab zu, daß er an dieser Verletzung selbst schuld gewesen war —, und bei seiner Rückkehr war sie wieder ganz ausgeheilt. »Aber meine Mutter machte großen Lärm darum, sie versuchte eine Menge Geld zu bekommen. Sie riß mich aus der Schulklasse. Mußte in diesem Büro [bei Gericht] sechs Stunden bleiben, konnte nur zum Fenster raussehen. War nicht meine Idee.« Nach all diesen Jahren war er immer noch wütend und besorgt, weil sie sich auf einen ungerechten Prozeß eingelassen hatte, um Schadenersatz zu bekommen, obwohl er an der Verletzung allein schuld gewesen war. Immer wieder betonte er, der Prozeß sei nicht seine Idee gewesen. »Der Mann sagte, meine Mutter versuche von dem Lager Geld zu bekommen, ohne einen guten Grund zu haben.« Mit offensichtlicher Erleichterung schloß er: »Sie hat's nicht gekriegt.« Danach kam er noch bei verschiedenen Gelegenheiten auf die Zeiten zurück, in denen seine Mutter versucht hatte, ihn als Werkzeug oder Pfand zu benützen, wenn sie von seinem Vater oder von anderen Leuten Geld haben wollte.

Diese Erinnerungen machten ihn noch wütender über die Unwahrheiten, die sie ihm über seinen Vater gesagt hatte. Sie hatte ihm die ganze Zeit Lügen aufgetischt, um sich selbst reinzuwaschen, zuerst, weil sie für Paul kein besseres Leben geschaffen hatte, und später, weil sie ihn nach ihrer zweiten Heirat nicht bei sich aufgenommen hatte. Als Paul endlich teilweise mit diesen schmerzlichen Erlebnissen fertig geworden war, faßte er eines Tages seine Gefühle zusammen: »Wenn jemand dich an der Nase rumgeführt hat, Dinge erzählt hat, die nicht wahr waren, weißt du, dich das ganze Leben lang angeführt hat, dann fühlst du dich einfach die ganze Zeit angeführt. Und wenn du's erst herausbekommst, wenn du groß bist, ist es um so schwerer.« Wenn ihn solche Erkenntnisse aus dem Gleichgewicht brachten, versuchte er lieber, sie aus seinem Gedächtnis zu verbannen als sie zu bewältigen. Er wollte seine Mutter und die Familie, die ihn im Stich gelassen hatten, vergessen. Er fragte, bis zu welcher Altersgrenze Kinder adoptiert werden könnten, und er fragte sich, in welchem Alter ein Kind »seinen Namen ändern könnte, ohne sich schuldig zu fühlen«. Eine Zeitlang machte er Versuche mit verschiedenen Zunamen. Diese Versuche, seiner Vergangenheit und seiner Familie auf einem Abkürzungsweg zu entfliehen, waren jedoch relativ kurzlebig. Meistens wußte er, daß er mit seiner Vergangenheit ins reine kommen mußte, so sehr ihm dies auch widerstrebte.

Einige der wichtigsten emotionalen Aufgaben, die Paul während seines letzten Jahres bei uns anpackte, waren die Bearbeitung seiner früheren und gegenwärtigen Beziehungen zu seiner Mutter auf einer bewußteren Ebene, die Erforschung seiner Vergangenheit — das Was und Wie dessen, was ihm geschehen war — und das Verbinden seines Lebens zu einem verständlichen Ganzen. Als er versuchte, sein früheres Leben zusammenzusetzen, wurde deutlich, daß er in bezug auf die Hauptereignisse ganz verwirrt war. Ich habe schon erwähnt, daß er glaubte, sein Vater sei gestorben, als er, Paul, noch ein Baby war, während in Wirklichkeit der Vater zu dieser Zeit nur die Mutter verlassen hatte. Paul war verblüfft, daß er sechseinhalb Jahre alt war, als sein Vater starb. Wir hatten ihm Dinge dieser Art wiederholt erzählt, aber erst jetzt schien er sie zu verstehen und sich an sie zu erinnern. Er wußte über fast alle Ereignisse seines Lebens ebensowenig, bevor er zu uns kam.

In seinem neuen Streben nach Verständnis fragte Paul nach vielen Dingen, die er vorher nicht verstanden oder ohne zu fragen als selbstverständlich hingenommen hatte. Zum Beispiel fragte er erst jetzt, warum er aus all den anderen Kindern im Waisenhaus ausgewählt worden sei, um an die Orthogenic School zu gehen und dort eine bessere Lebenschance zu bekommen, als sie sie haben würden. Dies gab uns eine Gelegenheit, ihm zu erklären, welche Rolle die Hilfsorganisation in seinem Leben gespielt hatte. Als er erkannte, daß er wirklich Glück gehabt hatte, bekam er ziemlich starke Schuldgefühle deswegen: »Sie haben mich ausgesucht, und eine Menge Kinder, die es nötig hätten [an die Schule zu kommen], können es nicht.«

Er mag versucht haben, diese Schuldgefühle durch megalomane Behauptungen zu bekämpfen, oder er mag andererseits seinen Wunsch, sich überlegen zu fühlen, so mangelhaft beherrscht haben, daß jede zufällige Tatsache, die er zur Stützung seines Größenwahns verwenden konnte, diesen wieder entzünden konnte. Jedenfalls setzte die Erkennt-

nis, daß er zum Eintritt in unsere Schule ausgesucht worden war, sofort
Phantasien über die bedeutenden Dinge in Gang, die er eines Tages tun
würde. Er diktierte z. B. mit großer Arroganz folgende Geschichte:
»Nehmen Sie Bericht auf. Umsatz um einhundert Prozent gesteigert.
Wir werden Preis um zehn Prozent erhöhen. Nächstes Jahr werden wir
eine weitere Milliarde Dollar verdienen. Wir werden sie der Regierung
als Geschenk dafür geben, daß sie die Welt im Frieden hält [und um]
alle gut zu ernähren. Unterschrift Paul.« Er las dieses Manifest noch
einmal durch, dann unterschrieb er es. Wenigstens träumte er davon,
seine Macht nicht nur zum Angeben oder zur Versklavung anderer zu
verwenden, sondern zum Wohl der Allgemeinheit.

Hinter Pauls Spekulationen darüber, warum er das wunderbare Glück
gehabt hatte, das Waisenhaus verlassen zu können, lag das Problem,
was dort »schief gegangen« war, warum sein Leben so elend gewesen
war. Paul gab z. B. seinen Erfahrungen im Waisenhaus die Schuld für
sein unvernünftiges Verhalten, kurz nachdem er an die Schule gekommen war. »Schau, da waren keine Betreuer«, sagte er, als ob dies alles
erklärte. Er hatte aus seiner Erfahrung an der Schule gelernt, daß es
warme und befriedigende Kontakte mit sich brachte, wenn man Betreuer hatte. Da er im Waisenhaus sozusagen keinerlei Kontakte dieser
Art gehabt hatte, konnte es dort also keine Betreuer(innen) gegeben
haben. Aber er verstand noch nicht ganz, daß der Mangel an zwischenmenschlichen Beziehungen für die schlimmen Wirkungen verantwortlich war, denn als man ihn bat, diese Bemerkung zu erklären, fuhr er
fort: »Sie taten Dinge ohne Grund.« Sobald er erkannt hatte, daß im
Waisenhaus auch Vernünftigkeit gefehlt hatte, wurde dies seine Lieb-
lingsentschuldigung für seine eigenen unvernünftigen Handlungen.
Wenn er z. B. auf sein asoziales Verhalten hingewiesen wurde, leugnete
er es nicht mehr und versuchte auch nicht mehr, es zu rechtfertigen,
indem er andere fälschlich beschuldigte, sie hätten ihn provoziert, sondern er gab recht bereitwillig seine Unvernünftigkeit zu. Aber er fühlte
sich nicht für sie verantwortlich, denn die Leute im Waisenhaus waren
ja unvernünftig mit ihm umgegangen. Er konnte den Zusammenhang
zwischen seinem und ihrem Verhalten nicht ganz verstehen, aber der
Umstand, daß er so deutlich sah, daß sie zusammenhingen, zeigte die
Zunahme seiner Einsicht.

Der Tatsache zum Trotz, daß Paul zu diesem Zeitpunkt noch nicht bereit war, die volle Verantwortung für seine Handlungen zu übernehmen, meinten wir, er habe schon genug Fortschritte gemacht, um auch
einmal für kurze Zeit sich selbst überlassen bleiben zu können. Wir
hatten den Eindruck, er könne gut genug mit sich selber umgehen, so

daß sein Verhalten in der Öffentlichkeit nicht zuviel offene Kritik herausfordern würde, was wiederum sein entstehendes Selbstvertrauen hätte untergraben können. Also sorgten wir dafür, daß er einmal in der Woche am Chicagoer Kunstinstitut studieren konnte. Er war von der ersten Unterrichtsstunde an erfolgreich. Zuerst schätzte Paul vor allem das Prestige, das ihm dies bei den anderen Kindern an der Schule verschaffte, aber bald bekam seine verbesserte Fähigkeit, sich durch Malen auszudrücken, für ihn eigenständigen Wert.

Ein unerwarteter, aber sehr wichtiger Vorteil war die Möglichkeit, die er nun hatte, Jungen und Mädchen seines Alters, die ein normales Familienleben führten, zu beobachten und im Zusammensein zu erleben. Für Paul war es eine ziemlich große Offenbarung, daß sie in hohem Maß die gleichen Probleme hatten wie er, d. h. die typischen Probleme jedes Heranwachsenden. Er hatte immer geglaubt, all seine Schwierigkeiten seien nur ihm oder dem Leben in der Schule eigen. Eine weitere unvorhergesehene Folge seiner Erfahrungen am Kunstinstitut war die, daß er es allmählich aufgab, für jede Unzulänglichkeit in seiner Arbeit seine Lehrer oder seine Betreuer verantwortlich zu machen, oder sie auf den Umstand zu schieben, er sei »zu nichts gut« oder »dumm«. Als er beobachtete, daß andere beim Malen schlimmere Fehler machten als er, gewann er den Mut, trotz anfänglicher Rückschläge bei schwierigen Aufgaben auszuharren. Er wandte diese Lehre auch auf andere Tätigkeiten an und konnte bald eine Woche lang bei einem Problem oder Plan bleiben, um sie zu Ende zu führen.

Am Ende des akademischen Jahres wurden einige seiner Gemälde vom Kunstinstitut für eine Ausstellung von Kindermalereien ausgewählt, die im ganzen Land gezeigt werden sollte, und Paul bekam ein offizielles Glückwunschschreiben. Dieser Sieg in einem Wettbewerb mit normalen Kindern, die in seinem Alter oder gar älter waren, erhöhte seine Selbstachtung ungeheuer. In direkter Reaktion auf seinen Erfolg verfiel er in länger dauernde Tagträume, in denen er seine Bilder für eine Million Dollar verkaufen wollte. Dann spann er eine Phantasie über eine Insel aus, deren Bewohner nur mit Buchstaben des Alphabets benannt waren. Diese Insulaner erfreuten sich unbegrenzter Macht; sie hatten freien Zugang zu Diamantengruben und beherrschten dadurch alles und jedermann. Sie verwendeten elektrische Schalter und Knöpfe, um jedermann zu dem zu veranlassen, was sie wollten. Jeder Bewohner hatte »eine ungeheure Pflicht. An einem Tag im Jahr muß er die ganze Insel ernähren«. Paul behauptete, er habe diese Geschichte von einem Professor gehört, der sich in einem Ballon auf einen Urlaub von einem Jahr Dauer begeben hatte. Der Ballon explodierte genau über der Insel, und die Insulaner retteten den Professor. Dann gab es eines Tages einen Vulkanausbruch, und die Insel selbst explodierte. Nun wurden die Insulaner von dem Professor gerettet, aber niemand weiß, was seither aus ihnen geworden ist.

War diese Geschichte eine Allegorie seines Lebens — eine Phantasie, durch die er nach seinen megalomanen Tagträumen, in denen er durch seine künstlerische Begabung Millionen Dollar verdiente und unbegrenzte Macht erwarb, seinen Rückweg zur Realität zu finden versuchte? Paul wollte zu dieser Geschichte nichts weiter sagen, deshalb können wir nur spekulieren. Aber wenn man sie als eine Allegorie seines Lebens sieht, kann man seine Geschichte folgendermaßen deuten: Paul wirkte seinem Größenwahn entgegen, der durch seinen künstlerischen Erfolg hervorgerufen worden war, indem er sich seine Erniedrigung in der emotional isolierten Welt (der Insel) der Pflegeheime und Waisenhäuser ins Gedächtnis zurückrief, in denen er gelebt hatte. Dort schienen die Leute nicht einmal eigene Namen zu haben, sondern waren in alphabetischer Reihenfolge geordnet, als wären sie keine Menschen, sondern nur Buchstaben. Diese erniedrigende Anonymität hatte ihn zu Phantasien vom Besitz ungeheurer Macht gebracht — der Macht, andere durch mechanische Mittel zu beherrschen, was eine Reaktion auf sein Gefühl war, äußeren und gefühllosen Mächten völlig ausgeliefert zu sein, ein Leben geführt zu haben, das von unveränderlicher Routine, von Knöpfen und elektrischen Schaltern gesteuert wurde. Da diese Phantasien in der Schule zum Vorschein kamen, wo er die Fähigkeit erworben hatte, sein eigenes Leben zu lenken, drehten sie sich um das Lenken anderer, die seine Sklaven waren, die Sklaven des großen Diktators. Aber diese großspurigen Vorstellungen waren nur Höhenflüge der Phantasie, die durch eine unangenehme Realität grausam zunichte gemacht wurden; und Paul fürchtete, seine hochfliegenden Hoffnungen auf künstlerischen Erfolg würden sich als ebenso leer erweisen. Seine oralen Ängste traten zutage in der Bemerkung, was für eine niederschmetternde Verantwortung es war, die Inselbewohner auch nur einen einzigen Tag lang zu ernähren — was an seinen Plan erinnerte, seine Milliarden der Regierung zu geben, um die Menschen zu ernähren und den Frieden zu fördern.

Aber das Ende war hoffnungsvoll. Der Professor, der die Insulaner in dem Augenblick rettete, als sie drauf und dran waren, durch vulkanische Kräfte vernichtet zu werden, mag ein Symbol für die unerwartete glückliche Wendung in Pauls Leben gewesen sein, als er durch die unvorhergesehene Ankunft von Fremden (die vom Himmel gefallen zu sein schienen) aus dem Waisenhaus gerettet wurde. Daß dieser Fremde ein »Professor« war, mag etwas mit meinem Beruf zu tun gehabt haben; wichtiger ist, daß die Ankunft des Professors auf der Insel in der Geschichte einfach ein Zufall war. Paul konnte immer noch nicht ganz glauben, daß sein Leben, sein Ausscheiden aus dem Waisenhaus, geplant und nicht nur das Ergebnis einer »Ballonfahrt« war. Diese Rettung fand statt, als er sich gerade am meisten bedroht fühlte durch die heftigen, »vulkanischen« Ausbrüche seiner inneren Kräfte, die seine Insel zerstörten, d. h. das bißchen Sicherheit, das er vor seinen Selbstmordversuchen im Waisenhaus empfunden haben mag. Paul war immer noch verwirrt über diese plötzliche Wendung seines Schicksals, die ihm anscheinend eine gewisse Hoffnung gab, schließlich werde sich alles zum Besten wenden, aber er konnte ihr noch nicht ganz vertrauen: »Niemand weiß, was seither aus den Insulanern geworden ist.«

Aber Pauls Sicherheitsgefühl wurde verstärkt, als er in seinem Kunstunterricht eine Zufallsgruppe von Kindern kennenlernte und mit diesen wichtige Erfahrungen teilte. Seine Klassenkameraden am Kunstinstitut bemühten sich nun wegen seiner künstlerischen Erfolge um ihn. Er genoß die Achtung sehr, mit der normale Kinder ihn behandelten. Aber das schuf ein neues Problem. Sein eigenes schlechtes Benehmen beunruhigte ihn, und er fürchtete, es könnte die Meinung anderer von ihm beeinträchtigen. Er war sich besonders seiner sozialen Unbeholfenheit bewußt. Er merkte es selbst nur langsam, aber sobald er seine Mängel bemerkte, schien sich all seine Energie auf den Erwerb des notwendigen Wissens und der nötigen Fertigkeiten zu richten.

Wie er später zugab, konzentrierte er sich darauf, verstohlen Erwachsene und ihre Verhaltensweisen zu studieren, so daß er sich selbst nach ihrem Vorbild wandeln konnte. Zu jener Zeit sagte er nichts darüber; nach seinen Worten deshalb, weil er fürchtete, lächerlich gemacht oder ausgenützt zu werden, wenn andere wüßten, wie wichtig es für ihn war, sie nachzuahmen.

Als er sich aus dem Schutzbereich der Schule hinausbegab und mehr mit der Außenwelt in Berührung kam, wurde jedoch immer deutlicher, daß er einige der einfachsten Fakten und Verfahren des gesellschaftlichen Verkehrs nicht kannte. Es lag nicht daran, daß wir diesen Aspekt seiner Entwicklung etwa vernachlässigt hätten, aber er war für unsere Bemühungen blind gewesen, bis er durch Kritik von außen allmählich ihren Wert erkannte.

Er hatte z. B. nicht die leiseste Ahnung, daß Bemerkungen der Art, wie heranwachsende Jungen sie unter sich insgeheim über Mädchen oder Frauen austauschen, nicht an die betreffenden Personen zu richten sind. Er hatte einfach nicht bedacht, daß er Rücksicht darauf nehmen müsse, nicht nur, was er sagte, sondern zu wem. Die Manieren, die andere Kinder im Verlauf des normalen Familienlebens automatisch annehmen, mußte Paul relativ spät auf mühsame Weise erlernen. Und die Tatsache, daß er für sein Alter sehr groß war, machte seine jugendliche Unbeholfenheit um so deutlicher. Um nur ein Beispiel zu nennen: Selbst wir waren erstaunt, als nach einem Aufenthalt von mehr als drei Jahren bei uns herauskam, daß er den Unterschied zwischen Miss und Mrs. nicht kannte. Er hatte seine Wörter so sehr verschliffen, und wir waren so geschickt darin geworden, zu erraten, was er meinte, daß uns nicht klar geworden war, daß er selbst oft die Bedeutung der Wörter, die er benützte, nicht kannte. Motiviert durch seinen neuen Wunsch zu lernen, gab er schließlich seine Unwissenheit zu; bisher hatte er diese und viele andere Wörter absichtlich undeutlich ausgesprochen, damit die Leute nicht merkten, daß er sie nicht richtig anzuwenden wußte. Dies war eine weitere Quelle seiner Sprechschwierigkeiten, von der wir keine Ahnung hatten.

Pauls Wunsch, verlorene Zeit aufzuholen, war unersättlich. Über das Lesen von Zeitschriften sagte er z. B.: »Jetzt, wo ich angefangen habe, Zeitschriften [zu] lesen, gibt es soviel zu lesen, was ich nachholen möchte, und ich brauche mehr und mehr und mehr, und es wird mir nie genug sein.« Er nannte sich selber einen Bücherwurm, und das war er auch. Mit gleicher Intensität dehnte er sich nach allen Seiten aus.

Sein soziales Verhalten besserte sich zwar stetig, aber allzu oft prahlte er noch und stieß andere beiseite, wenn sie ihm im Weg waren. Er wollte immer, sie sollten sich nach seinen Wünschen richten, reagierte aber selten auf die ihren. Jetzt jedoch, da ihm dies klar wurde, war er untröstlich, obwohl es ihm früher ganz gleichgültig gewesen war. Aber so sehr er sich ändern wollte, es fiel ihm sehr schwer. Er war überempfindlich, wenn er in seinen Gefühlen verletzt wurde, aber er dachte niemals daran, daß seine höhnischen, neckenden oder drohenden Bemerkungen jemand anders verletzen könnten. Seine Bemerkungen wurden natürlich noch verschlimmert durch seine Egozentrizität und seinen Mangel an Respekt für andere, die vielen Jugendlichen eigen sind, während sie nach Unabhängigkeit von den Erwachsenen streben. Auch Paul wollte sich Erwachsenen gegenüber durchsetzen, aber zugleich brauchte er wegen seiner Vergangenheit eine ungeheure Menge von Befriedigung in der Abhängigkeit von uns. Dieser Konflikt machte es in diesen Jahren wirklich zu einer schweren Aufgabe, ihm zu helfen.

Während er die Kenntnisse und das Verhalten eines Erwachsenen erwerben wollte, war ihm auch die Ambivalenz des normalen Jugendlichen gegenüber dem Erwachsenwerden eigen. In seinem Fall wurde sie noch durch die Erkenntnis verschlimmert, daß Erwachsenwerden auch Verlassen der Schule bedeuten würde. Manchmal störte dies seinen Wunsch zu lernen, wenn er auch immer zu ihm zurückkehrte. Wenn man ihm ein neues naturwissenschaftliches Buch gab, widerstrebte es ihm zunächst, es zu studieren, denn er fürchtete, er werde schon fort sein, bevor er es durchgearbeitet haben könnte. Ähnlich widerstrebte es ihm, irgendeinen neuen Kurs anzufangen, weil er fürchtete, wenn er ihn beendet hätte, müßte er vielleicht die Schule verlassen.

Wie jeder Jugendliche machte er viel Aufhebens von seiner Zukunft und machte sich Sorgen um sie. Er hatte Angst, sie könnte sich als ebenso enttäuschend erweisen wie seine Kindheit. Er vertraute unseren Versicherungen nur teilweise, denn seine Ängste waren zu groß, als daß er uns ganz hätte glauben können. Wenn ihm etwas schwer auf der Seele lag, fiel es ihm schwer, darüber zu sprechen, und das galt auch für seine Zukunftssorgen. Wir fragten ihn, warum er nicht über die Dinge spreche, die ihn so sehr beschäftigten, und er sagte: »Ihr seid nicht zur rechten Zeit da. Ihr seid nicht mitten in der Nacht hier, wenn ich darüber nachdenke und mir Sorgen mache.« Wir verhalfen ihm zu der Erkenntnis, daß er bei Nacht über seine Zukunft nachgrübeln müsse, weil er sich am Tag durch wilde Aktivität davon abhalte, nachzudenken. Er selbst erklärte seine Geschäftigkeit sehr zutreffend so: »Ich mache mir Sorgen, wenn ich nichts anderes zu tun habe.« Immer wieder besprachen wir mit ihm seine Vergangenheit und erklärten ihm, wie die Hilfsorganisation früher für ihn gesorgt habe und daß sie ihm wieder helfen werde. Als er anfing, sich im Hinblick auf seine Zukunft etwas sicherer zu fühlen, konnte Paul sagen: »Ich weiß jetzt, daß ich nicht zu meiner Mutter zurückgehen muß, um mit ihr zusammen zu leben. Vor ein oder zwei Jahren hab' ich das noch gehofft, aber bis jetzt hab' ich immer geglaubt, ich müßte vielleicht, und mir eine Menge Sorgen darum gemacht.«

Die Gespräche über seine Zukunft beruhigten Paul schließlich in gewissem Maß und gaben ihm die Freiheit, mit mehr Realismus Pläne zu schmieden. Aber seine Pläne waren immer noch hauptsächlich von seinen früheren Entbehrungen beeinflußt. Ziemlich lange wollte er ein großer Küchenchef werden — natürlich der berühmteste der Welt — oder der Majordomo des größten Restaurants der Welt.

In unserer Bemühung, ihn zu beruhigen, erklärten wir, er könne aus eigener Kraft ein College besuchen und abschließen, wenn er das wolle; als Beweis führten wir an, daß einige der Betreuer(innen), die er sehr gut kannte, genau dies getan hatten oder gerade dabei waren, als Werkstudenten eine akademische Zusatzausbildung zu machen. Sofort verlangte er mehr Auskünfte darüber, wie sie für ihren Unterhalt sorgten. Wie so häufig konnte er erst, nachdem er sich wirklich beruhigt fühlte, zugeben, daß er schon daran verzweifelt war, jemals durch die High School zu kommen, geschweige denn durchs College, weil ja niemand dafür bezahlen würde. Sehr oft pflegte Paul nach diesen Gesprächen zu sagen: »Das war eine sehr gute Diskussion.«

Seine gewachsene Sicherheit ermöglichte es ihm, sich von den Fluchttechniken zu befreien, die er früher verwendet hatte, um seine Ängste und Sorgen zum Schweigen zu bringen oder zu vergessen. Einmal verbrachte er bei einem Besuch im Einheitspreisladen lange Zeit damit, verschiedene Hefte mit Comics durchzublättern, wie er es in seinen ersten Jahren an der Schule gewohnheitsmäßig getan hatte. Jetzt sagte er, nachdem er sie gründlich studiert hatte: »Sie sind nicht mehr gut.« Die Fluchtmöglichkeit, die ihm diese Hefte verschafften, und die Phantasien von Feindseligkeit und übermenschlichen Kräften, die sie hervorriefen, waren für Paul nicht mehr zu gebrauchen.

Pauls Fortschritte waren keineswegs so einfach und direkt, wie meine Erzählung an dieser Stelle glauben machen könnte. Er fiel oft in seine früheren Verhaltensweisen zurück. Aber er tat es nun viel bewußter; er konnte offen sagen, wie sehr er sich danach sehnte, wieder ein kleines Kind zu sein, während er zugleich wußte, daß das nicht möglich war. Oft bestand der Unterschied zwischen früher und jetzt darin, daß er das, was er früher aus verzweifelter Sehnsucht gesagt hatte, jetzt im Scherz sagte. Die Ereignisse in seinem Leben an der Schule waren für Paul sehr wichtig, und er verfolgte sie aufmerksam. Sie mußten einen Ausgleich schaffen für die Seltenheit emotionell bedeutsamer Ereignisse in seiner Vergangenheit. Zum Beispiel sagte er zum zweiten Jahrestag seiner Studien unter Anleitung seiner jetzigen Lehrerin mit einem angedeuteten Kichern: »Ich bin der zweijährige Junge meiner Lehrerin. Manchmal denke ich, ich könnte drei sein. Aber meistens bin ich noch ihr Zweijähriger.« In ähnlicher Weise konnten Ereignisse, die seine Stabilität bedrohten, immer noch depressive oder megalomane Reaktionen des alten Typus hervorrufen, aber er nahm sie selber nicht mehr so ernst wie früher.

Trotzdem schien Paul jedesmal, wenn er sich einer neuen Anpassungsaufgabe gegenübersah, zunächst zu diesen alten Formen der Bewältigung zurückzukehren. Am Ende des Schuljahrs wurde Paul z. B. in ein anderes Klassenzimmer zu einem männlichen Lehrer versetzt. Der Sinn dieser Maßnahme bestand zum Teil darin, Paul bei der Bewältigung seiner Beziehung zu Männern zu helfen, bevor er uns verließ. Obwohl Paul seinen neuen Lehrer (der früher Betreuer gewesen war), schon seit einiger Zeit kannte, war die Versetzung in seine Klasse eine ganz radikale Veränderung. Paul reagierte auf den Verlust seiner früheren Lehrerin mit einer echten Depression und nahm dann bei seinen megalomanen Tendenzen Zuflucht, um mit der neuen Situation fertig zu werden.

An einem einzigen Schultag fanden zwei Ereignisse statt, die beide Reaktionen anschaulich machten. Die Kinder wurden aufgefordert, Sätze zu schreiben, die folgende Wendungen enthielten: »Nach einem glücklichen Tag«, »im Bett« und »mit süßen Träumen.« Pauls Sätze, alle in einer Reihe geschrieben, lauteten: »Er sterben nach einem glücklichen Tag. Er sterben nach einem Herzanfall. Er sterben mit süßen Träumen.« In sprachlicher Hinsicht lag diese Leistung weit unter seinem gegenwärtigen Leistungsniveau; das dringende Bedürfnis, seine morbiden Gefühle auszudrücken, schien ihn hinzureißen, und zudem machte er den Fehler, die Wendung »im Bett« auszulassen. Der Verlust seiner früheren Lehrerin und die Notwendigkeit einer neuen Anpassung hatten ihn sofort veranlaßt, zu befürchten, schreckliche Ereignisse lauerten am Ende der glücklichen Tage, deren er sich gerade zu erfreuen begann. Kurz darauf nahm er den Globus und setzte ihn sich auf den Kopf; dann sagte er in bewußter Schauspielerei dröhnend: »Ich bin die Welt!«

Aber solche Rückkehr zu kleinkindlichen Wünschen (»Ich bin der zweijährige Junge der Lehrerin«) und zu depressiven und megalomanen Reaktionen waren jetzt nur von kurzer Dauer; Paul schien sie zu durchrasen, als habe er es eilig, zu konstruktiverer Arbeit zurückzukommen. Er benützte übertriebene Aussagen nicht mehr, um sich von anderen zu isolieren oder um seine eigene Isolierung auszudrücken; sie wurden vielmehr benützt, um nach menschlichem Trost zu suchen, wenn er in Not war. Außerdem waren sie nicht nur Ausdruck innerer Reize, sondern bezogen ihre Inhalte auch aus der Außenwelt (den vom Lehrer diktierten Wendungen, dem Schulglobus), und dies zeigte, wieviel stärker Pauls Kontakt zur Realität war, selbst in seinen Augenblicken der Niedergeschlagenheit [13].

Die Schilderung des Auf und Ab in Pauls Leben darf aber nicht das Bild dessen verwischen, was jetzt die Hauptströmung war: die Bewegung in Richtung auf eine immer bessere Integration, auf einen Friedensschluß mit sich selbst und hin zur Annahme seiner selbst als des Menschen, der er nun einmal war, obwohl er keineswegs den hohen Maßstäben gerecht wurde, die er sich selbst setzte. Um sich und sein Leben ganz annehmen zu können, mußte er in gewissem Maß seine Vergangenheit annehmen, und auch an dieser Aufgabe arbeitete er das

Jahr hindurch. Er ging mehrmals seine Lebensgeschichte durch, bis er die Abfolge ihrer Ereignisse verstand. Nachdem er wenigstens die Äußerlichkeiten, die schlimmen Ereignisse wieder eingefangen und in die richtige Reihenfolge gebracht und erheblich besser verstanden hatte, warfen sie keinen Schatten mehr über sein ganzes Leben. Als sie an ihrem Platz standen, machten sie Platz für andere Erinnerungen. Zum erstenmal kamen angenehme Erinnerungen an sein Leben im Waisenhaus zum Vorschein. Er erinnerte sich an drei Spiele, die ihm Spaß gemacht hatten, und an einige Kinder, mit denen er gern gespielt hatte, aber auch an andere Menschen, die freundlich zu ihm gewesen waren. Aber die meisten dieser Erinnerungen waren ohne Menschen. Er erinnerte sich z. B. an einen öffentlichen Spielplatz, wo es ihm mehrmals gut gefallen hatte, aber er konnte sich nicht erinnern, dort jemals mit jemand anders gespielt zu haben.

Erinnerungen an angenehme Dinge, so selten sie auch waren, gingen Hand in Hand mit Freude am Leben in der Gegenwart. Wie Paul selber sagte: »Das Leben ist gut«, aber seine Fähigkeit, es zu genießen, war noch begrenzt. Wichtiger als seltene Freudenäußerungen dieser Art war seine Erkenntnis, daß das Wohlgefühl nicht durch autistische oder physiologische Vergnügungen zustande kam (wie Saugen und Essen), nicht durch eine Befriedigung seines überentwickelten Narzißmus (durch Siege in Wettbewerben) oder durch unbelebte Spielmöglichkeiten (den öffentlichen Spielplatz), sondern durch persönliche Beziehungen. Denn nachdem er gesagt hatte, das Leben sei gut, fügte er hinzu: »Es bedeutet, du hast mich gern.« Da er den Wert gesunder menschlicher Beziehungen begriff, aber auch erkannte, wie unsicher er sich in dieser Hinsicht fühlte, fürchtete Paul sehr, wenn er uns verlassen müsse, werde er möglicherweise »sehr aufgeschmissen« sein. Warum? »Weil ich mir über andere Leute nicht sicher bin.« Er verstand es durchaus, daß sein Wohlbefinden davon abhing, daß er sich akzeptiert fühlte. Hinter seiner großen Angst, wir würden uns nicht mehr für ihn interessieren, wenn er uns erst einmal verlassen hätte, lag die Furcht, in seinem zukünftigen Leben nicht geliebt zu werden.

Pauls Wunsch, bedeutsame Beziehungen zu anderen Menschen als seinen Betreuern und Lehrern herzustellen und aufrechtzuerhalten, wurde oft nicht erfüllt, weil er immer noch nicht wußte, wie man sich benimmt, und deshalb ahnungslos andere Leute kränkte. Er erkannte diesen blinden Fleck und machte sich daran, ihn zu beseitigen, indem er versuchte zu erfahren, was andere Menschen empfanden. Er war früher so oft verletzt worden und hatte mit so vielen emotionalen Schwierigkeiten zu kämpfen gehabt, daß er wenigstens Motive verstehen konnte,

die seinen eigenen verwandt waren. Er versuchte häufig, den Kindern
ihr Verhalten zu deuten, in einer Bemühung, sowohl zu helfen als auch
die Richtigkeit seines Verständnisses für ihre Motive zu prüfen. Eine
erfolgreiche Deutung erfreute ihn, weil er sich dann dem anderen
überlegen fühlen konnte. Seine Bemühungen, anderen emotional näherzukommen, waren also in gewissem Maß ein Mittel, um seinen Narzißmus zu nähren. Aber daß er seinen Narzißmus auf diese Weise befriedigte, bedeutete auch, daß er verstehen konnte, was andere empfanden, und es zeigte sein zunehmend echtes Interesse an ihnen als
Personen.

Während er so versuchte, andere Menschen auszuloten und ihnen auf
diese Weise näherzukommen, wurde immer deutlicher, daß eine Diskrepanz bestand zwischen Pauls Wunsch, Freundschaften zu schließen,
und seiner fortbestehenden Unfähigkeit, sich auszudrücken. Sehr oft
machte er auf uns den Eindruck, er sei mißmutig, er wolle keine Kommunikation, während er in Wirklichkeit verzweifelt war, weil er nicht
angemessen ausdrücken konnte, was er empfand. Die Formen der in-
timen Kommunikation, die man nur im Rahmen des Familienlebens
lernt, waren ihm nicht geläufig. Seine intellektuelle Erforschung des
Familienlebens konnte allein diesen Mangel nicht ausgleichen. Das war
nur durch Erfahrungen mit wirklichem Leben in der Familie möglich,
und wir versuchten, Vorbereitungen dafür zu treffen.

Sooft es sich einrichten ließ, sorgten wie dafür, daß Paul Familien
besuchte, besonders die Familien verheirateter Mitarbeiter. Diese Besuche zeigten aufs neue, in welchem Maß Paul selbst die einfachsten
Voraussetzungen für das Gemeinschaftsleben fehlten. Er sagte uns, wie
unsicher er sich fühle, weil er, wie er sagte, nicht wisse, wie oder wann
er sich auf einen Stuhl setzen solle, welchen Stuhl er wählen, wo er
seine Überschuhe lassen oder seinen Mantel aufhängen solle usw. Er
mußte all diese einfachen, aber wichtigen Dinge lernen, und sobald er
die Grundzüge des höflichen Benehmens gelernt hatte, fühlte er sich
viel behaglicher. Paul versuchte sich vorzumachen, indem er diese
Äußerlichkeiten lerne, erfahre er alles über das Leben in der Familie.
Aber wir verschafften ihm natürlich diese Gelegenheiten, damit seine
Erfahrungen mit dem Familienleben, die erst noch kommen sollten,
nicht von vornherein fehlschlagen würden.

Paul fuhr auf eigene Faust fort, diesen Bereich zu erforschen und die
Erfahrungen nachzuholen, die ihm entgangen waren.

Paul hatte nun unsere Altersgrenze erreicht und war so weit, daß er die High School besuchen konnte. Wir hätten uns gewünscht, er wäre in jüngerem Alter zu uns gekommen, damit wir seine Rehabilitierung weiter hätten vorantreiben, wenn nicht gar zu Ende führen können. Aber nur ein weiteres Jahr bei uns hätte nicht genügt, und wenn die Arbeit schon unterbrochen werden mußte, schien der Beginn der High School die richtige Zeit dafür.

Zur Erleichterung unserer Entscheidung, ob dies wirklich ein guter Zeitpunkt für die große Veränderung seiner Lebensumstände sei, wurde Paul noch einmal einem Rorschach-Test unterzogen. Das Testergebnis bestätigte weitgehend unseren Eindruck, daß sich Pauls Persönlichkeit in ihren Hauptzügen verändert hatte. Sie war nicht mehr vorwiegend unstrukturiert, chaotisch oder, wie man auch sagen könnte, schizophren, wie damals, als er an unsere Schule kam. Seine Schwierigkeiten glichen jetzt mehr einer schweren Neurose, und man konnte sie ambulant behandeln. Die Unterbringung in einer Anstalt schien nicht mehr notwendig, ja, sie war vielleicht gar nicht mehr wünschenswert. Wir konnten die Aufgabe seiner Rehabilitierung nicht ganz zu Ende führen: dazu war er zu spät in seinem Leben zu uns gekommen. Außerdem wurde in bezug auf einige Arten von Erfahrungen, die er im späteren Leben brauchen würde, die Zeit knapp. Er brauchte vor allem das Leben in einer Familie, und für dieses Erlebnis würde er bald zu alt sein.

Eins unserer dornigsten Probleme war die Entscheidung der Frage, was wichtiger für ihn war: weiterhin in der Schule zu leben oder in einer Familie. Wenn er bei uns bliebe, bei den Menschen, zu denen er engere Beziehungen hergestellt hatte als zu irgend jemand sonst in seinem Leben, würde er diese Beziehungen weiterhin benützen, um seine Persönlichkeit zu integrieren. Aber dazu wären mindestens zwei oder drei weitere Jahre nötig, und dann wäre er siebzehn, und es wäre sicher zu spät für ihn, um während seiner restlichen Entwicklungsjahre bei einer Familie zu leben. Wenn wir so lange warteten, würde Paul wirklich seine ganze Jugend in Anstalten zubringen, und selbst in der besten Anstalt muß man ein sorgfältig geregeltes Leben führen. In Pauls Leben hatte schon zuviel Routine geherrscht, und zu wenig war durch seine eigenen spontanen Entscheidungen bedingt gewesen.

Wir besprachen eine Zeitlang mit der Hilfsorganisation verschiedene Pläne für Pauls Fortgang aus der Schule. Wir fürchteten, eine Unterbringung in einer normalen Pflegefamilie mit ambulanter Therapie

(was am wünschenswertesten gewesen wäre) würde nicht funktionieren. Denn obwohl Paul sich bemühte, die Kunst des Lebens in der Familie zu lernen, und trotz seines emotionalen Bedürfnisses, Teil einer
Familie zu sein, beherrschte er diese Kunst so mangelhaft, daß es unvernünftig gewesen wäre, hätte man erwarten wollen, daß er sich mit
Erfolg in eine Familie einfügen könnte. Außerdem hätte ein Scheitern
wahrscheinlich traumatische Folgen für ihn gehabt, gerade weil er so
große Sehnsucht danach hatte, ein »wirkliches« Kind in einer »echten«
Familie zu sein.

Darüber hinaus fürchteten wir, wenn Paul in einer Pflegefamilie untergebracht würde, könnte er danach streben, sich in der Beziehung zu
seinen Pflegeeltern nicht als Pflegekind, sondern als Kleinkind zu
etablieren. Das würde ungeheure emotionale Anforderungen an sie
stellen, deren Erfüllung man von keiner Pflegefamilie erwarten könnte, besonders im Hinblick auf Pauls ungeschlachte Feindseligkeit und
vielleicht noch mehr seine unbeholfene Abhängigkeit.

Denn dieser riesige Heranwachsende, der mittlerweile etwa 1,80 m
groß war, benahm sich gelegentlich immer noch in einem Augenblick
wie ein abhängiges Kleinkind und im nächsten wie ein von aggressiver
Feindseligkeit erfüllter Jugendlicher. Sowohl seine aggressiven als
auch seine infantilen Handlungen wirkten oft sogar auf ganz erfahrene
Leute bedrohlich. In jedem Fall war er in bezug auf sein Verhalten
ambivalent, und es war ihm klar, daß es seinem Alter nicht angemessen
war. Aus diesem Grund hatte er immer Angst, abgelehnt zu werden.
Zum Beispiel versuchte dieser junge Riese manchmal, sich seiner Betreuerin in den Schoß zu werfen, und erwartete, sie sollte sich über dieses Zeichen seiner Zuneigung freuen. Oder er versuchte defensiv seine
Vorrechte als junger Erwachsener durchzusetzen; da es ihm noch an
Manieren fehlte, benützte er sein ganzes, erhebliches Körpergewicht,
um seinen Willen zu bekommen und andere — Kinder, Betreuer und
Betreuerinnen — zur Seite zu stoßen. Manchmal war das Stoßen nur
bildlich, manchmal schubste er buchstäblich. Zugegeben, er hatte die
besten Absichten, sich in einem zukünftigen »Elternhaus« gut zu benehmen, und viele seiner gegenwärtigen Handlungen gingen auf seine
echte Bemühung zurück, soviel wie möglich aus der Schule herauszuholen, während er noch bei uns war, denn er wußte sehr gut, daß sich
sein Aufenthalt dem Ende näherte. Aber auf eine Enttäuschung reagierte er mit großer Wahrscheinlichkeit entweder mit einem Wutausbruch oder mit stummem Rückzug. Beide Reaktionen waren für jedes
Gegenüber schwer zu ertragen, wenn man dabei noch ein Gebender
bleiben sollte, was für Pauls weiteren Fortschritt notwendig war.

Wir waren also an einer Sackgasse angekommen: Paul brauchte zwar ein intimes Familienleben, aber es schien unmöglich, eine Pflegefamilie zu finden, die ihn mit all seinen Schwierigkeiten akzeptieren konnte. Wenn man ihn andererseits wieder in einem Heim unterbrächte, könnte er die Erfahrungen in einer Familie nicht sammeln, nach denen er sich sehnte. Eine kluge Planung für seine Zukunft wurde noch schwieriger im Hinblick auf seine künstlerische Begabung und seinen Wunsch, seine künstlerische Ausbildung fortzusetzen, denn das bedeutete, daß er an einem Ort leben mußte, wo dies möglich war. Schließlich war es angesichts seiner noch immer schweren psychischen Störung am wichtigsten, daß er in psychotherapeutische Behandlung kam.

Die Hilfsorganisation, die sich um Paul kümmerte, eröffnete etwa zu dieser Zeit spezielle Behandlungsheime, wo man versuchte, die geeigneten Züge des Lebens in einer therapeutischen Institution mit einem Familienmilieu, wenn nicht Familienleben, zu vereinigen. In diesen Heimen lebte eine kleine Zahl von Kindern — nicht mehr als in einer großen Familie — in einer normalen Wohnungsumwelt. Die Pflegeeltern wurden besonders ausgewählt und ausgebildet und arbeiteten unter Aufsicht eines Kinderpsychoanalytikers. Jedes Kind in einem solchen Heim wurde von einem therapeutisch ausgebildeten Sozialarbeiter betreut. Da die Heime sich in Chicago befanden, konnte Paul weiter am Kunstinstitut studieren und den Kontakt zu alten Freunden an der Schule aufrechterhalten, so daß er die Beziehungen zu ihnen nicht abrupt abbrechen mußte. Aus all diesen Gründen untersuchten wir zusammen mit der Hilfsorganisation, ob es wünschenswert wäre, Paul am Ende des Studienjahres in ein solches Heim eintreten zu lassen. Nachdem wir einige Wochen lang alle mit dem Plan verbundenen Probleme sorgfältig psychiatrisch ausgewertet hatten, wurde beschlossen, daß dieser Plan, wenn er auch keineswegs ideal war, unter den gegebenen Bedingungen der beste war, den die Hilfsorganisation für Pauls Zukunft entwerfen konnte.

Während seiner letzten Monate bei uns hatte Paul oft Angst davor, uns verlassen zu müssen. Immer, wenn diese Angst sich festsetzte, kehrte er zu einigen seiner alten Symptome zurück. Er stopfte sich wieder mit Nahrung voll, stets voller Angst, es könne in seinem neuen Heim nicht genug zu essen geben. Besonders in diesen letzten Monaten kreisten Pauls Hauptsorgen um die Menschen, mit denen er zusammenleben würde, und darum, ob er uns mit, wie er sagte, »höchsten Ehren« verlassen würde. Er war ganz von der Aufgabe in Anspruch genommen, sich langsam auf die große Trennung vorzubereiten.

Er begann, sehr sorgfältig und realistisch alles zu malen, was ihm wichtig war, als wenn er ein Register anfertigen und seinem Gedächtnis ein für allemal all die verschiedenen Aspekte seines Lebens in der Schule einprägen müßte. Dies war eine scharfe Veränderung von dem höchst phantasievollen und nicht sehr repräsentativen Malstil aus, der bis dahin für ihn typisch gewesen war. Interessanterweise war sein erster Gegenstand seine Babyflasche, von der er sehr sorgfältig eine vorläufige Skizze machte, und dann ein Gemälde. Als nächstes zeichnete er seinen Schlafraum und schließlich das Gebäude der Schule.

Nachdem er so seine Vergangenheit gesichert hatte, wandte Paul seine Gedanken der Zukunft zu. Er machte sich Sorgen über die Hindernisse in ihm selbst, die sich im Umgang mit anderen als schlimm erweisen könnten. Er erkannte, daß er »ein Kind [war], das viel — zuviel — über sich nachdenkt«. Er spürte auch, daß es hinderlich war, immer der erste sein zu müssen, und er wußte, daß dieser Drang bei ihm aus der Unsicherheit entstand.

Bei seinen Übernachtungsbesuchen in den Wohnungen von Mitarbeitern beobachtete Paul sorgfältig die Erwachsenen; er versuchte, sie nachzuahmen, allmählich angenehme Manieren zu erwerben und mehr Wert auf sein Äußeres zu legen. In gewissem Maß lernte er wirklich, diese gesellschaftlichen Künste zu beherrschen. Gegen Ende seines Aufenthalts bei uns wurde er in sozialen Situationen ganz ausgeglichen und charmant, obwohl er immer noch eine erhebliche Steifheit beibehielt.

Vorübergehend verlor Paul allen Grund unter den Füßen, als man ihm von dem endgültigen Plan für seine Zukunft berichtete. Er hatte zwar gewußt, daß er die Schule sehr bald verlassen würde, aber die praktische Planung war so schwierig, daß wir erst einen Monat vor seinem Abschied zu einer endgültigen Entscheidung kamen und ihn erst dann von den Einzelheiten in Kenntnis setzen konnten. Sobald er erkannte, wie nah seine Abreise bevorstand, versuchte er krampfhaft, alles in sich aufzunehmen, was wir zu bieten hatten: Wissen, menschliche Beziehungen und vor allem Nahrung. Wieder aß er riesige Mengen und nahm in diesem letzten Monat zehn Pfund zu, so daß er beim Abschied 44 Pfund Übergewicht hatte.

Zuerst war Paul enttäuscht, daß unsere Pläne erforderten, er solle in der gleichen Stadt leben wie seine Mutter. In seiner Besorgnis darüber und über die große Veränderung im allgemeinen griff er für kurze Zeit auf seinen alten Abwehrmechanismus zurück, eine unangenehme Realität dadurch zu leugnen, daß er sich unrealistischen Hoffnungen hingab. Er sagte, er erwarte, von uns aus auf eine der berühmtesten Privatschulen des Ostens zu gehen; als nächstes glaubte er, er werde nach Europa gehen und dort eine berühmte Schule besuchen. Aber ziemlich bald akzeptierte er unsere Versicherung, er müsse nicht zu seiner Mutter zurückkehren, und versuchte ganz vernünftig, den Plan so gut anzunehmen, wie er konnte.

Paul bemühte sich eifrig, selbständig zu werden; er ging mehr alleine fort und wagte sich in Stadtviertel, denen er sich vorher ohne einen Betreuer nicht zu nähern gewagt hatte. Er versuchte auch, außerhalb der Schule Freundschaften zu schließen. Immer wieder machte er Bemerkungen darüber, wie sehr er sich in den Jahren an der Schule verändert habe. Das tat er wahrscheinlich, um sich zu beruhigen, aber es war auch eine Bemühung, eine realistische Bestandsaufnahme seiner selbst zu machen.

Es gab aber immer noch Symptome der großen Belastung, unter der er stand. Seine Sprache wurde undeutlicher; er erging sich in weitschweifigen Gesprächen, die in Wirklichkeit ausgedehnte Monologe waren, denn er berücksichtigte dabei den Menschen, mit dem er sprach, überhaupt nicht. Er kehrte auch zur Babysprache zurück. Aber diese Regressionen dauerten immer nur kurze Zeit; er hielt jedesmal von selbst inne, weil er begriff, daß seine Angst ihn veranlaßt hatte, wieder zu den alten Methoden der Bewältigung beunruhigender Erlebnisse zurückzukehren.

Seine Hauptangst war, seine Mutter könnte ihn zu fassen bekommen. Er mußte sicher sein, daß sie nicht wissen würde, wo er wohnte, und daß wir ihr seine Adresse nicht gäben. Andererseits fürchtete er, er könnte den Kontakt zu uns verlieren, obwohl er unseren Versicherungen anscheinend glauben konnte, wir würden uns weiterhin für ihn interessieren und für Hilfeleistungen zur Verfügung stehen, wenn er uns brauchte.

Von dem Augenblick an, in dem er von seinem Fortgang erfuhr, fand er die Vorbereitungen und das Warten auf die große Veränderung sehr schwierig, bewältigte aber den tatsächlichen Übergang ganz gut. In gewisser Weise war er erleichtert, daß man einen endgültigen Plan entwickelt hatte, der ihn vor Eingriffen seiner Mutter zu schützen schien, der ihm die Hilfe eines therapeutisch ausgebildeten Sozialarbeiters bei seinen emotionalen Schwierigkeiten sicherte und vor allem für seine physischen Bedürfnisse während seiner Jahre in der High School Sorge trug, bis er sich selbständig im Leben einrichten konnte. Er besuchte sein zukünftiges Heim mehrmals, und es gefiel ihm. Besonders sein erster Besuch war ihm eine Freude. Die Pflegeeltern »sahen aus wie jede andere amerikanische Durchschnittsfamilie«. Seine Äußerung drückte mehr sein Bedürfnis und seinen Wunsch aus, bei einer durchschnittlichen amerikanischen Familie zu leben, als eine richtige Beurteilung des Pflegeheims, denn er wußte, daß es ein spezielles Heim war, wo noch vier weitere Jungen seines Alters mit ihm zusammen leben würden. Aber er versuchte mit aller Kraft, sich selber zu überzeugen, er werde von nun an das Leben eines normalen Jungen in einer Durchschnittsfamilie führen.

Dieser greifbare Beweis einer vernünftigen Planung für ihn beruhigte Paul in bezug auf den Wert und den guten Willen der Hilfsorganisation, die nun die Verantwortung für ihn übernahm. Er stellte eine relativ gute Beziehung zu seinem Therapeuten her und konnte ungehemmt mit ihm darüber sprechen, wie schwer es ihm falle, die Schule zu verlassen und wie sehr er sich vor der Veränderung fürchte. Am Ende sah er seinen Auszug als »ein richtig großartiges Abenteuer«, und er sagte: »Ich will, daß es wirklich gut klappt.«

In den letzten paar Tagen versuchte Paul noch weiter, seine Vergangenheit zu sichern und sich auf die Zukunft vorzubereiten. Er verbrachte seine letzten Wochen bei uns damit, seine Besitztümer durchzusehen, sie einzupacken und umzupacken. Er bat wiederholt um Informationen über das Leben an der High School und über die Schule, die er besuchen sollte. Er versuchte mit Erfolg, die Arbeit der Hilfsorganisation und ihre Pläne für seine Versorgung besser zu verstehen. Er hatte das Gefühl, es sei besonders wichtig, daß seine Freunde an der Schule den Kontakt mit ihm aufrechterhielten. Während der ganzen Zeit blieb er recht gelassen und konnte frei über alles sprechen, was ihn beunruhigte.

Als er sich schließlich auf den Weg zu seinem neuen Heim machte, faßte Paul seine Gefühle in bezug auf sein Leben in Worten zusammen, die zu zeigen schienen, daß er begriff, er habe eine Zeitlang regredieren und infantile Erfahrungen wiedergewinnen müssen — und auch, daß er wußte, seine Rehabilitierung sei noch keineswegs beendet. »Als ich an die Schule kam, war ich zuerst so klein.« Er hielt seine beiden Hände mit gegenüberliegenden Handflächen rechts und links neben sein Gesicht. Dann näherte er sie einander noch mehr und fuhr fort: »Danach wurde ich immer kleiner.« Aber als er fortfuhr: »Danach bin ich gewachsen und gewachsen — und ich wachse immer noch«, entfernten sich seine Hände weiter voneinander. Er sagte dies letzte mit kräftiger Stimme. Sein Gesichtsausdruck war bis zu den letzten Worten angespannt und besorgt gewesen — fast ängstlich —, aber nachdem er seine Hoffnung auf weiteres Wachstum geäußert hatte, wurde sein Ausdruck zufrieden, entspannt und sogar glücklich.

Paul verließ uns also, wie er es gehofft und geplant hatte, mit »höchsten Ehren«. Während er mit seinen Leistungen in den Jahren bei uns höchst zufrieden war, konnten wir uns unserer Ergebnisse noch nicht sicher fühlen. Gewiß, wir hatten seine Persönlichkeit auf bedeutsame Weise verändern können, aber wir konnten keineswegs von einer totalen »Heilung« seiner ursprünglichen Störung sprechen. Ein Großteil seiner Persönlichkeitsschädigung war behoben, aber nicht die ganze. Wir konnten allerdings nicht vorhersagen, ob die partielle Freisetzung seiner Lebensenergie, die bewerkstelligt worden war, ihm erfolgreich durchs Leben helfen würde — zuviel hing davon ab, wie günstig oder ungünstig die Bedingungen der Zukunft für ihn sein würden. Jede Vorhersage über das Ergebnis psychotherapeutischer Bemühungen ist gewagt, selbst bei Erwachsenen, die ihre neu befreite Energie benützen können, um ihr zukünftiges Leben nach den in der Therapie gewonnenen Erkenntnissen und Einsichten einzurichten. Für Jugendliche, die in der Einrichtung ihrer Lebensumstände so weitgehend von anderen Menschen abhängig sind, sind Vorhersagen praktisch unmöglich.

Dies galt besonders für Paul. Er hatte nicht nur keine Familie, die ihm »normale« Lebensbedingungen bieten konnte, sondern es war auch nicht zu vermeiden, daß seine Mutter in seinem Leben weiterhin Einfluß haben würde. Im Augenblick war sie nur eine potentielle Gefahr für seine Integration, aber man konnte nie sicher sein, wie lange sie im Hintergrund bleiben würde, wenn erst ihr Einfluß auf Paul nicht mehr von uns gesteuert würde. Die emotionale Einwirkung einer Mutter, die so gestört war, daß sie unfähig war, eine Behandlung zu akzeptieren, konnte — zumindest zeitweilig — ziemlich viel von dem wieder zunichte machen, was erreicht worden war, wenn die Mutter die Möglichkeit hatte, Paul mit ihren Verfolgungsgefühlen zu überschütten.

Wir konnten zumindest sagen, Paul sollte in der Lage sein, diese schwierige Veränderungszeit kompetent zu meistern, ebenso sein Leben in der unmittelbaren Zukunft; darüber hinaus konnten wir nur hoffen.

Während diese konservative Beurteilung des Erreichten die einzig objektive Art der Betrachtung dessen war, was wir in den viereinhalb Jahren seines Aufenthalts für Paul getan hatten, war unsere subjektive Ansicht ganz anders. Sie war erfüllt von Stolz und Optimismus. Wir hatten das Gefühl, Paul sei ein Erfolg. Der Junge war in einer verzweifelten seelischen Verfassung zu uns gekommen, verfolgt von Wahnvorstellungen. Er war nicht nur ein Verwahrloster gewesen, der andere gewalttätig angriff, sondern er neigte auch zum Selbstmord. Er war korrekt als schizophren diagnostiziert worden, und dieser Zustand war schon seit Jahren chronisch. Aber jetzt hatte er einige sehr enge und bedeutsame persönliche Bindungen gebildet. Er fühlte sich im Leben einigermaßen zu Hause und fähig, realistischer mit der Welt fertig zu werden, selbst mit den schwierigen Aufgaben, die vor ihm lagen.

Unsere subjektiven Ansichten wurden durch die objektiven Daten bestätigt. Als Paul zu uns kam, war er in seinen Schulleistungen mehr als zwei Jahre im Rückstand. Jetzt war er darin seiner Altersstufe voraus. Seine Durchschnittsleistung war so, daß er für das zehnte Schuljahr bereit zu sein schien; wir schlugen eine Einschulung im neunten vor, um ihm die Anpassung zu erleichtern.

Pauls Intelligenzquotient war von 100 auf 126 gestiegen und blieb nur wegen seiner fortbestehenden verbalen Behinderung auf dieser Stufe. Nach nonverbalen Leistungstests (z. B. Cornell Coxe) betrug sein I. Q. jetzt 157.

In zwei aufeinanderfolgenden Jahren waren seine Gemälde ausgewählt und im ganzen Land als Beispiele von hervorragenden künstlerischen Leistungen für ein Kind seines Alters gezeigt worden.

Derartige objektive Beweise erlauben uns zwar, einen gewissen Anspruch auf Erfolg zu erheben, aber wir berichten Pauls Geschichte nicht aus diesem Grund. Ihr Hauptwert liegt vielleicht darin, daß sie zeigt, wie der Schaden, den manche Anstalten bei Kindern anrichten, durch andere Anstalten wiedergutgemacht werden kann. Wieviel einfacher wäre es, wenn die erste Art von Anstalten von der zweiten lernen könnte, so daß die zweite nicht mehr nötig wäre, um diesen »heimgeschädigten« Kindern zu helfen.

Pauls Betreuerin

Die Arbeit mit Paul war manchmal ungeheuer schwierig, und sie erforderte von den Menschen, die am intensivsten mit seiner Versorgung zu tun hatten, besondere Begabungen und emotionale Hingabe. Ich fragte einmal die Mitarbeiterin, die am meisten für ihn getan hatte, wie sie einen solchen Erfolg habe erringen können. Sie erwiderte, Paul habe sie von Anfang an emotional mächtig angesprochen; diese Anziehung habe im Lauf der jahrelangen schweren Arbeit und der tiefen emotionalen Anteilnahme nichts an Stärke verloren. Hierzu trugen verschiedene Faktoren bei, von denen hier nur einige erörtert werden können.

Von frühester Kindheit an hatte diese Mitarbeiterin schreckliche Angst vor der Möglichkeit gehabt, ihre Eltern zu verlieren und in einem Waisenhaus leben zu müssen. Besessen von dieser Angst hatte sie Schuldgefühle, weil sie ein Elternhaus genoß, während arme verwaiste Kinder das nicht kannten. Paul war das erste Kind, das sie kennenlernte, das wirklich in einem Waisenhaus aufgewachsen war. Er war um ein Elternhaus betrogen worden. Diese Betreuerin, die sich gegenüber allen Kindern ohne Elternhaus so schuldig fühlte, sah nun eine Möglichkeit, etwas dagegen zu tun. In der aktuellen Situation waren ihr natürlich diese psychischen Prozesse nicht bewußt.

Sie hatte auch noch andere Motive. Als Paul zu uns kam, hatte sie das Gefühl, seine Krankheit sei zu weit fortgeschritten, er sei zu eingegraben in seine Störung und zu infantil in seinen Reaktionen, als daß er jemals zu einem normalen Menschen heranwachsen könnte. Sie wußte zwar, wie schizophren eine Reihe anderer Kinder gewesen war, als sie an die Schule kamen, aber Paul schien noch schlimmer zu sein, und seine Art des Agierens machte ihr große Angst. Sie war überzeugt, es sei ein Fehler von mir gewesen, ihn aufzunehmen, und wir hatten einige Auseinandersetzungen über dieses Thema. Unsere beratende Psychiaterin hatte die gleiche Ansicht wie sie; sie glaubte, Paul sei zu krank, als daß man ihn behandeln könnte, und sie meinte auch, es sei praktisch unmöglich, jemand zu finden, der Pauls übermäßige Bedürfnisse befriedigen könnte.

Dies schien gerade die Herausforderung zu sein, die die Betreuerin brauchte. Zwar fuhr sie auf bewußter Ebene fort mit dem Versuch, mich zu überzeugen, daß Paul nicht mehr zu helfen sei, aber unbewußt wünschte sie nur um so mehr, ich sollte recht haben und sie unrecht. So war sie wieder in einem Konflikt gefangen, den sie lösen mußte, indem sie Paul half. Der Konflikt lag in ihrer bewußten Opposition gegen mich und ihrem unbewußten Wunsch, mir gegenüber und in bezug auf die Bemühungen der Schule loyal zu sein. Sie empfand auch Ambivalenz, wenn nicht Schuldgefühle über ihre Versuche, die Aufnahme dieses Kindes zu verhindern, weil im Waisenhaus aufgezogene Kinder bei ihr allgemein Schuldgefühle hervorriefen. In gewisser Weise stellte sie durch ihre Opposition gegen Pauls Aufnahme auch mich und die Schule auf die Probe, um zu sehen, ob wir einer Waise unsere Hilfe verweigern würden oder nicht. Wenn wir ihm gegenüber versagt hätten, hätten wir auch ihr gegenüber versagt, und sie hätte vielleicht das Gefühl gehabt, ihre Arbeit an der Schule könne ihr nicht die von ihr so sehr gewünschte Chance bieten, ihre Schuld zu »büßen«.

Dieses Gefühl wäre wahrscheinlich nicht bewußt geworden. Auf der bewußten Ebene wäre ihr die Arbeit bei uns vielleicht nicht mehr anziehend erschienen, oder sie wäre ihr vielleicht »zu schwierig« geworden; das ist der Grund, den manche Mitarbeiter angeben, wenn sie nach einer relativ kurzen Ausbildungszeit wieder fortgehen. Da wir die Probe bestanden, bedeutete dies, daß man, im Gegensatz zu den Befürchtungen ihrer Kindheit, Waisen helfen kann und daß sie nicht notwendigerweise fürs Leben »gebrandmarkt« sind. Sobald wir Paul, im Gegensatz zu dem, was sie für richtig hielt, aufgenommen hatten, wurde es für sie entscheidend wichtig, daß wir Erfolg hatten. Denn Erfolg bedeutete unter anderem, daß sie selbst, wäre sie in ein Waisenhaus gekommen, nicht notwendigerweise eine »verlorene Seele« hätte werden müssen. Darum gab sie, als sie sich für den Erfolg entschlossen hatte, in ihrer Hilfe für Paul großzügig alles, was sie zu geben hatte. Später, als er begann, sich zu bessern, und als ihr klar wurde, daß man ihm helfen konnte, meinte sie, er sei »das Kind, mit dem die Arbeit am spannendsten ist«.

In einem noch späteren Abschnitt wurde es ihr möglich, sich auf vielerlei Weisen mit Paul zu identifizieren. Sein tief verwurzelter Wunsch, ein guter, achtbarer Bürger zu werden, und sein Kampf gegen seine Angst, er werde den Wertmaßstäben der Mittelschicht niemals entsprechen können, waren ihren eigenen Erfahrungen verwandt. Sie konnte sich sogar noch leichter mit ihm identifizieren, als er wie besessen nach Bildung, nach Wissen und Lernen zu streben anfing, denn sie hatte selbst ähnliche Ängste gemeistert. Auch sie hatte, wie Paul, ihre Bildung im Kampf gegen widrige Umstände erworben. Als sie ihm bei seinen Mühen beistand, lösten sich für sie viele Besorgnisse, die sie immer noch hegte. Sie hatte ihren Kampf um Bildung durch den Erwerb eines höheren akademischen Grades an der Universität Chicago gekrönt, der gleichen Universität, die Paul half, seine Ausbildung zu erwerben — sowohl in der Schule als auch in bezug auf das Lebenlernen. Es ist kaum verwunderlich, daß etwa vier Jahre später Pauls größter Wunsch war, das College der Universität von Chicago zu besuchen.

Die narzißtische Befriedigung und die Ich-stützenden Erfahrungen, die immer damit verbunden sind, daß wir unseren Kindern helfen, brauchen wir kaum zu erwähnen. Diese Erfahrung machen übrigens nicht nur die Mitarbeiter, die am engsten mit einem Kind arbeiten, sondern alle, einschließlich meiner selbst, je nachdem, wie direkt wir an dem Kind Anteil nehmen.

Während der ersten Wochen in seinem neuen Heim rief Paul uns wiederholt an, zum Teil unter dem Vorwand, uns um Dinge zu bitten, die er absichtlich zurückgelassen hatte, um seine Bindungen an uns aufrechtzuerhalten, und zum Teil um zu erfahren, wie es ohne ihn weiterging. Aber mit der Zeit rief er immer seltener an. Zuerst kam er oft zu Besuch. Später ließen auch diese Besuche allmählich nach, und heute, vier Jahre nach seinem Ausscheiden, sind sie selten.

Der Umzug selbst verlief reibungslos, und am Anfang paßte Paul sich seiner neuen Situation gut an. Im ersten Jahr hatte er in der High School sehr gute Leistungen aufzuweisen, und nach großer anfänglicher Angst besserte sich auch seine soziale Anpassung allmählich. Er pflegte sein Kunstinteresse weiter und schien auf dem Weg zu sein, das zu erreichen, wonach er am meisten Sehnsucht hatte: zu lernen, das Leben eines durchschnittlichen Jungen in einer durchschnittlichen amerikanischen Familie zu leben.

Dann, gegen Ende des ersten Jahres kam eine Zeit, in der für Paul nicht alles so glatt lief. Die Flitterwochen mit seinen Pflegeeltern gingen zu Ende. Die Pflegemutter, die zunächst dieses große Baby sehr gern gehabt hatte, das so sehr danach verlangte, von ihr geliebt zu werden, fühlte sich trotz bester Absichten nach einigen Monaten psychisch erschöpft. Dieser riesige Jüngling hing ihr buchstäblich am Schürzenband und erlaubte ihr keinen ungestörten Augenblick. Es war auch ungünstig, daß Paul unter den anderen Jungen, die in diesem Heim lebten, und ebenfalls in der High School, die er besuchte, einige der gleichen »Großen« traf, ältere Jungen, wie sie ihm im Waisenhaus das Leben schwer gemacht hatten. So war sein neues Heim beeinträchtigt durch alte, unangenehme Erinnerungen.

Da er von seiner Pflegemutter enttäuscht war, wurde er auch von sich selbst enttäuscht, und seine Schulleistungen, die zuerst sehr gut waren, wurden schlechter. Die Pflegeeltern wollten ihn ermutigen und achteten wenig darauf, daß er nur durchschnittliche Schulnoten bekam. Diese Haltung war für ihn sehr beunruhigend, denn er hatte sich selber hohe Maßstäbe gesetzt und wußte, daß er ihnen entsprechen konnte. Er deutete den Umstand, daß die Pflegeeltern seine mittelmäßigen Leistungen so bereitwillig akzeptierten, als einen Ausdruck einer geringen Meinung von seinen Fähigkeiten, anstatt als die Bemühung, ihn zu ermutigen, die wirklich dahinter stand.

Enttäuscht über sich selbst, versuchte er Status zu gewinnen, indem er sich einer Gruppe ziemlich rauhbeiniger Schüler der High School anschloß, die künstlerische Betätigung als etwas für Mädchen ansahen. Auch der Therapeut stimmte leider zu, in der Absicht, Paul zu männlicher Identifizierung und Maskulinität zu verhelfen, Malen sei nicht jungenhaft. Als er von den Pflegeeltern, den Altersgenossen und dem Therapeuten in seinen künstlerischen Neigungen entmutigt wurde, gab er das Malen auf und verlor so die Betätigungsmöglichkeit, die in seinem Leben am bedeutsamsten gewesen war. Bei jedem Besuch, den er uns abstattete, schaute er nachdenklich eins der Ölgemälde an, die er der Schule geschenkt hatte, bevor er uns verließ. Er war glücklich, es bei uns an der Wand hängen zu sehen, aber das gab ihm nicht genug Kraft, um sich gegen seine jetzige Umwelt zu stellen. Während des ersten Jahres, nachdem er uns verlassen hatte, hatte er in der Kunstschule große Erfolge gehabt, aber im zweiten gab er diesen Unterricht auf.

In seiner Unzufriedenheit mit seiner Pflegemutter, die seine extreme Sehnsucht nach Bemutterung nicht erfüllen konnte, begann er, nach seiner Mutter zu fragen und wollte sie sehen, und am Ende des ersten Jahres besuchte er sie eine Zeitlang jeden Sonntag. Er tat dies zum Teil auch, weil er das Gefühl hatte, das Sonntagsprogramm in seinem neuen Heim sei nicht besonders attraktiv. Seine Mutter nörgelte in ihrer üblichen Art an der Hilfsorganisation und an den Pflegeeltern herum. Dies paßte zu Pauls eigener Enttäuschung, aber da er erkannte, daß die Kritik seiner Mutter über jedes vernünftige Maß hinausging, empfand er Schuldgefühle. Enttäuscht über seine eigene Mutter, die ihm nicht geben konnte, wonach er sich sehnte, kehrte er von jedem Besuch zu seiner Pflegemutter noch fordernder zurück, und sie fand es immer unmöglicher, ihn zu befriedigen. Am Ende der Woche veranlaßte dieser Zyklus Paul aufs neue, seine Mutter aufzusuchen, obwohl er sich am Ende jedes Besuches bei ihr so im Stich gelassen fühlte, daß er sich schwor, nicht mehr hinzugehen. Es war für jedermann deutlich zu sehen, daß seine Mutter immer wieder versuchte, in Paul Hoffnungen auf das zu erwecken, was sie oder die Familie eines Tages für ihn tun würden, um sich ihren Einfluß auf ihn zu erhalten.

Die Hilfsorganisation wußte wohl, wie schädlich diese Besuche für Paul waren, aber man meinte dort, da Paul seine Enttäuschung über seine Mutter auch in der Realität bemeistern müßte, nachdem er sie mit uns emotional durchdacht hatte, könnte er dies ebensogut jetzt tun.

Ich brauche kaum zu sagen, daß einige dieser Entwicklungen für uns enttäuschend waren. Paul hätte in der High School und in der Kunstschule ausgezeichnete Arbeit leisten können, und er hätte viel Kraft daraus gewinnen können. Die realistische Anpassung an seine Mutter und an die Verwandten seines Vaters hätte aufgeschoben werden können, bis sein überwältigendes Abhängigkeitsbedürfnis nicht mehr so drückend gewesen wäre und er genug intellektuelle und emotionale Reife erworben hätte, so daß diese Erfahrung weniger schmerzlich gewesen wäre.

Aber selbst unter diesen schwierigen Umständen hielt Paul sich tapfer, erreichte in der Schule durchschnittliche Noten und machte einige Fortschritte in seinen Beziehungen zu seinen Schulkameraden.

In Pauls drittem Jahr an der High School nahmen die Dinge eine bessere Wendung. Als er sich sicherer wurde, daß er die High School mit Erfolg abschließen und selbständig werden würde, konnte er auch mit seiner Mutter und ihren Forderungen realistischer fertig werden, ebenso mit seinen Pflegeeltern. Er bat um eine Versetzung aus dem spezialisierten Behandlungsmilieu in eine normale Pflegefamilie, und diese fand statt. Obwohl die neuen Pflegeeltern eigene emotionale Schwierigkeiten hatten, konnte er realistisch mit ihnen umgehen. Während seiner letzten zwei Jahre an der High School nahm er bezahlte Arbeit an; verhielt sich dabei gewissenhaft und hatte Erfolg. Im Sommer arbeitete er als Rettungsschwimmer an den Badestränden der Stadt. In seinem letzten High-School-Jahr verdiente er als Schuhverkäufer über tausend Dollar und legte das meiste davon auf die Seite.

Weil Pauls Fall in sich so interessant war, wählte ihn die Hilfsorganisation unter mehreren anderen dafür aus, von einem Komitee von Fachleuten aus anderen Staaten ausgewertet zu werden. Diese hatte man aufgefordert, die Effektivität des Programms der Organisation für gestörte Kinder zu beurteilen. In dieser Studie, die ein paar Monate vor diesem Bericht fertiggestellt wurde, hieß es von Paul [14]: »Die Besserung dieses Kindes, wie sie sich in seiner sozialen Anpassung, in seinem Gefühlsausdruck und in mehrmals wiederholten Rorschach-Tests spiegelt, ist ungeheuer groß. Zum Zeitpunkt seiner Aufnahme in das spezialisierte Pflegeheim hatte er in der Orthogenic School schon so weit Fortschritte gemacht, daß er in einer vollständig gelenkten Umwelt eine gute soziale Anpassung aufrechterhalten konnte. Im Pflegeheim hat er sich immer mehr fähig gezeigt, ziemlich ausgeprägte Veränderungen der Routine ohne ein Zeichen von Gleichgewichtsverlust hinzunehmen: den Ferienaufenthalt auf dem Land, den Umzug seiner Pflegefamilie in ein neues Gebäude, Wechsel der Arbeitsstellen, schließlich die Umstellung auf das Leben in einer echten Pflegefamilie.

Er hat sich von einem Kind, das mit elf Jahren herumgetragen werden wollte, wenn es emotionell aus der Fassung geraten war, zu einem Burschen entwickelt, der mit fünfzehn und sechzehn Jahren arbeiten konnte, der die Beschränkung seines Taschengeldes akzeptieren konnte, als er genug verdiente, der selbst die Verantwortung für seine Wechsel der Arbeitsstelle übernahm und von der Organisation nicht verlangte, sofort wieder einzuspringen und ihm wieder Taschengeld zu geben. Während er seine Arbeit verantwortlich tat, konnte er weiterhin zur Schule gehen, dort angemessene Leistungen erbringen und ein aktives geselliges Leben führen. Er, der alles hatte sparen und Geld um seiner selbst willen hatte haben müssen, konnte es nun für sich selber und (noch mehr Fortschritt) für ein Mädchen ausgeben, manchmal sogar mit erheblicher Extravaganz.

Er zeigt eine gebesserte heterosexuelle Identifizierung und Anpassung: von einem betonten Interesse am Kochen und einer kaum verhehlten Angst, von anderen Burschen nicht als männlich akzeptiert zu werden, ist er dahin gelangt, in Jungengruppen leicht Aufnahme zu finden, mit Jungen und Mädchen angemessen sozialen Kontakt zu pflegen, und er hat Verabredungen mit Mädchen. Er kann in der Wohnung seiner Pflegeeltern eine Party veranstalten, auch wenn er dort Schwierigkeiten hat, was zu zeigen scheint, daß er seine Identität und seinen Ort akzeptiert. Er kann bei Schwierigkeiten mit seinen Pflegeeltern seinen Standpunkt vertreten und ist zu einem Verhalten und zu Einstellungen fortgeschritten, die normale Auflehnung und Schwierigkeiten der Adoleszenz manifestieren; zugleich zeigt er sich fähig, in seiner Beziehung zu den Pflegeeltern Frustrationen zu ertragen.

In der Beziehung zu seinem Therapeuten kann er Worte verwenden und verbalisieren; er bringt dabei Probleme und agiert sie auch; das ist besonders bei einem Kind bemerkenswert, bei dem Sprech- und Kommunikationsschwierigkeiten Teil des Krankheitsbildes waren.

Bei diesem Jungen spiegeln die Verbesserungen im Verhalten, die wir beschrieben haben, eine wesentliche Persönlichkeitsentwicklung, wobei die Bewegung von der Wahl autistischer Lösungen seiner Probleme hingeht zu ständig zunehmend realitätsgebundenen Lösungen und sich entfaltenden Objektbeziehungen.

Seine Besserung gründet sich wahrscheinlich auf die großen Fortschritte von seiner akutesten Regression und Krankheit, die er in der Orthogenic School gemacht hat. Von grundlegender Bedeutung für seine fortwährende Besserung ist der Umstand, daß er in der Person seines Therapeuten eine Beziehung zu einem beständig gleichen männlichen Wesen hat, wobei die Möglichkeit einer positiven männlichen Identifizierung besteht, und daß er zum erstenmal in seinem Leben zugleich für eine Zeitlang eine fortwährende Lebensbeziehung zu einem erwachsenen Paar hat, das die Rolle der Pflegeeltern spielt.«

Nicht ganz vier Jahre, nachdem er uns verlassen hatte, schloß Paul die High School als 73. in einem Jahrgang von 305 Schülern ab; die Schule hatte ein hohes Leistungsniveau. Er hatte sich um die Zulassung zum College der Universität beworben und hoffte sehr, im Herbst dort eintreten zu können.

Zu dieser Zeit besuchte er uns, und ich bat ihn um die Erlaubnis, einen Bericht über sein Leben bei uns zu veröffentlichen, womit er sich gleich einverstanden erklärte. Wir benützten diese Gelegenheit, sein Leben bei uns unter dem Aspekt der vier Jahre, die vergangen waren, seit er die Schule verlassen hatte, noch einmal zu überblicken.

Paul erinnerte sich, daß er, als er uns verließ, »ziemlich angsterfüllt war, in die Welt hinauszugehen; wir wollen es mal so sagen, Leute kennenzulernen, die meinen Zustand, meine Situation, meine Vergangenheit nicht verstanden — die nicht fähig sein würden, manche der Handlungen zu verstehen. Ich würde sie mit Dingen langweilen, die ich sagen würde, also war ich voll Furcht, wie ich in der Schule vorankommen würde«. Er fuhr fort: »Ich hatte ein schlechtes erstes Vierteljahr [in der High School], weil ich schreckliche Angst hatte und auf jeden meiner Schritte achtete und so vorsichtig war. Ich war sehr unter Druck, also hab' ich viele Fehler gemacht, wissen Sie; versuchte Fehler zu vermeiden, so kam ich da ein bißchen heraus und überwand es schließlich ganz gut, und ich bin durch die vier Jahre ziemlich gut durchgekommen.«

Ich sagte ihm, wie sehr ich es bedauerte, daß er zu malen aufgehört hatte, und fragte ihn, warum. »Ich weiß es eigentlich nicht«, sagte er. »Ich weiß nicht, wie ich es sagen soll, aber [an der Schule] hab' ich gelesen, gemalt und versucht, ziemlich selbständig zu sein, könnte man sagen. Aber als ich herauskam, wissen Sie — man trifft neue Leute, und die Leute verstehen nicht, und man versucht, so zu sein wie sie, und ganz plötzlich wurde ich höchst faul; und mit der Zeit kam ich nicht dazu zurück und wurde einfach faul —, genau wie das Gedächtnis, Sie wissen schon, wenn man nicht immer weiter daran arbeitet, Dinge im Gedächtnis zu behalten, vergißt man wirklich, wie man sich erinnert.«

Er schien sagen zu wollen, daß die Aufgabe, sich an die Außenwelt anzupassen, so schwierig war, daß sie all seine Energie verschlang — so sehr, daß er unfähig war, außerdem noch irgend etwas zu tun, was er Faulheit nannte. Die Anpassung an die Respektabilität und Konformität der unteren Mittelschicht, die das Pflegeheim von ihm erwartete, zwang ihn, seine Originalität aufzugeben, die ihren Mittelpunkt am deutlichsten in seiner Malerei hatte. Er selbst stellte den Zusammenhang her, daß seine Anpassung an die Konformität nur um den Preis der Verdrängung zu haben war. Daß er seine Kunst aufgab, war nur ein Teil des umfassenderen Prozesses, in dem er es aufgab, sich »an Dinge zu erinnern«, was er so weit treiben mußte, daß er sogar vergaß, »wie man sich erinnert«. Was für ein hoher Preis, um ein wirkliches Kind in einer Durchschnittsfamilie zu werden!

Natürlich heimste er, wenn der Preis auch hoch war, einige der Belohnungen ein, die die Gesellschaft denen zukommen läßt, die sich gewissenhaft anpassen. Paul erzählte mir mit Stolz, daß er beim Abschluß unter den obersten 25 % seines Jahrgangs war. Er hatte sogar seine Sprechschwierigkeiten aufgegeben, um sich anzupassen. Ich beglückwünschte Paul dazu, wie gut er sprach, und erinnerte ihn an die seltsamen, glucksenden Laute, die sein Sprechen noch begleitet hatten, als er uns verließ. Ich fragte ihn, wie er sie losgeworden sei. Er sagte, das sei das Ergebnis einer bewußten Bemühung gewesen, sich von seiner Vergangenheit zu trennen. »Etwa drei oder vier Monate, nachdem ich von hier fortgegangen war, ging ich zu einer medizinischen Untersuchung, und ich war in einem Zimmer, und da war dies Mädchen, ungefähr sechzehn Jahre alt, und sie redete und sie hörte, wie ich dies Geräusch machte, und sie sagte: ›Wo hab' ich das schon mal gehört? Ich weiß. Ich hab' es im Waisenhaus gehört.‹ Sie erinnerte sich daran. Und dann war ich verblüfft, daß sie sich durch das an mich erinnerte, und ich schämte mich ein bißchen, also hab' ich versucht, es loszuwerden. Und dann [Sie werden sich erinnern], was ich hatte, wenn ich aß, hab' ich immer so gemacht [Paul machte sein schmatzendes Geräusch]. Und sie machte irgendeine Bemerkung darüber, und ich mußte so machen [Paul machte sein glucksendes Geräusch], und so beschloß ich, damit aufzuhören. Ich hab ziemlich viel Willenskraft, wissen Sie.«

Schließlich führten uns unsere Erinnerungen an vergangene Dinge zu der Frage, was er denn von den Veränderungen halte, die während seines Aufenthalts an der Schule in ihm stattgefunden hatten, und warum er glaube, sein Leben sei besser geworden. »Na ja, das erste und wichtigste ist Verständnis und große Geduld mit uns. [Zuerst] haben mir Ihre Methoden alle nicht gefallen, fällt mir wieder ein — Disziplin. Ich war an die Rute gewöhnt gewesen — so wollen wir mal sagen —, also hab' ich mich immer beklagt, weil es keine strenge Disziplin gab.« Ich erwiderte: »Das ist richtig, du hast dich immer beklagt, wir würden einen Privilegierten aus dir machen, wir würden dich verwöhnen.« Paul stimmte zu und fuhr dann fort: »Ich glaub', da hab' ich zuerst was gelernt — vielleicht neun Monate oder ein Jahr, nachdem ich endlich aufgehört hatte, mich zu beschweren, ich wollte strenge Methoden haben. Ich nehm' an, das ist etwa der erste Schritt.«

Ich fragte Paul, ob er sich noch an etwas erinnere, was ihm wichtig gewesen sei; wir wollten gern wissen, was ihm geholfen habe, damit wir anderen Kindern besser helfen könnten. Er dachte eine Weile nach und sagte dann: »Na ja, ich würde sagen, es sind eine Menge kleine Dinge, die das bewirken. Es ist nichts Großes — und natürlich, wie man in den Aufzeichnungen sehen kann, ist die Zeit der größte Faktor. Nichts ändert sich über Nacht. Es sind gerade die kleinen Dinge — wissen Sie, die einen Menschen ändern.« Ich war sehr beeindruckt von diesen Bemerkungen, und da er schon wußte, daß ich vorhatte, seine Geschichte zu veröffentlichen, sagte ich: »Weißt du, als ich dir zuhörte, schien mir, was du gerade gesagt hast, könnte die ideale Überschrift für deine Lebensgeschichte sein: *Kleine Dinge und Zeit.*« Paul erwiderte: »Eine gute Überschrift, und fügen Sie noch hinzu: *Verständnis und Geduld.*«

Dritter Teil

Mary war achteinhalb Jahre alt, als sie an unsere Schule kam. Die überweisende Organisation beschrieb die akuten Ursachen für ihre Einweisung folgendermaßen: »Sie zeigte ein zunehmend schwieriges Verhalten, und jetzt ist die Situation auf einem Höhepunkt. Während der letzten paar Wochen hat Mary in Läden in der Nachbarschaft und bei verschiedenen Nachbarn im Vorbau gestohlen. Sie prügelt sich ständig mit anderen Kindern; vor kur-

zem hat sie ein anderes Kind mit einem Seil übers Gesicht geschlagen. Sie hat auch versucht, ein Kind mit dem Messer anzugreifen.« Aber schon lange vorher hatte Mary mehreren Hilfsorganisationen der Stadt ernste Sorgen gemacht.

Marys Vater war 1900 in Chicago zur Welt gekommen, ihre Mutter 1905 in Osteuropa. Sie hatten in den späten Zwanzigerjahren geheiratet, und es hieß, sie seien eng miteinander verbunden gewesen. Der Vater war vorher schon verheiratet gewesen und geschieden. Er hatte verschiedene Arbeiten getan, so z. B. Gasherde angeschlossen, und war Taxi gefahren. Während der Wirtschaftskrise, als Mary dreieinhalb Monate alt war, starb er an einem Herzanfall. Seine Frau blieb mittellos zurück.

Marys Mutter war mit zwei Jahren in die USA gekommen. Sie war in Armut aufgewachsen, hatte bis zum Abschluß des achten Schuljahrs die Schule besucht und vom Alter von vierzehn Jahren an in der Fabrik gearbeitet — bis zu ihrer Heirat. Nach dreijähriger Ehe bekam das Paar sein erstes Kind, eine Tochter, die wir Frances nennen wollen; neun Jahre später wurde das Mädchen geboren, das wir hier Mary nennen.

Marys früheste Kindheit scheint normal gewesen zu sein. Sie war ein voll ausgetragenes Kind und wog bei der Geburt fünf Pfund. Sie war in gutem physischem Zustand. Sie wurde mit der Flasche ernährt, sprach mit neun Monaten einfache Wörter und konnte mit dreizehn Monaten laufen.

Ihre Schwierigkeiten begannen anscheinend nach dem Tod ihres Vaters. Die Mutter erlitt zu dieser Zeit einen schweren psychischen Schock. Verwandte sagten, nach dem plötzlichen Tod ihres Mannes habe sie allen Lebenswillen verloren.

Wir erfuhren später aus Marys Erinnerungen, und auch von Frances, daß die Mutter nach dem Tod ihres Mannes melancholisch wurde und kurz darauf auch körperlich erkrankte. Sie zog sich von der Welt zurück und verließ die zwei kleinen Räume — Küche und Schlafzimmer — nicht mehr, die sie mit den beiden Mädchen teilte. Sie wurde extrem fettleibig und bekam schließlich Beschwerden mit der Gallenblase, aber sie wollte oder konnte sich nicht operieren lassen. So wurde Frances, die damals zehn oder elf Jahre alt war, mehr oder weniger die ganze Verantwortung für Mary aufgeladen. Meistens war jedoch Mary allein mit einer zutiefst deprimierten Mutter, die ihr Bett nur selten verließ. Manchmal, aber unregelmäßig, kam eine Nachbarin und kochte für sie. Im übrigen waren die beiden Mädchen ganz und gar auf sich selbst angewiesen.

Als Mary noch nicht drei war, wurde sie in einen Kindergarten geschickt; dorthin fuhr sie allein mit dem Bus. Die Leute machten Bemerkungen über das winzige Mädchen, das im Bus saß und mit sich selber redete oder vor sich hinsang. Im Kindergarten hielt sie sich von den anderen Kindern völlig fern. Sie lag allein in der Mitte des Spielplatzes und masturbierte fortwährend.

Als Mary dreieinhalb Jahre alt war, starb ihre Mutter. Sie und ihre Schwester (Frances war damals zwölf) wurden von der Hilfsorganisation für unmündige Kinder im Haus einer Tante mütterlicherseits untergebracht, die sie nicht haben wollte, deren Mann sie aber überzeugt hatte, es sei ihre Pflicht, die Kinder bei sich aufzunehmen. Diese Verwandten hatten zwei eigene Kinder, deren »gutes« Benehmen den Pflegekindern ständig zum Vergleich vorgehalten wurde. Die Tante war entsetzt über Marys Masturbation, ihr Daumenlutschen, ihr Bettnässen und ihr auch sonst völlig asoziales Verhalten und versuchte, mit strengen Drohungen damit fertig zu werden.

Obwohl die Kinder nominell der Fürsorge der Hilfsorganisation für unmündige Kinder anvertraut waren, wurden sie ständig unter den Verwandten herumgeschoben, ohne daß die Organisation etwas davon wußte. Bald forderte diese Organisation, eine private Kinder-Hilfsorganisation müsse das Haus der Tante überprüfen, da man erhebliche Zweifel an seiner Eignung bekommen hatte. Die psychiatrische Beurteilung der familiären Atmosphäre (und Marys) war so, daß man sich sofort bemühte, ihr psychiatrische Hilfe zu verschaffen, aber die Tante und andere Verwandte leisteten zunächst Widerstand und weigerten sich dann rundweg, mitzuarbeiten.

Bevor Mary fünf war, vielleicht auch schon früher, zeigte sie besonderes Interesse für Tiere und behandelte sie äußerst grausam. Einmal versuchte sie z. B., eine Katze zu töten und zu verbrennen. Sie spielte mit toten Tieren, die sie möglicherweise selbst getötet hatte, wie die

Ratte, die sie grün anmalte. Obwohl sie vorgab, Tiere zu lieben, drückte sie sie immer fast tot, und gelegentlich tat sie es auch ganz. Auch in ihrem Spiel mit Kindern war sie sehr aggressiv. Mit sechs Jahren griff sie sie oft heftig an, und einmal ergriff sie in einer Auseinandersetzung mit einem anderen Kind eine dünne Eisenstange und schlug das Kind so heftig, daß der Schädelknochen hervortrat und das Kind an der Stirn mit mehreren Stichen genäht werden mußte.

Es besteht Grund zu der Annahme, daß Mary schon eine Reihe sexueller Erfahrungen hinter sich hatte. Eine davon, die sie mit sieben Jahren machte, war faktisch erwiesen. Sie war von einem Mann angesprochen worden; er bot ihr Geld an (das sie annahm), damit sie mit ihm in ein nahe gelegenes Gebäude ging, wo er vor ihr exhibierte.

Im gleichen Jahr zeigte eine zweite psychiatrische Begutachtung, daß Mary »fast psychotisch, völlig affektlos und unbezogen [war], mit einer vollständigen Unterdrückung von Ängsten und anderen Gefühlen«. Die Tante, bei der die Schwestern wohnten, wurde zur gleichen Zeit untersucht, und man stellte fest, daß sie Mary extrem ablehnte. Das Los der beiden Mädchen war so unerträglich, daß Frances mindestens zweimal versuchte, durch die Einnahme großer Mengen von Aspirin Selbstmord zu begehen.

Trotz all dieser Umstände vereitelte die Tante (und die anderen Verwandten) alle Bemühungen der Organisation, Mary aus ihrem Haus fortzunehmen, bis schließlich die Verhältnisse für ihren sozialen Status zu bedrohlich wurden. Die Tante verlangte plötzlich, man solle Mary unverzüglich aus ihrem Haus entfernen. Dies trat ein, nachdem Marys Diebstähle in der Nachbarschaft und ihre Aggressivität gegen andere Kinder an Intensität zugenommen hatten und schließlich in ihrem Angriff mit dem Messer auf ein anderes Kind gipfelten [1].

Mary kommt an die Schule

Als wir Mary zum erstenmal sahen, war sie klein für ihr Alter, aber sie hatte das Gesicht und die Haltung einer sehr alten Frau. Sie sah äußerst müde und völlig in sich zurückgezogen aus. Sie sprach einigermaßen gewandt, schien aber das Sprechen als ein Mittel einzusetzen, um Kontakt zu vermeiden, um die Person, mit der sie sprach, schnell wieder loszuwerden. Sie zeigte überhaupt keine Gefühlsregung.

Bei ihrem vorbereitenden Besuch in der Schule sagte Mary, sie könne sich nicht an ihre Eltern erinnern, denn ihr Vater sei vor ihrer Geburt gestorben und ihre Mutter kurz danach. Ohne sichtbares Gefühl sagte sie dann, ihre Tante und ihr Onkel zögen ihre fünfjährige Kusine vor. Sie wußte von keinen Schwierigkeiten in ihrem Leben, weder früher noch jetzt. Als wir fragten, was wir für sie tun könnten, äußerte sie nur einen Wunsch — sie wollte einen Hund haben, wenn sie sich auch nicht für eine bestimmte Art entscheiden konnte. Sie schwankte zwischen dem Wunsch nach einem großen, schwarzen, wilden Rüden und dem nach einer Hündin, einem Hundebaby, am liebsten weiß. Als wir sie nach ihren Träumen fragten, sagte sie, sie habe nie welche, fügte dann aber hinzu: »Ich träume den ganzen Tag davon, einen Hund zu haben.« Sie sagte, einmal, als Baby, habe sie einen Albtraum gehabt, aber sie habe schon damals gewußt, er sei nicht wirklich. In diesem Albtraum habe sie Frances getötet, indem sie ihr ein Messer in den Rücken gestochen habe. »Ich war eine Mörderin.« Mary glaubte, der Grund für ihren Traum sei gewesen, daß sie und Frances das Bett miteinander teilen mußten und daß Frances sie gestoßen hatte. Als sie von ihrem Wunsch sprach, ein Haustier zu besitzen, sagte sie spontan, sie habe einmal ein Pferd dazu gebracht, sich auf die Hinterbeine żu stellen, indem sie es »richtig fest« geschlagen habe.

Wir boten an, Mary die Schule zu zeigen, aber sie wollte sie nicht sehen, auch die Kinder nicht. Sie war nur an zahmen Tieren interessiert. Wir sagten ihr, wir hätten welche, und sie erklärte sich bereit, sie anzusehen. Nachdem sie Fische, Schildkröten usw. angefaßt hatte, wenn auch immer noch widerstrebend, ließ sie sich mehr von der Schule selber zeigen. Als wir herumgingen, zeigte Marys Gesichtsausdruck, daß sie überwältigt war von all dem Spielzeug und den Spielgeräten. Aber während sie alles großäugig in sich aufnahm, sagte sie immer wieder: »Ist das alles, was ihr habt? Habt ihr nicht mehr Platz? Habt ihr weiter nichts mehr?« Nachdem sie die Schlafräume der Jungen und Mädchen angesehen hatte — die ähnlich ausgestattet sind, die der Mädchen eher etwas üppiger —, bemerkte sie nur: »Warum haben die Mädchen nichts von all diesen Sachen — warum haben sie nichts?«

Sie fürchtete sich sehr vor der Begegnung mit anderen Kindern. Ihre Angst schien sich auf die Fähigkeit der anderen zu richten, Vergeltung zu üben, da sie immer wieder fragte, wie alt sie seien, wie groß und wie stark. Unsere Versicherung, wir würden sie beschützen, linderte ihre Ängste nicht merklich. Während wir die Runde durch die Schule machten, schien sie aufmerksam, aber nicht mitteilsam. Als ich sie aber fragte, ob sie bereit wäre, hier zu leben und am nächsten Tag schon zu kommen[2], erklärte sie sich bereit. Sie versuchte jedoch, mich in die Lage dessen zu bringen, der Zwang auf sie ausübte, indem sie beharrlich versicherte: »Meine Tante wird mich sowieso in dieser Schule einsperren.« Meine Versicherung, ihre Tante habe keinen Einfluß auf mich, schien sie vage zu interessieren; nachdem sie erkannt hatte, daß ich wahrscheinlich wirklich nie ihre Tante gesehen oder mit ihr gesprochen hatte (die Sozialarbeiterin hatte sie in die Schule gebracht), seufzte sie, möglicherweise erleichtert, und erklärte sich zu dem Versuch bereit, bei uns zu leben.

Am nächsten Tag kam Mary an. Wieder widerstrebte es ihr sehr, die Kinder kennenzulernen, aber sie stellte ein paar Fragen über sie — ängstliche Fragen, wie: »Reden die Kinder manchmal in der Schule? Selbst in der Klasse? Was passiert, wenn sie es tun?« Andere Fragen drückten Neugier aus: »Wann geht man hier abends ins Bett?«

Gepaart damit war eine gewisse Erforschung der zwischenmenschlichen Beziehungen. Als die Betreuerin sie an diesem ersten Tag herumführte, riefen einige Kinder sie an, als beide vorbeigingen. »Sie rufen dich«, sagte Mary. »Bedeutet das, daß sie dich gern haben?« Gleich nachdem sie laut die Frage gestellt hatte, ob Betreuerinnen von den Kindern geliebt werden, zeigte sie den Wunsch, als einzige Liebe und Aufmerksamkeit zu empfangen. Einige der Mädchen sprachen von einem Ausflug, den sie am gleichen Nachmittag mit der Betreuerin machen wollten, und in Erwiderung auf einen fragenden Blick von Mary versicherte die Betreuerin ihr, sie werde in ihre Pläne mit einbezogen. Sofort sagte Mary: »Du gehst mit mir allein. Ich will dich ganz allein für mich haben.« Die Betreuerin antwortete, sie habe versprochen, mit der Gruppe zu gehen, aber sie würden Mary gern mitnehmen; außerdem werde es oft vorkommen, daß die Betreuerin mit Mary allein ausgehen werde. Sie erklärte, sie stehe immer zur Verfügung, wenn Mary sie brauche, aber sie könne nicht die ganze Zeit mit Mary allein zusammensein. Mary achtete gar nicht auf diese Erklärung und wiederholte nur: »Du gehst nur mit mir. Vielleicht werden die anderen Mädchen dasein, aber du bist nur mit mir zusammen.«

Zugleich offenbarte Mary auf Umwegen ihre Verwirrtheit in bezug auf das Geschlecht. Als sie an einem Bild vorbeikamen, zeigte sie darauf und sagte: »Schau, er hat kleine Kätzchen.« Die Betreuerin sagte: »Sie hat kleine Kätzchen«, worauf Mary zu ihr aufsah und mit einem kleinen Lachen sagte: »Oh, ich verwechsle immer die Sies und die Ers.«

Dann wurden Mary die sieben Mädchen vorgestellt, mit denen sie den Schlafraum teilen sollte. Eins von ihnen, Grace, tat sein Bestes, um dem Neuankömmling ein Gefühl des Daheimseins zu verschaffen. Aber seine Fragen erhielten keine Antwort. Grace schien zwar Marys Widerstreben zu spüren, Kontakt aufzunehmen, aber sie ergriff weiterhin die Initiative, und bald offenbarte sie freiwillig die wichtigste Tatsache über sich selber — nämlich, daß ihre Eltern tot seien. Das brach vorübergehend das Eis, und Mary erwiderte, sie habe bei einer Tante gelebt. Grace machte noch einen Vorstoß und sagte, die Dinge seien nicht so schlecht an der Schule — tatsächlich sei die Schule besser als die Pflegefamilien, bei denen sie gelebt habe, und wo sie herumgestoßen worden sei. Mit einem bösen Grinsen erwiderte Mary, sie habe einmal ein Mädchen mit einem Rohr über den Kopf geschlagen und es dabei so schwer verletzt, daß es am Kopf genäht werden mußte. Mary endete damit, daß sie Grace warnte, die Kinder sollten sich in acht nehmen und sie lieber nicht erzürnen. Zwar bewahrte die Geborgenheit der Schule die Kinder davor, wirklich Angst zu bekommen, aber Marys Verhalten war so bedrohlich, daß sie sich nicht um sie kümmerten und sie absolut in Ruhe ließen.

Trotz Marys Distanziertheit konnten wir ihr unsere Einstellungen mehr oder weniger praktisch demonstrieren. Als sie mit ihrer Betreuerin noch die Runde durch die Schule machte, zeigte sie in einem der Spielzimmer Interesse an ein paar Farben. Mit einiger Ermutigung von seiten der Betreuerin bemerkte Mary, sie würde gern malen; sie erklärte, sie habe noch nie richtige Farbe benützt; einmal habe sie zwar den Malern geholfen, als sie ins Haus gekommen seien; das sei ein Spaß gewesen. Als sie einmal nicht hinschauten, habe sie ein wenig gemalt, aber sie sei »fürchterlich verprügelt« worden, weil sie sich überall mit Farbe bekleckert habe. Die Betreuerin bemühte sich nicht, ihr zu versichern, solches Verhalten sei in der Schule akzeptabel; einmal hatte sie das Gefühl, Mary könnte das als einen Versuch auffassen, sie für die Schule zu gewinnen, anstatt sie die Schule autonom akzeptieren zu lassen; Mary hätte aber auch denken können, die Betreuerin lüge oder versuche sogar, ihr etwas vorzumachen, weil sie (Mary) so gefährlich sei. Die Betreuerin bemerkte also bloß, Mary könne die Farben gleich benützen, wenn sie wolle.

Mary näherte sich den Farben zögernd, aber bald faßte sie Mut und fragte, was passieren würde, wenn sie sich mit Farbe beschmierte. Die Betreuerin sagte: »Nichts«, sie würde sie einfach abwischen; und sie zeigte ihr, wie leicht das mit Terpentin geht. Zur Probe tauchte Mary ihre Finger tief in den Farbtopf und machte überall auf ihrem Arm Farbtupfer. Dann hielt sie den Arm hin, damit er abgewischt werden konnte. Als die Betreuerin der Aufforderung nachkam, fragte Mary: »Was macht ihr mit Mädchen, die nach Terpentin stinken?« Die Betreuerin lachte nur. Beruhigt begann Mary sie mit einem Strom von Fragen zu überschütten: Wer sorgt für die Kinder? Was machen sie miteinander? und wann? Sie endete mit ein paar Fragen über das Spielen mit Ton und bemerkte: »Ich hab' niemals mit Ton gespielt, aber ich möchte es.« Aber obwohl sie ermutigt wurde, konnte sie sich an jenem ersten Tag nicht aufraffen, es zu versuchen.

Dieses gleiche Zimmer mit der gleichen Ausstattung war Mary am Tag vorher von der gleichen Betreuerin bei ihrem vorbereitenden Besuch gezeigt worden. Auch da war Mary ermutigt worden, Fragen zu stellen, aber sie hatte es nicht getan. Erst nachdem konkrete Erfahrungen ihr etwas von unserer Haltung Kindern gegenüber gezeigt hatten, fing sie an, Fragen zu stellen und auf das zu hören, was wir zu sagen hatten. Vielleicht war sie abgeneigt, mit Fremden zu sprechen; vielleicht vertraute sie uns nicht und glaubte, wir würden ihr nicht die Wahrheit sagen; oder vielleicht zeigte sie nur ihre extrem negativistische Einstellung zu Erwachsenen. Auf jeden Fall hörte sie nun auf das, was die Betreuerin ihr über das Leben an der Schule erzählte, und was ihr am meisten Eindruck machte, war die Versicherung, sie könne sich ausruhen oder sich schlafenlegen, wann sie wolle. Dieses sehr müde Kind stellte diese Auskunft sofort auf die Probe, indem es sich augenblicklich in sein Bett zurückzog, wo es während seiner ersten Tage an der Schule meistens blieb.

Diskussion

Als wir unsere Eindrücke von Mary an jenem ersten Tag noch einmal überblickten, sahen wir sie als ein mürrisches Kind, das extreme Entbehrungen erlitten hatte und — an der Oberfläche — physisch und intellektuell entsprechend wirkte. Sie schien oberflächlich Beziehungen aufnehmen zu können, wenn auch meistens in feindseliger Weise. Sie drückte sich gut aus, aber mit großen Pausen und nur in sehr kurzen Sätzen. Mit Erwachsenen sprach sie hauptsächlich, indem sie Fragen beantwortete; ihre Antworten waren sachlich, führten aber nicht zu einem Gespräch. Wir stellten fest, daß jeder schwache Kontakt in dem Augenblick verschwand, in dem irgendeine emotionale Schwierigkeit auftrat. Wenn die Rede auf bestimmte Themen kam, wie ihre Tante, ihre Eltern oder ihre Träume, oder wenn es irgendwann notwendig wurde, daß sie sich an den Betätigungen anderer Kinder beteiligte, wurde sie sofort distanziert. Kurzum, wenn ihre vorgebliche Beziehung zu einem Menschen auf die Probe gestellt wurde, verschwand sie sofort und ganz. Wir hatten erwartet, daß sie anderen mißtrauen würde, hatten aber keine so geschickte Fertigkeit erwartet, die anderen nichtexistent zu machen.

Marys Ambivalenz in bezug auf ihren Wunsch, sowohl abhängig zu sein (zahme Tiere, das weiße Hundebaby) und andere zu vernichten (der wilde Hund), war aus unserem ersten Gespräch mit ihr klar hervorgegangen; es war auch deutlich, daß ihre feindseligen Wünsche den Sieg davontrugen und sich selbst gegen die richteten, von denen sie behauptete, sie liebe sie am meisten (Töten der Schwester, Schlagen des Pferdes). Diese Feindseligkeit war grundlos (Schlagen des Pferdes) oder nur durch eine höchst fadenscheinige Rationalisierung gerechtfertigt (das überfüllte Bett). Ihre vorherrschende Ambivalenz zeigte sich auch in ihrer Verwirrung über die Geschlechter, und auch hier waren feindselige oder eifersüchtige Züge am betontesten (die Jungen haben mehr und besseres Spielzeug).

Sehr deutlich traten auch ihre große Angst in bezug auf Disziplin (»Reden die Kinder in der Schule?« »Was macht ihr mit Mädchen, die stinken?«) und ihre Eifersucht auf und Feindseligkeit gegen andere Kinder zutage. Ein weiterer auffallender Zug war die Art, wie Mary Fragen stellte und die Antworten mit scheinbarer Objektivität annahm, wenn es um Dinge ging, die sie emotionell nicht betrafen, und dann plötzlich auf emotionell geladenes Material umschwenkte, das keinen Bezug zu dem hatte, was gerade geschehen war. Sie schien einem Strom innerer Motivation zu folgen, der von der unmittelbaren Situation unberührt blieb.

Auch Marys Verlangen nach ungeteilter Aufmerksamkeit war offensichtlich, ebenso ihre Unfähigkeit, sich mit den Dingen zufrieden zu geben, die ihr geboten wurden (»Ist das alles, was ihr habt?«). Offenbar konnte sie nur die primitivsten Befriedigungen genießen (Sich-Beschmutzen, Auf-dem-Bett-Ausruhen), aber sie hatte auch eine relativ starke Abwehr gegen zumindest eine davon — ihren Wunsch, herumzuschmieren.

Im großen ganzen machte Mary uns in den ersten Tagen mehr den Eindruck eines unter schweren Entbehrungen leidenden und unterdrückten Kindes als den eines ungewöhnlich gestörten — mindestens im Vergleich zu den übrigen Kindern bei uns. Wir hatten damals das Gefühl, es müsse relativ einfach sein, ihr zu helfen. Uns schien es, als habe sie auf eine unerträgliche Lebenssituation mit asozialem Verhalten reagiert, und wir hofften, angenehme und beschützende Lebensbedingungen, gute zwischenmenschliche Beziehungen und andere befriedigende Erlebnisse würden weithin genügen, um ihr zu einer besseren Integration zu verhelfen.

Die beunruhigenden Züge dieses Bildes waren die ziemlich gleichgültige Leichtigkeit, mit der sie sich Erwachsenen zuwandte, die Seichtheit der positiveren Gefühle, die sie zeigte, und ihre ungewöhnlich starke Feindseligkeit gegen Kinder. Ihre Unfähigkeit, sich zu Kindern in Beziehung zu setzen, wurde scharf herausgehoben durch das »instinktive« Widerstreben der anderen Kinder, irgend etwas mit ihr zu tun zu haben.

Mary schien das jedoch nichts auszumachen. Sie hielt sich sehr für sich, blieb meistens im Inneren des Hauses, vorzugsweise auf ihrem Bett. Selbst wenn die Kinder kleine Eßfeste veranstalteten, näherte sie sich dem Tisch nur, um Nahrung oder Popcorn einzusammeln, mit denen sie sich dann auf ihr Bett zurückzog.

Wut und Hoffnung

An den ersten Abenden nach ihrer Ankunft schlief Mary leicht ein, wenn sie auch behauptete, sie sei bis lange nach Mitternacht wach gewesen. Eines Abends z. B. rief Mary, nachdem die Gutenachtgeschichte vorgelesen worden war, ihre Betreuerin zu sich und fragte, wie lange sie dableiben werde. Als die Betreuerin antwortete, sie werde bleiben, bis Mary einschliefe, sagte Mary: »Oh, das wird lange dauern«, aber sie drehte sich um und schlief fast sofort ein.

Es war ziemlich viel Überredung nötig, um Mary zum Verlassen ihres Bettes und zum Hinausgehen zu bewegen. Sie schien sich vor Betätigungen zu fürchten, die selbst recht ängstliche Kinder ihres Alters sonst auszuprobieren wagen. Es war z. B. höchst schwierig, sie dazu zu bringen, unseren umzäunten Spielplatz zu benützen. Nach viel Ermutigung sagte sie, sie wolle gern auf dem Klettergerüst spielen, aber als sie sich ihm näherte, war sie zu ängstlich, auch nur auf die erste Sprosse zu steigen. Beim Anblick der Wippe sagte sie ganz entschieden, sie fürchte sich davor. Sie überschaute die übrigen Spielmöglichkeiten und den großen Sandhaufen, wo mehrere Kinder spielten und offensichtlich ihren Spaß hatten, und sagte mit kräftiger Stimme: »Na ja, sonst ist hier nichts zu tun, laß uns zurückgehen!«

Trotz ihrer Angst vor dem Lernen neuer Dinge begann Mary am Ende der ersten Woche, einfache Tätigkeiten auszuprobieren, wie Malen und mit Papierpuppen oder Ton zu arbeiten — aber nur, wenn sie mit ihrer Betreuerin auf ihrem Bett saß. Sie fing auch an, weiter mit Unsauberkeit zu experimentieren, hielt sie aber in einem sozial akzeptablen Zusammenhang — dem des Malens. Eines Tages geriet ihr Farbe ins Haar; als sie es merkte, bekam ihr Gesicht plötzlich einen Ausdruck des Entsetzens, und sie begann, unzusammenhängend zu stammeln. Nachdem die Betreuerin ihr versichert hatte, die Farbe lasse sich herauswaschen, schien sie recht erleichtert und wagte ein furchtsames kleines Lächeln. Ein andermal, als sie etwas Farbe auf ihre Bluse verschüttet hatte, hörte sie sofort auf zu malen und klammerte sich ängstlich an die Hand ihrer Betreuerin. »Wie würde meine Tante böse werden, wenn sie das sähe!« Trotzdem war Mary bis zum zehnten Tag an der Schule in bezug auf das Herumschmieren mit Farbe schon so frei, daß sie ihre Hände und Finger ganz bekleckste, wobei sie vorgab, sie mache sich Handschuhe, und auch ihren Rock und ihre Bluse beschmierte sie ohne Zeichen von Angst.

Bezeichnender für ihre ersten Tage waren jedoch ihre zwanghaften Versuche, alles in Ordnung zu halten. »Ich will hier alles nett und sauber haben.« Sie schrubbte die Schubladen ihres Schrankes und bestand darauf, einige ihrer Socken und etwas Unterwäsche zu waschen, obwohl wir ihr versicherten, solche Sachen würden in die Wäscherei geschickt, und kein Kind brauche seine eigenen Sachen zu waschen.

Marys ungewöhnliche Empfindlichkeit für Gerüche verblüffte uns bald. Sie machte wiederholt Bemerkungen über verschiedene Gerüche, die weder uns noch den anderen Kindern besonders aufgefallen waren — den Duft von Seife, Gerüche im Haus, den Chlorgeruch im Schwimmbecken, der an der Haut hängenblieb.

Am Ende der ersten Woche sprach sie wiederholt davon, an ihre Verwandten zu schreiben; aber sie tat es nicht. Nur im Fall ihrer Schwester gelangte die Korrespondenz über die Stufe des Darüber-Redens hinaus. Aber selbst hier kam sie nie weiter als bis zu »Liebe Schwester«, obwohl die Betreuerin höchst bereitwillig war, den Brief nach ihrem Diktat für sie zu schreiben. Nach drei oder vier Anläufen wurde Mary der Aufgabe müde und begann statt dessen Bilder zu malen.

Innerhalb der ersten Woche fing Mary auch an, die Kinder herumzukommandieren, und die Kinder nahmen es übel. Sie reagierte, indem sie drohte, ihnen weh zu tun, und begann sie tatsächlich zu schlagen, wenn die Dinge nicht nach ihrem Willen gingen. Aber wenn sie aggressiver wurde, wirkte sie auch lebhafter, und ihr Gesicht zeigte mehr Ausdruck. Erwachsenen gegenüber war sie sehr nachgiebig und versuchte, sich der Schulroutine so gut anzupassen, wie sie konnte.

Dieses Bild änderte sich bald. Im Lauf von etwa zehn Tagen wurde Marys selbstauferlegte Isolierung auf dem Bett immer öfter und für immer längere Zeit unterbrochen, und zwar durch Ausbrüche heftiger Feindseligkeit, die meistens die Form von Geschrei annahmen. Schreien blieb mehr als zwei Jahre lang Marys bezeichnende Reaktion auf die

geringste Frustration. Sie brüllte den anderen Kindern zu: »Ich bring'
euch um!«, sobald sie fürchtete, die Dinge würden vielleicht nicht so
laufen, wie sie es wünschte. Inmitten dieser wütenden, nervenzerrei-
ßenden Ausbrüche bestand Mary jedoch auf absoluter Ruhe. Wenn ein
anderes Mädchen auch nur sprach, drohte sie, sie werde es mit einem
Eisenrohr über den Kopf schlagen, wie sie es einmal getan hatte, bevor
sie an die Schule kam. Die Polizei, verkündete sie, werde niemals etwas
dagegen tun. Sie habe es damals nicht getan; man hatte sie gehen lassen und sie nur ermahnt, von nun an brav zu sein. Wenn die Betreuerin
sagte, sie werde Mary davon abhalten, wenn sie versuche, ein anderes
Kind zu verletzen, drohte Mary: »Na gut, dann bring' ich sie um, wenn
du nicht da bist.« Dann fügte sie hinzu, als wenn sie sich erinnerte,
daß die eine oder andere Betreuerin fast immer anwesend war: »Ich
bring' sie um, wenn du denkst, ich schlafe.« Daß ihre Drohungen, jemand umzubringen, ihren Ursprung in Todesangst hatten, wurde angedeutet durch den Umstand, daß sie zwar bei der kleinsten Provokation zu kreischen und um sich zu schlagen pflegte, daß aber ihre
Schreie am durchdringendsten waren, wenn sie sich um ihre Gesundheit Sorgen machte. Der winzigste Kratzer, den selbst die ängstlich-
sten Kinder an der Schule mehr oder weniger übersehen konnten, ließ
sie in stundenlanges Geschrei ausbrechen.
Am Ende ihres ersten Monats wagte sie zu drohen, auch Erwachsene
umzubringen. Ihre Abschiedsbemerkung zu ihrer Betreuerin vor dem
Einschlafen war: »Weck' mich morgen lieber nicht, sonst wird es dir
leid tun« oder »Mach's lieber nicht, oder du wirst umgebracht.« Aber
mittlerweile sagte Mary auch: »Ich bring' mich irgendwann mal um«,
obwohl die Betreuerin ihr versicherte, sie würde nie zulassen, daß Mary
sich etwas antäte.
Diese wiederholte Versicherung und der Umstand, daß wir sie aus-
schreien ließen, mögen die Faktoren gewesen sein, die es Mary ermöglichten, Augenblicke der Sanftheit zu haben und ihre Wünsche nach
Befriedigungen in der Abhängigkeit herauszulassen.
Wenn Mary auf diese Weise ihren Negativismus entladen hatte, konnte sie sehen, daß die Schule auch eine gute Seite hatte: »das Essen. Es
gibt immer genug.« Wir fragten sie wieder nach ihren Träumen, und
wieder behauptete Mary, sie träume niemals. Wie beim vorigen Mal
erschien ihre Schwester in freier Assoziation mit dieser Frage, aber
in einem ganz anderen emotionalen Zusammenhang. Mary sagte nur:
»Ich vermisse meine Schwester«, fügte aber hinzu: »Ich schlafe die ganze Nacht gut.«
Bei den beiden Betreuerinnen, die ihre Lieblinge geworden waren,

konnte sie sich nun entspannen, wenn auch vorerst noch selten und nur für kurze Zeit. Gegen Ende des ersten Monats konnte Mary volle fünf Stunden mit einer ihrer Betreuerinnen zubringen, ohne einmal ungeduldig oder wütend oder ausfallend zu werden. Aber dies war die Ausnahme. Indessen erlaubte ihr die Geborgenheit, die sie bei dieser Betreuerin gefunden hatte, sich in ihrer Gegenwart gelegentlich der Gegenaggression zu enthalten, wenn sie sich frustriert fühlte. Sie fing an, bei ihrer Betreuerin Schutz zu suchen anstatt in defensiver Feindseligkeit. Wenn ein kleineres Kind sie ärgerte, schlug sie jetzt nicht immer gleich zu und schrie, sie werde es umbringen, sondern lief manchmal zu ihrer Betreuerin, um sich trösten zu lassen. In ihrem Beisein wurden Marys Morddrohungen auch manchmal durch weniger mörderische Wünsche ersetzt. Sie mußte nicht mehr alle vernichten, die sich gleichzeitig um Aufmerksamkeit bewarben; es genügte, sie ständig aus dem Weg geschafft zu haben.

Als Marys Tötungswunsch nachließ, wurde sie fordernder. Zuerst hatte sie nur wenig verlangt und schien mit allem zufrieden, was man ihr gab, selbst mit den bescheidensten geschenkten Spielsachen oder anderen Dingen. Sie pflegte sie zwar nicht zu benützen, aber sie hängte sie alle an der Wand neben ihrem Bett auf. Selbst eine Halskette und ein Zettelchen, die sie als Willkommensgeschenke bekommen hatte, und ähnliche Kleinigkeiten, die sonst fast kein Kind schätzte, wurden an ihre Wand gehängt. »Ich werde eine Menge Dinge dorthin tun«, sagte sie, »alles, was ich in der Schule bekomme.« Jetzt wurde sie jedoch gierig; nichts, was wir ihr gaben, war ihr gut genug. Außerdem erwartete sie von uns, wir sollten all ihre Wünsche erraten und sie sofort erfüllen; sie uns auch nur mitteilen zu müssen, erschien Mary als eine unerhörte Zumutung — vielleicht, weil sie uns dann als Menschen hätte anerkennen müssen, eine Anerkennung, deren sie noch nicht fähig war. Bei der Befriedigung ihrer Bedürfnisse konnte sie nicht die geringste Frustration vertragen — selbst wenn sie unvermeidlich war. Besonders wenn es um Nahrung ging, war ein Aufschub unerträglich. Aber sie konnte auch nicht befriedigt sein, wenn ihre Bedürfnisse erfüllt wurden; mindestens erschien ihr das, was sie bekam, niemals richtig oder angemessen. Sie war überzeugt, ihre Interessen würden niemals gewahrt, trotz unserer Bemühungen, ihr Erfahrungen zu verschaffen, die ihr das Gegenteil beweisen würden.

Marys Unfähigkeit, befriedigende Erfahrungen zu akzeptieren, ihre Eifersucht und ihr Bedürfnis, Befriedigungen der Abhängigkeit abzulehnen, tauchten alle auf einem Einkaufsgang auf, den sie am Ende ihres ersten Monats an der Schule mit ihrer Betreuerin machte. Sie hatten Kleidung und Spielzeug gekauft, aber bis jetzt war, was Mary anging, alles schiefgegangen. Sie beklagte sich, die Betreuerin führe sie absichtlich in Geschäfte, die das nicht führten, was sie, Mary, wolle, und auch die Verkäufer zeigten ihr nur Sachen, die sie nicht möge.

Beim Einkaufen und später beim Essen versuchte Mary, ihre Betreuerin zu zwingen, sie solle sagen, sie mache mit anderen Kindern niemals solche Einkaufsgänge, dann sollte sie versprechen, sie werde in Zukunft niemand außer Mary auf solche Ausflüge mitnehmen. Als die Betreuerin sich weigerte und Mary klarmachte, daß sie auch für andere Kinder dasei, erwiderte diese geradezu, kein anderes Kind an der Schule sei jemals zu solchen Ausflügen mitgenommen worden.

Auf der Rückfahrt verkehrte Mary jedoch ihre Haltung ins Gegenteil, möglicherweise in der Aussicht darauf, daß sie die Betreuerin nun wieder mit anderen Kindern würde teilen müssen. Jetzt behauptete sie, nur sie müsse Mangel leiden, die anderen Kinder bekämen, was sie wollten und noch mehr, und niemand tue jemals etwas für Mary. Obwohl die Betreuerin eine ganze Last von Paketen für Mary trug, behauptete sie (und nicht im Scherz), sie habe keine Ahnung, was darin sei. Die Betreuerin ging zwar ihre Besorgungen noch einmal durch, aber Mary beharrte: »Nein, du hast mir keinen Mantel gekauft; du hast mir keine Stiefel gekauft.« Sie schien, während sie immer aufgeregter wurde, mit ihrem Geschrei die Stimme der Vernunft übertönen zu wollen. Ihre Anklagen steigerten sich von »Du hast mir gar nichts gekauft« über »Niemand kauft jemals was für mich« bis zu »Ich muß alles mögliche für dich tun. Ich besorge alles für andere, aber niemand kauft mir mal irgendwas« — alles in vollem Ernst gesagt. Wir verstanden, daß sie sich vielleicht angesichts all der Geschenke, die sie bekommen hatte, überreizt und schuldig fühlte.

Zugleich war Mary bei ihrer Lieblingsbetreuerin — die ihr so intime Dienste leistete, indem sie sie morgens weckte, ihr etwas zu essen gab, ihr Dinge kaufte und sie vor dem Einschlafen fest zudeckte — in seltenen Augenblicken weniger verhärtet, und sie begann, wie ein trauriges und Mangel leidendes kleines Mädchen auszusehen. Gegen Ende ihres ersten Monats an der Schule offenbarte Mary dieser Betreuerin ihre erste, wenn auch ganz entstellte Erinnerung an ihr Leben vor dem Tod ihrer Mutter. Sie erwähnte, wie klein sie damals gewesen sei: »so klein, daß ich mich immer naß gemacht hab'«. Danach sagte sie, sie wünschte, sie wäre wieder ein Baby.

Im Gegensatz zu solch infantilen Wünschen wuchs Marys Kompetenz, je sicherer sie sich in ihrer neuen Umwelt fühlte, und sie wurde kühn in ihrer Annäherung an die Welt. Zum Beispiel überwand sie ihre anfängliche Furcht vor dem Spielplatz, und sie fing an, die Wippe zu benützen und auf das Klettergerüst zu steigen. Sie lernte auch schwimmen und wagte es sogar, in das Schwimmbecken zu springen. Am Ende des ersten Monats war deutlich, daß Mary sich in der Schule sicherer fühlte.

Es schien auch, als mache Mary Fortschritte in Richtung auf eine Beziehung zu einem (möglicherweise zwei) bevorzugten Erwachsenen — obwohl im übrigen ihre Welt menschenleer war. Einmal, als Mary gegen Ende des Monats mit dem Psychiater zusammenkam, begann sie recht leicht ein Gespräch, sie legte ihm sogar einen Arm um die Hüfte. Aber der Psychiater erlebte dies als leere Geste. Mary behauptete, sie schließe mit jedem Feundschaft und spiele mit allen Kindern. Aber sie konnte keine Namen nennen oder sagen, mit wem sie gespielt hatte. Ihre Welt war immer noch leer.

Es gab aber einen Unterschied: im ersten Interview waren Marys Feindseligkeit und Negativismus verschleiert gewesen oder auf Hunde projiziert; jetzt hatte sie den Mut, diese Gefühle offener zu zeigen. Über das Personal in der Schule machte sie nur eine Bemerkung: »Ich mag sie nicht. Sie sagen nein zu allem, was ich will. Ich mag gar nichts hier.« Ihr einziger Wunsch war, zu ihrer Tante zurückgeschickt zu werden, denn jetzt könne sie mit ihr auskommen. Sie konnte aber nicht sagen, was für Schwierigkeiten sie gehabt hatte oder warum sie glaubte, die Dinge würden sich bessern. Dieser Wunsch wirkte nicht echt; er war eher eine trotzige Weise anzudeuten, daß wir ihr unmöglich gefallen konnten.

Unser Hauptproblem war es, Mary zur Herstellung mindestens einer engen Freundschaft zu verhelfen. Da sie die wesentlichen Dienstleistungen ihrer Mutter und dann die Mutter selbst schon so früh verloren hatte, konnte man annehmen, sie würde wahrscheinlich am besten zu jemand eine Beziehung herstellen können, der meistens in ihrer Nähe war und ihre infantilsten und unmittelbarsten Bedürfnisse befriedigte — kurzum, zu einer Mutterfigur. Leider mußte in unserer Organisation diese Person — ihre Betreuerin — noch ein paar Kindern in der gleichen Eigenschaft dienen. In der Sorge, dies könnte ihre unbeherrschbare Eifersucht wecken, beschlossen wir, Mary die Gelegenheit zu bieten, eine weitere enge Beziehung zu jemand zu bilden, der zwar meistens in der Nähe war, aber den anderen Kindern in Marys Gruppe keine Dienste leistete. Diese Person sollte viel Zeit allein mit Mary zubringen. In mancher Hinsicht gelang dieser Plan gut. Aber er hatte, wie wir später erfuhren, auch Nachteile, als Mary tastend nach einem

Ich-Ideal suchte und es schwierig fand, die beiden Figuren, die ihr soviel bedeuteten, zu einem beständigen Vorbild zu verschmelzen.

Eines Tages gegen Ende des Monats malte Mary das Gesicht »eines unglücklichen kleinen Mädchens«. Sie stellte klar, daß dies ein Selbstbildnis war, sagte dann aber, es sei das Bild »von irgendeinem Mädchen, einem Mädchen ohne Namen«, was ihr Gefühl widerzuspiegeln schien, sie habe keine persönliche Identität. Sofort, nachdem sie diesem tiefen Gefühl der Isolierung und Entpersönlichung Ausdruck verliehen hatte, begann Mary auf einsame, völlig abgesonderte Art irgendetwas zu essen. Und Essen, »das einzig Gute an der Schule«, rettete den Tag. Nachdem sie eine Weile in Gesellschaft der Person gegessen hatte, die so intensiv versuchte, eine Beziehung zu ihr herzustellen, konnte Mary einen gewissen Kontakt wieder aufnehmen. Sie bat die Betreuerin, ihr eine Geschichte vorzulesen, die sie schon recht gut kannte. Sie handelte von einer Raupe (nach Marys Worten »einem häßlichen Wurm«), die sich nach vielen Abenteuern in einen schönen, farbenfreudigen Schmetterling verwandelte. Beim Anhören des positiven Schlusses zeigte sie ein wenig positives Gefühl; es war, als hätte sie begonnen zu hoffen, sie könnte sich eines Tages aus einem namenlosen, irgendeinem Mädchen in eine bestimmte Person verwandeln.

Daß sie auch nur für einen Augenblick glauben konnte, sie könne ein deutlich herausgehobenes Individuum werden und Befriedigung und Glück könnten erreichbar sein, war Teil ihrer ersten positiven Reaktion auf die Schule. Vielleicht war es dieser Glaube, der es ihr ermöglichte, sich einigen der tiefen Unbefriedigungen ihrer Vergangenheit zu stellen. Bisher hatte sie geläufig, aber ohne Gefühl über den Tod ihrer Eltern gesprochen, ebenso über die Art, wie die verschiedenen Familien und Verwandten, bei denen sie gelebt hatte, sie abgelehnt hatten. Gegen Ende des Monats kamen jedoch die ersten Gefühle über ihre frühe Kindheit ans Licht; welcher Art sie waren, wurde eines Abends deutlich, als sie ihre Lieblingsbetreuerin bat, ihr niemals das Schlaflied vorzusingen, das anfängt: »Als ich ein kleines Mädchen war auf Mammis Knie . . .«

Diskussion

Da sie ein höchst unmittelbares und ärgerliches Problem waren, dachten wir während Marys erstem Monat bei uns vor allem über ihre heftigen Wutausbrüche nach, in der Hoffnung, ein besseres Verständnis ihrer Ursachen werde es uns erleichtern, ihr zu helfen. Da es ein so dringliches und dominantes Symptom war, hatten wir das Gefühl, es sei wichtig, es richtig zu behandeln, und dies wiederum hing davon ab, daß wir eine Hypothese über es bilden konnten.

Wir fragten uns, ob Mary in ihrem Geschrei vielleicht ihre Tante imitiere; bei ihrer wütenden Forderung, alle anderen hätten still zu sein, schien sie zu versuchen, von uns einen Gehorsam zu erzwingen, der früher von ihr gefordert worden war. Eine so einfache Vertauschung der Rollen — sie als die Tante, wir als die Leidenden — wurde, das erkannten wir wohl, der Komplexität des Symptoms nicht gerecht, aber es war die beste Theorie, die wir im Augenblick aufstellen konnten. Mary probierte vielleicht auch aus, wie weit sie mit der Aggressionsentladung gehen könne, wo die Grenzen unserer Geduld lägen. Wie dem auch sei, wir meinten, wir sollten ihre Ausbrüche weder eindämmen — was wir ohnehin nur mit Anwendung brutaler Gewalt hätten tun können — noch sie übersehen.

Was wir zu dieser Zeit noch nicht erkannten (weil wir über Marys früheste Kindheit erst später etwas erfuhren), war der Umstand, daß sie in ihrem unorganisierten und ungerichteten Geschrei vielleicht das früheste Trauma ihres Lebens noch einmal durchlebte, wo ihr Geschrei von einer melancholischen Mutter unbemerkt blieb. Wir erfaßten nicht, daß ihr wütendes Beharren, jeder müsse bei ihrem Geschrei ruhig sein, vielleicht eine Wiederherstellung der frühesten Umwelt war, die sie erlebt hatte, wo alle um sie her (ihre depressive Mutter) still gewesen waren und sie allein in der Wüste geschrien hatte. Wir wußten auch nicht, daß ihr Bestehen darauf, man solle sie nicht wekken (»Ich bring' dich um, wenn du mich weckst«), eine Bemühung war, sich das einzige befriedigende Erlebnis zu bewahren, das sie jemals gekannt hatte: durch Schlafen allem zu entfliehen.

Es waren zwar damals Anzeichen für all das vorhanden, aber wir verstanden ihre Bedeutung nicht. Und selbst wenn wir sie verstanden hätten, bezweifle ich, daß wir sehr anders hätten handeln können[3].

Sie »paßt sich an«

Da wir uns weigerten, uns so zu verhalten, daß es zu Marys Gefühl der Isoliertheit und der Absonderung beigetragen hätte, konnte sie sich während des nächsten halben Jahres mit tastenden Versuchen beschäftigen, Beziehungen zu Erwachsenen und schließlich auch zu Kindern herzustellen. Der Wunsch nach Kontakt zu anderen Menschen schien erst aufzutauchen, nachdem sie zu glauben begann, ihr Aufenthalt bei uns könne von längerer Dauer sein, wenn sie auch noch sehr daran zweifelte. Am Ende des zweiten Monats begann sie, Besorgnis hinsichtlich dieser Frage zu zeigen.

Eines Morgens fand sie ihre Betreuerin, wie sie einen Jungen auf der Schaukel in Schwung brachte. Mary wollte auch geschaukelt werden, und während sie schaukelte, fragte sie: »Wirst du auch noch Zeit mit mir verbringen, wenn ich ein großes Mädchen bin?« Sie wartete gar nicht erst eine Antwort ab, sondern drängte gleich weiter: »Du wirst lange mit mir zusammensein, nicht wahr?« Nachdem die Betreuerin ihr diese Versicherung gegeben hatte, und nachdem Mary ihre Frage wiederholt hatte und wieder beruhigt worden war, verfiel sie in Schweigen. Einige Minuten verstrichen, dann wandte sich Mary zu den Kindern und sagte seltsamerweise: »Ich geh' hier weg, wenn ich fünf Jahre alt bin.« Damals nahmen wir an, diese Zahl könnte etwas mit unserer Altersgrenze von fünfzehn Jahren zu tun haben. Mary war damals fast neun Jahre alt und wollte vielleicht ihren Wunsch ausdrücken, so lange wie möglich, d. h. fünf Jahre an der Schule zu bleiben. Auf jeden Fall war ihre Bemerkung kein Versprecher, denn am gleichen Tag sagte sie spontan zu den Kindern, sie werde noch lange in der Schule bleiben. Auf die Frage, wie lange, wiederholte sie: »Bis ich fünf Jahre alt bin.« Wenn auch die tiefe Bedeutung dieser Bemerkung erst später gesehen wurde, war trotzdem deutlich, daß Mary nun in bezug auf die Dauerhaftigkeit menschlicher Beziehungen nicht mehr so unsicher war wie noch vor einem Monat. Damals, als ihre Betreuerin ihr gesagt hatte, sie werde sie am nächsten Donnerstag sehen, erwiderte Mary: »Es gibt kein nächstes Mal.«

Marys größeres Gefühl der Permanenz an der Schule — oder zumindest ihr Wunsch, zu bleiben — mag es ihr in Verbindung mit der ihr gewährten Freiheit, Feindseligkeit zu entladen, nach zwei Monaten ermöglicht haben, sich immer mehr Abhängigkeit zu erlauben. Sie gewöhnte sich an, im Schlafraum auf dem Schoß der Betreuerin zu sitzen, während sie ruhig und distanziert beobachtete, was um sie her vor sich ging. Sie schien zwar nicht glücklich zu sein, aber sie ließ ihre trotzige Unabhängigkeit fallen und hatte es jetzt gern, wenn ihre Betreuerinnen sie anzogen, ihr die Schuhe anzogen und so fort.

Trotz dieser tastenden Annäherungsversuche gegenüber den Erwachsenen ihrer Umgebung blieb Mary im Grunde unempfindlich für zwischenmenschliche Beziehungen. Eine Betreuerin, die Marys Gruppe versorgt hatte, stand kurz vor ihrem Abschied. Da diese Betreuerin gewußt hatte, daß sie bald fortgehen werde, hatte sie sich absichtlich von Mary ferngehalten, damit sich zwischen ihnen keine Bindung bildete, die doch nur wieder abgebrochen werden müßte. Bei einem Abschiedsfestchen für die scheidende Betreuerin zeigten einige der Mädchen, die sehr an ihr hingen, große Gemütsbewegung und fingen an zu weinen. Als Mary dies sah, fing sie auch an zu weinen. Es kann sein, daß sie Mitgefühl für die Gruppe empfand, oder vielleicht brachte sie jeder Abschied aus dem Gleichgewicht. Vielleicht war auch ihr eigenes Elend so groß, daß ihr jede Gelegenheit willkommen war, es zu äußern. Was auch der Grund war, Mary leugnete, daß ihr Weinen in irgendeinem Zusammenhang mit dem Abschied stand. Ihre Lieblingsbetreuerin wollte versuchen, sie zu trösten, und fragte, was los sei. Mary erwiderte, sie weine, weil sie eins ihrer liebsten Besitztümer verlegt habe, aber ganz im Gegensatz zu ihrem üblichen Verhalten war sie leicht zu trösten und bat die Betreuerin, ihr beim Wiederfinden zu helfen. Ein paar Minuten später ging Mary zu der ausscheidenden Betreuerin und sagte: »Nun haben wir für dich geweint. Willst du uns jetzt nicht ausführen und Limonade spendieren?« Die schockierte Reaktion der anderen Kinder auf ihre Gefühllosigkeit konnte sie nicht verstehen.

Positive Bindungen gingen offensichtlich bis jetzt noch über Marys Möglichkeiten hinaus, vielleicht aus Gründen, wie sie im folgenden Vorfall aufscheinen. Ein paar Tage nach dem kleinen Fest spielte Mary auf aggressive Weise mit ein paar Kätzchen. Am nächsten Tag erzählte sie ihrer Betreuerin: »Ich hab gestern ein paar ›so kleine‹ Kätzchen gesehen — sie waren neugeboren. Ich hab eins aufgenommen, und ich hab die Mutter von ihm weggehalten, und ich hielt die Mutter fern. Sie waren so klein, daß man sie nichtmal zählen konnte, und nachdem ich das eine zurückgetan hatte, das ich genommen hatte, mußte die Mutter sie wieder zählen, um sicher zu sein, daß alle da waren.« Mary sah triumphierend aus, als sie davon sprach, wie sie das eine Kätzchen von seiner Mutter getrennt hatte.

Sie schien zwar negative Gefühle ziemlich gut zu verstehen, aber das einzige positive, das sie zeigen konnte, war ein aggressives Festhalten. Sie bekam z. B. unerwartet eine Babypuppe, die sie sofort sehr fest an sich drückte. Aber als sie das Geschenk zuerst sah, und auch als sie es festhielt wie das liebe Leben, drückte ihr Gesicht absolut kein Gefühl aus.

Andererseits schien sie, obwohl sie uns ihre positiven Gefühle gegenüber Menschen oder Dingen nicht offenbarte, zu versuchen, sich in bezug auf Dinge, von denen sie glaubte, wir mißbilligten sie, wie z. B. Masturbation, annehmbarer zu benehmen. Nachdem Mary zu uns gekommen war, masturbierte sie zuerst frei und oft, vielleicht trotzig, und gewiß mit der Absicht, zu provozieren. Sie pflegte auf dem Rücken zu liegen und unverhohlen zu masturbieren, wobei sie mit leerem oder aggressivem Blick jeden anstarrte, der in der Nähe war. Nach zwei-einhalb Monaten, als sie beobachtet haben mußte, daß Masturbation bei uns als etwas Selbstverständliches hingenommen wird, begann sie, sie »dezenter« zu handhaben. Sie deckte sich mit einer Wolldecke zu, bevor sie masturbierte, und war danach ziemlich lange schlechter Laune, anscheinend infolge von Schuldgefühlen. Sie schien besonders wütend, daß wir sie weder daran hinderten noch sie störten, sondern keine Reaktion zeigten.

Warum Mary überhaupt versuchen sollte, ihre Masturbation zu steuern, war zu jenem Zeitpunkt schwer zu verstehen. (Ihre Masturbationsphantasien kamen erst sehr viel später ans Licht, siehe S. 198 und S. 201.) Vielleicht erzeugte das Gefühl, daß wir sie nicht bremsten, überwältigende Ängste, die ihren Ursprung in den entschiedenen Strafandrohungen hatten, mit denen man sie früher bedachte, und sie mag versucht haben, diese Ängste zu vermindern, indem sie sich zusammennahm. Daß dies ein Teilgrund gewesen sein mag, wurde deutlich, als sie kurz darauf begann, ihre schreckliche Angst offener zu zeigen. Sie war so groß geworden, daß es für Mary fast unmöglich geworden war, irgend etwas ohne große Aufregung zu tun. Alles Ungewöhnliche, schon das leiseste Geräusch, weckte unbeherrschbare Angst in ihr. Wenn ein Flugzeug vorüberflog (was ziemlich oft vorkam, da die Schule in einer Einflugschneise zum Flughafen liegt), behauptete sie, es sei ein Bomber, und eine Bombe werde auf die Schule fallen und uns alle vernichten. Sie behauptete ausdrücklich, sie könne hören, wie die Bombenluken sich öffneten und wie die Bombe falle. (Und das war an der Schule, wo sie sich relativ sicher fühlte!)

Eine Fahrt in die Stadt rief unzählige Ängste hervor. Mary war sicher, sie werde aus der Straßenbahn fallen oder, wenn sie mit der Vorortbahn fuhr, sie werde zwischen Bahnsteig und Wagen rutschen und überfahren werden. Der Zug werde entgleisen, es werde einen Zusammenstoß oder irgendein anderes Eisenbahnunglück geben. Sie hatte jedoch ihr Leben lang in Chicago gewohnt und war völlig vertraut mit Straßenbahnen und dem Zug, mit dem wir in die Stadt fuhren. In diesen Situationen war Marys Angst die Folge ihrer Furcht vor totaler Zerstörung.

In der Geborgenheit ihrer Einzel-Spieltherapiesitzung bei einer ihrer Lieblingsbetreuerinnen agierte sie ihre Angst vor dem Verlassenwerden. Gegen Ende des dritten Monats begann Mary mit dem Puppenhaus und Pfeifenreinigerpuppen zu spielen. Die beiden Hauptfiguren waren »eine Dame« (nicht personalisiert, irgendeine Dame) und »ein Hund«. Während sie die Puppen bewegte, sagte sie: »Sie ist eine böse Dame. Der Hund ist bös. Die Dame neckt ihn mit etwas zu fressen. Er kann eigentlich nichts dafür — sie hat ihn bös gemacht.« Dann führte Mary eine kleine Tonfigur ein, »das kleine Mädchen«. Der Hund zerkratzte dem Mädchen das ganze Gesicht; danach stießen Hund und Kind einander herum. Dann wurde die böse Dame an einem Fuß am Schornstein des Puppenhauses aufgehängt, wobei Mary sagte: »Da die böse Dame es konnte, dachte das kleine Mädchen, es könnte es auch, und sie versucht es. Aber sie versucht es und fällt runter.« Aber im Gegensatz zu dieser Bemerkung war es das Mädchen, das die Dame heftig und mehrmals vom Dach herunterstieß. Mary agierte, wie der Hund und das Mädchen die Dame mißhandelten, aber in dem, was sie sagte, betonte sie, daß die Dame den Hund böse gemacht hatte und den Grund, warum der Hund das Mädchen kratzte — und, könnte man hinzufügen, warum das Mädchen sich an der Dame rächte.

Ihr nächstes Puppenspiel begann mit Figuren, die Erwachsene darstellten, die sehr aggressiv vom Dach heruntergestoßen und aus dem Fenster geworfen wurden. Dann änderte sich die Handlung. Mary setzte einen kleinen Hund neben das Puppenhaus. »Der Hund wohnt hier mit seinem Herrn.« Dann nahm sie das Schild »Zu vermieten«, stellte es vor den Hund hin und sagte: »Er ist zu verkaufen.« Als nächstes brachte sie eine Kuh, und indem sie das Schild »Zu vermieten« vor ihr aufstellte, sagte sie: »Die Kuh hat sie alle mit ihren Hörnern gestoßen, darum soll sie nun verkauft werden.« Sie machte das gleiche mit einem Pferd und einem Schwein. Nach einer gewalttätigen Szene, in der jedes Tier die anderen stieß und auf ihnen herumtrampelte, wurden sie alle zum Verkauf angeboten.

Aggressive Spiele dieser Art gingen wochenlang weiter; sie waren jedoch unterbrochen von langen Abschnitten emotionalen Aufschubs, in denen Mary das Puppenspiel mit ungefährlicheren Betätigungen vertauschte; so aß sie z. B. still oder lauschte zurückhaltend einer Geschichte.

Nicht nur Marys Lieblingsbetreuerinnen, sondern auch andere Mitarbeiter bemerkten, wie sich mit ihr langsam eine Wandlung vollzog. Ohne daß sie deswegen weniger unglücklich und abgesondert wirkte, erwarb sie für kurze Zeitspannen eine größere Freiheit. Gelegentlich lächelte sie, und Wut und Angst konnte sie freier ausdrücken. Manchmal ging sie spontan auf jemand zu und sprach über Dinge, die sie wirklich zu interessieren schienen.

Und sie fing an, mit Kindern zu spielen. Zu jener Zeit hatte dies meistens die Form eines Mutter-und-Kind-Spiels, das oft in rüde Szenen ausartete. Mary suchte sich immer ein älteres Kind, das dieses Spiel mit ihr spielen sollte. Das ältere Mädchen mußte vorgeben, eine Mutter (oder Betreuerin) zu sein, und das Spiel bestand darin, daß die Mutterfigur die von Mary gespielte Tochter schüttelte. »Schüttel' mich stärker«, beharrte Mary. »Schüttel' mich, bis ich weine«, und so hatte das Spiel ausnahmslos ein Ende, wenn Mary so tat, als sei sie hingefallen oder habe sich irgendwie weh getan.

Als sie anfing, diese Selbstbestrafungsspiele zu spielen, wurden ihre vielen körperlichen Beschwerden weniger unaufhörlich. Sie war zwar weiterhin jeden Tag, besonders morgens, besorgt, sie könne krank sein, und sie beklagte sich, wir täten nicht genug, um ihre vielen Wehwehchen zu lindern. Sie haßte es, dem Tag zu begegnen. Jeden Abend bat sie: »Weckt mich niemals auf!« Aber ihre Klagen wurden langsam weniger eindringlich.

Dies war der Anfang einer langen Periode, in der Mary hin und her schwankte zwischen Entladung von Feindseligkeit im Spiel und in der Wirklichkeit einerseits und andererseits der Wendung der Aggression gegen sich selbst, indem sie hinfiel, sich schnitt oder sich auf andere Weise weh tat. Mary bemühte sich auch, ihre feindseligen Tendenzen zu unterdrücken, was wieder zu inneren Spannungen führte, die als physische Beschwerden erlebt wurden. Obwohl die direkte Spannungsabfuhr durch offene Feindseligkeit zum Nachlassen dieser physischen Symptome führte, war das Problem doch nicht ganz so einfach. Denn wenn Mary in ihren aggressiven Handlungen zu weit ging, bekam sie Schuldgefühle und bestrafte sich durch körperliches Unbehagen dafür. Je mehr sie jedoch ihre Feindseligkeit zu integrieren lernte, desto geborgener schien sie sich zu fühlen. Sie konnte es dann eine Zeitlang aufgeben, sich an ihre körperlichen Leiden zu klammern. Eines Morgens, nach fünf Monaten bei uns, sagte sie der Krankenschwester, sie habe an diesem Tag »kein Wehweh«, und sie sah zufrieden aus, als sie es sagte. Jetzt konnte sie zum erstenmal gelegentlich den Tag beginnen und sich »gesund« fühlen.

Wenn auch das vorherrschende Thema ihrer Spiele mit den Kindern lange das Bestraftwerden und sonstige Mißhandlungen blieben, fing Mary im vierten Monat an, ihr Repertoire des Phantasiespiels zu erweitern. Statt immer in einer Art von Wahn die Mutterfiguren aufzufordern, die Kinder zu schütteln, weil sie böse seien, spielte sie nun manchmal ein ruhigeres Spiel, in dem sie in allen Einzelheiten ihre Erlebnisse in der Schulklasse nachahmte. Einmal sagte sie sogar zu den Kindern, »Ihr seid brav gewesen, und ich will euch allen ein Geschenk geben«, worauf sie sich zu ihrer Betreuerin wandte und verlegen lächelte. Es war deutlich, daß sie der Betreuerin zu gefallen versuchte und nicht den Kindern. Aber so etwas kam selten vor.

Meistens fiel sie auf den aggressiv-submissiven Typus des Spiels zurück. Eines Abends, als sie mit den Kindern »Vater, Mutter und Kind« spielte, übernahm Mary die Rolle der Erwachsenen und tat so, als verabreiche sie ihren Spielkameraden eine Tracht Prügel. Die Betreuerin bemerkte, bei uns in der Schule würden Kinder nicht geschlagen, worauf Mary antwortete: »Ich bin jetzt keine Betreuerin — ich bin eine Mutter.« Wenn sie wollte, konnte Mary also unterscheiden zwischen dem, was zur Vergangenheit gehörte, und dem, was wirklich Gegenwart war.

Langsam begann sie auch Menschen zu unterscheiden. Das war zuerst in der Anerkennung jener zu sehen, die sich als besonders zuverlässig in der Erfüllung ihrer Bedürfnisse erweisen könnten. Sie sagte jetzt oft zu ihren Lieblingsbetreuerinnen: »Du wirst mich versorgen«, wenn auch mehr mit herausfordernder Kampflust als mit Sicherheit. Ihre Drohungen, die anderen Kinder und ihre eigenen Betreuerinnen zu töten, verschwanden allmählich, und heftige Ausbrüche wie »Ich bring' sie um!« richteten sich eher gegen die Köchinnen und die Hausmädchen. Mit diesen »Außenseitern« lebte sie ständig auf Kriegsfuß. Während Mary fortfuhr, andere zu verfolgen, begann sie zugleich auch, sich von ihnen verfolgt zu fühlen. Jetzt beschwerte sie sich, man stehle ihre Sachen, aber zugleich konnte sie gelegentlich zugeben, daß sie selber stahl, obwohl dies etwas war, was sie bisher geleugnet hatte.

Mit ihrem offensichtlichen Fortschritt in der Sozialisation begann auch — als Bremse für ihr schlechtes Benehmen — eine gewisse Furcht vor Vergeltung aufzutauchen. Diese Furcht ist ein erster Schritt zur Entwicklung bewußter Schuldgefühle. Als Mary etwa seit sechs Monaten an der Schule war, machte sie eines Abends z. B. Unsinn mit den Spielsachen eines anderen Kindes. Während sie die Spielsachen handhabte und sie dabei fast kaputtmachte, sagte sie ganz leise: »Sie bringt mich um, wenn sie das herausbekommt.«

Bis zu dieser Zeit hatte Mary über ihre Tante nur Böses zu sagen gewußt, und sie schien in bezug auf ihre eigenen Handlungen vor oder während ihrer Zeit an der Schule ganz frei von bewußten Schuldgefühlen zu sein. Jetzt fing Mary an, sich selber wegen schlechten Benehmens zu beschuldigen; als ihre Betreuerin bemerkte, schließlich seien ja Marys Verwandte nicht sehr nett zu ihr gewesen, sagte Mary: »Doch, sie waren nett; ich war nur gemein.« Die Betreuerin versuchte anzudeuten, wenn die Verwandten es besser verstanden hätten, wie man ein kleines Mädchen versorgt, hätte Mary mit ihnen wohl auskommen können. Aber Mary zählte nur die bösen Dinge auf, die sie getan hatte. Sie wiederholte die Geschichte, wie sie das Mädchen mit dem Eisenrohr geschlagen hatte — nur zeigte sie diesmal Gefühle, während sie sie erzählte, und schauderte fast bei der Erinnerung.

Diese Reue hing übrigens eng zusammen mit einem Vorfall, bei dem Mary die Selbstbeherrschung verlor. Ihr Eingeständnis, sie sei früher gemein gewesen, erfolgte unmittelbar, nachdem sie an der Schule ein Mädchen mit einem Besen geschlagen hatte, weil dieses zu langsam etwas tat, das Mary getan haben wollte. So nahmen ihre Selbstanklagen in bezug auf die Vergangenheit gewissermaßen die Stelle von Schuldgefühlen wegen gegenwärtiger Missetaten ein, die sie noch nicht zuzugeben bereit war.

Auf Marys flüchtige Einsicht, in welcher Weise sie selbst zu den unglücklichen Umständen ihres Lebens bei ihrer Tante beigetragen hatte, folgten sofort extravagante Forderungen: »Kauf' mir dieses Spielzeug, und noch das und das.« Sie schien eine sofortige Belohnung für ihren Versuch zu brauchen, ihre eigene Rolle beim Zustandekommen ihrer Schwierigkeiten zu sehen; vielleicht wollte sie augenblickliche, greifbare Beweise, daß sie noch geliebt wurde, obwohl sie so böse Dinge getan hatte. Vielleicht versuchte sie auch, ihr keimendes Gewissen mit neuem Spielzeug abzulenken.

Daß Mary sich nun in gewissem Maß ihren Gefühlen stellen und zwischen ihnen unterscheiden konnte — obwohl sie vorher selbst ihr Vorhandensein geleugnet hatte —, trat eines Tages in einem Gespräch mit ihrer Betreuerin zutage. Während sie auf dem Schoß ihrer Betreuerin saß, nahm sie einen ihrer Schlüssel, hielt ihn an den Kopf der Betreuerin und tat so, als drehe sie ihn im Schloß. Sie sagte dazu: »Ich bin jetzt eine Betreuerin, ich werde dein Gehirn aufmachen.« Ein anderes Mädchen, das dabei war, fragte, was sie darin finde. Also tat Mary so, als öffne sie eine Seite des Kopfes, und sagte, die Betreuerin sei ein Dummkopf. Dann sagte sie: »Nun wollen wir mal die andere Seite ansehen — da ist sie kein Dummkopf. Nun schauen wir uns ihr Herz an.« Mary drehte den Schlüssel um und sagte: »Diese Seite sagt, sie ist verliebt — die andere Seite sagt, sie ist es nicht.« Auf diese Weise brachte Mary zum erstenmal zum Ausdruck, daß sie sich der Ambivalenz ihrer Gefühle bewußt war, obwohl sie nur fähig zu sein schien, sich ihren eigenen Gefühlen der Unzulänglichkeit (ein Dummkopf zu sein) und der Ambivalenz zu stellen, wenn sie sie auf eine relativ zuverlässige Person projizierte. Zugleich erkannte Mary an, daß die Betreuerin die Gefühle anderer Menschen verstehen konnte, während sie selbst dazu nicht in der Lage war. Nur indem sie vorgab, eine Betreuerin zu sein, konnte sie einem anderen Menschen ins Gehirn schauen und emotionale Ambivalenz erkennen.

Als sie sich ihrer eigenen Gefühle bewußter wurde, tauchten Erinnerungen an ihre Mutter auf, wenn sie sie auch nicht als solche erkannte. Eines Tages beim Puppenspiel bemerkte Mary: »Sie sind alle traurig, nicht wahr, alle außer ihm«, wobei sie auf den Vater zeigte. (In Wirklichkeit waren die Puppen ganz ausdruckslos.) Dann sah sie sie alle noch einmal sorgfältig an und wiederholte: »Der Vater ist fröhlich, aber die Mutter ist am traurigsten.« Aber sie konnte dies nicht weiter ausführen. Mary fuhr während mehrerer Spielstunden so fort und kommentierte: »Die Mutter ist traurig, aber der Vater ist als einziger froh.« Auf die Frage, warum, konnte sie nur wiederholen: »Ich glaube einfach, daß es so ist — die Mutter sieht so traurig aus.«

Danach begann sie sich an bestimmte unangenehme Ereignisse zu erinnern. An einem hektischen Tag hatte Mary eine besonders schlimme Zeit mit einigen Kindern. An dem Abend wandte sie sich am Essenstisch zu ihrer Betreuerin und sagte: »Meine Tante hatte einmal eine Pfanne voll Kummer (grievance).« Auf die Frage, was sie meine, wiederholte sie das Wort »Kummer« mehrmals; dann sagte sie, als sie sehr klein war und bei ihrer Tante wohnte, habe die Tante eine Pfanne voll Kummer auf dem Herd gehabt. Erst nach vielen ermutigenden Fragen wurde sie ausführlicher: »Meine Tante sagte, ich solle das Gas ausdrehen, und ich war nur halb so hoch wie der Herd. Als ich hinauflangte, um es abzustellen, lief die Pfanne über, und der heiße Kummer spritzte über mein ganzes Bein und verbrannte mich. Ich hab' geweint und geweint.« [4] Als Mary das herausgebracht hatte, konnte sie auch die Frage eines anderen Kindes nach dem Wort »Grievance« (Kummer) beantworten: »Das ist das heiße Zeug, das sie in Pfannen haben.« Dann gab sie widerwillig zu, daß sie sich mit heißem Fett verbrüht hatte. Emotionell war für sie die Pfanne immer noch voll brühheißen »Kummers«.

Die Erinnerungen an ihr früheres Unglück hatten vielleicht etwas mit ihren Versuchen zu tun, sich von ihrem früheren Leben zu lösen. Am Ende ihres sechsten Monats bei uns beschloß sie spontan, all den Besitz zusammenzupacken, den sie mit an die Schule gebracht hatte, und sich von ihm zu befreien, indem sie ihn an ihre Tante zurückschickte. Sie packte die Sachen in die Kiste, in der sie gekommen waren, und verschloß sie sorgfältig selbst. Dann, ein paar Tage später, zeigte sich Mary besorgt über ihren Familiennamen. Wir merkten dies erst, als sie die Namensschildchen in ihren Kleidern nicht in Ruhe lassen konnte.

Aus einer Ahnung heraus schlug die Betreuerin vor, sie könne einfach »Mary« anstatt »Mary Blank« auf ihren Namensschildchen haben. Mit einem Seufzer der Erleichterung sagte Mary, das hätte sie sehr gern.

Mit diesem Wunsch, sich von dem Leben bei ihrer Tante zu lösen, machte Mary Anstrengungen, zu noch früheren Erlebnissen zurückzukehren. Sie entwickelte eine leidenschaftliche Vorliebe für Zwiebeln, die, wie sie erklärte, die Lieblingsspeise ihres Vaters gewesen waren. Mary aß Zwiebeln in allen Formen und Varianten und zu jeder Tageszeit. Etwa zur gleichen Zeit wurde Mary auch vom Essen im allgemeinen angesprochen. Zwei Monate vorher hatte es eine gewisse Vorankündigung dafür in einem ihrer Träume gegeben. Mary hatte im Schlaf ihrer Betreuerin zugerufen: »Warum bist du die einzige, die es hat?« Als die Betreuerin sie fragte, was sie meine, fragte Mary wieder: »Warum bist du die einzige, die all das Essen hat?« Sie sagte nichts weiter und schien während der ganzen Zeit fest geschlafen zu haben. In den nächsten paar Monaten äußerte sie einen starken Wunsch nach Zwiebeln, auf den bald unaufhörliche Wünsche nach allerlei Arten von Nahrungsmitteln folgten.

Mary war jedoch nie zufrieden, selbst wenn man ihr eine Fülle von Eßbarem anbot. Es war unmöglich, ihr genug zu verschaffen. Sobald man ihr irgend etwas gab — Essen, Spielzeug oder Aufmerksamkeit —, stellte sie die Grenzen unseres Gebens auf die Probe, indem sie die unvernünftigsten und extravagantesten Forderungen erhob. Wenn man ihr Süßigkeiten anbot, nahm sie sie mit vollen Händen und warf sie auf den Boden; dann verlangte sie mehr, nur um den neuen Vorrat dem vorigen nachzuwerfen. Als wir ihr schließlich weiteren Nachschub verweigerten, wurde sie sehr wütend, immer in der Angst, ihre vernünftigen Forderungen würden abgelehnt werden, weil man ihre unvernünftigen zurückwies.

Aber außer daß sie sich unvernünftig verhielt, verdoppelte Mary ihre Anstrengungen, mit dem fertig zu werden, was sie bei sich als unannehmbares Verhalten betrachtete, nämlich mit ihrer Masturbation. Diesmal ging sie über den Versuch hinaus, sich nur »dezenter« zu benehmen; sie suchte eine konstruktive Lösung. Oftmals am Tag und regelmäßig am Abend fing sie an, heftig auf ihrem Bett auf und nieder zu hopsen. Schließlich bat sie um ein Schaukelpferd, damit sie Cowgirl spielen und reiten und auf dem Pferd hopsen könne anstatt auf ihrem Bett.

Mary war gerade sechs Monate bei uns, als Weihnachten herankam. Dies war für sie eine sehr schwierige Zeit. Ihre Gefühle, Mangel gelitten zu haben und vernachlässigt worden zu sein, machten es sehr schmerzlich für sie, mitanzusehen, wie andere Kinder Geschenke bekamen. Ihr gefielen zwar ihre eigenen Gaben, aber sie war gewissermaßen zu eifersüchtig auf andere, um sich an ihnen zu freuen. Sie sorgte absichtlich dafür, daß der Weihnachtsbaum auf ein Mädchen fiel, auf das sie besonders eifersüchtig war und das mehr als irgendein anderes Kind ihre Schwester darstellte. Sofort danach bestand Mary darauf, mit einem Metallspielzeug zu spielen, das diesem Mädchen gehörte, und schnitt sich daran in den Finger. Der Schnitt war zwar nicht schlimm, aber er tat ziemlich weh und hinderte Mary daran, ungehemmt mit ihren eigenen neuen Spielsachen zu spielen.

Während der Ferien umgab Mary sich mit all ihren Geschenken. In der Nacht behielt sie sie neben sich im Bett. Eins, ein flauschiger Hund, war ihr besonderer Liebling; diesen band sie an ihrem Bettpfosten sorgfältig fest. Weniger als einen Monat nach Weihnachten kam ihr neunter Geburtstag heran, und sie bekam zusätzlich eine reichliche Anzahl von Geschenken von der Schule. Dies alles mag mit ihrer neuen Fähigkeit zu tun gehabt haben, das Agieren sein zu lassen, wenn ihre Lieblingsbetreuerin energisch mit ihr sprach. Auf jeden Fall war diese Lenkung für Mary wichtig, wenn sie auch tobte und ihre Betreuerin anschrie: »Ihr zwingt die Menschen. Ihr zwingt sie, Dinge zu tun.«

Der Umstand, daß Mary gelernt hatte, sich bei einer Person mehr zu beherrschen, machte sie bei anderen nicht weniger unvernünftig. Ihre aggressiven Ausbrüche gingen weiter, und sie waren besonders heftig, wenn einem anderen Kind das zugestanden wurde, was sie als besondere Aufmerksamkeit deutete. Dann reagierte Mary immer noch mit Schreien, indem sie ihr eigenes Spielzeug wie auch das anderer kaputtmachte, und sogar, indem sie Kinder oder Erwachsene angriff. Aber diese Handlungen waren mehr oder weniger steuerbar, wenn die eine ihrer Lieblingsbetreuerinnen dabei war, und ihre Ausbrüche gegen andere wirkten weniger schlimm, woraus hervorging, daß es Mary nicht mehr völlig unmöglich war, sich zurückzuhalten.

Marys neue Erkenntnis, daß es nicht mehr gefährlich war, ihre wahren Gefühle zu zeigen, und daß ihr Leben lohnende Augenblicke haben konnte, wie ihren Geburtstag und Weihnachten, schien es ihr zu ermöglichen, auch Gefühle zu offenbaren, die sie vorher für sich behalten hatte. Vielleicht hatte sie auch über sie geschwiegen, weil sie fürchtete, einige der Dinge, die sie beschäftigten, könnten uns abstoßen, oder sie könnte nicht mit ihnen fertig werden, solange es ihr noch an einem Minimum an Selbstbeherrschung fehlte. Was auch die Wurzeln ihrer neuen Freiheit sein mochten, Mary begann in ihrem Puppenspiel Familiensituationen nachzubilden und sexuelle Themen zu agieren.

Dies fing an mit einer Diskussion zwischen zwei Puppen, die Eltern darstellten, ob die Kinder auf die Toilette müßten und wer mit ihnen dorthin gehen sollte, die Mutter oder der Vater. Mary spielte die Mutter und brachte zuerst das kleine Mädchen auf die Toilette, dann den Jungen. Sie setzte das Mädchen auf die Toilette, aber als der Junge an der Reihe war, sagte sie: »Oh, ich hätte ihn beinah hingesetzt.« Dann ließ sie ihn neben der Toilette stehen, während sie das Geräusch des Wasserlassens machte. Mit diesem »Fehler« schien sie zu ihrer früheren Verwechslung der »Ers« und »Sies« zurückzukehren.

Vielleicht um ihre Beteiligung zu verdecken, ließ Mary nun den Jungen ihre Aggressionen agieren, wenn auch auf Umwegen. Er ging durch den Raum und warf den Tisch um; sie sagte, es tue ihm leid, er habe es nicht gewollt. Aber er fuhr fort, die Möbel umzuwerfen; daraufhin bekam Mary Angst und wechselte abrupt das Thema. Sie kehrte gleichsam zu der Ungefährlichkeit der nicht-aggressiven, nicht-sexuellen Geborgenheit zurück, bevor das Gewahrsein von Geschlechtsunterschieden begonnen hatte, ihren Frieden zu stören. Sie nahm eine bisher unbeachtete Babypuppe auf und legte sie der Mutter in den Arm. Sie sagte mit starker Betonung, die Mutter halte das Baby sehr fest, und zugleich machte sie summende Geräusche. Offensichtlich identifizierte sie sich mit dem Baby und genoß es.

Nach einer Weile ließ Mary dieses Spiel so abrupt wieder fallen, wie sie es angefangen hatte, und verlangte, eine Schule solle aufgebaut werden. Sie kehrte zu ihrer wirklichen Rolle als Schulkind zurück und beharrte darauf, die Vaterpuppe sei ich. Auch auf andere Weise zeigte Mary ganz entschieden ihren Wunsch, das Familienmilieu mit dem der Schule zu kombinieren. Sie ordnete z. B. das Wohnzimmer der Familie so an, daß es dem Wohnraum der Schule ähnlich sah, und der Vater wurde in ein Büro gesetzt, das so eingerichtet wurde, daß es meinem ähnelte. Nachdem Mary einen Rahmen geschaffen hatte, der ebenso ihre Vergangenheit wie ihre Gegenwart darstellen konnte, kehrte sie mit heftig ausagierendem Spiel zum Motiv der Sexualität zurück.

Der Puppenjunge und das Puppenmädchen begannen sich zu balgen, wobei Mary den Jungen auf dem Mädchen auf und nieder springen ließ. »Sie prügeln sich, und sie weint.« In Wirklichkeit spielten ihre Puppenkinder Geschlechtsverkehr, und dafür wurden sie sofort bestraft. Die Mutter beklagte sich beim Vater über das schleche Benehmen der Kinder, ohne ihre Prügelei (ihr Sexualspiel) zu erwähnen; die Mutter sagte nur, die Kinder schlügen das Haus zusammen, und es müsse etwas dagegen getan werden. Auf ihre erregten Klagen antwortete der Vater gleichgültig, man brauche nichts zu tun.

Das »Zertrümmern des Hauses« und die elterlichen Streitigkeiten setzten sich mehrere Tage lang fort, während die Kinder ihre Sexualspiele und ihre Destruktivität weiter betrieben und die Mutter den uninteressierten Vater immer mehr drängte, er müsse eine drastische Lösung finden. Schließlich gab er nach und stimmte ihr bei, niemand könne diese Zustände länger ertragen. Die Kinder wurden in die Orthogenic School geschickt, und bezeichnenderweise war es die Mutter, die sie dorthin brachte. An diesem Punkt brachte Mary mich ins Spiel, indem sie mich die Mutter fragen ließ, was sie wolle. Ich solle die Kinder behalten, meinte die Mutter, denn sie »rissen das Haus in Stücke«.

In diesem Puppenspiel spielte Mary die Ereignisse im Haus ihrer Tante wieder durch, die abliefen, als die Tante sie anderswo unterbringen wollte und mit dem Onkel dauernd darüber stritt, wobei dieser ziemlich lange Widerstand leistete, bevor er schließlich nachgab. Mary schien auch zu versuchen, die jüngste drastische Veränderung in ihrem Leben, ihre Unterbringung in der Schule, zu bewältigen. Diese war jetzt eine Realität, die sie zu akzeptieren versuchte — vielleicht, weil ihre jüngsten Erlebnisse angenehm gewesen waren; sie hatte ein wenig mehr Hoffnung, wir würden sie nicht wegen ihres schlechten Benehmens »zum Verkauf anbieten« (eine Angst, die sie in dem Spiel agiert hatte, in dem Tiere »zu verkaufen« waren). Offenbar hatte Mary entschieden, man habe sie zur Strafe für ihre zu große Aggressivität unter ihren Verwandten herumgeschoben, aber sie hatte nun eine gewisse Zuversicht, man werde in Zukunft bei der Anordnung ihres Lebens nicht mehr so wenig Rücksicht auf ihre Gefühle nehmen.

Marys Reaktionen in diesen Monaten wiesen darauf hin, daß ihre Lieblingsbetreuerinnen für sie immer mehr den Aspekt und die Bedeutung guter Mütter bekamen. Aus ihrem Verhalten ging auch deutlich hervor, daß andere Erwachsene ihre strafenden Verwandten geworden waren, und sie nützte die Gelegenheit, die verhaßten Verwandten in ihren Stellvertretern zu bekämpfen, weidlich aus, indem sie gegen die Mitarbeiter, die sie nicht mochte, einen totalen Krieg führte. Ähnlich repräsentierten die anderen Kinder in einem Augenblick ihre Schwester und in einem anderen ihre verhaßten Kusinen.

Zu dem Kind, das zu jener Zeit ihre Schwester repräsentierte, faßte Mary eine ambivalente Zuneigung. Sie erwartete mehr, als dieses Kind ihr jemals geben konnte, und war ständig enttäuscht, weil das andere Mädchen eigene Interessen hatte, an denen Mary keinen Anteil hatte. Mary war auch eifersüchtig, weil sie sicher war, das Los dieses Mädchens sei besser als ihr eigenes. Vielleicht hatte Marys Schwester es wirklich leichter gehabt als sie. Da Frances älter war und mehrere

Jahre in einer intakten Familie gelebt hatte, war sie vielleicht besser in der Lage, für sich selber zu sorgen, als die Kinder dann bei der Tante leben mußten.

Mit den Kindern, die ihre verhaßten Kusinen repräsentierten, war Mary unbarmherzig, da sie keine Vergeltung von ihrer Tante mehr zu fürchten hatte. Wir hatten das Gefühl, es sei am besten, nicht zu versuchen, ihr Agieren gegen Kinder und Erwachsene einzuschränken, wenn es nicht notwendig wurde, um das physische Wohl aller und das Recht der Kinder zu wahren, sie zu ignorieren, wenn sie wollten. Nach unserer Meinung war Mary noch nicht stark genug, um ihre Feindseligkeit zu integrieren, und wir meinten, sie müsse sie anderen gegenüber abführen, bevor sie positive Beziehungen zu ihren Lieblingsbetreuerinnen herstellen könne. Wir hofften, sie werde später mit Hilfe dieser Betreuerinnen die Welt positiver sehen.

Diskussion

Als wir zu diesem Zeitpunkt Marys Fortschritte zu beurteilen versuchten, fühlten wir uns ermutigt. Sowohl ihre Wut als auch ihre Frustration erschienen begründet, wenn man sie im Licht ihrer früheren Entbehrungen sah. Sie schien mehr Befriedigung im Leben zu finden und angemessener zu funktionieren. Anscheinend stellte sie auch positive persönliche Beziehungen her. In Besprechungen mit der einweisenden Organisation und dem beratenden Psychiater kamen wir zu dem Schluß, nach einem weiteren Jahr oder vielleicht auch schon früher könnte Mary so weit sein, daß man sie in einer Pflegefamilie oder sogar bei Adoptiveltern unterbringen könne. Dies schien besonders erstrebenswert, weil sie dann nicht mehr mit anderen Kindern teilen müßte, was für sie immer noch eine zu schwierige Aufgabe war. Der Plan, sie adoptieren zu lassen, wurde von dem Psychiater vorgeschlagen, der Mary in ihrem besten Zustand sah, wenn keine anderen Kinder da waren, auf die sie hätte eifersüchtig sein können, und wenn ihr von der Außenwelt keine frustrierenden Forderungen gestellt wurden. In dieser Situation fiel ihm auf, wie gut sie offenbar eine Beziehung herstellen und immer mehr eine Person werden konnte.

Marys neue Freiheit und ihre tatsächliche Bewältigung von Aufgaben in bestimmten Bereichen kam am besten in ihren vorzüglichen Schulfortschritten zum Vorschein. Dies war vielleicht deshalb möglich, weil ihre früheren Erfahrungen mit der Schule, wenn sie vielleicht auch leer und bedeutungslos waren, wenigstens nicht negativ gewesen waren. Sie hatte in der Schule keine traumatischen Erlebnisse gehabt, die sie von allen Bemühungen hätten abschrecken können, diese Situation zu meistern. Mary konnte als Schülerin funktionieren und versuchen, auf eine Beziehung zwischen Schüler und Lehrer einzugehen. Mit Hilfe ihrer guten intellektuellen Begabung (ihr I. Q. betrug damals 107) konnte sie sogar ihre Eifersucht lindern, indem sie in selbstgeschaffenen Wettbewerben siegte, wenn wir auch versuchten, dieses Element aus dem Klassenzimmer zu verbannen.

Aber wir erkannten, daß Mary trotz dieser Leistungen niemals entspannt war. Sie konnte nur fröhlich sein, wenn sie von anderen angesteckt wurde, nicht von allein. In der Schulklasse schnitt sie eines Tages mit Hilfe ihrer Lehrerin ein paar hübsche Vögel aus und klebte sie auf einen Baum, den sie abgemalt hatte. Sie bestand darauf, mir dieses Bild zu schenken. Es war ein Zeichen guten Willens und zeigte, daß ihr klar war, daß wir uns wünschten, sie möge das Leben positiver sehen. Aber solche Bemühungen, uns zu gefallen, schienen keine echten Ergebnisse ihrer persönlichen Erfahrungen zu sein. Diese drückte sie in vielen Zeichnungen von Mädchen mit sehr traurigen Gesichtern aus.

Es gab auch noch andere Gefahrensignale, wenn sie damals auch von ihrer stetigen Besserung verdeckt zu werden schienen. Sie lebte z. B. einen Großteil der Zeit immer noch nicht in dieser Welt, sondern war von ihren eigenen Gedanken in Anspruch genommen und blind für das, was um sie her vor sich ging. Gelegentlich tauchten auch Albträume auf; einer davon war besonders beharrlich; darin versank sie in grundlosem Sand, und da war »etwas mit einer Mutter und einem Baby«. Wir waren nicht übermäßig besorgt, weil sie seit ihrem vierten Monat bei uns besser in der Lage zu sein schien, abends ihre Betreuerin loszulassen, die zuvor oft stundenlang an ihrem Bett gesessen hatte, bevor Mary einschlafen konnte. Wir nahmen dies als ein weiteres Zeichen für zunehmendes Wohlbefinden.

Was wir übersahen, war der Umstand, daß wir, indem wir Mary soviel anboten und gaben, im Vergleich zu der emotionellen und materiellen Entbehrung, die sie erlebt hatte, eine zu große Versuchung für sie geschaffen hatten. Sie konnte es sich nicht leisten, das abzulehnen, was wir ihr boten; es war zu gut. Natürlich nahm sie es an — nicht autonom, zu ihren eigenen Bedingungen, sondern unkritisch. Genau wie früher unangenehme Erlebnisse sie überwältigt und sie daran gehindert hatten, ihre Persönlichkeit zu integrieren, überwältigten sie jetzt angenehme Erlebnisse, mit ähnlich unerwünschten Folgen. Unser guter Wille hatte in ihr eine ungeheure Angst erzeugt, eine falsche Bewegung könnte all das gefährden, was sie gewonnen hatte. Sie strebte wie verrückt nach einer oberflächlichen Anpassung, die uns befriedigen sollte, um auf diese Weise die Dauer ihrer gegenwärtigen Lebensbedingungen zu sichern. Es war ein verzweifelter Versuch, binnen kurzem ein neues Leben, eine neue Persönlichkeit zu erwerben — einen Ersatz zu finden für die Bewältigung früherer Erlebnisse und für ihre Integrierung mit Hilfe einer Ich-Stärke, die sie noch nicht besaß.

Aber sosehr sie es auch versuchen mochte, es überstieg ihre Kräfte immer noch, sich von ihrer emotionalen Vergangenheit zu befreien. Sie konnte mit einigen Äußerlichkeiten fertig werden, indem sie z. B. ihren Familiennamen nicht mehr benützte; aber die innere Flexibilität, die für eine echte Anpassung an eine neue Lebenssituation nötig gewesen wäre, konnte sie noch lange nicht aufbringen. Darum war es für sie notwendig, die wesentlichen emotionalen Faktoren ihrer früheren Lebensbedingungen (die gebende und verstehende Mutter, die strafende Tante, die ambivalente Schwester, die verhaßten Kusinen) in Bausch und Bogen in ihre neue Umwelt mit hineinzunehmen. Eine solche Übertragung ist im Rahmen einer Anstalt möglich. Aber sie sollte lediglich ein Rahmen für ein späteres Durcharbeiten der Vergangenheit sein, das dann zu einer realistischen Anpassung an die Gegenwart, zur Entwicklung neuer Persönlichkeitszüge und schließlich zu ihrer Integrierung führen sollte.

Im Rückblick ist es natürlich ganz leicht, Marys ängstlichen Wunsch zu verstehen, denen zu gefallen, die sie als höchst mächtig ansah. Unsere Versuche, sie von diesen Bemühungen abzubringen, die wir zum Teil als unecht erkannten, konnten ihre Angst vor der Gefahr, uns zu mißfallen, nicht durchdringen. Wir sahen nicht deutlich genug, daß die Konzentration all ihrer positiven Gefühle auf ihre beiden Lieblinge und ihre Abfuhr von Feindseligkeit gegen alle anderen sie noch hilfloser abhängig vom guten Willen ihrer Lieblingsbetreuerinnen werden ließen. Je wütender sie andere machte, desto entscheidender wurde der Schutz dieser beiden. Je weniger wir ihre Bösartigkeit gegenüber anderen einschränkten, wodurch sie ihnen entfremdet wurde, desto mehr wurde sie bereit, für den fortwährenden guten Willen und Schutz ihrer beiden Lieblinge einen hohen Preis zu bezahlen.

Man kann aber nicht sagen, Mary hätte sich wirklich mit diesen beiden Betreuerinnen identifiziert; ein so brennender Wunsch, zu gefallen, machte es ihr unmöglich, sich auf den langsamen Prozeß der Identifizierung einzulassen. Sie versuchte nicht einmal, sie zu ihrem Ich-Ideal zu machen. Mary benahm sich einfach nur so, wie sie meinte, daß sie es erwarteten. Sie hatte zu große Eile, und gemäß der primitiven Stufe ihrer Ich-Entwicklung benützte sie die primitivste Methode, sich das einzuverleiben, was sie erwerben wollte: Da sie weder die Zeit, die

Werkzeuge noch die Kraft hatte, die Tiefen auszuloten, kopierte sie einfach nur die Äußerlichkeiten der Persönlichkeit der beiden, ohne ihre Wertvorstellungen zu integrieren. Außerdem hatten ihre Betreuerinnen zwar ähnliche Wertvorstellungen, aber sie drückten sie natürlich jeweils gemäß ihrer eigenen Persönlichkeit aus. Ihre charakteristischen Verhaltensweisen — die einzigen Züge, die Mary erkennen und daher versuchen konnte, zu erwerben — waren ganz verschieden. Da sie auf diese Weise zwei Vorbildern nachzueifern hatte, von denen keins zu ihren eigenen Gefühlen paßte, brachen ihre Bemühungen, durch Nachahmung eine fertige Persönlichkeit zu erwerben, unweigerlich zusammen [5]. Eine echte Integrierung ihrer eigenen Persönlichkeit wurde zur einzigen Lösung, die ihr offenstand, aber zu diesem Versuch war sie noch nicht bereit.

Darum waren wir in den nächsten Monaten Zeugen, wie der größte Teil der oberflächlichen Anpassung Marys langsam in Stücke fiel und eine viel chaotischere und primitivere Persönlichkeit zum Vorschein kam. Sie war viel kränker, als wir jemals erwartet hatten. Während wir erfuhren, wie disparat ihre Elemente waren, wie »schizoid«, erkannten wir allmählich, wie schwierig es für Mary war, auch nur die ersten Schritte zur Integration zu machen. Kein Wunder, daß sie so eifrig bemüht war, sich mit einer geborgten Persönlichkeit zu bescheiden, anstatt ihre eigene zu entwickeln.

Zusammenbruch und erste Integrationsversuche

Mary fing an Bemerkungen zu machen, die darauf hinwiesen, daß sie ahnend wahrgenommen hatte, ihre Anpassung sei nur oberflächlich — wenn wir dies damals auch noch nicht ganz begriffen. Sie sagte, sie versuche, sich vom Schreien und vor Prügeleien zurückzuhalten. Sie wollte, ihre Lehrerin, ihre Betreuerinnen und die ihr weniger vertrauten Mitarbeiter sollten strenger mit ihr sein, so daß sie »Schwierigkeiten vermeiden« könne. Als sie sich weigerten, als »Polizisten« zu dienen, warnte Mary sie: »Bringt mich lieber zu Dr. B., damit er mich zur Ruhe bringt«.[6] Da Mary völlig unfähig war, mit dem ungeheuren Problem fertig zu werden, dem sie sich gegenübersah, suchte sie ständig nach Steuerung von außen.

Nach Weihnachten und ihrem neunten Geburtstag, als sie so viele Geschenke bekommen hatte, hellte sich Marys Stimmung manchmal auf, und sie sagte, sie hoffe noch lange an der Schule zu bleiben. Aber gegen

Ende Februar verlangte sie, man solle sie lenken, so daß sie die Schule verlassen könne. Von dem Verlangen nach äußerer Steuerung, so daß sie »Schwierigkeiten vermeiden« und besser mit Leuten auskommen könne, regredierte sie nun so weit, daß sie Steuerung von außen suchte, weil sie fortwollte. Sie konnte nicht sagen, warum sie fortwollte oder wohin sie gehen wollte. Sie wollte nicht zu ihrer Schwester oder ihrer Tante oder zu anderen Verwandten zurück. Sie wollte einfach nur von der Schule fort. Offensichtlich hatten wir sie enttäuscht. Die Augenblicke, in denen sie fröhlicher wirkte, und ihr gelegentliches Lächeln verschwanden; an ihre Stelle trat ein immer desorganisierteres und unglücklicheres Erscheinungsbild.

Dies waren erste Vorboten. Wir waren sicher, daß die Situation sich verschlechtert hatte, als Marys Schreien an Häufigkeit und Stärke zunahm. Zuerst war es ein Abbild ihrer Wutanfälle in den ersten Monaten an der Schule, dann wurde es schlimmer. Auch ihre Destruktivität kehrte mit voller Wucht zurück und wurde sogar noch schlimmer, ebenso ihre Isolierung von Kindern und Erwachsenen. Jedesmal, wenn Mary der Realität begegnen mußte, war es für sie, selbst wenn wir es so attraktiv wie möglich zu gestalten versuchten, ein traumatisches Erlebnis, das zu einem totalen Zusammenbruch aller Anfänge von Integration führte, die sie bisher gezeigt hatte[7]. Zum Beispiel das Aufstehen am Morgen oder das In-die-Schule-Gehen — obwohl weder das eine noch das andere jemals von ihr erzwungen wurde — riefen heftige Verzweiflungsausbrüche hervor. Es war unmöglich, ihr irgend etwas vorzuschlagen, nicht einmal, daß sie gar nichts zu tun bräuchte.

Anfälle von Verzweiflung kamen mehrmals täglich vor — manchmal so häufig, daß sie fortwährend anzudauern schienen. Wenn wir sie fragten, was sie tun wolle oder was wir für sie tun könnten, konnte Mary nichts angeben. »*Ihr* müßt es *mir* sagen«, schrie sie dann. Die Spannung war so groß, daß sie, wenn nicht sofort ein Vorschlag gemacht wurde, anfing, Dinge und sich selbst herumzuwerfen. Andererseits hatten wir ihr kaum Vorschläge gemacht, wie man ihr vielleicht helfen könnte, so verwarf sie sie auch schon ebenso heftig.

Die Ausbrüche begannen oft damit, daß Mary schrie: »Ich werde böse sein! Ich werde schreien! Ich werde Lärm machen! Bringt mich irgendwohin! Tut etwas für mich! Ihr tut nie etwas für mich! Ich hasse euch!« Bei den ersten Worten begannen ihr Kopf und ihr ganzer Körper zu zittern. Ein andermal erstarrte sie plötzlich physisch, während sie aus Leibeskräften weiterschrie. Oder sie machte auf andere Weise einen solchen Krach, daß man nichts anderes mehr hören konnte und daß die Geduld mehr auf die Probe gestellt wurde als durch direktes Geschrei,

z. B. indem sie fortwährend Türen aufmachte und zuknallte oder das gleiche mit Schubladen tat. Manchmal kreischte sie: »Bringt mich irgendwohin!« während zwanzig oder dreißig Minuten, ohne Pause, aber sie blieb taub für alle Hilfsangebote der Betreuerinnen. Ebenso unzugänglich war sie für ihr ruhiges Zuhören. Vielleicht wußte sie, daß das »Irgendwo«, wohin man sie bringen sollte, die gute Mutter, die sie in ihrer frühesten Kindheit erlebt hatte, nicht mehr existierte.

Marys rasende Schreie wurden besonders intensiv, während sie von einem Erlebnis zum nächsten ging, wahrscheinlich wegen ihrer phantastischen Hoffnungen, was das neue Ereignis ihr bringen könnte, und ihrer sicheren Enttäuschung, daß es sie unmöglich befriedigen würde. Wenn dies schon bei einem Wechsel der Tätigkeit zutraf, so waren ihre Gefühle sogar noch intensiver, wenn sie einem neuen Menschen begegnete. Immer, wenn ein neuer Lehrer, Betreuer, ein neues Kind oder selbst ein Besucher in der Schule ankam, warf Mary sich mit verzehrender Erwartung auf sie. Wenn sie überhaupt günstig reagierten, überschüttete Mary sie mit einem Strom von Wünschen. Gewöhnlich konnte sie ihren wirklichen Wunsch nicht ausdrücken, und selbst wenn sie sagen konnte, was sie wollte, und wenn sie es bekam, war es nie das, wonach sie sich wirklich sehnte. So riefen all ihre Bemühungen, Beziehungen zu anderen Menschen herzustellen oder Befriedigung von ihnen zu erlangen, nur neue Enttäuschung hervor und endeten in immer tieferer Verzweiflung.

Die Tiefe von Marys Frustration und die primitive Natur ihrer Ängste trat zutage in ihrer Angst vor totaler Vernichtung, die sich manchmal darin äußerte, daß sie oft stundenlang schrie oder winselte: »Ich sterbe, so *tut* doch was!« [8] Für alle Versuche, zu ihr durchzudringen, blieb sie taub, wir mochten tun, was wir wollten.

Marys äußerste Not milderte sich so langsam und unmerklich, daß wir erst nach einigen Monaten anfangen konnten, die Besserung zu bemerken. Ihr Geschrei wandelte sich langsam von einer tödlichen Wiederholung von »Ich sterbe« oder »Ich hasse euch« in spezifischere Klagen. Sie fing an mit »Ihr haßt mich«, ging über zu »Ich hasse euch« oder »Ich hasse die Schule«, dann fing sie mit dem Zyklus wieder von vorne an.

Endlich, im Lauf mehrerer Monate, ließen die Schreianfälle nach. Sie traten jetzt nur noch ein paarmal am Tag auf und schließlich noch seltener. An ihre Stelle war eine stille, aber ebenso verheerende Isolierung getreten.

Wenn diese Phase begann (die sogar noch länger dauerte als die heftigen Ausbrüche), pflegte Mary sich, erschöpft von einem Schreianfall, auf ihrem Bett oder in dessen Nähe zu isolieren. Leise klagend pflegte sie mit ihrem Spielzeug und anderen Besitztümern zu hantieren, die sie zwanghaft immer wieder ordnete. Sie war ganz nach vorn gebückt, fast als wollte sie sich zu einer Kugel zusammenrollen. Von Zeit zu Zeit unterbrach sie ihre Hantierungen und lag still auf dem Bett, oder sie stieß mit den Füßen, mit Vorliebe gegen die Wand, aber auch einfach nur in die Luft. Auch hier war sie unzugänglich, sosehr wir versuchten, einen Kontakt aufzunehmen.

Vielleicht erlebte sie Erlebnisse ihrer frühen Kindheit noch einmal. Wie ein Säugling hatte sie zunächst geschrien, um die Aufmerksamkeit auf ihre Verzweiflung zu lenken. Dann zog sie sich, da auch unsere besten Bemühungen ihre schreckliche Not nicht lindern konnten, in die Isolierung zurück, die nur durch das ungezielte Strampeln unterbrochen wurde. Bemühungen, sie zum Reden zu bringen, führten zu neuen Schreianfällen und gesteigerter physischer Aktivität, wie z. B. Türenknallen, das sie jeweils eine halbe Stunde lang beibehalten konnte. Dann pflegte sie in ihre stillere Isolierung und zum immer neuen Ordnen kleiner Gegenstände zurückzukehren.

Marys tiefste Depression dauerte fast drei Monate (den achten bis zehnten Monat ihres Aufenthalts an der Schule). Emotionell kam Mary durch ein wiedererwachtes Interesse an Tieren in die Welt zurück. Obwohl unsere Bemühungen dazu beigetragen haben mögen, ihr die Kraft zu geben, aus ihrem Schneckenhaus herauszukommen, können wir das Aufflammen ihres Gefühls für Tiere nicht direkt mit unseren Versuchen, ihre Bedürfnisse zu erfüllen, in Verbindung bringen.

Marys Interesse an zahmen Tieren war von Anfang an offensichtlich gewesen. Jetzt mußten sie jedoch, um ihre Aufmerksamkeit zu erregen, eine Hauptbedingung erfüllen: sie mußten von niemandem gewollt und unversorgt sein. Sie umgab sich mit Tieren, von denen sie behauptete, niemand wolle sie haben — mit allem, von Goldfischen und Wassermolchen bis zu Schildkröten und Mäusen und Kaninchen. Leider konnten wir sie keine größeren Tiere halten lassen.

Gewöhnlich versorgte sie sie eine Zeitlang gut, nur um sie am Ende zu quälen oder durch Vernachlässigung eingehen zu lassen. Sobald sie gut versorgt wirkten, verlor sie das Interesse. Über ein Jahr später, als sie viel besser fähig war, Kontakt aufzunehmen und ihre Gefühle zu äußern, hielt sie immer noch an diesem Verhaltensmuster fest, aber nun war sie zu der Frage fähig: »Wie kommt es, daß all meine Leute sterben?« Sie berichtigte aus eigenem Antrieb ihre Frage: »Wie kommt es, daß all meine Tier-Leute sterben?«, aber es wurde nie: »Wie kommt es, daß meine Tiere sterben?« Mit ihren Tieren agierte sie das Unerwünscht- und Verlassensein, aber es fehlte ihr die Kraft, über diese negative Erfahrung hinauszugehen.

Das Leben derjenigen, mit denen Mary sich identifizierte, nahm niemals ein gutes Ende. Die Tiere, die sie sich aussuchte, um sie zu schützen und sie vor der Trostlosigkeit zu retten, erlitten ein Schicksal, wie sie es für sich selber fürchtete. Solange sie an ihrem eigenen »guten Ende« zweifelte, konnten ihre Tiere kein besseres Los haben. Mary agierte dies nicht nur mit ihren lebenden Tieren, sondern auch mit Spielzeugtieren. Wenn sie auch mit den Plüschtieren spielte, die man ihr geschenkt hatte, und sie sogar ein paar Tage lang liebte (wie bei dem flauschigen Hund, den sie zum ersten Weihnachtsfest an der Schule bekam), verloren sie doch bald an Bedeutung. Aber wenn ein anderes Kind sein Plüschtier vernachlässigte, beanspruchte Mary es sofort als ihr Eigentum. Sie wusch es und flickte es und verlor das Interesse an ihm, wenn es einigermaßen repariert war.

Einmal fand sie einen Stoffhund im Zimmer der Näherin, den wir nicht hübsch genug gefunden hatten, als Geschenk verwendet zu werden [9]. Dieses »ungewollte« Spielzeug erfüllte eine zusätzliche Bedingung — man hatte es Mary nicht geschenkt, sondern sie hatte es spontan adoptiert —, und es wurde zu ihrem beständigen Liebling. Sie nannte es »Zwiebeln« nach ihrer und ihres Vaters Lieblingsspeise. Auch hier offenbarte sie wieder einmal, wie primitiv die Stufe war, auf der sich zwischenmenschliche Beziehungen für sie fixiert hatten.

Genau wie sie jeden Tag Zwiebeln essen mußte, so mußte ihr Hund »Zwiebeln« sie überallhin begleiten, bei Tag und Nacht. Die Gesinnung von Kindern und Erwachsenen wurde jetzt danach eingeschätzt, wie sie »Zwiebeln« behandelten. Als Mary sich so weit für andere Menschen interessieren konnte, daß sie sich um ihre Beziehungen zu ihrem Hund kümmerte (wenn schon nicht um ihre Beziehungen zu ihr selbst), tauchte sie allmählich aus ihrer tiefen Depression auf; bald gab es auch andere kleine Zeichen dafür, daß sie nach menschlichem Kontakt strebte.

Mary begann auch wieder zu zeichnen; das war ein weiterer Hinweis auf ihr neues Interesse an der Welt. Zu dieser Zeit zeichnete sie meistens ihre Stofftiere. Die Beziehungen zwischen den Tieren waren anders als die, die sie früher agiert hatte, indem sie eine Katzenmutter von ihren Jungen getrennt hatte. Eines Tages zeichnete sie ein Tier, das dem Pandabären sehr ähnlich sah, den sie im Arm hielt. Als man sie auf diese Ähnlichkeit aufmerksam machte, schnappte sie wütend und wegwerfend: »Was weißt du schon.« Aber einen Augenblick später fügte sie ihrer Zeichnung ein Pandababy hinzu und schrieb dazu, seine

Mutter sei in den Laden gegangen, um Süßigkeiten, Eis, Kuchen und Fleisch für das dreijährige Baby zu kaufen. Als man sie nach dem Grund für das Alter des Babys fragte, bemerkte sie, als sie drei Jahre alt gewesen sei, habe sie bei ihrer Tante gelebt, denn ihre Mutter sei tot gewesen. In solchen seltenen Augenblicken und auf Umwegen gab sie zu erkennen, was ihr auf der Seele lag. Aber die meisten unserer Versuche, mit ihr zu sprechen, trafen auf mürrisches Schweigen oder ein wütendes: »Laß mich in Ruhe« oder »Ich weiß nicht«, die auf diejenigen, die versuchten, ihre Isolierung zu durchdringen, wie Schläge ins Gesicht wirkten.

Als ihre Depression weiter nachließ, schien Mary sich zunächst an sie zu klammern, anstatt sie loszulassen. Obwohl es weniger Geschrei und weniger Rückzug in melancholische Isolierung gab, war sie die meiste Zeit ebenso finster. Aber nun schien ein Teil dieser Düsternis eher angenommen als echt und hatte oft einen exhibitionistischen Anstrich. Zugleich wurde Mary sogar noch stärker absichtlich feindselig und schien andere leiden sehen zu wollen.

In dieser Stimmung hielt sie sich von ihren beiden Lieblingsbetreuerinnen fern. Sie sagte immer wieder, sie möge nur Betreuer, die mit anderen Gruppen zu tun hätten. Als wir nach den beiden fragten, die ihre Lieblinge gewesen waren, tat sie so, als wisse sie kaum, wen wir meinten. Die Menschen, von denen sie jetzt behauptete, sie habe sie gern, waren diejenigen, die fast nichts mit ihr zu tun hatten, und die sie in Wirklichkeit mied. Sie mied auch die Kinder, mit denen sie im Schlafraum zusammenlebte, ebenso diejenigen in ihrer Schulklasse. Während dieser Periode, in der sie versuchte, in der Distanz zu verharren, streifte sie meistens von einer Gruppe zur anderen, zog sich aber zurück, sobald ein Kind oder ein Betreuer versuchte, sie in ein Spiel hineinzuziehen, ihr etwas vorzulesen oder auf irgendeinem anderen Weg Kontakt herzustellen.

Wir waren nicht ganz sicher, wie wir mit dieser Situation am besten fertig werden sollten. Wir konnten nur Marys eigener Führung folgen. Als sie z. B. den Wunsch äußerte, bei ihrer Schwester zu wohnen, richteten wir es so ein, daß sie öfter mit dieser zusammenkam. Diese Besuche schienen zwar damals wenig Bedeutung für Mary zu haben, aber sie gefährdeten offensichtlich ihr Gefühl der Sicherheit in bezug auf die Dauer ihres Aufenthalts an der Schule. Sie sagte z. B. nach einem Besuch ihrer Schwester: »Ich will fort von hier, bevor ich vierzehn bin, vielleicht wenn ich dreizehn bin, nein, wenn ich achtzehn bin. Dann kann ich selber für mich sorgen. Nein, ich bleibe besser hier, bis ich zwanzig bin, dann gehe ich weg.« Kurzum, solche Besuche führten dazu, daß Mary sich ängstlich an die Schule klammerte, obwohl sie behauptete, sie wolle woanders leben.

Als sie weniger depressiv wurde, gewöhnte Mary sich an, mit dem Daumen im Mund zu schlafen. Offensichtlich mußte ihre Lust am Leben auf der primitivsten Stufe anfangen (oder wieder anfangen). Obwohl wir keine Fragen stellten, sagte sie freiwillig, sie wisse nicht, wie ihr Daumen dorthin komme, er scheine einfach in ihren Mund zu schlüpfen. Sie war erstaunt, daß wir nichts dagegen hatten, und machte abfällige Bemerkungen über andere Kinder, die am Daumen lutschten. Selbstgerecht verkündete sie, sie tue es nie, wenn andere dabei seien; sie lutsche nur nachts im Bett am Daumen.

Dies war das erstemal, daß Mary das Verhalten anderer Kinder zu ihrem eigenen in Beziehung gesetzt hatte. Vorher hatte sie nur auf sie reagiert, indem sie Einwände gegen sie erhob, indem sie eifersüchtig war oder sich verfolgt fühlte. Aber nun wurde deutlich, daß ihre Rückkehr zum Daumenlutschen auf ihre Beobachtung anderer Kinder zurückging. Daß sie sich fragte, warum sie es taten und warum wir es zuließen, war ein erster Schritt zum Anstellen von Vergleichen zwischen sich und anderen, und diesmal ging sie nicht darauf aus, sich zu überzeugen, was jene tun und haben könnten, werde ihr versagt. Vielmehr versuchte sie herauszufinden, ob sie nicht vielleicht auch die Dinge genießen könnte, die andere Kinder taten.

Der Umstand, daß Mary anfing, am Daumen zu lutschen, und daß sie versuchte, unsere Einstellung dazu zu verstehen, gehörte zu den wichtigsten Schritten, die Mary unternahm, um sich der menschlichen Gesellschaft wieder anzuschließen. Das Daumenlutschen entsprach natürlich Marys frühkindlichen Erlebnissen. Das wurde bekräftigt durch ihre am tiefsten eingewurzelte und beharrlichste Klage gegen ihre Tante: sie habe ihr die Babyflasche weggenommen. Für Mary hatte dies ein abruptes Ende der oralen Lust bedeutet, des einzig Positiven, das ihre Mutter ihr gegeben hatte (wenn auch inadäquat), und der einzigen interpersonalen Befriedigung, die sie jemals wirklich erlebt hatte. Sie konnte diesen Verlust niemals vergeben oder vergessen. Noch lange, nachdem sie ihre eigene Rolle bei ihren Schwierigkeiten mit der Tante begriffen hatte, und nachdem sie erkannt hatte, warum die Tante vielleicht ihre eigenen Kinder vorgezogen hatte, kehrte Mary immer wieder wütend zu der gleichen Klage zurück: »Warum hat sie meine Flasche weggeworfen?« (Übrigens mußte man Mary während ihres letzten Jahres bei uns wiederholt versichern, wenn sie weggehe, dürfe sie ihre Babyflasche mitnehmen. Es war die Flasche, die sie eine Zeitlang benützt, dann aber aufgegeben hatte, wenn sie sie auch in ihrem Regal sorgfältig bewachte. Als Mary uns schließlich verließ, erinnerten wir sie an die Flasche, aber sie ließ sie, wo sie war; mittlerweile war sie wirklich mit ihr fertig.)

Nachdem wir Mary ganz offen ermutigt hatten, das Daumenlutschen zu genießen, begann sie zu glauben, daß wir wirklich nichts dagegen hatten. In diesem Vertrauen konnte sie davon sprechen, wie ihr Onkel und ihre Tante sie geohrfeigt oder bitterschmeckendes Zeug auf ihre Hände getan hatten, um sie am Lutschen zu hindern.

Es gab noch andere Erinnerungen an grausame Behandlung. Sie erinnerte sich (wobei sie möglicherweise übertrieb), daß sie mit einem Gürtel mit Schnalle geschlagen, sogar übers Gesicht geschlagen worden war. Wenn Mary um etwas zu essen bat, wenn sie hungrig war, pflegte ihre Tante sie mit einem Messergriff ins Gesicht zu schlagen.

Diese Erinnerungen waren von starken Gefühlen begleitet, ganz anders als bei Marys früherer, gleichmütiger Art, von der Vergangenheit zu sprechen. Sie grübelte voll Zorn über jede dieser Anekdoten nach, Tag für Tag, wochenlang; und immer mehr ihrer »Kümmernisse« kamen ans Licht.

Dann hielt Mary plötzlich an sich; obwohl wir sie ermutigten, ihrem Herzen Luft zu machen, war sie nicht mehr fähig, über die Vergangenheit zu sprechen. Ein paar Wochen später versuchte sie fortzufahren, mußte aber wieder aufhören. Endlich konnte sie erklären, warum. »Ich fürchte mich«, sagte sie. »Ich will mit dir über meine Tante sprechen, aber ich fürchte mich. Ich versteh' es nicht. Warum hat sie ihre eigenen Kinder nicht geschlagen? Warum hat sie nur Frances und mich geschlagen?«

Sie war dadurch blockiert worden, daß sie den schwierigen Schritt von den Klagen über ihr Schicksal zu dem Versuch machen mußte, es zu verstehen. Nicht etwa, daß Mary daran interessiert war, die Motive ihrer Tante zu verstehen; ein solches Interesse für andere ging noch weit über ihre Möglichkeiten hinaus. Aber sie wollte ausloten, warum ihr diese Dinge geschehen waren. Die Mauer, die sie von der Welt trennte, fing an zu bröckeln. Sie war nicht mehr völlig überzeugt, daß ein unbarmherziges Schicksal sie zum Ziel erwählt hatte. Sie hatte angefangen, nach den Gründen für ihr Unglück zu fragen, als sie das Verhalten ihrer Tante ihr gegenüber mit der Art verglich, wie sie ihre eigenen Kinder behandelte. Mary beschrieb ausführlich, wie sie geschlagen wurde, wenn sie ihre Kusinen ärgerte, während ihre Tante ihre eigenen Kinder niemals schlug. Warum war sie so ungerecht?

Diese neue Fähigkeit, sich über ihre eigenen Leiden auszusprechen, über ihren Ursprung nachzudenken und andere als menschliche Wesen zu erkennen, veränderte auch Marys Haltung gegenüber anderen Kindern. Sie drohte nicht mehr, sie werde sie töten, und wünschte auch nicht mehr, sie seien tot. Aber sie fing an, sie in den Bereichen zu provozieren, wo es am meisten weh tat. Sie fand die subtilsten Methoden, um andere Kinder wütend oder ängstlich zu machen. Zu einem Mädchen sagte sie, dessen einziger Verwandter, ein Bruder, sei gestorben. Sie »fragte sich«, ob die Eltern eines anderen Kindes an einem Autozusammenstoß beteiligt gewesen seien. Dann trat sie zurück und beobachtete die tödliche Angst des Kindes. Als wir Mary mit diesem Verhalten konfrontierten, sagte sie: »Ich hab' nichts getan. Ich hab' nur gefragt, ob ihre Eltern einen Unfall gehabt haben.«

Menschen schienen für sie weitgehend in dem Maß real zu werden, in dem sie ihre Aggressionen gegen sie entladen und sie so unglücklich machen konnte, wie sie selbst es war. Der Umstand, daß sie Krankheit oder Tod von nahen Angehörigen benützte, um die anderen aus dem Gleichgewicht zu bringen, weist auch darauf hin, daß Mary versuchte herauszufinden, wie andere (besonders Kinder) auf solche Ereignisse reagierten. Vielleicht konnte sie durch die Beobachtung der Wut und Angst der anderen ihre eigenen Gefühle besser verstehen. Oder vielleicht hoffte sie auch, sich den anderen näher fühlen zu können, wenn sie ihre eigenen Gefühle in ihnen weckte.

Als ihre Aggressionen zielgerichteter wurden, wurden auch Marys Versuche der Selbstbeherrschung konsequenter. Sie konnte sich noch nicht aus eigener Kraft steuern; sie brauchte Hilfe von außen. Aber jetzt kamen ihre Forderungen nach Lenkung (»du solltest mich lieber zur Ruhe bringen« oder »bring' mich zu Dr. B.«) häufig vor und waren keine Ausnahmen mehr.

In ihrem Versuch, Beherrschung zu lernen, spielte sie die Betreuerin anderer Kinder. Dies war einmal ein kleines Zeichen ihres größeren Interesses an ihnen, aber hauptsächlich ein Versuch, ihren eigenen Einfluß realistisch zu prüfen. Während Mary früher ihre Spielkameradinnen in die Rolle der bösen Mutter versetzt hatte, wobei sie dann das leidende Kind war, war sie jetzt die Betreuerin, die den Kindern sagte, was sie zu tun hatten.

Nachdem Mary dies im Spiel agiert hatte, übertrug sie es auf die Realität. Immer, wenn sie meinte, ein anderes Kind habe sich falsch verhalten, lief sie zur Betreuerin und berichtete darüber, oder sie kam zu mir oder zu ihrer Lehrerin — zu irgendeiner Autoritätsperson. Offenbar versuchte sie, fast wie ein kleines Kind ein Gewissen zu entwickeln — erst, indem sie Mutter spielte, dann, indem sie bei anderen unannehmbares Verhalten erkannte, kritisierte und wünschte, es werde bestraft.

Das tastende Suchen nach einem Über-Ich brachte Mary der Person näher, die an der Schule mehr oder weniger die Über-Ich-Funktionen repräsentiert. Mary träumte und wünschte, sie sei mein Kind; dieser Wunsch ist übrigens bei den Kindern an der Schule keineswegs weit verbreitet. Sie hatte Tagträume, in denen sie sich vorstellte, sie würde nach dem Verlassen der Schule mit mir zusammenleben. Eines Tages behauptete sie, sie sei meine Tochter. Diese Phantasien wiesen darauf hin, daß sie eine etwas hoffnungsvollere, wenn auch unrealistische Aussicht auf die Zukunft gewann.

Im allgemeinen versank Mary trotz dieser Tagträume weniger in Phantasien und hatte mehr Kontakt zur Wirklichkeit, was denen, die mit ihr zusammenlebten, das Leben nicht unbedingt erleichterte. Denn nun konnte sie auf der Grundlage ihrer bösen Erfahrungen agieren. Wenn sie auch manchmal versuchte, ihre heftigen Angriffe auf Kinder und Erwachsene zu rechtfertigen, indem sie ihnen die Schuld für die Mißhandlungen gab, die sie von ihrer Tante erlitten hatte, konnte sie doch gewöhnlich zwischen denen unterscheiden, die früher ihr gegenüber versagt hatten, und denen, die sie jetzt mißhandelte.

Als ihr mehr und mehr Erinnerungen an die Vergangenheit kamen, bemühte sie sich, in das Chaos der erinnerten emotionalen Erlebnisse Ordnung hineinzubringen. Das Daumenlutschen hatte zu Erinnerungen daran geführt, wie ihre Verwandten versucht hatten, dem Lutschen ein Ende zu machen. Nun, da sie anfing, weiter zwischen der Vergangenheit und der Gegenwart zu unterscheiden und sich daher sicherer zu fühlen, tauchten Kastrationsdrohungen und Trennungsängste auf, die früher einmal benützt worden waren, um sie zu lenken. Wenn sie z. B. am Daumen gelutscht hatte, nahm ihr Onkel ihr den Daumen mit Gewalt aus dem Mund, legte ihn auf den Tisch, nahm sein Taschenmesser heraus und drohte, den Daumen abzuschneiden. »Ich wußte, er würde es nicht tun«, sagte Mary, »aber ich wollte, er hätte es nicht gesagt, denn ich war sowieso zu Tode erschrocken.«

Genau wie das Daumenlutschen zu Erinnerungen an diese Drohungen führte, so rief auch ihre Freiheit, sich so schmutzig zu machen, wie sie wollte, entsprechende Erinnerungen wach. Mary erinnerte sich, daß ihre Tante und ihr Onkel einmal, als sie sich im Dreck gewälzt hatte, sehr wütend waren, weil sie sich so schmutzig gemacht hatte. Sie sagten, sie würden sie in ein Waisenhaus bringen, fuhren sie im Auto ziemlich weit weg, um ihr ein Waisenhaus zu zeigen, und brachten sie dann wieder nach Hause. »Sie sagten immer, sie würden schreckliche Sachen mit mir machen«, sagte sie, »und dann taten sie es nicht.«

Kurz nach diesem Gespräch fand Mary den Mut, ihre Ängste hinsichtlich der Masturbation anzupacken, einer alten Quelle der Befriedigung, von der sie fürchtete, wir mißbilligten sie. Eines Tages, als Mary und ihre Gruppe auf dem Weg zum Museum waren, sprang ein streunender Hund eins der Mädchen an und rieb seine Genitalien an ihm. Mary sagte zu ihrer Betreuerin, bei ihr hätten Hunde das auch schon getan. Sie sagte es ziemlich provozierend, als wenn sie erwartete, die Betreuerin werde mit dem Mädchen irgend etwas Drastisches tun, aber die Betreuerin antwortete nicht. Dann fragte Mary in noch provokanterem Ton, was der Hund da mache. Als keiner ihrer Provokationsversuche eine Reaktion hervorrief, wechselte sie den Tonfall, und mit normaler und vielleicht etwas ängstlicher Stimme sagte sie, sie spiele manchmal mit sich selbst, und ob das das gleiche sei, was der Hund tue? Jetzt antwortete die Betreuerin und erinnerte Mary daran, daß wir nichts dagegen hätten, wenn die Kinder masturbierten. Mary habe ja selbst gesehen, daß niemand sich damit etwas zuleide tue. Es sei nichts »Schlimmes«, wenn man mit sich selbst spiele, fügte die Betreuerin hinzu, und die meisten Leute täten es zuweilen.

Nachdem sie erfahren hatte, was sie anscheinend hatte wissen wollen, nämlich, daß wir gegen Masturbation ebensowenig haben wie gegen das Daumenlutschen, schwenkte Mary plötzlich wieder zu ihrer Tante zurück. »Warum ist meine Tante einfach nur hergekommen und hat mich geschlagen, wenn sie sah, wie ich es tat?« fragte sie. »Warum hat sie nichts gesagt, sondern ist nur hergekommen und hat mich geschlagen?« Sie erzählte noch weitere Geschichten von Mißhandlungen. Das Gespräch endete damit, daß Mary bat, ihr den Ausdruck »Masturbation« noch einmal zu erklären. Nun konnte sie unbeschwert über das große Wort lachen, und sie fragte, ob sie es benützen müsse, wenn sie darüber rede. Gewiß nicht, antwortete die Betreuerin. Marys Ausdruck »mit mir selbst spielen« sei völlig in Ordnung. Daraufhin vertraute Mary ihr an, daß sie lange kein Wort dafür gehabt habe, und erfreut gewesen sei, als sie diesen Ausdruck gefunden habe.

Etwa um diese Zeit begann Mary, von »Ungeheuern« und Babys zu sprechen. Es begann mit einem Albtraum. Mitten in der Nacht rief sie ihre Betreuerin und sagte, sie habe davon geträumt, daß Menschen getötet würden. Am Morgen versuchte sie entweder, die ängstliche Spannung abzuführen, die der Traum geschaffen hatte, oder sie wollte ausprobieren, wie ein anderes Kind reagieren würde. Auf jeden Fall behauptete sie, im Traum habe sie einen Fußboden mit einem großen Loch gesehen, und das andere Kind sei hineingefallen und gestorben.

Dies führte zu einem Gespräch über Mißgeburten wie Babys mit zwei Köpfen. Zunächst wollte Mary wissen, warum Mütter manchmal sterben, wenn sie mißgebildete Babys geboren haben. Dann sprach sie ängstlich über andere Mißbildungen und wollte wissen, ob sie irgendwelche habe. Die Betreuerin wies darauf hin, wenn sie andere Mädchen im Schlafraum beobachte, könne sie sehen, daß sie völlig in Ordnung seien, und sie sei es auch; außerdem seien die Mütter der Mädchen sowohl vor als auch nach der Geburt bei guter Gesundheit gewesen. Aber Mary zuckte die Achseln, als wollte sie sagen, sie wisse, daß es ihrer Mutter nicht gut gegangen sei. Schließlich sprach sie den Gedanken aus, die Krankheit und der Tod ihrer Mutter hingen irgendwie mit ihrer Geburt zusammen, wodurch sie vielleicht zu einer »Mißgeburt« werde. Sie hatte immer noch diese Vorstellung, obwohl sie behauptete, sie wisse, daß ihre Mutter an »einer Gallenblase« gestorben sei. Dann ging Mary in einem ihrer plötzlichen Umschwünge zu Fragen der Milchproduktion über, wie Babys ernährt würden und wie sie vor der Geburt ernährt werden.

Von da an war das Thema »Mutter-und-Baby« bis zu ihrem Fortgang (aber mit vielen signifikanten Unterbrechungen und Variationen) eins der Hauptinteressen Marys. Phantasien darüber begannen in ihrem gewaltsamen Spiel mit einer Babypuppe aus Gummi aufzutauchen. Zuerst schob sie die Puppe im Sportwagen so abrupt herum, daß sie mehrmals herausfiel; sie legte die Puppe sorgfältig wieder hinein, schaukelte den Wagen aber wieder so heftig, daß die Puppe herausfiel. Sie tat sie rasch wieder hinein, nur um sie gleich wieder hinausfallen zu lassen. Später, als Mary die Babypuppe gehen ließ, nahm sie sie zuerst sehr zärtlich hoch, dann ließ sie sie zu Boden stürzen. So behandelte Mary die Puppe ganz ähnlich, wie sie ihre Tiere behandelt hatte. Dann ließ sie dieses Spiel eine Weile fallen.

Als sie es einen Monat später wieder aufnahm, verkündete Mary, am nächsten Tag wolle sie ihre Babypuppe waschen. Sie ging dann an die Durchführung dieses Plans, den sie offenbar schon ziemlich lange vorher gefaßt hatte. Beim Spielen wurde sie nachdenklich und fragte: »Macht es Spaß, Babys zu haben?« Ein wenig später wickelte sie die Puppe in die Decke und sagte mißmutig: »Jetzt wird sie sich gleich wieder naß machen.« Dies führte zu einem Gespräch darüber, daß Babys zwar eine Menge Arbeit machen, daß aber die meisten Mütter diese Arbeit gern tun, oder daß sie ihnen nichts ausmacht, weil sie ihre Babys liebhaben. Ein paar Minuten später, als sie mit der Babypuppe bequem im Arm über den Spielplatz ging, schaute sie zu ihr hinunter und sagte: »Ich wünschte, ich wäre in der Decke da — es sieht so warm und behaglich aus.« Es war das erstemal seit Monaten, daß Mary wieder ein Baby sein wollte.

Mit der Fähigkeit, diesen Wunsch zu äußern, schien ihr die Welt wohlwollender vorzukommen. Oder vielleicht war es auch umgekehrt: weil die Welt weniger bedrohlich schien, konnte sie es sich leisten, sich zu wünschen, sie wäre wieder ein Baby — und den Gedanken (oder die Hoffnung) zu genießen.

Vielleicht brachte sie solche Gefühle zum Ausdruck, als sie ihrer Betreuerin erzählte, vor ein paar Tagen habe ihr ein Mann eine 35-Cent-Ananas für nur 25 Cent verkauft, als er merkte, daß sie nicht mehr Geld hatte. Mit einem strahlenden Lächeln — diesmal war es echt — fragte Mary: »Wie kommt es, daß die Leute so nett zu mir sind?« Soviel wir wußten, war dies das erstemal, daß Mary sagte, die Leute seien nett zu ihr.

Als sie allmählich anfing, mehr in der Gegenwart zu leben, bekamen wir langsam eine eigene Bedeutung für sie. Wenn sie wütend auf uns war, wollte sie damit nicht mehr ihre Tante bestrafen; sie konnte nun um unseretwillen wütend auf uns sein. Sie verstand es, höchst einfallsreich Vorwände dafür zu finden. Sie verlangte z. B. runde Bonbonquadrate, obwohl sie natürlich wußte, daß es so etwas nicht geben konnte [10]. Die Absurdität ihrer Forderungen machte es ihr möglich, immer weiter Forderungen zu stellen, ohne daß wir sie jemals erfüllen konnten. Tatsächlich wurde ihr nach einem Jahr an der Schule dieser Umstand selbst bewußt. Ihre Betreuerin bemerkte einmal, Mary scheine gleichsam nicht zu wollen, daß man ihr gäbe, wonach sie verlange, so daß sie das Gefühl haben könne, man sei gemein zu ihr. Mary lachte und sagte: »Wie hast du das erraten?«

Je mehr Mary ihre Aggressivität gegen eine bestimmte Person richten konnte, desto enger schien ihr Kontakt zur Realität zu werden. Aber wenn man den Versuch machte, ihre provokativen Handlungen zu erörtern, verschanzte sie sich hinter ihrer alten Haltung, man verfolge sie. Sie hielt sich die Ohren zu und sagte: »Ich will dir nicht zuhören.«

Je besser ihr Realitätskontakt wurde, desto mehr mußte sie ihre schwindende Überzeugung stützen, sie werde verfolgt oder benachteiligt, ganz gleich, was sie tue. Also sorgte sie dafür, sich die erforderlichen Erlebnisse zu verschaffen. An einem sehr kühlen Tag versuchte sie, mit nichts als dem allerdürftigsten Sonnenbadeanzug ins Freie zu gehen. Als wir sie daran hinderten, schrie sie und schlug um sich. Aber auch wenn wir ihr erlaubt hätten, sich so anzuziehen, hätte sie einen Wutanfall bekommen, denn dann hätten wir sie der Gefahr ausgesetzt, sich zu erkälten, und das hätte bewiesen, daß wir wollten, sie solle krank werden und sterben.

Daß Mary sich bewußt anstrengen mußte, um sich Kummer zu schaffen, zeigte an, welche Fortschritte sie machte. Das ging auch aus der Art hervor, wie sie auf unsere Bemühungen reagierte, ihr eine Freude zu machen, indem sie sagte: »Ich will traurig sein.« Wenn man sie bat zu erklären, warum sie sich schlecht benehme, sagte sie: »Ich will eingesperrt werden, wie die Lehrerin an der alten Schule mir gedroht hat.« Sie trug auch absichtlich Kleider, die ihr nicht paßten oder nicht zusammenpaßten. »Ich will eine Vogelscheuche sein, damit ich mich schlecht fühlen kann.«

Als Mary sich Erwachsenen gegenüber absichtlicher provokant verhielt, begann sie, ungezwungener mit Kindern zu spielen, die sie jetzt weniger oft ärgerte und übersah. Entweder infolge eines physiologischen Reifungsprozesses oder weil sich ihr Über-Ich und ihr Kontakt zur Realität entwickelten, schien Mary, die nun fast zehn Jahre alt war, in eine späte Latenzzeit einzutreten. Sie bemühte sich deutlich, Selbstbeherrschung zu entwickeln, zunächst auf der primitivsten Stufe der *lex talionis:* Sie bestrafte den Teil ihres Körpers, der gesündigt hatte. Eines Tages z. B. wurde Mary sehr wütend und erregt, weil sie der Ansicht war, einem anderen Kind werde ungerechtfertigte Aufmerksamkeit geschenkt. Als man sie auf die Unvernünftigkeit und die Beweggründe ihrer Handlungen hinwies, sagte Mary: »Ich hab' es getan, weil ich eifersüchtig bin.« Ein paar Minuten darauf biß sie sich in die Zunge. Nach einigen Stunden war sie wieder voll Wut, diesmal über die Tatsache, daß ein anderes Kind vor ein paar Wochen die Schule verlassen hatte. Mary beschuldigte die Betreuerin heftig, sie habe dieses Kind absichtlich hinausgedrängt. Und wieder biß sie sich in die Zunge, nachdem sie sich von ihrem Ausbruch beruhigt hatte, diesmal ziemlich schlimm.

Mary versuchte auch bewußt, weniger zu masturbieren. Die auffallende Masturbation am Tage hörte auf oder wurde zumindest eingeschränkt, und am Abend wartete Mary, bis das Licht ausgemacht worden war. Eines Abends, nachdem sie einen kleinen Unfall mitangesehen hatte, bei dem ein Junge sich ein Stück von einem Zahn abgesplittert hatte, masturbierte Mary überhaupt nicht. Sie konnte nicht schlafen und wirkte mißmutig und ängstlich. Sie bat, man solle ihr noch einmal erzählen, wie sich der Unfall zugetragen habe. Die Betreuerin vermutete, der Umstand, daß Mary nicht masturbierte, könnte mit dem Unfall zusammenhängen, und beruhigte sie noch einmal. Als die Betreuerin zeigte, daß sie Marys unausgesprochene Angst verstand, steckte Mary plötzlich den Finger, mit dem sie gewöhnlich masturbierte, in den Mund und biß fest zu. Die Betreuerin nahm diesen Vorfall zum Anlaß, Mary zu versichern, es sei nichts gegen Masturbation einzuwenden, und sie brauche sich nicht dafür zu bestrafen oder Angst zu haben, es werde ihr deswegen etwas Schlimmes geschehen. Erleichtert begann Mary zu masturbieren und schlief bald ein.

Schließlich traten an die Stelle tatsächlicher Gewalttaten Vorstellungen davon. Mary spann Phantasien darüber aus, sie werde sich einen Hund anschaffen und ihm beibringen, Leute zu beißen. Aber sie fügte sich nach wie vor Schmerz zu, wenn sie wütend oder verzweifelt war. Nachdem ihre Lieblingsbetreuerin einen kurzen Urlaub genommen hatte, schnitt sich Mary mit einer Feder, auf der sie herumkaute, in die Mundschleimhaut; an dem Tag, an dem ich auf eine kurze Reise ging, brachte sie es fertig, sich die Hand ziemlich schlimm abzuschürfen, usw. Vielleicht versuchte sie, sich durch selbstzugefügte Schmerzen in Schach zu halten, oder vielleicht versuchte sie einfach nur, mit diesen »Katastrophen« fertig zu werden, indem sie ein körperliches Leiden erwarb, um sicherzugehen, daß man sie tröstete, obwohl Leute, die für sie von entscheidender Wichtigkeit waren, nicht zur Verfügung standen.

Kurz darauf gewannen zwei einander entgegengesetzte Tendenzen in Marys Verhalten die Oberhand. Einerseits begann sie, ihre Vergangenheit zu verleugnen, und versuchte sich (und andere) zu überzeugen, sie habe schon immer bei uns an der Schule gelebt. Zum Beispiel fragte sie am Ende ihres ersten Jahres: »Was haben wir vor *zwei* Jahren getan?« oder »Was haben wir vor *drei* Jahren zu Weihnachten bekommen?« — Sie zeichnete auch auf Bildern von der Schule mit besonderem Nachdruck den Zaun, der andere Leute aussperrte. Andererseits begannen sich in ihrem Spiel mit Puppen ihre frühesten Erlebnisse zu spiegeln, Erlebnisse, die weiter zurücklagen als alles, was sie vorher dargestellt hatte. Sie spielte mit Variationen immer wieder diese Grundsituation durch: Eine Mutter scheint sich sehr anzustrengen oder behauptet, sie tue es, aber in Wirklichkeit hat sie für ein kleines Kind (manchmal ein Hundebaby) sehr wenig übrig. Dann geht die Mutter sofort ins Bett. Das Verhaltensmuster der Mutter ist immer das gleiche: Sie tut etwas für ein kleines Kind, aber sie tut zu wenig, und das zu spät. Und dann muß sie sofort sehr lange ruhen. Aber selbst während Mary in ihrem Puppenspiel diese Erfahrungen, die sie mit ihrer Mutter gemacht hatte, wieder durchspielte, leugnete sie sie anderswo bewußt. Im Schoß ihrer Betreuerin zusammengerollt, pflegte sie zu sagen: »Ich möchte Eltern haben; ich hab' nie welche gehabt«, und sie betonte das »nie«.

Während eines heißen Sommers nahmen Marys Albträume immer mehr zu. Zunächst schrieben wir ihre nächtliche Ruhelosigkeit und den Umstand, daß sie ihre Betreuerin so oft aufsuchte, dem heißen Wetter zu. Aber im kühleren September wurden ihre Albträume noch schlimmer.

Ein paar im Schlaf gesprochene Bemerkungen, die wir mit anhörten, wiesen darauf hin, daß die Angst, die ihr zu schaffen machte, von ihrer starken Feindseligkeit herrührte — aber das war nur eine spekulative Vermutung.

Das Zimmer der Betreuerin lag unmittelbar unter Marys Schlafraum. Bis zu zehnmal in einer Nacht kam Mary herunter und weckte die Betreuerin. Nacht für Nacht stand Mary auf, um sich zu vergewissern, daß die Betreuerin im Haus und bereit war, bei ihr zu sein, gleichgültig, wie spät es war. Mary überprüfte auch, wo sich andere Leute aufhielten, die für sie von Bedeutung waren; sie wollte sich vergewissern, daß auch sie im Haus und für sie verfügbar waren. Auf ihren nächtlichen Rundgängen besuchte sie mich oft in meinem Arbeitszimmer. Meine Anwesenheit trug dazu bei, sie zu beruhigen, aber sie war nicht von zentraler Wichtigkeit — wohl aber die ihrer Lieblingsbetreuerin.

Erst später, während ihres sechzehnten und siebzehnten Monats bei uns, als ihr nächtliches Wandern etwas nachgelassen hatte (wahrscheinlich, weil wir nichts dagegen unternommen hatten), bekamen wir ein wenig Einblick in den Zusammenhang ihrer Ruhelosigkeit mit ihrer alten Angst, von ihrer Schwester getrennt zu werden. Mary sprach von der Furcht, die sie immer geplagt hatte, ihre Schwester werde sterben. Sie hatten in früheren Jahren das Bett teilen müssen, und wenn Frances krank war (was mehrmals vorkam, einschließlich der Selbstmordversuche), pflegte Mary nachts wachzuliegen, von unerträglicher Angst gepackt. In ihren gegenwärtigen Albträumen durchlebte sie diese Erfahrungen aufs neue. Darum suchte sie ihre Lieblingsbetreuerin mitten in der Nacht auf: Sie hatte Angst, die Betreuerin könnte gestorben sein, nachdem sie sie zum letzten Mal gesehen hatte.

Aber selbst Marys offensichtliche Angst war vermischt mit einem Gefühl des Triumphs, weil sie uns einer so harten Probe aussetzen konnte. Es gelang ihr, uns nachts zu belästigen, genau wie die Albträume sie belästigten. Die Betreuerin repräsentierte auch ihre Schwester, und Mary weckte sie nachts, sowohl um sich zu vergewissern, daß sie noch lebte, als auch, um ihr das Unbehagen zuzufügen, das die Angst um Frances Mary gemacht hatte.

Während eines der vielen Gespräche, die Mary mit ihrer Betreuerin über ihre Albträume führte, wechselte Mary plötzlich vom Thema »Schwester« zum Thema »Mutter« über. Sie hatte darüber gesprochen, daß sie gefürchtet hatte, ihre Schwester könnte neben ihr im Bett sterben und sie ganz allein zurücklassen. Dann fuhr sie fort: »Meine Mutter war auch die ganze Zeit krank. Sie hatte furchtbares Bauchweh.« Auf die Frage, an was sie sich sonst noch erinnere, erwiderte Mary: »Ich erinnere mich vor allem daran, wie sie starb, und da dachte ich, meine Schwester würde auch sterben.« Ihr fiel wieder ein, wie sie vom Tod ihrer Mutter erfahren hatte. »Als meine Schwester mir das von meiner Mutter erzählte, war ich im Kindergarten. Sie kam und sagte, sie bringe meine Mutter ins Krankenhaus, und dann kam sie zurück und sagte, sie sei tot, und ich weinte.« Mary hatte damals nicht verstanden, was das für Folgen haben würde. »Ich wußte es nicht«, sagte sie, »ich hab' einfach geweint, weil meine Schwester weinte, und weil die Lehrerin so außer sich zu sein schien.«

Marys Fähigkeit, sich wieder an die Umstände des Todes ihrer Mutter zu erinnern, schien sie in ihrem Wunsch zu bestärken, auch andere Erlebnisse ihrer Vergangenheit zu verstehen. Sie versuchte nicht nur, sich an Ereignisse zu erinnern, sondern auch, ihre emotionale Bedeutung zu begreifen. Zum Beispiel bemühte sie sich, obwohl sie übers Daumenlutschen schon gesprochen hatte, ohne jemals (von sich aus) auf die dahinterliegenden Gefühle einzugehen, die Gründe zu verstehen, warum sie masturbierte. Geborgen in unserer entspannten Einstellung zur Masturbation, bat sie uns, zu erklären, was es bedeutete und wie andere Menschen darauf reagierten. Warum tue sie es hauptsächlich, wenn sie versuche einzuschlafen? Warum mache es sie schläfrig und müde? Sie dachte über die einzelnen Informationen nach und sagte: »In mir erhebt sich was, wenn ich mit mir spiele.« Sie begann sogar, über ihre begleitenden Phantasien zu sprechen. Sie sagte, wenn sie masturbiere, rede sie auch mit sich selbst, so leise, daß niemand es hören könne, weil sie nicht wolle, daß irgend jemand wisse, was sie sage. Ihre Hauptphantasie war, sie sei der Ehemann, ihre Puppe die Ehefrau, und sie hätten sexuelle Beziehungen miteinander.

Bald danach änderte sich die Art ihrer Albträume. Es ging nicht mehr um den Tod ihrer Schwester oder um Marys eigene Vernichtung, sondern darum, daß sie ganz allein gelassen wurde. Sie weckte ihre Betreuerin mitten in der Nacht, um mit ihr über einen Albtraum zu sprechen, in dem sie im Stich gelassen wurde. »Es gab keine anderen Menschen auf der Welt. Ich hatte keine Eltern, und es waren nicht einmal Betreuer da.« Dann wimmerte sie: »Warum muß ich so träumen? Ich hab' heute einen guten Tag gehabt. Warum muß ich einen schlechten Traum haben, wenn ich am Tag Spaß gehabt hab'?« Es schien, als gebe ihr nur die tatsächliche Erfahrung der Freude am Leben und der Fähigkeit, es in gewissem Grad zu meistern, die Kraft, so bestürzende Träume zuzulassen. Aber ihre schlechten Träume rührten wahrscheinlich auch von ihren Schuldgefühlen her. Sie erlebte Angenehmes, obwohl sie das Gefühl hatte, schlecht zu sein; wir behandelten sie gut, obwohl sie uns schlecht behandelte — also wurde sie in ihren Träumen bestraft.

In vielen Träumen wurde sie »weggegeben«. »Ich will nicht weggegeben werden«, protestierte sie. »Ich will nicht verkauft werden. Warum wollen sie mich verkaufen?« Das Material, das sie viel früher schon in ihrem Spiel mit Tieren agiert hatte, begann nun also in ihren Träumen zu erscheinen und wurde erinnert und berichtet. In ihrem Spiel konnte sie immer noch Beruhigung darin finden, daß es nur »so tun als ob« war, oder daß man nur Tiere »loswerden« wollte. Aber in ihren Träumen geschahen diese Dinge ihr selbst.

Marys Angst, im Stich gelassen, »verkauft« zu werden, ging auch in ihr Spiel mit Kindern ein. Eines Nachmittags beim Spielen mit Puppen entführte Mary einem Mädchen sein Puppenkind. Mary sagte zu der Puppenmutter, sie werde ihr ihre Tochter nicht zurückgeben, denn sie sei gemein zu ihr gewesen. Die Mutter sagte, sie habe nichts sehr Schlimmes getan, aber Mary beharrte darauf, die Mutter habe ihr Kind nie geliebt, darum brauche ihre Tochter nicht zu ihr zurückzukehren.

Sie forderte die Puppenmutter heraus, sie solle nur die Polizei rufen oder alles tun, was sie wolle, aber ihre Tochter werde niemals zurückkommen, weil sie sie schlecht behandelt habe. Das Spiel ging weiter, die Polizei kam usw., aber jetzt war Mary so aufgeregt, daß die Betreuerin das Gefühl hatte, das, was offensichtlich kein Spiel mehr war, beenden zu müssen. Die Betreuerin erklärte, wenn Eltern ein Kind mißhandelten, könne nicht irgend jemand ihnen das Kind wegnehmen, wie Mary zu fürchten scheine. Man würde eine Organisation der Sozialfürsorge heranziehen, um die Situation untersuchen zu lassen, und wenn die Mutter das Kind wirklich mißhandelt hätte, würde die Organisation sich bemühen, ein gutes Zuhause für das Kind zu finden.

Dies führte zu einer Reihe von Gesprächen über die Funktionen von sozialen Hilfsorganisationen und über die Art, wie die Gesellschaft Kinder schützt. Zum erstenmal begann Mary die Rolle zu verstehen, die die Hilfsorganisation spielte, die für ihre Lebensgestaltung so wichtig geworden war. Vorher hatte die Sozialarbeiterin der Organisation (auch die, die Mary in der Schule untergebracht hatte) in ihr überhaupt kein Interesse wachgerufen. Sie war für Mary nur ein weiterer Erwachsener, der sie herumstieß. Als Mary begriff, daß die Organisation und die Sozialarbeiterin aufrichtig an ihr und an der Fürsorge für Kinder allgemein interessiert waren, war sie sehr beeindruckt. Ihre Stimmung hellte sich auf, als sie merkte, daß das Leben ihr mehr Geborgenheit zu bieten hatte, als sie gewußt hatte. Sie wußte die Vorteile zu schätzen, die die Obhut der Organisation für sie mit sich brachte, und verstand allmählich, warum und wie sie in der Schule untergebracht worden war.

Mit diesem gesteigerten Geborgenheitsgefühl konnte Mary wieder kleinkindhafte Vergnügen genießen. Sie krabbelte z. B. in die Sportkarre eines anderen Kindes und behauptete, sie sei ein Baby. Wenn sie mit anderen Kindern spielte, begab sie sich gewohnheitsmäßig in die Rolle des Babys. Jetzt war sie nicht mehr das Kind, das gehauen, geschimpft oder herumgestoßen werden mußte — sie war vielmehr das Baby, das gut versorgt werden mußte. Sie machte fortwährend Saugbewegungen mit dem Mund, besonders, wenn sie sich isolierte. Diese Angewohnheit war so beständig, daß ihr Mund meistens wie eine Schnauze aussah. Trotzdem wollte sie die Babyflasche nicht selber benützen, wenn sie auch ihre Babypuppe mit einer Spielzeugflasche fütterte und wußte, daß andere Kinder sich der echten Babyflasche bedienten, wann sie wollten.

Mary war nun besser in der Lage, Geschenke und Dinge zum Anziehen anzunehmen, wenn auch ihre Gefühle in bezug auf das Beschenktwerden immer noch ambivalent waren. Auf jedes größere Geschenk reagierte sie mit Schmerzen und Beschwerden, besonders Bauchschmerzen; das war ihre Hauptart, Spannungen zu speichern. Dies wird vielleicht erklärt durch Material, das viel später ans Licht kam; es zeigte ihre starken Einverleibungstendenzen und entsprach dem Hauptleiden ihrer Mutter (Gallenblasenbeschwerden), das in dem Teil des Körpers lokalisiert war, der bei Mary »Bauch« hieß. Marys Identifizierung mit ihrer Mutter durch diese Schmerzen warf ein neues Licht auf ihre Versuche, sich selbst zu bestrafen, indem sie sich die Knie und Beine abschürfte. Sie sagte, ihre Mutter sei während ihrer Krankheit oft auf den Boden oder die Treppe hinuntergefallen und habe sich ziemlich schlimme Abschürfungen zugezogen.

Marys Bemühungen, wie ihre Mutter zu sein, waren Teil ihres relativ neuen Bestrebens, ihre einander widersprechenden Emotionen zu integrieren und sie angemessener zu beherrschen. Anstrengungen, innere Beherrschung zu erwerben, waren vermischt mit Versuchen, wie weit sie ohne Gefahr darin gehen konnte, sich die Zügel schießen zu lassen. Zum Beispiel fragte Mary eines Tages, als sie ihren Schrank saubermachte, ob ihre Betreuerin sie auch lieben würde, wenn sie ein sehr schmutziges Mädchen wäre. Die Betreuerin versicherte ihr, wenn man einen Menschen gern habe, habe das relativ wenig damit zu tun, wie schmutzig oder sauber dieser Mensch in irgendeinem Augenblick sei, aber Mary fragte beharrlich: »Würdest du mich mögen, auch wenn ich sehr, sehr schmutzig wäre?« Die Betreuerin antwortete, mittlerweile seien ihre Gefühle füreinander so fest gegründet, daß Marys Schmutzigkeit oder Sauberkeit wenig daran ändern könnte. Dank dieser Beruhigung hörte Mary auf, ihre Besitztümer so streng zu ordnen, wenn sie auch nach einigem Zögern weiter unter ihren Sachen Ordnung machte.

In gleicher Weise nahmen ihre Abwehrmechanismen gegen ihre Sexualängste und -wünsche stetig ab. Ihre Masturbationsphantasien, in denen sie ein Mann war und ihre Puppe (oder das Kissen) die Frau, waren schon ans Licht gekommen. Jetzt fragte sie, warum sie sich gern vorstelle, sie spiele die Rolle des Mannes. Als man ihr versichert hatte, die meisten Mädchen seien empört über die Tatsache, daß sie Mädchen und nicht Jungen seien, und daß dies eine Folge ihrer körperlichen Unterschiede sei, gab sie im weiteren Gespräch zu, daß ihre Masturbation auch von aggressiven Gefühlen begleitet sei. Sie stellte sich jeden Abend, während sie masturbierte, auch vor, sie trete ihre Puppe, die ihre Tante repräsentierte, in den Hintern.

Nachdem Mary einige ihrer Gefühle darüber, daß sie ein Mädchen war, aufgedeckt und angefangen hatte, ihre Ursachen zu verstehen, erwähnte sie einige weitere Themen ihrer Albträume, z. B. daß sie von einem Mann oder von Leuten gejagt wurde, die versuchten, ihr einen Teil ihres Körpers wegzunehmen. Beim Spielen bat sie ihre Betreuerin, Penisse aus Ton für ihre Puppen zu machen, und begann Dinge zu sagen wie: »Ich hab' drei Nasen.« Sie stellte, scharf beobachtend, Größe und Form der Nasen aller männlichen Mitarbeiter fest und bewertete ihre Persönlichkeit auf Grund ihrer Einstellung zu ihren Nasen. Aber zugleich wurde sie auch besser fähig, ihre Weiblichkeit zu akzeptieren.

Mary zweifelte jetzt an ihrer früheren Überzeugung, ihr würde niemals etwas Hübsches widerfahren. Als man ihr eine neue Puppe schenkte, fragte sie, ob sie »zum Behalten« sei. Die Betreuerin sagte, »Natürlich«, und Mary fragte verwundert: »Wie kommt es, daß ich immer Angst habe, es sei nicht wahr, wenn mir was Nettes passiert?«

An ihrem zweiten Weihnachtsfest bei uns, das die ersten anderthalb Jahre ihres Aufenthalts bei uns abrundete, konnte Mary besser als je zuvor die hübschen Dinge akzeptieren, die ihr widerfuhren. Wenn sie auch vor dem Öffnen ihrer Geschenkpäckchen sehr ängstlich und angespannt wirkte, fragte sie sich doch später selbst: »Warum hab' ich Angst gehabt?« Aber in der aktuellen Situation war sie so aufgeregt, daß sie, kurz bevor sie ihre Geschenke bekam, sich die Hose naß machte — ein Vorfall, der an der Schule nie vorher vorgekommen war und auch danach nie wieder eintrat.

Am Weihnachtsabend rekapitulierte Mary noch einmal die unglücklichen Ereignisse ihres Lebens, einschließlich der Krankheit ihrer Mutter, des Todes ihrer Mutter und ihrer daraus entstandenen nächtlichen Ängste. Aber dann sagte sie spontan, sie glaube, am folgenden Tag, am ersten Weihnachtsfeiertag, werde sie glücklich sein, und so schien es auch wirklich. Dies war die erste Gelegenheit, bei der wir das Gefühl hatten, sie nehme ihre Geschenke wirklich an und könne sie genießen. Überdies hatte sie nicht einmal etwas dagegen einzuwenden, daß auch die anderen Kinder Geschenke bekamen.

Nach Weihnachten fuhr Mary fort, in ihrem Spiel mit anderen Kindern die Ereignisse ihres Lebens realistischer wieder durchzuspielen, besonders ihr Verhalten gegenüber ihrer Tante. Wieder war sie die »Tochter«, die passiv die Schläge und die harte Arbeit ertrug, die ihr eine böse, antreibende Mutter aufzwang. Aber heimlich nahm sie dem Mädchen, das die Mutter spielte, ein Spieltier weg und schnitt ihm den Kopf ab. Dieses Spiel war fast lebensecht, wenn man an die Art denkt, wie Mary tatsächlich im Haus ihrer Tante Aggressionen abgeführt hatte, indem sie Tiere quälte und tötete.

Aber trotz ihres neuen Verhältnisses zur Realität waren Marys Bemühungen, ihre Konflikte zu integrieren, immer noch geringfügig und ziemlich umständlich. Wenn Spannung oder Unbehagen bei ihr ein gewisses Maß erreichten, fiel sie rasch wieder auf wütende Abwehr oder stumpfe Isolierung zurück. Der Konflikt zwischen ihren Aggressions- und Isolierungstendenzen einerseits und ihrem Wunsch nach abhängiger, infantiler Zuneigung andererseits kam sehr deutlich zum Ausdruck, als eine ihrer Lieblingsbetreuerinnen einen vierzehntägigen Urlaub antreten wollte.

Zuerst versuchte Mary, mit der Trennung ganz realistisch fertig zu werden. Sie fragte mehrmals, wie lange die Betreuerin fort sein werde, wohin genau sie gehe und wann sie zurück sei. Aber dann schien sie zusammenzubrechen und begann zu wimmern, »Mama, Mama«, wobei sie eine Schnute machte und Saugbewegungen ausführte. Wir versuchten sie zu trösten, aber sie hielt von selbst inne und begann plötzlich zu schreien, wie sehr sie die Betreuerin hasse. Dann schlug ihre Stimmung ebenso schnell wieder um, und ohne irgendein Gefühl zu zeigen, sagte sie gleichmütig: »Also du gehst auf Urlaub. Was ist das schon. Mir ist es gleich.«

Als ihre Betreuerin von ihrer Reise zurückkam, konnte Mary jedoch recht gut wieder Kontakt herstellen. Wie ein viel kleineres Kind suchte sie abends Schutz, indem sie sich an irgend etwas klammerte, was die Betreuerin ihr geschenkt hatte, als ob dies sie auf symbolische Weise, wenn schon nicht der physischen Gegenwart ihrer Freundin versicherte, so doch wenigstens ihres guten Willens. Sie pflegte ein Spielzeug oder irgendein kleines Ding, z. B. ein Band, an sich zu drücken, das ihre Lieblinge ihr geschenkt hatten; dies befühlte sie, während sie versuchte einzuschlafen, und behielt es die ganze Nacht dicht bei sich.

Diskussion

Seit der vollständigen Auflösung der oberflächlichen Anpassung Marys war fast ein Jahr vergangen. Jetzt, da sie wieder in der Lage war, Befriedigung zu erleben, wenn auch auf infantiler Ebene, und bei ihren Betreuerinnen Trost und Unterstützung zu suchen, bemühten wir uns erneut, die Gründe für ihren Zusammenbruch zu verstehen. Mary konnte nicht unbegrenzt der fortwährenden Herausforderung ausweichen, echte persönliche Beziehungen herzustellen. Diese Herausforderung ging hauptsächlich von ihren beiden Lieblingsbetreuerinnen aus; sie war aber auch der allgemeinen Atmosphäre der Schule eigen. Um Beziehungen herzustellen, mußte Mary uns jedoch mit einer eigenen Persönlichkeit begegnen, und hier brach ihr Abwehrsystem zusammen. Sie sah sich also vor einer emotionalen Sackgasse: je stärker ihr Wunsch wurde, Beziehungen herzustellen, desto schärfer empfand sie ihre Unfähigkeit, dies über längere Zeit zu tun. Sie bemühte sich deshalb, einen leichten Ausweg zu finden; um sich der Aufgabe nicht stellen zu müssen, leugnete sie die Relevanz der Schulumwelt, indem sie versuchte sich vorzumachen, sie werde die Schule bald verlassen.

Wir erkannten damals nicht, daß ihre Bemühungen, die Relevanz ihrer gegenwärtigen Lebensbedingungen zu leugnen, Symptome eines zentralen Konflikts sein könnten, wenn wir auch wahrscheinlich nicht anders hätten handeln können, wenn wir es gemerkt hätten. Wir wußten, daß es ihr in allen äußerlichen Dingen, einschließlich des körperlichen Wohlbefindens, besser ging als jemals zuvor. Daher sehnte sie sich auf dieser Ebene nach Dauer, und hinter ihren Forderungen, sie wolle fort, lag der Wunsch, uns sagen zu hören, sie könne nicht fortgehen. Auch auf dieser Ebene meinten wir, unser Versprechen, sie könne noch lange an der Schule bleiben, werde sie beruhigen, und wir versprachen ihr genau das.

Aber auf einer tieferen Ebene mußte Mary, um ihre Persönlichkeit integrieren zu können, die totale Loyalität gegenüber ihrer toten Mutter aufgeben und einen Teil ihrer Gefühle auf ihre Betreuerinnen übertragen. Es bedeutete, daß sie sich von ihrer frühesten Mutter trennen und unabhängig von ihr ein neues Leben anfangen mußte. Mary hatte das

Gefühl, dies alles gehe über ihre Kraft. Darum war ihr Wunsch, uns zu verlassen — je eher, desto besser —, echt.

Die Herausforderung, ihre Persönlichkeit zu ändern, schien Mary zumindest in drei Situationen klar zu sein: bei unserem Wunsch, sie solle zu ihren Betreuerinnen eine Beziehung herstellen, wenn die Betreuerinnen Marys ungerechtfertigte Feindseligkeit gegen andere Kinder mißbilligten und wenn sie sich ihr positiv emotional zuwandten. Zum Beispiel mußten die Betreuerinnen (wenn auch mit größter Rücksicht auf Marys Gefühle) ihre Forderung mißbilligen, andere Kinder sollten sie gern haben und gezwungen werden, mit ihr zu spielen, obwohl sie sie gerade heftig mißhandelt hatte. Ebenso konnte es nicht ausbleiben, daß die positive Zuwendung der Betreuerinnen gegenüber Mary von ihren blitzschnellen Stimmungsumschwüngen: von freudigem Akzeptieren zu mürrischer Isolierung, von positiven Reaktionen auf ihre Zuneigung zu heftigen Haßausbrüchen, beeinträchtigt wurde.

Ihre Betreuerinnen versuchten, gebend zu bleiben, und waren gewiß auch weiterhin verständnisvoll und annehmend. Aber die durch ihre Handlungen notwendigerweise hervorgerufenen Wandlungen der Gefühle der Betreuerinnen wurden für Mary immer wichtiger, besonders, als ihre Lieblinge für sie als Personen mehr Bedeutung bekamen. Schließlich mußte sie ihr Verhalten gemäß ihrem Interesse an der Erhaltung ihrer Zuneigung revidieren.

Es verblüffte Mary, daß ihre Handlungen für uns soviel emotionale Bedeutung haben konnten. Früher war es anderen gleichgültig gewesen, wie sie handelte oder empfand. Ob sie zärtlich oder feindselig war, ihre Tante lehnte sie immer ab. An der Schule sah sich Mary der völlig neuen Erfahrung gegenüber, daß ihre Gefühle wesentliche Aspekte der Realität veränderten. Sie konnte kaum glauben, daß ihre Gefühle für andere solche Bedeutung hatten, denn sie hatte das Gefühl, wir hätten ihr gegenüber versagt, was ja der Fall war. Denn wir hatten sie verlockt, indem wir ihr physisches und psychisches Behagen angeboten hatten, das sie mit größtem Eifer anzunehmen bereit war, nur um ein noch tieferes inneres Unbehagen hervorzurufen, indem wir sie herausforderten, ihre Persönlichkeit umzustrukturieren, was alles Gewonnene wieder gefährdete.

Auch noch aus ganz anderen Gründen war Mary von der Schule enttäuscht und wollte sie gern verlassen. Das wurde uns aus ihrer Haltung gegenüber Neuankömmlingen deutlich, aus ihrer überstarken Erwartung, jeder neue Mensch könnte derjenige sein, der sie wie durch Zauberei mit allem ausstatten würde, was sie sich wünschte und was sie vermißt hatte. Emotionell schien Mary ewig auf der Suche nach einer all-gebenden Mutter zu sein. Selbst die Schule, die in dieser Hinsicht soviel Hoffnungen geweckt hatte, hatte sie schrecklich enttäuscht, und sie wollte wieder weiterziehen. Daß wir darauf bestanden, ihr Aufenthalt müsse noch lange dauern, zerschlug nicht nur diese Hoffnung, sondern versetzte uns auch in die Position einer strafenden und hemmenden Instanz. Vielleicht reagierte sie uns gegenüber so heftig, weil wir sie daran hinderten, die ideale Mutter zu finden. Sie mag auch gehofft haben, uns zwingen zu können, sie ihre Suche fortsetzen zu lassen. Vielleicht glaubte sie auf Grund ihrer früheren Erfahrungen, wenn sie sich nur schlecht genug benähme, würde sie wieder woanders untergebracht, so daß sie am Ende die Traum-Mutter, die all-gebende Mutter finden könnte, die jedes Bedürfnis befriedigen würde, ohne von ihr zu verlangen, sie solle ihre Persönlichkeit umstrukturieren.

Ich brauche kaum zu erwähnen, daß nur Marys neue Geborgenheit in der Schule sie befähigte, den Abwehrmechanismus der Pseudo-Anpassung aufzugeben und zu offenbaren, wie intensiv ihre Feindseligkeit in Wirklichkeit war. Mary war sich z. B. ziemlich sicher, daß wir, gleichgültig, was sie tun würde, nicht in körperlichen Strafen oder im Entzug von Lebensnotwendigem unsere Zuflucht suchen würden. Sie war zwar höchst unsicher im Hinblick auf ihre Beziehungen zu anderen Menschen, aber in diesen Dingen wußte sie, was die Mitarbeiter und die Schule vertraten. Die Tatsache, daß der physische Komfort und soviel emotionaler Trost, wie sie annehmen konnte, während ihrer depressiven Phase ohne Unterbrechung andauerten, half ihr vielleicht, schließlich aus ihrer schlimmsten Depression aufzutauchen. Dieser Umstand mag ihr den Mut gegeben haben zu glauben, wenn sie noch mehr versuchte, sie selbst zu sein, werde dies wenigstens keine negativen Folgen haben.

Tatsächlich war Marys wiedererwachendes Interesse an Tieren, das das erste Anzeichen für ein Nachlassen ihrer Depression war, auf irgendeiner Ebene vielleicht die Folge dessen, daß sie sich mit unseren Handlungen identifizierte. Wir hatten sie bei uns aufgenommen, als sie unglücklich war und Mangel litt, und wir versorgten sie weiter, obwohl sie nicht mehr Zeichen einer Reaktion zeigte, als es ihre stummen Tiere taten. Die Identifizierung mag also am Anfang der Bemühungen Marys gestanden haben, ihre Persönlichkeit zu integrieren.

Aber die Konzentration all ihrer Gefühle auf eine Person, wie ein Baby sich allein auf die Mutter konzentriert, und die relativ einfache Identifizierung, die dies erlaubt, waren ihr, auf Grund ihres Alters und ihrer früheren Erlebnisse, nicht mehr möglich, und darum mußte ihre Integration durch die Beobachtung anderer Kinder unterstützt werden. Ihre Bemühungen, deren Motive und Reaktionen wie auch ihre eigenen Handlungen zu verstehen (»Warum hab' ich das Mädchen geschlagen?«), mußten zur gleichen Zeit stattfinden, in der sie Beziehungen zu Erwachsenen herstellte. Als die Meinung der Kinder über sie für Mary Bedeutung gewann, versuchte sie die Wirkung ihrer Handlungen auf sie abzuschätzen. Gleichzeitig wurde sie Erwachsenen gegenüber offener provokant und bösartig. Es trat nun zutage, daß Marys anfängliche Aggressivität gegen Kinder möglicherweise auf einer doppelten Verschiebung beruhte.

Damit meine ich, Marys Haß könnte ursprünglich gegen die einzige Person gerichtet gewesen sein, die in offenem Wettbewerb mit ihr um die Aufmerksamkeit der Mutter gestanden hatte: gegen ihre Schwester (die sie in ihren Träumen tötete). Nach dem Tod der Mutter wurde diese Schwester der einzige positive Faktor in ihrem Leben; ihr Haß wurde nun von der Schwester auf ihre Tante und die Kusinen verschoben, die durch ihre Handlungsweise die Verschiebung mehr als gerechtfertigt erscheinen ließen. Aber Mary konnte diesen Haß nicht entladen, denn das führte nur zu schweren Strafen. Wenn sie drohten, ihr wegen des Lutschens den Daumen abzuschneiden, was würden sie nicht alles tun, wenn sie sie über den Schädel schlüge? Also schlug sie statt dessen ihre Spielkameraden. Sobald Mary überzeugt war, daß es an der Schule nicht ganz so gefährlich war, Aggressionen gegen Erwachsene abzuführen, ging sie dazu über, genau das in ihren Ausbrüchen zu tun (Anbrüllen der Betreuerinnen, Türenknallen, Werfen mit Gegenständen). Zugleich hatte Mary es immer weniger nötig, ihre Feindseligkeit an den Kindern auszulassen; daher kam sie besser mit ihnen aus.

Natürlich waren die meisten ihrer Handlungen vielfach determiniert; jede war das Ergebnis einer Vielfalt von früheren und rezenten Erlebnissen. Dies galt gewiß für ihre heftigen Ausbrüche. Wenn sie nach Unmöglichem verlangte und unsere Unfähigkeit, es herbeizuschaffen, als Ausrede für ihre Wut benützte, kehrte sie das um, was ihr geschehen war, bevor sie an die Schule kam. Die Forderungen ihrer Tante waren ihr unerfüllbar vorgekommen, und da sie ihnen nicht nachkommen konnte, war sie bestraft worden, wie sie nun uns bestrafte. Da sie. gleichgültig, was sie tat, immer im Unrecht gewesen war, mußten wir nun auch immer im Unrecht sein, so sehr wir auch versuchten, ihr zu gefallen. Ein solcher Rollentausch befriedigte ihren Rachedurst und steigerte ihre Machtgefühle. Aber im übrigen war der Versuch fruchtlos. Wenn sie gegen die »verkehrte Welt« reagierte, wie sie sie im Haus ihrer Tante erlebt hatte (wo sie immer unrecht hatte), indem sie an der Schule eine ebenso verkehrte Welt schuf (wo sie immer recht hatte und alle anderen immer unrecht), hatte sie es immer noch mit einer »verkehrten Welt« zu tun. Und weil die letztere nicht sinnvoller war als die erstere, konnte sie sie nicht meistern.

Auch in anderer Hinsicht versuchte Mary, eine Situation zu schaffen, die die Umkehrung einer früheren war. Sie tat z. B. ihr Bestes, um ein Kind gegen das andere auszuspielen. Dabei schuf sie Situationen der Eifersucht und des Wettstreits, die denen entsprachen, die es zwischen ihr und ihrer Schwester gegeben hatte (wie auch zwischen ihr und den ihr vorgezogenen Kusinen); aber diesmal war es Mary, die die Macht hatte, und sie war nicht das Opfer. In gleicher Weise versuchte sie später einen Erwachsenen gegen den anderen auszuspielen, dabei experimentierte sie mit ihrer Macht, andere zu beherrschen und zu frustrieren, wie sie beherrscht und frustriert worden war.

Die Wiederkehr der Albträume, ihre gesteigerte Intensität und die Häufigkeit mögen die Folge von Marys Bemühungen gewesen sein, ihre Feindseligkeit und ihre Schuldgefühle zu unterdrücken anstatt sie zu integrieren. Der veränderte Inhalt ihrer Albträume war das erste Zeichen für das Scheitern ihrer Versuche. Sie bemühte sich, ihre Feindseligkeit tagsüber zu beherrschen, also kam sie nachts heraus. In ihren Träumen fürchtete sie, ihre Betreuerin oder ihre Schwester sei gestorben oder (durch ihre Feindseligkeit) umgebracht worden. Später träumte sie, sie sei verlassen worden (zur Strafe für ihre Feindseligkeit). Wir können also annehmen, daß ein Fortschritt von der Abfuhr von Feindseligkeit zur Furcht vor ihren Folgen stattfand, die das Motiv für weitere Bemühungen um die Integration der Feindseligkeit lieferte.

Zwei Punkte gehören noch zur Abrundung der Diskussion über Mary in diesem entscheidenden Jahr: Informationen, die wir von ihrer Schwester erhielten, und die Zusammenfassung eines Rorschach-Tests.

Gespräche mit Frances anläßlich ihrer Besuche vermehrten unser Verständnis für Mary. Es wurde deutlich, daß Frances sich schwer mit Schuld belastet fühlte, weil sie Mary nicht beschützt hatte, als sie beide bei der Tante lebten — eine Überzeugung, die Marys Gefühl, ihre Schwester habe sie absichtlich vernachlässigt, noch verstärken mußte. Frances konnte ihrerseits die Tatsache nicht akzeptieren, daß sie auch nur ein Kind gewesen war, unfähig, eine so schwere Bürde auf sich zu nehmen. (Frances war selbst ein sehr gestörtes Kind gewesen und war auch jetzt, gegen Ende der Adoleszenz, noch schlecht integriert. Leider konnte sie sich weder eine psychiatrische Behandlung oder psychotherapeutische Beratung zunutze machen, obwohl die Hilfsorganisation ihr beides wiederholt anbot.) Frances sagte z. B., es vergehe keine

Nacht, in der sie nicht von ihrer Schwester träume — ein Zeichen ihrer engen Bindung an Mary. Es war natürlich eine ambivalente Bindung. Frances gab zu, sie habe, selbst ein kleines Mädchen, das nicht genau wußte, was richtig war, sich oft gegen Mary auf die Seite ihrer Tante gestellt. Wenn Frances aus der Schule nach Hause kam, beklagte sich die Tante über Marys Missetaten und drohte, sie werde versuchen, sie beide loszuwerden. Voll Angst für sich selber und eifrig bestrebt, sich die Gunst der Tante zu erhalten, wandte Frances sich manchmal gegen ihre Schwester und bestrafte sie, aber sie wurde immer sofort danach von schweren Schuldgefühlen geplagt.

Wenn man noch mehr Beweise für ihre ambivalente Beziehung gebraucht hätte — die beiden Schwestern zusammen zu sehen, war eine überzeugende Demonstration. Besonders Frances klammerte sich verzweifelt und verführerisch an Mary, als wenn sie von ihr die Liebe und Geborgenheit erwartete, die keins der Kinder sich oder dem anderen verschaffen konnte.

Als diese Periode zu Ende ging, wurde Mary einem Rorschach-Test unterzogen. Da die früheren Beurteilungen der Fortschritte Marys, die durch ihre geschickte oberflächliche Anpassung beeinflußt worden waren, optimistisch gewesen waren, hoffte die Hilfsorganisation, gemäß den Vorschlägen des Psychiaters eine frühe Adoption in die Wege leiten zu können. Man war enttäuscht, als die weitere Entwicklung diese Hoffnung zerstörte, und man fragte sich, ob diese Verschlimmerung (sicherlich schlimmer, soweit es die oberflächliche Konformität betraf) durch die Anstaltsumwelt ausgelöst worden sei. Die Hilfsorganisation beschloß daher, die Ergebnisse eines Rorschach-Tests als ein weiteres Mittel heranzuziehen, um Art und Grad von Marys Störung zu beurteilen. Die wichtigsten Testergebnisse waren folgende [11]:

»Das Kind leidet an einer Hemmung, die alle Bereiche des Seelenlebens affiziert. Ihre Produktivität ist sehr gering; der intellektuelle Horizont ist begrenzt, das Interessenfeld ist eng. Das Vorgehen ist unreif, und es finden sich auch Perseverationen. Die Einschränkung ist für ihr inneres Leben sehr schädlich. Nicht eine einzige affektbestimmte Assoziation wird produziert; die Spontaneität, der Funke, den man von einem Kind erwartet, fehlen völlig. Sie ist auch nicht zu emotionalem Rapport fähig.

Das Phantasieleben ist verarmt; es kommt nur eine solche Assoziation zum Vorschein, und diese deckt eine passive, sich unterordnende Haltung auf. In zahlreichen anderen Fällen hat sie Assoziationen, die normalerweise zu Phantasien führen würden, aber bei ihr materialisieren sie sich nicht als solche — die Verdrängung ist zu stark.

Eine tiefsitzende Angst wird in der Struktur projiziert. Sie ist natürlich die

Kraft, die die Hemmung erklärt. Es findet sich auch ein Farbschock, der auf das neurotische Reaktionsmuster hinweist. Im Hinblick auf konventionelle Vorstellungen besteht ein Entwicklungsmangel, der möglicherweise eine Auflehnung darstellt. Das Ich ist nicht zureichend organisiert, um Ängsten und einander widerstreitenden Bedürfnissen standzuhalten; sie verteidigt sich, indem sie ihr Seelenleben umschreibt. Die Testleistung insgesamt ist zu begrenzt, als daß sie die Persönlichkeitsdynamik projizieren könnte, aber es gibt Anzeichen für eine feindselige Haltung.

Insgesamt: ein ängstliches, konfliktbeladenes Kind, im gegenwärtigen Zeitpunkt zu reduziert, als daß irgendeine andere als stützende oder ermutigende Therapie sinnvoll wäre. Die Ergebnisse des Rorschach-Tests weisen auf die Notwendigkeit eines heilsamen psychischen Klimas hin, das darauf angelegt ist, die eingefrorenen Affekte aufzutauen.«

Und so war Mary, nachdem man ihr mehr als ein Jahr lang genau solche stützenden und ermutigenden Erfahrungen verschafft hatte, in einem so psychisch heilsamen Klima, wie wir es ihr nur hatten bieten können.

Zwischen zwei Traumata

Leider war die beschützende und konstruktive Umwelt, die wir für Mary geschaffen hatten, nicht undurchdringlich für Einbrüche von außen. Wir konnten Mary nicht vor der Wirkung der Heirat ihrer Schwester schützen, die einen Monat später stattfand. Dies war ein schweres Trauma, angesichts dessen Mary die geringfügige Integration, die sie bis dahin erreicht hatte, nicht aufrechterhalten konnte.

Oberflächlich betrachtet, schien Mary die Vorbereitungen für die Hochzeit ganz gut zu »nehmen«; sie war sogar in der Lage, bei der Zeremonie selbst eine wichtige Rolle zu spielen. Aber innerhalb weniger Tage verlor sie den Kontakt zu Betreuerinnen und Kindern vollständig. Sie konnte nicht über das sprechen, was sie beunruhigte; ihre frühere feindselige und »gefrorene« Persönlichkeit kehrte in voller Stärke zurück. Sie entwickelte einen Blinzeltic und vermied es außerdem, Betreuerinnen oder Kindern direkt ins Gesicht zu sehen, als wollte sie die Welt aus ihrem Blickfeld verbannen. Intensive Anfälle von nächtlichem Erschrecken traten wieder auf. Ihr allgemeines Verhalten und ihre Unfähigkeit zu sprechen wiesen auf eine schwere emotionale Blockierung hin, aber so schlimm diese Reaktion auch war, sie brachte wenigstens keine Wiederkehr der heftigen, lange andauernden Schreianfälle und der physischen Aggression, zu deren Überwindung wir so lange Zeit gebraucht hatten.

Obwohl der Schock von Frances' Heirat Mary unfähig machte, sich für einzelne Menschen zu interessieren, stimulierte er Marys Sexual-neugier erheblich —, so sehr, daß möglicherweise der größte Teil ihrer Energie durch dieses Wiederaufleben der intensiven emotionellen (se-xuellen?) Erlebnisse erschöpft wurde, die sie früher einmal mit ihrer Schwester gehabt hatte. Sie war jedoch fähig, inmitten ihrer tiefen Depression ihre Sexualängste und ihre Sexualneugier mitzuteilen.

Vorher hatte Mary relativ gleichgültig gewirkt, wenn andere Kinder von sexuellen Dingen sprachen. Als z. B. zwei Kinder eine Geschichte von einem Mann erzählten, der angeblich beim Rasieren sein Rasier-messer hatte fallen lassen und sich so den Penis abgeschnitten hatte, verhielt Mary sich so, als habe sie nichts gehört. Aber jetzt, drei Mo-nate danach, verliehen die durch die Heirat der Schwester ausgelöste Angst und Neugier dieser Geschichte eine persönliche Bedeutung: Eines Abends, nachdem Mary abgewartet hatte, bis das Licht zur Schlafenszeit ausgemacht worden war, rief sie sich die Geschichte wie-der ins Gedächtnis und stellte Fragen darüber.

Sie brachte dieses Thema nicht bei einer ihrer Lieblingsbetreuerinnen auf, sondern suchte sich eine relativ neue Betreuerin aus, mit der sie vorher wenig Kontakt gehabt hatte und die sie nachher ignorierte. Vielleicht wählte sie diese Betreuerin, weil sie verheiratet war. Die Geschichte schien vor allem als Einführung zu dienen, denn Mary ging dann dazu über, die Betreuerin über ihre sexuellen Beziehungen zu ihrem Mann zu befragen. Umständlich erkundigte sie sich, ob die Betreuerin den Geschlechtsverkehr genieße. Die Betreuerin sagte ja. Dann fragte Mary, ob die Betreuerin, wenn sie am Abend vorher Geschlechtsverkehr gehabt habe, am nächsten Morgen Dienst tue? Auch hier bekam Mary wieder eine bejahende Antwort. Aber Mary wollte wissen, ob die Betreuerin dann nicht vielleicht ein Baby be-kommen könnte und aufhören würde, bei ihrer, Marys, Versorgung zu helfen. Als ihr gesagt wurde, die Betreuerin plane, noch eine Zeitlang kein Kind zu bekommen, war Mary beruhigt. Offensichtlich war Mary nicht an gerade dieser Betreuerin interessiert, sondern daran, welche Folgen die Heirat ihrer Schwester für sie selbst haben würde. Sie fürchtete, sexuelle Beziehungen könnten ihre Betreuerin von ihr fern-halten, genau wie sie fürchtete, die eheliche Beziehung könnte das Interesse ihrer Schwester an ihr untergraben.

Sechs Tage später, wieder zur Schlafenszeit, nahm Mary das Gespräch wieder auf. Diesmal ging es um sexuelle Beziehungen als solche und nicht um die Trennungsangst. Aber dies war Marys letzter Versuch, etwas gegen ihre Depression zu tun; sie hatte sie schon tagelang bedrückt und isolierte sie nun völlig.

Während dieser Periode sprach Mary kaum mit irgend jemand. Sie ging nie direkt auf jemand zu oder sah jemand direkt an; sie näherte sich verstohlen, langsam und unmerklich. Ihre Stimme verlor das Timbre und die Modulation, die sie bekommen hatte, und wurde so rauh, wie sie war, als wir Mary kennenlernten. Ihr Verhalten war immer durch plötzliche Gefühlsumschwünge gekennzeichnet — jetzt zeigte sie über lange Zeiten absolut keine Anzeichen von Gefühl, und wenn Gefühle erschienen, waren sie in solchen Maß unangemessen, daß es selbst für Mary ungewöhnlich war. Ihre bizarren Handlungen, wie z. B., daß sie sich plötzlich einem anderen Mädchen näherte und es in die Brustwarze biß, vervollständigten das Gesamtbild, das den Schluß des Psychiaters bestätigte, Mary sei mitten in einer schizophrenen Episode. Sie dauerte in voller Stärke zwei Monate lang.

Während der nächsten Monate zeigte Mary seltene, kleine Zeichen, daß sie die Mauer der Depression durchbrach, die sie zwischen sich und der Welt errichtet hatte. Mary erzählte uns, während ihrer Isolierung habe sie das Gefühl gehabt, niemand anders existiere, und sie sprach von ihrem kompensatorischen Gefühl, sie selbst sei von höchster Wichtigkeit. Sie konnte über diese megalomanen Phantasien ohne Schwierigkeiten sprechen; schwerer fiel es ihr, über die Art zu sprechen, wie ihre Angst, im Stich gelassen zu werden, neu aufgeflammt war, als ihre Schwester sich von Mary und ihrer gemeinsamen Vergangenheit trennte (diese Bedeutung schrieb sie Frances' Heirat zu). In ihrem Unglück war Mary offenbar zu archaischen und egozentrischen Phantasien zurückgekehrt, die sie erst offenbaren konnte, als ihr Gefühl des Isoliertseins nachließ.

Zuerst sprach sie von ihrer megalomanen Sicht ihrer Beziehung zu anderen Menschen. Zum Beispiel hatte ihre Betreuerin eines Tages einigen Kindern beigebracht, wie man die Tageszeit bestimmen kann, indem man die Stunden mit dem Grad des Sonnenstandes in Verbindung bringt und die Umdrehung der Erde mit den kreisenden Uhrzeigern. Darauf sagte Mary: »Nein, alles dreht sich um mich!« Ein wenig später am gleichen Tag erklärte Mary den Anwesenden, ihrer Betreuerin und mehreren anderen Kindern, wütend und mit tiefer innerer Überzeugung, sie sei die einzige im Zimmer.

Ähnliche Wahnvorstellungen hatte sie in bezug auf Gegenstände. Je wichtiger ein Objekt war, desto ausschließlicher gehörte es ihr. Diese Überzeugung wurde deutlich, als sie zu einigen Kindern, die auf einer

Landkarte den Mississippi suchten, sagte: »Ich weiß alles über den Mississippi. Er ist sehr wichtig, und darum gehört er mir und niemand sonst.«

Diese Überschätzung ihrer Bedeutung war vielleicht zum Teil ein Ergebnis ihrer Bemühung, einen Ausgleich für ihr Einsamkeits- und Verlassenheitsgefühl zu finden, denn ein paar Tage später versuchte Mary bewußt, aus ihrer Depression herauszukommen, indem sie zu begreifen suchte, warum sie von ihren Eltern im Stich gelassen worden war. Sie kam zu mir, den sie als die höchste Autorität ansah, die ihr zugänglich war, um zu erfahren, genau wann und warum ihr Vater und ihre Mutter gestorben waren, wie alt sie damals gewesen war, und andere Fakten über die Vergangenheit. Ich nahm diese Gelegenheit wahr, um noch einmal die Zeit vorüberziehen zu lassen, die sie bei uns zugebracht hatte, und um zu betonen, welch ermutigende Fortschritte sie bis zu ihren jüngsten Schwierigkeiten gemacht habe. Dann fragte ich sie, ob sie nun wieder mit uns sprechen wolle, damit wir wüßten, wie wir ihr helfen könnten. Dies alles muß sie ermutigt haben, besonders, da sie aus eigenem Antrieb zu mir gekommen war, um sich helfen zu lassen, die Fakten ihres Lebens miteinander in Verbindung zu bringen. Am gleichen Abend grub sie ein Stück blaues Band wieder aus, das ihr ihre Lieblingsbetreuerin einmal geschenkt hatte, und an das sie sich nachts immer geklammert hatte, und band es an ihr Bett, so daß dieses Symbol ihrer Beziehung zu ihrer besten Freundin immer zu sehen war.

Beim Frühstück am nächsten Morgen bat Mary, ob sie neben dieser Betreuerin sitzen dürfe, und ließ es zu, daß diese den Arm um sie legte; schließlich schmiegte sie sich an sie. Am gleichen Nachmittag schnitt sie ein Stück von alten, abgelegten Blue jeans ab; sie sagte, es fühle sich gut an (zum erstenmal seit der Heirat ihrer Schwester war etwas »gut«), und sie werde es abends beim Daumenlutschen mit in den Mund nehmen. Das Lutschen war wieder etwas Angenehmes und nicht mehr der Verzweiflungsakt, der es in den vorhergehenden Wochen zu sein schien. Am Abend verlangte Mary all die Stofftiere, die sie mehrere Monate zuvor weggelegt hatte, und baute sie sorgfältig am Fußende ihres Bettes auf. Dann wandte sie sich zu ihrer Betreuerin und fragte, ob sie (Mary) meiner Aufforderung gefolgt sei, sie möge wieder mit uns sprechen. Die Betreuerin sagte, sie scheine es gewiß zu versuchen; das sei das einzige, was zähle, und wir seien sehr froh zu sehen, daß sie versuche, sich selber das Leben wieder angenehm zu machen. Am nächsten Morgen sagte Mary, sie würde nun gern ihre Tiere auf ihrem Bett behalten. Sie ordnete sie sorgfältig an und deckte sie dann zu, damit sie behaglich schlafen konnten, während sie zum Schulunterricht ging. So waren Teile ihrer selbst — die Tiere, mit denen sie sich identifizierte — gut versorgt und konnten sich nun des Lebens freuen.

Offensichtlich sah die Welt für Mary wieder besser aus, und dieses Wohlbefinden schien auch ihre Träume zu durchdringen. Beim Frühstück sagte sie: »Ich hab' geträumt, meine Schwester ist geschieden.« Sie beklagte sich dann über die Nachlässigkeit ihrer Schwester, die ihr kein Geburtstagsgeschenk geschickt hatte; natürlich gab sie der Heirat die Schuld an diesem Versehen. Aber dann fügte Mary hinzu — zum Teil, um ihren Wunsch zu verdecken, ihre Schwester ganz für sich allein zu haben —, sie hoffe, Frances werde sich nicht wirklich scheiden lassen. Marys Motiv hierfür war egoistisch. Sie haßte diese Ehe, aber sie mochte Frances' Mann gern.

Während sie noch unter der Fahnenflucht ihrer Schwester litt, reagierte Mary eines Morgens heftig auf die Ankunft eines neuen Hausmädchens. »Immer neue Hausmädchen!« beklagte sie sich. Dann lachte sie erschreckt und sagte so laut, daß das neue Mädchen es hören konnte: »Die Hausmädchen haben Angst vor mir.« (Lachen war für Mary etwas relativ Neues. Am Anfang, nachdem sie zu uns gekommen war, hatte sie nie gelacht; jetzt tat sie es nur, wenn sie Angst hatte, und ihr Lachen klang so, als ob sie es noch nicht recht gelernt hätte.) Als ob sie erklären wollte, warum sie das Gefühl habe, die Mädchen fürchteten sich vor ihr, fuhr Mary fort: »Weil ich vor den Mädchen Angst habe.«

Nach einem weiteren Monat konnte Mary das Leben mit mehr Mut angehen. Da sie ihre Angst vor anderen äußerte und ihre Wurzeln in ihrer eigenen Feindseligkeit erkannte, wurde sie wieder fähig, sich zu anderen Menschen in Beziehung zu setzen und sich etwas beruhigt zu fühlen, daß man sie nicht ganz und gar im Stich gelassen hatte. Zusammen mit fortwährender Beruhigung von ihren Lieblingsbetreuerinnen verhalf dies Mary zu der Erkenntnis, daß ihr mit der Heirat ihrer Schwester nicht alles genommen worden war.

Was Mary unbewußt zu wünschen schien, war Teilhabe am Sexualleben ihrer Schwester, d. h., sie wollte ihren Mann mit ihr teilen. Zur Schlafenszeit, wenn Marys Sexualängste und -wünsche, wie bei so vielen Kindern, am stärksten waren, fragte sie ihre verheiratete Betreuerin oft und gründlich aus, ob Brüder (Schwäger) und Schwestern heiraten, Geschlechtsverkehr und Babys haben könnten, und so fort. Sie begann von König Salomo und seinen vielen Frauen zu sprechen und fragte verwundert, wie er denn mit allen habe Verkehr haben können. Der Hinweis, er könnte ja abgewechselt haben, befriedigte sie, vielleicht, weil sie meinte, sie könne sich auch mit ihrer Schwester abwechseln und nicht ganz leer ausgehen.

Von solchen relativ reifen Sexualinteressen kehrte Mary bald zu primitiveren Wünschen zurück. Sie machte sich Gedanken über die Brüste ihrer Betreuerin, wollte gedrückt und herumgetragen werden; dann wurde sie kühner und direkter. Sie zeigte auf eine kleine, wie ein Vogel geformte Anstecknadel, die die Betreuerin trug, und sagte, der Vogel trinke an ihrer Brust. Mary schmiegte sich an die Betreuerin. »Ich lehne mich an deine Brust«, sagte sie und machte Sauggeräusche. Sie wollte in jeder möglichen Weise wie ein Baby behandelt und verhätschelt werden.

Aber diese verheiratete Betreuerin, zu der sie relativ wenig Kontakt hatte, war nicht die geeignetste Person für die Befriedigung ihrer primitiven Bedürfnisse. Also wandte sie sich an ihre Lieblingsbetreuerin mit der dringlichen Bitte um die Babyflasche. Ihre Gier war so groß, daß sie die Milch nicht schnell genug saugen konnte. Der Sauger mußte immer wieder verändert und die Löcher mußten vergrößert werden, damit sie die Milch schneller trinken konnte. Aber nach diesem einen Versuch kehrte sie mehrere Monate nicht zur Flasche zurück.

Die Gespräche, die sie beim Zubettgehen führte, drehten sich jetzt wieder um die Tatsache, daß sie ein Mädchen war, und als Helferin bei diesem Thema wählte sie ihre andere Lieblingsbetreuerin. Mary fragte, was geschehen würde, wenn sie eine Puppe machen und ihr einen Penis geben würde, würde jemand zornig werden? Als man sie darüber beruhigte, an der Schule würde niemand zornig werden, fragte sie spezifischer, ob ich zornig werden würde. Die Betreuerin sagte, sie sei sicher, ich würde nicht wütend werden, warum Mary das glaube? Mary erwiderte: »Er hat einen Penis, nicht wahr?« Die Betreuerin sagte, jeder Mann habe einen; darauf sagte Mary: »Dann weiß er ja darüber Bescheid«, und ging dann zu anderen Bemerkungen über Männer über.

Sie behauptete, der Schwimmlehrer, den sie am Nachmittag im Badebecken genau beobachtet habe, habe große Sexualorgane. Man erklärte ihr, daß sich Geschlechtsorgane wie jeder andere Körperteil entwikkeln und beim Erwachsenen größer sind als beim kleinen Jungen. Mary fragte, ob Jungen in der Nacht Samenergüsse haben, und auf die bejahende Antwort hin wollte sie wissen, wie sich dies vom Bettnässen unterscheide.

Am nächsten Abend, kurz vor dem Zubettgehen, führte sie das aus, worüber sie am Abend vorher nur gesprochen hatte. Sie nahm Ton und machte für eine ihrer Puppen männliche Geschlechtsteile. Etwas später, als sie schon im Bett lag, erzählte sie ihrer Betreuerin, sie habe sich einmal mit einer Rasierklinge geschnitten, und hielt ihr den Finger hin, um ihr die Stelle zu zeigen. Die Betreuerin sah sich mit ihr die Narbe an und wies darauf hin, wie gut der Schnitt geheilt sei, was Mary veranlaßte, darüber zu sprechen, daß sie vor einiger Zeit versucht hatte, sich mit einer Rasierklinge das Haar abzuschneiden. Auf die Frage, warum sie dies getan habe, gab Mary an, die Geschichte über den Mann, der sich mit einem Rasiermesser den Penis abgeschnitten hatte (die sie mitangehört hatte), habe sie auf die Idee gebracht, sich die Schamhaare abzuschneiden. Weitere Gespräche brachten mehr über die Art ihrer Sexualängste ans Licht — ihre Fehlinformationen über die Geschlechtlichkeit, ihren Glauben, sie habe früher einmal einen Penis gehabt, der abgeschnitten worden sei, usw. —, was ihrer Betreuerin die Möglichkeit gab, ihr richtige Auskünfte zu geben.

Ihre Sexualängste kamen in ihren Beziehungen zu der Lieblingsbetreuerin zutage, die eine mütterliche Funktion hatte, und nicht bei der anderen Lieblingsbetreuerin, deren Funktion im traditionellen Sinn mehr die einer Therapeutin war, da Mary regelmäßig zu Einzel-Spielstunden zu ihr kam. Insgesamt schien diese Betreuerin während dieser Periode Marys Schwester zu repräsentieren. Indem Mary zu dieser Person, die Frances' Platz einnahm, einen festen Rapport aufrechterhielt, konnte sie ihrer akuten Trennungsangst etwas entgegenwirken. Sie konnte sich auch vergewissern, daß das Erkennen oder das Aussprechen ihres Wunsches, den Mann ihrer Schwester an sich zu reißen, diesen Rapport nicht beeinträchtigte, denn das, was sie der mütterlichen Betreuerin abends erzählte (der Traum von der Scheidung ihrer Schwester, ihre Gedanken über Geschlechtsverkehr und Babys), war unabhängig von ihren Beziehungen zu der Schwester-Figur, die sie vorwiegend in den Einzelsitzungen sah.

Diese Trennung der Rollen und Gefühle entsprach der Spaltung zwischen Marys Tages- und Nachtansicht von sich selbst und der Spaltung zwischen ihrem Wunsch nach Abhängigkeit und ihren feindseligen Gefühlen. Am Tag versuchte sie als ein relativ gut funktionierendes Mädchen zu erscheinen, gleichgültig gegen jedermann, unberührt von Emotionen und zufrieden in wenigstens einer Beziehung — der zu ihrer »Schwester«. Aber nachts war sie ihrer Schwester Rivalin, wenn nicht sogar ihre Feindin.

Aber Marys drängendste Sorge drehte sich immer noch um Babys. Konnte sie ein Kind bekommen? Und wenn nicht, warum nicht? Konnte ihre Schwester ein Kind bekommen? Wie fühlte sich Geschlechtsverkehr an? War er wie Masturbation? Und dann kehrte sie wieder zu den Babys zurück.

Was sich in Marys Seele abspielte, spiegelte sich, schon lange, bevor sie darüber reden konnte, in der ausgeprägten Veränderung ihrer körperlichen Erscheinung. Dieses früher ziemlich bewegliche Mädchen wurde sehr schwer. Sie war in ihrer Haltung und in ihrem Gebaren eine seltsame Kombination aus einer alten Frau und dem allgemeinen Erscheinungsbild einer Schwangeren. Eigenartigerweise fügte sich nur ihr Gesicht diesem Wandel nicht, sondern nahm immer mehr das hilflose Aussehen eines Babys an. Ihre Wangen waren schlaff wie bei einem Neugeborenen (oder einer alten Frau), und ihre Lippenbewegungen wurden zunehmend infantiler. Ihre Aggressivität drückte sich nicht mehr so sehr in Schreien und Angriffen auf andere aus, sondern in infantilem hastigem Geplapper und Spucken. Auch ihre Körperbewegungen schienen eine tiefe Regression zu offenbaren. Manchmal ähnelten sie den charakteristischen Bewegungen sehr junger und gehemmter Kinder, ein andermal waren sie wie die Bewegungen einer Schwangeren.

Dieses Verhalten schien gleichzeitig zwei einander widersprechende Tendenzen zu enthalten: die der Mutter und die des Säuglings. Als Mutter wünschte sie die infantilen Bedürfnisse zu befriedigen, die sie »als Baby« so stark empfand.

Zugleich begann Mary sich Sorgen zu machen, ihre Schwester könnte schwanger werden. Je mehr diese Angst wuchs, desto mehr veränderte sich ihr eigenes Aussehen merklich. Ihr Bauch stand vor, und sie ging und stand fast so wie eine Frau in den letzten Monaten der Schwangerschaft. Gleichzeitig wurden ihre feindseligen analen Tendenzen deutlich, da ihr Hinterteil immer weiter hervorstand, als wollte sie jedem damit »ins Gesicht springen«. Zu dieser Zeit klang ihr charakteristischer Ausdruck: »Ha!« manchmal wie ein Flatus; ein andermal war es wie das grunzende Geräusch, das kleine Kinder beim Defäzieren machen.

Während Marys Körper in dieser unnatürlichen Haltung einfror, tauten ihre Hemmungen im Gespräch weiter auf. Ihre Sexualinteressen wandten sich von ihrer Schwester dem Mann ihrer Schwester und ihrem eigenen Körper zu. Stets begann sie die Gespräche mit ihrer Betreuerin mit der Frage, ob ihre Schwester ein Kind bekommen könnte oder würde. Dann pflegte sie mehr Information über ihren eigenen Körper zu verlangen, besonders über die verschiedenen Körperöffnungen und ihre Funktionen; gewöhnlich endete sie mit der Frage, ob sie selber ein Kind bekommen könne, wie alt Mädchen sein müßten, bevor sie Kinder bekommen können, ob sie vielleicht mit elf Jahren ihre Menstruation bekommen würde und ob sie dann gleich ein Baby haben könnte.

Vielleicht rief ihr verändertes Aussehen zusätzliche Sorgen in ihr wach, ob sie gesund sei oder nicht, wenn auch zweifellos die Natur ihrer Ängste ursprünglich für die Veränderung verantwortlich war. Auf jeden Fall trat nun an die Stelle von Marys früheren Ängsten und Beschwerden über bestimmte »Leiden« (Pickel, Abschürfungen) die Angst, sie könnte einen kranken Körper geerbt haben. Warum waren ihre beiden Eltern so jung gestorben? Könnte ihre Schwester sterben, wenn sie ein Kind bekäme? War es wahrscheinlich? Hatte sie (Mary) ein schlechtes Herz, eine »Gallenblase« wie ihre Mutter, die ihr den Tod bringen könnte? In diesen Ängsten zeigte Mary mehr als in allem anderen, daß sie wenigstens anfing, sich als Teil einer Familie zu sehen und nicht als eine total isolierte oder eine nur mit einer toten Mutter verbundene Person.

Ihre Ängste über sich selbst schienen eine Fähigkeit anzukündigen, sich (und ihr Leben) im Rahmen einer Familie zu sehen. Dies entsprach wieder Marys allgegenwärtigem Verhaltensschema, das Schlechte im Leben zu sehen, lange bevor sie seine positiveren Aspekte erkennen konnte, denn ihre Familie als Einheit erschien in ihrer Vorstellung zuerst als mögliche Krankheitsquelle. Ihre Ängste vor körperlichem Schaden traten in aller Schärfe wieder auf, und diesmal brachte sie sie oft spezifisch mit den Krankheiten ihres Vaters und ihrer Mutter in Verbindung. Sie behauptete, sie sterbe an einem Herzanfall oder an einer Störung der Gallenblase. Bei jedem kleinen Kratzer schrie sie in großer Verzweiflung um Hilfe, genau wie sie gleich nach ihrer Ankunft an der Schule geschrien hatte.

Ohne ihn jemals offen auszusprechen, zeigte sie ganz deutlich ihren Glauben, sie sei schwanger. Sie spekulierte stundenlang, ob sie an der Schwangerschaft, an einem Herzanfall oder daran sterben werde, daß sie »eine Gallenblase« hatte. Mary erwähnte nie ihre Angst, sie sei wirklich schwanger, aber sie sprach offen und häufig darüber, daß sie vor der Menstruation Angst hatte. Sie kombinierte dies geschickt mit ihrer Masturbationsangst und sagte, indem sie beides verschmolz, sie habe Angst, sie werde an »Mensturbation« sterben.

Was immer Mary erlebte, wurde gemäß diesen vorherrschenden Ängsten verzerrt. Einmal sah sie in einem Film ein Pferd, das sich auf die Hinterbeine erhob; später behauptete sie, das Pferd habe die Filmschauspielerin in den Penis, in die Vagina und in die Brüste getreten. Männliche und weibliche Geschlechtsmerkmale wurden so in einem

Mädchen vereinigt, das in allen Sexualbereichen verletzt wurde. Mary beharrte auf der Ansicht, sie und alle anderen Mädchen hätten Penisse. Sie zeigte erhebliche Angst, auseinanderzufallen. Beim Spielen verloren ihre Puppen stets Arme und Beine. Sie selbst nahm sie auseinander, während sie mit ängstlicher Fröhlichkeit erklärte: »Jetzt gehen die Beine ab! Jetzt gehen die Arme ab! Jetzt geht der Rumpf ab, und jetzt geht sogar der Kopf ab.« Jeder Ausruf wurde von einem sehr furchtsamen, kleinen Lachen punktiert.

Auf den Straßen schaute sie scharf aus nach Menschen, die einen Arm oder ein Bein verloren hatten, und sprach ausführlich darüber, wie sehr sie das erschrecke. Sie wollte wissen, ob es auch Leute gebe, die verkrüppelt zur Welt kämen, ob sie als Krüppel zur Welt gekommen sei, ob Ärzte Glieder wieder annähen können, die man verloren hat, und so fort.

Immer wieder stellte sie Fragen über die Gallenblase. Ob jeder Mensch eine habe? Wie viele Menschen an Gallenbeschwerden stürben? Was hatte mit der Gallenblase ihrer Mutter nicht gestimmt? Was war mit ihrer eigenen nicht in Ordnung? Würde sie daran sterben? Wann?

Ihre Befürchtungen, sie oder die Schule könnten mit Bomben belegt werden, wurden nun enger mit Kindheitserlebnissen in Verbindung gebracht. Sie träumte vom Krieg. In diesem Traum gab es eine alte Dame, die Marys Mutter zu der Zeit ähnlich war, als sie traurig war und nicht mehr aus dem Haus ging. Mary konnte jetzt offen sagen, daß sie wütend war, weil ihre Eltern gestorben waren, als sie noch so klein war. Sie sagte, entweder hätte sie selbst älter sein müssen, oder ihre Eltern hätten länger leben müssen.

Ihre Phantasien und Gefühle über den Tod ihrer Mutter wurden intensiver und zugleich infantiler. Sie fragte, ob ihre Mutter jemals wieder lebendig werden würde. Sie war wütend auf die Ärzte, die ihren Eltern nicht geholfen hatten, wieder gesund zu werden, und sie hatten sterben lassen.

Sie fragte, was mit einer Leiche geschehe. Was passierte mit Leuten in Krankenhäusern? Und was geschah mit Gliedern, die man absägen mußte? Konnte man Leichen, Arme und Beine im Krankenhausmüll finden? Wie schmeckte Menschenfleisch, und machte es einem übel? Komme es vor, daß Ärzte es äßen, und würde sie selber krank werden, wenn sie Menschenfleisch äße? So wurden ihre kannibalistischen Phantasien mit der Krankheit ihrer Mutter in Verbindung gebracht.

Aber wenn Marys Phantasien auch wild waren, war ihr Interesse an diesen Dingen doch nicht ganz unrealistisch, und es wurde zu einem nützlichen Werkzeug der Erforschung der Vergangenheit. Fast ein halbes Jahr war seit der Heirat ihrer Schwester vergangen. Aber diesmal war Mary nicht nur bereitwilliger, ihre Phantasien zu äußern, sondern auch, realistische Erklärungen an ihrer Stelle anzunehmen. Während sie immer noch behauptete, die Ärzte hätten ihren Vater umgebracht, bat sie zum erstenmal um reale Informationen über ihn: was sein Beruf gewesen sei, was er bei seiner Arbeit getan habe. Sie wollte den Zusammenhang zwischen dem Tod ihres Vaters und dem ihrer Mutter verstehen, denn sie glaubte, der Tod des Vaters, von dem sie meinte, er sei bei ihrer Geburt eingetreten, habe den Tod der Mutter verursacht.

Ihre Sehnsucht nach einer eigenen Familie nahm zu. Mary nahm es Frances sehr übel, daß sie, als ihre Mutter gestorben war, ihr kein Heim geboten hatte und auch jetzt nicht für sie sorgte. Aber genau wie sie allmählich wenigstens teilweise die Tatsache akzeptierte, daß niemand absichtlich ihren Vater umgebracht hatte, so begann sie zu begreifen, daß Frances knapp elf Jahre alt gewesen war, als die Mutter starb. Mary hatte diese Tatsache der Form halber akzeptiert, aber jetzt wurde ihr mit einem Schock klar, daß sie selber gerade so alt war wie Frances beim Tod ihrer Mutter. Zum erstenmal ging ihr die Irrationalität ihres all diese Jahre hindurch gehegten Wunsches auf, Frances solle für sie sorgen; diese war ja nur ein Kind gewesen. Sie erinnerte sich, daß Frances ihr damals erwachsen vorgekommen war — sehr groß, mächtig und erfahren.

Auf ihrer Suche nach Wissen über ihre früheste Kindheit zog Mary viel Behagen daraus, daß man ihr sagte, sie sei ein gesundes Baby gewesen. Sie war besonders erfreut, als wir ihr in unseren Aufzeichnungen zeigten, daß sie mit neun Monaten angefangen hatte zu sprechen und daß sie mit dreizehn Monaten laufen konnte. Sie begriff, daß dies ziemlich früh war, und wurde sehr erregt. Mit echtem und angemessenem Gefühl rief sie aus: »Hab' ich das wirklich?«

Aber trotz dieses Interesses, die Stücke ihres früheren Lebens wieder zusammenzusetzen, das Mary sehr in Anspruch nahm, wurde sie immer noch von Ängsten geplagt. Wenn sie von ihrer Vergangenheit sprach, sprach sie langsam und vorsichtig. Auf die Frage, warum, sagte sie: »Weil ich manchmal, wenn ich rede, zuviel sage.« Zu anderen Zeiten variierte sie dies mit: »Weil ich manchmal zuviel frage.« Dies sagte sie hervorgestoßen, gleichsam, als wolle sie nicht, daß es herauskomme. »Es ist schlecht von mir, daß ich auch nur das gesagt hab'«, sagte sie.

Um ihrem Wunsch, wieder ein Baby zu werden, und ihrer Angst vor Schwangerschaft entgegenzuwirken, begann Mary sich wie ein Wildfang zu benehmen. Ein paar Wochen lang trug sie nur Blue jeans und spielte nur mit Jungen. Sie lernte ziemlich schnell radfahren; vorher hatte sie sich gefürchtet, es auch nur zu versuchen. Sie wurde auch bei Arbeiten in der Werkstatt recht geschickt. Und gemäß diesen neuen Versuchen, sich alters-, wenn auch nicht geschlechtskonform zu benehmen, wurden ihre Lernleistungen in der Schule besser. Aber wie sie schon in der Vergangenheit rasche oder einfache Lösungen für verzwickte Schwierigkeiten gesucht hatte, so schien sie sich auch wieder bei dem Versuch, zu hart anzutreiben, sich und andere von einer Zulänglichkeit zu überzeugen, die sie nicht besaß.

Etwa zu dieser Zeit bekam sie Besuch von ihrer Schwester und ihrem Schwager. Schon als sie den Brief las, in dem sie ihren Besuch ankündigten, erschien ihr Blinzel-Tic wieder, der über zwei Monate lang nicht aufgetreten war. Angesichts jeder schwierigen Erfahrung schien Mary ihren Kontakt mit der Welt einschränken zu müssen, indem sie visuelle Erlebnisse teilweise ausschloß. Sie wollte nicht wirklich sehen, wie ihre Welt oder ihre Familie aussah.

Der Besuch selbst verlief ohne besondere Ereignisse, und Mary sagte, ihre Schwester bedeute ihr nicht mehr so viel wie früher oder wie sie immer gedacht habe. Aber nach ein paar Tagen kam eine starke Reaktion. Schweres nächtliches Erschrecken trat wieder auf. Mary träumte von »Mord und meiner Schwester«, wobei die aggressiven Elemente des Albtraums am wichtigsten waren. Endlich konnte sie sehen, daß sie sich an die Stelle ihrer Schwester gesetzt hatte, wie eifersüchtig sie gewesen war, und daß sie den Ehemann für sich selbst hatte haben wollen. Dann gab sie zu, sich gefragt zu haben, ob Frances im Wochenbett sterben werde und ob sie dann Frances' Mann heiraten könnte.

Mary konnte offen zugeben, daß ihr der Gedanke zuwider war, ihre Schwester könnte ein Kind bekommen, vor allem, weil sie selber ein Baby sein wollte — Frances' Baby. Daß Mary sich über diese Gefühle aussprechen konnte, führte zu einer Intensivierung ihres babyhaften Verhaltens. Ihre Saugbewegungen nahmen so zu, daß ihr Mund mehr als jemals einer Schnauze glich. Sie pflegte mit übertriebener Verzweiflung zu sagen: »Je älter man wird, desto mehr muß man hier ein Baby sein«, oder: »Wenn man größer wird, schrumpft man zusammen.«

Die Erkenntnis, daß sie in Frances nie die allgebende Mutter finden würde, nach der sie sich sehnte, war für Mary ein harter Schlag. Es dauerte lange, bis sie dieser Enttäuschung wirklich begegnen konnte. Daß der Besuch ihre Hoffnungen schrumpfen ließ, führte sofort dazu, daß Mary daran verzweifelte, jemals von irgend jemand versorgt zu werden. »Eines Tages werdet ihr mich verkaufen«, pflegte sie zu sagen, oder: »Ihr werdet mich verkaufen, wenn ich die Schule verlasse.« Auf alle Versicherungen, das Gegenteil sei wahr, erwiderte sie mit wissendem Lächeln: »Oh, doch, ihr werdet eine Verkaufsanzeige in die Zeitung setzen, wenn ihr mich los sein wollt.« Aber diese Bemerkungen waren nicht ganz ernst zu nehmen. Gewiß, sie sagten etwas über ihre tiefe und noch immer beherrschende Angst aus, aber sie hatten auch etwas Spielerisches, als ob Mary ihre Betreuerinnen necken wollte. In dieser Hinsicht zeigten sie, daß trotz der beunruhigenden Ereignisse der vergangenen Monate Fortschritte eingetreten waren.

Als die Wirkungen des Besuchs nachließen, schien Mary eine gewisse Hoffnung zu fassen, einmal fähig zu sein, für sich selber zu sorgen. Im Juni legte sie einen Garten an. Sie ließ mich raten, was sie gepflanzt hatte, und ich riet richtig, daß es Zwiebeln waren. Ein solches Verständnis rief bei ihr ein breites und echtes Lächeln hervor. Sie war erfreut und erzählte ihrer Betreuerin davon. Eine Minute lang war sie still und nachdenklich, dann sagte sie schließlich: »Ich wünschte nur, ich könnte im Garten auch Brot und Butter anbauen; dann hätte ich alles, was ich gern habe.« Sie wies unsere Versicherung, sie werde immer genug Brot und Butter zu essen haben, als etwas ab, das nicht zur Sache gehörte. Was sie wirklich wollte, war, in der Lage zu sein, sich selbst zu versorgen. Darauf kam es an. Offensichtlich war der Anbau von Zwiebeln ihr erster Schritt in dieser Richtung.

Zufällig zeigte uns Mary später auch in diesem Garten, wieweit sie darin gegangen war, sich von ihrer Schwester zu befreien, wenn sie dies auch nur dadurch erreichen konnte, daß sie Frances mit allem Bösen aus ihrer Vergangenheit, wie es die Tante symbolisierte, identifizierte. Mehrere Wochen nach ihrem enttäuschenden Besuch bei Mary kam Frances mit ihrem Mann an den Gärten vorbei, offensichtlich, um Mary zu sehen. Frances stand eine Weile am Zaun und beobachtete Mary; diese sah sie zwar, sagte aber nichts. Dann wandte sie sich zu ihrer Betreuerin und sagte, ihre Tante sei da und beobachte sie. Sie schien ganz überrascht, als sie sich klarmachen mußte, daß es ihre Schwester war. Seltsamerweise — oder vielleicht nicht, angesichts der Tatsache, daß Frances sich früher oft gegen Mary auf die Seite ihrer Tante gestellt hatte — handelte Frances bei diesem Besuch so, wie es zur Rolle der Tante paßte. Sie mißbilligte Marys dicken Bauch und sagte ihr immer wieder, wie dreckig sie sei. Als Mary aufgeregt versuchte, den Besuchern ihre Pflanzen zu zeigen, war Frances völlig uninteressiert.

Die Enttäuschung über ihre Schwester veranlaßte Mary, in bezug auf die Beziehung zu ihrer Tante realistischer zu werden; sie bürdete ihr nicht mehr alle Schuld für ihre Schwierigkeiten auf. Sie wurde auch realistischer in ihrem Verständnis für die Gründe, warum man sie in der Schule untergebracht hatte und warum sie mit anderen Menschen nicht auskommen konnte.

Nun folgte eine Periode, in der Mary intensiv ihre alten und neuen Probleme bearbeitete. Sie schien es vorzuziehen, Hilfe für jeden Problembereich bei einer anderen Person zu suchen. Sexuelle Fragen hielt sie immer noch getrennt von allen anderen und reservierte sie für abendliche Gespräche mit ihrer verheirateten Betreuerin, die ihr im übrigen nicht viel bedeutete. Bei der einen Lieblingsbetreuerin wollte sie nur wie ein Baby behandelt werden. Mit der anderen sprach sie weiterhin über ihre Trennung von Mutter und Schwester. Die unglücklichen Erlebnisse im Haus ihrer Tante agierte sie, indem sie gegen andere Erwachsene ihre massive Feindseligkeit entlud. Und schließlich gab es einige Menschen, vor allem ihre Lehrerin und die Kinder, bei denen sie versuchte, sich mehr ihrem chronologischen Alter gemäß zu benehmen. In der Klasse funktionierte sie weiterhin angemessen und war sehr stolz auf ihre Leistungen und ihre intellektuellen Fortschritte.

Dies alles erstreckte sich über den Sommer, bis weit in den Herbst hinein. Mary fuhr fort in ihren offenen Anklagen gegen die Schule und gegen bestimmte Betreuerinnen, aber sie genoß auch infantile Freuden viel mehr. Wie bei vielen unserer Kinder dauerte es auch bei ihr ziemlich lange, bis sie es wagte, konsequent aus der Babyflasche Milch zu trinken. Manche Kinder trinken zunächst Limonade aus der Flasche; andere beginnen wie Mary mit Wasser, obwohl ihnen immer Milch angeboten wird. Zuerst drückte Mary das Wasser aus der Babyflasche in eine Tasse, bevor sie es trank (oft auch durch einen Strohhalm). Später trank sie Wasser direkt aus der Flasche, dann schließlich auch Milch. Bis zum Herbst trank sie mit großer Hingabe und echtem Vergnügen zehn bis fünfzehn Minuten hintereinander aus der Flasche.

Marys Erleichterung, daß sie sich in Gesellschaft der einen Lieblingsbetreuerin diesem Vergnügen zuwenden konnte, schien sie auch zu befähigen, mit der anderen Betreuerin zusammen ihre tiefe Angst vor Tod und Vernichtung anzugehen. Bei dieser Lieblingsbetreuerin äußerte sie ihre große Angst vor dem Sterben und beharrte auch auf dem Gedanken, wir hätten ihre Mutter getötet. Zugleich versuchte sie unaufhörlich, die wirklichen Ereignisse ihrer Vergangenheit zu ergänzen. Sie stellte sehr viele Fragen über ihre Verwandten und versuchte, sich an wichtige Erlebnisse aus ihrer frühen Kindheit zu erinnern. Als ihre Vorstellung über ihre Zukunft etwas weniger pessimistisch wurde, konnte Mary sich klarmachen, daß sie früher einmal eine Familie gehabt hatte, selbst wenn ihre Eltern jetzt tot waren.

Zum erstenmal fragte sie nach Einzelheiten über die anderen Mitglieder ihrer Familie, ihre Onkel und Tanten und ihre Kinder, und akzeptierte sie auch. Sie schien auch weniger das Bedürfnis zu verspüren, die traumatische Vergangenheit mit ihrer Mutter auszusperren, wenn sie sich auch weiterhin schrecklich vor Tod, Trennung und Isolierung fürchtete. Diese Ängste zeigte sie nicht nur offener, sondern sie sprach auch viel freier darüber.

In ihrem Spiel machte Mary deutlich, daß sie schattenhaft erkannte, daß für sie die ganze Welt verschwunden war, als ihre Mutter starb, und daß sie seitdem das Gefühl gehabt hatte, sie habe nichts, wofür sie leben könne. Ganz allmählich und sehr zögernd brachte sie das Gefühl zum Ausdruck, sie selber sei am Tod ihrer Mutter schuld und ihre Masturbation könne zu ihrer eigenen Vernichtung und vielleicht zur Vernichtung ihrer ganzen Welt führen.

Aus diesen Bemerkungen und ihren verschiedenen Spielhandlungen wurde immer klarer, daß Mary wirklich den Eindruck gehabt hatte, sie habe ihre Mutter getötet. Sie glaubte allgemein, daß Mütter beim Kinderkriegen sterben, und sie glaubte, sie habe auf diese Weise den Tod ihrer Mutter herbeigeführt. Insbesondere stellte sie sich vor, daß sie, während sie im Mutterleib war, ihre Mutter in die Gallenblase getreten habe, wodurch sie sie so schwer verletzt habe, daß sich die Gallenblasenbeschwerden entwickelten, an denen die Mutter später starb.

Die ungeheure Erleichterung, die Mary empfand, als sie diese Ängste offenbarte, verminderte die beunruhigende Wirkung ihrer Träume und machte ihr das Einschlafen leichter. »Ich schlafe nachts besser«, sagte sie und gab uns ihre Erklärung dafür: »Weil ich nicht versuche zu vergessen, von was ich träume. Ich wache auf und erinnere mich daran, und dann schlafe ich wieder ein.« Auch ihre schlechte Laune, ihr Mißmut und ihre Depressivität am Morgen verschwanden. Zum erstenmal sprach sie positiv über ihren Wunsch, erwachsen zu werden, und über ihre körperliche Entwicklung. Sie begann sich für das Tragen weiblicher Kleidung zu interessieren und machte Bemerkungen, die zeigten, daß sie die Tatsache, ein Mädchen zu sein, besser akzeptieren konnte. Aber sie sagte auch: »Am Vorabend von Allerheiligen will ich mich verkleiden und mich wie ein Junge benehmen.« Mary machte sich in realistischer Weise die Möglichkeiten zunutze, die die Gesellschaft Kindern bietet, ihre weniger akzeptablen Neigungen zu agieren.

Allgemein war sie also hoffnungsvoller in bezug auf ihre Zukunft. Sie sprach davon, endlich eine Familie zu finden, bei der sie leben könne — eine Familie, die sie annehmen und als ihr Kind aufziehen würde. Sie erfand eine kleine Geschichte dazu:

»Es war einmal ein Hund, der hieß Chips und der hatte sich verirrt. Er wollte was zu essen und ging in eine Gasse und holte sich einen Knochen und ein bißchen Fleisch aus einer Mülltonne. Danach fühlte er sich kalt und müde und er wünschte sich ein schönes Bett, um darin zu schlafen. Er ging also über die Straße und kratzte an der Tür. Eine kleine alte Dame machte die Tür auf und sagte: ›Wie bist du denn dahin gekommen?‹ Sie erzählte es ihrem Mann und der sagte: ›Laß uns eine Anzeige in die Zeitung setzen‹. Das taten sie. Aber niemand erhob Anspruch auf Chips, und er lebte lange Zeit bei ihnen.«

Ihre neuen Gefühle äußerten sich auch in ihren Zeichnungen. Eines Tages, nachdem sie zuerst versucht hatte, eine Maske, dann einen Hund zu zeichnen, beschloß Mary schließlich, sie wolle gern ein kleines Mädchen mit lockigem Haar malen, wie sie es hatte. Als sie das Gesicht zeichnete, machte sie kleine Flecken darauf, die wie Tränen aussahen. Mary hatte die Gewohnheit gehabt, die Gesichter, die sie zeichnete, mit Tränen zu versehen, aber diesmal, als die Betreuerin fragte, was das sei, sagte Mary, das seien Sommersprossen. Die Betreuerin erinnerte sie daran, daß sie früher immer Tränen gemalt habe, und fragte, ob dies nicht vielleicht auch welche seien. Darauf erwiderte Mary: »Ja, ich will ihr Tränen malen.« Dann: »Nein, ich mach' das nicht. Ich will ein fröhliches Mädchen.«
Später zeichnete sie ein weiteres Gesicht; als sie mit dem Mund anfing, bemerkte sie, die Mundwinkel wiesen nach oben, »weil es ein Junge ist«. Als sie darüber befragt wurde, sagte Mary, wenn sie ein Mädchen zeichnete, wäre es anders. Sie sagte, immer, wenn sie Gesichter zeichne, zögen sich die Mundwinkel der Mädchen irgendwie nach unten, die der Jungen zögen sich nach oben. Plötzlich schien sie zu merken, was sie gesagt hatte. Sie sah auf, als sei es eine wirkliche Offenbarung für sie, und sagte: »Aber dafür gibt es eigentlich keinen Grund, denn Mädchen können auch fröhlich sein und lächeln.« [12]
Mary wurde sich immer mehr des Zusammenhangs zwischen ihrem Unglücklichsein und der abrupten Art bewußt, wie ihre kindlichen Vergnügen unterbrochen worden waren. Als Mary zu ihrer Tante kam, hatte sie plötzlich auf das Saugen und Sich-Beschmutzen verzichten müssen (bei Lebzeiten ihrer Mutter hatte sie das Einnässen niemals aufgegeben). Die neue und andauernde Unlust, die zu dieser Zeit begann, spiegelte sich in ihren Träumen, in denen die ganze Welt drauf und dran war, zusammenzubrechen. Sie hatte uns schon früher davon er-

zählt, aber als wir sie jetzt fragten, warum sie diese Dinge geträumt habe, verband sie sie mit einem bestimmten Ereignis. Ihre Assoziation war: »Warum hat mir meine Tante die Babyflasche weggenommen, als ich zu ihr kam?«

Ein paar Monate später traf es sich, daß Mary wieder Besuch von ihrer Schwester und ihrem Mann bekam. Obwohl wir ihnen davon abgeraten hatten, kamen die jungen Leute immer zusammen, um Mary zu besuchen, und bei diesem Besuch warf Mary sich sofort auf den Schoß ihres Schwagers, legte ihm die Arme um den Hals und barg ihren Kopf an seiner Brust. Sie achtete überhaupt nicht auf ihre Schwester, die die Szene hilflos mit ansah, ohne zu wissen, was sie tun sollte, und unfähig zu handeln, weil sie selber emotionale Schwierigkeiten hatte. Nach dem Besuch fragte Mary, ob ein zehn- oder elfjähriges Mädchen einen Mann von zwanzig Jahren (so alt war ihr Schwager) heiraten könne, was für eine Ehe das wohl werden würde, und ob sie Kinder haben könnten? Auch in anderer Hinsicht spekulierte sie darüber, den Platz ihrer Schwester einzunehmen. Aber diese Art von Reaktion auf die Besuche war mittlerweile kurzlebig und behinderte Marys Gesamtfortschritt nicht ernsthaft.

Interessanterweise wurde Marys nächste Rückeroberung eines Stücks Vergangenheit durch einen bestimmten Geruch ausgelöst; vielleicht entsprach dies ihrer neuen Fähigkeit, infantile Erlebnisse zu genießen. Ihre Empfindlichkeit für olfaktorische Eindrücke haben wir schon erwähnt; die meisten Gerüche störten sie; keiner war ihr angenehm. Diesmal bemerkte sie den Geruch des Desinfektionsmittels, das beim Moppen der Korridore benützt wurde, einen Geruch, der ihr gründlich vertraut hätte sein sollen und über den sie sich vorher schon wiederholt geäußert hatte. Aber jetzt atmete sie ihn bedächtig ein und sagte, er erinnere sie an den Bus, mit dem sie in den Kindergarten gefahren sei, als ihre Mutter noch lebte. Mary erinnerte sich, wie verloren sie sich gefühlt hatte, wenn sie allein hin und her fuhr. Frances pflegte sie zum Bus zu begleiten und sie nach der Schule wieder abzuholen, denn ihre Mutter war zu krank, um das Haus zu verlassen. Daß auch eine Assoziation zu den Desinfektionsmitteln bestand, die während der Krankheit ihrer Mutter benutzt wurden, legt die Tatsache nahe, daß auch spezifische Erinnerungen an die Krankheit und den Tod ihrer Mutter herauskamen, die vorher nur verschwommen vorhanden gewesen waren. Sie erinnerte sich an Einzelheiten der Beerdigung — wie sie im Auto auf der Fahrt zum Friedhof geweint hatte, und wie man sich bemüht hatte, sie zu trösten. Dies waren ihre ersten positiven Erinnerungen an ihre Verwandten.

Mary erzählte uns, daß gelegentlich, wenn es sehr schlimm wurde, eine Frau von der anderen Seite des Flurs herüberkam und für sie kochte. Mary meinte, sie sei sehr nett gewesen. Sie hatte Mary sogar gelegentlich in ihre Wohnung eingeladen, damit sie ihre Schildkröten und Goldfische anschauen konnte. Nun, nachdem Mary schon fast zweieinhalb Jahre bei uns war, wurde auch ihre Leidenschaft für Schildkröten und Goldfische erklärt. In ihrem sprachlosen Beobachten dieser Tiere, wenn auch nicht in der Art, wie sie sie behandelte, hatte Mary vielleicht ihre einzigen wohltuenden menschlichen Kontakte wieder durchgespielt, die sie während ihrer ersten Lebensjahre außerhalb der mütterlichen Wohnung gehabt hatte.

Mary erinnerte sich, daß ihre Schwester der einzige Mensch gewesen war, der für sie und ihre Mutter gesorgt hatte, und daß sie, wenn Frances zur Schule oder zum Spielen ging, mit ihrer Mutter zusammen eingeschlossen wurde. Bei seltenen Gelegenheiten stand ihre Mutter einmal auf und kochte ein wenig. Meistens blieb sie im Bett, mit dem Gesicht zur Wand. An manchen Tagen gab es ein wenig zu essen, an anderen aßen sie einfach nichts. Wenn sie einen oder zwei Tage oder länger gehungert hatten, kam die Dame von gegenüber und kochte für sie. Mary erinnerte sich auch: »Als ich klein war, hab' ich mit mir selbst geredet. Du denkst vielleicht, das ist komisch, aber es war sonst niemand da, mit dem ich hätte reden können. Es ist wahr, ich hab' die ganze Zeit mit mir selbst geredet, und ich hab' die ganze Zeit mit mir selber gespielt. Es gab nichts anderes zu tun.«

Dies waren keine verzerrten Erinnerungen, und das Wiederanschauen dieser Ereignisse in der richtigen Perspektive half Mary verstehen, wie unvernünftig es unter diesen Umständen war, von ihrer Schwester mehr zu erwarten.

Die Ferienzeit vor Marys drittem Weihnachtsfest an der Schule war für sie besonders schwierig. Sie war sich immer mehr ihres Wunsches bewußt geworden, Mitglied einer Familie zu sein, und war offen eifersüchtig auf Kinder, die zu Weihnachten ihre Eltern besuchten. In den früheren Jahren war sie zu feindselig und abgesondert gewesen, um sich darum zu kümmern, was andere Kinder taten oder wie sie lebten. Jetzt sah sie zum erstenmal ganz realistisch, wieviel besser es Kinder hatten, die eine Familie hatten, und sie war in dieser Hinsicht höchst reizbar und eifersüchtig. Sobald die Kinder jedoch ihre Ferienreisen angetreten hatten, genoß sie die Feiertage ganz gründlich.

Wenn wir die drei Weihnachtsfeste, die sie bei uns verbracht hatte, vergleichen: Beim ersten (nach sechs Monaten) war sie völlig unglücklich; beim zweiten (nach achtzehn Monaten) zeigte sich, daß sie mit ihren Geschenken ganz zufrieden war, aber noch gleichgültig gegen das, was um sie her geschah. In diesem Jahr erlebte sie alles deutlich mit, und wenn sie auch unglücklich war, daß sie keine Familie hatte, konnte sie doch genießen, was wir ihr zu bieten hatten.

Mary war zwar die Feiertage über meistens in gutem Kontakt mit anderen, aber die Augenblicke größter Nähe erlebte sie immer noch im Zusammenhang mit Tätigkeiten, die primitive Lusterlebnisse mit sich brachten. Am behaglichsten und am kontaktfreudigsten war sie, während sie in der Badewanne saß oder nach dem Bad abgetrocknet wurde; hierauf reagierte sie sehr anschmiegsam, wie ein kleines Kind. Eines Tages, als Mary in der Wanne saß, sah sie, wie die Schlüssel ihrer Betreuerin, die sie an einer Kordel um den Hals trug, herunterbaumelten. Mary nahm sie in den Mund und saugte an ihnen. Dann schubste sie sie mit dem Gesicht fort und fing sie mit dem Mund wieder ein, ganz ähnlich, wie ein Kind im Bettchen mit einer Rassel spielt, die die Mutter ihm hinhält.

Am Ende dieser Ferienzeit hatte Mary mehr als je das Gefühl, sie könne die Möglichkeit eines anderen und besseren Lebens haben. Sie fragte: »Warum können wir nicht die ganze Welt von vorn anfangen?« Sie hatte jetzt wirklich den Wunsch, von neuem anzufangen und ein befriedigenderes Leben zu führen.

Der folgende Monat Januar war für Mary sehr ruhig, aber im Februar bemühte sie sich wieder ernsthaft, mit ihrer zentralen Schwierigkeit, dem Bedürfnis, eine Mutter zu haben, ins reine zu kommen. Sie erklärte: »Meine Mutter ist wirklich«, und ohne daß man sie fragte, erläuterte sie: »Nur weil sie tot ist, bedeutet das nicht, daß sie nicht wirklich ist. Es bedeutet nicht, daß sie für mich nichts bedeutet.« Sie schien bereit zu sein, eine unmögliche greifbare Realität zugunsten einer möglichen emotionalen Realität aufzugeben.

Damit versuchte sie erfolgreich, sich etwas von ihrer Mutter zu lösen, ihren Tod als ein Faktum der Vergangenheit zu akzeptieren und ihn mit weniger Verzweiflung zu betrachten. Eines Tages, als sie vom Tod ihrer Mutter sprach, malte sie ein Grab. Als wollte sie zeigen, daß es sich um etwas lange Vergangenes handelte, zeichnete sie Spinnweben in die Ecken des Bildes, und indem sie mehrere Kreuze hinzufügte, verwandelte sie es in das Bild eines Friedhofs. Dann dachte sie über die Düsterkeit ihres Gemäldes nach, beschloß, es zu ändern, und übermalte die Kreuze dick mit weißer Farbe, so daß nur die Ränder der Spinnweben sichtbar blieben; dann fügte sie im Zentrum jedes Kreuzes eine rote Blume ein und widmete das Bild einer ihrer Lieblingsbetreuerinnen — vielleicht als Tribut für die Art, wie die Betreuerin ihr im Lauf der Jahre geholfen hatte, ihre Depression Schritt für Schritt zu überwinden (genau wie Mary die Stimmung dieses Bildes verändert hatte), und wie sie ihr geholfen hatte, den Verlust ihrer Mutter zu bewältigen.

Mary konnte sich sogar über ihre Gedanken an Tod und Vernichtung lustig machen, wenn Erinnerungen an ihre Mutter nicht direkt betroffen waren, aber erst nachdem ihre Depression zum Ausdruck gekommen war. Sie zeichnete zwei gekreuzte Knochen auf einem sehr dunklen Hintergrund. Dann malte sie ihnen Gesichter und erklärte, dies seien komische »tanzende Knochen«. Die in solchen Malereien ausgedrückte Ambivalenz kam Mary in anderem Zusammenhang zum Bewußtsein, und sie war verblüfft über einige ihrer Verhaltensweisen. »Ich bekomme eine Menge Dinge, aber ich bin immer noch nicht zufrieden.«

Diese Veränderungen in Marys Haltung spiegelten sich in unserem Verhalten ihr gegenüber, und sie erkannte dies bald. Sie fragte sich, warum ihre Betreuerinnen, wenn sie anderen Kindern gegenüber bösartig war oder sich irgendwie schlecht benahm, mit ihr darüber sprachen. Als sie neu an die Schule gekommen war, hatte sie sich viel schlechter benommen, und wir hatten kaum darauf reagiert. Warum hatten wir unser Verhalten geändert? Mary versuchte nicht nur ihre eigenen Handlungen und Einstellungen zu verstehen, sondern auch unsere. Wichtiger noch: Sie hatte nicht mehr das Gefühl, unser Verhalten und dessen Änderungen seien willkürlich oder hauptsächlich dazu bestimmt, ihr das Leben schwer zu machen. Sie begann zu spüren, daß unsere Handlungen ein Ziel hatten. Wir hatten immer versucht, ihr die Gründe unseres Handelns klarzumachen; nun verstand sie uns wenigstens.

Marys Wut war nicht mehr ziellos oder unverbunden mit dem, was um sie her vor sich ging. Sie war nun leicht in der Lage, auf den Anlaß hinzuweisen. Oft war ihre Wut die Folge realer Frustrationen und Unannehmlichkeiten, die wir abstellen konnten.

Eines Tages spielte sie mit der Schreibmaschine herum; ganz plötzlich wurde sie zielbewußt und schrieb folgende Geschichte:

Der einsame Kaktus

»Es war einmal eine kleine Kaktuspflanze, die hieß Prickeley. Eines Tages sagte sie zu ihrem Freund, der sehr alt war: Ich will einen Freund, mit dem ich spielen kann. Und der alte Kaktus sagte, warum kannst du nicht mit mir spielen? Weil du zu alt bist. Wenn das der Grund ist, ist er sehr dumm, sagte der große Kaktus, ich werde dir einen Freund suchen, und er fand für ihn einen Kaktus, der genauso war wie er.«

In ihrer Geschichte schien Mary sagen zu wollen, daß sie selbst so stachlig (prickly) war, weil ihre einzige Freundin, ihre Mutter, zu alt und zu krank gewesen war. Jetzt schien es jedoch dumm, für den Rest ihres Lebens stachlig und ohne Spielgefährten zu bleiben, nur aus Loyalität gegen ihre Mutter. Noch wichtiger war, daß sie auch das Gefühl zu haben schien — wie in der Geschichte —, ihre alte Freundin (ihre Mutter) erlaube ihr nicht nur, sondern verhelfe ihr geradezu zum Genießen angenehmerer Dinge. Erinnerungen an die schönen Zeiten, die sie mit ihrer Mutter erlebt hatte — real oder phantasiert —, waren wiedergewonnen, das gab Mary eine positivere Einstellung zum Leben.

Während dieser ganzen Zeit war Mary weiter sehr beschäftigt mit den Problemen von Geschlechtsverkehr, Schwangerschaft und dem Geburtsvorgang. Ihr Körper war immer noch zur Haltung einer Schwangeren verdreht, aber Mary benahm sich zugleich oft wie ein Baby. Die Art, wie sie ihren Körper benützte, ließ vermuten, daß sie sowohl das Baby war als auch die Frau, die es in sich trug.

Dann wuchs plötzlich ihr Interesse an Babys so, daß es zu einer Monomanie wurde. Wenn es auch nie direkt geäußert wurde, schien es sein Zentrum in den frühesten Erlebnissen eines Babys mit seiner Mutter zu haben. Dieses Interesse zeigte sich zuerst ganz harmlos in Marys scheinbaren Versuchen, sich auf ihre zukünftige Mutterrolle vorzubereiten. Wieder versuchte sie, auf kürzestem Weg eine Anpassung an ihre gegenwärtige weibliche und zukünftige mütterliche Rolle (und eine Annahme dieser Rollen) zu erreichen. Dieser Versuch, eine oberflächliche Zulänglichkeit zu gewinnen, ging dem Auftauchen und der Bewältigung viel tieferer Probleme um einige Zeit voraus.

Als Mary sich immer mehr Sorgen machte, ob sie eine gute Mutter werden würde oder nicht, fragte sie sich, ob sie ein eigenes Baby versorgen könnte, da ja nie jemand ausreichend für sie gesorgt hatte. Sie begann mit Puppen zu spielen, so wie es normale Kinder ihres Alters tun. Sie zog die Babypuppe an, fütterte sie mit der Flasche, badete sie und wechselte ihr die Windeln. Oft sagte sie angstvoll: »Wie würde eine richtige Mutter ihr Baby versorgen?«

Dieses intensive Durchspielen der Versorgung eines Säuglings machte es ihr offenbar leichter, auf den Wunsch zu verzichten, sofort ein Baby zu haben. Eines Tages, als sie über die Schmerzen bei der Geburt sprach, sagte sie: »Eines Tages möchte ich gern verheiratet sein und wahrscheinlich möchte ich ein Baby haben. Aber ich möchte gewiß eine ganze Zeit warten, selbst wenn ich schon verheiratet bin, damit ich meinen Mann richtig kennenlerne. Denn man will ja nicht ein Baby haben und sich dann scheiden lassen.« Für Mary bedeutete »ein Baby bekommen« immer noch den Verlust eines Ehemannes, genau wie sie meinte, ihre eigene Geburt habe ihrer Mutter den Mann weggenommen.

Aus einer seltsamen Kombination von Bedürfnissen heraus packte Mary das Thema Mutter und Kind in jeder möglichen Weise an. Sie rivalisierte mit ihrer Schwester in dem Wunsch, schwanger zu sein; sie agierte ihre eigene Benachteiligung als Kleinkind und ihre Versuche, sie auszugleichen, und vielleicht versuchte sie auch nebenbei, sich realistisch auf eine Zukunft vorzubereiten, die nun Bedeutung erlangt hatte.

Sie zeichnete eine im Bett liegende Frau, die ein Baby stillte (es sollte in einer Entbindungsstation sein), und sie beschriftete alles, um ganz deutlich zu machen, daß sie es war, die das Baby stillte. Marys Hartnäckigkeit, mit der sie die Mutter auf ihren Bildern mit ihrem eigenen Namen bezeichnete, und ihre begleitenden Bemerkungen, die darauf hinwiesen, daß sie auch das Baby auf diesem Bild war, bestätigten, was wir aus der Art geschlossen hatten, wie sie ihren Körper benützte: Mary drückte den Wunsch aus, Mutter und Baby zugleich zu sein. Dieses Bild zeigte, in welcher Sackgasse sie sich befand. Nachdem sie dies dargestellt hatte, schien sie zu versuchen, sich (als Baby) von sich (als Mutter) zu trennen, oder mit anderen Worten, ihre Doppelpersönlichkeit, die daher rührte, daß sie zugleich Mutter und Baby war, aufzulösen.

Ihr nächstes Bild schien eine Darstellung dessen zu sein, wie sie sich ihre Mutter einverleibt und so ihre Doppelrolle von Mutter und Kind übernommen hatte. Während Mary über ihre Eifersucht auf Kinder sprach, die Eltern hatten, und Babys, die an der Brust ihrer Mütter tranken, schuf sie eine Bilderwelt, die nur aus Brust und Säugling bestand, oder man sollte vielmehr sagen, sie zeichnete einen Säugling, dessen ganze Welt die nährende Brust ist, die er sich einverleibt. Mary beschriftete die Komposition sehr sorgfältig: »Ein Baby, das die Milch der Mutter aus der Brust trinkt.«

Bis zum Ende ihres Aufenthalts bei uns zeichnete und malte Mary viel. Nachdem sie ihre Identität mit der Mutter dargestellt und gezeigt hatte, wie diese Introjektion durch Einverleibung zustande gekommen war, versuchte sie, sich von ihrer Mutter zu trennen, die Mutter als unabhängig von sich zu sehen. Eins der Bilder, die dies veranschaulichten, war der Körper einer Frau ohne Kopf; Linien deuteten am oberen Rand des Blattes einen Hals an. Der Hals war sehr breit, und die obere Körperhälfte war im Verhältnis riesig, so daß sie fast das ganze Blatt einnahm. Am auffallendsten waren die großen Hängebrüste und der relative Raummangel für die unteren Körperteile; am wenigsten Platz war für die Beine vorhanden. Zwei Öffnungen für Vagina und After waren eingezeichnet, beide vorn. Mary zeichnete diese Körperöffnungen so lange nach, bis sie sich scharf hervorhoben. Schließlich zeichnete sie auch die Brüste der Frau nach, bis auch sie in der Zeichnung hervortraten.

Mary schien nur abzubilden, was der Säugling von seiner Mutter sieht — die Brüste geschwellt und vergrößert, die Andeutung eines Halses — und was ein kleines Kind am interessantesten zum Untersuchen finden würde, die Körperöffnungen.

Auf einem anderen Blatt Papier zeichnete sie den Körper eines Mannes. Hier konnte Mary objektiver sein, daher war das Porträt etwas vollständiger. Es hatte einen Kopf, alle Gesichtszüge waren eingezeichnet, und die Proportionen waren besser. Dann zeichnete sie einen männlichen und einen weiblichen Hund, der Hündin zeichnete sie acht Brustwarzen. Wie vorher zeichnete sie die Brustwarzen und den Penis der Hunde dick nach. Diese Zeichnungen (wie auch ihre Bemerkungen) zeigten ihre Tendenz, die Brustwarzen der Hündin mit dem Penis des Rüden gleichzusetzen. Dann sagte sie: »Die gehen so nach draußen, nicht wahr? Sie müssen keine Kleider tragen.« Das wies auf einen weiteren möglichen Grund für ihre Vorliebe für Tiere hin: ihre Freiheit, Triebwünsche zu befriedigen.

Dann ließ Mary diese Art von Malerei eine Weile fallen. Schließlich, nachdem sie gründliche Vorbereitungen getroffen hatte, nahm sie einen neuen Satz von Farben und Papier und verkündete: »Dieses werde ich gut malen.« Sie blätterte mehrere Bücher durch, als ob sie nach einem Gegenstand zum Kopieren suchte, fand aber keine Bilder, die ihr paßten. Sie verwarf diese Idee und machte sich mit großer Intensität selbständig ans Werk. Sie erschuf spontan die Welt neu, wie sie dem Baby erscheint: Brüste, und direkt darüber Mund und Augen der Mutter — sonst nichts. Sie muß dies aus den Tiefen ihres Unbewußten geschöpft haben, denn sie konnte keine spätere Erfahrung heranziehen, um dieses Bild eines Gesichts zu erklären, das so unmittelbar über den Brüsten gesehen wird. Und als wollte sie andere primitive Empfindungen betonen, die zur frühesten Lebensperiode gehören, setzte sie rund um den Rand des Bildes lauter Fingerabdrücke, die auf ihre Faszination durch den Tastsinn schließen ließen, wie sie sie erlebt hatte, als sie nach den Brüsten und dem Gesicht ihrer Mutter griff. In ihrem früheren Bild des weiblichen Körpers hatte sie den Kopf weggelassen, wahrscheinlich, weil sie sich immer noch nicht an das Gesicht ihrer Mutter erinnern konnte. Hier schien es, als habe sie ihre Erinnerung daran wieder eingefangen.

Ein paar Tage später kam Mary wieder auf die Frage der Laktation zurück. Zuerst fragte sie nach den verschiedenen Funktionen der Drüsen, dann kündigte sie an, sie werde ein Baby zeichnen, das lächle, weil es an der Brust der Mutter trinke. Aber sie zeichnete nur die Brust, und obwohl sie ein lächelndes Baby erwähnt hatte, zeichnete sie es nicht. Als das Bild fertig war, dachte sie eine Weile über eine Beschriftung nach und entschloß sich schließlich für: »Die Brust einer Frau in Vorbereitung aufs Stillen.« Dann griff sie zurück auf ihr neuerworbenes Wissen und sagte, das sei nicht ganz richtig, denn nicht nur die Brust mache sich bereit, das Baby zu versorgen, sondern der ganze Körper der Mutter. Und schließlich zeichnete sie ein Baby im Uterus.

Während Mary zeichnete, sprach sie von ihrer Zukunft. Sie sagte, in letzter Zeit habe sie viel darüber nachgedacht, was sie tun wolle, wenn sie groß sei. Sie meinte, Stenographin könne ein guter Beruf sein. Wir sagten ihr, das seien gute und völlig vernünftige Überlegungen, aber sie habe noch sehr viel Zeit, und es sei vielleicht wichtiger zu entscheiden, was für ein Mensch sie sein wolle, als welchen Beruf sie ausüben wolle. »Na ja«, sagte sie, »alles, was ich will, ist, ein einfacher Mensch zu sein.« Auf die Frage, was ein »einfacher Mensch« sei, sagte sie: »Ach nein, ich glaube, ich will lieber ein netter Mensch sein.«

Gespräche über die Geburt, über das Kinderkriegen, über die Art, wie Babys aufwachsen, gingen noch wochenlang weiter. Dann wandte Mary ihr Interesse wieder Krankheiten und Deformierungen zu, aber mit neuer Betonung der Möglichkeiten, sie zu überwinden. Sie fragte, warum sie, da sie doch ein gesundes Baby gewesen sei, habe in ihrer Kindheit so unangenehme Erlebnisse haben können. Einmal platzte sie nach tiefem Nachdenken heraus: »Welche Dinge sind wichtiger, die körperlichen Dinge, die einem passieren, oder die Dinge, die dem Gefühl passieren?« Im weiteren Gespräch kam Mary selbst zu dem Schluß, daß beide wichtig sind, daß wir aber gegen dauernde körperliche Schäden relativ wenig tun können, während wir in bezug auf unsere Gefühle sehr viel tun können.

Anfang April beschloß Mary, ein »Buch über ihr Leben« zu schreiben. Sie brachte Bleistift und Papier an einen kleinen Tisch und sagte: »Ich werde die Geschichte ›Mein Leben‹ nennen.« Und sie schrieb oben auf das Blatt: »Mein Leben, von Mary.« Als nächstes beschloß sie: »Mein Leben ist zu verschiedenen Zeiten verschieden; es ist besser in Kapiteln. Das erste Kapitel soll heißen ›Wenn ich klein bin‹.« Danach diktierte Mary in einer Reihe von Sitzungen ihrer Betreuerin ihr Leben. Im folgenden einige Auszüge[13]:

I. Kapitel. Wenn ich klein bin. Als ich klein war (Ich war bös, nicht wahr?), etwa drei Jahre alt, starb meine Mutter. Bevor meine Mutter starb, als ich ein kleines Baby von etwa neun Monaten war, starb mein Pappi. Dann kam ich zu meiner Tante, um bei ihr zu leben, und sie hatte zwei Kinder. Sie hatte die Frisierkommode meiner Mutter, und ich und meine Schwester Frances hatten das Bett meiner Mutter.
Nach etwa drei oder zwei Jahren, als ich bei ihr war, wollte ich einen Hund, aber meine Tante hatte Hunde nicht so sehr gern, also bekamen wir keinen. Da war also dieser kleine Hund, der auf der Hinterveranda von zwei kleinen farbigen Mädchen saß, und sie waren nicht sehr nett zu ihm (dies ist alles wahr). Also hab' ich ihn gestohlen. Dann haben sie ein paar Tage lang nach ihm gesucht. Sie kamen zu meinem Haus und sie fragten, ob wir ihren kleinen Hund gesehen hätten, und ich erzählte meiner Tante, als ich den Hund zuerst gefunden hatte, ich hätte ihn gefunden. Aber in Wirklichkeit war das nicht wahr. Als sie also kamen, sagte meine Tante: »Ist dies euer Hund?« und sie sagten »ja«. Und dann wußte meine Tante, daß ich ihn gestohlen hatte, denn als sie ihn mitgenommen hatten, sagte ich ihr, warum. (Glaubst du mir, daß dies wirklich wahr ist?)

II. Kapitel. Wenn ich älter bin. Ich lebte bei meiner Tante etwa fünfeinhalb Jahre lang. Dann nahm mich eine Sozialarbeiterin mit zu einem Besuch in einer Schule, bevor ich in die Orthogenic School kam, von der ich später sprechen will. Meine Schwester ging mit vielen Jungen, die sie mochte, aber die meisten von ihnen mochte meine Tante nicht. Eines Tages war meine Schwester mit Joe zusammen, der jetzt ihr Mann ist, und als meine Schwester von ihrer Zusammenkunft mit Joe heimkam, warf meine Tante sie aus dem Haus und sagte, sie solle ja nicht zurückkommen. Dann, als sie fort war, war ich sehr traurig, denn meine Schwester sagte zu mir, sie werde wiederkommen und mich holen, aber das tat sie nicht.

III. Kapitel: Die Schule, an der ich jetzt bin. Nachdem die Sozialarbeiterin mit mir den Besuch an der Schule gemacht hatte, kam ich am nächsten Tag her, um hier zu leben. Als ich etwa einen Monat an der Schule war, bist du mit mir ans Wasser zum Waten gegangen, und ich hab' eine Schildkröte gefangen. Es war eine Sumpfschildkröte (erinnerst du dich daran?) Dann hatten wir ein kleines Fest, und es gab für uns alle Puzzlespiele.

IV. Kapitel: Die Orthogenic School — alles über sie. Im Mädchenschlafraum ist ein Zimmer, in dem ich und Charlotte schlafen. Dann gibt es noch sechs Betten für andere, denn das Haus war früher ... (was war es noch früher?) ach ja, das Haus eines Geistlichen, und die Schule war früher Teil einer Kirche.

Es gibt nur acht Mädchen in der ganzen Schule (das stimmt, du bist eine Frau), und es gibt sechsundzwanzig Jungen.

Da fünfte Kapitel, das Mary diktierte, war überschrieben: *Die Schulräume,* das sechste hieß: *Die Leute in der Schule;* beide waren weitgehend nur Aufzählungen. Etwas persönlicher wurde sie im siebten Kapitel: *Betreuer(innen) der Orthogenic School.* Es schien, als müsse sie diese Fakten und Namen mehr oder weniger mechanisch aufzählen, um die unangenehme Vergangenheit von der besseren Gegenwart zu trennen. Nach dem siebten Kapitel verlangte Mary, man solle ihr die ganze Geschichte noch einmal vorlesen, dann diktierte sie weiter:

VIII. Kapitel: Die Betreuerinnen, die ich am liebsten habe. Die Betreuerin im Mädchen-Schlafraum, die ich am liebsten mag, ist Joan. (Ich hol' mir mal meine Flasche, O. K.? Ich bin gleich wieder da.)

Nun ging Mary und füllte ihre Babyflasche; als sie zurückkam, fragte sie: »Wird diese Flasche so lange halten, wie ich lebe? Wenn ich sie zerbrechen würde, könntest du mir eine neue besorgen?« Durch diese Handlung stellte Mary die Verbindung zwischen zwei Aspekten ihres Lebens an der Schule her: ihrer wirklichen Zuneigung zu ihren Lieblingsbetreuerinnen und den infantilen Vergnügungen, die sie wiederentdeckt hatte und immer noch genoß. Aber offenbar war sie nicht sicher, ob jede dieser Befriedigungen (oder beide) ein Leben lang anhalten würden, oder ob die Befriedigung ihrer physischen und emotionalen Bedürfnisse auf die Dauer gesichert war. Sie setzte ihr Diktat fort und sprach von Joan. »Ich mag sie am liebsten, weil ich sie besser kenne als all meine anderen Betreuerinnen.« Und dann erwähnte sie, weil sie niemand kränken wollte, die Namen von zwei neuen Mitarbeitern und erklärte, sie kenne sie noch nicht gut.

Mary war nun bereit, mit dem Diktat aufzuhören, weil sie ihrer Geschichte nichts mehr hinzuzufügen hatte. Etwas zögernd, als ob sie sich dazu verpflichtet fühlte, bemerkte sie, sie möge auch die meisten anderen Kinder, aber nun sei sie fertig; dann saß sie eine Weile still da und saugte an ihrer Flasche.

Das Niederschreiben ihrer Lebensgeschichte schien ein weiterer Versuch zu sein, Ordnung in ihr Leben zu bringen und seine Abfolge zu verstehen. Aber Mary hatte immer noch Schwierigkeiten, eine Kontinuität herzustellen; ihr Leben war in einzelne Teile geteilt gewesen, was sie gleichsam gezwungen hatte, ihre Geschichte in unverbundene Kapitel aufzuteilen.

Auch am Ende dieser Periode verlor Mary noch gelegentlich die Beherrschung und schrie, aber sie erklärte ihrer Betreuerin, sie schreie niemals Menschen an, denen sie vertraue und die sie gut kenne und bei denen sie sich geborgen fühle. Das traf zu. Nur wenn ihre Angst durch ihre Furcht vor neuen Menschen und vor dem, was sie ihr tun könnten, geweckt wurde, griff sie auf Schreianfälle zurück. Sie sagte auch: »Manchmal muß ich einfach. Ich hab' das Gefühl, ich muß schreien, und ich kann nichts dagegen tun.« Zunächst wollte sie nichts weiter sagen, als daß dies geschehe, wenn sie sehr wütend sei. Auf die Frage, auf wen sie wütend sei, erwiderte sie: »Auf alle.« Dann berichtigte sie: »Nein, vielleicht nicht alle. Ich weiß einfach nicht, auf wen ich wütend bin.«

Ein Teil von Marys Sorge über die Tatsache, daß sie die Beherrschung verlor, war durch ihre Gedanken an die Zukunft motiviert. Sie hoffte bei einer Familie zu leben, nachdem sie die Schule verlassen hatte, und sie fürchtete, sie würde sie vielleicht anschreien und ihre Abneigung wecken. Sie fürchtete, besonders in der ersten Woche könnte es schwierig sein, nicht die Beherrschung zu verlieren, bevor sie die Leute kenne; wenn sie sie erst einmal kenne und ihnen vertraue, brauche sie nicht länger die Beherrschung zu verlieren. Andererseits hatte sie das Gefühl, wir würden schon die richtige Familie für sie aussuchen, und daß alles ganz gut gehen werde, wenn sie sie erst kenne. Auf diese Weise bereitete Mary sich allmählich darauf vor, die Schule zu verlassen und in einer natürlicheren Umwelt zu leben, was übrigens den Wünschen der Hilfsorganisation entsprach.

Obwohl Mary in ihrer Autobiographie nur ziemlich leere Äußerungen über die anderen Kinder brachte, waren auch sie ihr wichtiger geworden. Nicht nur kam sie jetzt besser mit ihnen aus, sondern sie genoß ihre Gesellschaft wirklich. Zugleich merkte sie deutlicher, daß einige Kinder sie nicht mochten und daß sie Dinge getan hatte, um sie zu provozieren. Deshalb schrie sie die Kinder nicht mehr an, wenn sie auch immer noch wütend reagierte und sagte, sie sei froh, daß niemand sie möge. Solche Bemerkungen waren jedoch seltener als ihre echten Leidensgefühle, weil man sie nicht schätzte. Manchmal brach sie in Tränen aus und sagte, wie unglücklich sie sei, weil andere Kinder sie nicht so sehr schätzten, wie sie es sich wünsche.

In dieser Periode des wachsenden Interesses an zwischenmenschlichen Beziehungen bemerkte Mary plötzlich, daß sie die Wände in ihrem Zimmer immer nur mit Gegenständen, Tierbildern oder Landkarten geschmückt hatte. Sie ersetzte nun das meiste davon durch Bilder von Menschen, vor allem von Müttern mit Babys.

Marys habituelles »Gib mir was. Kauf mir Spielzeug« war zu eingefahren, als daß es sofort hätte aufhören können, aber eines Tages hielt sie plötzlich in der Mitte eines solchen Satzes inne, sah sich im Zimmer um und sagte: »Ich wüßte wirklich nicht, wo ich es hintun sollte, wenn du mir was geben würdest. Ich hab' so viele Sachen, ich brauche eigentlich nichts mehr.«

Ihre erschreckenden Träume waren nun von beschützenden Gestalten bevölkert — von denen, an die Mary am engsten gebunden war. Sie träumte wirklich einige ihrer Albträume noch einmal und gab ihnen jeweils ein beruhigendes Ende. Sie träumte z. B. wieder, daß Bomben auf die Schule fielen, aber diesmal trug sie eine Gasmaske, die ihr ihre Lieblingsbetreuerin und ich verschafft hatten. Wir sorgten dafür, daß ihr trotz des Krieges nichts geschah. Der Umstand, daß Mary die veränderte Art ihrer Träume verstand, führte zu Gesprächen über andere Dinge, die ihr noch Angst machten. »Ich weiß, daß ich Angst davor habe, krank zu sein und zu sterben, und ich hab' Angst, daß mein Körper verletzt wird. Aber ich weiß, daß ihr für mich sorgen werdet.« Als wir sie fragten, warum sie immer noch diese Befürchtungen hege, da sie doch in den fast drei Jahren, seit sie bei uns sei, nicht einmal krank gewesen sei, sagte sie: »Na ja, weil meine Mutter und mein Pappi gestorben sind. Ich könnte ja auch krank werden.«

Das heißt natürlich nicht, daß all ihre Ängste in bezug auf sie selber oder Besorgnisse wegen ihrer Vergangenheit ganz verschwanden. Aber Mary konnte gelegentlich Witze darüber machen und sie komisch finden. Eines Morgens fragte sie die Betreuerin z. B., ob am Penis eines Mannes jemals etwas abgeschnitten werden müsse. Sie sprach von der Beschneidung, die ihr daraufhin erklärt wurde. Davon abgesehen, fügte die Betreuerin hinzu, habe sie nie davon gehört, daß jemandem etwas von seinem Penis abgeschnitten worden sei, worauf Mary kicherte und sagte: »Doch, mir.« Dies war kein angstvolles Gelächter, sondern ein Versuch, durch einen Scherz ihre Kastrationsangst zu bewältigen. Etwas später kam sie auf dieses Gespräch zurück, offenbar, um sich zu vergewissern, daß es ihr nicht zu leid tun müsse, keinen Penis zu haben. »Macht nichts«, sagte sie. »Sobald ich groß bin, werde ich heiraten und ein Kind kriegen.«

Es kam genau zur unrechten Zeit, daß gerade jetzt die Befürchtung, die Mary so oft heraufbeschworen hatte, in Erfüllung gehen sollte: Frances wurde schwanger. Es schien, als solle im Leben dieses Kindes nie etwas glatt ablaufen. Ihre frühe Kindheit war in isolierte Bruchstücke zersplittert worden, was sie daran hinderte, zur Integration zu gelangen, und ihre Rehabilitierung an der Schule wurde zweimal durch äußere Einflüsse zurückgeworfen. Der erste ernste Rückschlag trat mit Frances'

Heirat ein und mit den Dingen, die diese reaktivierte. Nun sollte ihr Leben noch einmal durch die Schwangerschaft ihrer Schwester aus dem Gleichgewicht geraten. Um jede unnötige Angst zu vermeiden, schoben wir es bis Ende April auf, Mary darüber zu unterrichten. Mittlerweile bestand die Schwangerschaft im vierten Monat, und es war wenig wahrscheinlich, daß sie vorzeitig enden werde.

Diskussion

Erst nachdem Mary fast zweieinhalb Jahre bei uns gelebt hatte, konnten wir unsere Beobachtungen — besonders das Material, das in jüngster Zeit ans Licht gekommen war — zu einer vorläufigen Erklärung ihres verwirrenden Verhaltens, seiner möglichen Ursachen und Bedeutungen zusammenfügen. Zwei verschiedene Gruppen von Faktoren, deren jede komplexer Art war, schienen zu den Hauptzügen ihrer Störung beigetragen zu haben.

Die erste hatte mit dem Tod ihrer Eltern zu tun, besonders dem ihrer Mutter. Bei diesem Ereignis hatte Mary das Gefühl gehabt, ihr Leben sei völlig leer und hoffnungslos geworden und könne ihr nie mehr irgendwelche Befriedigung bringen. Am schlimmsten war: Sie war überzeugt, ihr Elend durch ihre unbeherrschte Feindseligkeit selbst herbeigeführt zu haben (indem sie ihre Mutter in die Gallenblase getreten hatte). Sie hatte das Gefühl, sie müsse diese Last der Schuld ihr Leben lang tragen. Sie erwartete, zur Vergeltung ebenso vernichtet zu werden. Sie würde leiden, wie sie ihre Mutter hatte leiden lassen — daher ihre entsetzliche Angst, eins ihrer wirklichen oder eingebildeten kleinen Leiden könnte sie ganz und gar zerstören. Dies war auch ein Schlüssel zur Erklärung ihres melancholischen Rückzugs vor der Welt und ins Bett. Sie verdiente nichts Besseres, als krank und unversorgt im Bett zu liegen, weil sie durch ihren phantasierten Stoß gegen die Gallenblase der Mutter verursacht hatte, daß ihre Mutter krank und unversorgt im Bett liegen mußte. Außerdem konnte Mary nur dann sicher sein, daß sie ihre Schuld nicht noch vergrößerte, indem sie andere Menschen durch ihre feindseligen Handlungen vernichtete, wenn sie ruhig im Bett oder auf andere Weise untätig blieb. Eine so strenge Unterdrückung der Feindseligkeit war nötig, damit sie nicht zum Verkauf ausgeschrieben, gestoßen oder sonstwie verletzt wurde — als Vergeltung dafür, daß sie ihre Mutter gestoßen hatte. Schließlich war es, so stellte Mary es sich vor, ihre eigene feindselige Handlung gewesen, die zum Tod ihrer Mutter und daher auch zu ihrer Entfernung aus dem Elternhaus geführt hatte.

Diese Schuld- und Angstgefühle, die ursprünglich unbewußt gewesen waren, schließlich aber bewußt oder halbbewußt wurden, waren die dynamischen Elemente, die Marys Störung zugrunde lagen. Überlagert waren sie von einer Gruppe ebenso komplexer Faktoren. Diese schienen ihren Ursprung weniger in unbewußten Gefühlen der Schuld, der Wertlosigkeit und in einem Zerstörungstrieb zu haben (mit der daraus folgenden Angst, sie werde zur Vergeltung selber zerstört), sondern in den wirklichen Erlebnissen ihres zerstückelten Lebens.

Ziemlich lange hatten wir schon gemerkt, daß es für Mary sehr bezeichnend war, ihre Beziehungen zu verschiedenen Mitarbeitern getrennt zu halten und in jeder Beziehung als andere Person zu erscheinen. Ebenso bezeichnend war die Art, wie die Natur ihrer Beziehung zu ein und derselben Person sich abrupt ändern konnte. Dies kann ein Ergebnis ihrer Versuche gewesen sein, die verschiedenartigen Phasen ihrer Vergangenheit noch einmal zu durchleben. Kinder erschienen als Figuren der Schwester, der Kusinen usw. Eine Betreuerin wurde etwa in die Rolle der Schwester versetzt, die im einen Augenblick Befriedigung gewährt, im nächsten sich um die Aufmerksamkeit der Mutter mitbewirbt und zu einer anderen Zeit wieder die sexuelle Verführerin ist. Eine zweite Betreuerin war vielleicht manchmal die gebende Mutter, bei anderen Gelegenheiten aber wieder die melancholische, vernachlässigende. Ein dritter Erwachsener konnte die erhoffte Nachbarin von gegenüber repräsentieren, die Mary etwas zu essen brachte oder sie zum Spielen einlud, nur um eine Angst zu wecken, dieser neue, hilfreiche Mensch könnte wieder so unvorhersehbar verschwinden, wie jene andere Frau in Marys früher Kindheit erschienen und verschwunden war. Andere Erwachsene halfen Mary, indem sie geeignete Zielscheiben für die Entladung von Marys Haß auf ihre Tante wurden, um die Ablehnung zu bewältigen, die sie von ihr erlebt hatte.

Die meisten dieser realen Menschen, wenn nicht alle, die in Marys Leben aufgetreten waren, waren in ihren Beziehungen zu ihr äußerst inkonsequent gewesen. Die Mutter war in einem Augenblick gebend, im anderen gleichgültig, wenn nicht sogar offen verweigernd. Die Schwester versorgte Mary, vernachlässigte sie dann aber um ihrer Spielgefährten, Freunde und schließlich um eines Ehemanns willen; manchmal stellte sie sich auf Marys Seite und gegen die Tante, manchmal kehrte sich dies auch um.

Selbst Marys Tante war nicht nur ablehnend und strafend. In Wirklichkeit stellte sie Nahrung und Unterkunft, wenn auch um einen bestimmten Preis; aber schließlich hätte Mary vielleicht ohne diese Möglichkeit den Hungertod fürchten müssen. Auch der Onkel war in einem

Augenblick bereit, Mary in Ruhe zu lassen (man braucht gegen das schlechte Benehmen des Kindes nichts zu tun), im anderen, sie zu kastrieren (die Drohung, ihr den Daumen abzuschneiden).

Die Sache wurde dadurch verschlimmert, daß die verschiedenen Episoden in Marys Leben so radikal voneinander getrennt waren, daß sie nie fähig gewesen war, sie in einer verständlichen Abfolge zu sehen; ohne diese Sicht konnte sie aber keine integrierte Einstellung zum Leben entwickeln — viel weniger eine integrierte Persönlichkeit[14]. Daher ihr schizoides Verhalten, ihr verblüffendes Umschwenken von einer Stimmung zur anderen, ohne irgendeinen sichtbaren Grund für den Wechsel oder irgendeinen spürbaren Übergang von einer Verhaltensform zur anderen. Es entsprach der Art, wie ihr Leben zerstückelt und wie seine Ereignisse voneinander isoliert worden waren. Endlich begannen wir jedoch zu verstehen, aus dem, was wir unmittelbar von ihr und aus ihren Reaktionen uns gegenüber erfahren hatten, daß Marys Leben hauptsächlich in vier deutlich abgehobene Phasen der emotionalen Entwicklung und des Erlebens geteilt war, die für sie ganz unverbunden wirkten (außer wenn sie diese Schicksalsschläge als Strafe für eine schreckliche Missetat sah).

Die erste war die kurze, ziemlich günstige Periode der frühesten Kindheit vor dem Tod ihres Vaters, als die Familie noch relativ glücklich und gut integriert war. Während dieser Zeit bekam sie von ihrer Mutter wahrscheinlich reichlich Befriedigung.

Darauf folgte eine Periode, die sich vielleicht erst allmählich anbahnte, aber wahrscheinlich voll entwickelt war, als Mary ein oder eineinhalb Jahre alt war. Das war die Zeit, in der ihre Mutter immer melancholischer wurde, sich von der Welt zurückzog und ihrem Baby keine Regelmäßigkeit mehr bot; zwischendurch nahm sie das Kind einmal auf und fütterte es, aber meistens reagierte sie nicht auf sein Schreien oder Wimmern. Marys Bedürfnisse wurden knapp gestillt, aber es wurden zumindest keine Forderungen in bezug auf emotionale Reifung oder Sozialisation an sie gestellt. Es gab also einerseits Augenblicke der Befriedigung in Marys Leben, auf die lange und unregelmäßige Zeitabschnitte der Entbehrung folgten; andererseits wurden praktisch überhaupt keine Forderungen an sie gestellt. Beide Arten von Erlebnissen haben wohl ihre zweite Phase gekennzeichnet.

Diese Periode der Isolierung wurde später wieder voll durchlebt, wenn wir es auch zu diesem Zeitpunkt nur in groben Umrissen wahrnehmen konnten. Es war die Zeit, in der Marys Mutter sich von ihr abwandte, nicht nur bildlich, sondern buchstäblich. Meistens lag sie mit dem Gesicht zur Wand und drehte ihrem Kind und der Welt den Rücken, wie

Mary uns so oft den Rücken drehen sollte. Mary hatte dies später wiederholt, indem sie uns niemals ansah — selbst wenn sie jemanden ansprach, wandte sie den Blick ab und begrub ihren Kopf im Schoß oder am Arm ihrer Betreuerin. Die schreckliche Angst, mit der Mary jeden Tag begann, ihr Wunsch, nicht aufzuwachen, ihre allmorgendlichen Klagen über verschiedene Leiden — dies alles mag die Folge ihrer Qual gewesen sein, die sie erlitt, wenn sie als Baby morgens nicht versorgt und von der melancholischen Mutter nicht gefüttert wurde, die gegen ihr Wehklagen gleichgültig blieb.

Die dritte Phase in Marys Leben begann mit dem Trauma des Todes ihrer Mutter. Plötzlich war sie einer äußerst fordernden Umwelt ausgesetzt, in der sehr viel Regelmäßigkeit von ihr erwartet wurde, die Art von Regelmäßigkeit und anständigem Benehmen, auf die sie durch nichts vorbereitet war. Der Umstand, daß ihre emotionalen Bedürfnisse praktisch unbefriedigt blieben, gekoppelt mit der strengen, strafenden Haltung ihrer Tante, erweckte in Mary, die so wenig sozialisiert war, einen infantilen Zorn. Dies wiederum rief mehr Strafaktionen auf seiten ihrer Verwandten hervor. Aber andererseits wurde sie nun ausreichend ernährt, untergebracht und gekleidet, was nicht nur dazu führte, daß sie ihre Tante haßte, sondern sie auch ihr Mißfallen fürchten ließ.

Die vierte und bis jetzt letzte Periode in Marys Leben begann mit ihrer Ankunft in unserer Schule.

Nur eine Person erschien in allen vier Phasen von Marys Leben. Frances war gleichsam das einzige sichtbare Bindeglied, das die Perioden verband oder das Mary beweisen konnte, daß es sie jemals wirklich gegeben hatte und daß sie nicht nur Erfindungen ihrer Einbildung waren. Dies erklärt, warum Frances, abgesehen von der echten, wenn auch ambivalenten Beziehung, die zwischen ihnen bestand, für Mary so ungeheuer wichtig war. Es erklärt auch, warum jede Veränderung in Frances' Leben (Heirat und Schwangerschaft) für Mary so erschütternd war. Da ihre Schwester ihr einziger Kontakt war, der ihr Leben auch nur irgendwie zusammenhielt, brachte jede radikale Veränderung in Frances' Leben Marys Existenz an den Rand des erneuten Auseinanderbrechens.

In ihrer gemeinsamen Verzweiflung waren die beiden Kinder ständig zusammen gewesen, man steckte sie sogar ins gleiche Bett. Dort mögen sie versucht haben, sich aneinander zu trösten, wenn auch nur um den Preis überwältigender Schuldgefühle, besonders bei Frances. Als die Ältere hatte sie schließlich eine behütetere und angenehmere Kindheit gehabt und war daher auch stärker sozialisiert. Ebenfalls im Bett war

Mary Zeugin der Selbstmordversuche ihrer Schwester, was sehr wohl ihre schuldbeladenen Erinnerungen an ihre melancholische, sterbende Mutter verstärkt haben kann.

Hier also war der Schlüssel dazu, warum sie sich in einer ihrer ersten Äußerungen über sich, die sie uns gegenüber machte, als Mörderin bezeichnet hatte. In dem ersten Traum, von dem sie uns erzählte, hatte sie Frances getötet, weil Frances sie im Schlaf gestoßen hatte, wie sie (wie sie glaubte) ihre Mutter gestoßen hatte — das erzeugte in Mary eine solche Wut, daß sie Frances töten wollte, nicht weil Frances sie gestoßen hatte, sondern weil sie sie dadurch an ihre Vorstellung erinnerte, sie habe ihre Mutter vernichtet. Daß Frances sie stieß, bedeutete für Mary vielleicht, Frances wisse, daß Mary ihre Mutter getötet habe, und wolle sie auf gleiche Weise bestrafen. Daß Frances Marys Wahn zu bestätigen schien, war die unverzeihliche Sünde, für die Mary sie ermorden wollte.

Mary war völlig überzeugt, wer stoße, werde zur Strafe getötet, und wer gestoßen werde, müsse sterben. Darum hatte Mary keine Hoffnung für sich selbst, denn sie hatte sich ihrer Mutter beraubt, indem sie sie gestoßen hatte, und sie würde am Ende für diese Missetat mit dem Tod bestraft werden. Einer der Beweise für die Richtigkeit ihres Gedankengangs lag in der punitiven Haltung ihrer Tante, die Mary als Strafe dafür auffaßte, daß sie ihre Mutter getötet hatte.

Es war wahrscheinlich eine seltsame Kombination von realen Erfahrungen nötig, um Mary zu einem so verzweifelten Festhalten an ihrer Mutter zu zwingen. Sie hatte vielleicht das Gefühl, die Loyalität fordere von ihr, im Leben keine neuen Freundschaften zu schließen und die Welt abzulehnen, wie ihre Mutter es getan hatte. Auch die Art, wie Mary gewisse infantile Befriedigungen in so reichem Maß genossen hatte (wie z. B. Masturbation und Einnässen), und die relativ geringen Forderungen, die zu Lebzeiten ihrer Mutter an sie gestellt wurden, hielten Mary hoffnungslos an ihre Mutter gebunden als an die einzige Person, die ihr wenigstens einige Lust verschafft hatte, wenn auch nie genug, um ihren unstillbaren Wunsch nach mehr zu befriedigen. Während des größten Teils ihres Lebens hatte Mary deshalb geglaubt, ihre Mutter sei die einzige Person, die ihr Befriedigung verschaffen könne; zum Beweis dafür waren ihr alle Vergnügen entzogen worden, als ihre Mutter starb (zum Beispiel hatte ihr die Tante die Babyflasche weggenommen). Marys Hoffnungen, andere Menschen — ihre Schwester oder ihre Tante — könnten ihr Befriedigung bieten, endeten immer mit Enttäuschung. Marys Empfänglichkeit für sexuelle Erlebnisse mit Männern hatten ihren Ursprung wahrscheinlich in dem gleichen Wunsch:

sie könnten ihre Bedürfnisse befriedigen. Aber das hatte nur zu weiteren Enttäuschungen geführt und außerdem zu schweren Strafen.

Aus dieser Rekonstruktion wird verständlich, wie und warum sich schließlich die Macht, die Marys tote Mutter über sie hatte, zu lockern beginnen konnte. Sobald Mary die kindlichen Lusterlebnisse akzeptieren konnte, die wir ihr anboten, war ihre Mutter nicht länger die einzig mögliche Quelle dieser Befriedigungen. Je weniger unentbehrlich ihre Mutter wurde, desto weniger extrem wurde die Loyalität, die Mary ihr schuldig zu sein meinte. Da sie an der Schule gut versorgt wurde und ihr nichts Widriges geschah, begann Mary zu glauben, vielleicht werde sie doch nicht vernichtet, weil sie ihre Mutter getötet habe, und sie fing sogar an zu bezweifeln, daß sie sie getötet habe. Ebenso erschien ihre Mutter weniger mächtig und deshalb weniger bedrohlich, seit andere Menschen Mary offenbar die gleichen Befriedigungen beständiger bieten konnten. Darum konnte Mary auch in der Geschichte von dem stachligen Kaktus ihre Mutter so darstellen, daß sie ihre Suche nach gleichaltrigen Freunden billigte, wobei sogar die Betreuerinnen einbezogen waren, die Mary im Vergleich mit ihrer Mutter als ihre eigenen Altersgenossen erschienen.

Kein Kind hätte ohne fachmännische Hilfe die Inkonsequenzen und ambivalenten Beziehungen bewältigen können, die Marys Leben erfüllten. Sie hatte nie angemessene Perioden des Friedens und der Ruhe genossen, und sie hatte so viel Mangel gelitten, daß sie nie genug emotionale Kraft hatte sammeln können, um ihre Erlebnisse zu integrieren. Die Ereignisse waren viel zu unangenehm gewesen, als daß sie ihr genug Anreiz hätten bieten können, den Versuch der Bewältigung eines Lebens zu unternehmen, das keine Belohnung zu versprechen schien, wenn man sich mit ihm auseinandersetzte.

Jeder dieser Faktoren, jede dieser inkonsequenten Beziehungen zu wichtigen Personen hätte wahrscheinlich ein Kind neurotisch oder delinquent werden lassen. Ihre verwirrende Kombination führte zu der chaotischen wie schizophren wirkenden Persönlichkeit und den entsprechenden Verhaltensweisen, die für Mary während des größten Teils ihres Aufenthalts an der Schule charakteristisch waren. Was auch der Anlaß sein mochte, all ihre Reaktionen auf die Realität wurden durch den Druck bestimmt, der von ihren früheren Lebenserfahrungen ausging. Zugleich waren aber auch, was die Situation für uns noch verwirrender machte, ebenso für Mary selbst (denn sie konnte ihre Handlungen auch nicht erklären), Restitutionsversuche ihres Ichs am Werk. Diese wiederum hatten wenig Zusammenhang mit der äußeren Realität des Augenblicks, sondern gingen zurück auf irgendeine der ver-

schiedenen Phasen ihres früheren Erlebens oder vielmehr auf ihre verzerrte Ansicht von ihnen.

Diese Faktoren führten dazu, daß es Marys Beziehungen zu Erwachsenen und Kindern an der Schule ganz und gar an Beständigkeit fehlte.
Auf jeden Kontakt reagierte sie mit einem anderen Verhaltensmuster,
je nachdem, welche Phase ihrer Vergangenheit im Augenblick gerade
reaktiviert wurde. Da dies unvorhersehbar war, und da wenig Zusammenhang zwischen ihrer Reaktion und dem bestand, was wir taten, war
unser Verhalten ihr gegenüber, unserem besten Willen zum Trotz, von
einem gewissen Gefühl der Unzulänglichkeit getönt. Mit ihr zu arbeiten, war daher frustrierend und psychisch erschöpfend. Mary, die sich
nie preisgeben wollte, forderte von uns ständig totale Hingabe. Ein
kleines Beispiel dafür war die Art, wie sie Fragen stellte, wo andere
Kinder sich äußern würden. Sie zwang uns, Aussagen zu machen oder
Reaktionen von ihr zu erwarten, was wir lieber aufgeschoben hätten,
bis sie von sich aus hätte sprechen können.

Erst als Mary zweieinhalb Jahre an der Schule gewesen war und selbst
angefangen hatte, ihre früheren Erlebnisse zu integrieren, zu verstehen
und angemessene Reaktionen auf sie zu entwickeln, orientierte sie sich
etwas in der Gegenwart, so daß sie auf die Erwachsenen um sie her
angemessen reagierte und es uns ermöglichte, wirklich starke emotionale Bindungen zu ihr einzugehen. In ihrem Versuch, sich selbst zu
sozialisieren, erlaubte Mary uns endlich, ihr unsere Gefühle tiefer zuzuwenden. Wir konnten endlich unsere absichtlichen und bewußten
Bemühungen aufgeben, ihr zu helfen und konnten anfangen, eine
freiere, in beiden Richtungen gängige Beziehung aufzubauen, die eine
eigene Konsistenz und Einzigartigkeit hatte.

Etwa zu dieser Zeit wurde Mary einem zweiten projektiven Test unterzogen, diesmal einem TAT. Ihre ersten Reaktionen auf viele der Bilder
drückten bezeichnenderweise tiefe Angst und Hilflosigkeit aus. Einige
der Geschichten, die sie erfand, besonders diejenigen über Themen, die
nicht unmittelbar mit ihrer Vergangenheit zusammenhingen, sondern
durch die Bilder selbst bedingt waren, waren ziemlich realistisch und
ließen einen etwas optimistischen Ausblick auf die Zukunft spüren. In
anderen Geschichten, die eine anfängliche düstere Reaktion auf die
Bilder ausdrückten, folgten dann Erfindungen, die zeigten, an wieviel
aus ihrem früheren Leben Mary sich jetzt erinnerte und wie sehr es sie
beschäftigte. Wenn es in einer Geschichte um Themen der Vergangenheit ging, war sie jedoch fast immer düster.

In den Geschichten, die Mary ausspann, gab es eine interessante Abfolge. Die Erzählungen, die sie zu den ersten ihr gezeigten Bildern er-

fand, waren realistischer; sie befaßten sich genauer mit dem Inhalt der Bilder und sie enthielten Assoziationen an ihre Erlebnisse aus jüngster Zeit. Später im Verlauf des Tests, als Mary von Material und Gefühlen aus der Vergangenheit überschwemmt wurde (offenbar durch den Prozeß des Geschichten-Erfindens in Gang gesetzt, ähnlich wie beim freien Assoziieren), wurde der Inhalt der Bilder weniger wichtig für ihre imaginativen Produktionen. Das auftauchende Phantasiematerial stand in immer engerer Beziehung zu ihrer frühesten Lebensgeschichte; zugleich wurde ihr Ausblick aufs Leben immer pessimistischer, soweit man das nach den Geschichten beurteilen konnte.

Marys neue Fähigkeiten, so die zur Bewältigung von Aufgaben (Lernen in der Schule, Verstehen ihrer Gefühle) und zu einer optimistischeren Lebensanschauung, schienen also noch auf die ziemlich dünne Schicht ihres aktuellen Lebens beschränkt zu sein. Diese Schicht schien ernsthaftem emotionalem Druck nachzugeben, besonders, wenn es sich um Emotionen handelte, die aus der Vergangenheit stammten; diese konnten sie immer noch in tiefe Depression und hoffnungslose Angst stürzen, obwohl sie oft ihr Bestes versuchte, um mit positiveren Hoffnungen für die Zukunft durchzubrechen.

Emotionale Wiedergeburt

Im Hinblick auf die erheblichen Fortschritte, die Mary gemacht hatte, und ihren echten Wunsch, bei einer Familie zu leben, meinten die Hilfsorganisation und der beratende Psychiater, Mary solle die Schule verlassen, um ein Familienleben zu erleben, solange sie noch jung sei. Wir an der Schule hätten es vorgezogen, wenn Mary noch mindestens ein oder zwei Jahre länger bei uns hätte bleiben können, da wir glaubten, ihr Ich sei noch keineswegs stark genug, um angemessen mit dem Leben fertig zu werden. Die Hilfsorganisation hatte jedoch ein Programm besonderer Heimplätze für behandlungsbedürftige Kinder begonnen und glaubte, in einer dieser Familien werde Mary ausreichenden Schutz und angemessene Behandlung finden, so daß ihre noch unerfüllten Bedürfnisse befriedigt werden könnten. Zugleich wäre sie dann in einer familienähnlicheren Umgebung. Man kam zu einem Kompromiß, nachdem Mary die Schule im Juni verlassen sollte, am Ende des Schuljahrs und ihres dritten Jahres bei uns.

Als wir jedoch von Frances' Schwangerschaft erfuhren, mußten diese Pläne geändert werden. Es lag uns sehr viel daran, daß Mary so lange bei uns blieb, bis das Baby auf der Welt war, so daß wir ihr bei ihren Reaktionen beistehen konnten.

Von dem Augenblick an, in dem Mary erfuhr, daß ihre Schwester ein Kind erwartete, beschäftigte sie sich noch einmal in viel intensiverer Weise mit den Problemen der Schwangerschaft und schwangerer Frauen. Ihre Angst, verlassen und alles Lebensnotwendigen beraubt zu werden, kehrte in voller Stärke zurück, aber diesmal führte sie nicht zu schwerer Depression und Isolierung. Mary fing wieder an zu schreien, aber sie tat es nur selten. Sie sagte wieder, sie wolle ein Baby sein, und versicherte sogar beharrlich, sie sei eins. Aber am bezeichnendsten für die folgenden Monate war ihr Gefühl, sie könne mit den vor ihr liegenden Aufgaben nicht fertig werden. Das drückte sich in ihren wiederholten Hilfe- und Schreckensschreien aus, die früher häufig vorgekommen, aber in den letzten Monaten praktisch aus ihrem Repertoire verschwunden waren. Ihr Ich, das sich einem überwältigenden emotionalen Erlebnis gegenübersah, mit dem sie nicht fertig werden konnte, verlor wieder die Fähigkeit, die Herrschaft auszuüben.

Wieder fürchtete Mary, für sie werde niemals jemand sorgen und sie werde nie fähig sein, für sich selber zu sorgen. Eines Abends, als sie ins Bett ging, rief sie ihrer Betreuerin in echter Not zu, sie wolle ihre Mutter und jemand, der für sie koche und sie füttere. »Wenn ich eine Mutter hätte, würde sie für mich kochen, aber ich hab' keine Mutter.« Wenn wir ihr in dieser Zeit anboten, mit ihr zu kochen oder ihr etwas zu essen zu geben, lehnte sie gewöhnlich ab. Bei den wenigen Gelegenheiten, zu denen sie Nahrung annahm, schien sie ihre Entbehrungsgefühle nur wenig zu mildern. In dieser Zeit großer Belastung kam ihre Sehnsucht nach ihrer Mutter sehr stark wieder, und wieder wurde die Mutter mit der Hauptfunktion identifiziert, die sie erfüllt hatte oder die Mary sich gewünscht hatte, d. h. mit der des Nahrungsspendens.

Während sich Marys Körperhaltung in den vorhergehenden Monaten etwas gestreckt hatte, nahm sie nun wieder, und sogar mehr als vorher, das Aussehen einer Schwangeren an. Da ihre unbewußten Sorgen sich hauptsächlich durch Veränderungen an ihrem Körper ausdrückten, behauptete sie tatsächlich, sie trage ein Baby im Bauch. Manchmal glaubte sie, sie trage das Kind ihrer Schwester. Da sie unfähig war, den Ansturm des neuen Ereignisses realistisch oder mit Hilfe höherer Abwehrformen zu meistern, und motiviert durch ihre tiefe orale Fixierung, versuchte sie, es durch Einverleibung zu bewältigen. Aber der Umstand, daß sie sich das Baby und vielleicht auch ihre Schwester einverleibte, machte ihre erst vor kurzem errichteten Ich-Grenzen wieder fließend.

Restitutionsversuche fehlten jedoch nicht. Bewußt versuchte Mary während eines großen Teils dieser Zeit mit der neuen Situation realistisch fertig zu werden. Sie fragte häufig, wie es denn sei, eine Tante zu sein. Aber diese bewußten Bemühungen führten nur wieder zu einer weiteren tiefen Angst, da ihre Sorgen, ob sie eine gute Tante sein werde, ihre Ängste neu belebten, ob sie eine gute Mutter sein werde. Die beiden Ängste verschmolzen nun miteinander und bekamen eine neue, furchterregende Bedeutung. Sie sollte die Tante eines Kindes werden, auf das sie stark eifersüchtig war und das sie haßte, ebenso, wie sie nach ihrem Gefühl von ihrer Tante gehaßt worden war. In den alten Zeiten hatte sie ihre Tante wiedergehaßt und hätte sie gern getötet. Aber jetzt, da Mary selber eine Tante werden sollte, die ihre Nichte haßte, bedeutete ihr alter Wunsch, die Tante zu vernichten, daß sie wünschen mußte, sich selbst zu vernichten.

Die somatischen Veränderungen, die Mary an sich beobachtete, sowie auch der emotionale Aufruhr, den sie erlebte, riefen zusätzliche Ängste um ihr körperliches Wohlbefinden wieder wach. Aber auch hier — wie bei ihren realistischen Fragen, wie man eine Tante sei — konnte Mary uns intensiv befragen, wie sie gesund bleiben könne.

Wahrscheinlich weil die Neuigkeit von dem kommenden Baby Marys Eifersucht und daher auch ihre feindseligen Gefühle gesteigert hatte, machte sie sich größere Sorgen, ob sie in der Lage sein werde, diese Emotionen in Schach zu halten. Sie schien am meisten zu fürchten, sie könne wieder in ihre gewalttätigen Angriffe auf andere Leute zurückverfallen, was sie vielleicht fürchten ließ, sie würde die Beherrschung verlieren, wenn sie sich dem Baby gegenübersähe. Eines Tages, als sie beim Fernsehen war (die Kinder an der Schule sehen nur selten fern), sagte Mary zu ihrer Betreuerin, der Zweck des Fernsehens sei, »zu lernen, wie man Leute umbringt«. Da sie auf diese provokante Bemerkung keine Antwort bekam, änderte Mary sie um in: »na, vielleicht in Wirklichkeit, daß man Leute *nicht* umbringt«. Sie selber schien sich zu fragen, ob ihre ambivalenten Wünsche sie zur Abfuhr oder zur Integration führen würden.

Mary war jetzt sehr neugierig, warum Leute wohl wünschen oder nicht wünschen könnten, Babys und Kinder zu versorgen. Wieder fing sie an, indem sie Beschuldigungen gegen ihre Tante vorbrachte, obwohl diese Art von Anklagen im großen ganzen mittlerweile ein altes Requisit geworden war, eine mehr oder weniger leere Rationalisierung für den Umstand, daß sie ihre Schwierigkeiten nicht meisterte. Dann sagte sie: »Grausame Menschen verletzen andere Menschen«, und wollte wissen, ob das stimmte. Als dies bejaht wurde, fragte sie: »War ich grausam, als ich andere Kinder geschlagen hab'?« Die Betreuerin fragte Mary, was sie darüber denke. Mary gab zögernd zu, sie glaube schon, daß man ihre Handlungen grausam nennen könne und daß die Leute sie damals wahrscheinlich als sehr gemein angesehen hätten.

Nach diesem Aufblitzen von Einsicht brauchte sie sofort beruhigenden Zuspruch darüber, wie sehr sie sich verändert habe, seit sie zu uns gekommen sei. Etwas getröstet wurde sie durch ihre eigene Äußerung, der wir gern zustimmten, sie habe schon seit langem niemand mehr physisch angegriffen. Sie gelobte leidenschaftlich, sie werde nie mehr jemandem weh tun. Sie fügte hinzu, wenn sie einmal so etwas gemacht habe, so deshalb, weil sie so unglücklich gewesen sei und es ihr gleichgültig gewesen sei, was sie tue; jetzt sei sie aber nicht unglücklich und es sei ihr nicht gleichgültig. Gewiß gab Mary zum Teil nur vor, auf ihre Fähigkeit zu vertrauen, ihre Aggressionen im Zaum zu halten, um die Unsicherheit zu verdecken, die sie in Wirklichkeit erfüllte. Ihre Behauptung, ihr Verhalten sei gut, war mehr Wunsch als Tatsache, aber sie zeigte, wie stark ihr Wunsch war, und dies war ein gutes Vorzeichen. Es gab uns auch die Möglichkeit, ihr beruhigend zu versichern, sie habe sich wirklich sehr gebessert, was ihre guten Absichten noch mehr verstärkte. Nachdem sie sich mehrere Wochen lang Sorgen gemacht hatte, ob sie fähig sein werde, ihre Feindseligkeit zu zügeln, schien Mary sich sicherer zu werden, zumindest fühlte sie sich wohl genug, um zu dem Problem zurückzukehren, wie man lernt, eine gute Mutter (oder Tante) zu sein. Sie verbrachte viel Zeit mit dem Waschen von Puppenkleidern, dem Baden ihrer Puppe und mit dem Erlernen von Kinder- und besonders Säuglingspflege.

Angesichts der durch die Schwangerschaft ihrer Schwester geweckten großen emotionalen Schwierigkeiten schien Mary es nötig zu haben, die meisten ihrer alten Probleme noch einmal zu verfolgen und zu erleben, um sich zu vergewissern, daß sie jetzt besser integriert war als zum Zeitpunkt ihres Eintritts in die Schule. Dies erlaubte ihr, die Probleme noch einmal mit größerem Verständnis zu erfassen.

Das erste wiederauftauchende Problem war ihre Eifersucht, mit der Mary sich kraftvoll auseinanderzusetzen versuchte. Sie war wahrscheinlich aus Marys frühen Beziehungen zu ihrer Schwester hervorgegangen. Jetzt versuchte sie sie realistisch zu bewältigen, nicht nur im Gespräch mit ihrer Betreuerin, sondern auch, indem sie deren Hilfe im Beisein anderer Kinder suchte. Sie zog sich nicht mehr von den Kindern zurück und provozierte sie auch nicht mehr, indem sie ihnen freche Bemerkungen zurief, sondern näherte sich statt dessen ruhig ihrer Betreuerin und bekannte, sie sei eifersüchtig. Sie konnte erklären, warum sie so fühlte, konnte fragen, was man dagegen tun könne und konnte im großen ganzen den Rat der Betreuerin befolgen.

Als ihr diese Handlungsweise klarmachte, wie sehr sie sich wirklich verändert hatte, erwachte Marys Neugier in bezug auf ihren Vater und ihre Mutter aufs neue. Sie zeigte, daß der Tod ihres Vaters sie beschäftigte, als sie plötzlich hervorstieß: »Was ist geschehen? Was hat ihm weh getan? Wie kommt es, daß ich mich nicht erinnern kann, wann mein Vater gestorben ist, und mich erinnere, wann meine Mutter gestorben ist?« Mit ihrer neuerworbenen Fähigkeit, die Welt realistisch zu sehen, erinnerte sich Mary dann, daß »niemand gearbeitet hatte«, nachdem er gestorben war. Sie fragte sich: »Wie haben wir gelebt?«

Zuerst versuchte sie die Vorstellung neu zu beleben, die sie früher gehabt hatte, daß Frances in dieser Zeit das Geld verdient und für den Unterhalt gesorgt habe, aber das erschien nun nicht mehr plausibel. Wie in aller Welt war dann ihre Mutter zurechtgekommen? Es kamen ihr schattenhafte Erinnerungen an eine Dame, die in ihre Wohnung gekommen war und ihnen geholfen hatte. Es war ihr jetzt möglich, diese Erinnerung mit der Hilfsorganisation in Verbindung zu bringen, die schon vor dem Tod ihrer Mutter für sie gesorgt hatte, und Mary begann nicht nur mehr von den Funktionen sozialer Hilfsorganisationen im allgemeinen zu verstehen, sondern auch von der Rolle dieser bestimmten Organisation in ihrem Leben. Das Interesse, das diese Organisation an ihr nahm, war ihr eine Beruhigung, und ihr Verständnis für die Gründe und Umstände ihrer Unterbringung in der Schule vertiefte sich. Dies alles verstärkte ihre Hoffnung, die Hilfsorganisation werde weiter für sie sorgen, bis sie erwachsen sei und für sich selber sorgen könne.

Vielleicht befähigte Marys wachsende Sicherheit sie, bei der Bewältigung ihrer immer noch unmittelbaren und drängenden Besorgnis in bezug auf Schwangerschaft weitere Hilfe zu suchen. Wenn sie auch in letzter Zeit nicht viel darüber gesprochen hatte, lag ihr der Wunsch, schwanger zu sein, gekoppelt mit der Angst, sie könnte schwanger sein, noch schwer auf der Seele. Obwohl sie mit ihren Lieblingsbetreuerinnen häufig über Schwangerschaft und Sexualität gesprochen hatte, wählte sie, wie sie es bei ihren Gesprächen über Geschlechtsverkehr getan hatte, eine relativ neue Mitarbeiterin, um mit ihr über ihre Angst, schwanger zu sein, zu sprechen. Es ist schwer zu sagen, warum sie dies tat — vielleicht schämte sie sich, ihre unrealistischen Phantasien vor der Person zuzugeben, die ihr so erfolgreich geholfen hatte, sich anderen Problemen realistisch zu stellen. Was für Gründe Mary auch haben mochte, sie wandte sich im Mai an die neue Betreuerin und sagte höchst dringlich, es sei da etwas, das sie sofort wissen müsse. »Wenn ein Mann und eine Frau Geschlechtsverkehr haben«, fragte sie, »können zwei Samen hineinkommen? Kann einer in die Vagina eines weiblichen Babys kommen?« Die Betreuerin, die nicht ganz sicher war, was Mary wissen wollte, bat sie, sich genauer auszudrücken. Also fragte Mary, wenn ihre Mutter während ihrer Schwangerschaft mit ihrem Vater Verkehr gehabt habe, ob wohl ein Same in ihre (Marys) Vagina hätte eindringen können?

Die Betreuerin erklärte, das sei nicht möglich, das Baby sei im Uterus gegen alles geschützt, was von außen eindringe, und die Nabelschnur sei die einzige Verbindung zwischen Mutter und Baby. Sie fügte hinzu, bevor die Geschlechtsorgane eines Mädchens voll ausgereift seien und es begonnen habe zu menstruieren, könne es sowieso nicht empfangen. Mary war von dieser Antwort ungeheuer erleichtert, legte sich auf dem Bett zurück und sagte: »Ach Gott, und ich dachte die ganze Zeit, ich sei schwanger. Darum bin ich so dick.« Eine große Last war ihr von der Seele genommen, und sie schlief erleichtert und zufrieden ein [15].

Wie so viele wichtige Gespräche fand auch dieses statt, kurz bevor Mary einschlief. Sie hatte gelernt, daß sie besser schlief, wenn sie von Ängsten befreit war; deshalb suchte sie am Abend Hilfe. Tatsächlich macht es der Einschlafvorgang mit seiner herabgesetzten Beherrschung des Unbewußten all unseren Kindern leichter, ihre Sorgen eher zur Zeit des Schlafengehens vorzubringen als zu anderen Zeiten.

Am nächsten Tag rief Mary einer ihrer Lieblingsbetreuerinnen zu: »Verhätschel' mich, denn ich bin ein Baby!« Es sollte ihre letzte Bemerkung dieser Art während ihres Aufenthalts bei uns sein. Bald danach begann sie abzunehmen. Sie sah nicht mehr aus wie eine Schwangere, und während der drei folgenden Monate (ihren letzten an der Schule) gewann sie das Aussehen eines normalen Mädchens ihres Alters. Aber es mußte noch ein letzter Schritt getan werden, bevor sie das einverleibte Baby ganz los war.

Eine Woche nach dem Gespräch über das Geschwängertsein machte Mary eine Tonfigur, höhlte den Bauch aus und legte ein winziges Baby hinein. Damit führte sie die Rückkehr zu ihrer Frage ein, ob sie als Baby nicht im Mutterleib geschwängert worden sein könnte. Aber nun war sie ganz sicher, daß dies nicht geschehen war. Sie hatte aber immer noch Angst, sie könnte als Baby während des Geschlechtsverkehrs vom Penis ihres Vaters beschädigt oder verletzt worden sein. Diese Vorstellung schien ihrer Auffassung vom Penis zu entsprechen, den sie mit Klauen versehen zeichnete. Diese Zeichnung gab uns Gelegenheit, eine weitere falsche Vorstellung zu berichtigen.

Genau wie Mary gelernt hatte, ihren morgendlichen Mißmut mit ihren Albträumen in Verbindung zu bringen und zu verstehen, daß es ihr Erleichterung brachte, wenn sie über ihre Träume sprach, so konnte sie jetzt, da sie ihre tiefste Furcht, ihr Körper könnte möglicherweise beschädigt worden sein, ausgesprochen hatte, den Zusammenhang zwischen ihren physischen Symptomen und ihren Emotionen erkennen. Sie wunderte sich, warum sie nicht mehr so viele Leiden und Beschwerden hatte, und sagte schließlich: »Früher hatte ich Schmerzen, wenn mir irgendwas Spaß gemacht hatte.« Und dann, nach einigem Nachdenken: »Ich hatte Kopfschmerzen, damit mir nichts Spaß machte.«

Unter Belastungen bediente Mary sich oft des Malens mit Fingerfarben; meistens machte sie sich dann mit brauner Farbe schmutzig. Ein paar Tage nach dem oben berichteten Gespräch bemerkte Mary, nachdem sie eins ihrer Gemälde eine Weile still betrachtet hatte, es sehe aus wie eine Vagina. Dann sagte sie, es sehe genau aus wie die Bilder in einem Test, den sie vor fast zwei Jahren gemacht habe (Rorschach). Sie sagte, der Test habe ihr nicht gefallen, und sie wollte wissen, was er für einen Zweck habe. Wir erklärten ihr, es sei ein Test der Einbildungskraft, und zeigten ihr, wie verschiedene Menschen in den Tintenflecken verschiedene Dinge sähen.

Mary sagte weiter, ihre Karten »sahen alle wie Körperteile aus. Meistens sah es aus wie eine Vagina, aber das hab' ich nicht gesagt«. Wir fragten, warum. »Weil ich eine Geschichte über diese Vaginas hätte erzählen müssen, und das wollte ich nicht.« Als wir sie fragten, was sie denn wirklich gesagt habe, erwiderte sie: »Ich hab' einfach gesagt, es sieht aus wie ein Wolf.« Sie zeigte auf Teile ihres Gemäldes und sagte: »Sieh mal, das tut es auch. Da ist der Kopf.« Dann fragte Mary, warum sie in dem Test nur Körperteile, besonders Vaginas, gesehen habe. Mit ein wenig Hilfe kam sie zu der Erkenntnis, daß ein Mädchen, das sich Sorgen über seine Gesundheit macht und besonders in bezug auf bestimmte Körperteile, wie z. B. die Geschlechtsorgane, sehr geneigt sein kann, sie in den Tintenflecken zu sehen, und daß es auf diese Weise seine Sorgen offenbart.

Mary spielte ruhig weiter mit den Fingerfarben und fragte dann: »Bringen sich Menschen manchmal um?« und nach einer Weile: »Hast du mal jemand gekannt, der es getan hat?« Die Betreuerin sagte, sie habe nie jemanden wirklich gut gekannt, der einen Selbstmordversuch gemacht habe, aber sie habe von solchen Dingen gehört. Die Betreuerin fragte Mary dann, ob sie von jemand wisse, der Selbstmord begangen habe. Mary konnte zunächst nicht antworten, obwohl sie wahrscheinlich an die Selbstmordversuche ihrer Schwester dachte. Sie spielte weiter mit den Fingerfarben und schrieb damit sehr schnell »ja, nein«, aber verbal behauptete sie, sie habe nie einen Menschen gekannt, der Selbstmord begangen habe. Trotzdem verfolgte sie auf Umwegen ihren Gedankengang, indem sie bemerkte, wenn jemand an Selbstmord denke oder Selbstmord begehe, »zeige das, daß er sehr unglücklich sei. Er müsse eigentlich an die Orthogenic School kommen. Aber wenn er nicht an die Schule kommen kann, wohin könnte er dann gehen?« Sie hatte vielleicht Schuldgefühle, weil sie eine Möglichkeit gehabt hatte, Hilfe zu finden, die Frances nicht offenstand. Aber Mary machte sich auch Sorgen, wo sie Hilfe finden sollte, wenn sie einmal unglücklich wäre nach dem Verlassen der Schule.

Mary setzte ihre Versuche fort, mit ihrer Angst um ihre Gesundheit realistisch fertig zu werden. Sie bat noch einmal, einige ihrer älteren Verwandten sehen zu dürfen, denn, wie sie sagte, sie fürchte, sie könnten sterben. Als wir fragten, wie lang die Zusammenkunft sein sollte, sagte sie, eine Stunde, also wurde es so eingerichtet. Aber als wir Mary sagten, der Besuch werde von zwei bis drei Uhr dauern, sagte sie: »Oh, nur eine halbe Stunde. Das ist gut.« Als sie sie dann wirklich traf, blieb sie ganz distanziert und kürzte das Zusammensein ab. Auch auf andere Weise zeigte Mary Widerstreben, mit ihren Verwandten oder mit irgend jemand zusammenzutreffen, der etwas mit ihrer Vergangenheit zu tun hatte.

Mary hatte es jedoch immer noch nötig, sowohl intellektuell und emotionell mehr reale Ereignisse ihrer Vergangenheit wieder ins Bewußtsein zu holen und zu bewältigen. Dieser Prozeß wurde wieder aufgenommen, als sie aufs neue eine Abneigung äußerte, hinaus in den Sonnenschein zu gehen. Sie zog es vor, still und passiv im Haus zu sitzen. Auf Befragen verband Mary dies mit ihrer Angst, zu fallen oder anderen Unfällen ausgesetzt zu sein. Als wir fragten, ob sie einmal jemand gekannt habe, der nicht gern ins Freie gegangen sei, konnte sie ihre gegenwärtigen Gefühle auf ihre Mutter zurückführen, die sich nie hinauswagte und sich immer vor dem fürchtete, was ihr geschehen könnte, wenn sie den Raum verließe. Auf diese Erinnerung hin begann Mary lange Gespräche über ihre frühen Erlebnisse mit ihrer Mutter.

Das Sprechen darüber und über die Schwangerschaft ihrer Schwester brachte Marys Gefühle der Einsamkeit und des Verlassenseins wieder zum Vorschein. Diese drückten sich in einer Phantasie aus, in der sie »eine Höhlenfrau« war »und all meine Leute Höhlenmenschen«. In gewissem Maß erkannte Mary, daß diese Vorstellung eine tiefe Regression bedeutete, gekoppelt mit kannibalistischen Tendenzen. Sie sagte: »Ich bin in der Höhle meiner Mutter zur Welt gekommen. All meine

Vorfahren sind Höhlenmenschen, und sie leben in Höhlen.« Nach einer Weile fügte sie hinzu: »Ich schreib' Briefe auf Steine, und sie werden nicht beantwortet. Ich hab' meiner Schwester zwei Briefe geschrieben, und sie hat nicht geantwortet, und meine Tante hat mir eine Kamera versprochen, und sie hat sie noch nicht geschickt.« Dann folgte eine lange Reihe von Klagen, die zeigten, wie stark Mary die Vernachlässigung durch ihre Verwandten empfand. Sie fürchtete, sie könnte diese »Höhlenmenschen«, die ihre »Steinbriefe« nicht beantworteten und dadurch zeigten, daß sie sie ablehnten, in einer kannibalistischen Wut, erzeugt durch diese geringschätzige Behandlung, vernichten.

Die Phantasie von altertümlichen und ausgestorbenen Höhlenmenschen führte zu Phantasien von ebenso uralten und ausgestorbenen Tieren. »Ein Dinosaurier wird kommen und meine Schwester und das Baby meiner Schwester auffressen.« Mary hatte wahrscheinlich viele Jahre lang solche kannibalistischen Phantasien gehabt, aber jetzt, da sie sie erkennen und ausdrücken konnte, fand sie genug Kraft, um sie als uralte und mehr oder weniger ausgestorbene Wünsche ansehen zu können. In Wirklichkeit hatte sie sich sehr gut in der Hand. »Ich will eigentlich kein Kuckuckskind sein«, sagte sie. »Ich will eigentlich gar nicht mein Leben lang in dieser Schule bleiben. Ich bin nicht wirklich verrückt. Ich benehme mich nur so.« Und sie krabbelte auf den Schoß ihrer Betreuerin und rollte sich zusammen wie ein sehr schläfriges, müdes Baby.

Abgesehen von solchen Phantasien, arbeitete Mary während der ganzen Schwangerschaft ihrer Schwester daran, ihre Gefühle in bezug auf diesen Umstand zu meistern. Sie verfolgte sorgfältig, wie weit ihre Schwester in der Schwangerschaft war, ebenso Monat für Monat die Entwicklung des Babys im Uterus, indem sie Schemazeichnungen machte.

Mary hatte gelernt, daß man Gefühle nicht unterdrücken darf — gefordert ist nur die Unterlassung asozialer Handlungen. Sie leugnete ihre Wut über das Baby ihrer Schwester nicht mehr; sie agierte sie sogar im Spiel. Sie pflegte eine ihrer Babypuppen hoch in die Luft zu heben, sie aggressiv zu manipulieren und dann zu schreien: »Töte das Baby!« während sie die Puppe zu Boden fallen ließ. Mary erklärte ganz realistisch, es sei nichts passiert, denn das »Baby« sei ja nur eine Puppe.

Sie sprach offen über ihre Gefühle. »Ich wünschte, Frances bekäme kein Baby«, sagte sie. »Es gefällt mir nicht.« Aber sie versuchte auch, mit ihrer eigenen Beteiligung an der Sache fertig zu werden. »Ich weiß nicht, ob sie für es sorgen kann, aber das ist ihre Sache, und es ist ihr Baby, nicht meins.« Damit gab sie sich zufrieden und spielte friedlich mit ihren Spielsachen, als sei sie endlich überzeugt, es gebe einige wirkliche Vergnügen, die ihrem Alter angemessen und frei zu ihrer Verfügung seien, die sie genießen könne, sobald ihre Seele in bezug auf Frances, das Baby und ihre eigene Vergangenheit ihre Ruhe gefunden habe.

Mit frischer Kraft fuhr Mary fort, ihre Vergangenheit zu bewältigen. Sie erinnerte sich zunehmend an immer mehr Einzelheiten — daß z. B. ihre Mutter und ihre Schwester in einem Bett geschlafen hatten, während sie sich in einem Kinderbett neben ihnen befand. Sie erinnerte sich auch mit vielen Einzelheiten daran, wie sehr sie aus dem Gleichgewicht geworfen war, als sie zu ihrer Tante kam, weil sie von ihren Kleidern und Besitztümern nichts mitbringen durfte. Sie hatte das Gefühl, sie habe alles verloren. Als sie diesen Bericht beendete, fragte sie: »Wie kommt es, daß ich mich jetzt an so viel erinnern kann?«

Als sie ein paar Tage später wieder auf diese Erinnerungen zurückkam, grub sie auch den Grund aus, warum sie von Anfang an so schlecht mit ihrer Tante ausgekommen war. »Ich kann mich nicht erinnern, daß auch nur eine dieser Tanten Mammi und mich einmal besucht hätten«, sagte sie. »Darum hab' ich immer gemeint, meine Tante habe meine Mammi nicht gemocht, und darum wollte ich nichts mit ihr zu tun haben.«

Als sie von ihrer Vergangenheit soviel wieder ans Licht zog, wie sie konnte, erkannte Mary auch, daß es große Lücken in ihrer Erinnerung an jene Zeiten gab, in denen nichts geschehen war, was eine emotionale Wirkung hätte haben können. Sie wunderte sich, warum sie sich an so vieles aus dem Leben mit ihrer Mutter und von ihren ersten Erlebnissen im Haus ihrer Tante erinnern konnte, während sie sich von den folgenden Jahren, bis sie an die Schule kam, kaum etwas ins Gedächtnis rufen konnte.

Sobald Frances ihr Kind geboren hatte, wurde Mary davon in Kenntnis gesetzt. Sie reagierte darauf sofort, indem sie über Bauchweh klagte. Ein paar Stunden später, als sie den Kindern beim Spielen in den Midway-Anlagen vor der Schule zusah (sie hatte sich wegen ihrer Krämpfe nicht daran beteiligt), warf Mary sich plötzlich zu Boden und begann zu stöhnen und zu schreien. Sie spielte die Geburt durch, lag auf dem Rücken und bewegte sich, als läge sie in den Wehen, während sie schrie: »Oh, das Baby kommt aus mir heraus!«

Dies war der Höhepunkt von Marys Versuchen, alle Objekte auszustoßen, die sie sich einverleibt hatte. Wie die Ahnen des Volksglaubens, die zu den bösen Dämonen von heute werden können, so waren diese Objekte Marys böse Dämonen geworden, die sich von ihrer Lebenskraft nährten und sie daran hinderten, ihr eigenes Leben zu leben. Die trieb sie nun alle aus. Die Mutter, sich selbst als Baby, das Baby, von dem sie glaubte, sie trage es im Leib, weil sie noch im Mutterleib vom Vater geschwängert worden sei — alle wurde sie endlich los. Bald wurde deutlich, daß ihr Durchspielen des Geburtsvorgangs eine doppelte Symbolik barg. Sie zeichnete ein Bild von einer Mutter in den Wehen, das klar erkennen ließ, daß sie, als Mutter, sich selber geboren hatte. Es war gleichsam, als sei Mary endlich als reale Person geboren worden.

Mit der Bewältigung dieses letzten Traumas schien Mary auch viele Nebenaspekte der vorhergehenden zu meistern. Mary konnte nicht nur freimütig darüber sprechen, was für eine Wut sie auf das Baby hatte, sondern auch darüber, welche Sorgen sie sich machte, es könnte nicht ausreichend versorgt werden, da ihre Schwester nie richtig behandelt worden sei und deshalb vielleicht nicht wisse, wie man ein Baby versorgt. Die ganze Zeit, während Frances im Krankenhaus war, machte Mary sich Sorgen, es könnte vielleicht abbrennen und Frances und das Baby könnten umkommen. Oder sie fürchtete, die Schwestern könnten das Baby umbringen. Sie stieß zusammenhanglos hervor: »Ich werde sterben. Ich sterbe jetzt gleich. Das Baby ist geboren, und jetzt werde ich sterben.« Aber mit Hilfe von außen überwand sie sowohl ihre Angst vor etwaigen schlimmen Wirkungen der Geburt als auch ihre Sorgen in bezug auf das, was sie dem Baby antun könnte.

Nach einigen Tagen konnte sie die Geburt ganz ruhig betrachten. Sie war völlig entspannt, und ihre Zeichnungen spiegelten dies, trotz ihrer tiefen Besorgnis in bezug auf Mutterschaft und Gebären. Mary war — vielleicht zum erstenmal in ihrem Leben, gewiß aber mehr als jemals vorher — wirklich sie selbst geworden.

Ihre Ich-Grenzen waren ziemlich gesichert. Die Trennung von Phantasie oder Spiel und Realität — von Vergangenheit und Gegenwart — war gut gewährleistet. Immer weniger übertrug sie die Vergangenheit auf die Gegenwart. Ihr Ich war zwar noch relativ schwach, aber es war stark genug, um ein gewisses inneres Gleichgewicht zwischen Über-Ich-Forderungen und Triebstrebungen aufrechtzuerhalten und realistisch mit der Außenwelt umzugehen, wenn dies auch oft nur dadurch zu erreichen war, daß die Bereiche ihres Lebens und Erlebens ein wenig eingeschränkt wurden.

Nach dieser großen Veränderung ihrer inneren Existenz wollte Mary noch einmal die Bilanz ziehen, um eine personale Konsistenz zu finden, die die verschiedenen Phasen ihres Lebens vereinigen könnte. Dies gelang ihr. Sie akzeptierte den Tod ihres Vaters, die Krankheit ihrer

Mutter, ihr Leben bei den Verwandten, ihre dauernde Trennung von ihrer Schwester ganz realistisch. Sie gestand sich noch einmal ein, wie wütend sie über das Baby gewesen war, aber sie erkannte auch deutlicher als jemals, daß sie und ihre Schwester sich in den vorhergehenden Jahren auseinandergelebt hatten, daß jede ihr eigenes Leben hatte, verschieden von dem des anderen, und daß daher die Geburt dieses Kindes in Wirklichkeit mit ihrem eigenen Leben nicht allzuviel zu tun hatte.

Da Mary weniger von der Vergangenheit in Anspruch genommen war als jemals vorher, wandte sie ihr Interesse der Gegenwart und der Zukunft zu. Vom günstigen Standpunkt einer befriedigenden Gegenwart aus erschien auch die Vergangenheit in einem besseren Licht. Sie erinnerte sich an erfreuliche Erlebnisse an der Schule und vorher — sogar an solche, die in die Zeit ihres Lebens bei ihrer Tante fielen. Sie konnte, nachdem sie einmal das Trauma seiner Geburt durchgearbeitet hatte, sogar ihren Neffen akzeptieren, weil er ihr das Gefühl gab, nun in gewissem Sinn eine eigene Familie zu haben.

Diskussion

Erst in diesem letzten halben Jahr von Marys Aufenthalt an der Schule kamen wir zu einem genügend umfassenden Verständnis der ihrem Verhalten zugrundeliegenden Dynamik, so daß wir die Bedeutung ihrer Handlungen erraten konnten, während sie abliefen. Die größte Leistung dieser Endphase bestand darin, daß Mary zum erstenmal in ihrem Leben versuchte, ein traumatisches Erlebnis zu integrieren, anstatt zu vermeiden, sich seiner Relevanz zu stellen, wie sie es früher getan hatte, entweder indem sie sich in eine Depression zurückzog oder indem sie sich durch Agieren Abfuhr verschaffte. Außerdem integrierte Mary, während sie das Erlebnis der Schwangerschaft der Schwester und der Geburt des Babys bewältigte, gleichzeitig viele frühe psychische Traumata, die bis dahin ihr Leben und ihre Persönlichkeit gespalten hatten.

Durch die Art und Weise, wie Mary sich diesmal benahm, zeigte sie, daß sie ein ganz anderer Mensch geworden war, mit einer neuen und relativ gut strukturierten Persönlichkeit. Wenn ihr nun ein bestürzendes Erlebnis zustieß, konnte sie angemessen damit fertig werden. Das auslösende Moment der Schwangerschaft der Schwester und der Geburt des Kindes forderte sie heraus, ein für allemal klare Ich-Grenzen herzustellen und sich als die Person zu definieren, die sie war. Dies erforderte, daß sie auf ihre Hoffnung verzichten mußte, irgendwann einmal wieder jemands Baby zu sein, vorzugsweise das ihrer Mutter oder, wenn das nicht möglich sein sollte, das ihrer Schwester. Dieses »Baby«, daß sie in sich getragen hatte und das ihren alles verzehrenden Wunsch nach infantilen Lebensbedingungen und Befriedigungen repräsentierte, stieß sie aus sich heraus, indem sie es in den Midway-Anlagen vor der Schule symbolisch zur Welt brachte. Von nun an konnte sie sie selber und nichts als sie selber sein. So brachte sie zugleich sich selbst als Person zur Welt.

Daß dies möglich war, war die Folge der infantilen und später der altersgerechten wie auch der interpersonalen Befriedigungen, die sie an der Schule empfangen hatte; sie ermöglichten es ihr, ihren Wunsch aufzugeben, ein Baby zu sein, weil sie in gewissem Maß diesen Wunsch erfüllten. Diese infantilen und interpersonalen Befriedigungen verbesserten und stützten die vorher brüchige Substruktur ihrer Persönlichkeit so weit, daß es ihr möglich wurde, mit unserer Hilfe selbst so schwere Traumata wie die Heirat und die Schwangerschaft der Schwester zu bewältigen. Die Erfahrungen, die sie beim Bewältigen der Realität gewann, dienten wiederum dem Aufbau ihres Ichs, so daß sie stark genug war, die alten Introjekte loszuwerden — sich selbst als die Mutter, sich selbst als das strampelnde Kind im Mutterleib, sich selbst als das im Uterus vom Vater geschwängerte Baby.

Als Mary entdeckte, daß ihre destruktiven Wünsche und gewaltsamen Angriffe uns, die anderen Kinder oder selbst ihre Schwester und ihr Baby nicht beschädigten, begann sie zu bezweifeln, ob sie so destruktiv sei, wie sie fürchtete, und ob sie wirklich die Ursache des Todes ihrer Mutter gewesen sei. Unsere beständig annehmende Haltung gegenüber ihrer Feindseligkeit veranlaßte sie zu hoffen, sie werde nicht zur Vergeltung für ihre zornigen Wünsche und Missetaten vernichtet werden. Dies alles diente dazu, ihr Ich zu stärken und ihr zu helfen, die Welt nicht mehr als ganz schlecht zu betrachten.

Als die Zeit herankam, daß Mary uns verlassen sollte, war sie kein emotionell gut ausgeglichenes Kind; das zu erwarten, wäre angesichts ihrer Vorgeschichte zuviel gewesen. Aber sie war ein neurotisches Kind, das gut mit ambulanter Psychotherapie weiter gefördert werden konnte. Wir glaubten daher, die Schule habe ihren Zweck erfüllt, indem sie Mary geholfen hatte, sich von einem schizoiden Kind, das Anstaltsbehandlung brauchte, in ein neurotisches zu verwandeln, das die Hilfe, die es noch brauchte, bekommen konnte, während es in der Gesellschaft lebte.

Die Hilfsorganisation hatte geplant, Mary sollte die Schule am Anfang eines Schuljahres verlassen, so daß sie mit dem neuen Unterricht zusammen mit den anderen Kindern anfangen konnte. Aber dieser Plan war gefaßt worden, als wir noch nichts von Frances' Schwangerschaft wußten, und wenn man ihn nun ausgeführt hätte, hätte Mary uns sehr bald nach der Geburt des Kindes verlassen müssen, und sie hätte nicht genug Zeit gehabt, sich mit diesem Ereignis ausreichend auseinanderzusetzen. Es war also die Frage, ob Mary noch ein weiteres Jahr bei uns bleiben sollte. Wir hätten dies vorgezogen. Die Hilfsorganisation meinte, sie könne ihre Entscheidung am besten auf Grund der Ergebnisse einer psychiatrischen Begutachtung fällen.

Dem untersuchenden Psychiater erschien Mary zu diesem Zeitpunkt als ein aufgewecktes Kind, das noch einige depressive Züge hatte. Im großen ganzen schien sie relativ gut integriert und in gutem Kontakt mit der Welt. Als Antwort auf seine Fragen gab sie ihm eine einigermaßen vollständige und gut geordnete Schilderung ihres früheren Lebens, ihrer augenblicklichen Wünsche und ihrer Wünsche für die Zukunft, die alle ganz normal und angemessen für ein Mädchen ihres Alters wirkten. Diese Beurteilung, im Zusammenhang mit ihren guten Schulleistungen und ihrem Wunsch nach Familienleben, legte ihm den Schluß nahe, sie sei so weit, daß man sie in einer familienähnlicheren Umgebung unterbringen könne, und er meinte, ihr Abschied von der Schule solle nicht mehr aufgeschoben werden.

Andererseits war er mit uns der Meinung, Mary sei noch nicht so weit, daß man sie in einer normalen Pflegefamilie unterbringen könne. Besonders war zu fürchten, daß ein weiterer Wechsel, falls die Lösung in der Pflegefamilie nicht befriedigend sein sollte, sich angesichts ihrer Vorgeschichte des Herumgeschobenwerdens für Mary als sehr schädlich erweisen könnte. Darum meinte man, es sei am besten, sie in einem der spezialisierten Behandlungsheime unterzubringen, die die Hilfsorganisation zu dieser Zeit eingerichtet hatte. Dort würde sie in einer familienähnlichen Umgebung leben, aber unter naher Aufsicht eines Psychiaters, und sie würde auch therapeutisch betreut. Da von vornherein beschlossen worden war, daß die Hilfsorganisation sich nach den Empfehlungen des Psychiaters richten würde, wurde Mary in einem dieser speziellen Pflegeheime untergebracht.

Als Mary dieser Plan zum erstenmal vorgelegt wurde, gefiel er ihr sehr gut. Die Einführungsbesuche im Pflegeheim und die Vorbereitungen für die Übersiedlung verliefen ohne Komplikationen. Schließlich hoffte

Mary entgegen aller Hoffnung immer noch, eine allgebende Mutter zu finden, eine Mutterfigur, die nicht versuchen würde, wie es ihre Betreuerinnen an der Schule taten, sie zu einer altersgemäßen Persönlichkeitsintegration und zum dauernden Verzicht auf ihre unrealistischen Wünsche zu führen. Eine Pflegemutter schien noch einmal eine Möglichkeit zu bieten, Erfüllung der Wünsche zu finden, die Mary nur widerstrebend aufgegeben hatte. Mary trat also mit Hoffnungen — um ihrer verständlichen Angst entgegenzuwirken — wieder in die Gesellschaft ein.

Die nächsten drei Jahre

Nachdem Mary uns verlassen hatte, verlief ihr Leben nicht so glatt, wie wir alle gehofft hatten. Obwohl man versucht hatte, für sie die bestmögliche Unterbringung zu finden, stellte sich heraus, daß das spezielle Pflegeheim unerwartete Mängel hatte. Manche davon, aber keineswegs alle, waren die Folge von Marys eigenem Verhalten, der Natur ihrer Neurose und der Reaktionen der Pflegemutter darauf. Zuerst schien Mary sich ihrem neuen Heim relativ leicht anzupassen; auch in der Schule zeigte sie besonders gute Leistungen. Aber im Lauf von einigen Monaten entstanden Schwierigkeiten im häuslichen Bereich, Zusammenstöße der Persönlichkeiten, die auch die psychiatrische Beaufsichtigung nicht verhindern konnte. Besonders die Pflegemutter war erheblich starrer und konnte Mary weniger akzeptieren, als man erwartet hatte. Sie war in ihren Forderungen Mary gegenüber sogar gelegentlich zwanghaft; Mary war allerdings auch kein sehr anpassungswilliges Mädchen. Marys Abwehr gegen das, was sie als ungerechtfertigt hohe Anforderungen empfand, bestand darin, daß sie es vermied, eine intime Beziehung zu den Pflegeeltern und den anderen Kindern im Haus herzustellen. Nicht ohne Grund hatte sie das Gefühl, diese Kinder würden ihr vorgezogen und ihr als »gute Kinder« vorgehalten, während sie das »böse Kind« war.
Obwohl Mary sich immer gewünscht hatte, in einem normalen Familienheim zu leben und in eine normale Schule zu gehen, und obwohl sie versucht hatte, mit ihrer neuen Umwelt zurechtzukommen, bat sie nach einem Jahr, man möge sie aus diesem Heim herausnehmen, denn es war ihr unerträglich geworden. Bei jedem ihrer Besuche bei uns klagte sie darüber, wie unglücklich es sie mache, als böses Mädchen angesehen zu werden. Sie fühlte sich ausgenützt, teils, weil sie meinte, die Pflege-

mutter behalte sie nur um des Geldes wegen, das die Hilfsorganisation für ihren Unterhalt zahlte, teils, weil die Forderungen, die an sie gestellt wurden, sich gut zu benehmen und bei den häuslichen Arbeiten zu helfen, ihr nicht deshalb auferlegt wurden, damit sie sozialisiertes Benehmen lerne, sondern um der Pflegefamilie das Leben zu erleichtern. So hatte das Schicksal Mary gleichsam wieder in eine Situation gebracht, die der Erfahrung mit ihrer Tante ähnlich schien.

Glücklicherweise war Mary nicht mehr hilflos; sie konnte sich wehren, und ihre Abwehr bestand darin, die Motivationen der Pflegemutter zu verstehen, zu durchschauen und ihre Starre als Charakterschwäche zu erkennen. Sie beurteilte scharfsichtig die Persönlichkeitsmängel und unerfüllten Bedürfnise, die die Pflegemutter und die anderen Hausgenossen motivierten. Sie konnte begreifen, was in ihr selbst in Reaktion auf dies alles vor sich ging. Während sie die emotionale Nähe entbehren mußte, die sie sich erhofft hatte, diente ihr das Verstehen anderer als Abwehr zum Schutz ihrer eigenen inneren Integration.

Die psychotherapeutische Betreuung, die sie erhielt, war zwar wertvoll, konnte ihr aber die intime Beziehung nicht bieten, nach der sie sich sehnte und die sie zu dieser Zeit brauchte. Hier lag der Mangel in ganz anderen Umständen als in der Pflegefamilie. Mary fand bald Gefallen an der Sozialarbeiterin, die ihre Unterbringung in der Pflegestelle veranlaßt hatte; sie traf mit ihr zu allwöchentlichen Sitzungen zusammen. Aber bevor diese Beziehung für Mary sehr hilfreich werden konnte, etwa acht Monate nach ihrer Unterbringung im Pflegeheim, verließ die Sozialarbeiterin die Hilfsorganisation. Die Person, die die Arbeit mit Mary fortsetzte, heiratete bald darauf und ging in Urlaub. Dies erzeugte zusammen mit dem Ausscheiden der vorherigen Sozialarbeiterin bei Mary akute Trennungsangst; sie wurde wieder recht depressiv und wünschte sich, zu sterben, so daß sie wieder mit ihrer Mutter vereinigt würde, da es in dieser Welt für sie keine dauerhaft befriedigenden Beziehungen zu geben schien.

Etwa ein halbes Jahr, nachdem Mary die Therapie bei der zweiten Sozialarbeiterin begonnen hatte, und wieder gerade zu der Zeit, als diese Beziehung für sie bedeutsam zu werden begann, wurde die Sozialarbeiterin schwanger. Wie zu erwarten, wurden alle Erlebnisse, die Mary während der Schwangerschaft ihrer Schwester gehabt hatte, wieder neu belebt. Wegen der bevorstehenden Geburt ihres Babys verließ die Sozialarbeiterin die Hilfsorganisation etwa ein Jahr, nachdem sie die Arbeit mit Mary aufgenommen hatte. In Reaktion auf die Trennung dieser neuen und gerade aufblühenden Beziehung äußerte Mary den starken Wunsch, das Baby solle sterben. Zu unserem Entsetzen geschah genau das. Es schien, als könne in Marys Leben nichts gut gehen. Daß ihr Todeswunsch gegen das Baby sich erfüllt hatte, verursachte Mary extreme Schuldgefühle und belebte aufs neue ihre megalomanen Vorstellungen von der Gefährlichkeit ihrer destruktiven Wünsche, die sie ebenso verfolgten.

Nach dieser schlimmen Erfahrung wandten sich die Dinge endlich zum Besseren. Die dritte therapeutische Betreuerin, die zur Zeit dieser Niederschrift noch mit Mary arbeitete, konnte eine gute Beziehung zu ihr herstellen. Dies schien im Lauf einiger Monate Mary den Mut zu geben, aktiver gegen ihre unerfreuliche Situation in dem Pflegeheim zu kämpfen, besonders gegen die übertriebenen Forderungen der Pflegemutter. Drei Jahre nach ihrem Weggang von uns führte dieser Kampf dazu, daß Mary davonlief. Sie wurde von der Polizei aufgegriffen, und sie gab den Polizeibeamten eine so lebhafte Schilderung dessen, was in dem Pflegeheim von ihr erwartet wurde und wie unvernünftig diese Forderungen waren, daß die Beamten ganz offen ihre Meinung äußerten, dies sei kein geeignetes Heim für sie. Diese Erfahrung überzeugte zusammen mit anderen die Pflegemutter und die Hilfsorganisation, Mary müsse in einem anderen Heim untergebracht werden.

Zur Zeit dieser Niederschrift ist Mary in dieser neuen Familie. Nach sechs Monaten fühlt sie sich dort glücklich, hat das Gefühl, man habe sie sehr gern, sie fühlt sich verstanden, und, was am wichtigsten scheint, ist überzeugt, daß sie endlich einen guten Platz gefunden hat. Während ihr in der ersten Pflegefamilie zu viele Beschränkungen auferlegt wurden, war sie in der neuen zunächst ein wenig ängstlich, weil ihr so viel Freiheit gelassen wurde. Auf Grund dieser guten Unterbringung konnte sie die Beziehung zu ihrer Therapeutin vertiefen und sich das besser zunutze machen, was ihr diese Beziehung zu bieten hatte.

Zur Zeit ist Mary fünfzehneinhalb Jahre alt und steckt mitten in typischen Adoleszenzschwierigkeiten. Sie wird von den üblichen Ängsten der Heranwachsenden in bezug auf die Sexualität bedrängt; das Verhalten ihrer flott lebenden Schulkameraden und -kameradinnen an der High School zieht sie einerseits an und macht ihr andererseits Angst. Von den anziehendsten Kindern in der Schule fühlt sie sich immer noch nicht ganz akzeptiert und rationalisiert dies auf Grund des Umstands, daß sie keine Familie hat. Sie neigt dazu, sich mit Kindern aus zerbrochenen Familien zu identifizieren, obwohl ihr zugleich klar ist, daß sie vielleicht nicht gerade die besten Kameraden für sie sind.

Zum Zweck der Lebensbewältigung stützt sie sich auf ein etwas passives Verstehen der psychischen Motivationen anderer, worin sie äußerst fein wahrnimmt; aber sie fürchtet sich ziemlich stark davor, enge Beziehungen zu anderen Menschen herzustellen. Sie ist zu oft und zu viel enttäuscht worden, weil Menschen sie verlassen haben. Im Augenblick läßt sie zum Schutz gegen ähnliche Enttäuschungen andere nicht nah an sich herankommen.

In der Schule kommt Mary gut voran. Sie begegnet dem Leben mit etwas größerer Reife und Nüchternheit, als man es von einem Kind ihres Alters erwarten könnte. Aber in ihrer gegenwärtigen gewährenlassenden Umwelt entwickelt sie allmählich mehr Lebensfreude. Es gibt gewisse Schwierigkeiten, aber im großen ganzen kommt sie mit ihrem Leben besser zurecht, als irgend jemand es zu der Zeit, als sie zu uns kam, jemals erwartet hätte. Daß sie die sehr schwierigen Erfahrungen in der ersten Pflegefamilie, den Verlust von zwei Therapeutinnen kurz hintereinander und die besonders traumatischen Umstände des zweiten Verlusts ganz gut bewältigen konnte, scheint ein Beweis für die Gewinne zu sein, die sie bei uns gemacht hat; es läßt auch für ihre Zukunft Gutes hoffen.

Mary blickt zurück

Bei Marys letztem Besuch in unserer Schule bat ich sie um ihre Erlaubnis, ihre Geschichte zu veröffentlichen. Sie fand die Vorstellung erregend, so bedeutend zu sein, daß man ihre Geschichte veröffentlichen wollte, und gab mir gern die Erlaubnis dazu.

Als wir über die vielen Jahre zurückblickten, in denen wir uns kannten, fragte ich sie, was nach ihrer Meinung die wichtigsten Erlebnisse während ihres Aufenthalts an der Schule gewesen seien — die Erlebnisse, die sie während dieser Zeit veranlaßt hätten, sich zu ändern. Als erstes erwähnte sie zwei Menschen — eine ihrer Lieblingsbetreuerinnen, Joan, und mich. (Ich muß zugeben, daß mich das überraschte, denn ich hatte nicht gewußt, daß ich ihr so wichtig gewesen war.) Dann nannte sie einige andere Betreuerinnen; aber sie vergaß ihre andere Lieblingsbetreuerin, Gayle, völlig. Ich glaube, daß der Grund, warum sie vergessen hatte, welch wichtige Rolle diese Betreuerin in ihrem Leben gespielt hatte, ganz einfach war. Gayle hatte geheiratet und vor kurzem ein Mädchen zur Welt gebracht. Daß diese Mutter-Schwester-Figur ein eigenes Baby hatte (anstatt Mary zu adoptieren, wie diese es vielleicht insgeheim gewünscht hatte), war zuviel für Mary, und sie reagierte auf dieses schmerzliche Ereignis, indem sie diese Betreuerin vorläufig vergaß. Als wir später zufällig auf Gayle zu sprechen kamen, erinnerte Mary sich bereitwillig daran, daß sie ihr wichtig gewesen war.

Über ihre Unterbringung an ihrem ersten Pflegeplatz sagte Mary noch einmal, da sei alles schiefgegangen; sie sei dort fast ebensoviel herumgestoßen worden wie bei ihrer Tante. In Abwehr gegen diese Erfahrung, sagte sie, sei sie »hart geworden; wenn es weitergegangen wäre, wäre ich vielleicht bösartig geworden«. Aber in dem neuen Pflegeheim waren nach ihrem Gefühl die Dinge so gut, wie sie nur sein konnten. »Nicht alles ist vollkommen, aber das meiste. Wenn ich von hier (von der Schule) aus dahin gekommen wäre, wo ich jetzt bin, wäre das Leben für mich leichter gewesen.«

Ich bat sie, mir mehr darüber zu erzählen, warum sie sich bei uns habe ändern können; was für Erlebnisse, abgesehen von den Menschen, die sie genannt habe, ihr geholfen hätten, sich von dem Menschen, der sie bei ihrer Ankunft bei uns war, zu der Person zu entwickeln, die sie war, als sie uns verließ. Darauf sagte Mary, als sie zu uns gekommen sei, habe sie das Gefühl gehabt, die ganze Welt sei gegen sie, alle seien überzeugt, sie sei bösartig; sie habe es wahrscheinlich selber geglaubt. Aber sie habe angefangen, ihre Meinung über die Schlechtigkeit der Welt zu ändern, als sie nie bestraft worden sei, wenn sie sich schmutzig machte oder masturbierte. Sie erinnerte mich, daß ihr fürs Masturbieren mit Abschneiden des Fingers gedroht worden war und daß man ihr die Hände verpflastert hatte, wenn sie am Daumen lutschte.

Der zweitwichtigste Anreiz, sich zu ändern, war: »Ich wollte wie andere Leute sein, wahrscheinlich — wie Joan, Gayle, meine Schwester, irgend jemand.« Außerdem »Miss Lukes [ihre Lehrerin] hat mir viel geholfen. Sie hat mich fürs Lernen interessiert. Ich bekam dabei das Gefühl, ich sei ebensogut wie andere Kinder«. Also waren, nach Mary, die Freiheit, Befriedigungen zu genießen und geeignete Identifizierungsvorbilder — die durch ihr Verhalten den Wunsch erzeugten, sich mit ihnen zu identifizieren — die wichtigsten heilsamen Faktoren und Erlebnisse.

Ich fragte sie, was wir falsch gemacht hätten. Als einziges fiel ihr ein, daß die Betreuerinnen sie, wenn sie ihre langen Schreianfälle gehabt hatte, nicht beachtet hatten und nicht mit ihr zu sprechen pflegten. Das hatte ihr nicht gefallen. Aber sie wußte nicht zu sagen, was die Betreuerinnen in solchen Augenblicken nach ihrem Wunsch hätten tun sollen. Obwohl ich sie ermutigte und ihr sagte, wie gern ich wissen wollte, was wir falsch gemacht hätten, konnte sie sich auf keine weiteren Fehler besinnen, die wir in ihrer Behandlung gemacht hatten. Aber sie erinnerte sich spontan an einige gute Dinge, die wir für sie getan hatten — »hauptsächlich die Tiere«. Daß wir ihr erlaubt hatten, die Tiere zu halten, und daß wir uns für sie interessierten, war für Mary sehr wichtig gewesen. Sie fügte hinzu, sie habe noch all ihre Stofftiere, besonders »Zwiebeln — es geht ihm gut; ich mag ihn immer noch sehr gern«. Dies und die Spielsachen, die wir ihr schenkten, gaben ihr das Gefühl, daß diese Welt doch vielleicht kein so schlechter Ort sei, um darin zu leben.

Am Ende unseres Gesprächs fragte ich sie, ob sie im Rückblick etwas sehe, was wir bei der Führung der Schule anders machen könnten, oder ob wir sie weiter so führen sollten, wie damals, als sie bei uns gewesen sei. Sie antwortete ganz überzeugt: »Sicher!« und fügte hinzu, sie glaube, wir täten das Richtige für Kinder wie sie. Dann sagte sie, auf ihr Leben zurückblickend: »Es war gut und schlecht.« Das Schlechte war, daß sie bei ihrer Mutter und ihrer Tante »nicht in der richtigen Weise aufgewachsen« war. Das Gute fand sie an der Schule: »Ich konnte meinen Willen durchsetzen, und ich hatte keine Angst mehr.«

Mary ist heute auf ihrem Weg und hat auch heute keine Angst mehr.

Vierter Teil

Es fiel uns schwer herauszubekommen, wie Johns früheste Kindheit verlaufen war. Wenn uns seine Eltern davon erzählten, konnten sie, obwohl sie sich aufrichtig um Objektivität bemühten, die Tatsachen nicht mehr von ihren verzerrten Erinnerungen trennen; sie konnten auch nicht mehr zwischen ihren wirklichen Motiven und Gefühlen und dem unterscheiden, was sie heute für ihre damaligen Gefühle hielten. Von Angst getrieben, hatten sie über jede Einzelheit in Johns Leben mit so vielen Leuten gesprochen, auch mit Ärzten und Beratern, und sie hatten so viele, oft widersprüchliche Reaktionen erlebt, daß es unmöglich schien, Fakten und Fiktionen auseinanderzuhalten.

»Eiskrem ist besser als Gott!«

John, Phantasieleben und Rehabilitierung eines Jungen mit Anorexie

Johns erste Lebensjahre

Im Zentrum ihrer Gefühle gegenüber John stand, alles sei von Anfang an schiefgegangen. Da sie so sehr betonten, er sei bei der Geburt ein schwächliches und zerbrechliches Kind gewesen, das schon am dritten Tag seines Lebens eine Mundinfektion bekam und infolgedessen viele Monate lang mit der Pipette ernährt werden mußte, prüften wir die Aufzeichnungen der Klinik nach. Sie enthielten folgenden Bericht:

»Mutter preßt nicht gut, Beckenausgangszange notwendig. Normales männliches Kind entbunden. Schrie nicht gleich und schien etwas narkotisiert, reagierte jedoch nach trachealer Katheterisierung und Hautstimulation. Mutter und Kind verließen den Kreißsaal in gutem Zustand. Geburtsgewicht: 2897 g. Das Kind wurde drei Tage lang mit Glukose ernährt, dann wurde es an die Brust gelegt und die sieben folgenden Tage gestillt; außerdem bekam es zusätzlich Flaschennahrung. Am siebten Tag wurden Läsionen im Mund festgestellt, Erscheinungsbild von Soor; Abstrich auf *moniliasis albicans* untersucht. Rp: Gentiana Violett. Am achten Tag: klinisch Soor. Am neunten Tag gebessert. Entlassung am 10. Tag. Entlassungsgewicht: 2750 g.«

Abgesehen von der Mundinfektion war der Zustand des Säuglings völlig normal. In den Aufzeichnungen der Säuglingsstation steht nichts von Ernährungsschwierigkeiten. John verlor in den ersten fünf Tagen an Gewicht, aber nur zehn oder fünfzehn Gramm am Tag, an den beiden letzten Tagen nahm er wieder zu. Er wurde mit der Mutter zusammen entlassen, was anzeigt, daß die Ärzte die Mundinfektion nicht für schwerwiegend hielten.

Der Vater erinnerte sich anders: »Als er geboren war, am zweiten Tag, bekam er Soor, was dem Kinderarzt zufolge auf Verschulden der Klinik zurückzuführen war. Mit ständiger Pflege wurde das behoben. Aber er wurde von Anfang an mit einer Pipette gefüttert. Nie gestillt. Er erbrach ständig, und wir versuchten immer, ihn aufs neue`zu füttern. Er hat fast vom ersten Augenblick des Essens an gespuckt. Ich weiß nicht soviel aus der Klinik, aber ich weiß es von zu Hause. Er kam nach zwei Wochen heim. Die Pipette wurde sechs Monate lang ausschließlich verwendet. Dann fing er mit der Flasche an. Es gab große Schwierigkeiten beim Übergang zur Flasche. Er wußte nicht, wie er die Milch aus der Flasche saugen sollte, oder er konnte es nicht. Wir machten das Loch im Sauger so groß, daß sie heraustropfen konnte — das war am Anfang. Aber er hat immer wieder gespuckt. Wir pflegten ihm ein wenig mehr zu geben und dann ein paar Stunden zu warten — er wurde gewöhnlich alle zwei Stunden gefüttert — manchmal nach kürzerer Zeit. Er hatte eine leichte Rachitis wegen zu geringer Ernährung — ich weiß nicht. Der Kinderarzt gab uns zu verstehen, das sei es, aber nicht die volle Diagnose.«

Die Erinnerung der Mutter stimmte genauer mit dem Bericht überein. Sie erinnerte sich ans Stillen und auch daran, daß die Ernährungsschwierigkeiten nicht in der Klinik, sondern erst dann begannen, als John aus der Klinik entlassen worden war. Sie fügte hinzu, er sei nicht fähig gewesen zu saugen. (Die Klinikberichte zeigen, daß dies während seines Aufenthalts dort nicht zutraf.) Er war »als Säugling apathisch. Er hatte Soor, und die Ernährungsprobleme begannen, als er aus der Klinik kam. Er hat von Anfang an erbrochen. Zwei oder drei Wochen lang wurde von meinen Brüsten Milch abgepumpt. Er bekam außerdem Zusatzfütterungen, aber er konnte nicht saugen. Er wurde sechs bis acht Monate lang mit einer Pipette gefüttert. Er hatte Soor, und sein Mund war wund. Es dauerte sehr lange — sein Mund wurde acht Monate lang gepinselt —, obwohl es eine 48-Stunden-Krankheit sein soll. John wurde nach der dritten Woche ganz mit einem Kindernährmittel ernährt. Er konnte nie die Nahrungsmenge bei sich behalten, die für ein Kind seines Alters normal gewesen wäre. Er erbrach sehr oft — ich würde nicht sagen, nach jeder Mahlzeit, aber fast. Dieses Erbrechen ist geblieben. Plötzliche Geräusche machten ihm viel mehr aus als dem durchschnittlichen Säugling. Seine körperliche Entwicklung ging langsam vor sich. Er schien das Gefühl der Unsicherheit von Anfang an zu haben. Er war kein glückliches Baby«.

Ich habe zitiert, was beide Eltern über Johns frühe Fütterungserlebnisse sagten, denn das Essen war die Crux seines Problems. Was sein übriges Leben betrifft, bevor John an die Schule kam, so ist das folgende eine Zusammenfassung der Berichte beider Eltern.

Von Anfang an hatten sie Angst, John anzufassen, weil er ein so zerbrechliches Baby war; es war Angst, nicht Gleichgültigkeit, die sie abhielt, für ihren Sohn zu sorgen. Die gleiche Ängstlichkeit hinderte sie daran, die Kinderpflegerinnen richtig für ihn sorgen zu lassen. Die Eltern machten die Pflegearbeit, die an und für sich schon nicht allzu leicht war, unmöglich. Die Mutter beschrieb, wie ihr Mann beim Heimkommen sofort in Johns Pflege einzugreifen pflegte, aufgeregt oder wütend. »Er war auch nervös in bezug auf das, was John bekam, und sobald er heimkam, pflegte er der Kinderschwester die Flasche wegzunehmen und zu prüfen, ob sie für John die richtige Temperatur hatte.« Nur das »er auch« deutet an, daß diese Verhaltensweise für beide Eltern bezeichnend war. Manche Pflegerinnen gingen, weil sie, gleichgültig was sie taten, immer scharf kritisiert wurden. Andere erwiesen sich als so unfähig, daß der Kinderarzt verlangte, sie müßten sofort gehen. Während seiner ersten sechs Lebensmonate hatte John mindestens vier Kinderschwestern, wobei wir die nicht zählen, die nur ein paar Tage blieben. Dieser ständige Wechsel hielt an, bis er zweieinhalb Jahre alt war. John wurde also von einer verwirrenden Folge von Leuten versorgt, was es ihm unmöglich machte, sich der Art irgendeines Menschen anzupassen.

Wie streng manche dieser Pflegerinnen ihn mit Zustimmung der Eltern dressierten, kann man aus der Tatsache erschließen, daß die Sauberkeitserziehung dieses kranken Kindes begonnen wurde, als er erst sechs Wochen alt war. Weitere übermäßige Besorgtheit in dieser Hinsicht muß geherrscht haben, denn nach Aussagen der Eltern hatte John seit seinen Säuglingstagen Verstopfung und hatte eine Zeitlang regelmäßig Abführmittel bekommen. Seine Verstopfung, wenn sie überhaupt bestand und nicht nur eine Einbildung der Eltern war, schien mit seiner Gespanntheit in bezug aufs Füttern zusammenzuhängen und nicht mit der verfrühten Sauberkeitserziehung, denn während der kurzen Zeitabschnitte, in denen er die Nahrung bei sich behalten konnte, war seine Verdauung normal. Sobald er begann, sein Essen wieder von sich zu geben, bekam er wieder Verstopfung.

Seine Eßschwierigkeiten wurden mit tiefer Angst behandelt, wenn nicht offen strafend. Zuerst reagierten seine Pflegerinnen und dann seine Eltern auf seinen Widerstand, indem sie ihm das Essen buchstäblich in den Hals stopften. Als er sich auflehnte und sich wehrte, pflegte ihn ein Elternteil festzuhalten, während eine Pflegerin oder der andere Elternteil ihm die Nahrung hineinstopfte. Mahlzeiten, die er erbrach, wurden ihm oft mit Gewalt wieder eingefüttert. Diese sich lange hinziehenden Kämpfe füllten einen Großteil seiner wachen Stunden aus.

Später, als er gelegentlich allein aß, tat er es mit quälender Langsamkeit und Herumschmiererei.

Sonst konnten sich die Eltern nur an wenig aus seiner frühen Kindheit erinnern, da die Kinderschwestern ihn während des größten Teils seiner Säuglingszeit voll versorgt hatten. Trotzdem waren sie sicher, daß John im Vergleich mit ihrem ersten Kind (das mit acht Monaten gestorben war), das sich rasch entwickelt hatte und das sie nun über die Maßen idealisierten, von Anfang an in seiner Entwicklung zurückgeblieben war. Selbst wenn man sie daran erinnerte, daß er nach ihren eigenen Angaben jede Entwicklungsphase in der durchschnittlich üblichen Zeit hinter sich gebracht hatte — er lernte z. B. zu normaler Zeit laufen und sprechen —, bestanden sie immer noch darauf, er sei von Geburt an abnorm langsam gewesen. Er spielte niemals aktiv, wie andere Kinder, er erkältete sich dauernd, und er sah immer sehr traurig und unglücklich aus. Wenn er überhaupt auf die Welt reagierte, wimmerte er. Er würgte häufig, besonders, wenn er etwas Eßbares sah. Aber selbst wenn er etwas Zerrissenes vor sich sah — Papierfetzen, Stoffstücke oder ein Stückchen Bindfaden, Dinge, mit denen andere Kinder gern spielten —, würgte John heftig.

Nach zweieinhalb Jahren eines solchen Lebens wurde schließlich eine gute Kinderschwester gefunden, die ihn versorgte. Sie reagierte nicht mit Wut, wenn er erbrach, und das Erbrechen verschwand in gewissem Maß. Auch in anderer Hinsicht behandelte sie John sanft und mit positiven Gefühlen für seine Schwierigkeiten. Innerhalb von sechs Monaten führten die guten Erfahrungen, die sie ihm verschaffte, zu verbesserten Beziehungen zwischen John und seinen Eltern. Als er drei Jahre alt war, begann seine emotionale Entwicklung schließlich sein köprerliches und intellektuelles Wachstum einzuholen. Er wollte in der Nähe seiner Mutter sein und versuchte alles mögliche, um ihre Aufmerksamkeit auf sich zu ziehen. Leider verließ die gute Kinderschwester, aus Gründen, die uns nicht erklärt wurden, das Haus wieder, als John dreieinhalb Jahre alt war. Sie wurde durch ein Dienstmädchen ersetzt, das »John heftig herumzerrte und sehr ungeduldig mit ihm war«. Es war geplant, das Mädchen sollte alle Hausarbeit übernehmen, so daß die Mutter, die nicht mehr zur Arbeit gehen wollte, nachdem die Kinderpflegerin gegangen war, sich John mehr widmen könnte. Aber trotz dieses Plans, aus Gründen, zu denen wahrscheinlich auch der Umstand gehörte, daß der Vater die Zeit der Mutter beanspruchte, wurde es ziemlich weitgehend dem unzulänglichen Mädchen überlassen, für John zu sorgen.

Ein paar Wochen später hatte John einen sehr erschreckenden Unfall. Es ist schwer zu sagen, ob der Unfall selbst eine traumatische Wirkung hatte, oder ob er die Angst der Eltern zu traumatischer Höhe steigen ließ. Die Mutter erzählte uns die Geschichte: »Meine Angehörigen sollten zu Besuch kommen; ich war mit der Vorbereitung des Essens für sie beschäftigt und brauchte etwas aus dem Laden. Ich bat das Mädchen, John mit in den Laden zu nehmen, aber ich warnte sie, sie solle vorsichtig sein und ihn beim Hinauf- und Hinuntergehen der Treppe an der Hand halten. Ich war nie ruhig, wenn es um John ging. Ich konnte nicht einmal mit ruhigem Gefühl Autorität delegieren. Ich machte mir über jede Kleinigkeit Sorgen, und ich gab immer ausdrückliche Anweisungen, wenn jemand mit ihm hinausging. Na ja, sie waren im Laden gewesen, und John trug eine Wäscheklammer in der Hand. Er fiel hin und die Wäscheklammer durchstieß seine Lippe und drang in den Gaumen ein. Das war schrecklich. John zeigte gerade wieder Anzeichen von etwas mehr Fröhlichkeit, als dies passierte. Das Erbrechen trat nicht mehr so oft am Tag auf, sondern nur noch ein- oder zweimal. Ich merkte nicht gleich, wie schwer verletzt John war. Schließlich trug ich ihn in eine Drogerie. John mußte ins Krankenhaus. Eine Zeitlang dachten wir, er würde es nicht überleben.«

Nach diesem Trauma begannen die schlimmsten Eßschwierigkeiten wieder von vorn. Bei jeder Mahlzeit war ihm übel, er würgte und erbrach, und die Eltern griffen in ihrer Angst wieder zu Zwangsfütterungen. Jede Mahlzeit wurde wieder zu einer qualvollen und erschöpfenden Schlacht, die damit endete, daß Eltern und Kind von ihren gegenseitigen Gefühlen vollständig erledigt waren. Es war später fast unmöglich, dieses traumatische Erlebnis als besondere Ursache irgendeiner der vielen Schwierigkeiten Johns genau festzulegen. John entwickelte z. B. eine Phobie gegen das Treppenhinauf- oder hinuntersteigen, die noch weit bis in sein zweites Jahr an der Schule andauerte. Aber wir wissen nicht, ob diese Phobie von dem Unfall selbst herrührte oder von der resultierenden Angst der Eltern, John Treppen hinauf oder hinunter gehen zu lassen.

Hiernach war John jahrelang ein sehr kränkliches Kind, obwohl keines seiner verschiedenen Leiden, mit Ausnahme der Anorexie, schlimm war. Mit der Zeit begann er nicht nur dann zu erbrechen, wenn er essen sollte, sondern auch in allen anderen frustierenden Situationen — und diesen Jungen schien fast jedes Erlebnis zu frustrieren. Aber selbst nach diesem letzten, schockierenden Mißgeschick blieb ihm immer noch ein Mensch, bei dem er das Essen genießen konnte — oder bei dem es wenigstens selten vorkam, daß er erbrach: seine Großmutter mütterlicherseits. »Ich glaube, sie (die Großmutter) akzeptiert John genau so, wie er ist«, berichtete seine Mutter uns. »Meine Mutter macht sich nie

Sorgen, wie schmutzig John sich macht. Es macht ihr einfach nichts aus. Ihr ist es gleich, wie lange er braucht, um zu essen, und wie sehr er mit seinem Essen herumschmiert.«

Im Hinblick auf die Art, wie Johns Mutter erzogen worden war, ihren Gefühlen Zwang anzutun, übermäßig sauber, ordentlich und arbeitsam zu sein (die gleichen Eigenschaften trafen übrigens auch für Johns Vater zu), könnte man sich ausmalen, wie sie es empfunden haben muß, als sie beobachtete, daß ihre eigene Mutter sich an Johns Schmutzigkeit freuen konnte. Es mag ihren Mutterstolz zerstört haben, als sie erkannte, daß die Großmutter John so vergnüglich füttern konnte, während gerade dieses Problem ihre Beziehung zu ihrem Sohn beeinträchtigte. Aber welche Gefühle die Mutter auch gehegt haben mag, sie zeigte sie nie; ihre Übung, Gefühle nicht zu äußern, bewährte sich.

Johns oraler Apparat schien nie seine Ruhe haben zu können. Als wenn seine Eßunfähigkeit, sein Würgen, Spucken und Erbrechen noch nicht genügten, hatte er auch noch oft Erkältungen, und eine starke Schleimabsonderung erschwerte ihm das Atmen und das Essen. Er lernte erst nach vielen Jahren an der Schule, sich freiwillig die Nase zu putzen; sein Gesicht war immer schmutzbedeckt. Als er viereinhalb Jahre alt war, bevor er Zeit gehabt hatte, die emotionalen Folgen des seinem Mund geschehenen Traumas zu überwinden, wurden ihm Mandeln und Nasenwucherungen entfernt. Diese Operation besserte seinen Gesundheitszustand nicht; seine häufigen Erkältungen hielten an.

Da all seine Saug- und Eßerlebnisse so schmerzhaft waren, ist es nicht überraschend, daß wir John jahrelang nicht an den Fingern lutschen oder zur Prüfung Dinge in den Mund stecken sahen. Wir wissen nicht, ob er diese Dinge jemals versuchte, während er in der Obhut seiner Pflegerinnen war, oder ob sie es verboten. Andererseits war John von Eßbarem besessen, obwohl die Nahrungsaufnahme für ihn so frustrierend war. Sein Lieblingszeitvertreib war das Aufzählen verschiedener Nahrungsmittel. Über Eßbares zu reden war übrigens eine der wenigen Methoden, wie seine Eltern ihm eine Reaktion entlocken konnten. Der Vater sagte z. B.: »Manchmal weiß ich nicht, ob er hört oder nicht. Ich hab' ihn heute Morgen fünfmal angesprochen und er hat nicht darauf geachtet. Wenn man aber Schokolade, Banane oder irgendwas Süßes nennt, reagiert er. Sonst macht er sich gar nicht die Mühe, zu antworten — außer er hat gerade Lust dazu. Und so ist er vor allem mit uns, mehr als mit anderen Menschen.«

Als John fünf Jahre alt war, versuchte man, ihn in den Kindergarten zu schicken; dieser Versuch wurde sechs Monate später wiederholt. Aus beiden Versuchen wurde nichts, denn er reagierte auf die fremde Umgebung mit großer Angst und mit Erbrechen, so daß er nicht weiter hingehen konnte.

Seine Unfähigkeit zum Kindergartenbesuch gehörte zum Gesamtkomplex seiner Unfähigkeit, eine Beziehung zu mehr als einer Person herzustellen — wenn man sein ängstliches, feindseliges Sich-Anklammern überhaupt eine Beziehung nennen kann. Seine Mutter sagte, John habe immer »eine überstarke Anhänglichkeit an einen einzelnen Menschen gehabt. Er ist ein Mensch vom Typ des Polizeihunds. Solange er an einer Person hängt, kann er keine andere gebrauchen. Er war so an die Kinderschwestern und an mich gebunden. Als er im Krankenhaus war, hängte er sich an einen kleinen farbigen Jungen. Diese Anhänglichkeit war so heftig, daß er sich weigerte, zu essen, zu schlafen oder mich zu sehen, wenn dieser Junge nicht dabei war.«

Es scheint seltsam, daß die Mutter die Analogie vom »Polizeihund« gebrauchte, um Johns Bindung an eine einzige Person zu beschreiben. Gewöhnlich denkt man an den Polizeihund als ein Tier, das gegen Feinde bösartig und für seinen Besitzer ein Beschützer ist. Die Beobachtung der Mutter, daß John wie ein Baby nur einen Menschen auf einmal gebrauchen und seine Aufmerksamkeit nicht teilen konnte, aber auch bei seiner Mutter geteilte Aufmerksamkeit nicht ertragen konnte, war wahrscheinlich richtig. Unter diesen Umständen sollte man jedoch schließen, daß John jemanden vom Typus des »Polizeihunds« brauchte, der ihn versorgte, anstatt zu schließen, er sei selber ein solcher Mensch. Daß die Mutter möglicherweise sein großes Bedürfnis nach ihr ablehnte und sich ärgerte, daß sie sein »Polizeihund« sein sollte, scheint sich ferner in ihrer Klage anzudeuten, John habe einen »Mutterkomplex« und müsse selbständiger werden.

Die Anhänglichkeit an den Negerjungen, von der sie sprach, kam während Johns letztem Krankenhausaufenthalt zustande, bevor er an unsere Schule kam. Warum er ins Krankenhaus gekommen war, war nicht klar. Sein physisches Symptom war eine leichte Infektion der oberen Luftwege und des Mittelohrs, die keineswegs so ernst war, daß sie an sich schon eine Einweisung ins Krankenhaus gerechtfertigt hätte. Der Kinderarzt empfahl sie, weil er das Gefühl hatte, die Eltern seien unfähig, John zu Hause angemessen zu behandeln, und zwar wegen ihrer emotionalen Beteiligung. So lange John zu Hause lebte, waren die Ärzte in bezug auf seine Zukunftsaussichten recht pessimistisch gewesen.

Aber im Gegensatz zu seinem Verhalten im Elternhaus hatte John sich im Krankenhaus ziemlich gut angepaßt, und das ließ die Ärzte annehmen, daß die Prognose entgegen ihrer früheren Meinung auf die Dauer gut sein könnte, wenn er ständig außerhalb des Elternhauses leben könnte. Nach sorgfältigen pädiatrischen und psychiatrischen Untersuchungen wurde den Eltern geraten, John für längere Zeit in unserer Schule unterzubringen. Auch nachdem seine Infektion vorbei war, wurde John im Krankenhaus behalten, so daß er unmittelbar in die Schule eintreten konnte, ohne vorher noch einmal nach Hause zu müssen. Die folgenden Beobachtungen wurden gemacht, während er im Krankenhaus war.

Die körperliche Untersuchung zeigte ihn als »ein nervöses, reizbares, waches Kind«. Die psychiatrische Untersuchung ergab folgende Beurteilung: »Es scheint eine erhebliche Diskrepanz zu bestehen zwischen der augenscheinlichen intellektuellen Entwicklung des Kindes und seiner offensichtlichen Retardierung im Gehen und Sprechen. Eine starke Anhänglichkeit an die Mutter mit Betonung der Ausschließlichkeit der Beziehung ist klar nachweisbar.« Die Schlußdiagnose war, John leide an »exzessiver infantiler Abhängigkeit. (Erbrechen ist in solchen Situationen häufig zu beobachten.) Primäre Verhaltensstörungen mit neurotischen Zügen und Ängsten«.

Bald nach seiner Ankunft an der Schule wurde John in den Kliniken der Universität Chicago untersucht. Obwohl die neurologischen Befunde negativ waren (»Alle Fundi normal, alle Schädelnerven normal in Aktion, alle Reflexe normal«), war die Prognose wegen der choreiformen Position beider Hände, ständiger athetoider Bewegungen beider Hände und Arme und der Vorgeschichte sehr trübe. Man nahm an, »die geistige Retardierung und die Athetose sind vermutlich die Folge einer nicht voll abgeschlossenen pränatalen Entwicklung der Cortex«. Die abschließende Diagnose lautete: »Zerebrale Agenesis, angeborene Athetose und geistige Retardierung.«

Er kommt an die Schule

John kam an die Schule, als er fünfeinhalb Jahre alt war. Ich möchte hier gleich sagen, daß seine Geschichte nicht so sehr ein Beispiel für das ist, was wir heute nach unserer Ansicht in der Anstaltsbehandlung eines so gestörten Kindes unter günstigen Bedingungen erreichen können, sondern vielmehr ein Bericht über das, was wir über seine Störung gelernt und unter schwierigen Umständen in seiner Rehabilitierung erreicht haben. Johns spezifische Schwierigkeiten schienen weitgehend die Folgen seiner frühen oralen Traumatisierung und Fixierung zu sein. Während seiner Jahre bei uns mußte er anscheinend alle späteren Entwicklungsphasen nachholen. Seine Geschichte läßt gewissermaßen erkennen, in welchem Grad frühe Stufen der psychophysiologischen Entwicklung nachgeholt werden können, wenn sie versäumt worden sind. Sie wirft auch ein Licht auf die Natur sehr früher oraler Fixierungen und zeigt, wie sie spätere emotionale und Lebenserfahrungen stören können.

Unsere größte Behinderung war der Umstand, daß die Behandlung nicht gleich, als John an unsere Schule kam, in der für diesen Jungen richtigen Weise begonnen worden war. Er kam an die Schule, bevor sie als totale therapeutische Umwelt, gegründet auf die psychoanalytischen Ansichten über primäre Verhaltensstörungen bei Kindern, reorganisiert worden war. Bei Johns Eintritt waren einige der Kinder, mit denen er zusammenlebte, geistig zurückgeblieben, andere waren Epileptiker usw. Erst durch die Reorganisation der Schule, die mehr als ein Jahr später begonnen wurde, wurden bessere Bedingungen für seine Rehabilitierung geschaffen. Aber die Vollendung der Reorganisation dauerte noch fast zwei weitere Jahre, so daß sie John während seiner ersten Jahre bei uns nicht voll zugute kam.

Da niemand von den heutigen Mitarbeitern, mit Ausnahme einer Lehrerin (die nur wenig Kontakt mit John hatte), an der Schule arbeitete, als John kam, können wir nur auf Grund früher Berichte, die wir nicht nachprüfen können, und auf Grund späterer Beobachtungen spekulieren, wie er damals war. Wir bezweifeln, daß er, bevor unsere Arbeit Früchte zu tragen begann, jemals gelernt hatte, sich selbst als Person zu erkennen oder seine Eltern als von ihm getrennte Personen. Er hatte zwar in physischer Nähe der anderen gelebt, aber nie eine Beziehung zu ihnen aufgenommen, möglicherweise mit Ausnahme der guten Pflegerin. Die Schule muß ihm also, zu einer Zeit, in der es für John entscheidend wichtig gewesen wäre, unmittelbar zu spüren, daß es hier anders war, daß es eine neue Umgebung war, in der menschliche Bindungen nicht nur angeboten wurden, sondern möglich waren, nur als eine schlimmere Version des Elternhauses erschienen sein.

Die Lösung der anaklitischen Bande

Johns Schwierigkeiten waren von der Art eines Dreiecksproblems; abgesehen von seiner eigenen primären Verhaltensstörung mußten auch noch die emotionalen Schwierigkeiten und Interaktionen zwischen seinen Eltern in Betracht gezogen werden, ebenso ihre intensive Verwicklung mit seiner Problematik. Aus diesen Gründen erwiesen sich während Johns Aufenthalt an der Schule die Kontakte mit den Eltern als wesentlicher Faktor in seinem Leben; sie wurden später, nach der Reorganisation der Schule, zur schlimmsten Behinderung unserer Bemühungen. Die Bedrängnisse, die durch Johns Besuche im Elternhaus ausgelöst wurden, sind zwar sehr wichtig; ich kann sie hier aber nicht im einzelnen darstellen. Ich werde jedoch seine spezifischen Reaktionen auf einige von ihnen erwähnen, da sie einen so schwerwiegenden Einfluß auf unsere Arbeit hatten.

Als John an die Schule kam, war es dort üblich, daß die Kinder jedes Wochenende einen Besuch im Elternhaus machten. Bei fast jedem dieser Besuche bekam John eine Erkältung; er verbrachte deshalb mehr Tage zu Hause als an der Schule. Es vergingen Jahre, bis wir diese Besuche auf den Sonntag beschränken konnten und später, unter der wiederholten Drohung, John zu entlassen, auf die wenigen Gelegenheiten, die wir für ratsam hielten. Um dies zu erreichen, arbeiteten wir unaufhörlich an der Herstellung guter Beziehungen zwischen den Eltern und der Schule. Unsere Bemühungen hatten Erfolg, solange wir keine wirklichen Forderungen an die Eltern stellten. Aber als wir es notwendig fanden, für John eine Verminderung der Anzahl der Besuche zu Hause zu erreichen, mußten wir unsere guten Beziehungen aufs Spiel setzen, um dies zuwege zu bringen.

Wir hätten John heimschicken und unsere Versuche, ihm zu helfen, vorübergehend aufgeben können, in der Hoffnung, daß die Situation dann so unerträglich würde, daß die Eltern gezwungen wären, die Hilfe eines Psychiaters in Anspruch zu nehmen oder unsere Einschränkung der Besuche zu akzeptieren. Aber das erschien uns John gegenüber als unfair und als wenig aussichtsreich. Schließlich hatte man ihnen schon eine Behandlung empfohlen, bevor John in der Schule untergebracht worden war. Sie hatten dies damals nicht akzeptieren können, und es gab kaum Gründe für die Annahme, daß sie es jetzt tun würden. Und selbst wenn sie es täten und Nutzen daraus zögen, konnten wir nicht sicher sein, was das für John bedeuten würde. Es war vorstellbar, daß der Behandlungsprozeß der Mutter sich sogar als so stürmisch erweisen würde, daß Johns Störung, wenn er zu Hause wäre, sich in einer Weise verschlimmern würde, die nicht wiedergutzumachen wäre.

Im Hinblick auf diese Beurteilung der Situation, in die noch viel mehr Faktoren eingingen, als wir hier erwähnen, versuchten wir, Mutter und Sohn so weit auseinanderzuhalten, wie wir es ohne Risiko tun konnten, damit John eine selbständige Person werden könnte. Die Trennung würde, so hofften wir, die störenden Elemente in ihrer Bindung aneinander so weit abschwächen, wenigstens bei John, daß er eine enge und konstruktive Bindung zu jemand anders herstellen könnte. Mit einer solchen Unterstützung würde er vielleicht fähig werden, später den neurotischen Aspekt seiner Beziehung zur Mutter zu bewältigen.

Wir hofften auch, die Mutter werde vielleicht, nachdem ihre symbiotische Beziehung etwas gelockert wäre, eher bereit sein, psychiatrische Hilfe anzunehmen, da dann einige der sekundären Gewinne, die sie aus ihrer Bindung an John bezog und die ihm schadeten, nicht mehr zu ihrer Verfügung stehen würden. Wir bemühten uns lange, sie zu veranlassen, sich in Behandlung zu begeben, denn es schien die besten Besserungschancen für John zu versprechen, wenn die Mutter ihre neurotische Verkettung mit ihm aufgeben würde. Aber da uns dies mißlang, mußten wir uns an die schwierige Aufgabe machen, John emotionell von seinen Eltern zu trennen und ihn so zu stärken, daß er nicht der neurotischen Verkettung mit seiner Mutter unterliegen würde, wenn er schließlich heimkehrte. Gegen diese Trennung leisteten Mutter und Sohn (und oft auch der Vater) den stärksten Widerstand.

Es wäre wirklich am besten gewesen, die beiden für ein paar Jahre zu trennen, und es so John zu erleichtern, eine Beziehung zu einem unserer Mitarbeiter herzustellen. Wir hätten diese »traumatische« Lösung dem sich endlos hinziehenden Prozeß vorgezogen, John seiner Mutter zu entwöhnen, der nur bedeutete, daß noch mehr Zeit verlorenging, bevor er eine gesündere Beziehung zu jemand anders aufbauen konnte. Aber leider konnten die Eltern dies nicht akzeptieren. Jahrelang konnte nichts sie von ihrem Wunsch abbringen, er solle jede Woche heimkommen. Aber je mehr wir sahen, wie er auf diese Besuche reagierte, desto mehr wurde uns klar, daß diese Zusammenkünfte, wenn die Haltung der Eltern dem Jungen gegenüber und wahrscheinlich auch ihre Persönlichkeiten sich nicht änderten, John nur ungünstig beeinflussen konnten. Zu Hause klammerte er sich an seine Mutter, aber diese Nähe gab ihm weder Trost noch Kraft zur Selbständigkeit. Er versuchte vielmehr, noch mehr Fürsorge aus ihr herauszuholen, indem er allerlei Krankheiten (hauptsächlich Leiden der oberen Luftwege, z. B. Erkältungen) und Anorexie bekam, begleitet von Würgen und Erbrechen. Leider setzten diese Krankheiten, die in Wirklichkeit flehentliche Bitten um Befriedigung seiner Abhängigkeitswünsche waren, nur den alten circulus vitiosus wieder in Gang. Denn sie steigerten die Angst- und Schuldgefühle seiner Eltern so sehr, daß er in Wirklichkeit weniger anstatt mehr Befriedigung bekam. Und so wurde es immer schlimmer mit ihm. Jedesmal, wenn er in die Schule zurückkam, zeigten seine schreckliche Traurigkeit und sein verstärktes Erbrechen, wie er auf das Zusammensein mit seinen Eltern reagierte.

Bei diesen Besuchen spürte John, wie tief unzufrieden seine Eltern mit ihm waren. Er konnte an der Schule weder infantile Vergnügungen voll genießen noch in seinen kleinen Fortschritten Befriedigung finden, denn sie genügten seinen Eltern nie. Tatsächlich versuchten seine Eltern bei jedem Besuch zu Hause ängstlich, zu beurteilen, was für Fortschritte er in der Zwischenzeit gemacht hatte. Dieser Druck auf »Fortschritt« hin spiegelte sich in Johns Leben an der Schule in verschiedenen Weisen. Am offensichtlichsten war seine ständige Besorgnis, ob er irgend etwas erreiche. Er konnte nie ganz erklären, was er damit meinte, denn er wußte eigentlich nicht, was seine Eltern von ihm erwarteten. Er konnte in der einen Woche nur traurig bemerken, er müsse »lernen zu kämpfen«, in der nächsten, er müsse »lernen, sich nicht zu streiten und Freundschaften zu schließen« oder »lernen, Spiele zu spielen«. Die Dinge wurden noch dadurch kompliziert, daß John sich Sorgen machte, ob seine Eltern ihn noch akzeptierten, wenn er sich änderte. Er strengte sich an, die feindselige Herrschaft, die er mit Hilfe seiner Symptome über seine Mutter ausüben konnte, zu behalten, denn er konnte nicht sicher sein, an ihrer Stelle irgendwelche befriedigenden oder dauerhaften Belohnungen zu bekommen. Wir erkannten, daß John, solange er im Netz dieser Familiensituation gefangen war, keine neuen Methoden lernen würde, um mit seinen Problemen fertig zu werden.

Zwei oder drei Tage lang lebte John nach jedem Besuch unter dem Einfluß seiner Eltern und der Verhaltensweise, die er sich angeeignet hatte, um mit ihnen, besonders mit seiner Mutter, umzugehen. In der zweiten Wochenhälfte waren seine Kräfte darauf konzentriert, sich auszudenken, wie er seine Angehörigen dazu erpressen könnte, ihm die ganze Zeit zu dienen; er plante bis in die winzigsten Einzelheiten und in phantastischer Ausführlichkeit, was er bei und mit seinen Eltern machen würde. Diese Pläne und Phantasien offenbarte er erst viel später, nachdem es uns gelungen war, die Häufigkeit seiner Besuche herabzusetzen.

Mehr als zweieinhalb Jahre vergingen, bevor unsere Bemühungen Erfolg hatten, die Eltern zum Verzicht auf seine allwöchentlichen Besuche zu bewegen. Danach wurden die Besuche auf etwa vier bis fünf im Jahr vermindert — auf Weihnachten, Johns Geburtstag, die Sommerferien, das Erntedankfest und vielleicht noch das Wochenende des 4. Juli. Solche langen Trennungsperioden waren notwendig, damit John ganz allmählich enge Bindungen an Menschen in der Schule aufbauen konnte. Nur wenn er sich ziemlich frei von dem Leistungsdruck fühlte, den seine Eltern jede Woche auf ihn ausübten, konnte er auch regredieren und die infantilen Befriedigungen genießen, nach denen er sich so sehr sehnte. So begann in vieler Hinsicht schnellerer Fortschritt erst, als die wöchenlichen Besuche aufhörten. Bis dahin mußten wir uns damit begnügen, die Intensität der traumatischen Erlebnisse zu vermindern, die eintraten, während er zu Hause war, und damit, John und seine Eltern allmählich einander zu entwöhnen.

John und die Mitarbeiter

Johns Besserung kam, mehr als bei anderen Kindern, nur durch die koordinierten Bemühungen mehrerer Mitarbeiter endlich zustande. Während die drei anderen Geschichten zeigen, wieviel einzelne Mitarbeiter akzeptieren und ertragen konnten, vermochte bei John kein einzelner Mensch den emotionalen Aufwand zu erbringen, der für ihn notwendig war. Johns orale Feindseligkeit war so primitiv und unstrukturiert, daß niemand seine Symptome ohne sehr großes Unbehagen ertragen konnte. Nur mehrere Menschen konnten ihm in Zusammenarbeit jederzeit die Menge an Bedürfnisbefriedigung bieten, die er sich jeweils im Augenblick zu akzeptieren erlauben konnte.

Unter unseren Kindern war Johns Widerstand gegen echten emotionalen Kontakt mit Mitarbeitern einzigartig; er dauerte trotz ihrer besten Bemühungen, ihm zu dienen und zu helfen, nicht monate-, sondern jahrelang an. John vereitelte alle Versuche höchst einfallsreich. Es dauerte volle vier Jahre, bis dieser wichtige Aspekt seines Verhaltens — und seiner Persönlichkeit — anfing, sich zu verändern.

Genauer gesagt, er machte monatelang fast überhaupt keine Fortschritte, was die innere Sicherheit der Mitarbeiter zerbrechen mußte. Wenn er selbst den aufrichtigsten und liebevollsten Bemühungen beharrlich nur mit feindseliger Gleichgültigkeit begegnete, war es höchst schwierig, darauf nicht zu reagieren, indem man ihn übersah oder nicht beachtete. Das war aber genau die Haltung, die John zu provozieren wünschte, denn er sehnte sich danach, das Leben aufzugeben. Er war in seiner feindseligen Isolierung so unglücklich verschanzt, daß die Mitarbeiter jeden Tag mit roten Lettern bezeichneten, an dem er auch nur eine halbwegs normale Reaktion zeigte.

Viel später, als die Arbeit mit John viel leichter geworden war, bemerkten mehrere Mitarbeiter unabhängig voneinander, sie hätten die Gefahr verspürt, ihn abstoßend zu finden. Er war so häßlich und zerzaust, so abstoßend mit Speichel, Schleim und Dreck verschmiert und trug einen so feindseligen Ausdruck zur Schau, daß selbst diejenigen, die von größter Hingabe für ihn erfüllt waren, sich besonders anstrengen mußten, um ihn zu akzeptieren. Eine seiner Betreuerinnen erzählte uns, wenn er am wenigsten liebenswürdig gewirkt habe, habe sie sich auf seine Augen konzentriert, die anziehend waren. »In solchen Augenblicken pflegte ich diese ästhetische Befriedigung zu wählen anstatt sein übriges Gesicht oder seinen Körper anzuschauen, die immer so dreckig aussahen. Ich mag anscheinend dunkle Augen. Ich spreche von dem körperlichen Erscheinungsbild — der traurige oder brennend feindselige Ausdruck war eher beunruhigend als hübsch.«

Die Anstrengung, an John trotz seines Verhaltens anziehende Eigenschaften zu finden, erschöpfte ständig die Kräfte der Menschen, die mit ihm arbeiteten; um fähig zu sein, seine wirklich unangenehmen Symptome zu ertragen und trotzdem noch eine positive Einstellung ihm gegenüber zu bewahren, mußten sie sich darauf stützen, sich mit seiner Unzulänglichkeit und Hilflosigkeit zu identifizieren.

Aber das war auch in gewisser Weise nützlich, denn es förderte ihre Bemühungen, ihm die Art von emotionaler Zuwendung zu geben, die normalerweise nur ein Baby bekommt. Durch solche Behandlung wurde John schließlich fähig, in gewissem Maß die Entwicklungsstadien nachzuholen, die er als Kleinkind nicht (oder unzureichend) erlebt hatte, und lange konnte er nur auf der Grundlage des Annehmens von kleinkindgemäßer Pflege irgendeine Form von Bindung herstellen. Andererseits war es, weil dies für John so tief befriedigend war, später schwierig, ihn zu höheren Stufen der menschlichen Interaktion zu führen; solcher Lenkung widersetzte er sich hartnäckig und wirksam während vieler Jahre. Schließlich wurde diese ausweglose Situation dadurch überwunden, daß man ihn mit neuen Mitarbeitern zusammenbrachte, als er schließlich in der Lage war, auf einer etwas höheren Ebene Beziehungen aufzunehmen. So wurden auf einer ganz neuen emotionalen Grundlage, einer immer mehr wirklich interpersonalen, neue Beziehungen hergestellt.

Seine erste Erfahrung in der Schule

Wie schon gesagt, als John an die Schule kam, wurde sie weder nach psychoanalytischen Grundsätzen noch als ein therapeutisches Milieu geführt. Später, als die Reorganisation weit genug fortgeschritten war, so daß wir unser Denken und Planen jedem einzelnen Kind zuwenden konnten, blieben nur zwei Mitarbeiter im Haus — beide Lehrer —; die übrigen gingen fort, weil sie mit der neuen, psychoanalytischen Arbeitsweise nicht einverstanden waren. Eine von denen, die blieben (wenn sie leider auch relativ bald danach fortging), war Johns Lehrerin gewesen.

Von ihr, aus den Aufzeichnungen der Schule und aus dem, was andere Mitarbeiter uns berichteten, bevor sie fortgingen, erfuhren wir, daß John extrem in sich zurückgezogen und unterdrückt war, als er an die Schule kam. Er war quälend langsam, besonders beim Anziehen und beim Essen. Seine Tischmanieren waren abscheulich. Er spielte verträumt mit seinem Essen — er ließ es überlaufen, faßte es an und steckte gelegentlich einen Bissen in den Mund. Milch machte ihm die größten Schwierigkeiten. Er erbrach sich während jeder Mahlzeit; besonders nach jedem Besuch zu Hause neigte er zu wiederholtem und heftigem Erbrechen. Sein Erbrechen schien ein Versuch zu sein, das Essen ganz und gar zu vermeiden — eine Ablehnung des Lebens selbst.

Seine motorische Koordination war so mangelhaft, daß jeder glaubte, er sei spastisch gelähmt. Er lebte in Furcht und Schrecken vor den aggressiveren Jungen, die ihn bei ihren Spielen als Sündenbock benützten. Da es ihm unmöglich war, Wut oder Widerspruch zu zeigen, tarnte er alle Gefühle mit einem künstlichen Lächeln. Noch Monate später, bei den seltenen Gelegenheiten, wenn er es wagte, so zu tun, als sei er bereit, ein anderes Kind zu schlagen — bestenfalls eine leere Geste —, benützte er nicht die Faust oder die flache Hand. Statt dessen machte er eine Art Klaue, sehr ähnlich wie ein Baby es machen würde, das noch kein Objekt ergreifen und noch keine Faust machen kann. Bei diesen und anderen Bewegungen schienen seine Arme, Hände und Finger in ihrem Mangel an Gegliedertheit spastisch, und die Bewegungen ähnelten sehr denen eines Säuglings. Die meiste Zeit, und immer, wenn er sich selbst überlassen war, lag er auf dem Rücken im Bett und machte Zufallsbewegungen mit Armen und Beinen wie ein kleines Baby — während er die ganze Zeit ins »Nichts« starrte. Jeden Versuch, mit ihm Kontakt aufzunehmen, wehrte er als unangenehme Einmischung ab. Mit seinem traurigen Galgenvogelausdruck konnte er bei fast jedem Mitarbeiter Schuldgefühle erzeugen. Er masturbierte offen und häufig. Er schien die ganze Zeit in Tagträumen verloren zu sein. Wenn man mit ihm sprach, tat er rasch so, als tue er das, was man seiner Meinung nach von ihm erwartete, und zog eine große, wenn auch zwecklose Schau des Beschäftigtseins ab. Nach ein oder zwei Minuten, in denen nichts erreicht wurde, fiel er wieder ins Tagträumen zurück. Leider wurde in den ersten Monaten an der Schule Druck auf ihn ausgeübt, er solle lernen, spielen und seine Eßgewohnheiten verbessern. Dies alles machte nur sein Erbrechen schlimmer und führte dazu, daß er sich emotional noch mehr zurückzog. Trotzdem scheint man in jenen ersten eineinhalb Jahren einige Fortschritte mit ihm gemacht zu haben, aber diese Fortschritte waren von der Art automatischer Konditionierung. Der auf ihn ausgeübte Druck, ordentlicher zu essen, sich sauberzuhalten und so fort, hatte einen gewissen Erfolg, d. h., er erwarb ein paar bedingte Reflexe. Man könnte darüber spekulieren, warum die Schule in dieser Hinsicht Erfolg hatte, obwohl ähnliche Versuche der Eltern fehlgeschlagen waren. Der Grund war wahrscheinlich, daß an der Schule Druck dieser Art von Leuten ausgeübt wurde, die John gegenüber keine Angst- oder Schuldgefühle hatten. Weil sie weniger beteiligt waren, konnte John bereitwilliger auf ihre Bemühungen reagieren. Aber er tat es um den Preis der Unterdrückung seiner wahren Wünsche. Äußerlich paßte er sich der Außenwelt ein wenig mehr an, aber innerlich achtete er nur noch weniger auf sie. Später machte ihn dies nur noch widerstrebender gegen die Versuche, die wir unternahmen, um seine Bedürfnisse zu befriedigen und seine Persönlichkeitsentwicklung anzuregen.

Als wir anfingen, John auf der Grundlage ganz anderer Prinzipien der Rehabilitierung emotional gestörter Kinder anzusprechen, nahm er diese Veränderung zutiefst übel. Wir hatten das Gefühl, bevor John irgendwelche realen Fortschritte machen könne, müsse man ihm viel mehr Freiheit geben, seinen Wünschen gemäß zu leben (einschließlich seiner aggressiven und regressiven Wünsche), und er müsse jeden Schritt vorwärts zu einem Zeitpunkt seiner eigenen Wahl tun. Dies schien uns der einzige Weg, auf dem er am Ende fähig sein könnte, eine gewisse Selbststeuerung zu entwickeln — keine leichte Aufgabe, denn er war schon in zu viele Richtungen, oft in entgegengesetzte, gestoßen worden, sowohl in verfrühte Selbständigkeit als auch in eine durch übermäßige Behütung aufgezwungene Unselbständigkeit. Darum konnte er nicht sofort auf unsere Versuche reagieren, ihm seinen eigenen Willen zu lassen, denn auch dies schien ihm etwas von außen Auferlegtes und nicht eine Herausforderung zur Selbststeuerung oder Selbstbeherrschung. Ziemlich lange blieb er gleichgültig einem neuen System gegenüber, das ihm erlaubte, soviel er wollte, mit seinem Essen zu spielen, so langsam zu sein, wie er wollte, sich so schmutzig zu machen, wie es ihm paßte, usw. Das Erbrechen z. B. blieb zunächst unverändert und wurde später absichtlicher aggressiv. Als sei es geplant, begann er die Menschen anzuspucken, die seine intimste Betreuung übernommen hatten.

Aber nach ein paar Monaten begann John in flüchtigen Momenten sowohl seinen Wunsch nach infantilen Freuden als auch seine Feindseligkeit offener zu zeigen. Er tat dies zuerst bei seiner Lehrerin, vielleicht, weil er sie schon am längsten kannte, oder vielleicht, weil sie als Lehrerin weniger mit den Bereichen zu tun hatte, in denen seine stärksten Anpassungsprobleme aufgetaucht waren, also mit Essen, Anziehen und Reinlichkeit. Er fragte sie einmal spontan: wie könne sie von ihm erwarten, er solle sich die Butter aufs Brot streichen? Ob sie schon jemals ein vier Wochen altes Baby so etwas habe tun sehen? Er benützte den Fortfall des vorherigen Drucks, um seine Feindseligkeit zu zeigen, um sich über jeden lustig zu machen, der erwartete, John (der sich wie ein vier Wochen altes Baby fühlte) könne möglicherweise für sich selbst sorgen.

Wie so viele seiner späteren Bemerkungen war auch diese von dem Wunsch motiviert, wie ein Baby behandelt zu werden. Wir wurden dadurch beschuldigt, wir erwarteten zuviel von ihm und wir seien dumm und von bösem Willen erfüllt, da wir seine Bedürfnisse und Fähigkeiten nicht verstanden oder sie nicht genug berücksichtigten. Ein paar Tage später sagte er zu der Lehrerin, er werde sie eines Tages zu Hause besuchen und ihren Teppich naßmachen. Wie er das machen würde? Er sagte: »Ich werde einen Strom Wasser machen.« Diese Äußerung der Auflehnung gegen erzwungene Reinlichkeit war eine weitere Demonstration der infantilen Art, in der er sich behaupten und andere bestrafen wollte.

Kurz darauf machte er noch einen Versuch, sich von dieser Lehrerin wie ein Baby behandeln zu lassen. Als er eines Tages beim Essen war, rutschte er immer näher zu ihr hin. Sie ermutigte ihn, indem sie sagte, wenn er so weitermache, werde er bald in ihrem Schoß landen. John erwiderte rasch: »Hättest du das gern?« Leider antwortete sie, anstatt Vergnügen zu zeigen, denn sie hatte den neuen Geist der Schule nicht angenommen: »Würde es dir gefallen?« Dies setzte auf Monate hinaus Johns Versuchen, physische Nähe zu suchen, ein Ende. Daß Johns Wünsche nach Abhängigkeit und nach Aggression zusammenhingen, ging aus seiner Antwort hervor: »Wünsch' es dir lieber nicht, denn ich würde dich an die Wand schubsen und ich würde dir weh tun und weh tun, und du würdest so schwer verletzt, daß man dir vierzighundert Verbände machen müßte, damit du wieder gesund wirst.«

Lange machte es diese Mischung aus Wünschen nach äußerster Abhängigkeit und Anschmiegen und dem Gefühl, daß physischer Kontakt gleichbedeutend war mit extremer Feindseligkeit, höchst schwierig, John näherzukommen. Er erschwerte es absichtlich, weil er das fürchtete, was infolge seiner intensiven Wut jedem Menschen passieren könnte, dem er erlauben würde, ihm nahezukommen. Seiner Feindseligkeit gelang es so, jeden Versuch der Herstellung einer Beziehung zu vereiteln. Außerdem widerstrebte es der Lehrerin wegen seiner Eßgewohnheiten, John beim Essen auf dem Schoß zu halten; er konnte sich jeden Augenblick erbrechen, besonders wenn er aufgeregt war. Ihr Abscheu davor hätte dann das Gute, was es für ihn bedeutet hätte, ihn auf den Schoß zu nehmen, vielleicht mehr als zunichte gemacht. John konnte nur ein Mensch helfen, der ihn voll akzeptieren konnte, selbst wenn er ihn anspuckte und auf seinem Schoß erbrach, und die Persönlichkeit dieser Lehrerin ermöglichte ihr dies nicht.

Sie beschrieb seine Eßgewohnheiten zu dieser Zeit so: »Wenn John ißt — z. B. Erbsen —, nimmt er sie mit der linken Hand vom Teller, legt sie dann auf die Handfläche der rechten Hand, dann reibt er sie zwischen beiden Händen; dann, wenn sie nicht vorher auf dem Fußboden gelandet sind, öffnet er den Mund mit den Fingern einer Hand und schiebt mit den Fingern der anderen Hand die Erbsen hinein. Aber ich habe den Eindruck, daß es ihm lieber wäre, das Essen landete auf dem Fußboden als in seinem Mund.« So benützte John seine neue Freiheit, um zu essen, wie es ihm gefiel. Er kaute sein Essen nicht, sondern zermatschte es, hauptsächlich mit den Händen, und steckte es dann tief in die Kehle hinunter, so daß er es schlucken konnte, ohne den Mund zu benützen. Er schien die frühere Situation zu Hause nachzuschaffen, wo er mit einer Pipette gefüttert worden war, wobei man ihm das Essen tief in den Schlund gestopft hatte. In diesem ersten möglichen Schritt auf freieren Selbstausdruck hin schien er eine vertraute Situation neu zu beleben; der Unterschied bestand darin, daß er sich die Zwangsfütterung und das Leiden selbst auferlegte.

Mit anderen Kindern war John nicht nur einfach passiv, sondern tat alles mögliche, um äußerst unterwürfig zu sein. Er fürchtete sich offensichtlich sehr vor den aggressiveren Jungen. Gelegentlich nahm er an Spielen teil, in denen er sich zum schwachen Objekt des Spiels der anderen Jungen machte. Er zog Kriegsspiele vor, wo er sofort Gefangener werden konnte. Er war zufrieden, wenn man ihm die Hände an einen Zaun band oder ihn in anderer Weise in seiner körperlichen Bewegungsfreiheit einschränkte[1]. Die Versuche der Betreuerin, ihn vor solchen Mißhandlungen zu schützen, trafen bei John auf unerschütterlichen Widerstand. Er beharrte darauf, er wolle so spielen.

Auch in diesem Spiel schien er aus eigenem Antrieb die einzige Art menschlicher Interaktion nachbilden zu wollen, die er erlebt hatte, nämlich die, in der er das passive Subjekt war, dem »die Hände gebunden« waren. Wir vermuteten, daß er aus dieser Rolle insofern einen sekundären Gewinn zog, als sie ihn daran hinderte, seine Aggressionen explosiv zu entladen, was er sehr wohl zu fürchten hatte. Aber sein Gesichtsausdruck zeigte keines dieser Gefühle; er zeigte nie Wut oder Widerspruch, sondern einfach ein allgemeines Gefühl des Weltekels, den er immer hatte. Mehrere Mitarbeiter beschrieben sein gezwungenes, künstliches, schmerzliches Lächeln als einen Ausdruck, der ihnen das Gefühl gab, hier sei ein äußerst unglückliches Kind, das versuche, seinen Kummer zu verdecken.

Was John anscheinend nicht ertragen konnte, war die Drohung, überwältigt zu werden; um seine Angst zu lindern, um »es hinter sich zu bringen«, machte er sich lieber sofort zum willigen Opfer der Aggression, als seine Überzeugung auszuhalten, er werde ohnehin überwältigt werden. Besser gleich und aus eigenem freiem Willen als später in einem unvorhergesehenen Augenblick. Er zeigte also einen minimalen Wunsch nach Beherrschung, indem er sich der Überwältigung unterwarf, anstatt Gefahr zu laufen, von anderen gegen seinen Willen überwältigt zu werden. Aber er war ambivalent in seiner Unterwerfung. Er war z. B. sehr daran interessiert, dem aggressiven Spiel älterer Jungen ruhig zuzusehen — ein scheinbar gleichgültiger, aber in Wirklichkeit sehr beteiligter Zuschauer. Seine reale Furcht vor anderen, Kindern und Erwachsenen, zeigte sich nicht so sehr in seiner eifrigen und unterwürfigen Teilnahme an solchen Spielen, sondern vielmehr in der Art, wie er zurückwich, wenn ihn jemand berührte oder ihm auch nur nahe kam.

In vieler Hinsicht benahm John sich mehr wie ein Drei- oder Vierjähriger als ein Junge von fast acht Jahren; und selbst dieses infantile Verhalten wirkte leer und falsch — in Wirklichkeit gefiel ihm nur das Nichtstun. Wenn wir z. B. eine Tätigkeit planten, die er angeblich mochte, pflegte er in gespielter Aufregung auf und ab zu hopsen, schwächlich in die Hände zu klatschen und zu sagen: »Au fein, au fein«. Man hatte den Eindruck, er mache etwas nach, was er kleine Kinder hatte tun sehen, vielleicht weil er meinte, man erwarte von ihm, er solle ein Vergnügen zeigen, das er in Wirklichkeit nicht empfand und nicht ausdrücken konnte.

Seine Körperbewegungen, mehr noch als die simulierten Emotionen, glichen denen eines kleinen Kindes. Sein Gang war z. B. unsicherer als der eines durchschnittlichen Zwei- oder Dreijährigen. Alle seine Bewegungen waren ruckhaft. Lange Zeit erlaubte ihm seine Angst vor Treppen, diese nur hinauf- oder hinunterzusteigen, wenn er sich krampfhaft an einem Erwachsenen und am Treppengeländer festhielt, aber auch später, als die Phobie abnahm, konnte er immer nur eine Stufe auf einmal nehmen und mußte sich fest am Treppengeländer halten. Beim Einsteigen in einen Vorortszug vom Bahnsteig aus, beim Einsteigen in Bus oder Straßenbahn war er nie sicher, welchen Fuß er wohin setzen sollte, man mußte ihm hinauf und hinunter helfen.

Allmählich, als John zu begreifen begann, daß immer Erwachsene anwesend, bereit und willens waren, für ihn zu sorgen und ihn gegen die Aggressionen anderer zu schützen, wurde er offener feindselig. In den nächsten zwei Jahren nahm seine Bosheit die Form des Kitzelns an. Es wurde seine Hauptdrohung, er werde jemanden »kitzeln«. Wir hörten es ihn zum erstenmal sagen, als ein Junge ihn versehentlich mit einem Ball getroffen hatte. John sagte leise, aber mit wütendem Zorn: »Ich werde dich kitzeln.« Nachdem er sich ein paar weitere Monate vor Rache geschützt gefühlt hatte, wagte er es, selbst ohne Provokation ein Kind oder eine Betreuerin zu kitzeln. Er tat es versuchsweise, aber mit sehr viel unterdrückter Feindseligkeit, die an der Art zu sehen war, wie er die Zähne zusammenbiß und das Gesicht verzerrte. Andere zu kitzeln trat nun an die Stelle des Fürchtens und Vermeidens jeder Berührung. Möglicherweise waren seine frühen Erlebnisse des Berührtwerdens, d. h. voll Angst oder Wut festgehalten zu werden, wenn er gewaltsam gefüttert wurde, so unangenehm gewesen, daß das bloße Berühren eines anderen Kindes, das »Kitzeln«, der schlimmste Ausdruck von Haß war, den er sich vorstellen konnte. Kitzeln konnte auch die Nebenbedeutung des Gefühls haben, das er in der Kehle fühlte, bevor er sich erbrach oder wenn ihm Nahrung in den Schlund gestopft wurde. Dies würde zusätzlich erklären, warum das Kitzeln für John der Gipfel der Feindseligkeit war. Außerdem hatte es wahrscheinlich auf viel mehr Ebenen Bedeutung, als wir wußten. Sicher waren auch sexuelle Nebenbedeutungen vorhanden, da John sowohl sich selber als auch andere im Genitalbereich »kitzelte«. Im letzteren Fall wurde John, obwohl er als Aggressor anfing, bald zum Opfer.

Erste Erfolge

Wenn man John helfen wollte, aus seiner depressiven Isolierung herauszukommen und Beziehungen zu anderen Menschen aufzunehmen, mußte man ganz von vorn anfangen. Er mußte lernen, sich im Milieu der Schule soweit wie möglich auf nur eine Person zu konzentrieren. Eine seiner Betreuerinnen erbot sich freiwillig, täglich mindestens eine Stunde allein mit ihm zuzubringen und dabei zu tun, was immer ihm gefallen würde, damit er am Ende eine Beziehung zu ihr herstellen könne. Diese Stunde verbrachte sie mit ihm zusätzlich zu der Zeit, die sie seiner Gruppe im ganzen widmete, zu der noch vier (manchmal fünf) weitere Kinder gehörten. Aber obwohl sie sich alle Mühe gab, kam John während der Zeit, die er allein mit ihr verbrachte, sehr lange nicht aus seiner charakteristischen, wütenden und trotzigen Isolierung heraus.

Die Betreuerin, die sich entschloß, sich John so intensiv zu widmen, erklärte ihren Entschluß so: »Ich wurde von John durch das Gefühl angezogen, daß Hilfe für ihn irgendwie im Bereich meiner Möglichkeiten lag. Seine extreme Unsicherheit und Angst schienen Dinge zu sein, die meine Anteilnahme und mein Gefühl für ihn lindern könnten.« Mehrere Monate später, als John wirklich eine gewisse Bindung an sie entwickelt hatte, die im Lauf der Zeit stärker wurde, dachte sie darüber nach, was nach ihrer Meinung John geholfen haben könnte, eine Beziehung zu ihr herzustellen. Sie hatte das Gefühl, es sei weniger die eine Stunde gewesen, die sie täglich mit ihm allein verbrachte, sondern vielmehr die vielen kleinen Dienste, die sie ihm den ganzen Tag lang erwies. Zuverlässig und unermüdlich zog sie ihm seine Kleidungsstücke wieder an, die ihm immer wieder entfielen, und band ihm seine Schuhbänder, die sich am Tag wohl hundertmal lösten, immer wieder beschützte sie ihn vor kritischen Bemerkungen, die andere Kinder machten; sie rettete die Spielsachen, die sie ihm wegzunehmen versuchten, und fand jene wieder, die er fallen ließ oder ständig verlor. Vor allem diente sie fortwährend als seine Beschützerin.

Irgendeine physische Nähe war sehr lange unmöglich. Selbst wenn jemand ihn bei der Hand hielt, war es John unangenehm. Aber aus der Sicherheit heraus, die ihr Schutz ihm verschaffte, begann John allmählich, einem Teil seiner Feindseligkeit zu erlauben, sich zu äußern. Er wurde aggressiver und negativer. Das war seine Art, eine Beziehung herzustellen oder einen Menschen auf die Probe zu stellen, bevor er wagte, ihm zu vertrauen. Wiederholte Erfahrungen mit seiner Betreuerin gaben ihm die Gewißheit, daß sie sich weder im Handeln noch in ihren Gefühlen gegen ihn wenden würde, was immer er auch tun mochte, daß sie eine relativ verläßliche Stütze war, zumindest in bezug auf seine drückendsten Ängste.

Diese Geborgenheit bei einer Frau ermöglichte es ihm, beim Puppenspiel gegen die Vaterfigur aggressiv zu werden; er warf diese Puppe oft herum und packte Möbel auf sie. Als wochenlanges Spiel dieser Art bei seiner Betreuerin keine ungünstige Reaktion hervorrief, arrangierte er eine Teeparty für die Puppen. Es war eine friedliche, stundenlange Party, während der die Betreuerin ihn mit Gebäck und Süßigkeiten fütterte. Als sie zu Ende war, sagte John abrupt: »Ich mach' dich ganz zu Schokolade und schneide dich in kleine Stückchen und eß' dich auf.« Da er im Spiel den Vater vernichtet oder erledigt hatte, versuchte er, diese Mutterfigur ganz für sich zu haben, indem er sie in sich aufnahm. Genau wie alle persönlichen Beziehungen im Säuglingsalter beginnen, indem das Kind einen Teil der Mutter, ihre Brust, in den Mund nimmt und sich so durch sie und von ihr ernährt, so versuchte John, diese Mutterfigur aufzuessen, als ersten Schritt in der Herstellung einer engeren Beziehung zwischen beiden.

Sobald John es gewagt hatte, seine orale Feindseligkeit und seinen Wunsch, sich seine Betreuerin ganz zu eigen zu machen, offen zu zeigen, und zu der Überzeugung gekommen war, daß sie ihn nicht nur nicht bestrafen würde, sondern ihn verstand, akzeptierte und in gewisser Weise über seine Aggressivität ihr gegenüber froh war, begann er sich immer ausschweifendere kannibalistische Phantasien zu erlauben.

Trotz dieser reichen Phantasieventile für orale Aggressivität wurde das Essen für John nicht leichter oder angenehmer. Die Nahrungsverweigerung blieb sein zentrales Symptom, seine zentrale Abwehr gegen eine überwältigende Welt, obwohl wir immer wieder versuchten, ihm das Erlebnis des Essens so angenehm zu machen, daß er im Zusammenhang damit persönliche Beziehungen aufbauen könnte, wie es normalerweise im Säuglingsalter geschieht. (Wenn solche Bindungen für John jemals vorher bestanden hatten, waren sie schon lange zerbrochen.) Wir kamen lange Zeit nicht voran. John würgte und erbrach weiter wie gewöhnlich, obwohl wir es ihm völlig überließen, ob er essen wollte oder nicht.

Das automatische Erbrechen und Würgen waren die Waffen, die er im Kampf gegen eine feindliche Welt entwickelt hatte, nachdem sich mehr willensgesteuerte Versuche wie Wegschieben oder Ausspucken des Essens als Abwehr gegen das Gefüttertwerden und als Methode der Rache an seinen Eltern, indem er ablehnte, was sie am meisten von ihm akzeptiert sehen wollten, als unzureichend erwiesen hatten. Mit anderen Worten: das Erbrechen war die jüngste Form, in die seine Feindseligkeit eingefroren war. Jetzt begann John jedoch, zunächst bei seiner Betreuerin, dann auch mit anderen, eine Art Nachvollzug seiner Lebenserfahrungen. Als er sich bei seiner Lieblingsbetreuerin sicherer fühlte, fing er an, eine vorher verlorene Freiheit wiederzugewinnen, die er dazu benützte, nicht nur in seinen Phantasien, sondern auch in seinen Handlungen mehr zu wagen. In einem Prozeß des Auftauens oder der Umkehrung des früheren Trends wurde das unpersönliche Symptom, mit dessen Hilfe er Aggression abgeführt hatte — wenn es auch immer noch eine automatische physiologische Reaktion war — jetzt an eine bestimmte Person, an seine Betreuerin, adressiert.

Er erbrach sich nicht mehr irgendwohin, sondern richtete sein Erbrechen gegen sie. Kurzum, seine orale Aggressionsabfuhr wurde zielgerichtet und bekam persönliche Bedeutung.

Im Lauf der Zeit, als seine Lieblingsbetreuerin — Sklavin wäre das geeignetere Wort — für ihn immer mehr zur Person wurde, fügte John seinem Erbrechen eine neue Form der oralen Aggression hinzu: Er begann, sie anzuspucken. So machte John mit seiner Anerkennung wenigstens einer Person als eines deutlich abgehobenen, einzigartigen Menschen, der einige Bedeutung für ihn hatte, den Schritt von einer mehr oder weniger unwillkürlichen physiologischen Reaktion (Erbrechen) zu einer autonomen, absichtlich feindseligen Handlung (Anspucken), aber zu einer, die für den aggressiven Zweck immer noch die physiologische Ausstattung des oralen Apparats verwendete. Eine Zeitlang spuckte er sie nur beim Essen an, aber später auch in allen anderen Situationen. Nachdem er wieder festgestellt hatte, daß nichts Unangenehmes geschah, wenn er so mit ihr verfuhr, begann er auch andere anzuspucken — zunächst die Betreuerinnen, Lehrer und alle Erwachsenen an der Schule, dann die anderen Kinder. Als diese es sich nicht gefallen ließen und wir ihn um seinet- und ihretwillen davon abhalten mußten, akzeptierte er diese Einschränkung, nur um die Erwachsenen, die ihn versorgten, um so intensiver und häufiger zu bespucken und zu begeifern.

Schließlich, nach Jahren dieser Art von Selbstbehauptung, konnte John die Symptome des Erbrechens und des Spuckens aufgeben. Aber das Verschwinden dieser Symptome war ein Prozeß, der sich lange hinzog. Während dieser Periode entwickelte John besonders bei Tisch neue Methoden der Aggressionsabfuhr und der Beherrschung der Menschen seiner Umgebung. Eine dieser neuen Techniken war stilles Trödeln. Er brauchte buchstäblich Stunden, bis er zu essen anfing, und er fing gewöhnlich erst an, wenn er überzeugt war, der Erwachsene, der ihm Gesellschaft leistete, sei nach ein oder zwei Stunden geduldigen Wartens erbittert und werde gleich fortgehen. Dann pflegte er in ein paar Minuten sein Essen so rasch hinunterzuschlingen, daß wieder ein Anfall von Erbrechen fällig war.

So wählte John zunächst Immobilität (Nichtessen) und dann Trödeln als seine Lieblingsmethoden, andere zu bestrafen oder zu tyrannisieren. Diese beiden Züge bestimmten — wie bei anderen Kindern von Johns Art — nicht nur seine Eßgewohnheiten, sondern auch all seine anderen Lebensäußerungen, wenn auch weniger stark.

Genau wie seine Eltern ihn früher zwangsweise stundenlang am Tisch festgehalten hatten, bis er sich ihrem Willen unterwarf, indem er aß, unterzog John jetzt seine Betreuerinnen der schweren Prüfung des passiven Warten-Müssens. Während dieser Wartezeit beachtete er sie nicht. Er bemerkte sie bewußt erst, wenn er schließlich zu essen anfing, wobei er dann zum Erbrechen und Würgen überging oder spuckte. Offenbar verhängte er über seine Betreuerinnen nur eine weitere Phase seiner frühen Kindheit, in der sein Leben kaum mehr gewesen war als ein ängstliches oder leeres, passives Warten auf die Prüfung des Gefüttertwerdens.

Viel später, nachdem er von passiven Versuchen, seine Betreuerin zu überwältigen, zu diesen aktiveren Methoden übergegangen war, kam eine Periode der Abhängigkeit, in der er zuließ und sogar wünschte, sie solle ihn mit dem Löffel füttern. Zu diesem Zeitpunkt begann John ihr gegenüber so anhänglich zu werden, daß ihre Bedeutung über die des ungefährlichsten und am leichtesten verfügbaren Objekts zur Aggressionsabfuhr hinauswuchs. Nun entwickelte er allmählich eine wirklich echte Beziehung zu ihr, genau an dem Punkt, wo die zwischenmenschlichen Beziehungen für ihn immer zusammengebrochen waren: zur Essenszeit. Aber bevor Mahlzeiten für ihn zu einigermaßen angenehmen Erlebnissen werden konnten, mußte John noch eine weitere Phase durchmachen.

Während er sich noch an seine Gewohnheit des Spuckens klammerte, begann John nun, mit seinem Essen herumzuschmieren und sich selber, den Tisch und die Betreuerin an seiner Seite damit zu bekleckern. Es schien gleichsam, als müsse er das appetitliche Aussehen dessen, was er aß, zerstören, damit es dem Erbrochenen ähnlich wurde, das er früher hatte schlucken müssen. Dies war möglicherweise ein weiterer Versuch, aktiv zu bewältigen, was er vorher passiv hatte erleiden müssen. Der Abscheu gegen die Zwangsfütterung hatte ihm keinen Ausweg gelassen als das Erbrechen. Jetzt konnte er es absichtlich wiederholen, aus eigenem freiem Willen.

In einer weiteren Entwicklung führte sein Herumschmieren mit dem Essen später zu einer erstaunlichen Fähigkeit, nicht nur sich selber zu beschmutzen, sondern auch alles in seiner Umgebung. Wir können nicht sagen, ob dies vielleicht, mindestens in gewissem Maß, eine Wiederholung der analen Phase war, eines Stadiums, das er nicht voll bewältigt hatte, weil er sich nie vor seiner tiefen Verwicklung in die Oralität hatte befreien können. Alle anderen Körperfunktionen und Erlebnisse, einschließlich der analen Funktionen, blieben so eng verknüpft mit seiner oralen Fixierung, daß ich bezweifle, ob sie für John jemals eine selbständige psychische Bedeutung erlangt hatten. Daß er hauptsächlich mit Eßbarem herumschmierte und immer damit begann, sich die Mundregion zu beschmieren, ließ darauf schließen, seine orale Fixierung sei so stark, daß er sogar dann in diesem Bereich herumschmieren mußte, wenn er nicht nur orale, sondern auch anale Konflikte zu bewältigen versuchte. Das Kneten von Eßbarem mit den Händen und das Sich-Beschmieren damit mag auch seine Methode gewesen sein, sich nachträglich gegen seine verfrühte und strenge Reinlichkeitserziehung zu wehren.

Auch andere Beobachtungen zeigten an, daß in Johns Fall die übliche Beziehung zwischen dem Drang, sich schmutzig zu machen, und der Reinlichkeitserziehung nicht so ausgeprägt, sondern von oralen Erlebnissen überschattet war. Einmal bekam er nur nach Perioden des schweren Erbrechens Verstopfung. Wenn sein Essen besser wurde, besserte sich auch seine Verdauung; wenn das Essen schwieriger und unangenehmer wurde, wie z. B. nach längeren Besuchen zu Hause, bekam er auch schwere Verstopfung. Seine Sphinkterfunktionen schienen also eng mit emotionalen Konstellationen zusammenzuhängen, die seine oralen Erlebnisse bedingten oder in ihnen ihr Zentrum hatten; kurzum, sein Analverhalten war seiner Oralität nachgeordnet [2].

Auch Johns Erbrechen kann ein Symptom gewesen sein, das sowohl analen als auch oralen Konflikten diente. Er hatte vielleicht den Wunsch, den Stuhl zurückzuhalten (wie seine häufige Verstopfung zeigt), fand es aber unmöglich, weil man ihm Öl gegeben hatte. Er hatte also den Forderungen seiner Mutter (oder der Kinderschwester) nachgegeben, Körperinhalt »herzugeben« oder loszulassen, aber nicht nur durch Darmentleerung, sondern auch, indem er oral den Inhalt seines Magens wieder von sich gab. So gelang es ihm, immer wenn er durch Erbrechen aggressiv seine Wünsche gegen die seiner Eltern durchsetzte, siegreich seinen Trotz gegen sie durchzusetzen, weil er Faeces zurückhielt, indem er Verstopfung bekam.

Die tiefe Ironie, wenn nicht der Spott, mit der er den elterlichen Wünschen begegnete, schien auch hier offenbar zu werden. Er hielt die Faeces zurück, von denen seine Mutter wollte, er solle sie ausscheiden, und gab die Nahrung wieder von sich, von der sie wollte, er solle sie bei sich behalten. Andererseits brauchte John, wenn die Dinge gut liefen, die Welt nicht durch Erbrechen zu bekämpfen, er brauchte sich auch nicht durch Verstopfung zu wehren. Oder, anders ausgedrückt, da wir angedeutet haben, daß seine Analität nie unabhängig wurde, sondern mit der dominanten Oralität verknüpft blieb, Mund und Anus blieben, mehr noch als in der physiologischen Realität, als psychische Einheit miteinander verbunden. Nur an einem Ende dieses

Rohrs konnte jeweils etwas herauskommen, und nur an einem Ende konnte etwas zurückgehalten werden. Wenn der Mund etwas behielt, konnte der Anus ausscheiden; wenn der Mund etwas von sich gab, mußte der Anus verschlossen bleiben. Da die beiden Funktionen nicht richtig getrennt worden waren, bedingte eine die andere.

Selbständiges Funktionieren von Mund und Anus kamen erst sehr viel später zustande. Ich kehre zurück zum Beginn dieser Abschweifung und wiederhole, daß an die Stelle von Johns Spucken und Herumschmieren mit dem Essen schließlich das trat, was seine erste Lebenserfahrung hätte sein sollen: das Akzeptieren des Gefüttertwerdens als eines angenehmen Ereignisses. Dieses Stadium wurde schließlich erreicht, aber nur bei seltenen Gelegenheiten, wenn er sich von seiner Betreuerin füttern ließ. Bis ganz zuletzt war das Essen für John nie völlig frei von Unangenehmem.

Die engen Kontakte mit seiner Betreuerin, die Tatsache, daß sie sein Spucken und Erbrechen akzeptierte, und die täglichen Spielsitzungen bereiteten den Weg dafür, daß John ihr von seinen Träumen erzählte. Im allerersten Traum, den er mitteilte, ging es um Schokoladenpudding. Wie seine bewußteren Phantasien drehten sich auch Johns Träume um ein alles andere absorbierendes Thema: Essen. Weder seine frühen traumatischen Fütterungserlebnisse noch sein Mißtrauen gegen Essen als etwas Giftiges (das erst viel später ans Licht kam) schienen allein für seine Anorexie verantwortlich zu sein: die Sache wurde erheblich kompliziert durch den Konflikt zwischen seinem mehr oder weniger bewußten Gefühl, Essen sei etwas Hassenswertes, und seinem unbewußten, heißhungrigen, überwältigenden Verlangen nach Nahrung (»Eiskrem ist besser als Gott«). Dieses Verlangen, das in der Realität so schwer frustriert wurde, geriet jedesmal, wenn er mit Eßbarem konfrontiert wurde, in Konflikt mit seinem oralen Trauma.

Wahrscheinlich hätte kein wirkliches Eßerlebnis jemals einen so großen Appetit befriedigen können, selbst wenn kein Trauma bestanden hätte. Aber als das Essen und die damit verknüpften Erlebnisse für John weniger traumatisch wurden, trat sein Wunsch nach Nahrung — der so groß war, daß alles, um überhaupt erlebt zu werden, als eßbar aufgefaßt werden mußte — immer deutlicher zutage. Er war nun ganz davon in Anspruch genommen, Menschen und Ereignisse mit Eßbarem gleichzusetzen. Er nannte seine Lieblingsbetreuerin nicht mehr beim Namen, sondern »Candy-Bar« oder »Schokoladenpudding«. Als sie mehr mit Nahrung identifiziert wurde, konnte er im Ausdruck seiner Aggression freier werden, vielleicht, weil all seine Gefühle nur im

Zusammenhang mit Essen existieren konnten. Gewiß, daß sie sich nicht rächen werde, sagte er: »Schokoladenpudding, ich werde dir weh tun. Ich werde dich schubsen, Candy-Bar. Ich werde dich gleich aus dem Zimmer hinausstoßen.«

Daß er seine Lieblingsbetreuerin als Nahrung betrachtete, war nicht die einzige Art, wie John die Primitivität seiner Bindung an sie zeigte. Zum Beispiel war John, so wie das Kleinkind, das seine Mutter nicht mit irgend jemand anders teilen will, höchst eifersüchtig auf die Zimmergenossin seiner Betreuerin, mit der sie eng befreundet war. Er stellte sich vor, er werde ihr diese Zimmergenossin wegnehmen. Dann würde seine Betreuerin sehr einsam sein, und er würde sie in ihrem Zimmer oben an die Decke stecken, wo sie bleiben müßte. Wenn ihre Freundin (und hier meinte John mehr sich selbst) sie sehen wollte, müßte sie zu ihr an der Decke hinaufschauen. So setzte John sich nicht nur an die Stelle der besten Freundin seiner Betreuerin, sondern noch wichtiger, er versetzte seine Betreuerin in die Position, in der das Baby im Bettchen seine Mutter über sich schweben sieht, als wäre sie an die Decke projiziert.

Diese Phantasie war ein Zeichen von starker Eifersucht und Possessivität, aber noch kein Beweis für eine echte Beziehung. Sie drückte weniger ein Akzeptieren dieser Betreuerin als einer echten Mutterfigur aus, vielmehr sein Bedürfnis, sie nicht nur als allgegenwärtig (an die Decke gehängt) zu sehen, sondern auch als unfähig, selbständig zu handeln. Da er von seinen Eltern enttäuscht war, konnte er sich nicht, wie es ein Kind normalerweise tun würde, zu ihnen in Beziehung setzen, indem er versuchte, zu werden wie sie. Also benützte er bei seiner Betreuerin die entgegengesetzte Methode: er wollte sie zur Verfügung haben, aber auf eine Weise, die keine Herausforderung für ihn mit sich brachte, sich zu entwickeln oder zu handeln. Aber auf einer solchen Basis ist in Wirklichkeit keine Beziehung möglich: ein Baby, allein im Bettchen, und eine Mutter, die an die Decke gehängt ist, können einfach nicht zueinander in Beziehung treten. So zeigte auch diese Phantasie zwar sein ungeheures Bedürfnis, immer eine Mutter über sich schweben zu haben, aber auch seinen Wunsch, dies so zu bewerkstelligen, daß eine Beziehung zu dieser Person nicht entstünde.

Zu der Zeit, als John diese Phantasien über seine Betreuerin hatte, wurde er, in der Gewißheit, sie würde sich nicht rächen, noch aggressiver gegen sie. Er forderte andere Kinder auf, »sie zu verprügeln« und sie zu beschimpfen. Er ging unmittelbar vor ihren Füßen und blieb dort stehen, so daß sie sich praktisch nicht bewegen konnte. Aber weder seine unausgesprochene und scheinbar passive Feindseligkeit noch seine Versuche, andere zu Aggressionen gegen sie zu provozieren, schienen ihm die Befriedigung zu bieten, die er suchte.

Ebenso aggressive Gefühle wandte er gegen seinen Vater. Beim Planen seines nächsten Besuchs zu Hause sprach er von einigen Dingen, die er vorhatte. »Ich kann es kaum erwarten, daß mein Vater kommt«, sagte er. »Wenn er kommt, werde ich ihn umarmen wie ein großer Bär.« Was meinte er damit? Er wollte seinen Vater so fest umarmen, daß er ihm ordentlich weh tun würde. »Ich werde ihn quetschen wie ein Bär. Ich werde ihn so fest drücken, daß ich ein paar Minuten lang sein Gesicht nicht sehen kann. Ich will einfach sein Gesicht nicht sehen.«

Diese Bemerkung drückte gewiß Johns Feindseligkeit aus, seinen Wunsch, seinen Vater aus dem Weg zu schaffen, damit er seine Mutter ganz für sich haben konnte. Aber infolge seines Versuchs, seinem Vater weh zu tun, wollte er sein Gesicht nicht sehen. John mag auch gefürchtet haben, er könnte gezwungen sein zu erkennen, daß er in Wirklichkeit nicht stark genug war, seinen Vater zu verletzen; deshalb vermied er es, seine megalomanen Vorstellungen, wie mächtig und gefährlich er sei, auf die Probe zu stellen. Als er seinem Vater zwei Tage später wirklich begegnete, berührte er ihn von sich aus nicht, gar nicht zu reden von Umarmen. Im Gegenteil, er vermied, wie bei solchen Gelegenheiten üblich, in möglichem Ressentiment die Umarmung des Vaters. Nur in der Phantasie konnte John also seinem Vater das Leid zufügen, das er selber hatte erdulden müssen.

Wie John seine Feindseligkeit leugnete, indem er ein in der Vorstellung schmerzhaftes Quetschen eine Umarmung nannte, so versuchte er auch seine Angst zu leugnen, indem er behauptete, bedrohliche Erlebnisse seien komisch. Ein typischer Vorfall kann veranschaulichen, wie er versuchte, schreckliche Erlebnisse zu meistern, indem er auf sie reagierte, als seien sie Scherze. In einer Zeitschrift sah er ein Bild von Mussolini, den die Partisanen hingerichtet hatten, wie er auf dem Boden lag, mit eingeschlagenem Schädel und blutüberströmtem Gesicht. John studierte das Bild und sagte: »Das ist was sehr Komisches. Ha, ha, ist das nicht komisch.« Auf die erstaunte Bemerkung der Betreuerin, sie könne nicht verstehen, warum er ein so schauerliches Ereignis komisch nenne, entgegnete er unerschütterlich, er finde es eben komisch.

Vielleicht gefiel ihm das Bild von Mussolinis Hinrichtung nicht nur so gut, weil es Gewalttätigkeit darstellte, sondern auch, weil es eine Vaterfigur zeigte, die von ihren Untergebenen, gleichsam ihren Söhnen, »erdolcht« worden war. Am nächsten Tag sagte John ohne ersichtlichen Anlaß und in genau dem gleichen Ton, den er am Tag vorher verwendet hatte, so daß er etwas fortzusetzen schien, was er am Vortag angefangen hatte: »Was Komisches. Eines Tages kam mein Vater, um mich hier in der Schule zu besuchen, und sagte Hallo zu mir, und als wir uns im Wohnzimmer begegneten, trat er mir auf den Fuß, und es tat sehr weh. War das nicht komisch?« Erst nach sehr viel Ermutigung konnte er zugeben, daß er vielleicht »ein winziges bißchen wütend« gewesen sei, weil es so sehr weh tat.

Bei seinen Eltern konnte John sich also noch immer nur vorstellen, er könnte aggressiv sein. Aber an der Schule wurde er in seinem Negativismus immer offener, wenn auch auf sehr infantile Weise. Seine Handlungen glichen denen eines wütenden Babys, das seine Wut und Frustration aufs Geratewohl abführt. Zum Beispiel pflegte John morgens nach dem Aufwachen sein Kissen und seine Decken fruchtlos, aber wild-wütend zu boxen. Während er früher jeder Aufforderung zum Schein nachgekommen war, wobei er in Wirklichkeit nichts tat, konnte er jetzt sagen: »Ich will nicht.« Nach einer Weile fügte er Ausdrücke hinzu, mit denen er seiner Unfähigkeit, Frustration oder Aufschub zu ertragen, Luft machte: »Ich kann nicht warten« kam zu »Ich will nicht« dazu. Das Herumschmieren mit dem Essen, das Verschütten auf die Betreuerin und auf ihn selbst, was er zunächt zufällig getan hatte, als wisse er nicht, was er tue, oder könne es aus Hilflosigkeit nicht vermeiden, wurde immer absichtsvoller und zielgerichteter. John schmierte das Essen auf seine Hände und Arme, bis hinauf zum Ellbogen, und verteilte es schließlich über den ganzen Körper. In einer weiteren Äußerung seines Negativismus weigerte er sich, sich überhaupt säubern zu lassen. Zwischen seinen Besuchen zu Hause, also über einen Zeitraum von fünf oder sechs Tagen, erlaubte er uns nicht, ihn zu waschen, und wehrte sich auch gegen jeden anderen Versuch, ihn zu säubern. Zugleich begann er endlich, seine Nahrung zu essen, anstatt sie mit den Händen zu zermatschen und sie dann tief in den Schlund zu stecken, so daß er sie nur noch hinunterzuschlucken brauchte. Er zermahlte sie nun im Mund wie ein Baby, ohne seine Zähne zum Beißen und Kauen zu benützen. Aber während seine Handlungen spontan negativer und babyhafter wurden, wurde seine Aussprache deutlicher und sein Satzbau vollständiger, verständlicher und reifer.

Nach ein paar Monaten stärkerer Selbstbehauptung (die für die Außenwelt nur wie noch größerer Negativismus aussah), und nachdem wir sie akzeptiert hatten, gab John weitere Zeichen, er wolle Zuneigung, wenn er auch unfähig blieb, sie zu nutzen. Interessanterweise hing sein erstes aktives Streben nach menschlicher Wärme eng zusammen mit einer echten Leistung auf seiner Seite, die sowohl die Folge seiner eigenen Anstrengungen als auch der Hilfe seiner Betreuerin war. Nach sehr viel Angst und Ausweichen selbst vor dem Versuch lernte John schließlich mit unermüdlicher Hilfe seiner Betreuerin das Rudern. Früher waren die Ruder immer seinen Händen entglitten; dann war er unfähig gewesen, die Ruder und das Boot zu handhaben; aber jetzt konnte er rudern, wenn auch nicht gut, so doch wenigstens so, daß er das Fahrzeug in die Richtung bewegte, in die er wollte. Und das brachte er zu einer Zeit zustande, in der er noch nicht einmal die Fähigkeit erworben hatte, ungefährdet allein die Treppe hinauf und hinunter zu gehen [3].

Gleich nachdem es ihm gelungen war, zu rudern, wagte er es nach dem Verlassen des Bootes, sich gegen einen Jungen, der kleiner war als er, aggressiv zu verhalten. Sehr zur Überraschung aller packte John, der es niemals vorher gewagt hatte, den Jungen auch nur anzurühren, den Kleinen und grub seine Fingernägel in dessen Arm. Nach dieser doppelten Leistung der Selbstbehauptung kam John seiner Betreuerin physisch und emotional sehr nah. Er wandte ihr das Gesicht zu und sprach sie direkt an; zuvor hatte er immer nur ins Leere gesprochen. Er schmiegte sich an sie, während sie vom Bootssteg fortgingen. Da er mit einer schwierigen Aufgabe angemessen fertig geworden war und gegen ein anderes Kind direkt Aggression abgeführt hatte, ohne daß sich böse Nachwirkungen ergaben, schien John es endlich zu wagen, einem anderen Menschen nahezukommen. Aber als seine Betreuerin, sehr froh über seine Annäherung, ihm leicht den Arm um die Schultern legte, zog er sich wieder zurück. Solange die Initiative bei ihm lag, fühlte er sich ungefährdet. Aber ein physischer Kontakt, den jemand anders begann, überwältigte ihn immer noch und erweckte deshalb Angst. Darum zog er sich, sobald jemand von uns eine Bewegung machte, als wolle er ihn berühren, je nach seiner Einstellung zu der betreffenden Person, entweder ängstlich oder wütend zurück.
Die gleiche Reaktionsweise war für John selbst in Situationen kennzeichnend, wo es nicht um direkten Kontakt ging, und die für die meisten Kinder nicht bedrohlich waren. Zum Beispiel setzte sich John, wenn seine Betreuerin abends die anderen Kinder fest zudeckte, in seinem Bett halb auf und sah scharf, anklagend und vielleicht neidisch dem zu, was da vor sich ging. Aber wenn sie versuchte, ihn zuzudecken oder ihm die Bettücher glattzuziehen, ohne seinen Körper zu berühren, wich er wütend zurück, als ob er einen möglichen physischen Kontakt fürchte.

Mit der Zeit, als John ein wenig sicherer wurde, hatten wir den Eindruck, als werde er im Ausdruck seiner aggressiven Wünsche mutiger, und als würden sie anspruchsvoller. Einer seiner Lieblingsträume bestand in seiner Vorstellung, die zu quälen, die ihm Leiden verursacht hatten, indem er sie unangenehme Stoffe essen ließ, wozu er ja früher auch gezwungen worden war. Das war die schwerste Strafe, die er kannte, und es machte ihm Freude, sich vorzustellen, wie er sie anderen auferlegen würde. Wenn ein anderer Junge ihm gegenüber z. B. kritische Bemerkungen machte, sagte John mit einem wutverzerrten Gesicht und mit Gift in seiner sonst so sanften Stimme: »Wenn du nicht aufhörst, werde ich so wütend, daß ich dich zwingen werde, zehntausend Pfund Zucker zu essen. Nein, Zucker und Salz. Das ist süß und sauer.« Als erste Reaktion auf Aggression beschwor er die Erinnerung an das herauf, was die grundlegendste Feindseligkeit blieb, die er erlebt hatte: gezwungen zu werden, überwältigende Mengen von Nahrung zu sich zu nehmen. Es schien, als könne er zu dieser Zeit alle Arten von Gewalt nur in dieser Form erleben. Er funktionierte auf einer primitiven Stufe und kannte nur eine Art von Vergeltung: die *lex talionis*. Da jede kritische Bemerkung z. B. über seine Unfähigkeit, Spiele zu spielen, emotionell damit vergleichbar war, übergroße Nahrungsmengen in den Schlund gestopft zu bekommen, wollte er dies dem Aggressor als Vergeltung antun.

Die Menge der Nahrung und der Zwang, sie zu essen, stellten die Strafe dar. Erst nachträglich fügte er den schlechten Geschmack hinzu. Vielleicht war in seiner frühen Kindheit die Schmerzlichkeit des Essenserlebnisses auf die Nahrungsmenge und die Gewalttätigkeit der ihn Fütternden zurückzuführen gewesen; der unangenehme Geschmack war vielleicht nur eine Begleiterscheinung. Das »süß und sauer« mag auch seine Wurzeln in seinen frühen Erfahrungen gehabt haben. Schließlich hatten seine Eltern ihn am Anfang aus Sorge und in ziemlich vernünftiger, wenn auch nicht immer liebevoller Haltung gefüttert. Erst im Verlauf des Kampfes um seinen Widerstand gegen das Essen wurden die Eltern sauer, und der Zucker ihrer guten Absichten verwandelte sich in das Salz ihrer felsenfesten Entschlossenheit, ihn zum Essen zu bringen. Daß dies so gewesen sein kann, wird ferner dadurch bekräftigt, daß John solche Äußerungen mit zuckersüßer Stimme, aber, wie wir schon gesagt haben, mit wütenden Absichten tat.

Als er anfangen konnte, über seine feindseligen Phantasien zu sprechen, von denen er selbst möglicherweise vorher gar nichts gewußt hatte, erwarb er auch die Freiheit, das Leben zu genießen und Spaß zu haben — wenn auch nur für Augenblicke und gewöhnlich nur, wenn er zugleich auch Aggression abführen konnte. Am Vortag von Allerheiligen (Hallowe'en) z. B., als John etwa vierzehn Monate lang den neuen Methoden ausgesetzt gewesen war, zeigte er zum erstenmal richtige Begeisterung für eine Tätigkeit, bei der auch die anderen Kinder mitmachten: das Aushöhlen von Kürbissen.

Im Gegensatz zu seinem üblichen teilnahmslosen Verhalten war er ganz wach, als er mitging, um die Kürbisse einzukaufen, und wählte aktiv einen aus, den er wollte. Die Betreuerin fragte die Kinder, was für Gesichter sie gern haben wollten, um sie auf die Kürbisse zu zeichnen, bevor das Ausschneiden begann. Trotz seines Interesses konnte John, wie immer, nicht von selbst sagen, was er wollte, sondern mußte besonders aufgefordert werden. Bis dahin hatte er alle anderen Kinder sagen hören, sie wollten fröhliche Gesichter oder lachende Münder haben, aber als er gefragt wurde, was für ein Gesicht sein Kürbis bekommen solle, sagte er nach einer langen Periode widerstrebenden Schweigens: »Ich will einen traurigen Mund.« Obwohl ihn die Betreuerin nicht fragte, warum, erklärte er: »Weißt du, warum mein Kürbis ein trauriges Gesicht haben soll? Dieser Kürbis ist traurig, weil er zu Hause ist und seine Mutter nicht. Seine Mutter hat ihn allein zu Hause gelassen, als sie in die Stadt ging, und er ist sehr traurig. Der Vater vom Kürbis ist zu Hause, aber er will seine Mutter.«

Gewöhnlich hatte John Angst, ein Messer auch nur anzufassen, oder wenn er es tat, war er völlig unfähig, es zu benützen, aber jetzt bestand er zum erstenmal darauf, die Schnitzerei selber zu machen. Bei dieser Tätigkeit zeigte John große Feindseligkeit. Er stieß das Messer in den Kürbis und sagte immer wieder: »Dies Schneiden gefällt mir. Das macht Spaß, dem Kürbis ins Gesicht zu schneiden. Das könnte ich den ganzen Tag machen«. Das Gesicht war ganz gut gemacht, wenn auch unsauber, wie alles, was John mit den Händen machte. Aber nachdem es ihm gelungen war, die Augen, die Nase und den Mund einigermaßen zu formen, fuhr er fort, obwohl man ihn warnte, die Mundöffnung so lange zu vergrößern, bis dieser Teil des Kürbisgesichts ganz zusammenfiel. Statt eines Gesichts hatte der Kürbis schließlich nur noch ein riesiges, klaffendes Loch. John bemerkte diesen »Fehler«, wie er es nannte, sehr wohl und wies Erwachsene und Kinder stolz darauf hin.

Die Sehnsucht nach seiner Mutter, die John ausdrückte, als er erzählte, warum sein Kürbis traurig sei, könnte darauf hinweisen, daß man ihm hätte erlauben sollen, mehr Zeit bei ihr zu verbringen. Aber wenn sie zusammen waren, konnte ihn nie etwas befriedigen, was sie tat, so unersättlich waren seine Forderungen. Sie konnte sein »klaffendes

Loch« nicht mehr füllen, vielleicht, weil er ihr die Schuld für seine orale Traumatisierung gab, wenn auch nicht für die ursprüngliche, so doch für die letzte, wo die Wäscheklammer ein »klaffendes Loch« in seinen Mund riß. Das war schließlich geschehen, als die Mutter sich von ihm abgewandt und ihn einem Dienstmädchen anvertraut hatte, obwohl die Mutter selbst daran gezweifelt hatte, ob es klug sei, John mit dem Mädchen ausgehen zu lassen. Die Sache wurde noch dadurch verschlimmert, und zur Verletzung kam die Kränkung hinzu, da die Mutter ihn in jenem Augenblick dem Mädchen überlassen hatte, da sie so beschäftigt damit war, zu kochen, aber nicht für John, sondern für ihre Verwandten. Der Unfall passierte, als John zu einem Einkaufsgang mitgeschickt wurde, auf dem Nahrungsmittel gekauft wurden, aber nicht für ihn, obwohl er so sehr danach verlangte, sondern für andere.

Wenn er bei seiner Mutter war, wollte er fortwährend gefüttert werden, aber er war nie mit dem zufrieden, was sie ihm anbot. Bei seinen Besuchen zu Hause dachte er nur ans Essen und sprach nur darüber. Er erörterte unaufhörlich, was seine Eltern für ihn kochen sollten, wohin sie mit ihm zum Essen gehen sollten, was für einen Speisezettel er wolle. Aber sobald das Essen, nach dem er so hungrig verlangte, erschien, konnte er es nicht essen. Nachdem er so sehr mit dem Essen herumgeschmiert hatte, daß seine Eltern nicht mehr anders konnten, als angeekelt und wütend zu werden, fing er an zu würgen und erbrach schließlich.

Jede Woche, wenn John von seinem Besuch in die Schule zurückkam, hatte er nur ein Gesprächsthema. Den ganzen Montag und manchmal auch einen Teil des Dienstag zählte er in allen Einzelheiten wieder auf, was er am Wochenende gegessen hatte. Am Ende konnte er uns sagen, warum diese Besuche so unbefriedigend waren und ihn die ganze Zeit wütend machten, während er bei uns war. »Ich bin wütend. Ich bin jetzt wütend. Ich bin sehr wütend«, sagte er. »Ich hab keine Möglichkeit, zu Hause wütend zu sein. Darum muß ich hier wütend sein.« Warum war er zu Hause so wütend und doch unfähig, etwas dagegen zu tun? Ich hab' zu Hause nie eine Möglichkeit, zu tun, was ich will.« Wir fragten, warum. »Weißt du, ich möchte eine Art Teig aus ihr machen.« Es war nicht Nahrung, was John verschlingen wollte, sondern seine Mutter. Dann würde sie vielleicht immer bei ihm sein. Oder er hoffte vielleicht, da er im Mutterleib ernährt worden war, ohne essen zu müssen, wenn er sie sich einverleiben könnte, würde sie ihn von innen ernähren, so daß er ohne das verhaßte Essenserlebnis von ihr Nahrung bekommen könnte. Aber was auch der Grund für seinen Wunsch gewesen sein mag, seine Mutter zu Teig zu machen und aufzuessen, da dies tatsächlich der Wunsch war, den die Gegenwart seiner Mutter in ihm weckte — ist klar, warum seine Wochenenden zu Hause sich immer als so unbefriedigend erwiesen.

Während Johns Unzufriedenheit mit allem, was seine Mutter ihm zu essen gab, mit seinen Gefühlen ihr gegenüber zu tun hatte, war sein Wunsch zu essen mit seiner Feindseligkeit gegen seinen Vater verknüpft. Das Essen war in Gegenwart des Vaters besonders unangenehm. Etwa zur gleichen Zeit, als John von seinem Wunsch erzählte, seine Mutter zu Teig zu machen, sagte er auch, er wolle recht viel essen, um stark zu werden wie sein Vater — »damit ich ihn verprügeln kann«. Hie war also für John wieder ein auswegloser Konflikt. Er wollte die Mutter aufessen, um stark genug zu werden, den Vater zu erledigen. Aber dann bliebe er als hilfloses Kleinkind ohne jeden Schutz zurück.

Die Mutter wollte er sich einverleiben; den Vater wollte er ausschalten. Dieser Wunsch wurde nicht so sehr durch den Umstand hervorgerufen, daß John seinen Vater als sexuellen Rivalen sah. Vielmehr wollte er ihn loswerden, weil er ein Rivale im Kampf um Befriedigung in der Abhängigkeit war; wenn der Vater nicht da wäre, würde die Mutter nur den Sohn füttern. Ein paar Tage später bemerkte John: »Ich will, daß meine Mutter ordentlich stark wird.« Auf die Frage, warum, antwortete er: »Damit sie meinen Vater verprügeln kann« und sich dann ganz dem Füttern Johns widmen könnte. Es schien also, daß auch seine ödipalen Konflikte und Phantasien sich im Rahmen seiner oralen Fixierung abspielten. Ödipale Gefühle, die normalerweise die Entwicklung der Unabhängigkeit von den Eltern ankündigen, blieben in Johns Fall an seine orale Abhängigkeit gebunden.

Wir konnten John nicht helfen, seine orale Ambivalenz gegenüber seinen Eltern rasch aufzulösen. Aber wir konnten ihn bei der Äußerung seiner Feindseligkeit unterstützen. Im allgemeinen versuchen wir, alle Akte physischer Gewalttätigkeit gegen Personen zu verhindern; aber bei John ließen wir, wenn möglich, der Feindseligkeit ihren Lauf. Als z. B. einer der Jungen John aufforderte, ihn mit einem Teddybären auf den Rücken zu schlagen, griffen wir nicht ein. Auf diese Weise in Versuchung geführt, gelang es John, nach langem Zögern, den Jungen zu schlagen. Er konnte es sich gestatten, weil es »Teddy war, der's getan hat«. Er lachte und lachte, während er immer spontaner und herzhafter zuschlug, am liebsten hätte er dieses aggressive »Spiel« endlos fortgesetzt, aber der andere Junge hatte genug, und wir mußten John Einhalt gebieten.

Es war das erstemal, daß wir John mit dem ganzen Gesicht, mit Mund und Augen, hatten lachen sehen. Vorher hatte er manchmal so getan, als lache er, und hatte seinen Mund zu einem, wie er meinte, lachenden Ausdruck verzogen, aber in Wirklichkeit war es eine wütende, ängstliche, frustrierte Grimasse. Sogar diesmal verwandelte sich, je mehr er mit dem Mund lachte, der Ausdruck im übrigen Gesicht immer mehr in Furcht, aber trotzdem war das Lachen viel mehr ein echtes Lachen als je zuvor.

Dies alles waren kleine, langsame Fortschritte. Die Dinge begannen erst etwas rascher voranzugehen, als wir nach fast zwei Jahren Johns Eltern überreden konnten, die Wochenendbesuche auf den Sonntag zu beschränken. Jetzt, da John bei seinem wöchentlichen Besuchen nicht mehr daheim schlief, legte er einige der Abwehrmechanismen gegen regressives Verhalten ab, das die Eltern mißbilligten, da sie aber nicht mehr so leicht nachprüfen konnten: Er begann in der Schule einzunässen. Beim erstenmal, als er es gewagt hatte, das Bett naßzumachen, berichtete er es seiner Betreuerin am nächsten Morgen mit froher Erregung, als sei es eine bemerkenswerte Leistung; und das war es ja auch, wenn man bedenkt, welche Barrieren er in sich gegen das Genießen so primitiver Freuden errichtet hatte. Sein Stolz war tatsächlich so groß, daß er das Laken nicht gewechselt haben wollte. Zwei Nächte später, als er seine Heldentat wiederholte, erinnerte er sich stolz, daß seit dem letzten Einnässen nur zwei Tage vergangen waren. Ganz offen strich er mit der Hand über den feuchten Fleck, fast liebkosend. Als er wegen dieses Zusammenbruchs der Reinlichkeitserziehung nicht kritisiert wurde, ging er noch weiter und machte gelegentlich auch die Hose naß.

Nachdem John eine Zeitlang eingenäßt und später auch eingekotet hatte, erlaubte er sich das Naß- und Schmutzspiel in normalerer Weise an geeigneter Stelle. Mit der Zeit tat er dies, besonders, wenn er mit Farbe und Ton herumschmierte, mit Hingabe. Sein Lieblingsort dafür war das Waschbecken im Bad, wo er sich einer Tätigkeit hingab, die er »Experimentieren« nannte. Bei dieser Beschäftigung zeigte er wirklich Selbständigkeit und Freude. Bei seinen »Experimenten« wurde er gründlich schmutzig, was er sich vorher nur erlaubt hatte, wenn es entweder eine Folge seiner physiologischen Unfähigkeit war, Nahrung bei sich zu behalten, oder als solche getarnt war (angeblich wollte er nicht erbrechen), oder wenn er seine Bewegungen nicht steuern konnte. Jetzt machte er sich absichtlich schmutzig und erkannte dies als Tatsache an. Diese Handlungen und sein Gesichtsausdruck beim Herumschmieren ließen ihn wie einen Zwei- bis Dreijährigen erscheinen.

Als John erst einmal angefangen hatte, diese selbstbegonnenen Tätigkeiten zu genießen — die nicht seinem Lebensalter angemessen waren,
wohl aber seinen infantilen Wünschen —, gab er es auf, so zu tun, als
sei er an reiferen Unternehmungen interessiert. Kurz vorher hatte
er noch mehr oder weniger vorgegeben, er wünsche mit Kindern seines
Alters Spiele zu spielen. Er hatte zwar behauptet, er wolle Ball spielen,
aber er konnte in Wirklichkeit keinen Ball werfen oder fangen; er
fiel ihm unweigerlich immer wieder aus der Hand. Jetzt, da er herumschmierte, gab er all solche vorgeblichen Wünsche auf.

Nach gewöhnlichen Maßstäben waren Johns Eßgewohnheiten immer
noch abstoßend, aber nachdem er ein paar Monate mit Farbe, Wasser
und Ton gespielt hatte, nahm seine Unsauberkeit beim Essen merklich
ab. Diese Besserung erstreckte sich jedoch nicht auf seine Mundregion.
Selbst wenn er sich dazu herbeiließ, sich waschen zu lassen, blieben
seine Lippen und sein Kinn nie lange sauber. Innerhalb weniger Minuten war sein ganzes Gesicht wieder schmutzig, und sein Mund war
wieder mit Essen und Schmutz verkrustet, gleichgültig, was er gerade
tat. Obwohl sich seine Tischmanieren allmählich besserten, machte er
beim Essen noch mehr ungesteuerte Bewegungen als zu irgendeiner
anderen Zeit, obwohl auch seine anderen Bewegungen oft ungesteuert
waren. Aber während er aß, zitterte sein ganzer Körper, einschließlich
der Hände und Füße so stark, daß es schwierig war, neben ihm zu
sitzen. Aber im Vergleich zu seinen früheren Eßgewohnheiten — Erbrechen über die Betreuerin und sich selbst, Würgen, Beschmutzen des
ganzen Tisches — war die Verbesserung erheblich, und schließlich wurde John auch am Tisch etwas weniger unsauber und beschmutzte sich
das Gesicht weniger. Es schien, als kämen, je mehr seine Bindung an
die Eltern sich löste und je mehr er sich selbst durchsetzte, seine analen Funktionen allmählich zu ihrem Recht, so daß sein oraler Apparat
nicht länger für sie mit einstehen mußte. Etwa zu dieser Zeit versuchte
John auch, mit dem Erbrechen aufzuhören.

Jetzt, als sein Mund mehr zum Mund wurde und weniger als Instrument
zur aggressiven Ausscheidung von aufgenommener Nahrung diente,
gab uns John gelegentlich eine Ahnung, wie vielfältigen Zwecken sein
Erbrechen gedient hatte. Einmal, als er wieder erbrochen hatte, was
er mittlerweile an der Schule nur noch selten tat, sagte er: »Das mache
ich, wenn ich aufgeregt bin. Andere Leute schreien, wenn sie wütend
sind.« Wie andere Menschen mit Hilfe ihrer Urethra oder ihrer Darm-
funktionen weinen und schreien, so benützte auch John den Ausschei-
dungsprozeß — nicht durch die Verdauungsorgane, sondern durch den
Mund. Sein Erbrechen, das er gelenkt hatte, wie andere Jungen einen

Strom von Urin lenken, hatte uns immer den Eindruck vermittelt, es sei auch ein sexuell aggressiver Akt gegen diejenigen, die am engsten mit ihm verbunden waren. Jetzt sagte er uns, er habe die Qualität wütenden Schreiens gehabt. Hatte sein Mund auch die Funktion der Abfuhr phallischer Aggressivität erfüllt? Wenn das der Fall war, hatte Johns orale Fixierung ihn gezwungen, durch den Mund alle Emotionen und Erlebnisse abzuführen und zu befriedigen, die im normalen Entwicklungsverlauf mit anderen Organen verbunden sind.

Jedenfalls waren seine verschiedenen Symptome so eng miteinander und mit der Intensität seiner Beziehung zu seinen Eltern verbunden, daß es unmöglich war, Ursache von Wirkung zu unterscheiden. Die Verwirklichung des analen Drangs, naßzumachen und zu beschmutzen, ein verbessertes Funktionieren des oralen Apparats und größere emotionale Unabhängigkeit von seinen Eltern nahmen bei John gleichzeitig zu. Nur im Hinblick auf den letzten Punkt mußten wir ihm dadurch weiterhelfen, daß wir auf einer Verkürzung der Zeit bestanden, die er mit seinen Eltern zubrachte — selbst gegen ihren und Johns Willen. Alle anderen Veränderungen schaffte John selber — wenn ihm auch unsere Bemühungen dabei halfen —, nachdem und vielleicht weil seine Besuche zu Hause verkürzt worden waren.

Wenn wir uns ansehen, wie diese Ergebnisse zustande kamen, dürfen wir die Bedeutung unserer Fähigkeit, die Autorität der Eltern in bezug auf die Regulierung von Johns Leben einzuschränken, nicht unterschätzen. Sie war für John vielleicht noch wichtiger als der Umstand, daß er weniger lange mit ihnen zusammen war oder nicht mehr regelmäßig zu Hause schlief. Auch hier, wie so oft, war die psychische Bedeutung einer Sache anscheinend größer als das wirkliche Ereignis. Der Umstand, daß Johns Eltern entgegen ihren Wünschen unsere Forderung erfüllen mußten, demonstrierte ihm, daß sie nicht so allmächtig waren, wie er glaubte und fürchtete, und daß die Schule, die ihn ermutigte, freier zu handeln, auch einen bedeutsamen Einfluß auf sein Leben ausübte. Er mußte sich davon überzeugen, bevor er es wagte, entgegen elterlichen Befehlen einzukoten; je weniger die Eltern fähig waren, ihm gewaltsam Nahrung einzuflößen, desto weniger war es nötig, durch Verwendung eines körperlichen Symptoms (Erbrechen) gegen das Essen zu kämpfen.

Daß diese enge Verbindung zwischen seinem Erbrechen und seiner Angst vor der Mutter (oder ihrer Angespanntheit) bestand, offenbarte John nach der Verringerung der Zeit, die er mit ihr zubrachte, und wieder kam es unmittelbar nach einer neuen Leistung im Bereich der Selbstbeherrschung heraus. An einem Sonntagabend, kurz nachdem er von einem Besuch zu Hause zurückgekommen war (ein Augenblick, in dem er gewöhnlich heftig erbrach), begann er so zu husten, wie er es gewöhnlich tat, wenn ein Anfall von Erbrechen sich ankündigte, aber diesmal erbrach er nicht. Am nächsten Morgen geschah das gleiche. Wieder würgte oder erbrach er *nicht* nach jedem Hustenstoß; statt dessen sah er aufmerksam und erwartungsvoll seine Betreuerin an. Als er dies dreimal zu verschiedenen Zeiten getan hatte, merkte sie schließlich, was da vor sich ging. Als er ein viertes Mal hustete, sah sie ihn an und sagte: »Nein, John, du wirst heute Morgen nicht erbrechen.« Er hustete noch einmal, aber es erfolgte kein Erbrechen, und dann hörte das Husten auf. Ein paar Minuten später stellte er einen Zusammenhang her: Er sagte, jedesmal, wenn er im Auto fahre und seine Mutter am Steuer sei, werde ihm schlecht — ihr Fahren ließ ihn erbrechen. Und in seiner Schlußbemerkung wies er darauf hin, daß das, was ihn zum Erbrechen veranlaßte, nicht so sehr ihre Art war, mit dem Auto umzugehen, sondern vielmehr ihre Art, mit ihm umzugehen.

Trotz seiner Fortschritte war Johns Entwicklung in Richtung auf bessere Integration von quälender Langsamkeit. Infolge der verkürzten Besuche zu Hause waren Johns Eltern weniger in der Lage, auf ihn Druck auszuüben, also drängten sie uns um so mehr, alles zu versuchen, um seine Fortschritte zu beschleunigen. Und sie hatten gewiß recht, wenn sie darauf bestanden, es dürfe nichts außer acht gelassen werden, was auch nur einen Hoffnungsschimmer biete. Es wurde also dafür gesorgt, daß John außerhalb der Schule in psychoanalytische Behandlung kam, zusätzlich zu der in der Schule geleisteten Arbeit. Die Eltern konnten zwar für sich selbst keine Psychoanalyse akzeptieren, wollten sie aber für ihren Sohn; also ging John regelmäßig zu einer Kinderanalytikerin.

Im Mittelpunkt seiner Sitzungen bei der Analytikerin stand lange die Art, wie er sich erlaubte zu regredieren, indem er aus einer Babyflasche trank. Er mußte sich darauf monatelang konzentrieren, bevor er es zuließ, daß die Analytikerin ihn berührte; erst viel später suchte er gelegentlich und kurz körperlichen Kontakt mit ihr. Aber selbst wenn er bei seiner Analytikerin war, wußte John ganz bewußt, daß seine Eltern gegen sein Regredieren waren. Als er die Babyflasche mehr als sechs Monate benützt hatte, sagte er, er wolle sie nicht mehr. »Ich hab' schließlich eine gehabt, als ich klein war, dann später von dir; jetzt bin ich damit fertig.«

Selbst eine so vorübergehende und ambivalente Rückkehr zur Flasche hatte zur Folge, daß sich seine körperliche Koordinationsfähigkeit etwas besserte. Nachdem John den neuen Methoden der Schule zwei Jahre lang ausgesetzt gewesen war, lernte er, der vorher nicht einmal einen Ball in der Hand halten konnte, einen Ball zu fangen und zu werfen. Vorher hatte er, wenn ein weicher Ball in seine Richtung geworfen oder gerollt wurde, sich geduckt oder war ausgewichen; jetzt versuchte er ihn zu fangen, wenn er auch viele Monate brauchte, um es wirklich zu lernen. Dann wagte er es, mit einem Autoschlauch in unser Schwimmbecken zu gehen. Hier fand er endlich eine Umgebung, in der er seine Glieder frei bewegen konnte. Seine Bewegungen waren am freiesten, wenn auch immer noch völlig unkoordiniert, wenn er im Wasser mit den Beinen ausschlug. Schließlich, im Sommer, wagte er sich in den See und begann mit den Füßen zu schlagen, während er mit den Händen den Grund berührte. Die Fortbewegung im Wasser in Form des »Hundepaddelns«, die seine Eltern ihm nie beizubringen versucht hatten, fiel ihm wieder leichter als die Bewältigung anderer Aufgaben, die ein Kind normalerweise viel früher lernt. Er lernte sogar, sich die Schuhbänder zu binden, was für ihn eine echte Leistung war, wenn er sie auch so lose und ungeschickt band, daß sie gewöhnlich nach ein paar Minuten wieder offen waren.

Mit jedem neuen Schritt in der Bemeisterung der Umwelt machte John Fortschritte in der Selbstbehauptung; diese äußerte sich hauptsächlich in Form einer offeneren Kritik an seinen Eltern. Er hatte besonders viel gegen die Art einzuwenden, wie sie sich von ihm tyrannisieren ließen. Er erzählte z. B. unserer Krankenschwester, er sei früher »Bambi« genannt worden. Sie meinte, das könnte eine Einladung sein, ihn bei einem Kosenamen zu nennen, und fragte ihn, wie er denn am liebsten genannt werden wolle. Er sagte: »Oh, nein, an der Schule will ich nur John genannt werden. Wenn ich zu Hause bin, nennen meine Eltern mich ›Kätzchen‹ oder ›Pussi‹. Ich hab' ihnen gesagt, sie sollten mich so nennen. Ich hab' das zum Ausprobieren gemacht. Sie tun immer, was ich ihnen sage.« Nach dieser Eröffnung erzählte er weiter, wie vollständig er seine Eltern beherrsche. »Wenn ich am Sonntag heimgehe, sag' ich meinen Eltern, was sie tun sollen, und sie tun immer, was ich ihnen sage.« Er sagte das nicht lobend, sondern verächtlich.

Beim weiteren Nachdenken über seine Besuche beschloß John, es sei die Ängstlichkeit und Unreife seiner Mutter, was ihn hindere, das Daheimsein zu genießen. Er überlegte, was er seine Eltern bitten könnte, am nächsten Sonntag zu tun, und er erwog den Besuch in einem Vergnügungspark. Dann überlegte er es sich anders: »Ich denke, es wird besser sein, wenn ich mit jemand anders dorthin gehe. Meine Mutter hätte Angst. Die ist zu jung, um auf diesen schnellen Berg-

und Talbahnen und ähnlichem zu fahren.« Er hatte das Gefühl, er müsse für seine Eltern sorgen, zumindest so weit, sie vor Erlebnissen mit ihm zu schützen, die sie emotional als zu bedrohlich empfinden würden. Ihre emotionale Abhängigkeit von John ließ sie ihm so erscheinen, als seien sie weniger fähig, mit dem Leben fertig zu werden als er; das hatte zur Folge, daß er sich in ihrer Gegenwart völlig ungeschützt fühlte, aber zugleich gezwungen, für sie zu sorgen — eine erschreckende Aufgabe für ein so unzulängliches Kind.

Am gleichen Tag, als die Krankenschwester der Schule ihm etwas vorlas, nahm er das Buch »*When We Were Very Young*« (Als wir ganz klein waren [4], auf. Er sagte, darin stehe sein Lieblingsgedicht, das wolle er ihr zeigen. Das Gedicht handelte von dem dreijährigen Jungen, der auf seine Mutter aufpassen sollte und der sie warnte, sie solle nicht ans andere Ende der Stadt gehen, denn es könnte ihr sonst etwas Schlimmes zustoßen. John sprach sehr ausführlich über das Gedicht und fragte dann die Schwester, ob es ihr gefalle. Sie antwortete unverbindlich und fragte John, was er daran interessant finde. John sagte sehr nachdrücklich: »Das ist wie ich. Der Junge in dem Gedicht paßt auf seine Mutter auf, und er war erst drei Jahre alt. Das ist genau wie bei mir.« Wenn wir seine Äußerungen wörtlich nehmen, könnten wir sagen, mittlerweile sei John von einem einmonatigen Baby (siehe S. 281) zu einem Jungen von drei Jahren herangewachsen.

Etwa zu der Zeit, als John solches Verständnis für die Schwierigkeiten seiner Eltern gewann, waren, wie schon erwähnt, zwei Jahre vergangen, seit wir die Reorganisation der Schule begonnen hatten. Inzwischen hatte die Schule einigermaßen die Form bekommen, die wir uns am Anfang vorgestellt hatten. Die geistig zurückgebliebenen, epileptischen und postencephalitischen Kinder hatten eins nach dem anderen die Schule verlassen, gemäß unserem neuen Grundsatz, nur noch Kinder zu betreuen, die keine organischen Schädigungen hatten. Ein ganz neuer Stab von Mitarbeitern war zusammengestellt worden und hatte seine ersten Ausbildungserfahrungen hinter sich. Ein neues, auf unsere theoretischen Überzeugungen gegründetes Programm war ausprobiert und den Bedürfnissen der Kinder und der Realität des Rahmens angepaßt worden. Die Kombination von Einzel- und Gruppentherapie, von Programmgestaltung und therapeutischem Zusammenleben, die unserer Anschauung zugrunde lag, war zu einem Gesamtmilieu, einer therapeutischen Gemeinschaft, integriert worden. Wir waren noch nicht so weit, daß wir mit Volldampf vorangehen konnten, aber die Probefahrten waren vorbei, die notwendigen Änderungen waren gemacht worden, und Schiff und Besatzung hatten sich als seetüchtig erwiesen.

Während wir das Gefühl hatten, alle Veränderungen seien vorteilhaft, war John nicht unbedingt dieser Meinung. Seine Welt war so von Menschen entleert, daß er kaum an Veränderungen im Mitarbeiterstab Anteil nahm, ebensowenig am Kommen und Gehen der Kinder — mit zwei Ausnahmen, einer guten und einer schlechten. Die gute Ausnahme war seine Lieblingsbetreuerin. Die schlechte war die Veränderung in der Belegschaft. Viele der geistig behinderten Kinder, die bei Johns Eintritt an der Schule gewesen waren, waren im Hinblick auf ihr Funktionieren unzulänglicher als John. Er erinnerte sich daran und beklagte sich über ihr Fortgehen. Obwohl er sich nur wenig für seine menschliche Umwelt interessierte, hatte er doch gern Kinder um sich, die noch weniger konnten als er; im Vergleich zu manchen von ihnen wirkte er relativ kompetent. Er nahm es übel, daß nun Kinder kamen, die ihm wirklich oder potentiell überlegen waren. Am meisten nahm er es mir übel, weil ich wesentlich zu dieser Veränderung beigetragen hatte.

Wie es für ihn typisch war, reagierte John nicht aktiv auf die Herausforderung, die die neuen Kinder darstellten, sondern lebte seinen Groll in Tagträumen über den Tag aus, an dem wir alle fortgehen würden. Er plante, länger als ich an der Schule zu bleiben — dann würden die früheren Kinder wiederkommen, und er wäre wieder »der Größte«. Er hatte das Gefühl, wenn er nur passiv warte, werde am Ende schon alles wieder gut werden. Wie ein Baby in totale Passivität verfällt, wenn sein Schreien ihm keine Erleichterung bringt [5], so hoffte auch John, durch passives Warten die Erfüllung seiner Wünsche zu erreichen.

Johns Fortschritte

Das Ende dieser beiden Jahre der Umstellung erschien uns als ein guter Zeitpunkt, die bisherigen Fortschritte Johns noch einmal zu überblicken — dies ist seither in unserer Arbeit zu einer ständigen Einrichtung geworden. Alle zwei Monate erörtern und beurteilen alle Mitarbeiter, einschließlich der Psychiater, unsere Arbeit mit einem bestimmten Kind und planen die in Zukunft zu unternehmenden Schritte, und zwar zusätzlich zu unseren täglichen Besprechungen. Aber damals waren wir noch so beschäftigt damit, unsere Arbeit in Gang zu bringen, daß solche Rückschau und Planung nicht so oft vorkam wie heute.

Diese Beurteilung Johns, erstellt während seines vierten Jahres an der Schule und am Ende des zweiten Jahres unserer Arbeit, ergab, daß seine Fixierung auf der oralen Stufe grundsätzlich unverändert war. Das Essen war nach wie vor eine Zwangsvorstellung, und zwar eine höchst schmerzliche. Der Fortschritt in Richtung auf irgendeine Art, der Welt zu begegnen, war schrecklich langsam. Jede Betätigung war immer noch an den oralen Bereich gefesselt. Als die Jungen in seiner Gruppe neue Spielzeugpistolen bekamen[6] und so taten, als schössen sie wie wild aufeinander und auf die Betreuerin, konnte John die seine nur abschießen, wenn er direkt auf den Mund der Betreuerin zielte. Sonst konnte er die Pistole kaum heben, so schwer kam sie ihm vor. Aber wenn er direkt auf den Mund eines Menschen schoß, konnte er es mit erstaunlicher Geschicklichkeit und Aggressivität. John hatte auch darin gewisse Fortschritte gemacht, sich das Regredieren zu erlauben und zu genießen, aber er hatte anscheinend noch nicht die nötige Kraft erlangt, nach normaleren intellektuellen oder motorischen Leistungen zu streben. Auch seine sehr begrenzten Fortschritte in der Persönlichkeitsintegration entsprachen nicht unseren Hoffnungen.

Das dritte Jahr

In diesem dritten Jahr unserer konzentrierten Bemühungen, John im Rahmen eines totalen therapeutischen Milieus zu helfen, begann sich seine Haltung gegenüber seiner Umwelt ganz allmählich zu verändern. Vorher hatte er sich, wenn Kinder ihn geneckt oder ausgenützt hatten, oder wenn ihm irgend etwas nicht gefiel, niemals offen beklagt, sondern nur seine Betreuerin oder Lehrerin äußerst trostlos und anklagend angesehen, weil sie nicht besser fähig war, ihn gegen selbstausgelöste Mißhelligkeiten zu schützen oder seine Wünsche und die wahre Bedeutung seiner rätselhaften Bemerkungen zu erraten. Jetzt verwandelte sich sein anklagender Blick — der dem eines Babys ähnlich war, das vom Erwachsenen erwartet, er müsse wie durch Zauber wissen, was er wolle — in die fordernde, aggressivere Haltung des Kleinkindes. John nahm seine Unzulänglichkeiten nicht mehr immer als selbstverständlich, als unvermeidlich hin, aber er konnte auch noch nicht die Verantwortung für sie übernehmen. Wenn er Fehler machte, nicht spielen konnte, Dinge fallen ließ, war es ihm jetzt viel peinlicher, weil sein Kontakt zur Realität stärker war und weil er sie weniger wahnhaft verzerren konnte. Wenn er früher diese Dinge getan hatte, behauptete er, das sei Absicht gewesen oder ein Scherz. Jetzt erkannte er seine eigene Verantwortlichkeit, konnte sie aber nicht zugeben — er zog es vor, der Betreuerin seine Schwächen vorzuwerfen. Auch dies entsprach wieder dem Verhalten eines Drei- bis Vierjährigen und ganz und gar nicht Johns chronologischem Alter von fast zehn Jahren.

Sein Interesse an der Umwelt erwachte allmählich, war aber noch weitgehend davon abhängig, ob ein Ereignis sich dazu eignete, gemäß seinen oralen Tendenzen ausgebaut zu werden. John konnte z. B. seine Aufmerksamkeit irgendeinem Vorgang in seiner Umgebung nicht länger als ein paar Minuten zuwenden, danach wanderte sein Geist ab in Phantasien oder in leeres Warten; in dieser Zeit masturbierte er oft. Eines Tages gab es eine Ausnahme, als er absolut fasziniert davon war, einer Dampfschaufel zuzusehen, die vor der Schule einen Graben grub. Keiner unserer Vorschläge konnte seine Aufmerksamkeit ablenken. Er sah stundenlang wie hypnotisiert zu, ohne sich zu bewegen oder zu sprechen. Oberflächlich wirkte dies wie das normale Interesse eines Jungen an Maschinen. Aber was ihm in Wirklichkeit so gefiel, war: »zu sehen, wie die Zähne der Schaufel sich tief in die Erde graben, hinein- beißen und eine Menge Dreck herausfressen«.

Die Zusammenkünfte mit den Eltern wurden immer mehr zu einer schweren Prüfung, der John sich bewußt widersetzte. Eines Sonntag- morgens, als einige Kinder über Besuche bei den Eltern sprachen, sagte ein Junge, der bis vor kurzem sonntags nach Hause gegangen war, diese Woche werde er in der Schule bleiben. Er bemerkte: »Dies ist der erste Tag seit langem, daß ich nicht heimgehe.«

John hörte dies mit an und sagte, vor allem zu sich selber: »Ich wünsch- te, ich hätte einen ersten Tag, an dem ich nicht mehr heimginge.« Das Gespräch wandte sich dann der Häufigkeit und Dauer der Besuche zu. John meldete sich zu Wort und sagte, früher seien seine Besuche länger gewesen, aber nun habe die Schule sie auf die Sonntage beschränkt. Mit nicht wenig Befriedigung in der Stimme bemerkte er, seinen Eltern gefalle diese Veränderung nicht, aber in diesen Dingen habe die Schule zu entscheiden, nicht die Eltern[7].

Aber selbst bei der größeren Unabhängigkeit von der Steuerung durch die Angehörigen, die unsere Fähigkeit, elterlichen Wünschen entge- genzutreten und kürzere Besuche durchzusetzen, mit sich brachte, machte jeder Kontakt mit den Eltern John unfähiger, der Welt aktiv zu begegnen. Zwar leistete er in manchen Lern- oder Spielsituationen nicht mehr passiven Widerstand, indem er trödelte oder überhaupt auf- hörte, sich zu bewegen, aber am Sonntagmorgen griff er, wie um gegen den bevorstehenden Besuch zu protestieren, auf solches Verhalten und andere Formen des Verzögerns zurück, einschließlich des Erbrechens. Er zog sich nicht an, dann kam er nicht zum Frühstück. Wenn er schließlich am Tisch angekommen war, aß er noch langsamer als sonst; er brauchte buchstäblich Stunden, bis er mit der Schale voll Getreideflocken fertig war, auf der er bestand, sobald man ihm gesagt hatte, daß seine Eltern auf ihn warteten. Dann fing er an zu würgen und zu erbrechen, so daß man ihn wieder säubern mußte. Wenn er schließlich so weit war, daß er sie begrüßen konnte, ging er manchmal in Richtung des Aufenthaltsraumes, wo seine Eltern warteten, manchmal aber auch in die entgegengesetzte. Jedenfalls wirkte er ganz verloren, wie im Traum.

Als John bewußter erkannte, daß er seinen Eltern nicht begegnen wollte — nicht, weil er sie nicht liebte, denn, ganz im Gegenteil, wenn er sie nicht geliebt hätte, wäre ihre Wirkung auf ihn nicht so groß gewesen —, wurde ihm auch klarer, was in ihrer Beziehung zu ihm nicht stimmte. Eines Tages z. B. sprach er von seiner großen Vorliebe für seine Großeltern mütterlicherseits. Der Grund dafür war, daß bei ihnen seine Mutter auch ein Kind war; deshalb wußte er, daß der Wunsch seiner Mutter, er solle essen und sauber sein, nicht obsiegen werde — statt dessen würde die Duldung seiner infantilen Wünsche durch die Großeltern den Tag regieren. Wir hatten zwar schon die ganze Zeit gewußt, wie sehr John es genoß, bei diesen Großeltern zu sein, aber nie vorher hatte er so klar ausgedrückt, was es für ihn bedeutete, wenn die Wünsche und Wertvorstellungen seiner Eltern der Oberherrschaft von Menschen unterlagen, die bereit waren, ihn zu verwöhnen. John hatte es vollständig aufgegeben, sein eigenes Leben zu leben, er hatte die Hoffnung verloren, irgend etwas anderes tun zu können als zu vegetieren, denn die mächtigsten, ja, die allein mächtigen Figuren seiner Welt erlaubten ihm nicht zu leben, wie er wollte. Jetzt, da er allmählich bereit wurde, nach Selbständigkeit zu streben, war es ihm schrecklich wichtig, sich zu vergewissern, daß seine Eltern nicht die höchste Autorität waren, sondern bloße »Kinder«; denn dann erschien es eher möglich, sein eigenes Leben zu leben, entgegen dem, was nach seiner Meinung ihre Wünsche für ihn waren.

Solche Gedanken und Motive veranlaßten John, zum erstenmal seine sich entwickelnde Urteilskraft auf die emotionalen Schwierigkeiten anzuwenden, mit denen er sich konfrontiert sah. Um reifer zu werden, um nicht nur physisch, sondern auch als Person zu wachsen, muß man einen Begriff davon haben, was dazugehört, daß man ein Kind ist und daß man ein Erwachsener ist. Wenn zwischen beiden kein Unterschied besteht, braucht man sich um seine Integration keine Sorgen zu machen. Daß John anfing, sich zu überlegen, ob es zwischen Erwachsenen und Kindern einen Unterschied gab, zeigte, daß er begonnen hatte, dieses Problem ins Auge zu fassen.

Der Aufgabe, erwachsen zu werden, zu reifen, eine höhere Integrationsstufe zu erreichen, wollte John noch ausweichen. Bezeichnend für viele Gespräche, die er mit seiner Psychoanalytikerin, seinen Betreuerinnen und Lehrerinnen über dieses Thema führte, war eins, in dem John seiner Analytikerin versicherte, der einzige Unterschied zwischen Erwachsenen und Kindern sei der, daß die ersteren rauchen und arbeiten, »sonst ist alles das gleiche«. Als die Analytikerin fragte, ob Erwachsene vielleicht etwas für Kinder tun, antwortete John: »Sie geben ihnen viel frische Luft und spielen Spiele mit ihnen.« Was für Spiele? »Wer kann's schneller, wer kann sich schnell anziehen und schnell essen.« Ob John glaube, an der Schule sei es so? »An der Schule gibt es Betreuerinnen; die spielen nicht das Spiel ›Wer kann's schneller‹« antwortete er. Auf die Frage, was er an der Schule tue, entgegnete John: »Ich bin langsam.«

Der Druck der Eltern, Dinge schneller — und besser — zu tun, als er es konnte, überwältigte John fortwährend. Er konfrontierte ihn mit der Kluft zwischen ihren Erwartungen und seiner Leistungsfähigkeit, einem so tiefen Abgrund, daß es hoffnungslos erschien, die Überbrückung auch nur zu versuchen, und das führte zu einem Gefühl der totalen Frustration. An der Schule erlaubte Johns Langsamkeit, die wir nicht störten, ihm eine gewisse personale Autonomie. Er konnte wenigstens so saumselig sein, wie er wollte; das stellte seine Hoffnung wieder her, er könne in gewissem Maß sein eigenes Leben manipulieren. Außerdem wurden, da wir ihn nicht mit seiner Unfähigkeit konfrontierten, Dinge rasch zu tun, neue Schläge gegen seine Selbstachtung verhindert. Wenn wir ihn auch gelegentlich ermutigten, etwas Neues zu lernen, achteten wir doch sorgfältig darauf, daß er es nur langsam und in der ihm angemessenen Zeit tat. Manchmal kam etwas dabei heraus. Wo er früher wie besessen versucht hatte, sich an einem Basketballspiel zu beteiligen, obwohl ihm dies unmöglich war, übte er nun stundenlang ganz allein, den Ball durch die Körbe zu werfen. Es gelang ihm selten, aber da nichts von ihm erwartet wurde, konnte er es mit unserer Hilfe immer weiter versuchen, und anstatt sich durch seine schlechten Würfe entmutigen zu lassen, führte er darüber Buch, wie nah er im Vergleich zu früheren Versuchen jetzt dem Korb kam.

Leider hatten seine Eltern nicht nur früher Druck auf ihn ausgeübt, sondern sie taten es immer noch, obwohl sie bewußt völlig mit der Meinung übereinstimmten, dies sei schlecht für John, und obwohl sie ehrlich zu vermeiden wünschten, ihn anzutreiben. Die Dinge, die John nach ihrer Meinung tun sollte, und ihre Gefühle in bezug auf ihn vermittelten ihm den Eindruck, als ließen sie ihn immer noch das alte Spiel »Wer kann's schneller« und »Wer kann erwachsene Dinge tun« spielen. Um ihnen gegenüber fair zu sein, muß man sagen, daß ihre Angst um Johns Zukunft und die schwere Beeinträchtigung, die seine Unzulänglichkeit für ihren Narzißmus bedeutete, ihre Handlungsweise ganz verständlich machten.

Bei einer besonderen Gelegenheit, die der Gabe, die John von seinen Eltern erwartete, große Bedeutung verlieh, machten sie ihm ein recht wertvolles Geschenk: ein Paar Ski. Bei anderen Anlässen dieser Art hatten die Eltern uns gefragt, was sie für John kaufen sollten, aber diesmal erkundigten sie sich nicht, ob dieses Geschenk ratsam sei. Die Eltern schienen recht gut zu ahnen, daß wir etwas einzuwenden gehabt hätten — so gut, daß John die Ski nicht mitbrachte, als er in die Schule zurückkam, auch erzählten uns die Eltern nichts davon. Wir hörten zum erstenmal etwas von den Ski, als John scheinbar beiläufige, aber in Wirklichkeit ganz absichtsvolle Bemerkungen über sie machte. Er war voll des Lobes über dieses wunderbare Geschenk. John, der sich beim Gehen kaum geradehalten konnte, sagte, mit diesen Ski könne er wirklich auf den höchsten Bergen und den steilsten Abhängen skilaufen; mit ihnen könne man sehr, sehr schnell laufen.

Aber bei der Beschreibung ihrer hervorragenden Eigenschaften wurde er ganz erregt und ängstlich; seine Aussprache wurde so undeutlich, daß man ihn kaum verstehen konnte; seine Gesten wurden immer übertriebener, bis er schließlich seine Bewegungen anscheinend überhaupt nicht mehr beherrschen konnte.

Nach diesem Höhenflug der Phantasie begann John darüber nachzudenken, ob er seine Ski mit in die Schule bringen und sie in den Midway-Anlagen (wo der höchste Hügel etwa vier Meter hoch ist) benützen sollte. Schließlich sagte er: »Na ja, ich werde die Ski bei der Schule nicht benützen; ich werde sie in der Umgebung von Chicago nicht benützen, und ich werde sie in Illinois nicht benützen. Ich werde sie vielleicht einmal benützen, in vielen, vielen Jahren.« Er fügte hinzu, schließlich sei es nicht eilig, die Ski zu benützen, denn sie würden ihm auch noch passen, wenn er sechzehn oder zwanzig oder vierzig Jahre alt wäre. Nachdem er so die Auseinandersetzung mit dem durch die Eltern gestellten Problem in der üblichen Weise auf unbestimmte Zeit verschoben hatte, wagte er mit weiterer Ermutigung von uns eine Äußerung seines Negativismus und sagte, er werde die Ski wahrscheinlich niemals benützen. Als er zu dieser Entscheidung kam, die durch das Geschenk der Ski implizierte Forderung der Eltern nach einer Leistung, die ihm unmöglich war, nicht zu erfüllen, konnte er sich beruhigen, seine Überaktivität verschwand, er grinste, und seine Aussprache wurde wieder einigermaßen deutlich.

Einige Monate später, als er mit der Psychoanalytikerin das Thema des Unterschieds zwischen Erwachsenen und Kindern weiter behandelte, konnte John eine reale Verschiedenheit zwischen ihnen erkennen. In seiner Vorstellung begannen Erwachsene sich als fähiger als Kinder abzuzeichnen; darum könnte es wünschenswert sein, erwachsen zu werden. Es gab eine Aufgabe, die nur Erwachsene erfüllen konnten: »Erwachsene sollten Kinder stillen.« John leugnete also entweder noch den Unterschied zwischen Männern und Frauen oder er klammerte sich noch an die Vorstellung, er als Junge brauche nicht erwachsen zu werden, denn das Erwachsenwerden mache ja nur bei Frauen etwas aus. Wie dem auch sei, er stellte wieder fest, die einzige wichtige Funktion der Erwachsenen sei, soweit es ihn angehe, das Austeilen von Nahrung. Auf die Frage, wie er vom Stillen erfahren habe, sagte er: »Ich hab's in Mutters Kochbuch gelesen. Es ist gut für sie. In dem Kochbuch ist ein Bild davon, das Baby — aber ich erinnere mich nicht mehr.« Spontan fügte er hinzu: »Meine Mutter macht Kuchen nicht so gut«, und nach einer Pause: »Weißt du, wir kochen an der Schule. Wir machen Sahnebonbons und Pfannkuchen. Meine Betreuerin hat das oft mit mir gemacht.«

Johns Leben drehte sich immer noch ausschließlich ums Essen. Für ihn war daher das Kochbuch der Hort der wichtigsten Erkenntnisse, einschließlich der Informationen über die Kinderaufzucht. Seine Mutter hatte zwar eins, verstand es aber nicht gut zu gebrauchen, genau wie sie es nicht verstand, ihn gut zu behandeln, und nicht wußte, was sie von ihm erwarten konnte. Aber seine Lieblingsbetreuerin konnte diese Dinge: Die Kuchen, die sie backte, waren gut, im Gegensatz zu denen seiner Mutter.

Die Sicherheit, die John daraus bezog, daß er sich an der Schule mehr akzeptiert und vielleicht sogar verwöhnt fühlte (der Kuchen hier war gut), ermöglichte es ihm, von Zeit zu Zeit Einsicht in die Methoden zu gewinnen, mit denen er seine wahre Lage leugnete. Einmal ließ er z. B. versehentlich ein Spielzeug fallen — was viele Male am Tag geschah. Seine erste Reaktion war: »Ich wollte es fallen lassen.« Aber nach einer kurzen Pause sagte er leise, fast unhörbar, zu seiner Lieblingsbetreuerin: »Das hab' ich früher immer gesagt.«

Solche vereinzelten Momente, in denen er die leeren Rationalisierungen verstand, die er benützte, um seine Handlungen fortzuerklären oder die emotionale Wirkung zu leugnen, die sie auf ihn hatten, konnte er jedoch noch nicht zu einem wahren Selbstbild verschmelzen. Der Leistungsdruck der Eltern, der bei jedem Wochenendbesuch neu verstärkt wurde, war zu stark, als daß John ein realistisches Bild seiner

Unzulänglichkeiten hätte gewinnen können. Er war dazu nicht in der Lage, solange er nicht sicher war, genug Zeit und Muße zur Verfügung zu haben, um seine Mängel langsam, Schritt für Schritt, zu überwinden. Da die Dringlichkeit, mit der seine Eltern wünschten, er solle sich ändern, es ihm nicht ermöglichte, sich Zeit zu lassen, konnte er sich nur hinter der Behauptung verstecken, er wolle das nicht tun, was er in Wirklichkeit gern tun wollte, aber nicht tun konnte [8]. Die klaffende Lücke zwischen dem, was seine Eltern erwarteten, und dem, was ihm möglich war, war zu groß, so daß John einfach alle Versuche aufgab. Wieder schien ihm alles an der Schule widerlich. Wir hatten angefangen, ihm Schritt für Schritt zur Selbststeuerung zu verhelfen. Er hatte Mut gefaßt und etwas versucht. Aber was er erreichte, erschien im Vergleich zu dem, was seine Eltern anstrebten, so wenig; außerdem schienen sie, sobald er irgendeinen Fortschritt machte, sofort viel mehr zu wollen (z. B. Skilaufen). Also schien es John, als ob seine Schwierigkeiten sich nur vergrößerten, wenn er den Anregungen der Schule folgte.

Gegen die Schwierigkeiten, denen er begegnete, setzte er die altgewohnte Abwehr ein: Er begann sich von jeder Bemühung zurückzuziehen. Er beklagte sich wieder, wieviel schlechter die Schule seit ihrer Reorganisation geworden sei. Sie sei vorher besser gewesen, denn er habe »nicht so viele Dinge tun müssen«. Das war in gewissem Sinn wahr. John war gezwungen worden, sich anzupassen, aber niemand hatte von ihm erwartet, daß er irgend etwas von sich aus tue, er war auch nicht herausgefordert worden, persönliche Beziehungen herzustellen oder seine Feindseligkeit und die Welt zu bewältigen. Er brauchte sich nur passiv unterzuordnen. Er konnte so seine Feindseligkeit behalten und ohne Kontakt zur Welt bleiben; er brauchte seine Mängel nicht an der Realität zu messen, und seine Unzulänglichkeiten blieben auf den Bereich der körperlichen Leistungen beschränkt — niemand forderte ihn heraus, eine Beziehung aufzunehmen, daher kam seine größte Schwierigkeit im Leben nicht zum Vorschein.

Also war die frühere Schule im entscheidenden Sinn »besser« gewesen, denn sie hatte John nicht herausgefordert, zwischenmenschliche Beziehungen herzustellen. Tatsächlich hatte er gar nicht gewußt, was menschliche Beziehungen waren. Nun, da er begann, es zu entdecken, beurteilte er seine Eltern im Licht seiner neuen Erkenntnis, und dies vermehrte nur seine Konflikte mit ihnen. Er versuchte herauszubekommen, was »Eltern« sind. Das Angenehmste, was sie mit ihm machten, war Spielen — aber, so fügte er hinzu, das taten auch Kinder. Bei den Sonntagsbesuchen schienen seine Eltern eine Wahnwelt zu schaffen, in der er immer tun konnte, was er wollte. Dadurch wurde die Schule zu einem verhaßten Ort, denn sie ermunterte ihn, sich seinen Schwierigkeiten zu stellen und zu versuchen, mit ihnen fertig zu werden. Das Ergebnis war immer noch die alte Sackgasse: John zog sich vor allen Kontakten mit Menschen in eine wütende und verzweifelte Isolierung zurück. Alles war ihm gleichgültig; alles war »ganz das gleiche, Betreuerinnen und Eltern«. Er behauptete, die Kinder und alle Mitarbeiter — nicht nur die, die er kaum kannte, sondern auch die, die ihm am nächsten standen — seien alle gleich. Das galt auch für Eltern. Es gab keine Unterschiede zwischen seinem Vater und seiner Mutter, seinen Großeltern und den Mitarbeitern der Schule.

Angesichts dieser Situation hatten wir das Gefühl, wenn wir wie bisher weitermachten, würden mehr Konflikte geschaffen als gelöst. Es wäre besser für John, wenn er nach Hause zurückkehrte und dort lebte und ausprobierte, was Eltern seien, und ob sie ihn wirklich immer alles tun lassen würden, was er wollte. Nach einer solchen Erfahrung, hofften wir, würde er vielleicht wieder für eine Behandlung zugänglich.

Als wir den Eltern diesen Vorschlag machten, waren sie zunächst überglücklich. Aber bald begannen sie mit Einwänden zu kommen — man konnte keine geeignete Schule finden, kein Dienstmädchen bekommen, die Mutter konnte aus finanziellen Gründen die Arbeit bei ihrem Mann nicht aufgeben. Kurzum, es wurde klar, daß ihnen zwar die Vorstellung sehr gut gefiel, John bei sich zu haben, daß aber beide vor einer derartigen Realität Angst hatten, eine Angst, die durch Johns Schwierigkeiten sehr wohl gerechtfertigt war. Kein Elternpaar konnte ein Kind erfolgreich behandeln, das seinem Narzißmus solchen Schaden zufügte. Also ließ man den Plan als undurchführbar fallen.

Aber bevor der Plan abgeblasen wurde, ermutigte die Psychoanalytikerin John, die Initiative zu ergreifen und seine Eltern zu fragen, ob er heimkommen könne, da er so unzufrieden sei; sie versicherte ihm, sie werde ihn auf jeden Fall weiter behandeln. Auch wir ermutigten ihn, mit seinen Eltern über diese Sache zu sprechen. Aber nach jedem Besuch, eine Woche nach der anderen, mußte er zugeben, daß er vergessen hatte, mit ihnen darüber zu sprechen. Schließlich meinte er, es sei besser, noch ein wenig zu warten, bevor er etwas unternähme, um nach Hause zurückzukehren. Diese Unsicherheit, ob er die Schule verlassen wollte, gekoppelt mit dem Widerstreben der Eltern, schien uns Grund genug, ihn weiter an der Schule zu behalten.

Sobald wir John sagten, da er sich nicht entscheiden könne, hätten wir beschlossen, er werde jetzt definitiv für die nächsten Jahre an der Schule bleiben, begann er sich über diesen Beschluß zu beklagen, denn

»zu Hause wäre es lustiger«. Dort könne er die Art von »Experimenten« machen, die an der Schule nicht erlaubt seien, wie das am letzten Sonntag. Er hatte Zwiebackkrümel mit Salz vermischt und seine Mutter überredet, wenn sie sich auch zunächst geweigert hatte, diese Mischung in Seifenwasser zu kochen. Nicht nur das; er hatte sie, trotz ihres Ekels, gezwungen zuzugeben, daß sie das Zeug gern äße, ja, er hatte sie tatsächlich dazu gebracht! Mit breitem Grinsen stellte er fest, an der Schule hätte er niemals jemand zwingen können, so etwas zu tun. Die Art, wie er dies sagte, ließ wenig Zweifel daran, daß er froh war, durch sein Verbleiben an der Schule für den größten Teil der Zeit verhindert zu sein, solche Versuche in der Realität durchzuführen.

Mit der Sicherheit, die aus dem Wissen erwuchs, er werde nun einige Jahre an der Schule bleiben und daher unfähig sein, seine feindseligen Pläne zu realisieren, konnte John seiner Psychoanalytikerin erzählen, daß er seine Zeit damit zubringe, sich unangenehme Kombinationen auszudenken. Er hatte z. B. daran gedacht, einen Klub zu gründen. Seine Hauptfunktion wäre die Neuaufnahme gewesen; neue Mitglieder sollten eine Mischung aus Pfeffer, Tinte und Salz trinken. Diese Mischung sollte gekocht, auf Brot verteilt, mit Butter zugedeckt und dann den neuen Mitgliedern zu essen gegeben werden; diese würden durch das harmlose Aussehen der Butterbrote irregeführt, nur um dann zu spät ihren üblen Geschmack zu entdecken. Am Sonntag zu Hause hatte er dies an einer Kusine ausprobieren wollen, hatte es aber nicht gewagt. In diesen »Vergiftungs«-Phantasien wollte er offenbar anderen das antun, was nach seinem Gefühl ihm angetan worden war, wenn die gute Nahrung, die ihm auf so schmerzhafte Weise eingeflößt worden war, wie »Pfeffer, Tinte und Salz vermischt« geschmeckt hatte.

Das Sprechen über diese Phantasien weckte den Groll gegen seine Eltern aufs neue. Wieder machte er wütende und herabsetzende Bemerkungen über sie; er fing mit scheinbar positiven Äußerungen an, die die beißenden Nebenbemerkungen, die folgten, nur um so geringschätziger wirken ließen. Er begann z. B. von dem wunderbaren Sonntag zu erzählen, den er gehabt hatte. Er war so wunderbar, weil er mit seinen Eltern ein Spiel gespielt hatte, in dem sie um ein Spielzeug kämpften, John und seine Mutter an der einen Seite des Bettes, der Vater an der anderen. Er und seine Mutter hatten jedesmal gewonnen. Es war ein großer Spaß. Gegen Ende ging die Mutter fort, und er kämpfte allein gegen den Vater. Gerade als der Vater gewann, mußte John zurück in die Schule.

Man könnte sagen, in ihrem Spiel hätten Mutter und Sohn einen ödipalen Sieg über den Vater agiert. Aber sobald die Gefahr bestand, die

Realität könnte sich im Sieg des Vaters durchsetzen, konnte John die Auseinandersetzung damit vermeiden, indem er in die Schule zurückkehrte. So spielte John immer sein Elternhaus gegen die Schule und die Schule gegen das Elternhaus aus. Keine der beiden Umwelten gewann für ihn genug Bedeutung, so daß er auf seine rachsüchtige, orale Phantasiewelt hätte verzichten können, durch die er früher erlittenes Unrecht und heutige Mängel so gut kompensierte, daß er es nicht nötig hatte, nach höherer Integration, nach Erfolg in der realen Welt, zu streben.

Wochenlang sprach er in der Schule und in der Analyse über nichts als diese Phantasien. Wenn er von seinen »Experimenten« mit Eßwaren und seinen Phantasien über Initiationszeremonien redete, pflegte sich sein Gesicht vor Eifer zu erhellen. Schließlich wagte er einige von ihnen zu agieren. Zu Hause hatte er seine Mutter überredet, seine Phantasien zu agieren, aber die an der Schule erworbene Freiheit ermöglichte es ihm, dieses »Experiment« selbst zu machen. Interessant war, daß er es mit einer Milchflasche ausführte; sein Zweck war, das Trinken von Milch aus einer Flasche für ein anderes Kind unangenehm zu machen. John tat Pfeffer in eine Milchflasche, verschloß sie dann wieder und ließ sie wie zufällig auf dem Tisch in seinem Schlafraum stehen, in der Hoffnung, ein anderes Kind werde daraus trinken. Endlich konnte er einen großen Schritt in Richtung auf Selbstdurchsetzung, auf Verwirklichung seines tiefsten Wunsches, tun. Er bestand darin, gutem Essen einen schlechten Geschmack zu verleihen.

Solche Versuche, eine Reaktion auf unsere Herausforderung, er solle sich behaupten und seine Feindseligkeit herauslassen, anstatt sie zu verdrängen, waren und blieben die Ausnahme, nicht die Regel. Meistens widerstand er den Bemühungen der Schule, seine Persönlichkeit zu befreien. Er wollte seine passive Traumexistenz nicht verlassen. Darum war er weiterhin unzufrieden mit der Schule. Eines Tages bat Johns Analytikerin ihn in Reaktion auf seine Klage, zu beschreiben, wie eine gute Schule sein sollte. Auf diesen Anreiz hin erging John sich in Phantasien über die »Orthogenic School, wenn ich Direktor bin«. Am allerwichtigsten in dieser imaginären Schule war: »Wenn jemand schläft, dann sollten die anderen keinen Lärm machen« und »Jeder sollte sein Spielzeug mit den anderen teilen, dann hätten wir mehr Gleichheit«. Der Wunsch nach ungestörtem Schlaf kam zuerst — als nächstes Schutz für seine Schwäche. In Wirklichkeit wurden sowohl sein Schlaf als auch seine Spielsachen geschützt, aber trotz unserer Bemühungen schlug er allzu oft anderen Kindern vor, sie sollten sein Spielzeug benützen; wegen seiner Schwäche wagte er seinen Wunsch, die Spielsachen nicht mit anderen zu teilen, nicht zu äußern. Nur noch eine weitere Veränderung wünschte er sich: die Möglichkeit, Gewalttätigkeit passiv mitanzusehen, um seine Feindseligkeit zu befriedigen. »Wenn irgend jemand einen Streit anfängt, sollte ein großer, starker Junge mit ihm boxen« — dann mit großem Genuß: »und ich will zusehen«! Sonst sollte »alles genauso bleiben, wie es ist«.

So sollte die ideale Schule sein, wenn John der Direktor wäre. Aber es wäre in der idealen Schule anders, sagte er, »wenn ich der Schüler bin«. In diesem Fall wäre die erste Forderung: »Milch aus der Flasche trinken«, und die zweite »Harte Arbeit«. So drückte er sehr genau seine Ambivalenz in bezug auf die Regression zur Milchflasche und in bezug auf Leistungsfähigkeit aus, was für ihn harte Arbeit bedeutete. Nach dieser Äußerung trank er mit Lust und Hingabe aus der Babyflasche und zeigte so, welchen seiner ambivalenten Wünsche er zu diesem Zeitpunkt in die Realität umsetzen konnte.

In seiner nächsten Analysestunde wollte John nicht fortfahren zu schildern, wie die ideale Schule funktionieren sollte, denn »du hast dich zu sehr dafür interessiert«. Aber nachdem er eine Weile aus der Babyflasche getrunken und Süßigkeiten gegessen hatte, machte er doch weiter. »Gründe, warum ich an der Schule bleiben und nicht an eine andere gehen will: Ich mag Turnen und Schwimmen so gern.« Wie schon erwähnt, zu dieser Zeit konnte er nur »Hundepaddeln«, da er noch zu große Angst hatte, das Schwimmen zu versuchen, und in der Turnhalle nahm er nie an den Aktivitäten teil. Er fuhr fort: »Gründe, warum ich zu Hause leben möchte. Es gibt keine Gründe.«

Man könnte spekulieren, warum John gerade solche Gründe für seinen Wunsch wählte, an der Schule zu bleiben, die Aktivitäten betrafen, die er fürchtete oder an denen er nicht teilnahm. Vielleicht hatte er sie an der Schule »gern«, weil er hier weder gezwungen noch ermutigt wurde, über seine Fähigkeiten hinaus an ihnen teilzunehmen, wie es zu Hause geschah. Oder es ist auch möglich, daß er, weil er an der Schule nicht gezwungen wurde, an ihnen teilzunehmen, seine Wahnvorstellung aufrechterhalten konnte, er könne hier ja etwas leisten, aber er meide sie, weil er sich eben nicht dafür interessiere. Auf jeden Fall, sobald John selbständig zu dem Schluß kam, es gebe für ihn keine Gründe, im Elternhaus zu leben, bemerkte er, es sei unfair, wenn er häufiger Besuche zu Hause machen müsse als andere Kinder[9]. Als wir dieses Stichwort aufnahmen und ihn fragten, was er davon halten würde, seine Eltern nur gelegentlich zu besuchen, antwortete er ganz realistisch, er werde vielleicht an den ersten zwei oder drei Sonntagen traurig sein, aber er werde sich daran gewöhnen. Dann ging er dazu über, von unseren

Sonntagsunternehmungen zu sprechen, die er nicht versäumen würde, wenn er in der Schule bleiben könnte.

Inzwischen gingen unsere Gespräche mit den Eltern weiter, und sie erkannten, wie schon erwähnt, daß sie für Johns Rückkehr nicht bereit waren. Mittlerweile war ihnen diese ins Auge springende Tatsache wirklich klar geworden. Darum baten wir angesichts der Gefühle, die John in bezug auf seine allwöchentlichen Besuche äußerte, und vor allem, weil wir glaubten, solange diese Besuche fortgesetzt würden, könne John keine großen Fortschritte machen, die Besuche sollten auf zwei-, drei- oder viermal im Jahr beschränkt werden, davon zwei Besuche von mehreren Wochen (zu Weihnachten und im August) und die anderen nur auf ein oder zwei Tage an Johns Geburtstag, am Erntedankfest oder bei ähnlichen Gelegenheiten. Eine derartige Regelung der Besuche war bei uns bis dahin mehr oder weniger zum bevorzugten System geworden. Dies führte zunächst zu neuen Einwänden von seiten der Eltern, aber als wir sie vor die Wahl stellten, John aus der Schule zu nehmen oder unsere Bitte zu erfüllen, schlossen sie mit uns einen Kompromiß; sie stimmten unserem Plan zu, verzichteten auf die regelmäßigen Wochenendbesuche und erbaten einen eintägigen Sonntagsbesuch einmal im Monat. Sobald diese Sache geregelt war, schienen sie ebenso erleichtert zu sein wie John, als er am Tag darauf von der neuen Regelung erfuhr.

Eine der Reaktionen der Eltern auf den Plan bestand in einer Wiederholung ihrer Berichte darüber, wie schrecklich enttäuscht sie von Anfang an über John gewesen seien. In Gesprächen, die geführt wurden, nachdem sie die neue Besuchsregelung akzeptiert hatten, machten sie offenherzige Bemerkungen darüber, wie extrem häßlich John von Geburt an gewesen sei; der Vater hatte erst gewagt, in die Säuglingsstation des Krankenhauses zu gehen, nachdem alle anderen Eltern fortgegangen waren, weil er nicht als Vater eines so häßlichen Babys bekannt werden wollte. Sie erinnerten sich, wie verletzt sie jahrelang in ihrem Stolz waren, wenn irgend jemand Bemerkungen über Johns Aussehen gemacht hatte. Sie konnten jetzt vor uns und vor sich selber zugeben, daß seine Besuche jeden Sonntag eine harte Prüfung für sie gewesen waren, weil John in ihnen ständig Schuldgefühle erzeugte und ihre Handlungen durch sein »trauriges Aussehen« beherrschte. Sie hatten das Gefühl, er habe sie »unbarmherzig« behandelt und er habe seine Macht über sie mit Erfolg dazu benützt, sie so im Trab zu halten und psychisch zu erschöpfen, daß ihnen keine Zeit für sich selber übrigblieb. Trotzdem hatten sie unseren ursprünglichen Plan der wenigen, unregelmäßig übers Jahr verteilten Besuche nicht akzeptieren können.

Sie wünschten die Regelmäßigkeit, die es ihnen und John ermöglichte, sich in der Zeit zwischen den Besuchen emotionell aneinander zu klammern, indem sie an den nächsten dachten und Pläne dafür machten.

Fast sofort, nachdem John wußte, daß er nur einen Tag im Monat zu Besuch bei seinen Eltern sein würde, verbesserten sich seine Beziehungen zu den anderen Kindern. Er begann, sich aktiver an ihren Spielen zu beteiligen. Innerhalb des ersten Monats nach der Einführung der neuen Regelung lernte er unter großer Anstrengung das Rollschuhlaufen, einen Sport, den er bis dahin als viel zu anstrengend und jenseits seiner Fähigkeiten abgelehnt hatte. Das brachte ihn sofort in engeren Kontakt mit den anderen Kindern seiner Gruppe, deren Lieblingszeitvertreib das Rollschuhlaufen in dieser Jahreszeit war.

Noch viel wichtiger ist, daß John etwa einen Monat nach dieser Einschränkung seiner Besuche zu Hause seine erste wirkliche Freundschaft mit einem anderen Kind schloß, eine Freundschaft, die viele Jahre dauerte und selbst nach seinem Ausscheiden aus der Schule noch weiter bestand. Im allgemeinen wirkte John jetzt glücklicher und lebhafter und in seinen Leistungen, wenn sie auch noch begrenzt waren, zulänglicher. Diese neuen Erfolge oder vielleicht auch die Reduzierung der Besuche, die ein Beweis für die Macht der Schule war, den Ansturm der elterlichen Forderungen zu mildern, schienen es John zu ermöglichen, infantilere Verhaltensweisen auszuprobieren. Der Zusammenhang zwischen besseren Leistungen und dem Nachgeben gegenüber regressiven Wünschen wurde dramatisch bewiesen, als John einige Wochen später, nachdem er gezeigt hatte, daß er ein paar Meter weit auf dem Fahrrad fahren konnte, ohne herunterzufallen, anfing, seinen Kot über die Toilettenbrille zu verteilen, und, als wir ihn nicht kritisierten, auch über den Fußboden des Badezimmers.

Nach einer kurzen Periode des Herumschmierens mit Kot ging John ohne Schwierigkeiten zum Herumschmieren mit Farbe über. Aber die Welt, die er malte, war immer noch düster und ohne Menschen. Er malte immer Häuser, gewöhnlich schwarz, manchmal von Gras umgeben oder mit einem Baum daneben. Bis er mit dem Bild fertig war, war es unweigerlich zu einer dunklen Farbschmiererei geworden.

John wurde auch freier im Genießen oraler Befriedigungen. Er mümmelte, saugte und kaute fast den ganzen Tag lang, gleichgültig, was er sonst gerade tat. Aber Nahrung war noch zu unangenehm, als daß er sie hätte genießen können. Also kaute er ziemlich heftig auf allem anderen herum, was sich ihm bot. Es war nicht ungewöhnlich, wenn er an einem Tag zwei oder drei Bleistifte zerbiß. Nachdem er sich einige Monate lang so betätigt hatte, saugte er endlich zum erstenmal an seiner Nahrung, anstatt sie mit der Hand tief in den Mund zu stopfen. Und anstatt mit den Händen mit dem Essen zu spielen, spielte er nun im Mund damit herum. Das geschah zum erstenmal bei einer Mahlzeit, als er Büchsenaprikosen aß. John riß zuerst mit der Hand ein Stück von der Frucht ab, dann teilte er sie mit dem Löffel. Er steckte ein Stück Aprikose in den Mund und lutschte ziemlich lange daran, bis es ihm aus dem Mund und aufs Hemd fiel. Er legte es wieder auf den Teller und begann den ganzen Vorgang von vorn, riß mit der Hand kleine Stückchen von den Aprikosen ab und steckte sie in den Mund, um daran zu saugen.

Ein paar Minuten später im Lauf dieser gleichen Mahlzeit lutschte John zum allererstenmal am Daumen. Er schien nicht zu wagen, es ganz und gar zu tun oder es sogar zu genießen. Aber sein Daumen näherte sich immer wieder zentimeterweise seinem Mund, und er lutschte ganz, ganz leicht daran. Dann nahm er ihn heraus. Er sah die ganze Zeit niemand an, sondern schien ganz in seinen Phantasien gefangen zu sein. Wie immer am Eßtisch sprach er überhaupt nicht und verhielt sich so, als sei niemand anders anwesend. Die anderen Kinder mochten eifrig reden oder still sein, für John war es gleichgültig. Er war vom Lutschen völlig in Anspruch genommen. Noch lange aß John in dieser distanzierten Weise; er lutschte offenbar ohne Emotion, in starkem Gegensatz zu seinem den ganzen Tag über andauernden, begeisterten Reden übers Essen.

Mit der neuen Selbstverwöhnung des ungehemmten Daumenlutschens, die auf seine ersten Versuche schon wenige Tage später folgte, und mit seiner Freiheit, mit Farbe herumzuschmieren, wurde auch Johns physische Koordination besser. Jetzt konnte er wirklich laufen, auch schnell, wenn er auch dabei seine Arme wild und haltlos herumschwang und die Beine in alle Richtungen warf, wie ein kleines Fohlen. John sah oft aus wie ein Zirkusclown, der aus dem Laufen eine Karikatur macht. Er pflegte breit zu grinsen, als versuche er absichtlich, komisch zu sein, während er in Wirklichkeit zu verdecken versuchte, wie mangelhaft seine Koordination trotz seiner sehr verbesserten Mobilität noch war.

Größere Freiheit beim Herumschmieren, beim Daumenlutschen und in der Fortbewegung schien es John zu ermöglichen, auch in der Offenbarung seiner Phantasien freier zu werden. In seinen Psychoanalyse-Sitzungen begann er, Geschichten zu erfinden. In der ersten ging es um einen Hund, der »eine Mutter und einen Vater hatte; und ein paar Jahre nach seiner Geburt starben seine Mutter und sein Vater an einer Krankheit — an Lungenentzündung —, und dann hörte ein Mann von diesem Hund und sorgte für ihn. Als er etwa drei Jahre alt war, geschah das«. Als John drei Jahre alt war, war er auf der Treppe gefallen und hatte sein zweites orales Trauma erlitten. Waren seine Eltern für ihn »gestorben«?

Ein paar Wochen später schrieb John eine Geschichte, in der er seine Helden nicht mehr als Tiere verkleiden mußte. Er wagte es, über Menschen zu phantasieren.

»Erstes Kapitel. Es war einmal ein Mann, der hieß Mr. Jones. Eines Tages, als er bei der Arbeit war, kam jemand sehr Seltsames herein und stahl seine Schreibmaschine. Und dann stahl ihm der gleiche Mann seine Rechenmaschine [10]. Diesmal war Mr. Jones so wütend, daß er geradewegs zur Polizei ging, noch ehe der Mann fort war. Und dann zog die Polizei aus, um den Räuber zu suchen, und sie fanden ihn am gleichen Tag und steckten ihn ins Gefängnis. Was für ein Mensch der Räuber war: Am Anfang war er sehr garstig, als die Eltern ihm das Räubern beibrachten, und dann, nachdem er seine Gefängnisstrafe gehabt hatte, raubte er nicht mehr.« In seiner Geschichte waren es die Eltern, die ihn böse Dinge gelehrt hatten, die die Ursache waren, daß er garstig war, und die daran schuld waren, daß er im Gefängnis landete [11].

»Zweites Kapitel. Im Gefängnis bekam er Filme zu sehen und hatte Zusammenkünfte mit ein paar Freunden. Er konnte Karten und Spiele spielen. Er durfte Briefe schreiben, und er mußte auf einem harten Bett schlafen, das heißt einem Bett, das härter war als seins zu Hause. Er bekam gutes Essen und wurde gut versorgt. Aber es gefiel ihm nicht sehr gut, aber es gefiel ihm. Ihm gefielen die Dinge, die man ihm zu tun erlaubte. Er durfte seine Eltern jeden Monat sehen. Aber seine Eltern mußten bei ihm im Gefängnis bleiben, wenn sie ihn besuchten. Ihm gefiel das harte Bett nicht, das war das einzige. Sein Bett zu Hause war viel weicher.« Das angenehme Gefängnis, wo er Filme sah, seine Freunde traf und Spiele spielte, gleicht der Schule. Noch wichtiger ist, angesichts seiner strengen Ablehnung aller Nahrung zu Hause, daß ihm das »gute Essen und die gute Versorgung«, die er im »Gefängnis« bekam, gefielen. Das einzige, was ihm mißfiel, war das härtere Bett in der Schule. In seiner Geschichte »durfte« er seine Eltern einmal im Monat sehen, aber er machte eine wichtige Änderung: Er besuchte sie nicht zu Hause; sie mußten ihn »im Gefängnis« besuchen. John wußte nicht, daß wir, als die monatlichen Besuche abgemacht worden waren, vorgeschlagen hatten, die Eltern sollten ihn in der Schule besuchen, was uns viel lieber gewesen wäre, aber sie konnten sich nicht dazu bereit finden.

»Drittes Kapitel. Warum seine Eltern ihn das Rauben lehrten. Weil sie dachten, er könnte es lernen. Sie waren Räuber, weil ihre Eltern es ihnen beigebracht hatten, und so weiter.«

»Viertes Kapitel. Schlechtes Gewissen. Die Mutter — seine Eltern, mein' ich — mußten bei ihm im Gefängnis bleiben — nein, ihn besuchen — wegen des schlechten Gewissens, denn sie hätten ihn aus dem Gefängnis holen und wegbleiben können.« In diesem Teil der Geschichte verbesserte John sich zweimal an einer wichtigen Stelle. Zunächst war es nur die Mutter, die ein schlechtes Gewissen hatte; dann waren es beide Eltern. In Wirklichkeit hatte die Mutter viel stärkere Schuldgefühle in bezug auf das, was John passiert war. Zweitens ließ er die Eltern wegen ihres schlechten Gewissens im Gefängnis bleiben; dann berichtigte er dies rasch, so daß sie ihn dort nur besuchten. Warum hatte er zuerst gesagt, sie müßten ins Gefängnis? Er beurteilte die Schuldgefühle seiner Eltern richtig — er, der Räuber, hatte offensichtlich keine, denn sie waren an allem schuld. Die Eltern, die sich schon schuldig fühlten, weil sie ihm böse Dinge beigebracht hatten, fühlten sich nun, da er im Gefängnis war, noch schlechter; wegen ihrer Schuldgefühle könnten sie versuchen, ihn herauszuholen und so seine Rehabilitierung stören. Er wiederholte noch einmal, daß seine Eltern ihn im »Gefängnis« besuchen sollten. Auch dies — daß Besuche nur im Gefängnis stattfinden »mußten« — schob er auf das schlechte Gewissen der Eltern. Auch eine andere Deutung könnte zutreffen. So sehr er selber es nötig hatte, in diesem Gefängnis rehabilitiert zu werden, so sehr hatten es auch seine Eltern nötig. Der Einfluß ihres schlechten Gewissens auf die Art, wie sie John behandelten, nahm ihm die Möglichkeit, gesund zu werden. Sie mußten von ihren Schuldgefühlen befreit werden, damit John gut mit ihnen leben konnte.

»Fünftes Kapitel. Der Polizeichef. Der Polizeichef kannte Mr. Jones sehr gut, und manchmal sahen (sie) einander sogar praktisch jeden Tag in der Woche. Der Polizeichef war nett. Er trug eine schwarze Mütze, ein schwarzes Jackett und schwarze Hosen, ein weißes Hemd, braune Socken und schwarze Schuhe. Er sprach Amerikanisch, aber er hatte doch einen jüdischen Akzent. Er hatte etwas schwarzes Haar. Er ließ ein paar Leute vorzeitig aus dem Gefängnis heraus.« Wenn ich auch nicht täglich einen Mr. Jones sah, so sah ich doch gewiß John alle Tage. Ich trage gewöhnlich dunkle Anzüge und weiße Hemden, und ich habe einen deutschen Akzent, der in Kombination mit der Tatsache, daß ich Jude bin, John als jüdischer Akzent erschienen sein mag. Und zur Zeit seiner Erzählung waren auf meinem Kopf noch ein paar schwarze Haare übrig.

Andere Phantasien drückten Johns tiefe orale Feindseligkeit aus. Er

kehrte zu seinen Tagträumen über das zurück, was er in Initiationszeremonien anderen zufügen würde, wobei er nun eine Hierarchie
aufstellte:

»Die erste Initiation: Wenn jemand gern Kuchen ißt, gibt man ihm
einen feinen Kuchen, nur tut man etwas Salz und Pfeffer drauf; dann
gefällt ihnen der Geschmack nicht, dann werden sie nie wieder das
Stück Kuchen essen wollen.« Um in Johns Geheimgesellschaft einzutreten, mußte man also zuerst das Interesse am Essen verlieren, wie er
es selber im Säuglingsalter verloren hatte.

»Die nächste Initiation: Man gibt jemand ein schönes Brot mit Erdnuß-
butter und Marmelade, auf das man Paprika streut.«

»Nächste Initiation: Jemand muß Kaffee trinken, selbst wenn er keinen
mag. Man muß ihn ihnen in den Mund gießen, wenn sie nicht hin-
schauen. Man muß ihnen den Mund aufsperren, wie man es bei mir
gemacht hat.«

Bei dieser Initiation ging das Opfer von fester Nahrung zur flüssigen,
vom Essen zum Trinken über, umgekehrt wie der Säugling, der mit
Flüssigkeiten anfängt und zu fester Speise fortschreitet. Die letzte Initiation stellte Johns ursprüngliches Trauma dar, wo man ihm Flüssigkeiten einflößte, und die Eltern (oder die Kinderschwester) versuchten,
ihr Ziel gegen seinen Widerstand zu erreichen, indem sie sich die Augenblicke zunutze machten, in denen er nicht hinschaute. Es ist bemerkenswert, daß John diese feindseligen oralen Phantasien um eine
Initiation herum anordnete. Eine Initiation ist buchstäblich der Akt
des Beginnens. Was John wieder durchspielen wollte, war seine Einführung ins Leben, seine ersten Erfahrungen mit dem Leben. Wie es so
oft bei unseren Kindern der Fall ist, versuchte John das, was man ihm
angetan hatte, dadurch zu bewältigen, daß er es uns antat. Da sein Leben des passiven Leidens damit begonnen hatte, daß er oral überwältigt
wurde, wollte er sein aktives Leben der Bewältigung damit beginnen,
daß er andere überwältigte und sie zwang, Nahrung aufzunehmen, die
unangenehm schmeckte.

Beim Diktieren dieser Initiationszeremonien wurde John immer lebhafter; sein Ausdruck war besonders dramatisch, als er vormachte, wie
der Mund des Opfers mit Gewalt aufgesperrt werden sollte. Später
leugnete er unter erregtem Kichern, daß er jemals in dieser Weise gezwungen worden sei, obwohl er es zuerst zugegeben hatte. Aber er sagte
während dieses Gesprächs spontan, daß »kein Zwang, etwas zu essen«,
eine Regel, die bei der Reorganisation der Schule aufgestellt worden
war, eine gute Regel sei.

Danach wurden Johns Initiationsphantasien spezifischer. Er wollte nun nicht mehr jedermann überwältigen. Er schien zufrieden, die Initiation nur bei Kindern durchzuführen, die er nicht mochte.

In einer dieser Phantasien sagte John, er wolle das andere Kind »in ein wirklich heißes Bad, in richtig heißes Wasser stecken. Dann würde es böse werden, und etwa nach zehn Minuten würde ich es herausnehmen — ich meine, das heiße Wasser abdrehen und kaltes Wasser einlaufen lassen, bis es erstarrt vor Kälte«. In der zweiten Initiation: »Ich würde ihn etwas essen lassen, das er nicht essen will. Ich würde einen meiner Freunde bitten, seinen Mund aufzusperren; dann würde ich das Zeug reinwerfen. Ich meine, ich würde das Zeug reingießen.« Als wollte er solche Mißhandlungen verdecken oder rechtfertigen, schloß John mit der Beschreibung einer ziemlich harmlosen Initiation für Kinder, die er nicht ablehnte, die sich aber schlecht benahmen: »Gib ihnen ein Stück Kuchen, in dem Salz und Pfeffer und Paprika sind.«

In diesen Phantasien herrschen Überreste früherer Erfahrungen mit schmerzhaftem Essen vor. Neu waren die Hinweise, daß es auch qualvolle Erfahrungen taktiler und kinästhetischer Art gegeben hatte, die er nun mit seinen oralen Frustrationen vermischte. Solche körperlich schmerzhaften Erlebnisse können ebenso weitreichende Folgen gehabt haben wie seine oralen Entbehrungen. Im allgemeinen wissen wir weniger über sie, weil sie sich zur verbalen Äußerung nicht so anbieten.

Johns Berührungsangst und sein Mangel an motorischer Koordination und Beherrschung (die athetoiden Bewegungen, der Umstand, daß er wie ein Spastiker wirkte) weisen auf andere Fixierungen hin, die ebenso tief verwurzelt waren wie die oralen. Wenn man sie auf Traumatisierungen in der sogenannten oralen Phase zurückführt, ist das in gewisser Weise irreführend. Wir haben ziemlich viele Kinder beobachten können, die auf Grund sehr schlechter Erfahrungen am Beginn ihres Lebens schreckliche Angst vor Berührung haben und ihre Bewegungen nicht beherrschen können. Wenn ihre Traumatisierung auch (psychoanalytisch gesprochen) in der oralen Phase stattfand, war sie doch in Wirklichkeit taktiler und kinästhetischer Natur. Art und Folgen solcher Früherlebnisse müssen noch sehr viel eingehender untersucht werden. Das Konzept vom Vorherrschen des Oralen in den ersten Lebensmonaten bedarf im Hinblick auf die große Bedeutung taktiler und kinästhetischer Erlebnisse während dieser Periode der gründlicheren Betrachtung.

Jedenfalls schien John in diesen Phantasien auf äußerst unangenehme Erlebnisse zu reagieren, die möglicherweise eintraten, als er im Säuglingsalter gebadet oder sonstwie angefaßt wurde. Dies wäre eine weitere Erklärung seiner körperlichen Unkoordiniertheit und seiner gro-

ßen Angst und seines Widerstandes in Verbindung mit Berührung und
körperlicher Nähe. Sein Abscheu vor Nähe machte es uns schwer, uns
ihm zu nähern und ihm Behaglichkeit zu bieten, indem wir ihm die primitiven, non-verbalen, taktilen und kinästhetischen Erlebnisse verschafften, die er von Anfang an hätte genießen sollen, und die jetzt wenigstens
einige seiner emotionalen Bedürfnisse hätten erfüllen können.

Ein wenig später fuhr John fort, bei seiner Analytikerin Geschichten
über Räuber zu erfinden; diesmal ging es um ein Kind, das zunächst in
Schwierigkeiten geriet und sich dann besserte. »Es war einmal ein Räuber, der hieß Jack. Er war nur ein Räuber, solange er klein war, und er
hörte damit auf, als er groß war. Eins seiner Erlebnisse war, daß er
einen Bankraub anfing; sie steckten ihn ins Gefängnis, bis er älter war
und nicht mehr so dumm, einen Bankraub zu begehen und auf seine
Eltern zu hören, wenn sie davon sprachen.

»Danach wurde er ein Mann — mehrere Jahre später — also als er groß
wurde, wurde er Polizeichef. Nun war der Polizeichef sehr klug. Er
wußte eine Menge darüber, wie man Raubüberfälle verhindert. Ein
paar Jahre später ging er eines Tages nach Hause, um seine Mutter
und seinen Vater zu besuchen. Seine Mutter und sein Vater sagten:
›Hast du den Bankraub gemacht?‹ und er sagte, ›Ja, aber ich kam dafür
ins Gefängnis, darum beschloß ich, mit diesen komischen Geschichten
aufzuhören‹.«

In seiner Geschichte schien John die Auseinandersetzung mit seinem
Gefühl zu versuchen, er könne nur rehabilitiert werden, wenn er nicht
auf die Forderungen seiner Eltern höre. Er schien den Eindruck zu
haben, diesen könne er auf ehrliche Weise nicht entsprechen, sondern
nur auf antisoziale Weise, wie z. B. durch Raub. Gewiß, er war nicht
verwahrlost, und vielleicht war dies einer der Gründe, warum er die
Eltern in seiner Geschichte beschuldigte, sie lehrten ihren Sohn das
Rauben: Er konnte es, weil er wußte, daß seine eigenen Eltern nie etwas
Derartiges getan hatten. Aber John erkannte die Unehrlichkeit, die den
hinterlistigen Methoden innewohnte, mit deren Hilfe er versuchte, die
Leistungsforderungen seiner Eltern zu erfüllen. Das Verdecken seiner
Ungeschicklichkeit durch die Behauptung »Ich wollte es fallen lassen«,
»Ich will komisch laufen«; die megalomanen Behauptungen über seine
Fähigkeiten (»Ich muß auf meine Eltern aufpassen«) oder der Versuch,
seinen Eltern zu gefallen, indem er Wünsche äußerte, die seinen Gefühlen zuwiderliefen (»Ich will skilaufen«) — all diese Manöver erschienen ihm, da die Schule auf echten Gefühlen und Ausdrücken bestand, als ebenso unehrlich wie Raub.

John äußerte die Hoffnung, wenn er erwachsen sei, werde er fähig sein, widerwärtigen elterlichen Forderungen zu widerstehen, nicht nur, indem er nicht auf sie hörte, sondern indem er positiv etwas unternähme, um zukünftige »Raubüberfälle« zu verhindern, d. h., indem er Polizeichef würde (fast als sei er sich klar über die psychischen Bindungen zwischen Verbrechern und Polizisten). Das Gefängnis kann wieder die Orthogenic School bedeuten, aber warum spricht John von einem Bankraub? Und was hat er gestohlen? War er beraubt worden, war er der Dieb, oder beides? Möglicherweise fühlte er sich um die infantilen Lusterlebnisse gebracht, die das Geburtsrecht jedes Kindes sind, um die befriedigenden Beziehungen, auf die jeder Mensch einen Anspruch hat. Vielleicht trieb ihn seine Feindseligkeit zu dem Versuch, sich mit Gewalt das zu verschaffen, was er auf normale Weise nicht bekommen hatte; so wurde er beides, der Beraubte und der Räuber.

Welche Bedeutung diese Geschichten auch haben mögen — die größere Freiheit, seine Phantasien zu äußern, größere orale und kinästhetische Befriedigung und einige reale Leistungen veranlaßten John, mit »diesen komischen Geschichten« aufhören zu wollen. Er hatte es z. B. nicht mehr nötig, so »komisch« zu laufen, weil er tatsächlich in der motorischen Koordination wesentliche Fortschritte machte. Zugleich begannen sich auch seine Schulleistungen zu bessern.

Wie John versuchte, sich durch seine Geschichten dem elterlichen Einfluß zu entziehen, so versuchte er auch, eine Lösung seiner ödipalen Konflikte zu finden. Auch hier benützte er wieder eine neuerworbene Fertigkeit zur symbolischen Bewältigung eines alten Konflikts, dem er sich vorher nicht gewachsen gefühlt hatte. Er lernte endlich, ziemlich gut Mühle zu spielen. Früher waren ihm wegen seiner schlechten Koordination die Steine aus der Hand gefallen oder sie waren auf den falschen Stellen gelandet; jetzt konnte er recht gut mit ihnen umgehen. Nachdem er dieses neu gelernte Spiel immer wieder ganz allein gespielt hatte, gelang es ihm, viele seiner Altersgenossen zu besiegen.

Aus seinem Verhalten konnte man, wenn er allein spielte, ableiten, daß zwischen den schwarzen und den weißen Steinen eine Schlacht im Gang war. Leider konnten wir nur gelegentlich die Bemerkungen mit anhören, die er machte, wenn er ins Spiel vertieft war. Er pflegte z. B. zu sagen: »Die Schwarzen sind der Vater und der Sohn, und die Weißen sind die Mutter«, oder: »Die Mutter und der Sohn sind gegen den Vater.« Inzwischen ließ er die Steine vor- und zurückmarschieren, tief in Gedanken und Gefühlen verloren.

Wenn er zu Hause mit seinen Eltern spielte, triumphierten er und seine Mutter immer über den Vater. Aber wenn er in der Schule allein spielte, gewannen Vater und Sohn sehr oft gegen die Mutter. Er schien in der Phantasie die ödipale Situation zu erforschen — einmal stellte er sich auf die Seite der Mutter, ein andermal auf die des Vaters; manchmal versuchte er die Lösung sogar dadurch herbeizuführen, daß er sich mit dem Vater identifizierte. In der Realität, und besonders, wenn er zu Hause war, klammerte er sich in prä-ödipaler Weise an die Mutter, während er den Vater übersah oder haßte. Seine Beziehung zu den Eltern war immer symbiotisch — John stellte sich auf die Seite des einen oder des anderen Elternteils — er war nie selbständig — nie John als eigene Person. Das stimmte überein mit dem Umstand, daß er immer noch keine echte Beziehung zu irgendeinem Erwachsenen herstellen konnte. Selbst die eine Freundschaft, die er mit einem anderen Jungen geschlossen hatte, war symbiotisch, eher eine *folie à deux* als eine wirklich nützliche und heilsame Verbindung. Obwohl wir im Auftauen von Johns Gefühlen und in der Behebung seines symptomatischen Verhaltens (besonders seiner Anorexie) schon gute Fortschritte gemacht hatten, hatten wir ihm zur Befriedigung seines stärksten Bedürfnisses — der Herstellung einer engen, tragenden Bindung an einen anderen Menschen — noch nicht verhelfen können.

Das vierte Jahr: eine neue Freundschaft schlägt Wurzeln

Leider plante die Betreuerin, die sich John seit der Reorganisation am intensivsten gewidmet hatte, zu diesem Zeitpunkt, uns zu verlassen. In welchem Maß dieser Beschluß durch die Tatsache motiviert war, daß John drei Jahre lang sehr an ihren emotionalen Reserven gezehrt hatte, können wir nicht sagen. Wie dem auch sei, bei unseren Plänen für John mußten wir berücksichtigen, daß er in wenigen Monaten die Person verlieren würde, die für ihn bis dahin am wichtigsten gewesen war und mit deren Hilfe er seine größten Fortschritte gemacht hatte.

Zu dieser Zeit war auch seine Psychoanalytikerin, wie wir an der Schule, widerstrebend zu dem Schluß gekommen, daß John außerhalb der Schule die Art von Beziehung nicht herstellen konnte, die er zu seiner weiteren Besserung am meisten brauchte. Es war klar geworden, daß sogar die Fahrt in die Stadt in die Praxis der Psychiaterin seine Energien zu stark erschöpfte, als daß diese Sitzungen ihm sehr viel hätten nützen können. Zu seinem größten Nutzen mußte er nach unserer Ansicht eine andere Beziehung nahe dem Zentrum seines Lebens herstellen.

Unsere Entscheidung wurde auch dadurch beeinflußt, daß John spontan seine Abneigung äußerte, zur Psychotherapie-Stunde in die Stadt zu fahren, und daß er sich wünschte, seine Sitzungen bei jemand zu haben, der ständig an der Schule war. Außerdem mußten wir uns offen der Tatsache stellen, daß John die emotionalen Reserven der Menschen, die ihm am nächsten standen, erschöpfte. Wir schlossen also, es sei vielleicht am besten, wenn er eine enge Verbindung mit jemand anders als seinen Betreuern eingehen könnte, mit einem Menschen, der ihm zwar alle Tage zur Verfügung stünde, aber nicht die ganze Zeit mit ihm zusammenleben müßte — ihn beschützen, für ihn planen, ständig mit ihm zusammensein —, und der deshalb weniger wahrscheinlich von seinen Symptomen, seinem Negativismus und seinem Mangel an Reaktionen abgenützt würde. Denn jeder, der mehr von dieser Last auf sich nähme, als man ohne negative Reaktion tragen konnte, würde in der Schaffung der Art von Beziehung behindert sein, die John am nötigsten brauchte.

Die Sozialarbeiterin der Schule schien wegen ihrer warmherzigen, mütterlichen Persönlichkeit ideal geeignet, um John eine solche Beziehung zu bieten und ihm dadurch zu helfen. Die Entscheidung, daß John seine Einzelsitzungen bei ihr haben sollte, wurde stark beeinflußt durch den Umstand, daß sie sich spontan für ihn interessiert hatte, und daß er sie von Zeit zu Zeit von sich aus aufsuchte. Von nun an kam er mindestens dreimal in der Woche zu regulären, geplanten Sitzungen zu ihr; darüber hinaus hatte er jeden Tag viele kurze, zufällige Kontakte mit ihr. Zugleich wurde die Psychotherapie bei der Analytikerin fortgesetzt, denn wir wagten es nicht, Johns Beziehung zu ihr zu beenden, bevor eine relativ stabile Bindung an jemand anders Wurzeln geschlagen hatte. Also ging John ein weiteres Jahr lang einmal in der Woche zu seiner Psychoanalytikerin.

In den ersten Gesprächen mit seiner Analytikerin, in denen das Thema seiner neuen Freundschaft mit der Sozialarbeiterin berührt wurde, blieb John ganz unverbindlich. Er konnte von zwischenmenschlichen Beziehungen nur negativ und in einer Weise sprechen, bei der emotionales Engagement vermieden wurde. Aber nach zwei Monaten, in deren Verlauf John überzeugt wurde, daß man keine positive Äußerung von ihm erwartete, drückte er seine Gefühle gegenüber der Sozialarbeiterin in typischer Weise aus. Er sagte mit Nachdruck: »Wenn jemand sagen würde, ich sollte *nicht* zu ihr gehen, würde ich nein sagen!«

Eines Tages, in einer seiner ersten Sitzungen bei der Sozialarbeiterin, beschloß John, mit Farbstiften zu malen. Als er sie musterte, war er überrascht, einen darunter zu finden, der mit »hellrosa« beschriftet war. Das schien John ein Widerspruch. Nachdem man ihm gesagt hatte, es sei ein zarter Farbton, sagte er, von allen Farben sei ihm ein

»zartes Schwarz« am liebsten — damit meinte er grau. Nachdem er
Interesse an einer warmen Farbe (rosa) gezeigt hatte, zog er sich sofort
wieder von dieser indirekten Äußerung positiver Gefühle zurück, indem er seine Vorliebe für eine Farbe zeigte, die keinen bestimmten
Ton hat. Offenbar wollte John seine neue Freundin schon ganz am
Anfang ihrer Beziehung wissen lassen, daß starke oder bestimmte Farben (Gefühle?) ihm unzugänglich waren. Aber sehr vorsichtig und
zweifellos unbewußt drückte er vielleicht doch durch den Gegensatz
seines Interesses für Rosa und seiner Vorliebe für Grau die Hoffnung
aus, diese neue Beziehung könnte ihm helfen, Rosa gern zu haben und
zu verwenden — die Farbe des Fleisches und deshalb des Lebens —,
anstatt Grau, das vielleicht seine aktuelle Depression und seine Scheu
vor emotionaler Bindung ausdrückte.

Bald trug John die meisten seiner alten Probleme und Sorgen zu seiner
neuen Freundin. Als er soweit war, ihr seine alten Phantasien über
Initiationen zu erzählen, spiegelten sie eine höhere Integrationsstufe
wider. Es waren nun keine Tagträume mehr, in denen andere gezwungen wurden, übelschmeckende oder widerliche Mixturen zu essen. Jetzt
wollte er Chemiker werden und mit verschiedenen Stoffen experimentieren. Er bat um einen Experimentierkasten für Chemie, um damit
»Wasser in Blut zu verwandeln, Blut in etwas Festes, dies in Tinte, und
Tinte wieder in Wasser«. Kurzum, er wollte Wasser in Blut verwandeln, eine Lebenssubstanz. Aber gemäß seiner allgemeinen Depression
kam bei dem von ihm beschriebenen Versuch nichts heraus, er endete
da, wo er angefangen hatte, beim Wasser.

Als Johns Lieblingsbetreuerin die Schule verließ, hatte John drei Monate lang wöchentlich drei Sitzungen bei der Sozialarbeiterin gehabt.
Dieser Verlust war ein schwerer Schlag für ihn und führte zu einem
starken Rückfall. Sobald er erfahren hatte, daß sie weggehe, hatte er
sich sofort von allen Kontakten mit Menschen zurückgezogen. Es
dauerte einige Zeit, und er brauchte viel Ermutigung — nicht nur von
dieser Betreuerin, sondern auch von den neuen, der Sozialarbeiterin
und der Analytikerin —, bis er zugeben konnte, wie wütend er war. Er
faßte schließlich seine Gefühle zusammen, indem er sagte: »Ich werde
es nie vergessen; vielleicht werde ich es irgendwann vergeben.« Vorläufig glaubte er nicht, daß er eine emotionale Verwundung jemals
wirklich vergessen könnte, aber er hoffte, er werde ihr eines Tages
vergeben können, daß sie ihn verlassen hatte. Wenn er das lernen
könnte, würde er vielleicht auch bereit sein, seinen Eltern die Traumatisierung in der frühen Kindheit zu vergeben, für die er ihnen die
Schuld gab.

Mit diesem Fortschritt in der Bewältigung der Trennung von seiner früheren Lieblingsbetreuerin wurde die Psychotherapie bei seiner Analytikerin für John immer weniger wichtig. Seine Beziehung zu der Sozialarbeiterin andererseits bekam immer größere Bedeutung. Diese zunehmende Intimität schien sein ganzes Potential zur Aufrechterhaltung intensiver Kontakte mit Erwachsenen aufzubrauchen, wenn auch einige Sitzungen bei der Analytikerin ihm noch wertvoll waren. Auf jeden Fall war die neue Beziehung Johns wichtigste emotionale Erfahrung, und es blieb dabei, bis er die Schule verließ. Obwohl der Beginn dieser Freundschaft von seiner Depression über den Verlust der Lieblingsbetreuerin überschattet war, war diese selbst etwas Neues. Zum erstenmal im Leben stand im Mittelpunkt der Beziehung Johns zu einem anderen Menschen etwas anderes als seine Frustrationen in bezug aufs Essen. Der Verlust einer Freundin war für ihn jetzt ein bedrängenderes Problem als die alte orale Problematik.

Als die Betreuerin John schließlich verließ, zog er sich in eine so vollständige Isolierung zurück, daß es nicht weniger als fünf Monate dauerte, bis John wieder auch nur einen Funken von Gefühl für irgend jemand zeigen konnte. Das geschah zum erstenmal, als es ihm gelungen war, ein wenig von seiner Feindseligkeit herauszulassen, nicht nur in der Phantasie, sondern im Handeln, während er bei seiner neuen Freundin, der Sozialarbeiterin, war. Eines Tages nahm er sich ein Spiel mit einem Hammer und Pflöcken. Zunächst hatte er Angst, den Hammer zu benützen, aber nach langem Zögern seinerseits und viel Ermutigung von ihrer Seite hämmerte er, ohne innezuhalten, fast eine halbe Stunde darauf los, wobei er immer wilder wurde. Er attackierte die Pflöcke auf jede nur denkbare Weise, während er sie immer stärker zu zerschmettern versuchte. Während der ganzen Zeit wurde sein Gesichtsausdruck immer zufriedener. Obwohl seine motorische Koordination schlecht war, gelang es ihm, so stark zu schlagen, daß mehrere der hölzernen Pflöcke zersplitterten. Dann hielt er inne, offenbar glücklich — und physisch und emotional erschöpft. Er wurde — was bei diesem Kind selten vorkam — sehr schlaff, sehr infantil und anschmiegsam, und ließ sich während der verbleibenden Zeit etwas vorlesen.

Von da an machte John wieder Fortschritte im Erlernen der Lebensbewältigung. Im Sommer begann er, im Sandkasten zu spielen, mit Fingerfarben zu malen und andere Kindheitsvergnügen zu genießen. Seine zufriedensten Augenblicke hatte er jedoch, wenn er allein in einem lauwarmen Bad saß, mit Wasserspielzeug spielte und wenn die übrige Welt ausgeschlossen war. Er begann seine neuen Betreuer weitgehend über das zu akzeptieren, was sie für ihn taten, während er in der Badewanne saß. Seine Fähigkeit, zu ihnen eine Beziehung herzustellen, war nicht mehr so sehr von der Abfuhr feindseliger oraler Aggressionen (Spucken, Erbrechen) abhängig, sondern von lustvollen Erlebnissen, in deren Mittelpunkt Berührung stand, eine Form des Kontakts, vor der John bis dahin zurückgeschreckt war.

Daß John weiterhin Fortschritte machen konnte — wie z. B. zur kraftvollen Aggression bei der Verwendung eines Werkzeugs —, und das vergleichsweise früh nach dem Rückschlag durch den Fortgang seiner Betreuerin, war hauptsächlich darauf zurückzuführen, daß die Zwischenzeit nicht ganz ohne zwischenmenschliche Kontakte gewesen war. Seine Freundschaft mit einem bestimmten Jungen war weitergegangen, und sie wurde noch verstärkt durch den Umstand, daß auch dieses Kind sehr an der ausgeschiedenen Betreuerin gehangen hatte. Früher waren die beiden Jungen, weil ihre Zuneigung zueinander zum Teil auf der Vorliebe für die gleiche Person beruhte, oft Rivalen gewesen. Jetzt fühlten sie sich noch mehr voneinander angezogen, und ihre Rivalität wurde zeitweilig von ihrem gemeinsamen Verlust verdeckt.

Sobald John seine Depression über den Verlust seiner früheren Betreuerin überwunden hatte, begann er diese Freundschaft mit dem anderen Jungen zu benützen, um sich bei allen Kindern immer mehr durchzusetzen. Johns Freund war bei Sport und Spielen ebenso unzulänglich wie John, seine motorische Koordination war ebenso schlecht, und auch er war sehr auf die Unterstützung und Hilfe seiner Betreuer angewiesen. Zusammen bildeten sie ein Zweiergespann, das nicht mehr immer nur die geduldig leidende Zielscheibe für die Kritik anderer Kinder zu sein brauchte.

John wurde nie sehr gut im »Einstecken«, aber er konnte nun ebensogut anderen »eins auswischen« wie einige andere Jungen — nicht durch körperliche Überlegenheit, sondern durch neckende oder aufreizende Bemerkungen. Er war freier in der Anwendung seiner Intelligenz, und er benützte sein größeres Wissen und eine beißende Ironie, um aggressiver zurückzuschlagen. Nur eins blieb bis zum Ende ohne Verbesserung: sein Verhalten am Eßtisch war für die anderen Kinder höchst ärgerlich. Es gelang ihm, den anderen jede Mahlzeit durch sein Trödeln, sein Herumschmieren und seinen unangenehmen Umgang mit der Nahrung zu verderben, die selbst bei den an der Schule üblichen freien und ungezwungenen Manieren auffielen. Auch die Freunde, die er sich in den folgenden zwei Jahren unter den anderen Kindern erwarb, fanden seine Tischmanieren abstoßend, und sie sagten das auch. Vor den drohenderen Äußerungen mußten Johns Betreuer ihn schützen.

In anderen Situationen versuchte er jedoch, sich an Unternehmungen zu beteiligen, die für Jungen seines Alters normal waren. Er konnte natürlich nicht beim Baseball mitspielen, ebensowenig bei anderen Spielen, die einen hohen Grad von Koordination erfordern, aber besonders während der Wintermonate errang er neue Erfolge. Er fing z. B. an, Briefmarken zu sammeln, und wenn seine Sammlung auch nie ordentlich war, weil er seine Marken beim Anfassen zerriß und beschmutzte, genoß er es doch, Briefmarken zu horten, und gelegentlich tauschte er auch. Er beteiligte sich, wenn mit der Eisenbahn gespielt wurde, er machte mit bei Spielen am Tisch, und er machte sogar ein paar schwache Versuche, einfache Flugzeugmodelle zusammenzusetzen, aber das gab er bald frustriert auf, weil ihm klar war, daß in Wirklichkeit der Erwachsene die Arbeit tat und er nur der Zuschauer war, der bei seinen Versuchen zu helfen unweigerlich das Modell zerstörte.

Während dieses Jahres wurden Johns Fortschritte in der Selbstdurchsetzung gegenüber den anderen Kindern immer wieder durch die Wirkung längerer Besuche im Elternhaus zunichte gemacht. Einmal faßte er, von uns ermuntert, genug Mut, um den Kauf einer aufziehbaren Eisenbahn zu planen; hätte er ihn mit dem kombiniert, was andere Kinder hatten, hätte er ein größeres Projekt entwickeln können. Aber sobald er erfuhr, daß ein Besuch bei seinen Eltern geplant war, der eine Woche dauern sollte, beschloß John, keine Eisenbahn zu kaufen, die er im Spiel mit anderen Kindern hätte benützen können, sondern kaufte sich ein Auto zum Aufziehen für sich allein. Er nahm es mit nach Hause und ließ es dann dort, weil es, wie er sagte, für ihn zu schwierig zum Aufziehen sei, und weil er fürchte, die anderen Kinder würden ihn verspotten, weil er es nicht könne. Bei der Rückkehr in die Schule isolierte er sich; wieder war ihm »alles gleich«. Im Gegensatz zu der matten, distanzierten Art, in der er über seinen Mangel an Interesse sprach, mit den anderen Kindern zu spielen, und zu seinem allgemein depressiven Zustand, beschrieb er die Heldentaten bei seinem Besuch lebhaft und positiv. Er sprach mit Vergnügen und Ironie darüber, wie er seine Eltern tyrannisiert hatte. Für ihn war der ganze Besuch eine Abfolge diktatorisch geäußerter Wünsche, die seine Eltern in jeder Einzelheit erfüllt hatten.

Die Pause zwischen seinem Besuch bei den Eltern am Erntedankfest und an Weihnachten war nur eine Zeit des leeren Wartens, das er durch Grübeln über die Frage verdeckte, ob er Fortschritte gemacht habe, und auf welchen Gebieten. Schließlich brachte er diese Spekulationen mit dem Umstand in Verbindung, daß seine Eltern dazu neigten, seine Leistungen auf die Probe zu stellen. Er hatte das Gefühl, der einzige Bereich, in dem er sich wirklich entwickle, sei die Beziehung zu seiner Sozialarbeiterin; das, sagte er mit einiger Freude, könnten seine Eltern nicht testen. Aber er konnte nicht spezifischer sagen, warum er meinte, dies sei der Bereich, in dem er sich entwickle, auch nicht, worin der »Fortschritt« bestand. Aber als er diese Bemerkungen machte, wirkte er ganz überzeugt und überzeugend.

Im Gegensatz dazu wirkten seine anderen Behauptungen über die angeblich gemachten Fortschritte leer. Er fing z. B. mit der Behauptung an, im Sport sei er schon weit gekommen, aber als er dann ins einzelne ging, wurde er immer zweifelhafter, und schließlich sagte er, wie weit es ihm dort fehle. Sobald er dies erkannt hatte, sprach er davon, wie seine Eltern einmal mit ihm auf einen öffentlichen Spielplatz gegangen waren und versucht hatten, ihn dort zu prüfen, indem sie ihn aufforderten, ihnen zu zeigen, wie gut er klettern oder die Rutsche hinunterrutschen konnte, obwohl solche Leistungen noch kaum im Bereich seiner Möglichkeiten waren. Als wir versuchten, ihn zu trösten und ihm zu zeigen, daß es viel wichtiger für ihn sei, zu lernen, vergnügt zu sein und mit anderen zu kommunizieren, wurde er sehr reizbar und kehrte zu seiner Anfangsthese zurück, er komme mit seiner Sozialarbeiterin voran.

In einem anderen Gespräch, das auch mit dem Thema seiner »Fortschritte« im Sport angefangen hatte, ging John, nachdem er wieder auf die Leere seiner Behauptungen gestoßen war, dazu über, seine schulischen Mängel zu erörtern. Gewiß, im Herbst hatte er — vielleicht, weil er über den Verlust seiner Lieblingsbetreuerin trauerte — in der Schule keine Fortschritte gemacht. Er sah dies nicht als seinen Fehler, sondern als einen Fehler der Schule an. Es war unsere Pflicht, dafür zu sorgen, daß er sich besserte; wir betrogen ihn um etwas, was ihm zukam, wenn er nichts lernte. Derartige Gefühle, die an der Oberfläche unvernünftig wirkten, waren emotionell verständlich. Die Schule hatte ihn angetrieben, aktiver nach der Welt zu greifen, indem sie ihn einer erzwungenen Intimität mit seiner Lieblingsbetreuerin aussetzte; er hatte diese Herausforderung angenommen, war durch sie ermutigt worden und hatte es zugelassen, daß sich in ihm eine starke Zuneigung zu ihr entwickelte. Nun war sie fort; dafür gab er natürlich der Schule die Schuld. Darum hatte er in gewisser Weise recht, wenn er behauptete, die Schule behindere seinen Fortschritt, indem sie ihn der Freundschaft beraube, deren Entwicklung sie vorher gefördert hatte.

Als die Zeit für seinen zweiwöchigen Weihnachtsbesuch herankam, vervielfachten sich Johns megalomane Äußerungen über seine Bedeutung im Leben seiner Eltern. Er plante, »ihnen bei ihrem Leben zu helfen«. Er hatte vor, »Salz auf den Teig zu streuen, wenn meine Mutter Pfannkuchen macht, den Schneebesen für sie zu halten und meinem Vater beim Autofahren zu helfen«. Wie wollte er dies letztere machen? »Indem ich das Steuerrad festhalte.« In solchen Augenblicken, wenn er so tat, als helfe er, obwohl seine Handlungen höchstwahrscheinlich nur eine Behinderung sein würden, fühlte John sich seinen Eltern besonders nah. Man kann sich fragen, wieweit seine Gefühle der emotionalen Realität seiner Situation entsprachen. Wenn er versuchte, irgend etwas selbständig zu tun, endeten seine Bemühungen unweigerlich mit einer Niederlage, was alle drei enttäuschte. Wenn er vorgebliche Hilfe anbot, konnten er und die Eltern sein Unvermögen leugnen oder übersehen (und doch unausgefüllte Zeiträume vermeiden); in gewisser Weise halfen seine Tätigkeiten allen, weil sie ihnen gestatteten, die Realität seiner Unzulänglichkeiten zu übersehen. Aber John war sich wahrscheinlich dessen bewußt, daß seine »Hilfe« in Wirklichkeit lästig war; höchstwahrscheinlich genoß er die Ironie der Situation: einerseits akzeptierten seine Eltern seine angebliche Hilfe, während er sie andererseits in Wirklichkeit bei dem behinderte, was sie zustande bringen wollten. John machte aus dem spielerischen Helfen, das einem Vierjährigen angemessen ist, eine Parodie der guten Interaktion zwischen Kind und Eltern.

Wie bei früheren Gelegenheiten regte das Warten auf den Besuch John an, Räubergeschichten zu erfinden. Im Unterricht hatte er etwas über Lincoln gelesen, und Johns Geschichte fing ganz harmlos mit einem wirren Bericht über den Bürgerkrieg an, der schloß: »Lincoln wurde von John Booth, einer verrückten Schauspielerin, im Lincoln-Theater erschossen [12]. Drei Tage später beschlossen sie, diesen Ort Lincoln Memorial zu nennen.« John sprach weiter darüber, wie häufig Raubüberfälle seien: »Praktisch jede Bank in Springfield, Illinois, wurde beraubt. Schließlich wurde der Räuber gefangen und wurde Polizeichef.« So tauchte auch das Thema des gebesserten Schurken, der zur Hauptstütze von Recht und Ordnung wird, während der Zeit des Wartens auf den Besuch wieder auf. Dann, unmittelbar vor seiner Abreise in die Weihnachtsferien, kehrte John zu Erinnerungen an die Zwangsfütterung zurück. »Vor langer Zeit hat meine Mutter mich gezwungen zu essen. Sie zwang mich zu essen, was ich nicht wollte. Aber sie hat es aufgegeben. Jetzt esse ich, was ich will, und höre auf, wann ich will.« Aber diese letzte Äußerung war eher eine Hoffnung als eine Tatsache.

Als John von seinem Besuch zurückkam, erging er sich wieder in Beschreibungen, wie er seine Eltern tyrannisiert hatte, während er bei ihnen war. Ihm kamen auch einige verzerrte Erinnerungen an den Krankenhausaufenthalt wieder in den Sinn, der seinem Eintritt in die Schule vorangegangen war. Er behauptete, er sei »wegen einer kleinen Erkältung« ins Krankenhaus gekommen. Aber er leugnete auch vollständig, daß er früher jemals Schwierigkeiten beim Essen gehabt hatte oder daß er erbrochen hatte, wenn er auch zugab, ein langsamer Esser zu sein. Als wolle er diesen Verleugnungen der Vergangenheit eine ähnliche Verzerrung der Gegenwart an die Seite stellen, fuhr er fort, übertriebene Behauptungen über seine sportliche Tüchtigkeit aufzustellen. Als wir sie als unrealistisch entkräfteten, erwiderte er: »Aber ich wollte all diese Dinge tun.« Warum? »Weil meine Eltern wollen, daß ich es tue.« Der elterliche Druck hinderte ihn daran, die Realität von der Phantasie zu trennen.

John brauchte etwa zwei Monate, um sich von den Nachwirkungen dieses Besuchs zu erholen, aber während der ganzen Zeit entwickelte sich unaufdringlich und in der Stille seine Beziehung zu der Sozialarbeiterin weiter. Anfang März, etwa acht Monate, nachdem seine regelmäßigen Sitzungen bei ihr angefangen hatten (und fünf Monate, nachdem seine Lieblingsbetreuerin fortgegangen war), fing John an, sich während seiner Sitzungen bei ihr gewisse infantile Befriedigungen zu gestatten. Er begann, indem er mit einer Puppe spielte, die »urinieren« konnte, und mit einer winzigen Babyflasche; diese Spielsachen waren die ganze Zeit zur Hand gewesen, aber er hatte sie nicht beachtet. Er ließ sich in allen Einzelheiten erklären, wie andere Kinder diese Puppen benützen, obwohl er es in seinem Schlafraum schon gesehen hatte. Als wir antworteten, die meisten Kinder täten gern so, als nässe die Puppe ein, sagte er, das wolle er nicht tun, aber er wolle statt dessen ein Experiment machen. Er füllte die Puppe mit Wasser aus der Puppen-Babyflasche und drückte dann die Wangen oder den Körper der Puppe, so daß das Wasser wieder aus ihrem Mund floß. Er tat dies während der ganzen Dauer vieler Sitzungen immer wieder, wobei er mit höchster Konzentration zusah. Dann kehrte er zu Versuchen mit dem Chemiekasten zurück, als wolle er die Verbindung zwischen seinen Initiationsphantasien (die so eng mit seinen chemischen Versuchen zusammenhingen) und seiner oralen Traumatisierung deutlich machen, die er wieder durchgespielt hatte, indem er die Puppe erbrechen ließ.

Wochenlang blieb er blind gegen alles außer Puppenspiele dieser Art und Experimente mit dem Chemiekasten, die meistens darin bestanden, daß er mit verschiedenen Substanzen herumschmierte. Nach einiger Zeit schien diese Freiheit im Agieren seiner oralen Problematik zu einer größeren Fähigkeit zu Schulleistungen, zum Spielen mit anderen

Kindern und, am allerwichtigsten, zur besseren Erkenntnis seiner wahren Gefühle zu führen. Die Ambivalenz und Depressivität seiner Gefühle wurde deutlich, als er zu Ostern seiner Sozialarbeiterin »ein frohes unfrohes Osterfest« wünschte. Im Zweifel, ob sie richtig gehört hatte, fragte sie, ob er ihr ein frohes, unfrohes Osterfest gewünscht habe. John lächelte schwach und sagte: »Ja, ich hab' gesagt, ich wünsch' dir ein frohes, unfrohes Osterfest«, und fügte mit noch leiserer Stimme hinzu: »Ist das nicht das, was die meisten Leute haben?«

Etwa einen Monat später wagte John, wieder zuerst unter dem Schutz seiner engen Beziehung, eine Erforschung der realen Welt zu beginnen. Er fing an, indem er sich elementarer Instrumente bediente, durch die man Gegenstände anschaut, besonders eines Kaleidoskops, mit dem man Muster machen kann, indem man verschiedene Gegenstände hineintut und dann das Kaleidoskop dreht [13]. Was auch der Grund sein mochte, John genoß es, mit diesem Kaleidoskop zu spielen; nach kurzer Zeit ging er zu einem Vergrößerungsglas über und schließlich zu einem Fernglas.

Nachdem sein Wagemut im Betrachten der Außenwelt ihm solchen Erfolg eingetragen hatte, kehrte John zur Bewältigung der inneren Welt infantiler Dränge und ungestillter Bedürfnisse zurück, aber auf höherer Ebene, denn er konnte seine emotionalen Bedürfnisse aufrichtiger zugeben. Er brauchte nicht mehr mit Spielzeug wie der einnässenden Puppe oder der Puppen-Babyflasche zu spielen. Er benützte jetzt eine echte Babyflasche mit Sauger. Mit einem Gesicht, als pfeife er im Dunkeln, sagte er: »Ich werde nicht daraus trinken — ich mache ein Experiment«, als fürchte er die Regression, die das Trinken aus der Babyflasche darstellte. Er füllte die Flasche mit Wasser, und weil er nicht wagte, den Sauger selbst daraufzutun, bat er, man möge es für ihn tun; dann ließ er das Wasser unter verschiedenen Vorwänden in eine Tasse tröpfeln — er wollte herausbekommen, wieviel Tropfen in die Tasse hineingingen, wieviele in der Flasche waren oder wie viele pro Sekunde herauskamen. Auch dieses Spiel setzte sich wochenlang ohne viele Varianten fort. John versuchte anscheinend, seine frühesten Erlebnisse nachzuschaffen, wo er mit der Pipette gefüttert worden war, um aktiv die quälend langsame Fütterung zu meistern, die er als Säugling passiv hatte ertragen müssen. Schließlich konnte man ihn überreden, die Wiederholung der oralen Frustrationen der Vergangenheit aufzugeben und zu versuchen, aus der Flasche mit dem Sauger zu trinken. Aber man konnte ihn nur unter dem Vorwand dazu bringen, man wolle wissen, wieviel Wasser oder Milch in einem bestimmten Zeitraum aus der Flasche getrunken werden könne. Selbst dann konnte er nicht freiweg trinken wie viele unserer Kinder, wenn sie erst einmal bereit sind, »zur Flasche zurückzukehren«. Er steckte zwar den Sauger in den Mund, aber er schien nicht zu wissen, wie er ihn benützen sollte. Er erwartete eher, das Wasser werde von allein aus der Flasche sickern — vielleicht, weil ihm in der Säuglingszeit die Milch mit der Pipette in den Mund getröpfelt worden war und weil er fast gar nicht gesaugt hatte. Erst nachdem man es ihm geduldig beigebracht und ihn sehr ermutigt hatte, versuchte er zu saugen, aber es war nur ein zögernder Versuch, und er schien ihm keine Freude zu machen.

Trotzdem benützte er die Flasche, als er das Saugen erst einmal gelernt hatte, während der ganzen Dauer seiner Sitzung. Monatelang lehnte er jede andere Betätigung ab, die man ihm anbot. Einmal, als er von der Flasche genug zu haben schien, schlug man ihm vor, er solle doch einmal mit dem Puppenhaus und den Puppen spielen. John lehnte mit großer Angst ab: »Ich bin noch nicht so weit, daß ich damit spielen könnte.« Offenbar fühlte er sich noch nicht bereit, mit den Gefühlen fertig zu werden, die die Probleme des Familienlebens in ihm weckten, welche die Kinder gewöhnlich beim Spielen mit diesem Spielzeug ausdrücken. In der Geborgenheit seiner Beziehung zu der Sozialarbeiterin war er zu sehr damit beschäftigt, sich für die versäumten infantilen Lusterlebnisse zu entschädigen, als daß er sich auf seine Beziehung zu den Eltern hätte konzentrieren können, für deren Bewältigung er — selbst im Spiel — noch nicht bereit war. Neben dem Trinken aus der Flasche verbrachte er seine Zeit lieber damit, zu messen, wieviel Flüssigkeit sie in Gramm, in Tropfen oder in Eßlöffeln enthielt, oder welche Mengen Milch oder Wasser in einer bestimmten Zeit heraustropften — er betrieb dies ad infinitum, wenn sein Geist nur beim Saugen von Flüssigkeiten blieb und nichts anderes eindrang.

Schließlich kam doch ein Tag, an dem John in sein Repertoire ein paar einfache Spiele aufnahm, die er mit seiner Sozialarbeiterin und mit seinen Betreuern spielte. Es waren unkomplizierte Glücksspiele, in denen der Würfel über den Sieger entschied. Aber wir wollten ihm die Erfahrung des Gewinnens verschaffen, wo eine gewisse Geschicklichkeit erforderlich war, so daß der Erfolg ihn ermutigen könnte, nach besserer körperlicher Koordination zu streben. Wir hatten das Gefühl, wenn er nur in irgendwelchen einfachen Wettspielen Erfolge erringen könnte, hätte er es nicht mehr nötig, megalomane Behauptungen über seine sportliche Überlegenheit aufzustellen oder den wahren Grund der Abneigung der anderen Kinder, mit ihm zu spielen, zu leugnen. Es kam für uns also darauf an, ihm den Mut zu verschaffen, seine Betätigungsbereiche zu erweitern, bis er an schwierigeren Spielen teilnehmen konnte. Das konnten wir nur erreichen, wenn wir ihn überzeugten, daß er trotz seiner Behinderungen wenigstens in einem solchen Spiel Erfolge erringen konnte.

Natürlich mußte das ein Spiel sein, in dem Koordination ohne große physische Anstrengung geübt werden konnte, da er dazu nicht fähig war. Wir meinten, das Spiel sollte ihn auch zu einem gewissen persönlichen Kontakt zwingen, dem er gewöhnlich auswich, wenn er konnte, um seiner Unzulänglichkeit in solchen Situationen nicht ins Auge sehen zu müssen. Weiter war nötig, daß Mißerfolg ein akzeptierter Bestandteil des Spiels war, denn da es John an motorischen Fertigkeiten fehlte, würden häufige Mißerfolge unvermeidlich sein; das könnte ihn veranlassen, den Versuch aufzugeben und zur wahnhaften Verleugnung zurückzukehren.

Dies geschah z. B., wenn er auch nur mit den einfachsten Puzzlespielen konfrontiert wurde. Er konnte nur selten die Stücke an der richtigen Stelle einfügen, und am Ende war er immer vollständig blockiert. Wenn er Farbstifte oder flüssige Farben benützte, begnügte er sich mit den schlimmsten Kritzeleien, die, wie er erklärte, der geplante Ausdruck seiner künstlerischen Begabung waren. Beim Ausmalen von Bildern gelang es ihm nie, innerhalb der Umrißlinien zu bleiben. Wir hatten es nicht gern, wenn er sich in unstrukturierte Tätigkeiten wie Malen oder Zeichnen stürzte, weil ihm dies die Möglichkeit gab, sich in wütende und frustrierte Isolierung zurückzuziehen, wenn er die Räume nicht richtig ausfüllen konnte oder nicht so zeichnen konnte, wie er wollte. Gewöhnlich lehnte er das Ausschneiden mit der Schere als zu mühsam ab, und da es ihm ohnehin am nötigen Geschick fehlte, führte auch dies zu einer Niederlage, aus der er sich wieder in sein undurchdringliches Schneckenhaus zurückzuziehen pflegte.

John war besonders ungeeignet für Spiele, bei denen die Gunst des Glücks rhythmisch wechselte. Er hätte z. B. gern mit Spielzeugsoldaten gespielt, aber dieser Elfjährige wußte einfach nicht, wo er anfangen sollte. Er konnte die Soldaten aufstellen, aber er war unfähig weiterzumachen und die Ebbe und Flut der Schlacht zu simulieren. Er wollte wenigstens nicht mehr, daß derjenige, mit dem er spielte, seine Soldaten tötete oder gefangennahm, aber es war ihm unmöglich, seine Figuren vorwärts und zurück zu manövrieren.

John wurde schließlich fähig, Wettspiele zu spielen, weil er lernte, Mikado zu spielen. Bei diesem Spiel ist nur der koordinierte Gebrauch einer Hand erforderlich, und außerdem braucht man nur zwei Finger. Es ist keine Anstrengung nötig, denn das Aufheben der Stäbchen verlangt kaum Kraft. Die vorübergehende Niederlage gehört zum Spiel, sonst könnten sich die Spielpartner nicht abwechseln. Es ist kein Verlust des Gesichts zu befürchten, denn beide Partner machen unweigerlich Fehler. Dies war für John ein sichtbarer Beweis, daß auch seine Niederlagen nur vorübergehend waren.

John spielte über anderthalb Jahre lang regelmäßig Mikado. Er hatte bei der Psychoanalytikerin angefangen, das Spiel zu lernen, und bei seiner Sozialarbeiterin hatte er es fortgesetzt. Viele Monate war er zu dieser höheren motorischen Leistung nicht fähig, wenn andere zusahen — besonders Kinder, deren Überlegenheit er beneidete und zugleich leugnete. Er konnte nicht riskieren, von ihnen herausgefordert und besiegt zu werden. Erst nachdem er gelernt hatte, Mikado recht gut mit Erwachsenen zu spielen, in deren Gesellschaft er sich sicher fühlte, wagte er es, auch mit anderen Kindern zu spielen. Später griff er jedesmal auf dieses Spiel zurück, wenn er in einem Spiel unterlag, das mehr Koordination verlangte, als er aufbringen konnte.

Während dieser Phase seiner Entwicklung konnte John auch die ersten Schritte in Richtung aufs Schwimmenlernen tun. Bis zum Frühjahr seines dritten Jahres an der Schule hatte er das Schwimmbecken und den Strand gemieden; er hatte dann vorgeblich Erkältungen, Husten und andere eingebildete Leiden. Erst danach begann er sich sicher zu fühlen, daß wir ihn nicht über seine Fähigkeiten hinaus antreiben würden. So wurde er fähig, seine imaginären Leiden und den Schutz vor Niederlagen aufzugeben, den sie boten, und im flachen Teil des Schwimmbeckens zu planschen. Nachdem er zwei Jahre lang im Wasser gespielt und gelegentlich mit Händen und Füßen gepaddelt hatte, es kennengelernt und seine Ängste abgelegt hatte (und nachdem seine Besuche im Elternhaus radikal vermindert worden waren), äußerte John den Wunsch, schwimmen zu lernen. In der Sicherheit des Spieltherapiezimmers und, was wichtiger war, geschützt durch seine Beziehung zu seiner Sozialarbeiterin, fragte er eines Tages beiläufig, wie man es macht, und nahm dann gern ihr Angebot an, es ihm in der Einzelstunde Schritt für Schritt beizubringen. Unbeobachtet von anderen und mit ihrer geduldigen Hilfe lernte er die Bewegungen, die zum Schwimmen gehören, erst einzeln, dann im Zusammenhang, und schließlich übertrug er das Gelernte aufs Schwimmbecken. In den darauffolgenden Monaten lernte er auch, während er mit ihr allein war, einen Baseball zu werfen und zu schlagen, sicher geschützt vor der Beobachtung durch andere Kinder. Nachdem er so für sich allein die Grundelemente des Spiels erlernt hatte, wagte er es auch, auf dem Spielfeld zu spielen.

Wenn er auch wesentliche Fortschritte in der motorischen Koordination gemacht hatte, war sein Gesamtfortschritt in dieser und in anderer

Hinsicht noch so langsam, daß wir das Gefühl hatten, wir sollten, wenn möglich, um seinetwillen unsere Bemühungen noch mehr verstärken. Aber wir mußten dies tun, ohne allzuviel Anteilnahme zu zeigen. Diese beiden Äußerungen sind nur scheinbar antithetisch, und gerade ihre Widersprüchlichkeit veranschaulicht am besten die komplexen emotionalen Einstellungen, die man braucht, um Kindern wie John zu helfen. Seine Spontaneität war zerstört worden, oder wahrscheinlich sollte man richtiger sagen, sie hatte nie eine Chance gehabt, sich zu entwickeln, denn er war von Anfang an gezwungen gewesen, sich einer ihm von außen aufgezwungenen Ordnung zu unterwerfen. Später schwankte die Haltung der Eltern, einmal zwangen sie ihn zu tun, was sie wollten, dann verlangten sie wieder, ob direkt oder indirekt, er solle selbständig etwas tun. Beide Haltungen wirkten auf John lähmend. Darum brauchte man eine ganz spezielle Einstellung, um John bei der Überwindung seiner Trägheit zu helfen. Sie läßt sich am besten mit den Worten einer seiner Betreuerinnen beschreiben:

»Wenn ich z. B. John am Morgen zum Aufstehen bewegen und erreichen wollte, daß er sich wenigstens teilweise selbst anzog, fand ich eine freundliche Unverbindlichkeit am erfolgreichsten. Es war ziemlich schwierig, denn man durfte nicht zu kühl sein, aber großer Eifer oder ein starker Wunsch, ihn zu etwas zu veranlassen, verschlechterte nur sein Verhalten. Ich merkte, daß ich dachte: ›Es ist mir gleich, wie lange er braucht, um es zu tun.‹ Dies war am besten, wenn ich meiner Stimme, während ich mit ihm sprach, den ›richtigen‹ Klang verleihen konnte. Es gefiel mir nicht, weil deswegen die Arbeit für John so oft so kalkuliert wurde. Ich merkte immer, wie ich mich fragte, ob vielleicht ein ganz klein wenig Dringlichkeit wirken würde, oder ob vielleicht eine helfende Hand jetzt akzeptiert werden würde. Glücklicherweise wurde das alles nach einer Weile weniger bewußt. Es wurde zwar weniger ausgedacht, aber ich konnte mich bei John nie völlig natürlich fühlen. Ich konnte meine Gefühle nie wirklich herauskommen lassen, denn selbst ein normales Maß an Gefühlszuwendung konnte er nicht ertragen. Ich mochte das Kind sehr gern, es tat mir leid, später bewunderte ich auch seinen Mut, denn John brauchte viel Mut, um auch nur gelegentlich etwas zu versuchen, und das tat er etwa um diese Zeit. Ich wollte ihm helfen, es war so schwer für ihn, einfach nur zu leben. Aber ich konnte ihn nie über längere Zeit sehr gern haben, denn immer ging gerade wegen meiner Gefühlsbindung bald etwas schief, und ich mußte wieder dazu zurückkehren, jede meiner Handlungen vorher zu bedenken, was natürlich die Ungezwungenheit meiner Gefühle störte.«

»Das bedeutet nicht, daß ich aus Pflichtgefühl für John gesorgt hätte

— es war viel mehr dahinter als das —, aber es konnte nie lange vom Herzen allein ausgehen. Wenn ich mir im Geist eine Liste der Kinder in der Gruppe machte und mir ausdachte, was für Tätigkeiten ich für sie plante, oder was für Dienste das Kind brauchte, wurde John nie vergessen oder auf den letzten Platz verwiesen, aber so warm meine Gefühle für ihn auch waren, er fiel mir doch kaum einmal als erster ein. Wenn ich es mit den einfachsten Worten sagen sollte, könnte ich sagen, ich habe für ihn nicht so sehr oder nicht so oft aus einem unmittelbaren Gefühl der Liebe gesorgt, sondern meistens aus einem umfassenderen Gefühl der Barmherzigkeit.« Eine solche Einstellung auf seiten der Mitarbeiter, die am direktesten mit John zu tun hatten, war vielleicht nicht ideal für seine Rehabilitierung, aber sie war das Beste, was sie zu bieten hatten, und daher das Beste, was die Schule ihm verschaffen konnte. Und sie erwies sich tatsächlich als ausreichend, um John auf den Weg zur Integration zu helfen.

Aber durch die monatlichen Besuche Johns im Elternhaus ging soviel Energie verloren; er regredierte so sehr bei der Vorbereitung auf die Besuche, und wenn er sich von ihnen erholte, daß eine Verlängerung seines Aufenthalts an der Schule selbst unter den Bedingungen der eingeschränkten Besuche nicht als sehr sinnvoll erschien. Wir erklärten dies den Eltern und schlugen vor, sie sollten auf die allmonatlichen Besuche verzichten. Das konnten sie nicht akzeptieren. Wir wollten uns nicht wieder auf eine lange Reihe von Auseinandersetzungen einlassen, die sich über Monate erstrecken würden — für John verlorene Zeit —, also schlugen wir vor, wenn sie sich in bezug auf das, was für John am besten sei, nicht auf unsere Entscheidung verlassen wollten, sollten sie etwas anderes für ihn planen, d. h. ihn aus unserer Schule nehmen. Als sie sich dieser Alternative gegenübersahen, erklärten sie sich widerwillig bereit, die monatlichen Besuche im Herbst zu beenden.

Zu dieser Zeit war Johns Psychoanalytikerin zu der Überzeugung gekommen, daß ihre therapeutischen Bemühungen ihren Zweck erfüllt hätten und für John nicht länger nützlich seien, während seine Beziehung zu seiner Sozialarbeiterin immer wichtiger wurde. John hatte von sich aus bemerkt, er wolle, anstatt weiter zu seiner Psychoanalytikerin zu gehen, lieber sein ganzes Leben auf die Schule konzentrieren. Bevor seine Beziehung zu der Analytikerin ein Ende fand, bekam sie jedoch nach einer Reihe ziemlich steriler Sitzungen für kurze Zeit noch einmal eine neue Bedeutung. Obwohl man John von unseren Absichten noch nichts gesagt hatte, begann er von seinem früheren Leben im Elternhaus zu sprechen und es mit seinem Leben an der Schule zu vergleichen, als wollte er eine Zusammenfassung machen, bevor diese Sitzungen beendet würden.

Seine Vergleiche drehten sich um das Fällen von Entscheidungen. »Wenn jemand an der Schule nicht (auf einen Ausflug) mitgehen will, darf er nicht mitgehen [14].« An der Schule wurden offenbar Entscheidungen getroffen, die seinen wirklichen Wünschen entsprachen. John behauptete, wenn er zu Hause sei, könne er mehr Entscheidungen treffen, aber er führte ein aufschlußreiches Beispiel an: »Niemand entscheidet; wenn wir (auf einen Ausflug) nicht gehen, dann wegen des Wetters.« Teilte er auf diese Weise mit, daß in seinem Elternhaus niemand persönliche Entscheidungsfähigkeit hatte?

Er erwärmte sich immer mehr für sein Thema und offenbarte, was ihn bedrückt hatte. »Als ich klein war, gab es mehr Dinge, die ich nicht entscheiden konnte.« Nun begann er zu husten und zu würgen. »Wenn ich nicht essen wollte, haben sie mich immer gezwungen.« Jetzt stiegen Gedanken an seine Säuglingszeit auf. Er bemerkte, den Tatsachen entsprechend, er sei im Krankenhaus zur Welt gekommen. »Ich war damals sehr klein. Nach ein paar Wochen in der Klinik nahmen sie mich mit nach Hause. Dann hab' ich gemacht, was alle Babys machen.« Was tun alle Babys? »Im Bett liegen und schreien.« Warum? »Sie schreien, weil sie noch nicht an die Umgebung gewöhnt sind. Wenn sie stärker werden, schreien sie nicht mehr.« Auf die Frage, wie Babys stärker werden, antwortete John: »Durch frische Luft und Älterwerden.« Auf den Hinweis, die Eltern könnten auch helfen, stimmte er zu: »Sie helfen auch«, aber auf die Frage, wie sie helfen, wußte er nur eine Antwort: »Indem sie mit dem Baby reden.« Um sicherzugehen, fragte die Analytikerin ihn noch einmal, ob Eltern nicht mehr tun könnten, um einem kleinen Baby beim Aufwachsen zu helfen, aber er blieb dabei: »Sie warten einfach, bis das Baby stark ist.« Was geschieht dann? »Sie schicken es weg, damit es stark wird.« Er sagte nie von selbst, daß Eltern Babys füttern und auf andere Weise versorgen. Er hatte zu dieser Zeit das Gefühl, Eltern redeten und warteten meistens nur, und wenn das Kind auf diese Weise nicht stark wird, schickten sie es fort.

Angesichts dieses Gefühls ist es kein Wunder, daß John meinte, er sei der Fürsorge beraubt worden, auf die jeder Säugling Anspruch hat, und daß er stehlen müsse, was man ihm nicht spontan gegeben hatte. Aus den gleichen Gründen mag er das Gefühl gehabt haben, es sei an ihm, seine Eltern zu »bessern« und ihnen eine bessere Lebensart beizubringen. Daß diese Vorstellungen ein erhebliches Maß an Wut und Größenwahn enthielten, läßt sich aus folgenden Auszügen aus Johns letzter Räubergeschichte schließen:

»*Der Räuber*. Es war einmal ein Mann. Eines Tages wurde er gefangen. Er kam aus dem Gefängnis und wurde der Detektiv und half, den anderen auf die Spur zu kommen, und er siegte in allen Kämpfen. Sein Bild war im ganzen Land bekannt. Danach beschloß er, seinen Eltern zu erzählen, daß er die Räuberei aufgegeben hatte. Also sagten seine Eltern, ›warum‹, und er sagte, ›ich bin ein Detektiv!‹

Nach einiger Zeit beschlossen seine Eltern, sie wollten das Rauben auch aufgeben. Danach wurden sie bekannt als die einzigen Eltern, die mit dem Rauben aufgehört hatten, nachdem ihr Sohn es getan hatte.«

Er beendete die Geschichte in optimistischem, viel weniger megalomanem und realistischerem Ton. Die Betonung verlagerte sich von dem Mann, der im ganzen Land dafür berühmt war, daß er seine Eltern gebessert hatte, auf den Spaß, den die Familie beim Spielen hatte. »Im nächsten Jahr hatten sie viel mehr Dinge entdeckt, die sie tun konnten, also taten sie diese Dinge. Es machte ihnen Spaß, diese Dinge zu tun. Dann spielten sie Spiele, die sie erfunden hatten. Es machte Spaß, diese Spiele zu spielen.«

Wir hatten alle Mühe aufgewandt, um ihm zu helfen, sich das zunutze zu machen, was die Schule vertritt (Selbstwerdung, die Herrschaft über das eigene Leben, die eigenen Gefühle und den eigenen Körper zu gewinnen; Triebbefriedigungen so weit zu genießen, wie es in der bestehenden Gesellschaft möglich ist; eine Beziehung zu wichtigen Personen herzustellen, sich mit ihnen zu identifizieren und ihre Dienste anzunehmen und zu genießen und sich anderen Kindern gegenüber gesellig zu verhalten), und dies tat er allmählich. Es war uns gelungen, ihn von einigen Ängsten zu befreien, und wir hatten ihm geholfen, sich der Realität mehr zu nähern, so daß er seine weit hergeholten und willkürlichen Reaktionen aufgeben konnte. Aber um in dieser Richtung voranzukommen, mußte er sich in anderen Lebensbereichen einschränken.

Er konnte jetzt mit der Realität in einer Weise umgehen, die ihm vorher unmöglich gewesen war, obwohl diese Bemeisterung, wenn man sie mit »normalen« Maßstäben maß, immer noch höchst unzulänglich war. Er konnte der Welt — wenn es auch noch höchst frustrierend für ihn war — ohne einen totalen Zusammenbruch seiner Ich-Funktionen begegnen, der früher immer eingetreten war. Es erschien uns wahrscheinlich, daß er seine Erlebnisse jetzt vor einem Hintergrund von Introjektionen prüfen konnte, durch ein von der Schule abgeleitetes Bezugssystem, das es ihm erlaubte, die Realität richtiger zu beurteilen als je zuvor. Aber dieses Bezugssystem stimmte nicht mit den Ansichten seiner Eltern überein. Und sein Ich war viel zu schwach, um zwei verschiedene Bezugssysteme erfolgreich handhaben zu können. Das war einer der Gründe, warum er Aufgaben, die sich ihm außerhalb der Geborgenheit der Schule stellten, noch nicht bewältigen konnte. Darum konnte John, solange er seine Eltern regelmäßig besuchte und ihre Haltung im Grunde unverändert blieb, sich das nicht völlig aneignen, und zwar auf seine persönliche Weise, was die Schule ihm anbot, und er konnte auch nicht die Fähigkeit erwerben, die Lehren der Schule außerhalb ihrer unmittelbaren Umgebung anzuwenden. Es war uns zwar gelungen, einige seiner schlimmsten Leiden und Unzulänglichkeiten zu mildern, und er hatte wirklich gesündere Reaktionen entwickelt, aber diese Zeichen wirklichen Fortschritts waren immer noch auf einen beschränkten Lebensbereich begrenzt. Wir hatten das Gefühl, wenn John nicht aufhörte, in zwei völlig verschiedenen Welten zu leben, würde er wohl nicht viel weiterkommen. Wir konnten ihm nur dadurch eine einzige Welt zum Leben verschaffen, daß wir ihn daran hinderten, seine Eltern so oft zu sehen, während wir zugleich unsere Versuche intensivierten, ihm an der Schule befriedigende persönliche Kontakte zu verschaffen. Darum suchten wir unsere Pläne zu verwirklichen.

Johns letzte Jahre an der Schule

Als wir John sagten, seine monatlichen Besuche zu Hause würden aufhören, zeigte er sich wenig beeindruckt. Als sein Geburtstag herankam, erfuhren wir, warum unsere Entscheidung ihn soviel weniger beeindruckte, als wir erwartet hatten. Wir entdeckten, daß der Verzicht auf die Besuche für John nicht bedeutete, daß er bereit war, auf seinen Wahn zu verzichten, er beherrsche seine Umwelt auf magische Weise. Da er nun seine Unzulänglichkeiten nicht mehr benützen konnte, um seine Eltern zu manipulieren, die wichtigsten Menschen in seinem Leben, übertrug er diese Versuche auf uns. In gewisser Weise hatten wir gehofft, gerade dies werde geschehen. Solange John weiter an seiner destruktiven Art festhielt, im Elternhaus zu herrschen, konnte er sie nicht ganz aufgeben, und das Aufgeben alter Abwehrformen war eine Voraussetzung dafür, ein tauglicher Mensch zu werden. Er hatte unsere indirekten Andeutungen und direkten Aufforderungen, er solle sich in dieser Richtung bewegen, so lange unbeachtet lassen können, wie seine Erlebnisse im Elternhaus ihm greifbare Beweise verschafften, daß Herrschaft durch Unzulänglichkeit noch funktionierte. Wegen der neuen und drastischen Verminderung der Anzahl seiner Besuche zu

Hause konnten diese nicht immer wieder seine Überzeugung erneuern, dies sei, im Gegensatz zu dem, was wir ihm zu zeigen versuchten, eine wirksame Form der Beherrschung. Der Verzicht auf die Besuche nahm ihm jede weitere Möglichkeit, sich dies zu beweisen; er machte zugleich unsere Unterstützung seiner Bemühungen, auf höherer Ebene vorwärtszukommen, bedeutsamer. John war gezwungen, die Schule als ein neues (oder, sollte ich besser sagen, ein altes, aber eine Zeitlang nicht benütztes) Prüffeld für seine alte Methode der Herrschaft durch Unzulänglichkeit zu benützen. Dies gab uns eine Möglichkeit, John bei der Entscheidung zu helfen, wie gut eine solche Methode wirklich funktionierte, wenn er sie gegen diejenigen anwendete, die seiner Behauptung, er könne dies und jenes nicht, immer dann keinen Glauben schenkten, wenn sie wußten, daß er Besseres leisten konnte.

Tatsächlich begann er, an der Schule mit allem Nachdruck jene Verhaltensweisen wieder einzusetzen, die er dort vorher schon fast aufgegeben hatte. Er weigerte sich z. B. wieder, uns wissen zu lassen, was ihn beunruhigte oder was er wollte. Wieder sah er uns fortwährend mit anklagenden Augen an. Kurzum, all seine alten Techniken, uns wegen seiner Mängel und deren Folgen Schuldgefühle zu verursachen, erschienen mit frischen Kräften aufs neue.

John kehrte auch zu seiner früheren Verleugnung der Bedeutung der Außenwelt zurück, die für seine Frühzeit an der Schule bezeichnend gewesen war, in den letzten Jahren aber immer mehr abgenommen hatte. Wieder war alles »gleich«. Aber er sagte nie, was er wollte; er erwartete, wir sollten es intuitiv wissen, und er nahm es uns sehr übel, wenn wir seine Wünsche nicht — richtig — errieten. Dieser Versuch, seine zentralen und daher am meisten verzerrten Methoden der Bewältigung persönlicher Beziehungen auf die Schulumwelt zu übertragen, machte sie für uns zugänglich. Wir konnten ihm immer wieder zeigen, daß seine Versuche, sein Leben und seine Umwelt auf magische Weise nach seinem Belieben zu manipulieren, unwirksam waren, und daß er seine Ziele nur dadurch erreichen konnte, daß er realistisch mit seinen Problemen umging, daß er andere Menschen als Menschen anerkannte und beurteilte, was sie nach ihren menschlichen Möglichkeiten für ihn tun konnten.

Wenn man über Johns Verhalten spekuliert, sollte man bedenken, daß beim Versuch, ein Ziel zu erreichen, der erste wichtige Schritt vom magischen Denken zur verbalen Kommunikation dann getan wird, wenn das Baby irgendwie schattenhaft merkt, daß sein forderndes Schreien das erwünschte Ergebnis (z. B. Nahrung) nicht durch irgendeinen Zauber herbeiführt, sondern weil es eine Mitteilung ist, die von einem anderen Menschen empfangen, verstanden und durch eine Handlung beantwortet wird. Als nächstes erkennt der Säugling, daß dieser Mensch fähig ist, ihm das vorzuenthalten, was er begehrt, meistens jedoch willens und fähig ist, seine Forderungen zu erfüllen.

John mag diese Erfahrungen in hohem Maß entbehrt haben. Er wurde gefüttert, obwohl er nicht danach verlangte. Er schrie, um *nicht* gefüttert zu werden, weil es ihm so unangenehm geworden war, aber diese Mitteilung schien den entgegengesetzten Effekt zu haben. Je mehr er schrie, spuckte und sich wehrte, desto angespannter wurde die Mutter (der Vater, die Pflegerin) und desto entschlossener, ihn zu füttern: Alles, was er tat, führte nur dazu, daß er mit mehr Nachdruck gezwungen wurde, das zu tun, was unangenehm war. So hatte das Äußern seiner Wünsche fast immer die seiner Absicht entgegengesetzte Wirkung. Schließlich hatte er die Erfahrung gemacht, daß die stillen Zeiten zwischen den Zwangsfütterungen, wenn er apathisch war, wenn schon nicht die lustvolleren Augenblicke in seinem Leben waren, so doch die am wenigsten unangenehmen. Was war also für ihn natürlicher, als zu erwarten, daß sich etwas Gutes ereigne oder zumindest Unlust vermieden würde, wenn er nichts täte und tatsächlich unbeachtet blieb. Wenn dies eine richtige Rekonstruktion dessen ist, was geschehen war und was daraus in der Gegenwart folgte, kann man Johns Abneigung verstehen, zu sagen, was er wollte, irgend etwas in seinem eigenen Interesse zu unternehmen und sich statt dessen auf die Hoffnung zu verlassen, seine unausgesprochenen Wünsche würden sich materialisieren. Aber um überhaupt erfolgreich in dieser Welt leben zu können, mußte er lernen, anders zu handeln. Dies war die wichtigste Lernerfahrung, die wir ihm verschaffen mußten. John brauchte über zwei Jahre, um sie zu bewältigen.

Ein typisches Beispiel für Johns Erwartung, durch Magie bekommen zu können, was er wollte, haben wir schon erwähnt: Er erwartete, er werde ohne jede Bemühung oder Mitarbeit seinerseits lernen, und glaubte, seine Lehrerin enthalte ihm den schulischen Fortschritt, der ihm seiner Meinung nach zustand, aus reiner Bosheit vor. Obwohl er in der letzten Zeit im Unterricht etwas gelernt hatte, versuchte er nun, da er nicht mehr im Elternhaus durch Passivität herrschen konnte, dies wieder in der Schule zu tun. Jede Andeutung, er müsse sich wohl anstrengen, um in der Schule Fortschritte zu machen, ließ ihn mit Empörung reagieren.

Es war nicht möglich, seine Haltung im Klassenzimmer zu ändern; es bedurfte einer ganz besonderen Gelegenheit, um dies zu erreichen. Wir beschlossen, einen Besuch bei den Eltern, der an Johns elftem Geburtstag stattfinden sollte, zu einer solchen Gelegenheit zu machen. Trotz der Grenzen, die wir Johns Besuchen im Elternhaus gesetzt hatten, hatte er erwartet, er werde seine Eltern an diesem Tag sehen, denn damals wie heute waren Geburtstagsbesuche, wenn irgend möglich, für die Kinder an der Schule ein regelmäßiges Ereignis. Kinder, die aus diesem Anlaß ihre Eltern besuchen wollten, durften es, und John wußte das recht gut.

Aber als sein Geburtstag herankam, wurde er immer niedergeschlagener, träger und negativer, selbst in seinen Beziehungen zu den wenigen Mitarbeitern, denen er bis dahin gewisse positive Gefühle entgegengebracht hatte. Er hörte z. B. auf, mit seiner Sozialarbeiterin zu sprechen oder zu spielen, und war mürrisch und schweigsam. Der Geburtstag schien ihm schwer auf der Seele zu liegen. Wir hatten unsererseits beschlossen, diesmal abzuwarten; er sollte die Initiative ergreifen, um sich diesen Besuch zu verschaffen. Wir wollten uns mit jeder symbolischen Handlung seinerseits begnügen, solange sie uns erlaubte, ihm zu zeigen, daß Dinge als Folge zielgerichteter Bemühung geschehen, die sonst nicht stattfinden würden.

Schließlich wurde John die Spannung zu groß, so daß er nicht mehr schweigen konnte, aber er bat noch immer nicht direkt um einen Besuch bei den Eltern. Statt dessen machte er seiner Sozialarbeiterin gegenüber die rätselhafte Bemerkung: »Nun sind es nur soch sechs Tage.« Als sie fragte, was er erwartete oder hoffte, was in sechs Tagen geschehen werde, sagte er: »Es wird ein Tag wie alle anderen sein«, womit er unterstellte, sie sollte erraten, daß er seinen Geburtstag meinte, aber auch, daß er fürchtete, an jenem Tag werde nichts Besonderes geschehen.

Nach langem Schweigen und mit erheblicher Unterstützung von seiten der Sozialarbeiterin gab er schließlich zu, daß er erwartete, auch an seinem Geburtstag wie gewöhnlich enttäuscht zu werden. Nach weiterem »Stubsen« sagte er, er denke darüber nach, ob er seine Eltern besuchen solle. Da ihm dies soviel zu schaffen machte, riet ihm die Sozialarbeiterin, mich darum zu bitten und so die Sache zu regeln. Er lehnte ab. Sie erinnerte ihn, daß auch die anderen Kinder mir sagten, wenn sie zu ihrem Geburtstag heimfahren wollten, und deutete an, es wäre besser, es auch so zu machen, anstatt zu grübeln und sich Sorgen zu machen, aber John erwiderte: »Nein, ich will abwarten und sehen, was passiert.« Die Sozialarbeiterin ging einen Schritt weiter und betonte, wir hätten es gern, wenn die Kinder uns sagten, was sie wollten, so daß wir, wenn möglich, entsprechende Maßnahmen treffen könnten, denn wir hätten keine andere Möglichkeit, ihre Wünsche zu erfahren.

John antwortete: »Ich weiß, aber ich will nicht fragen. Ich werde warten.«

Nun waren wir wirklich in einer Sackgasse. Wir wußten, er würde schrecklich enttäuscht sein, wenn er seine Eltern nicht besuchen könnte. Aber wir waren auch der Ansicht, es sei besonders wichtig für ihn, seine Wünsche mitzuteilen, damit er lernen könnte, daß Kommunikation positive Folgen hat. Es war notwendig, daß John irgend etwas unternahm, so daß er zu erkennen vermochte, daß sein Leben weder von Menschen gesteuert wurde, die ihn nicht befragten, noch von seinen geheimen Wünschen, die durch irgendeinen Zauber in Realität verwandelt wurden. Wir wollten sein totales Vertrauen in seine Hoffnung erschüttern, andere würden seine Wünsche erraten und dafür sorgen, daß sie erfüllt würden, ohne daß er einen positiven Schritt zu tun hätte; er mußte aufhören, andere sein Leben steuern zu lassen, wie das Leben eines Babys geregelt wird. Darum sagten wir John, er müsse die Entscheidung treffen. Wenn er nicht wenigstens einen symbolischen Schritt täte, um sich das zu verschaffen, was er sich wünschte, würde er es nicht bekommen. Magie wirke weder an der Schule noch in der Welt; erwünschte Ziele könne man nur dadurch erreichen, daß man reale Probleme realistisch anpacke.

Am nächsten Tag machte seine Sozialarbeiterin ihn noch einmal auf unsere Gepflogenheiten in bezug auf Geburtstagsbesuche aufmerksam und sagte, wenn er einen wolle, solle er darum bitten. Wieder sagte er nein. In der folgenden Sitzung versuchte John, sie und sich selber daran zu hindern, über das zu sprechen, was ihnen beiden auf der Seele lag, indem er sich mit leerem Spiel beschäftigte; er vermied es streng, sie anzusehen, und versuchte, sich so zu bewegen und so zu sitzen, daß sie sein Gesicht nicht sehen konnte. Da wir eine Entscheidung herbeiführen wollten, fragte sie noch einmal, warum er nicht um den Besuch bitten wolle. Nun begann John, Ausreden zu gebrauchen: »Ich hab's vergessen.« Auf die Frage, warum er es vergessen habe, da ihm sein Geburtstag doch so schwer auf der Seele liege, antwortete er wütend: »Ich kann mich nicht erinnern, warum nicht.«

Die Sozialarbeiterin beschloß, ihn ein wenig zu »stubsen«, um ihm zu helfen, die Sache in seiner eigenen Vorstellung zu klären, und auch um ihn darauf hinzuweisen, daß wir seine Wünsche mißdeuten könnten, wenn er uns nicht sagte, was er wolle. Darum sagte sie, vielleicht wolle er seine Eltern gar nicht besuchen, tatsächlich sehe es so aus, denn er wolle sich ja nicht einmal die Mühe machen, einen Besuch zu erbitten. John erwiderte lediglich: »Mir ist es gleich.« Aber die Sozialarbeiterin wies ihn darauf hin, daß »mir ist es gleich« uns nicht mitteilte, was er sich in Wirklichkeit wünsche, und darum wüßten wir immer noch nicht, was für Maßnahmen wir ergreifen sollten, um ihm die Art von Geburtstag zu verschaffen, die ihm am liebsten wäre. Darauf wurde John nur noch negativer, und auf alle weiteren Versuche, ihn zum Handeln zu bewegen, erwiderte er nur, manchmal mürrisch, manchmal wütend: »Mir ist es gleich.« Aber er fing an, recht aggressiv zu spielen; er nahm einen Spielzeugautobus und stieß ihn so heftig auf dem Fußboden herum, daß alle Insassen herausfielen. Das erschreckte ihn, und er versuchte seine Tat fortzuerklären, indem er sagte, der Bus sei ins Schleudern gekommen, dadurch seien die Leute herausgefallen, aber niemand sei verletzt worden. Er betonte wieder, Dinge »passierten einfach«. Niemand war verantwortlich, niemand tat etwas absichtlich, und da es auf der Welt so zuging, warum sollte er handeln, anstatt zu warten, daß etwas passierte?

Es wurde nichts mehr gesagt, bis zum Tag vor Johns Geburtstag. Jetzt war keine Zeit mehr zu verlieren, wenn wir unser Ziel erreichen wollten. Als die Sozialarbeiterin John noch einmal mit der Möglichkeit konfrontierte, er sei in bezug auf den Besuch im Elternhaus vielleicht ambivalent, sagte er zum erstenmal, was er wollte, aber bestand zugleich mit Nachdruck darauf, er wolle nicht fragen. Sie wies ihn darauf hin, daß er sich für jemand, der einen Besuch machen wolle, recht seltsam verhalte. Aber als er so mit der Tatsache konfrontiert wurde, daß er gesagt hatte, was er sich wünschte, leugnete er sofort, dies jemals getan zu haben, und kehrte zu seiner Formel zurück, ihm sei es gleich; diesmal schlossen sein Ton und seine Miene ein weiteres Gespräch nicht von vornherein aus. Man konnte fortfahren und ihm zeigen, daß er, weil er uns oder anderen bei früheren Gelegenheiten nicht gesagt hatte, was er wollte, vor jedem besonderen Ereignis sehr viel Verdrießlichkeit angesammelt hatte, weil er überzeugt war, er werde keinen Spaß haben; später habe er sich dann immer enttäuscht und betrogen gefühlt. John gab zwar zu, daß das zutraf, aber er wollte in bezug auf seinen Geburtstag immer noch keine Schritte unternehmen. Die Zeit wurde knapp, darum sagte die Sozialarbeiterin am Ende der Stunde so beiläufig wie möglich zu John, dies sei unsere letzte Möglichkeit, eine Regelung für einen Geburtstagsbesuch am nächsten Tag zu treffen. Da sagte John, er werde gleich, nachdem er das Spielzimmer verlassen habe, zu mir gehen und den Besuch bei mir beantragen. Aber eine Stunde später, beim Mittagessen, als sie fragte, ob er bei mir gewesen sei, sagte er: »Ich hab' beschlossen, nicht hinzugehn. Ich hab' beschlossen zu warten, was passiert. Das hab ich beschlossen, das werd' ich machen.«

An diesem Scheideweg beschlossen wir, John geradezu zu sagen, wenn andere Kinder, von denen einige geistig weniger aufgeweckt seien als er, um einen Besuch bitten könnten, wenn sie einen machen wollten, könne er es auch; es gebe keinen Grund, »abzuwarten, was passiert«, denn wir hätten ihm mehrmals gesagt, es werde keinen Besuch geben, wenn er ihn nicht erbitte. Er müsse jetzt einen beantragen; wenn er keinen machen wolle, solle er auch das sagen.

Zu guter Letzt wurde John nun mit der Notwendigkeit konfrontiert, sein Los in die eigenen Hände zu nehmen — besonders sein Leben an der Schule, in bezug auf das er bis dahin nie etwas Entscheidendes unternommen hatte. Er wurde sehr wütend, aber er begriff schließlich, daß wir es ernst meinten. Dann sagte er, als wolle er sein Widerstreben, um einen Besuch zu bitten, rationalisieren, er habe gefürchtet, er werde eine negative Antwort bekommen. Aber er gab auch zu, daß all seine Beobachtungen an der Schule dieser Erwartung widersprachen. Auf die Frage, warum er geglaubt habe, er werde eine negative Antwort bekommen, konnte er nur sagen: »Ich weiß nicht, aber ich erwarte immer das Schlimmste.«

Da John in Wirklichkeit genau wußte, daß dies das Gegenteil von dem war, was geschah, wenn andere Kinder um einen Geburtstagsbesuch baten, beschloß er schließlich, zu mir zu kommen. Er konnte sich lediglich dazu bringen, höchst wütend zu murmeln: »Ich will einen Geburtstagsbesuch.« Ich sagte, ich sei sehr froh, daß er mir gesagt habe, was er wolle, aber ich müsse noch mehr Einzelheiten wissen, z. B. wie lange der Besuch dauern solle. Noch wütender erwiderte er kurz: »Von eins bis sieben Uhr.« Dann machte er kehrt und ging davon. So wurde es dann geregelt.

Dies war ein Wendepunkt in Johns Leben. Obwohl er noch viele ähnliche Erfahrungen machen mußte, wurde er bei jeder neuen ein wenig mehr bereit, bei Ereignissen, die ihn angingen, ein Wort mitzureden. Langsam, Schritt für Schritt, bewegte er sich in Richtung auf mehr Selbstvertrauen. Nach seinem Geburtstag brauchten wir ihn nie mehr so hart zu bedrängen, selbständig Entscheidungen zu fällen; aber es dauerte noch mehr als sechs Monate, bis er Besuche erbat, wenn er sie machen wollte, und weitere zwei Jahre, bevor er ganz überzeugt war, daß auch in fast jeder anderen Hinsicht die Dinge nicht dadurch geschehen, daß man sie sich stillschweigend wünscht.

Fast jede neue Leistung in bezug auf autonome Entscheidungen über sein Leben brachte auch in anderen Lebensbereichen Fortschritte mit sich. Eine Erörterung darüber, wie wütend er gewesen war, als wir ihn zwangen, selbst Schritte zu unternehmen, um den Geburtstagsbesuch zu erlangen, führte John zu der spontanen Erkenntnis, daß er, als er aktiv geworden war, seine frühere Lebensweise aufgegeben hatte, in der er die Dinge immer hatte geschehen lassen, ohne selbst etwas dazuzutun. Dies war der Anfang von Gesprächen über seine Unfähigkeit in allen Lebensbereichen, um das zu bitten, was er wollte, oder seine wahren Gefühle zu zeigen, besonders Wut. Wir hatten das Gefühl, wir könnten die Dinge ein wenig vorantreiben, indem wir ihn darauf aufmerksam machten, daß er es nicht zeige, wenn er wütend sei, sondern es auf Umwegen ausdrücke, z. B. durch anklagende Blicke, und daß er es früher vielleicht durch Erbrechen ausgedrückt habe. Er war ganz überrascht davon und fragte: »Wie konnte ich das Essen wieder erbrechen?« Als wir erwiderten, er wisse das wahrscheinlich selbst am besten, zwickte er sich genauso in die Wangen, wie er die Einnäß-Puppe gezwickt hatte, um sie zum Erbrechen zu veranlassen. Mit Überzeugung sagte er: »Ja, so hab' ich es gemacht.«

Dieser Anfangserfolg im Verstehen seiner eigenen Handlungen war natürlich kurzlebig, und innerhalb weniger Tage fiel er wieder in die Versuche zurück, Dinge ohne Anstrengung zu erlangen. Wieder einmal, als über seinen Geburtstag gesprochen wurde, wurde er recht wütend, daß er um den Besuch hatte bitten müssen. Aber er leugnete seine Gefühle. »Ich bin nicht wütend«, sagte er, während er zugleich Spielsachen mit dem Fuß wegstieß und sie auf den Boden warf. Unseren Bemühungen zum Trotz versuchte er immer wieder, sich zu beweisen, daß seine Herrschaft durch Magie noch funktionierte, und er kehrte oft zu seinen phantastischen Plänen für die Zukunft zurück, die ihn vom Leben in der Realität der Gegenwart abgehalten hatten. »Es gibt Besuche, um die man nicht zu bitten braucht«, sagte er, »wie Weihnachten. Alle Kinder können an Weihnachten Besuche zu Hause machen — da braucht man nicht zu fragen.« Aber diesmal glaubte er uns, als wir ihm mit Nachdruck sagten, dies sei nicht so; und vor Weihnachten bat er um einen Besuch, der so eingerichtet wurde, wie er es sich wünschte.

Von da an fragte er jedesmal, wenn er seine Eltern besuchen wollte, und wir versuchten immer, es einzurichten, so daß er sich überzeugen konnte, daß selbständiges Handeln Ergebnisse brachte. Nachdem er drei- oder viermal um Besuche gebeten und sie genehmigt bekommen hatte, glaubte er allmählich, daß wirklich das erwünschte Ergebnis herauskommen würde, wenn er etwas in bezug auf sein Leben unternähme. Mittlerweile mußte er begriffen haben, daß er um einen Besuch nur zu bitten brauchte, um ihn genehmigt zu bekommen. Er nahm diese Gelegenheit aber nur sparsam wahr — das Leben in der Schule, wo er sein

Leben vernünftig lenken konnte, war für ihn anziehender, als die totale Herrschaft auszuüben, die er über seine Eltern immer noch hatte. Er spürte seine eigene unzureichende Fähigkeit, mit dem Leben fertig zu werden, und fühlte sich bedroht und ungeschützt, wenn er bei seinen Eltern war, gerade weil er ihre Handlungen ihm gegenüber in einem Maß steuern konnte, das über alle Vernunft hinausging.

In den folgenden Monaten begann John, seine neue Fähigkeit, seine Angelegenheiten selbst zu regeln und sein Leben mehr nach seinen eigenen Wünschen zu gestalten, auch in seinen Beziehungen zu anderen Kindern einzusetzen. Er sagte offener, was er wollte, und konnte sich deshalb viel öfter durchsetzen als früher. Das half ihm wiederum, einige seiner infantilen Verhaltensweisen aufzugeben. Seine Kleckerei und Trödelei am Eßtisch nahmen ab, so daß die Kinder nicht mehr darum stritten, nicht neben ihm sitzen zu müssen. Gelegentlich konnte er sich auch am Tischgespräch beteiligen. Das Essen wurde angenehmer für ihn, es wurde mehr zum geselligen Ereignis, da er sich nicht mehr ausschließlich darauf konzentrierte, mit der Nahrung zu spielen oder sie aufzunehmen.

Langsam besserte sich auch seine Körperkoordination weiter. Auch auf diesem Gebiet schien John erwachsener zu werden. Er weinte jetzt anders, wenn er aus dem Gleichgewicht geriet oder wütend wurde. Wenn er früher weinte, bebte sein ganzer Körper, er würgte, hustete und erbrach sogar, wie ein Säugling. Jetzt betraf sein Weinen nur noch sein Gesicht — die Augen und den Mund. Er reagierte auf ein Gefühl nun nicht mehr mit dem ganzen Organismus; seine körperlichen Reaktionen waren spezifischer. Diesen Fortschritten lief eine allgemeine Zunahme der muskulären Koordination parallel.

John hatte zwar seine alte Tendenz noch nicht aufgegeben, eher in der Phantasie als in der Realität Befriedigung zu suchen, aber es trat ein neues Element hinzu, das eine Folge und Erweiterung seiner neuen Erfahrung zu sein schien, daß er sein Los verbessern konnte, indem er um Besuche bat. Er erfand z. B. eine Reihe langer, verwickelter Geschichten; einige von ihnen beruhten auf wirklichen Ereignissen, die an der Schule stattgefunden hatten, in anderen verwendete er einen völlig anderen Rahmen. Die Handlung war jedoch immer die gleiche: Große, mächtige Jungen quälten einen passiven, kleinen Jungen grausam; dann wurden die Angreifer für ihre Missetaten streng bestraft. Wenn die Schule der Ort der Handlung war, vollzog ich die Bestrafung, sonst tat es eine andere mächtige Vaterfigur, aber niemals Johns eigener Vater. Die Substanz dieser Geschichten war offenbar immer die gleiche: Ein schwacher, völlig passiver kleiner Junge kann sich selbst gegen eine böse Umwelt und unter höchst bedrohlichen Umständen wehren und sie beherrschen, indem er die Missetaten einer mächtigen Vaterfigur berichtet. Wenn er die Geschichte erzählte, war John immer sehr angespannt, aber er schien in dem Augenblick große emotionale Erleichterung zu spüren, in dem er seine Bedrängnisse einer Autoritätsfigur mitgeteilt hatte; diese Erleichterung schien sogar noch wichtiger zu sein als die imaginäre Bestrafung der Übeltäter.

Vielleicht bestand auch hier wieder eine Parallele zu dem, was im Kleinkindalter normaler Kinder geschieht. Wegen seiner Unfähigkeit, für sich selber zu sorgen, und wegen der Angst, die dies hervorruft, stattet das kleine Kind seine Eltern mit fast übernatürlichen Kräften aus; nur so kann es das Gefühl haben, daß sie es beschützen können, komme, was da wolle. Ein Beispiel für diese übertriebene Vorstellung von der väterlichen Macht ist die Art, wie das Kind sich in Zeiten der Bedrohung auf sie verläßt. Wenn es von einem anderen Kind bedroht wird, lange bevor es fähig ist, sich selbst zu schützen oder gleiches mit gleichem zu vergelten, appelliert es an die überlegene Macht des Vaters (oder des großen Bruders), wenn es versucht, seinen Feind in Schach zu halten. Es dem Vater zu sagen — oder damit zu drohen —, zügelt den Gegner. Dies ist oft die erste Erfahrung des Kindes in der Erprobung, wenn auch nicht seiner Bewältigung der Welt, so doch wenigstens seiner Fähigkeit, sich in einer feindseligen Situation an eine schützende und freundliche Instanz zu wenden. John offenbarte so in seinen Geschichten einige der typischen Phantasien dieser viel kleineren Kinder, die auch in ihren Tagträumen die schreckliche Strafe sehen, mit der ihr Vater sie an ihren Feinden rächen wird. Das selbständige Handeln scheint der letzte Schritt in einer Entwicklung zu sein, die drei Stufen hat: den Wunsch, der Vater solle schützen und rächen, die Forderung, er solle es tun, und das eigene Tun zum Zweck des Selbstschutzes.

Johns Phantasien ließen nun darauf schließen, daß er sich bereit machte, den Schritt vom bloßen Wunsch nach Rache zur Forderung nach Rache zu tun — einen wichtigen Schritt in der Entfaltung der Kunst der Kommunikation, denn nur das Empfangen von Hilfe beweist den Wert der Kommunikation und fördert ihr weiteres Wachstum. Das Erfinden von Geschichten, in denen John gerächt wurde, weil er seine Gegner verklagte, war noch weit von einer selbständigen Steuerung seines Lebens entfernt, aber es war ein wichtiger Schritt in der richtigen Richtung.

Ein bedeutsamer Faktor der neuen Entwicklung war die Tatsache, daß er sich an eine Vaterfigur wandte, um seine Ziele zu erreichen. Bisher waren immer Frauen — zuerst die Kinderschwester und seine Mutter, später seine Betreuerinnen und Therapeutinnen — für ihn wichtig gewesen. Aber für Johns Entwicklung zur Männlichkeit war es notwendig, daß ihm Männer immer wichtiger wurden. Seine Selbstverwirklichung, erst als Junge und später als Mann, konnte er nur erreichen, wenn er überzeugt war, daß Männer mindestens so mächtig sind wie Frauen, eine Überzeugung, in der ihn seine bisherigen Lebenserfahrungen nicht bestärkt hatten. Seine neue Zuversicht, wenn er mir (oder einem anderen Mann in Autoritätsstellung) seine Wünsche sage, werde dies die erwünschten Ergebnisse zeitigen, wurde, wie wir erst zu dieser Zeit erfuhren, durch eine frühere Erfahrung gestützt, nämlich die, daß ich seine Besuche im Elternhaus eingeschränkt hatte, was meine Überlegenheit nicht nur über seine magischen Wünsche, sondern auch über seine Mutter bewies — so empfand John es wenigstens. Zumindest so weit es John bekannt war, hatte sein Vater seiner Mutter gegenüber seine Wünsche niemals durchsetzen können. Die Veränderung der Besuchsregelung hatte in seinen Glauben an die äußerste Überlegenheit der Frauen die erste Bresche geschlagen. Da die Macht der Mutter, so dachte er, sich in bezug auf die Entscheidung, ob ein Besuch stattfinden solle, als der meinen unterlegen erwiesen hatte, brachen sowohl sein Vertrauen ins Erreichen seiner Ziele durch bloßes Wünschen als auch seine Vorstellung, Männer seien hoffnungslos unterlegen, zusammen. Das Vertrauen zu mir als einem Mann, der mächtiger war als seine früheren Quälgeister, seine Pflegerinnen, gab ihm den Mut zu glauben, daß er eine Chance hatte, sich als Junge zu behaupten.

Infolge seines großen Negativismus benützte John jedoch in seinen Geschichten die Macht seines männlichen Beschützers niemals für positive Zwecke, um wünschenswerte Dinge zu bekommen, sondern nur zur Erfüllung negativer Wünsche, um seine Feinde bestrafen zu lassen. Er konnte wohl glauben, daß überlegene Macht böse Dinge bewirken könne — wie sie ihm in der frühen Kindheit zugefügt worden waren —, daß sie also auch seine Feinde bestrafen könne. Leider hatte ihn seine Vergangenheit nicht darauf vorbereitet, einer überlegenen Instanz auch zuzutrauen, sie werde für ihn etwas Gutes erreichen.

Da er diese Hoffnung nicht hatte, blieb die Entwicklung einer positiveren Einstellung zum Leben schmerzlich langsam. Er machte gelegentlich Fortschritte; er lernte z. B. sich selber zu waschen oder ein Spiel zu spielen oder sich selbst neue infantile Vergnügen zu gestatten, wie z. B. das freie Spielen im Schlamm. Aber nur sehr selten und nur für Augenblicke konnte er seine Gefühle erkennen, besonders Menschen gegenüber. Es schien, als müsse John wie ein Baby lernen, seinen Körper gut zu steuern, bevor er zu besseren interpersonalen Beziehungen fortschreiten konnte. Die schlimmsten symptomatischen Folgen seiner oralen Traumatisierung hatte er nun in gewissem Maß überwunden, aber er hatte nicht wirklich die Gefühle bewältigt, aus denen sie entstanden waren, viel weniger sich ganz von ihnen befreit.

Nachdem John in gewissem Maß sein fortwährendes Wiederdurchspielen dieses Traumas durch die Ablehnung von Nahrung und indem er die Mahlzeiten für uns zu einer Qual machte, hatte aufgeben können, begann er in der Entwicklung Fortschritte zu machen, die normalerweise eintritt, wenn das Kleinkind genug lustvolle orale Erlebnisse gehabt hat, nämlich in der Beherrschung seines Körpers. An diesem Problem arbeitete John jetzt zielstrebig und beharrlich. Aber es ist sehr schwer, mit elf Jahren die Koordination zu erwerben, die gewöhnlich fast ohne bewußte Anstrengung im Alter von zwei Jahren gelernt wird. Eine Stunde nach der anderen übte John das Hüpfen auf einem Bein, damit er bei einem Hüpfspiel mitmachen konnte. Stundenlang warf er einen kleinen, leichten Ball an eine Wand und versuchte, ihn zu fangen, wenn er zurückkam. In einer Sitzung nach der anderen spielte er mit seiner Sozialarbeiterin das Jacks-Spiel [15] mit zäher Beharrlichkeit, oder er ließ sich von ihr einen Ball zuwerfen, damit er lernte, ihn gut zu fangen. Was er in diesen letzten zwei Jahren an der Schule wirklich zu tun versuchte, konnte er erst zusammenfassen, kurz bevor er uns verließ. Mit einem breiten Grinsen sagte er: »Wissen Sie, Miss White, früher haben meine Muskeln mich beherrscht. Jetzt beherrsche ich meine Muskeln.«

Wie quälend langsam dieses Lernen war, konnte man an seinen Versuchen sehen, schwimmen zu lernen. Wir haben schon erwähnt, daß er die nötigen Bewegungen nur in der Geborgenheit des Therapiezimmers lernen konnte, von wo er seine Künste schließlich in unser Schwimmbecken verlegte. Aber das bedeutete nur, daß er sich im seichten Teil des Beckens eine oder zwei Schwimmbewegungen lang an der Wasseroberfläche halten konnte. Später wollte er weiterkommen und lernen, wirklich gut zu schwimmen. Nach diesem Beschluß brauchte John mehr als ein Jahr, um die Probe im tiefen Wasser zu bestehen und die ganze Länge des Beckens zu durchschwimmen — was Kinder seines Alters gewöhnlich in ein paar Wochen lernen. Er war sehr froh, als er es endlich geschafft hatte, und beschrieb seine Leistung mit den gleichen Ausdrücken, mit denen er seine neue Fertigkeit im Jacks-Spiel beschrieben hatte: »Vorher hat das Wasser mich beherrscht. Jetzt kann ich das Wasser beherrschen.«

Dann lieferte ihm eine neue Leistung, wie es jetzt so oft geschah, den frischen Mut, der nötig war, um einen weiteren der vielen altgewohnten Mängel anzugehen, die bis jetzt unangreifbar gewesen waren. An dem Tag, nachdem er das ganze Schwimmbecken durchschwommen und uns so stolz davon erzählt hatte, putzte er sich zum erstenmal die Nase und wurde gut damit fertig. Bis dahin gehörten seine ständig laufende Nase und sein sabbernder Mund zu den unangenehmsten Zügen seiner Erscheinung; sie waren auch zum Teil für seine verwischte Sprache verantwortlich, die so schwer zu verstehen war.

John stellte selbst einen Zusammenhang zwischen seinen Fortschritten in motorischen Leistungen und den Schritten her, die er in der Überwindung seiner zentralen Schädigung, seiner Anorexie, getan hatte. Dies kam in einem Gespräch zwei Wochen später heraus, nachdem er gerade in einem Baseballspiel einen erfolgreichen Schlag zustande gebracht hatte. Er platzte vor Stolz. Als wir ihn fragten, wie er sich seine große Besserung im Lauf des vergangenen Jahres erkläre, sagte er: »Meine Muskeln sind stärker.« Wir gaben zwar zu, das sei richtig, aber wir hatten ein wenig Angst, er könnte wieder glauben, dies sei durch Magie geschehen, und wir wollten, er solle erkennen, daß diese Besserung die Folge seiner eigenen Bemühungen war. Darum fügten wir hinzu, seine Besserung könnte auch etwas mit der Tatsache zu tun haben, daß er es nun wage, seinen Körper zu ertüchtigen. Er antwortete nicht darauf, sondern sagte statt dessen: »Und ich esse mehr.« So brachte er seinen neuen Erfolg in der motorischen Koordination direkt in Verbindung mit seinen Fortschritten in der Überwindung seiner allerersten und zentralen Schwierigkeit.

Während seines letzten Jahres an der Schule begann John endlich, viele der Dinge zu genießen, die Kindern normalerweise Freude machen, wie z. B. Feiertage. Es gab keine »frohen unfrohen« Osterfeste mehr. Er sagte sehr bestimmt: »Ich hab' dies Jahr ein sehr gutes Osterfest gehabt.« Jedes neue Vergnügen im Leben wurde ausgenützt, um kompliziertere Geschicklichkeitsleistungen zu fördern. Er kehrte zum Mikadospiel zurück, mit dessen Hilfe er zuerst feinere motorische Koordination erworben hatte. Aber sehr bald wurde er dieses einfachen Spiels müde und stellte statt dessen eine leere Blechbüchse auf und versuchte, die Stäbchen hineinzuwerfen; als ihm das gelang, vergrößerte er den Abstand zwischen sich und der Büchse und setzte sich immer höhere Ziele. Dies waren Ziele, die er in der Realität erreichen konnte, nicht phantastische Behauptungen über angebliche Fähigkeiten. Er erweiterte das improvisierte Spiel und zielte auf andere Gegenstände, wobei er immer diese ganz leichten Stäbchen benützte, damit er keine schweren Gewichte handhaben mußte, während er höhere, kompliziertere Fertigkeiten der Körperkoordination entwickelte.

Natürlich blieben auch jetzt in Johns Entwicklung Rückschläge nicht aus. Immer wieder tauchten Versuche auf, in die alten wahnhaften Methoden der Weltbewältigung zurückzufallen. Jeder neue Erfolg führte zwar zu neuen und größeren Anstrengungen in der Realität, wurde aber auch zu megalomanen Ausflügen in die Phantasiewelt benützt. Sobald er gelegentlich einen Ball mit einem Schlag treffen konnte, träumte er davon, berufsmäßiger Baseballspieler zu werden, einer der berühmtesten im ganzen Land. Jeder Phantasieflug dieser Art mußte als solcher entlarvt werden, denn sobald John sich ihm überließ, gab er die Versuche im realen Leben auf. Obwohl John schrecklich wütend wurde, wenn man ihn auf diese Dinge hinwies, wurde es doch immer leichter, ihn in die Realität zurückzubringen.

John konnte immer noch nicht über seine Wut sprechen; ja, es fiel ihm bis zum Ende äußerst schwer, irgendwelche Gefühle zu offenbaren. Wie vollständig seine tiefe Sorge um das Essen sein Unbewußtes ausgefüllt und alle anderen Gefühle von dem Platz verdrängt hatte, den sie normalerweise einnehmen, kann man an dem Umstand ablesen, daß er erst am Anfang seines letzten Jahres an der Schule von seinen Eltern und seinen Gefühlen ihnen gegenüber zu träumen begann. Ich möchte hier auch erwähnen, daß er im ersten Jahr nach der Einschränkung der Besuche im Elternhaus oft davon sprach, wie leer ihm seine Zukunft erschien. Er konnte sich nie vorstellen, er werde mit seinen Eltern zusammen oder im Rahmen einer Familie leben. Da alles »immer das gleiche« war, konnte er sich nie eine Lebensweise vorstellen, die anders war als die im Augenblick erlebte. Er erwartete, er werde den Rest seines Lebens in einer ähnlichen Anstalt verbringen, wie es die Schule war.

Erst lange nachdem er sich mehr von seinen Eltern gelöst hatte, konnte er allmählich den Gedanken akzeptieren, er werde ein Leben führen, in dem er viel mehr Entscheidungen würde fällen müssen, als sie ein Anstaltsmilieu erfordert. Während dieser Zeit kamen Träume und Tagträume vor, in denen es um seine Beziehung zu seinen Eltern ging. Er wurde nun allmählich bereit, dieses Problem anzupacken: das Dasein eines ewigen Kleinkindes aufzugeben und ein Mensch zu werden, der erwartete, eines Tages sein eigenes Leben zu leben. Die zeitlose Existenz (»alles das gleiche«, »in der Zukunft nicht anders«), in der das Kleinkind lebt, wich Gedanken an die Zukunft und seine eigene Selbständigkeit — eine Selbständigkeit, die er in Träumen vom Verlassen der Schule suchte. In einem solchen Traum, erzählte er uns, »war ich bei meinen Eltern zu Besuch. In der Nähe war ein Stall mit Rennpferden. Aber eins der kleinen Pferde war lahm«. In einem anderen

Teil dieses Traumes schlichen sich zwei andere Kinder aus der Schule mit John hinaus zu den Ställen. Sobald sie dort waren, merkten sie, daß sie in Wirklichkeit auf dem Weg waren, ihre Eltern zu besuchen. Sie kehrten um und gingen in die Schule zurück, »aber ich ging allein hinaus und besuchte meine Eltern«. Dies — das Verlassen der Schule zur selbstgewählten Zeit — war am Ende der höchste Ausdruck seiner neuerworbenen personalen Rechte.

Auch Johns sexuelles Interesse erwachte allmählich. Zum erstenmal zeigte er Neugier in bezug auf Unterschiede zwischen den Geschlechtern. Er hatte die ganze Zeit masturbiert, und es hatte dieses lange andauernde wechselseitige Spiel höchst unreifer Art mit anderen Jungen gegeben, das er »Kitzeln« nannte — eine ausreichend korrekte Bezeichnung. Während es für die anderen Jungen mehr oder weniger sexuell war — was auch der Grund war, warum sie sich daran beteiligten —, war es für John bis dahin lediglich eine Hautreizung angenehm erregender Art gewesen. Dieses Kitzeln war trotz seiner scheinbar interpersonalen Art für John im Grunde ein egozentriertes Spiel. Es war ein isolierendes Erlebnis, nicht eins der Kontaktsuche zu anderen. Das begann sich nun zu ändern.

Sein neues Interesse an der Sexualität wurde deutlich, als er es schließlich wagte, Puppen mit bestimmten Geschlechtsmerkmalen zu untersuchen und dann mit ihnen zu spielen. Sie waren die ganze Zeit im Spielzimmer gewesen; die anderen Kinder hatten von ihnen gesprochen, und er hatte sie gelegentlich angesehen, sie aber nie berührt. Jetzt zog er diese Puppen an und aus und zeigte merkliches Interesse für ihre Geschlechtsmerkmale. Aber als wir ihn fragten, ob er vielleicht etwas über Sexualität erfahren wolle, begann er sofort bei der Handhabung der Puppen zu zögern und ungeschickt zu werden, leugnete, daß es irgend etwas gebe, was er nicht wisse oder was er wissen wolle, und ließ das Spiel ganz fallen.

In der nächsten Sitzung sprach John jedoch von den »komischen Vorstellungen«, die er, wie er behauptete, als kleines Kind gehabt habe — er habe z. B. gedacht, wenn man ein Pedal trete, fange ein Auto an zu fahren. Nachdem er langwierig seine weiteren »komischen Ideen« aufgezählt hatte, kam er schließlich zu seinen Gedanken über Sexualität und seine Eltern. »Ich hab' immer geglaubt, meine Eltern seien Riesen, und wenn sie ausgingen, dachte ich, sie gingen aus, um miteinander Baseball zu spielen.« Als er dies sagte, begann er heftig zu kichern.

Nachdem diese Vorstellung, die wahrscheinlich einer der Gründe war, warum er zu der Zeit, als er sich für Sex zu interessieren begann, ein berühmter Baseballspieler werden wollte, etwas besprochen worden war, konnte John schließlich zugeben, daß er wissen wollte, was Eltern »miteinander machen«. Dies führte zu dem ersten Gespräch, in dem er sich für Geschlechtsverkehr, Schwangerschaft und Geburt zu interessieren schien oder es sich selbst gestattete, darüber zu sprechen.

Jetzt, da er freier über Sexualität reden konnte, konnte er auch erklären, warum er immer jede Zusammenkunft mit seiner Psychoanalytikerin und später mit der Sozialarbeiterin bis in die letzten Einzelheiten im voraus geplant hatte. Wir hatten dies schon lange gewußt und erkannt, daß seine Behandlungsfortschritte durch sein Bedürfnis, die Sitzungen im Griff zu behalten, stark behindert wurden. Wir hatten dies für eine kontraphobische Maßnahme gegen die totale Tyrannei gehalten, die er in der frühen Kindheit erlebt hatte, und das war es auch. Als solche mußte es akzeptiert werden, denn wenn man ihm während dieser Jahre irgendeine Abweichung von seinen Plänen aufzwang, geriet er entweder in eine solche Panik oder er zog sich in eine solche wütende Isolierung zurück, daß er völlig unansprechbar wurde. Ein weiterer Grund, warum er jeden seiner Schritte planen mußte, war der, daß er zwar über Sexualität sprechen wollte, zugleich aber solche Angst davor hatte, daß er gezwungen war, im voraus genau zu beschließen, was er sagen wollte. Die Folge war, daß er kaum irgend etwas offenbaren konnte, das ihm wirklich auf der Seele lag.

Jetzt aber, nachdem ihm ein Gespräch über Sexualität die Information verschafft hatte, nach der er sich gesehnt, die er aber auch gefürchtet hatte, wurde er in den Sitzungen relativ spontan, und später auch in anderen Situationen. Viele Gelegenheiten, wie z. B. Feiertage, waren für ihn schon angenehm geworden; zu seiner Wertschätzung für diese trat nun noch eine optimistische Einstellung zu seiner Zukunft hinzu. Der siebte Jahrestag seines Eintritts in die Schule wurde, wie es Brauch ist, dadurch gefeiert, daß wir ihm für jedes Jahr, das er bei uns verbracht hatte, ein Geschenk machten. Er war davon sehr angetan und begann von der Vergangenheit zu sprechen. Er versuchte sich zu erinnern, wie seine ersten Jahre an der Schule gewesen waren, gab es aber bald auf, über die Einzelheiten nachzudenken, und sagte statt dessen strahlend: »Ich konnte überhaupt nichts tun, und jetzt kann ich eine Menge Dinge tun, und ich werde noch eine Menge mehr lernen.« Nachdem er sich selber über die Gegenwart beruhigt hatte, konnte er sich alles ins Gedächtnis zurückrufen, was er früher nicht gekonnt hatte. »Es war schrecklich. Ich konnte mich kaum bewegen. Jetzt kann ich laufen, Ball spielen, springen und schwimmen. Ich kann sogar im Unterricht lernen.« Aber die alte Hoffnungslosigkeit war immer noch vorhanden, wenn auch realistisch getönt. Er ging zu Dingen über, die er noch nicht gelernt hatte, wie z. B. Schreibmaschine schreiben; wir versuchten, es ihm beizubringen, einmal, weil seine schlechte Koordination seine Handschrift unleserlich machte, und andererseits, weil wir glaubten, es würde ihm vielleicht leichter fallen als das Schreiben mit der Hand. John aber fürchtete, er würde etwa zehn Jahre brauchen, um es zu lernen.

Drei Monate später (sechs Monate, bevor er die Schule verließ) sprach John freimütig über seine Probleme mit dem Essen und gab sich Mühe, sie zu verstehen, und auch, zu begreifen, warum er überhaupt an die Schule gekommen war. Immer wieder ergänzte er das, was er beim erneuten Überschauen seiner Geschichte der Essensschwierigkeiten erzählte, durch weitere Einzelheiten und brachte neue Assoziationen, die sein Verständnis vermehrten. Dann, nachdem er eine angemessene Einsicht in die Ursprünge seiner Schwierigkeiten beim Essen und in der Motilität gewonnen hatte, wollte er herausbekommen, warum er nicht mit anderen Kindern hatte auskommen können.

Auch hier schien John die Entwicklungsschritte nachzuvollziehen, die für das kleine Kind charakteristisch sind. Auf die orale Phase folgt die Entwicklung der körperlichen Bewegung und die Muskelsteuerung; in diesem Stadium wird die für den aufrechten Gang und für die Sphinkterbeherrschung nötige Koordination erreicht. Dieser Entwicklung läuft die Erkenntnis parallel, daß Eltern vollständige Personen sind, und später die Bewältigung der aus dieser Erkenntnis folgenden Schwierigkeiten. Die Lösung dieser ödipalen Probleme verläuft gewöhnlich dem Interesse an den eigenen Altersgenossen parallel, ebenso den Versuchen, mit ihnen auszukommen. Also versuchte John bei der Bemühung, seine verschiedenen Schwierigkeiten zu begreifen, zunächst seine Eßprobleme auszuloten, dann seine motorischen Unzulänglichkeiten und schließlich seine Schwierigkeiten beim Herstellen persönlicher Beziehungen zu anderen Kindern. Auf den Ursprung dieses letzten Problems kam John von allein: »Das war, weil ich kein Selbstvertrauen hatte. Die anderen Kinder konnten immer mehr als ich. Ich wurde dadurch wütend und eifersüchtig, aber ich hab' es nicht gezeigt — ich hab's versteckt. Dann hatte ich ein Gefühl, als müßte ich platzen.«

Ein paar Tage später wollte John noch mehr über die Vergangenheit reden. Er sagte ausdrücklich: »Ich möchte noch mehr über einige der blöden Gedanken reden, die ich hatte. Ich dachte, alle Männer wären meine Väter. Dann dachte ich, meinem Vater gehörte alles — alle Autos. Ich dachte, Straßenbahnen fahren ganz von allein. Ich weiß noch eine komische Idee, die ich hatte — ich dachte, meine Mutter und mein Vater wären die Eltern all meiner Verwandten und Freunde.« Er erkannte unklar, daß seine Überschätzung seiner Eltern von der totalen Macht herrührte, die sie in der Essenssituation über ihn hatten.

Solche Einsichten bedeuteten nicht, daß John ganz auf seine alten Methoden der Weltbewältigung verzichtet hätte. Er brauchte nun nicht mehr für jede Sitzung einen sorgfältigen Plan vorzubereiten, ebensowenig für zukünftige Ereignisse. Aber er stellte absichtlich unsere Geduld auf die Probe, indem er sich weigerte, mitzuarbeiten, indem er uns warten ließ oder durch andere Äußerungen seines alles durchziehenden Negativismus. Er sagte ganz offen, diese Dinge zu tun, mache ihm Spaß. Über seine Langsamkeit, besonders beim Essen, sagte er: »Ich glaub', ich hab' es gemacht, um die anderen wütend zu machen.«

Mittlerweile war John seine Anorexie und sein ständiges Erbrechen losgeworden. Er hatte sie aber noch nicht ganz besiegt, sondern wurde teilweise neurotisch mit ihnen fertig, indem er sie verdrängte und eine Gegenreaktion entwickelte. Das wurde eines Tages deutlich, als er, während er über die Vergangenheit sprach, die Einnäßpuppe aufnahm. Ein anderes Kind hatte die Puppe mit Milch gefüllt; als John sie anfaßte, trat ein Tropfen Milch aus dem Mund der Puppe. Er reagierte darauf, indem er in einen Stupor verfiel. Dann setzte panische Angst ein, von der er sich ziemlich lange erholen mußte. Selbst nachdem er sich wieder in der Hand hatte, brauchte er noch einmal zehn Minuten, um seinen Abscheu und seine Angst schweigend zu bekämpfen; dann erst konnte er erklären, daß dieses Erlebnis so erschreckend und äußerst abstoßend gewesen war, weil es ihn an das erinnerte, was er »zu tun pflegte«. Er wollte nicht an diese Dinge denken; er wollte sie ganz aus seinem Gedächtnis verbannen, und darum war er so aus dem Gleichgewicht geraten.

Dies regte John zu der Frage an, warum er in den alten Zeiten nicht gegen die Zwangsfütterung reagiert habe. Warum hatte er sie sich all die Jahre gefallen lassen, ohne sich zu wehren? Er versuchte zunächst, die Gültigkeit dieser Überlegungen durch Spott zu leugnen. Was konnte ein Baby schon tun? Schließlich konnte ein Baby nicht sprechen. Aber nach kurzer Zeit erkannte er, daß er weiter passiv gelitten hatte, selbst nachdem er sprechen gelernt hatte. Er sagte: »Ich überlege mir vor allem zwei Dinge. Erstens frage ich mich, warum ich mich nicht gewehrt hab', und warum ich weitergemacht hab' (mit dem Erbrechen und dem Ertragen der Zwangsfütterung).« Er hatte jetzt das Gefühl, früher sei er, wenn irgend etwas Unangenehmes geschah, »einfach weggegangen, oder (ich hab') so getan, als existiere es nicht«. Nach einigem Nachdenken kam er zu dem Schluß, er habe sich sehr verändert. »Früher, Miss White, hab' ich zu allem ja gesagt, sogar hier an der

Schule, und dann kam eine Zeit, da hab' ich zu allem nein gesagt, und heute sage ich ja oder nein, weil ich weiß, was ich tun mag und was nicht.«

Gegen Ende dieses Jahres sagte John eines Tages nachdenklich, er werde der Schule überdrüssig. »Sieben Jahre sind schrecklich lang.« Er fügte hinzu, er würde gern versuchen, zu Hause zu leben. Es war ihm klar, daß es recht schwierig sein würde und daß er sich davor fürchtete, aber er äußerte bald wieder sein Gefühl, sieben Jahre seien »eine sehr lange Zeit«.

Wir hatten den Eindruck, er habe einen guten Zeitpunkt gewählt. Während der letzten Jahre hatten unsere Bemühungen, ihm zu helfen, auf der Annahme beruht, er müsse lernen, etwas in bezug auf sein eigenes Leben zu tun, und er könne dies nur, wenn wir ihm bewiesen, daß derartige Aktivitäten positive Folgen haben. Da er nun den Wunsch äußerte, bei seinen Eltern zu leben, hatten wir das Gefühl, wir müßten zustimmen. Eine Veränderung der Lebensbedingungen würde sich vielleicht als neue Herausforderung erweisen, die ihn anregen könnte, sich weiter zu entwickeln. Aber bis zum letzten Tag war er im Hinblick aufs Fortgehen ganz ambivalent.

Als die Zeit der Trennung herankam, war John sehr besorgt, ob er mit der Beziehung zu seinen Eltern zurechtkommen würde. Den Eltern wurde noch einmal geraten, sich selbst in Behandlung zu begeben, aber sie waren psychisch nicht dazu in der Lage. Sie waren aber einverstanden mit dem Plan, daß ein Kinderanalytiker John in der schwierigen Übergangszeit helfen sollte. Der Analytiker begann die Arbeit mit John während seines letzten Monats an der Schule, um ihm während der Zeit der Anpassung ans Elternhaus und bei den später möglicherweise auftretenden Schwierigkeiten helfen zu können. Diese Behandlung dauerte nicht ganz zwei Jahre. Es wurde auch geplant, daß John ein oder zwei Jahre lang eine kleine Spezialschule besuchen sollte, wo er seine Schulausbildung unter größtmöglichem Schutz fortsetzen konnte.

Johns Sozialarbeiterin

Am Ende der Geschichte von Johns Leben bei uns möchte ich erwähnen, daß die Arbeit mit ihm schwieriger war als mit den drei anderen Kindern, deren Geschichten in diesem Band berichtet werden, weil die interpersonalen Beziehungen weniger befriedigend waren. Darum möchte ich meinen Bericht über unsere Erfahrung mit John damit beschließen, daß ich eine Mitarbeiterin selbst über das sprechen lasse, was es möglich machte, die schwierige Arbeit Tag für Tag weiterzuführen. Seine Betreuerinnen haben wir schon zitiert (siehe S. 277). Der für John während seiner letzten Jahre bei uns wichtigste Mensch war Florence White. Sie sagte über ihre Gefühle:

»Johns Hilflosigkeit und Unzulänglichkeit waren für mich ein starker Appell, und dies war um so betonter, als ich zu einem Zeitpunkt ins Bild kam, als seine Beziehungen zu anderen sich erschöpft oder überhaupt nicht entwickelt hatten. Ich akzeptierte ihn sehr in einer Lage, die sich weder von vornherein noch im gleichen Maß für Johns alte Methoden des Umgangs mit anderen eignete, und bald entspannten wir uns beide mehr oder weniger. Dann, als er begann, etwas für mich zu empfinden und ich auch für ihn, konnte er mich auf Gebieten gebrauchen, die nicht so emotionell geladen waren und auf denen er schon gewisse, begrenzte Erfolge errungen hatte, wie z. B. beim Werfen und Fangen eines Balls und dann weiter beim Erwerb der feineren Muskelkoordination, die beim Jacks-Spiel erforderlich ist. Sein offensichtliches Vergnügen am freien Experimentieren mit mir, um Selbstvertrauen zu gewinnen, und dann der Gebrauch, den er davon machte, um mit anderen Kindern spielen zu können, erweckten in mir die positivsten Gefühle für John. Wenn es jedoch nötig war, John zu zeigen, welche Rolle er bei der Gestaltung einiger Lebenserfahrungen zu spielen hatte, besonders an der Schule, wurde in ihm extremer Negativismus geweckt. Er hatte in dieser Hinsicht große Ausdauer und konnte die ganze Stunde dasitzen, ohne ein Wort zu sagen. Durch die Tiefe seiner Feindseligkeit gab er mir das Gefühl, er ›sitze auf mir‹, und dadurch konnte er mich frustrieren. Auch ich war verwundbar durch sein trauriges und vorwurfsvolles Aussehen und hatte irgendwie das Gefühl, mein Teil dazu beigetragen zu haben, daß er das Leben nicht genießen konnte.

Vielleicht die schwierigsten Zeiten hatte ich mit John durchzumachen, wenn ich wußte, er wünschte sich irgendeinen Vorzug oder einen Genuß, die andere Kinder freimütig erbitten und genießen konnten, während er es nicht konnte. Selbst wenn er mit meiner Ermunterung fragte und das Gewünschte gewährt wurde, pflegte er diesen Umstand dann feindselig gegen mich zu wenden, indem er es verächtlich ablehnte, sobald er es bekam. Ich bin sicher, daß ich in solchen Augenblicken meine diesbezüglichen Gefühle zeigte, wenn ich sie auch nicht in Worte faßte: Groll darüber, daß er nicht nehmen wollte, was ich ihm anbot.

Aber das waren nur Momente. Überdies erschien John als ein so verzweifelt hilfloses Kind, daß ich auch die kleinste Bewegung, die er in der richtigen Richtung machte, als großartig empfand, was es mir ermöglichte, ihm während der ganzen Zeit unserer Bekanntschaft warme Gefühle entgegenzubringen.«

Andere Mitarbeiter hatten ganz ähnliche Gefühle. Daß John sich schrecklich unglücklich fühlte, war so offensichtlich, daß seine offen feindseligen Handlungen (daß er sich z. B. über uns erbrach und uns anspuckte) relativ leicht zu ertragen waren; sie zeigten wenigstens ein gewisses Erkennen der Außenwelt. Viel schwerer zu ertragen war die vorwurfsvolle Traurigkeit, mit der er auf unsere aufrichtigsten Bemühungen reagierte, ihm etwas zuliebe zu tun. Das bis zum Ende extrem langsame Tempo seiner Besserung belastete die narzißtischen Wünsche derjenigen, die mit ihm arbeiteten, und sie fühlten sich um ihre eigene Belohnung betrogen: um das Gefühl, John in gewissem Maß geholfen zu haben.

Nachdem er uns verlassen hatte

Es war schwierig für John, sich daran zu gewöhnen, bei seinen Eltern zu Hause zu leben, besonders am Anfang, aber im Lauf der Jahre wurde seine Anpassung besser, und sie ist jetzt, in Anbetracht der Umstände, relativ gut. In den ersten zwei Jahren nach seinem Fortgang besuchte er uns gelegentlich. Er schien nicht nur alles zu behalten, was er hier gewonnen hatte, sondern auch über das Niveau hinaus, das er bis zur Zeit seines Ausscheidens erreicht hatte, weitere Fortschritte zu machen. Das wurde auch von seinem Psychiater für die Zeit, in der er John behandelte, bestätigt.

Die Eltern, und möglicherweise auch John, hatten den Wunsch zu vergessen, daß John jemals an der Schule war, und so sehr wir bedauern, daß er uns in den letzten zwei Jahren nicht besucht hat, müssen wir doch solche Wünsche achten. Vielleicht erklärt der Umstand, daß er das einzige Kind war, das schon vor der Reorganisation an der Schule war, die Tatsache, daß er eins der wenigen Kinder ist, bei denen wir das Gefühl haben, unsere Aufgabe erfüllt zu haben, zu dem wir aber in der Folgezeit den Kontakt verloren haben. Andere Kinder neigen dazu, von Zeit zu Zeit wiederzukommen; so können wir aus der direkten Beobachtung schließen, wie sie im Leben vorankommen. In Johns Fall mußten wir uns auf Berichte von seiner Schule und seinem Psychoanalytiker stützen, um herauszubekommen, wie es ihm erging, nachdem er uns verlassen hatte, und wie es ihm heute ergeht.

Wie zu erwarten, waren Johns Beziehungen zu den Eltern, zur Schule und zum Psychiater mit Schwierigkeiten beladen, obwohl er sowohl in der Schule als auch in der Therapie soziale und Leistungsfortschritte machte. Nach zwei Jahren in einer speziellen Ganztagsschule meinten seine Lehrer, er sei so weit, daß er in eine weniger beschützende Umgebung überwechseln könne. Eine entsprechende Regelung wurde getroffen, und in den letzten zwei Jahren hat John eine bekannte Privatschule besucht, an der normale Kinder unterrichtet werden und die ein sehr hohes Leistungsniveau hat. Etwa zur Zeit dieses Übergangs an eine Schule für normale Kinder beendeten Johns Eltern seine Psychotherapie.

Zur Zeit dieser Niederschrift kommt John im zehnten Schuljahr gut voran, das heißt, er ist nur ein Jahr später daran als andere Kinder seines Alters. Seine Lehrer haben den Eindruck, daß er sich in jeder Hinsicht, sowohl schulisch als auch sozial, bessert. Er ist zwar kein »Führer«, aber seine Altersgenossen mögen ihn gern, und er unterscheidet sich wenig von den übrigen Angehörigen dieser unausgelesenen Gruppe von Schülern einer Privatschule mit hohem Leistungsniveau.

Als John uns verließ, nachdem wir uns sieben Jahre lang um ihn bemüht hatten, hatten wir nicht das Gefühl, er sei völlig »geheilt« — das war vielleicht niemals möglich —, aber man konnte wahrheitsmäßig sagen, daß er sehr gebessert war. Wir glaubten, er habe eine sehr gute Chance, im Leben Erfolg zu haben. Seine befriedigende Geschichte in der Welt draußen hat bis jetzt diesen Schluß bestätigt. Wir sind alle froh, daß für John Eiskrem nicht mehr »besser als Gott« ist — ja, daß Eiskrem ihm nur dann wirklich ein Genuß ist, wenn er sie in Gesellschaft eines guten Freundes oder einer guten Freundin ißt.

Fünfter Teil

»Ich hab gar nicht
gewußt, daß euch soviel
an mir liegt«

Harry,
ein verwahrloster Junge

Harry und seine Familie

Als wir Harry kennenlernten, war er ein gesunder siebenjähriger Verwahrloster von normaler Intelligenz, der trotz einer krampfhaft aufrechterhaltenen Ordentlichkeit den Eindruck von Verwirrtheit und Desorganisiertheit machte. Seine Eltern fühlten sich völlig unfähig, mit ihm fertig zu werden, und hatten sich erst an eine, dann an eine andere soziale Hilfsorganisation gewandt, bis die letzte empfahl, man solle ihn an unserer Schule unterbringen. Bis zu dieser Zeit war die Familie wenigstens physisch intakt.

Das auffallendste Symptom von Harrys Verwahrlosung war ein praktisch fortwährendes Weglaufen aus Elternhaus und Schule. Dies war verbunden mit Einbrüchen und Diebstählen und noch verschlimmert durch andere Arten von der sozialen Norm abweichenden Verhaltens.

Harry fing an, von zu Hause wegzulaufen, bevor er vier Jahre alt war. Dieses Verhalten war nie auf einen unmittelbaren oder spezifischen Anlaß zurückzuführen; er pflegte zu jeder Tages- und Nachtzeit wegzulaufen. Manchmal kam er von allein zurück, meistens wurde er jedoch von der Polizei aufgegriffen. Gewöhnlich blieb er bis zwei oder drei Uhr morgens aus, gelegentlich kam er aber auch erst am nächsten Tag wieder oder sogar später. Seine Eltern machten verschiedene Versuche, ihn zurückzuhalten — sie versuchten es mit körperlichen Strafen, sie sperrten ihn ein oder nahmen ihm die Kleider weg; dies alles erwies sich als unwirksam. Wenn sie es verzweifelt aufgaben, ihn zu bestrafen, und statt dessen versuchten, nachsichtig mit ihm zu sein, hatten sie genausowenig Erfolg.

Harry verbrachte den größten Teil seiner Tage und Nächte damit, in Straßenbahnen und Hochbahnen zu fahren, in den Straßen herumzustreifen oder im Kino zu sitzen. Das Geld dafür beschaffte er sich durch Diebstahl oder Betteln. Manchmal ging er am Abend in Kneipen und gab »Vorstellungen« für betrunkene Gäste, denen seine Possen gefielen und die ihn mit Geschenken oder Getränken belohnten. Später brach er mit Hilfe älterer Jungen in Autos ein und stahl dort Kleinigkeiten.

Ebenso schlimm waren Harrys selbstzerstörerische Neigungen, wenn seine Eltern es auch nicht erkannten. Er fuhr im letzten Wagen der Hochbahn, wo in der Türöffnung an Stelle einer Tür nur eine Schutzkette gespannt war, und lehnte sich weit über die Kette, der Auffor-

derung des Schaffners zum Trotz, er solle sich einen weniger gefährlichen Platz suchen. Er ging absichtlich bei »Rot« über vielbefahrene
Straßen, spielte vor herankommenden Zügen auf Eisenbahngleisen und
überquerte die stromführende dritte Schiene der Hochbahn immer wieder in beiden Richtungen.

Harrys aggressive Tendenzen richteten sich auch gegen andere. Dies
entsprach anscheinend ganz den Erwartungen seiner Mutter: Sie hielt
ihn für das »gemeinste Kind der Welt«, weil er schon Leute gebissen
hatte, als er noch im Ställchen war. Im Alter von drei bis sieben Jahren
(als er zu uns kam) sammelte er ein eindrucksvolles Register von Delikten an. Er warf Töpfe und Pfannen oder das Waschbrett aus einem
Fenster im zweiten Stock und verfehlte Vorübergehende nur knapp.
Er versuchte, das Haar seiner jüngeren Schwester in Brand zu setzen,
und verletzte seine andere Schwester bei mehreren Gelegenheiten
schwer. Er drohte oft, seiner Mutter ein Metzgermesser ins Herz zu
stoßen und sie zu töten, und versuchte es mindestens einmal wirklich.

Harry war nicht der einzige in der Familie, der eine unglückliche
Kindheit hatte. Auch seine Mutter hatte als Kind wenig Vergnügen
gekannt. Ihr Vater war ein schwerer Trinker[1], und sie reagierte gegen
den Zerfall ihres eigenen Elternhauses, indem sie zwanghaft sauber
und ordentlich wurde. Als Harry ihr ihren Wunsch versagte, einen
»Mustersohn« zu haben, bestrafte sie ihn schwer. Zugleich blieb sie
seiner Gewalttätigkeit gegenüber völlig gefühllos und zeigte nur ein
sehr distanziertes Interesse daran, selbst wenn sie sich gegen sie selbst
richtete. Harry schämte sich selbst oft wegen der Dinge, die er getan
hatte, aber seine Mutter feuerte ihn an, Besuchern seine »Heldentaten«
ausführlich zu erzählen, und ergänzte die grausigen Einzelheiten, wenn
er sie nicht erwähnte. Je stärker er sich wehrte, diese Szenen für einen
Zuschauer kühl noch einmal darzustellen, desto mehr bestand sie darauf, er solle es tun. Er mußte vormachen, wie er sie bedroht hatte und
versucht hatte, sie mit einem Messer zu erstechen. Die Folge war
schließlich, daß Harry sein Widerstreben gegen die Offenbarung seiner Missetaten verlor und lernte, die Aufmerksamkeit zu genießen,
die er damit erregte. Man darf annehmen, daß er hinter der oberflächlichen Teilnahmslosigkeit der Mutter einen tiefen Stolz auf die
Gewalttätigkeit ihres Sohnes spürte.

Sobald Harrys erste Schwester geboren war, nahm die Mutter sie sofort als das »gute« Kind an; das gleiche galt für die zweite Schwester. Sie wurden gelobt und als Beispiel hingestellt, und dies um so
mehr, als Harry, möglicherweise in Reaktion darauf, sich in die Rolle
des »bösen« Jungen fügte, die ihm als einzige übrigblieb. Zu dieser

Zeit war es schon schwer zu sagen, ob die Mutter wegen Harrys Verhalten diesen ablehnte und die Schwestern vorzog, oder ob Harrys Benehmen die Folge ihrer Ablehnung war. Auf jeden Fall war sie die ganze Zeit sehr stolz auf seine Tollkühnheit, ob sie im Rahmen des sozial Annehmbaren blieb oder zum Delikt wurde, und bestärkte ihn in seinen megalomanen Vorstellungen von seinen Fähigkeiten und seiner Unzerstörbarkeit, obwohl diese für Harry mehr kontraphobisch als real waren. Seine Mutter pflegte zu sagen: »Harry passiert nie was« (oder: »kann nie was passieren«). Sie war sicher, Harry würde völlig unbeschädigt aus Unternehmungen hervorgehen, bei denen andere Kinder seines Alters verletzt oder getötet würden. Sie legte besonderen Wert darauf, ihm zu sagen, er sei der »schlaueste Junge«, viel »schlauer als alle anderen Kinder in der Straße«.

Auch Harrys Vater hatte lange vor seiner Heirat viele Schwierigkeiten gehabt. Mit siebzehn Jahren ging er zur Marine, entweder um von zu Hause fortzukommen oder um weiterem Ärger mit der Polizei zu entgehen. Vielleicht hatte er gehofft, die Marine könne ihn bessern, aber er konnte dort auch nicht zurechtkommen und wurde schließlich »in Unehren entlassen« wegen Trunkenheit und »Abwesenheit ohne Urlaub«. Kurz danach heiratete er, gab das Trinken auf und schien sich eine Zeitlang zu »bessern« — in passiver Unterwerfung gegenüber seiner herrschsüchtigen Frau. Aber nach einigen Jahren dieses Lebens suchte er wieder Trost im Alkohol.

Während seiner Räusche prahlte er mit seiner Kraft und seinen Missetaten, ähnlich wie Harrys Mutter mit ihrem Sohn prahlte. Er bedrohte und mißhandelte Frau und Kinder, zerschlug die Möbel in der Wohnung und beging gelegentlich Einbruchsdiebstähle in Läden. Wenn er nach solchen explosiven Ausbrüchen wieder nüchtern wurde, war er wieder unterwürfig und reumütig [2].

Er wollte, sein Sohn sollte ein starker, männlicher Mann werden; Harrys Weglaufen deutete er als lobenswerten Versuch, sich von Frauen unabhängig zu machen. Meistens war er auch stolz auf den Wagemut seines Sohnes. Bei anderen Gelegenheiten reizte ihn Harrys Streben nach Unabhängigkeit und das, was er seinen Mangel an Respekt nannte, dann schlug er ihn unbarmherzig.

So wurde selbst bei oberflächlicher Betrachtung klar, wie inkonsequent Harrys Eltern in ihrer Haltung dem Sohn gegenüber waren; sie bestraften ihn für Schandtaten, auf die sie insgeheim stolz waren und in denen sie ihn unterschwellig bestärkten. Harry wurde zwar von der Mutter zugunsten der Schwestern abgelehnt, aber zugleich förderten beide Eltern seine megalomanen Tendenzen. Von den beiden Eltern war der Vater derjenige, der in gewisser Weise den Jungen liebte, und wenn auch sein Verhalten in gesellschaftlicher Hinsicht viel weniger akzeptabel war als das der Mutter, dienten seine Handlungsweisen (wegen seiner Liebe zu Harry) diesem als nachahmenswertes Beispiel. Schließlich mag auch die oft heftige und immer schwelende Uneinigkeit zwischen den Eltern einen Einfluß auf Harry gehabt haben, der viel tiefer eindrang als das Trauma ihrer offenen Streitigkeiten.

Als wir die Eltern kennenlernten, war die Feindschaft zwischen ihnen so groß, daß eine Scheidung nahe bevorzustehen schien. Ich fürchtete, wenn sie sich bald trennten, nachdem sie Harry bei uns untergebracht hätten, würde er es als Folge dessen interpretieren, daß er das Elternhaus verlassen hatte. Eine solche Demonstration seiner Macht, nämlich daß sein Bleiben sie zusammenhielt, während sein Fortgehen dazu führte, daß sie ihre Ehe beendeten, würde möglicherweise seine Vorstellungen von seinen Fähigkeiten verstärken; besonders seine Ansicht, er könne das Leben seiner Eltern steuern. Deshalb nahmen wir Harry nur unter der Bedingung auf, daß seine Eltern sich mindestens ein halbes Jahr nach seinem Schuleintritt nicht trennten. Sie versprachen dies, nur um ihr Versprechen zu brechen, sobald Harry bei uns lebte. Sie trennten sich binnen einiger Wochen und strengten Scheidungsklage gegeneinander an. Nach einem längeren Gerichtsstreit bekam die Mutter das Sorgerecht für die Mädchen, der Vater für den Jungen, aber Harry wurde der Vormundschaft des Gerichts unterstellt, welches anordnete, er solle in der Schule bleiben. Innerhalb von zwei Jahren, nachdem die Scheidung rechtsgültig geworden war, heirateten beide Eltern wieder.

Erste Beurteilung

Nachdem wir Harry einige Tage beobachtet hatten (wir waren darin behindert, weil er einen Großteil der Zeit weggelaufen war), versuchten wir die Bedeutung dessen zu verstehen, was wir erfahren und beobachtet hatten, um eine erste Grundlage für die Zukunftsplanung zu gewinnen. Die psychologische und medizinische Untersuchung erbrachte keine Faktoren, die zusätzlich zu den in seiner Vorgeschichte liegenden Harrys Verhalten hätten erklären können. Wir nahmen an, sein Hauptmotiv fürs Weglaufen sei sein Wunsch, Situationen zu entgehen, die schwere Angst in ihm erzeugten, die er weder ertragen noch überwinden konnte. Er suchte verzweifelt irgendwo Geborgenheit zu finden, und das mußte ein Ort außerhalb seines Elternhauses sein:

typischerweise war es die Straße oder das Kino. Er verbrachte oft den ganzen Tag oder die ganze Nacht im Kino; oft fand man ihn schlafend in seinem Sitz, wenn die Platzanweiserinnen das Haus schließen wollten. Es war nicht der Film, der ihn anzog, da er gar nicht verstand, was er auf der Leinwand sah. Jeder Ort schien wünschenswert, solange er ihm Sicherheit vor den Eltern bot.

Sein gefährliches und provokatives Verhalten andererseits schien aus dem Bemühen zu entspringen, seine Schuldgefühle wegen seiner Missetaten zu überwinden. Vielleicht dachte er, wenn herankommende Autos oder Züge ihn nicht töteten, oder wenn er nicht aus den Hochbahnzügen fiel, könnte er offenbar doch nicht so schlecht sein. In direktem Widerspruch zu diesen Versuchen, sich von Schuldgefühlen zu befreien, standen aber andere Motive für sein Verhalten, die es Harry unmöglich machten, durch Agieren seine Ängste zu überwinden, da gerade das Verhalten, das die Ängste linderte, die in einer Gruppe von Motiven ihren Ursprung hatten, andere Ängste verschlimmerte. Dies war der circulus vitiosus, der ihn zwang, die Intensität und Gefährlichkeit seines Agierens zu steigern. Eins dieser anderen Motive war der positive Wunsch, verletzt zu werden. Die Mutter sah ihn als unzerstörbar an, aber auch als etwas sehr Schlimmes, ganz Ungewöhnliches, ein Ungeheuer. Andererseits sind Menschen zerstörbar und werden verletzt, wenn sie sich immer wieder der Gefahr aussetzen. Wenn nur Harry unter solchen Umständen nicht verletzt wurde, bedeutete es also, daß er wirklich ein unmenschliches Monstrum war. Schließlich, je mehr er sich wünschte, verletzt zu werden, um zu beweisen, daß er ein Mensch sei, fürchtete er es auch desto mehr, denn er konnte nicht sicher sein, daß er als verletztes Kind die Versorgung eines Abhängigen bekommen würde, die er brauchte und die seine Mutter nur seinen Schwestern verschwenderisch gewährte.

Harrys aggressive Handlungen waren auch durch die tiefe Unsicherheit seiner Beziehung zu seinen Eltern motiviert. Einerseits versuchte er sich an seiner Mutter und den bevorzugten Schwestern zu rächen, weil sie zu seinem Unglück am meisten beigetragen hatten. Andererseits versuchte er, seinen Vater zufriedenzustellen (der gegen die Mutter seine Partei ergriff), indem er sich wie ein »zäher Bursche« oder ein »wichtiger Kerl« benahm, der anderen Angst machen und sie verprügeln konnte. Wie viele ängstliche Kinder kopierte er den angstregenden Elternteil; manchmal versuchte er, seinem Vater zu zeigen, wieviel Angst er erregte, indem er ihn in übertriebener Weise nachahmte. Aber wenn er versuchte, seine Mutter nach dem Beispiel seines betrunkenen Vaters zu behandeln, bestrafte ihn der Vater dafür —

was äußerst verwirrend war. In seiner Tollkühnheit versuchte Harry auch, gemäß den Erwartungen seiner Mutter zu handeln, wie es jedes gute Kind tun sollte. Schließlich mag er gemäß seinen ödipalen Wünschen gehofft haben, seine Eltern durch seine Handlungen zu trennen —was ihm tatsächlich gelang, als er an unsere Schule geschickt wurde.

Auf einer weiteren Ebene versuchte Harry, besondere Ängste dadurch zu mildern, daß er andere Leute gefährdete; solange sie Angst vor ihm hatten, fühlte er sich sicher. Aber zugleich steigerte sein aggressives Benehmen seine Ängste. Zum Beispiel machte seine Gewalttätigkeit andere Menschen so wütend, daß sie ihm wirklich gefährlich wurden. Harrys Ausweg aus dieser Situation war wieder das Weglaufen. Aber das Weglaufen seinerseits schuf wieder mehr Angst, denn dann bekam er oft nichts zu essen oder er wurde von größeren Jungen und Männern gejagt und verprügelt.

Auf Grund dieser vorläufigen Analyse von Harrys symptomatischem Verhalten begannen wir unsere Planung für seine Behandlung. Wir wollten ihn zu der Erkenntnis führen, daß man ihn an der Schule gern hatte, daß er ungefährdet war und geschätzt wurde, nicht als ein »wichtiger Kerl«, sondern als ein kleiner Junge. Wir hatten nicht vor, sofort etwas gegen sein Weglaufen zu unternehmen, da es ein kontraphobisches Ventil zu sein schien, das ihm die Möglichkeit zu motorischer Abfuhr bot, die er in diesem Entwicklungsstadium so nötig brauchte. Wir fürchteten, jeder Eingriff in seine Möglichkeit, durch Motilität Spannung abzuführen, indem er sich räumlich von angsterregenden Situationen entfernte, könnte seine Angst über alles Maß vergrößern. Wir wollten im Gegenteil all unsere Bemühungen darauf konzentrieren, seine Angst im Bereich der offenen Aggression zu vermindern. Darum versuchten wir, anstatt sein asoziales Verhalten ganz und gar zu unterbinden (was Überwältigung und angsterregenden körperlichen Zwang erfordert hätte), ihn einfach davon abzuhalten, irgend jemand Schaden zuzufügen. Wir hofften, auf diese Weise würden keine zusätzlichen Angst- oder Schuldgefühle erzeugt, und auch die Wahrscheinlichkeit, daß Harry angsterzeugender Gegenaggression ausgesetzt würde, würde herabgesetzt werden. So sahen unsere anfänglichen Pläne für Harry aus.

Es sollte niemand annehmen, unsere ursprünglichen Behandlungspläne hätten auf einer vollständigen Erkenntnis der Ätiologie von Harrys Störung beruht; im Gegenteil, nur seine Fortschritte in der Rehabilitierung machten die allmähliche Aufdeckung seiner emotionalen Einstellungen möglich, die wiederum ein Licht auf die wahrscheinlichen Ursprünge seiner Schwierigkeiten warf. Eine vollständigere Erkenntnis der Genese seines Verhaltens war nicht die Grundlage, sondern die Folge unseres Vorgehens. Unsere ersten Bemühungen beruhten zwar auf der oben skizzierten ersten Analyse, aber jeder weitere Schritt war das Ergebnis einer ständigen Neubeurteilung von Harrys Gesamtsituation, unserer Reaktion auf ihn und sein Verhalten und unseres wachsenden Verständnisses für seine Bedürfnisse und Probleme. Unsere zunehmende Einsicht half Harry bei der Entwicklung der persönlichen Beziehungen, die schließlich zu seiner Rehabilitierung führten.

Trotzdem ist es vielleicht einfacher, Harrys Fortschritte in der Sozialisierung und in der Persönlichkeitsintegration in seiner Zeit bei uns zu verfolgen, wenn wir schon an dieser Stelle einige weitere Bemerkungen über die wahrscheinlichen Hintergründe seines gestörten Verhaltens machen.

Impulsives Weglaufen ist oft auf Versuche zurückzuführen, sowohl einem inneren Spannungszustand als auch einer äußeren Gefahr zu entkommen, aber häufig schließt es auch die Hoffnung ein, die eigene Lage zu bessern, z. B. indem man ein besseres Heim findet.

Die äußere Realität, der Harry zu entfliehen versuchte, war vor allem die strafende und ablehnende Haltung seiner Mutter, die auf seine asozialen Taten stolz war und viel mehr Interesse an seiner »Schlechtigkeit« als an seiner »Bravheit« zeigte, und zweitens das ebenso inkonsequente Verhalten seines Vaters, der in nüchternem Zustand abhängig, im Rausch aber aggressiv war. Um sich das Bild wenigstens eines guten Elternteils, eines akzeptierenden Vaters, zu erhalten, mußte es Harry wenn irgend möglich vermeiden, dem bösen, betrunkenen Vater zu begegnen. Dies versuchte er zu erreichen, indem er so spät nach Hause kam, daß er einigermaßen sicher sein konnte, sein Vater schlafe friedlich.

Die Natur der inneren Konflikte, denen Harry zu entfliehen suchte, wurde durch das Alter noch kompliziert, in dem er die größten Schwierigkeiten mit seinen Eltern hatte. Mit etwa vier Jahren, als er anfing wegzulaufen, war Harry bereit, die ursprüngliche Bindung an die Mutter zugunsten der Identifizierung mit dem Vater aufzugeben. Dieser Prozeß wurde zwar erschwert durch die Tatsache, daß die Mutter bis dahin die mächtigere Figur gewesen war, er wurde aber durch ihre punitive Haltung und durch die Geburt einer Schwester zu dieser Zeit unterstützt. Die Mutter hatte Harrys emotionale Bedürfnisse nicht befriedigt und ihn abgelehnt, aber er hatte nicht gewußt, daß sie auch anders handeln konnte. In vieler Hinsicht war sie eine fleißige und gewissenhafte Mutter, und körperlich war er gut versorgt worden. Aber als seine Schwester geboren wurde und er sah, welch zärtliche

Fürsorge und emotionale Zuwendung sie von der Mutter bekam, war er plötzlich gezwungen zu erkennen, daß seine Mutter auch ganz anders sein konnte. Das erregte intensive Wut in Harry, und es zwang ihn, sich noch mehr an seinen Vater zu binden, der ihn vorzog und nicht die Schwester.

Die Verschiedenheit zwischen der Haltung der Mutter gegenüber Harry und ihrer Zärtlichkeit und Zuwendung gegenüber seiner Schwester erzeugte nicht nur Wut, sondern auch eine tiefe Angst, irgend etwas in ihm könne an diesem Unterschied schuld sein. Hatte man ihm nicht gesagt, er sei das »gemeinste Kind«? Vielleicht war es wahr, und er war selber schuld, daß er von seiner Mutter abgelehnt wurde, die, wie er nun sah, fähig war, Liebe zu geben. So kam zu seiner Wut auf Mutter und Schwester eine tiefe Entmutigung in bezug auf sich selbst hinzu; und diese wurde durch noch einen weiteren Faktor verschlimmert. Bis zur Geburt seiner Schwester hatte er, was er an Fürsorge von seiner Mutter empfing, ohne Fragen angenommen. Auf dieser Grundlage war offensichtlich, daß er zwar nun die Mutter ablehnte und sich mit dem Vater identifizierte, daß er aber in einer tieferen Schicht immer noch stark mit ihr identifiziert war und sich infolgedessen ihre strengen Wertvorstellungen einverleibt hatte. Seine Missetaten erzeugten deshalb schwere Schuldgefühle in ihm, die der zwanghaften Persönlichkeit seiner Mutter entsprachen und sein Gefühl der totalen Wertlosigkeit als Person noch schmerzhafter machten.

Um seiner Not zu entgehen, versuchte Harry immer mehr (seinem Alter und Geschlecht entsprechend), sich auf seinen Vater zu stützen und sich mit ihm zu identifizieren. Im Vergleich zur Mutter bot der Vater relativ viel Wärme, wenn er nicht alkoholisiert war, aber noch weniger Sicherheit als die Mutter. Seine Unterwürfigkeit gegenüber der Mutter war für seinen Sohn äußerst bestürzend. Harry, der sich von der Mutter abgelehnt fühlte, freute sich auf die Heimkehr des Vaters am Abend. Aber sobald er heimkam, berichtete die Mutter ihm, Harry sei ungezogen gewesen, und verlangte, der Junge müsse bestraft werden. Der Vater pflegte zunächst Einwände zu machen und so Harrys Hoffnung Nahrung zu geben, nur um diese wieder zu zerschlagen, indem er schließlich doch tat, was die Mutter wollte. Er schlug Harry viel stärker, als gerechtfertigt gewesen wäre oder als er oder die Mutter es beabsichtigt hatten, und dann pflegte er sich, wütend über seine eigene Schwäche im Nachgeben gegenüber seiner Frau, zu ihr zu wenden und zu sagen: »Bist du nun zufrieden?« Dieses unentschlossene Benehmen, das immer wieder Hoffnungen auf Sicherheit weckte, nur um sie total zu zerstören, machte klar, daß der Vater in seiner Schwäche

Harry seiner Frau opferte. Trotzdem versuchte Harry, angestachelt durch die Ablehnung der Mutter und gedrängt von den emotionalen Bedürfnissen seines Alters, sich von den ödipalen Bindungen an die Mutter zu befreien und sich zur Befriedigung seiner emotionalen Bedürfnisse an den Vater zu wenden. Aber die Haltung des Vaters und Harrys eigene Wut und Frustration führten diesen dazu, sich mit der Pseudo-Männlichkeit des Vaters zu identifizieren, die nicht auf innerer Stärke beruhte, sondern auf betrunkener Gewalttätigkeit.

Die ganze Sache wurde noch dadurch verschlimmert, daß an diesem entscheidenden Punkt in Harrys Leben das Benehmen des Vaters sich verschlechterte. Es war eine Zeit, in der er sich immer öfter dem Alkohol zuwandte. Der Vater, der gelegentlich, wenn auch nur unzureichend, Harrys Beschützer gegen die Bestrafungswut der Mutter gewesen war, wurde selbst immer mehr zu einer bedrohlichen Figur. Außerdem fand seine Gewalttätigkeit im Rausch oft ihren Höhepunkt darin, daß er sich seine Frau sexuell gefügig machte, was zu Harrys Ängsten noch Sexualängste hinzufügte. Überdies schlug der Vater zu dieser Zeit über seine Aggression gegen die Mutter hinaus auch noch Möbel entzwei. Das erweckte in Harry den Wunsch, wenn nicht die Mutter, so doch sein elterliches Heim zu beschützen, während er selbst sich verzweifelt nach Schutz vor der Feindseligkeit beider Eltern sehnte.

Die Frustrationen und Entbehrungen, die Harry erlebte, ließen ihn vor allen Kontakten mit anderen Menschen zurückscheuen. Da er unfähig war, seine Konflikte zu lösen, blieb er auf einer unbezogenen, phallisch-aggressiven Stufe fixiert. Dies wurde aus einigen Elementen seines offenkundigen sexuellen Verhaltens deutlich, die wir beobachteten, während die Intensität und Tiefe seiner Fixierung an der Heftigkeit seiner aggressiven Handlungen abzulesen war. Monatelang, nachdem er an die Schule gekommen war, pflegte er provozierend seine Genitalien zu entblößen; er streckte seinen erigierten Penis aggressiv anderen entgegen und schrie, so laut er konnte: »Seht meinen schönen Pimmel an!«

Zur gleichen Zeit forderte er häufig, ängstlich und aggressiv zugleich, Frauen auf, ihm ihren Penis zu zeigen. In der Überzeugung, er würde ihren Penis unter ihrer Unterwäsche versteckt finden, machte er viele Versuche, Frauen unter die Röcke zu kriechen oder diese hochzuheben, um die Genitalien der Frauen zu inspizieren. Seine Unsicherheit, nicht nur in bezug auf die Rollen, die seine Eltern gespielt hatten, sondern auch in bezug auf ihren Körperbau, ließ sich auf seine Gefühle seiner Mutter gegenüber zurückführen, die er in Äußerungen offenbarte wie z. B.: »Meine Mutter hat keine Brüste; sie ist ein Mann.«

Nachdem Harry eine Zeitlang bei uns gewesen war, zeigte sich, wie eng sein Weglaufen mit seiner Kastrationsangst zusammenhing. Er baute einen Schneemann und bedrohte ihn, er werde ihm zur Strafe die Genitalien abreißen, weil der Schneemann angeblich weggelaufen war. Dies war also die Strafe, die er für sein Weglaufen befürchtete; das erklärte auch sein Widerstreben gegen die Heimkehr, selbst wenn er ernste Unannehmlichkeiten zu ertragen hatte. Harrys Kastrationsangst war so groß, daß er selbstzerstörerische Versuche der Beherrschung unternahm, indem er sich selbst das zufügte, was, wie er fürchtete, andere ihm antun könnten. Er äußerte z. B., er werde seine eigenen Genitalien essen — er kombinierte so Kastrationsängste mit noch primitiveren Tendenzen der oralen Einverleibung —, um sie vor äußeren Gefahren zu sichern.

Seine Angst vor und sein Haß auf Mutterfiguren und sein Wunsch, sie zu erdolchen, wurde veranschaulicht durch seinen realen Versuch, seine Mutter zu töten, und später durch ähnliche Angriffe auf seine Betreuerinnen. Es war offensichtlich, daß er ihnen mit einem Messer die Strafe antun wollte, von der er sich so bedroht fühlte. Er war fast ein Jahr bei uns gewesen, bevor er mit Hilfe des Schneemanns symbolisch darstellen konnte, welche Strafe er für sein Weglaufen fürchtete und erwartete; es dauerte doppelt so lange, bis er uns direkt sagen konnte, wer seiner Vorstellung nach diese Strafe vollziehen würde. Eines Tages beim Baden packte er plötzlich mit einer Hand seinen Penis und machte mit der anderen Hand sägende Bewegungen an seiner Basis. In höchster Erregung fragte er seine Betreuerin: »Glaubst du, irgendeine Mutter würde dies ihrem kleinen Jungen antun?«

In Harrys Leben hatte es nie einen ruhigen, selbstsicheren Menschen gegeben, mit dem er sich hätte identifizieren können; er hatte nie Zeit gehabt, eine eigene Persönlichkeit zu entwickeln. Verzweiflung hatte ihn gezwungen, bei einem Elternteil Geborgenheit zu suchen, zu versuchen, dessen Wertmaßstäbe anzunehmen und sich so zu formen, wie es nach seiner Ansicht den Wünschen dieses Elternteils entsprach. Aber das hatte ihm nur Enttäuschung und tödliche Angst eingetragen, so daß er gezwungen war, sich dem anderen Elternteil zuzuwenden, und dieses Hin und Her ging endlos weiter. Alles, was er zustande brachte, war die Identifizierung mit isolierten und oft einander widersprechenden Aspekten der Persönlichkeit beider Eltern, was die Bildung einer eigenen Persönlichkeit, ganz zu schweigen von einem eigenen Wertsystem, unmöglich machte.

Ein Beispiel mag das verdeutlichen: Harry war, aus einem unbewußten Wunsch, seiner Mutter zu gefallen, gelegentlich zwanghaft sauber und ordentlich. Da seine Mutter seine Schwestern vorzog, wünschte er sich, um ihre Liebe zu erlangen, sehr dringlich, ein Mädchen zu sein. Das ging so weit, daß er sogar viel später noch gelegentlich halb im Ernst behauptete, er sei ein Mädchen. Er zog dann Mädchenkleider an, die er sorgfältig so anordnete, daß sie seine sonst chronisch zur Schau gestellten Genitalien verbargen. Kurz danach mußte er gewöhnlich seine Männlichkeit übermäßig betonen, indem er laut verkündete, er hasse alle Weiber, und indem er aggressive Handlungen gegen sie beging. Die Verleugnung seiner passiven und femininen Neigungen durch Gewalttätigkeit entsprach der offenkundigen Persönlichkeit seines Vaters und war möglicherweise die Folge seines ängstlichen Versuchs, sich mit ihm zu identifizieren. In gleicher Weise mögen auch die passiven, femininen Tendenzen des Vaters zu Harrys tiefem Wunsch, ein Mädchen zu sein, beigetragen haben. In diesem Zusammenhang möchte ich noch einmal erwähnen, daß die Geburt der Schwester Harry der Aufmerksamkeit, wenn nicht der Liebe seiner Mutter beraubte; auch fiel die Geburt der Schwester zeitlich etwa mit dem Rückfall des Vaters in Trinken und Gewalttätigkeit zusammen, und wahrscheinlich hatte dieses Ereignis den Wandel in seinem Verhalten hervorgerufen.

Diese widersprüchlichen Tendenzen in Harrys Persönlichkeit machten den Umgang mit ihm höchst schwierig. Er pflegte plötzlich und unvorhersehbar von einer femininen, passiven oder unterwürfigen Haltung mit dem sie begleitenden Wunsch nach Befriedigung in der Abhängigkeit zu unbeherrschtem, aggressivem und destruktivem Verhalten überzuwechseln, das einen sogleich an einen Betrunkenen erinnerte.

Wie eng diese gegensätzlichen Tendenzen miteinander verwoben waren, wird aus der Tatsache deutlich, daß bei fast jeder seiner »Ausreißer-Episoden« zwei Arten des Verhaltens zutage traten — eine, die der des Vaters glich, und die andere, die der der Mutter ähnlich war. Es war für Harry bezeichnend, daß er sich jeweils nur mit den destruktiven Aspekten der elterlichen Persönlichkeiten identifizierte.

Seine Delikte auf seinen »Ausflügen« (Diebstahl und Einbruch) waren in gewissem Grad vom destruktiven Agieren seines Vaters abgeleitet. Auch der Besuch von Bars und Kneipen und das Sich-Beliebt-Machen bei den Männern, die dort tranken, waren Versuche, dem Vater näherzukommen. Die stark selbstzerstörerischen Handlungen, die Harry sich erlaubte, wenn er fortlief, stammten von der selbstbestrafenden Haltung seiner Mutter her, die ihren strengen Normen entsprach; sie waren also eine Folge seiner ursprünglichen Identifizierung mit ihr. Während sein Vater agieren konnte, ohne selbstzerstörerisch zu werden[3], und während seine Mutter Selbstbestrafung üben konnte, ohne zu agieren, verband Harry in seinem Verhalten die destruktiven Tendenzen beider Eltern. Und diese Tendenzen waren bei Harry nicht, wie bei seinen Eltern, durch irgendwelche konstruktiven Eigenschaften gemäßigt — bei seiner Mutter z. B. durch ihre gewissenhafte Erfüllung der ihr von der Gesellschaft gestellten Aufgaben.

Natürlich waren, wie gesagt, Harrys selbstzerstörerische Handlungen auf vielerlei Ebenen motiviert, so z. B. seine Versuche, seine Unzerstörbarkeit zu prüfen. Sie waren auch dazu bestimmt, seine Mutter günstig zu stimmen und einen unüberhörbaren Appell an ihre Beschützerfunktion zu richten, die er so offensichtlich nötig hatte. Erst nachdem er schon ziemlich lange bei uns gewesen war und erhebliche Fortschritte in der Integration gemacht hatte, konnten wir dies aus seinem Verhalten und aus dem, was er sagte, vollständiger erschließen. Nachdem ein Jahr vergangen war, erzählte er z. B., daß er häufig Albträume gehabt hatte, in denen er als Riese den Vater bewußtlos geschlagen hatte. Ein andermal, als er mit einem Puppenhaus spielte, gab er vor, die Mutter stelle sein Babykörbchen aufs Dach, weil sie ihn nicht leiden könne. Aber er erklärte ihre Handlungsweise, indem er sagte, er könne seine Mutter nicht leiden. So zeigte er in der Tat, daß aus dem Haus geworfen werden, d. h. Weglaufen, entgegengesetzte Bedeutungen hatte. Es schützte ihn vor dem Wunsch, den Vater anzugreifen, es war ein Schutz gegen die Bedrohung durch beide Eltern, und es war auch seine Strafe dafür, daß er sie haßte.

Erst nachdem Harry schon mehr als zwei Jahre bei uns war, berichtete er uns von einem weiteren Aspekt seines Ausreißens: daß er nämlich auch versuchte, die Wiederkehr gewisser Albträume zu verhindern, wie auch seine daraus folgende Angst vor dem, was sie ihn zu tun veranlassen könnten. An dem Tag und dem Abend, die diesem Eingeständnis vorangingen, war er sehr mit Erinnerungen an sein Elternhaus beschäftigt gewesen, denn er hatte erfahren, daß ein Besuch, den die Eltern ihm versprochen hatten, nicht stattfinden werde[4]. In jener Nacht wachte er auf und schrie: »Ich sehe einen Mann am Fenster! Sein Gesicht ist ganz blutig! Nehmt ihn weg!« Als seine Betreuerin ihn beruhigt hatte, erzählte er ihr, zu Hause habe er oft Albträume gehabt, und darum habe er dort nicht schlafen wollen. Er erzählte weiter, wenn er solche Träume gehabt habe, sei er aufgestanden und sei im Schlaf herumgewandert, bis er jemand getötet habe. Die Betreuerin äußerte ihre Zweifel, daß das jemals geschehen sei, und versuchte weiter, ihn zu beruhigen, aber Harry behauptete standhaft, er habe wirklich eine solche Tat begangen, mindestens einmal. Er erzählte ihr, er sei schlafgewandelt und habe fast seine kleine Schwester erdrosselt; er sei erst wach geworden, als ihr Geschrei die Mutter geweckt habe.

Während man Harrys Weglaufen als einen Versuch erklären kann, reale und psychische Gefahren zu vermeiden, ist gewöhnlich der Impuls wegzulaufen, wie schon erwähnt, auch durch die Hoffnung motiviert, »gute« Eltern zu finden. Das galt auch für Harry. Er versuchte in den Kneipen, die er aufsuchte, einen »guten« Vater zu finden, einen Vater, der nur männlich war, einen Vater, der sich nie gegen seinen Sohn wenden würde, um eine fordernde und ablehnende Mutter zu besänftigen. Und in gewisser Weise fand Harry in diesen Kneipen vorübergehend solche guten Väter: Die Männer, amüsiert über diesen kleinen Jungen, der das »große Tier« spielte, ermunterten ihn, auf »männliche« Weise anzugeben; sie tätschelten ihn, fütterten ihn, spaßten mit ihm und widmeten all ihre Aufmerksamkeit diesem Spielzeug. Er fand also, bis sie seiner müde wurden und ihn hinauswarfen, dort etwas Ähnliches wie einen guten Vater. Die »gute« Mutter, die er vielleicht in frühester Kindheit erlebt hatte, war ihm mittlerweile nur noch in der Phantasie zugänglich. Sie war nur in der Traumwelt zu finden, die die modernen Traumfabriken boten: im Kino. Dort konnte er die Wärme des dunklen Raumes genießen, die Weichheit des Sessels, in dem er sich zusammenkuschelte; er konnte essen — wenn er etwas zu essen hatte — oder am Daumen lutschen und sich relativ glücklich und geborgen fühlen. Aber leider waren selbst diese Zufluchtsstätten voll angsterregender Erlebnisse. In den Kneipen erschreckten ihn der Streit und die ungestüme Art der Männer, im Kino die bedrohlichen und unverständlichen Ereignisse auf der Leinwand. Am Ende vermehrten all seine Versuche, seinen Ängsten zu entgehen und ein gutes Heim zu finden, nur seine Ängste und zwangen ihn so zu weiteren Abfuhrhandlungen und Delikten.

Diese Bemerkungen mögen als Hintergrund für die Geschichte von Harrys Aufenthalt bei uns dienen. Sie sollten keineswegs als vollständige Erklärung seines Verhaltens angesehen werden.

Die Auflösung von Verwahrlosungssymptomen

Bei der Nacherzählung von Harrys Geschichte an der Schule, bei der Beschreibung der Auflösung seines Verwahrlosungsverhaltens und seiner gleichzeitigen Fortschritte in Richtung auf eine Persönlichkeitsintegration werden die Hauptphänomene jedes Prozesses einzeln besprochen. Wir können jedoch nicht zu oft betonen, daß dies eine me-

chanische Maßnahme ist, die nur für die Zwecke der Darstellung nützlich ist. In Wirklichkeit waren die verschiedenen Symptome sowohl
seiner Verwahrlosung und seines Strebens nach Integration als auch
alle anderen psychischen Phänomene stark untereinander verknüpft
und Bestandteile seiner Gesamtindividualität. Darum beeinflußte, während Harrys Persönlichkeit sich allmählich entfaltete, die Besserung
des einen Symptoms die anderen, und das Verschwinden aller Ver-
wahrlosungssymptome war das Ergebnis eines kontinuierlichen Prozesses der allumfassenden Persönlichkeitsintegration, und nicht die
Folge unserer Bewältigung spezifischer und isolierter Verhaltensweisen.

Wie bei all unseren Kindern richteten sich unsere Bemühungen anfänglich vor allem darauf, Harry zu helfen, wenigstens eine rudimentäre Beziehung zu einem anderen Menschen herzustellen. Zwar macht es
die Natur der Störungen unserer Kinder immer besonders schwer, dies
zu erreichen, aber Harrys symptomatisches Verhalten erzeugte einzig-
artige Hindernisse, die überwunden werden mußten, bevor eine solche
Beziehung hergestellt werden konnte. Wenn er bei uns war, versuchte
er, seiner Ängste dadurch Herr zu werden, daß er andere einschüchterte. Aus Schuldgefühlen und aus Angst vor Vergeltung für seine
letzten Missetaten hatte er praktisch im Augenblick, wenn er einen
von uns sah, das Gefühl, er müsse sich durch irgendeine gewalttätige, aggressive Handlung schützen. Danach pflegte er, unserer Absicht gewiß, ihn zu bestrafen, so rasch und geschickt wegzulaufen, daß
es fast unmöglich war, ihn einzuholen. Selbst der von bester Absicht
erfüllte Mitarbeiter war selten fähig, einem Fluchtweg zu folgen, der
über Dächer und Feuerleitern führte, durch die Fenster von Privat-
wohnungen, über stark befahrene Straßen bei Rotlicht, zwischen und
sogar unter Autos hindurch.

Wir hatten geplant, eine unserer Betreuerinnen solle ihn begleiten,
wenn er weglief, so daß sie zur Hand sein könne, um ihn zu beschützen, und so eine Beziehung herstellen könne. In der Praxis erwies sich
diese Aufgabe nicht nur als sehr schwierig, sondern auch als psychologisch ungesund. Harry benützte die schützende Gegenwart eines
Erwachsenen nur, um seine Angeberei zu steigern. Wenn er allein weglief, stahl er heimlich, erbettelte Geld, indem er den traurigen und unterdrückten kleinen Jungen spielte, machte sich bei den Gästen der
Kneipen beliebt, die er aufsuchte, und zerstörte Sachwerte, nachdem
er sich vergewissert hatte, daß er unbeobachtet war. Aber er deutete
die Anwesenheit seiner Betreuerin, die ihn nicht durch Zwang von
asozialem Verhalten zurückhielt und die ihm keine Strafen androhte,

als Zeichen dafür, daß sie seine Taten billige und daß es ihm gelungen sei, sie einzuschüchtern. Er glaubte wahrscheinlich, sie genieße insgeheim sein schlechtes Benehmen und sei stolz auf seinen Wagemut, ganz wie seine Mutter auf seine »Heldentaten« stolz war.

Aber er erkannte bald, daß die Betreuerin, anders als die Mutter, ihn beschützen würde. Und er machte sich dies zunutze, indem er die Regeln der Gesellschaft sogar noch drastischer als vorher verletzte. Er fluchte auf Vorübergehende, schlug sie und warf Steine nach ihnen. Er ging den Mittelgang in Straßenbahnwagen entlang und hob den Frauen die Röcke auf. Er zerbrach Schaufensterscheiben und stahl ganz offen. Diese Art der Realitätsprüfung konnte nicht ungehemmt so weitergehen, da, abgesehen von vielen anderen stichhaltigen Überlegungen, die Betreuerinnen früher oder später nicht mehr in der Lage gewesen wären, ihn vor der Bestrafung durch empörte Erwachsene zu schützen. Dies wiederum hätte Harrys Vertrauen in unsere Fähigkeit zerstört, ihn vor den Gefahren der Außenwelt zu bewahren.

Wir mußten also unseren ursprünglichen Plan aufgeben, in Verbindung mit seinem Weglaufen eine Beziehung herzustellen. Wir entschieden, unsere nächstbeste Chance bestehe während der relativ wenigen und gewöhnlich stürmischen Stunden, die Harry bei uns zubrachte. Am Anfang seiner Rehabilitierung waren diese Perioden für Harry und die Mitarbeiter gleichermaßen traumatisch, denn wir mußten oft die anderen Kinder vor den Folgen seiner Aggression schützen. Wenn wir an ihn herankommen wollten, mußte er bei uns sein und durfte nicht unter Zwang stehen. Darum konzentrierten wir unsere Bemühungen auf eine Milderung seines aggressiven Verhaltens, damit er nicht immer von neuen Missetaten weglaufen mußte und schließlich lernen konnte, mindestens einem Menschen zu vertrauen.

Aggression – Anfangsphase

In Harrys Aggressivität gab es wenig Unterscheidung zwischen Zerstörung von Sachwerten und Gewalt gegen Personen. Die Abfolge der Ereignisse war gewöhnlich etwa folgendermaßen: Zuerst beging er irgendeine Tat, für die er harte Vergeltung erwartete, wie z. B. einen Gelddiebstahl, die Zerstörung der Spielsachen anderer Kinder, das Zerschlagen von Möbeln, die Überschwemmung von Badezimmern oder das Werfen von Gegenständen auf andere Leute. Wenn er etwas Derartiges getan hatte, wurde er von Panik ergriffen und versuchte, die Bestrafung abzuwenden, indem er andere einschüchterte und die

Bemühungen, ihn einzufangen, zu durchkreuzen suchte. Seine Angst verlieh ihm in solchen Situationen außerordentliche Kräfte und Beweglichkeit. Im Haus warf er Stühle herum und kippte Betten, Kommoden und schwere Stahlschränke um, um möglichen Verfolgern den Weg zu verlegen. Draußen schleuderte er uns schwere Steine, Stahlstangen oder andere Dinge entgegen, je nachdem, was er gerade auf der Straße finden konnte[5].

Oft war es nicht einfach herauszubekommen, für welche Taten Harry Bestrafung erwartete, und das behinderte unsere Versuche, seine Ängste zu mindern. Einmal, als er ein Bad nahm und in angenehmer Stimmung zu sein schien, war alles ungewöhnlich friedlich. Er hatte viel Vergnügen daran, Wasser über den Badewannenrand hinauszuspritzen. Dann ging er weiter und urinierte auf den Fußboden im Bad. Seine Betreuerin, die auf seinem Gesicht einen beunruhigten Ausdruck erscheinen sah, sagte, er solle sich keine Sorgen machen, sie werde einen Wischlappen und einen Eimer holen, um den Boden sauberzumachen. Aber seine Schuldgefühle und höchstwahrscheinlich auch seine früheren Erfahrungen machten es Harry unmöglich, ihr zu glauben. Sobald sie das Bad verlassen hatte, verfiel er in eine Panik; er stopfte die Abflüsse zu und drehte alle Wasserhähne auf, so daß ein Teil des Hauses überschwemmt wurde. Er fürchtete, seiner Betreuerin auf dem Flur zu begegnen, und mittlerweile war er in einem so irrationalen Panikzustand, daß er sich nicht einmal die Zeit nahm, ein Fenster für die Flucht aufzumachen, sondern ein paar Fensterscheiben zerschlug und übers Dach floh.

Ein andermal warf er drei Stühle vom zweiten Stock das Treppenhaus hinunter und lief dann fort[6]. Erst viel später, in den frühen Morgenstunden, als er völlig erschöpft in die Schule zurückkam, erfuhren wir zu unserem Erstaunen, daß er dies in einem Versuch getan hatte, einige Kinder abzuwehren, deren Spielzeug er genommen hatte und deren Verfolgung er fürchtete. Wieder an einem anderen Tag warf Harry alle sieben schweren Metallbetten im Schlafraum wie auch mehrere Kommoden um, schlug eine geschlossene Tür ein — zu sehr in Panik, um zu merken, daß sie nicht verschlossen war —; er fürchtete, bestraft oder ausgelacht zu werden, weil er das Bett naßgemacht hatte — obwohl weder wir noch die Kinder dem Einnässen irgendwelche Aufmerksamkeit schenken.

Solche Situationen kamen so häufig vor, daß es uns unmöglich war, vorauszusehen, wann Harry das Gefühl haben würde, er habe etwas angerichtet, und bereit war, mit dem Toben zu beginnen — er hatte ständig Schuldgefühle, aber wegen welcher spezifischen Missetat er sich fürchtete, konnte man gewöhnlich erst entdecken, wenn sein Verhalten es offenbarte oder wenn er es uns nach seiner Rückkehr erzählte. Das tat er ganz bereitwillig, sobald er unserem Versprechen vorläufig Glauben schenkte, er werde nicht bestraft, und hoffte — wenn auch zweifelnd —, wir würden ihm bei der Rückkehr freundlich begegnen. Von da an sprach er freimütiger über seine Missetaten, ebenso über die Ängste, die hinter seinem Agieren steckten, aber vorläufig erst nach der Tat.

Harrys Feindseligkeit war so groß, daß er eine entsprechende Vergeltung erwartete, und dagegen schützte er sich erstens durch weitere Aggression, um die erwartete Strafe hinauszuschieben, zweitens durch Weglaufen. In solchen Augenblicken konnte er unsere freundlichen Absichten nicht erkennen, noch ihnen vertrauen. Aber sobald seine Wut während seiner Abwesenheit verraucht war, konnte er zurückkommen und darüber sprechen.

Wir hofften, es würde besser werden, wenn er lernen könnte, uns auch dann zu vertrauen, wenn er gerade agierte. Aber es schien offensichtlich, daß er seine Feindseligkeit nicht beherrschen konnte, während sie in voller Stärke aktiv war; sie mußte erst vermindert werden. Deshalb konzentrierten wir uns darauf, Harrys Angst vor Bestrafung herabzusetzen, so daß er sicher sein konnte, seine Gewalttätigkeit werde weder ihm selber gefährlich, noch würde sie Folgen haben, die ihm neue Schuldgefühle verschafften. Ebenso wichtig waren unsere Bemühungen, Frustration zu verhindern, indem wir seine Bedürfnisse befriedigten, wann immer es uns möglich war, und ferner, indem wir einen realen oder symbolischen Ausgleich für seine früheren Entbehrungen und Ängste schufen, zumindest, soweit das in unserer Macht stand. Wir hofften, unsere Bemühungen würden allmählich die Intensität der Feindseligkeit Harrys bis zu einem Punkt abbauen, wo er sie würde handhaben können.

Um das erste dieser Ziele zu erreichen, erklärten wir Harry nachdrücklich und wiederholt, die Kinder an der Schule würden nicht bestraft. Es könne vorkommen, daß wir sie um ihrer eigenen oder der Sicherheit anderer willen in ihren Handlungen behindern müßten, aber das geschehe nicht zum Zweck der Bestrafung. Vielleicht wurde seine Ansicht von unserer bedrohlichen Natur durch unser echtes Erstaunen erschüttert, daß er erwartete, für Dinge wie Bettnässen oder die Aneignung des Spielzeugs eines anderen Kindes, um damit zu spielen, bestraft zu werden. Es waren viele aufrichtige Ausrufe nötig wie: »Mein Gott, Harry, du hast wirklich geglaubt, wir würden dich dafür bestrafen!« oder: »Glaubst du, ich bin ein Ungeheuer, daß ich dich schlagen würde, weil du mal mußtest und nicht Zeit genug hattest, aufs Klo zu gehen?« oder: »Was glaubst du, was für eine Schule das hier ist — daß wir Jungs wie dich hassen?« bevor er auch nur hörte, was wir sagten. Aber schließlich hörte er doch zu und fing an, wenn auch nicht an unsere Absichten zu glauben, so doch wenigstens über sie nachzudenken.

Wie viele Kinder war Harry zuerst zu ängstlich in bezug auf sich selbst und unsere Absichten mit ihm, um unsere Handlungen richtig beurteilen zu können, wenn es um ihn ging. Allmählich begann er jedoch, unsere Haltung gegenüber anderen Kindern objektiver zu beobachten, und er benützte sie nun nicht mehr als weitere Beweismittel, um sich selber zu überzeugen, daß seine Geschwister — hier die anderen Kinder, zu Hause die Schwestern — immer vorgezogen würden. Es war zu unserem Vorteil, daß er in einer Gruppe von Jungen lebte. An der Schule war die Mutterfigur, seine Betreuerin, wenigstens nett zu Jungen, wenn er auch meinte, sie behandle die anderen besser als ihn. Dies war ein unverkennbarer Vorzug, den er an der Schule sehen konnte. Wenn er selbst sich auch noch nicht geliebt fühlte, so wurden hier doch Jungen sowohl von männlichen als auch weiblichen Elternfiguren geliebt. Und er konnte auch sehen, daß wir die Jungen für ihre Schwierigkeiten und ihre Missetaten nicht bestraften, sondern statt dessen versuchten, ihnen zu helfen. Ob das gleiche auch für ihn gelten könnte, wie wir sagten, begann er auszuprobieren, indem er sich jedem Mitarbeiter gegenüber aufreizend benahm. Dieses gewaltsame Ausprobieren dauerte etwa ein Jahr an, bevor es allmählich an Intensität und Häufigkeit abnahm.

Ein entscheidendes Ereignis in dieser Periode des Ausprobierens unserer Haltung war eine Maßnahme, die wir ergriffen, um sicherzustellen, daß Harrys destruktive Handlungen ihn selbst und andere nicht gefährdeten und so neue Angst und Schuldgefühle erzeugten. Mit Ausnahme der Stühle wurden alle beweglichen Möbelstücke in seinem Schlafraum — Tische, Betten und Schränke — an der Wand oder am Boden fest angeschraubt.

Unser Beschluß, dies zu tun, ging ebenso auf unsere Verzweiflung über Harrys Gewalttätigkeit zurück wie auf unseren Wunsch, den Raum nicht immer im Zustand eines Schlachtfeldes zu haben, ebenso aber auch auf die Hoffnung, wenn er den Raum, in dem er wohnte, nicht zerstören könnte, würde er sich in ihm vielleicht geborgener fühlen. Wir ließen die Möbel anschrauben, unmittelbar nachdem Harry wieder einmal das ganze Zimmer in ein Chaos gestürzt hatte und dann weggelaufen war. Den anderen Kindern wurde die Aktion mitgeteilt,

Harry aber nicht. Wir taten dies absichtlich. Einmal hofften wir, es werde eine weitere Demonstration für ihn sein, daß Weglaufen auch Nachteile hat, denn wenn er nicht da war, konnte er nichts von Ereignissen erfahren, die ihn angingen. Ein weiterer Grund, warum wir ihn nicht im voraus von der Veränderung unterrichteten, war der, daß wir wollten, er solle auf überraschende Weise lernen (und so vielleicht besser behalten), daß wir zwar nicht Vergeltung üben wollten, aber auch nicht bereit waren, seine Aggressionen ohne alle Gegenmaßnahmen zu ertragen.

Und richtig, bei seinem nächsten Wutanfall versuchte Harry wieder, die Möbel umzuwerfen. Aber diesmal mußte er zu seiner Verblüffung feststellen, daß es unmöglich war. Er war wütend; aber dieses sehr frustrierende Erlebnis erwies sich zugleich als recht konstruktiv. Zum erstenmal fand sich Harry daran gehindert, eine Missetat zu begehen, ohne physischem Zwang unterworfen, mit Strafe bedroht oder wirklich bestraft worden zu sein. Trotz seiner Wut erkannte er, daß man an der Schule so besorgt um sein und der anderen Kinder Wohl war, daß man bereit war, ziemlich viel zu tun, um ihr Wohl zu schützen, während man zur gleichen Zeit besondere Vorkehrungen traf, um die Anwendung von Zwang zu vermeiden. Dies rief eine erste Erkenntnis der Tatsache hervor, daß brutale Gewalt nicht immer den Sieg über einen wirksamen Einsatz der Intelligenz davonträgt. Aus solchen Erfahrungen lernte er, daß stille Gewaltlosigkeit stärker sein kann als blinde Wut, daß Vorausplanen wirksamer zum Ziel führen kann als sofortige Abfuhr.

Vielleicht dämmerte es Harry auch, daß er nur ein kleines Kind war, das seine Umwelt nicht überwältigen konnte, und daß es deshalb zumindest vorzuziehen wäre, wenigstens mit einigen Aspekten dieser Umwelt zurechtzukommen. So wurden in seinen Größenwahn und seinen Glauben, er sei das beste und stärkste Kind, dem nichts passieren könne, einige Breschen geschlagen.

Schließlich gab, wie wir viel später erfuhren, unsere Fähigkeit, andere Kinder vor den Folgen seiner Gewalttätigkeit zu schützen, Harry die Hoffnung, wir könnten ihn vielleicht auch gegen die Gefahren beschützen, die ihm selbst von seinen Destruktionswünschen drohten.

Es war aber eine sehr seltene Ausnahme, daß wir Harrys Wünsche so vorbedacht frustrierten. Im Gegenteil, wir gaben uns große Mühe, sie zu erfüllen, wo immer es möglich schien. Er bekam zu essen, was und wann er es wünschte; er bekam genug Geld und Süßigkeiten, so daß er nicht zu stehlen brauchte und so zusätzliche Schuld- und Angstgefühle vermeiden konnte. Das erleichterte es ihm, sich während seiner

Abwesenheit von der Schule durchzuschlagen, ohne auf kleine Diebstähle zurückgreifen zu müssen, so daß diese Episoden weniger asozial und angsterregend wurden. Wann immer er uns eine Möglichkeit dazu gab, gaben wir ihm die ausdrückliche Erlaubnis, die Schule zu verlassen, damit so das Weglaufen zu einer von den Erwachsenen gebilligten Unternehmung würde. Eine solche Erlaubnis ging immer damit einher, daß wir ihm sagten, wir hätten ihn zwar viel lieber bei uns, aber wenn er das Gefühl habe, er müsse fortgehen, habe er unsere Erlaubnis dazu. Man versicherte ihm fortwährend, die Schule sei ein sicherer Ort, wo jedermann wünsche, ihm zu helfen und mit ihm Freundschaft zu schließen. Aber wegen seiner Vergangenheit brauchte er lange Zeit, bis er aufhörte, in jedem einen Feind zu sehen.

Eines Abends, am Ende seines ersten Monats bei uns, ging er mit seiner Gruppe in die Küche zu einem sogenannten »Raubzug«. Dort nahm er ein Tranchiermesser und warf es nach seiner Betreuerin — es flog knapp an ihrem Kopf vorbei. Darauf wandten sich die anderen Jungen voll Wut gegen ihn, und einen Augenblick war er wie gelähmt. Aber ehe er Zeit hatte, sich umzudrehen und wegzurennen, kam seine Betreuerin zu ihm herüber, nahm seine Hand und hielt sie fest; dann sagte sie zu Harry und den anderen Jungen, niemand sei an dem Vorfall schuld als sie selber. Sie sagte, sie wisse, Harry könne sich nicht beherrschen, also hätte sie ihn nicht an einen Ort bringen dürfen, wo Messer herumlagen, oder ihn auch nur eine Minute aus den Augen verlieren dürfen. Das beruhigte die anderen Jungen in gewissem Maß; trotzdem, obwohl die Krise vorüber war, wollte Harry immer noch weglaufen. Aber die Betreuerin hielt ihn immer noch bei der Hand und bestand darauf, er solle sich an der Unternehmung der Gruppe beteiligen. Wenn er bei der Zubereitung des Essens nicht helfen könne, solle er wenigstens helfen, es aufzuessen. Dazu erklärte er sich bereit, nachdem alle sich beruhigt hatten, und schließlich hatte er großes Vergnügen an der Party.

Harry wurde wegen seiner Gewalttätigkeit nicht getadelt; vielmehr nahm sein Opfer die Veranordnung auf sich. Es war besonders wichtig, daß sie eine Mutterfigur war, da diese Erfahrung seiner früheren mit seiner Mutter widersprach. Er hatte ein Küchenmesser nach einer Frau geworfen, aber die Reaktion war das Gegenteil von dem, was geschehen war, als er seine Mutter in der gleichen Weise angegriffen hatte. Dieses Erlebnis wurde zu einem wichtigen Schritt in seiner Erkenntnis, daß das Weltbild, das er sich gemacht hatte, nicht ganz gültig war, besonders für das Milieu der Schule, in dem er nun lebte. Er lernte auch wieder, daß Zurückhaltung Vorteile haben kann. Wenn seine Be-

treuerin die anderen Jungen nicht zurückgehalten hätte, hätten sie ihn
wahrscheinlich verprügelt. Wenn sie ihn nicht zurückgehalten hätte,
wäre er weggerannt und hätte einen Genuß versäumt.

Gemäß seinen starken Schuldgefühlen waren Harrys selbstbestrafende
Handlungen ebenso intensiv wie seine Aggressionen. Während seiner
ersten Wochen an der Schule grenzten seine Gewalttaten manchmal
an Mordversuche, aber sein selbstzerstörerisches Verhalten war ähnlich intensiv und grenzte ans Selbstmörderische. Fast täglich betrieb
er »Spiele«, in denen er versuchte, sich zu töten oder sich zu verletzen.
Er machte Schlingen, die er fest um seinen Hals zusammenzog oder
von anderen zusammenziehen ließ; er spielte auf Bahngleisen vor
herankommenden Zügen; er tat so, als ersteche er sich mit einem Messer oder als ertränke er sich im Schwimmbecken. Oft brachte er sich
in sehr gefährliche Lagen. Er kroch z. B. in eine große Mülltonne und
rollte einen Abhang hinunter auf einen Weg, wo Autos fuhren[7]. Noch
vier Monate, nachdem er zu uns gekommen war, zerbrach er eine Flasche, streute die Scherben auf den Fußboden und ging so lange barfuß
darüber, bis er sich in die Füße geschnitten hatte. Andere Selbstver-
stümmelungsaktionen hingen unmittelbarer mit dem zusammen, was er
als die spezifischen Gefahren ansah, die seinem Körper von seiner
Mutter drohten. Er stahl oder verschaffte sich auf andere Weise Mau-
sefallen und befestigte sie an seinem Penis. Dieses besondere Verhalten war für ihn auf mehreren Ebenen bedeutungsvoll. Er verschaffte
sich eine lustvolle Körperempfindung. Wichtiger noch, er bestrafte
sich auf diese Weise für einige seiner Missetaten der vergangenen Tage. Aber am wichtigsten war für ihn vielleicht, daß trotz dieser schweren Bestrafung nichts Schlimmes geschah, weder ihm noch seinem
Körper. Selbst die Mausefalle konnte keinen Teil seines Körpers vom
übrigen trennen. Diese Beruhigung brauchte er gegen die Bedrohung,
die er der Haltung der ihn umgebenden Erwachsenen zuschrieb.

Gemäß dem Stolz seiner Mutter und Harrys eigenem Stolz auf seine
»Heldentaten« hätte man meinen können, ein Teil seines selbstmörderischen oder selbstschädigenden Verhaltens sei hauptsächlich exhibi-
tionistischer Natur oder es habe masochistische, sexuelle Nebenbedeutung. Aber Kinder, die aus dem ersteren Grund solche Taten begehen,
sorgen meistens dafür, daß andere dabei anwesend sind, die ihnen zusehen und sie beschützen können. Bei Harry war es nicht so. Seine
selbstzerstörerischen Versuche waren ernst gemeint. Er wollte sich bestrafen, seine Unzerstörbarkeit ausprobieren. Darum sorgte er dafür,
sich so einzurichten, daß seine Betreuerin nicht merkte, was er tat,
zumindest am Anfang.

Diese Handlungen waren zum Teil als Buße für seine Missetaten gemeint, so daß er gegen den größeren Schaden geschützt wäre, den er sonst fürchtete, wenn er nicht gerecht bestraft würde. Einmal, als er wegen eines noch nicht lange zurückliegenden Aggressionsakts recht niedergeschlagen war, sagte er traurig: »Ich tauge nichts.« Beruhigender Zuspruch nützte nichts. Er beharrte darauf, er tauge nichts. Auf die Ermunterung hin, uns zu sagen, warum er so denke, erwiderte er: »Ich hab' eine Menge Bazillen in meinem Hintern.« Er fügte hinzu, dafür gebe es nur eine Lösung: »...wenn die Polizei mich wirklich schlimm in den Hintern treten würde, damit ich sie loswürde«.

Solche Furcht vor Krankheit, die ihm als Form der Bestrafung diente oder ihn von weiteren Übeltaten abhielt, tauchte zum erstenmal auf, als Harry etwa drei Monate bei uns war. Viel später erst wurde klar, daß dies der Beginn der Entwicklung von psychosomatischen Symptomen war. Wenn wir vorwegnehmen, was Jahre später geschah, können wir hier anmerken, daß ein Großteil der Energie, die Harry in der Frühzeit seiner Rehabilitierung beim Agieren verbraucht hatte, später in seinem Körper gespeichert wurde, der von dieser Konzentration zurückgehaltener Kraft ganz starr wurde. Gegen Ende seines zweiten Jahres bei uns wurde diese Energie nicht mehr in den willkürlich bewegbaren Teilen des Körpers, besonders in den Extremitäten, gespeichert, sondern schien in spezifischen physischen Symptomen einen Ausweg zu finden. Auf einige Zeit wurde diese Kanalisierung der Spannung in psychosomatische Symptome Harrys Hauptmethode der Bekämpfung seiner Tendenz zum Agieren [8]. Aber seine beständigen Fortschritte in der Integration bewahrten ihn davor, sein Agieren, besonders sein selbstzerstörerisches Verhalten, auf die Dauer mit einem psychosomatischen Leiden zu vertauschen. Ein Großteil der vorübergehend verlorenen Spontaneität wurde allmählich wiedergewonnen, und an die Stelle der Starre trat wieder eine schmiegsame, gut koordinierte Mobilität. Harry brauchte wieder viel motorische Abfuhr, aber diese Abfuhr fand jetzt nur in sozial gebilligten Formen statt, z. B. im Sport.

Das Weglaufen

Gleichzeitig mit den Versuchen, die Häufigkeit des Weglaufens herabzusetzen, bemühten wir uns, die Heftigkeit von Harrys destruktivem Verhalten zu vermindern. Aber das erste konnte nicht wirksam werden, bevor das zweite erreicht war, da seine eigenen aggressiven Handlungen ihn zu ständiger Flucht veranlaßten.

Harry gewann eine erste Einsicht in die kontraphobische Natur seines Weglaufens im Zusammenhang mit seinen Kinobesuchen. Das war wahrscheinlich deswegen so, weil für Harry das *Weg*laufen die Hauptsache war, nicht das *Hin*laufen zu irgend etwas. Die Situation im Elternhaus und was er dort erlebte trieben ihn zum Fortlaufen. Daß er aus Gründen, die wir später erläutern werden, das Kino als den besten Zufluchtsort empfand, genügte an sich noch nicht, um sein Weglaufen zu motivieren. Nicht ein einziges Mal lief Harry spezifisch davon, um ins Kino zu gehen, wenn er auch häufig dort landete, nachdem er von uns weggelaufen war, um seiner eigenen Angst und seinen unlösbaren emotionalen Konflikten zu entfliehen. Da das Hauptmotiv das Weglaufen war, konnte er viel eher in bezug auf den Zufluchtsort rational werden als in bezug auf den Akt des Weglaufens.

Außerdem war Harrys Kinosucht ein Symptom, das von seinem zentralen Konflikt, d. h. seiner Angst vor den schrecklichen Szenen, die er zu Hause vielleicht mitansehen müßte, seiner tiefen Sehnsucht nach der Liebe seiner Eltern, seiner Feindseligkeit gegen sie, weil dieses Verlangen frustriert wurde, und seinen daraus folgenden Schuldgefühlen, einen Schritt entfernt war. Leider mußte er dafür, daß er den relativen Frieden des Filmtheaters genießen konnte, den Preis einer zusätzlichen Angst bezahlen, die durch die bedrohlichen und unverständlichen Bilder erzeugt wurde, die er dort sah. Aber so unheimlich und verwirrend die Bilder auf der Leinwand waren, sie waren es immer noch weniger als die Ereignisse im Elternhaus. Und sobald er die relative Geborgenheit in der Schule erlebt hatte, sobald er gelernt hatte, daß die Schule ihm einen besseren Frieden bot als das Kino, begann er sich zu fragen, warum er sich so getrieben fühlte, von einem Ort wegzulaufen, an dem er sich sicher fühlte, um an einen Ort zu gelangen, der ihm Angst machte. Seine Kinobesuche lehrten ihn, daß diese Methode, seine Angst zu bekämpfen, nicht nur unwirksam war, sondern in Wirklichkeit die Konflikte und Ängste nur vermehrte, denen er zu entkommen trachtete.

Harry pflegte zu bitten, ob er die gleichen Filme immer noch einmal ansehen könne, und er pflegte einen Film immer mehrmals hintereinander anzuschauen. Er hoffte, er werde ihn schließlich verstehen oder wenigstens so vertraut mit ihm werden, daß er die Furcht und Spannung überwinden könnte, die er erzeugte. Daß dies so war, wurde aus den ängstlichen Fragen deutlich, die er in bezug auf den Film stellte, wenn er mit seiner Betreuerin zusammen im Kino war, Fragen, die zeigten, daß er die Geschichte überhaupt nicht verstand, daß er die Gewalttätigkeit übertrieb, daß er selbst in die friedlichsten Szenen seine destruktive Feindseligkeit hineinprojizierte und seine Furcht vor dem, was sich seiner Vorstellung nach auf der Leinwand zutrug. Harry selbst sagte ganz offen, daß sein Wunsch, die gleichen Filme immer wieder zu sehen, auf der Hoffnung beruhe, er würde sie am Ende weniger bedrohlich finden — einer Hoffnung, die sich nie erfüllte.

Dies alles ließ darauf schließen, daß es leicht sein würde, Harry das Kino abzugewöhnen, denn es bot ihm in Wirklichkeit keinen Frieden. Aber unsere ersten Versuche hatten keinen Erfolg. Wir hatten uns ein zu einfaches Bild von der Bedeutung gemacht, die der Kinobesuch für ihn hatte. Wir hatten unsere Bemühungen auf das gegründet, was wir von seinen Reaktionen auf die Filme selbst wußten, als sei das Anschauen des Films die einzige oder wichtigste Bedeutung, die das Kino für ihn hatte. Erst als wir mit unseren anfänglichen Versuchen, ihm das Kinogehen abzugewöhnen, keinen Erfolg hatten, fingen wir an, sorgfältiger zu beobachten, was er sonst noch dort tat. Dann wurde klar, wie wir schon erwähnt haben, daß der Kinobesuch seinerseits auch ein Versuch war, die Geborgenheit bei einer archetypischen »guten« Mutter zu finden, an einem Ort auszuruhen, wo es dunkel und warm war, wo nichts von ihm erwartet wurde, wo unklare Empfindungen nur vage erlebt wurden.

Sobald wir dies verstanden hatten, konnten wir seine Kinobesuche benützen, um Harry zu helfen, eine bessere Beziehung zu einer Mutterfigur herzustellen. Von diesem Zeitpunkt an ging seine Lieblingsbetreuerin mit ihm ins Kino; sie versuchte, wann immer es möglich war, es nur zu tun, ohne daß dem Kinobesuch asoziale oder selbstzerstörerische Akte vorangingen, und die harmlosesten Filme auszuwählen, die wir finden konnten, obwohl die Art des Films zunächst wenig Unterschied machte. Dann saß sie neben Harry und fütterte ihn, stundenlang. Nachdem dies viele Wochen gedauert hatte, erlaubte Harry ihr zum erstenmal, ihn zärtlich zu halten, und schließlich pflegte er sich in ihrem Schoß zusammenzurollen, während er an irgendwelchen Süßigkeiten lutschte. Erst als dieser Punkt erreicht war, konnte er sich von der Leinwand abwenden und mit ihr sprechen oder einfach kurze Zeit zufrieden bei ihr sein.

Solche Kontakte wurden benützt, um Harry über die Filme zu beruhigen und ihm verständlich zu machen, warum sie ihn verwirrten und erschreckten. Die Beziehung zu seiner Betreuerin ermöglichte es Harry, z. B. zu glauben, daß die Schauspieler nicht wirklich getötet wurden, und sie half uns, etwas mehr von der Natur einiger seiner Ängste zu begreifen, und auch zu sehen, wie seine wiederholten Kinobesuche sie meistens steigerten.

Von da an bat Harry weniger oft, ins Kino gehen zu dürfen, wenn er auch weiterhin mit Nachdruck versicherte, er genieße es. Nach einem Jahr jedoch wurden diese Besuche recht selten. Er konnte sein Bedürfnis nach Pseudobefriedigung seiner feindseligen Wünsche durch die Filmszenen so weit einschränken, daß er lernte, sich die reale Befriedigung positiver Wünsche durch seine Beziehung zu seiner Betreuerin zunutze zu machen. Wie Harrys Einstellung zum Kino sich nach zehn Monaten an der Schule verändert hatte, zeigte sich in Vorfällen wie dem folgenden.

Er bat, in einen Film gehen zu dürfen, und bekam die Erlaubnis von seiner Betreuerin nicht, die statt dessen andere Aktivitäten vorschlug. Wie gewöhnlich, wenn er sich ärgerte, versuchte er sie einzuschüchtern, aber damit erreichte er nichts. Als er sicher war, daß sie in ihrer Weigerung fest blieb, änderte sich seine Stimmung rasch von wütendem Gequengel und trotzigem Drohen nahezu in Hochstimmung. Er bat um sein Taschengeld, um, nicht wie früher, sich einen Kinobesuch zu leisten, sondern um ihr etwas zu kaufen, weil sie ihn *nicht* ins Kino hatte gehen lassen. Man versicherte ihm, daß es nicht in Frage komme, Geschenke für Betreuerinnen zu kaufen, und der einzige Zweck seines allwöchentlichen Taschengeldes sei, es für sich selbst auszugeben. Also trug er sein Geld in den Laden und kaufte Süßigkeiten und Popcorn. Als er mit diesem Einkauf zurückkam, sagte er: »Ich werde eine Party geben. Nun können wir zusammen im Schlafraum sitzen und uns eine gute Zeit machen. Ich hab' mein ganzes Geld ausgegeben, und jetzt brauche ich mir keine Sorgen zu machen, ob ich ins Kino gehe oder nicht.«

Zwei Monate später war Harry so weit, daß er offen seinen Ekel gegen Filme äußern und sich sogar Mittel ausdenken konnte, sich selbst daran zu hindern, Filme anzusehen. Als er hörte, daß einige seiner Freunde planten, am Sonntag mit dem Taschengeld, das sie am Freitag bekommen hatten, in einen Film zu gehen, gab er am Freitag all sein Geld aus. Als dann die Zeit kam, ins Kino zu gehen, verkündete er triumphierend, er habe sein Taschengeld schon ausgegeben und könne nicht mitgehen; dann fügte er hinzu: »Es gibt ein paar gute Filme, aber gewöhnlich sind sie unheimlich.«

Genau wie das Kino für Harry auf verschiedenen Ebenen kontraphobische Bedeutung hatte, so auch sein Weglaufen. Es bewahrte ihn vor den Gefahren, die den unbeherrschten Taten eines betrunkenen Vaters und einer ablehnenden Mutter innewohnten, aber auch vor den möglichen Folgen seiner eigenen Feindseligkeit. Das Ausreißen von zu Hause war nichts Müßiges oder Genußvolles. Wenn Harry nicht in einem Kino war, war er ständig auf der Flucht. Wenn er schließlich heimkam, war er völlig erschöpft und schlief sofort ein. Er kam erst zurück, wenn äußerste Erschöpfung es ihm unmöglich machte, die Menschen zu gefährden, gegen die er so starke Feindseligkeit empfand.

Seine Angst vor der eigenen Wut und ihren Folgen war noch verstärkt worden durch die häufigen Bemerkungen seiner Eltern über seine Zähigkeit und Stärke. Selbst als er schon bei uns war, fuhren seine Eltern fort, Harrys Vorstellungen von der Macht, die er über sie habe, und von seiner Gefährlichkeit zu verstärken.

Solange Harrys Glaube an seine Macht über Erwachsene unerschüttert blieb, mußte er weglaufen, wenn er wütend war, um sie nicht zu vernichten. Deshalb konnte man sein Weglaufen nur einschränken, indem man ihn durch Erfahrung überzeugte, daß seine Macht begrenzt war und daß seine aggressiven Handlungen andere nicht ernstlich verletzten [9].

Ein Faktor, der zu Harrys Zustand der ständigen Erregung oder der wütenden Erschöpfung beitrug, war seine Unfähigkeit, auch nur eine Nacht ungestört zu schlafen. Während der ersten Wochen bei uns wagte er es nicht, sich zur Schlafenszeit auszuziehen, weil er für die unverzügliche Flucht vor den bedrohlichen Ereignissen bereit sein mußte, von denen er fürchtete, sie könnten in der Nacht eintreten [10]. Viel später erzählte er, wie oft er im Schlaf bedrohliche Erlebnisse gehabt hatte. Er erzählte uns von seinen »nächtlichen Besuchen bei meinen Eltern«, die in ihm das Bedürfnis weckten, jeden Augenblick zur Flucht bereit zu sein. In den ersten Nächten an der Schule fürchtete er, man könne ihm, während er schliefe, die Kleider wegnehmen, um ihn am Weglaufen zu hindern, wie es zu Hause vorgekommen war. Also schlief er nicht nur ganz angezogen, sondern mit so vielen Kleidungsstücken am Körper wie möglich. Er trug oft vier Pullover übereinander, um für jeden Notfall gerüstet zu sein. Daß wir dies zuließen, gab ihm die Möglichkeit, sich nachts sicherer zu fühlen, und auf diese Weise bekam er wenigstens etwas Schlaf, wenn auch wenig Behaglichkeit.

Drei Wochen der Erfahrung mit der Schule lehrten Harry, daß seine Nachtruhe nicht durch Streit zwischen den Eltern gestört werde, daß er nicht vorbereitet sein müsse, wegzulaufen, und daß man ihm nicht die Kleider wegnehme, während er schlief. Nun erlaubte Harry seiner Betreuerin, ihn auszuziehen. Das bedeutete noch nicht, daß er die Versorgung in der Abhängigkeit akzeptierte, sondern er nahm manuelle Hilfe an beim Ablegen der hinderlichen, wenn auch schützenden Kleiderschichten. Er konnte sie noch nicht selbständig loslassen, aber er konnte jetzt einer bevorzugten Person erlauben, sie ihm auszuziehen. Auf diese Weise wurde ein gewisser Kontakt hergestellt, wenn er auch noch weitgehend äußerlich war. Harry ließ ihn nur zu, weil es ihm bequem war, nicht, weil er eine bestehende Beziehung symbolisierte.

Etwa zur gleichen Zeit begann Harry einige andere Bemühungen zu genießen, die wir machten, damit er sich heimisch fühlen konnte. Vom ersten Tag seines Aufenthalts an der Schule wurden jeden Abend belegte Brote, Süßigkeiten und eine Flasche Milch neben sein Bett gestellt, damit er bei seiner nächtlichen Rückkehr etwas zu essen vorfand. Er aß und trank entweder gleich nach der Rückkehr oder frühmorgens, bevor er wieder weglief. Zunächst war er aber noch nicht fähig, unsere Versuche, ihn auch unter seinen Bedingungen gut zu versorgen, als absichtliche und freundliche Handlungen zu erkennen. Diese Bedeutung bekamen sie erst, nachdem er rudimentäre persönliche Beziehungen hatte herstellen können.

Nach mehr als zwei Monaten nahmen seine intensiven Bemühungen, sich bei seinen nächtlichen Ausflügen zu erschöpfen, ab, so daß er nicht immer dem Zusammenbruch nahe zurückkam. Dadurch bekam seine Betreuerin, die immer auf ihn wartete, eine Gelegenheit, mehr zu tun, als ihn einfach nur ins Bett zu bringen, während er aß, zu schläfrig, um zu begreifen, was vor sich ging; jetzt konnte sie ihn mit in die Küche nehmen, ihm ein warmes Essen zubereiten und bei ihm bleiben, während er es zu sich nahm. Während die Betreuerin das Essen zubereitete und ihn fütterte, war sie weder fordernd noch vorwurfsvoll, sondern nur hilfsbereit. Er war zwar zu müde, um zu sprechen, aber sie saßen ruhig beisammen.

Diese Anlässe dienten dazu, an der Schule die Kontakte mit dieser Betreuerin zu verstärken, die schon im Kino hergestellt worden waren und in deren Zentrum auch das Füttern stand. Es mußte immer sie sein — niemand anders. Von anderen nahm er nichts an — er riß einfach nur etwas an sich oder »stahl« es. Bei allen außer seiner Lieblingsbetreuerin mußte er immer absolut das Heft in der Hand behalten; er konnte es sich nie erlauben, passiv zu sein.

Langsam verwandelte dieser eine Mensch die Schule in einen vertrauten Ort, und auch die wiederholte Erfahrung, daß er weder bestraft noch festgehalten wurde, ließ für Harry die Schule als einen sicheren Ort erscheinen. Sein Gefühl, sicher zu sein, war immer noch abhängig von der Möglichkeit, zu fliehen; es beruhigte ihn also, daß die Türen von innen immer unverschlossen waren. Sobald er in dieser Hinsicht überzeugt war, brauchte er nicht mehr durch Fenster und über Dächer zu entfliehen.

Als Harry zu uns kam, sagten wir ihm, wir wollten nicht, daß er weglaufe, denn dann könnten wir ihn nicht beschützen, füttern und ihm nicht helfen, ein angenehmes Leben zu haben. Wir wiederholten, wieviel lieber wir ihn bei uns hätten, aber wenn er weglaufen müsse, würde er bei der Rückkehr immer willkommen sein und niemals bestraft werden. Ziemlich lange hatte Harry kein Vertrauen zu unseren Versprechungen; daß Erwachsene sein Verhalten ohne Vergeltung akzeptieren konnten, widersprach all seinen früheren Erfahrungen zu sehr. Aber wenn wir auf die Gefahren hinwiesen, die mit dem Weglaufen verbunden waren, und ihm versicherten, wir wollten ihn bei uns haben, hörte er uns bereitwilliger an. Wir betonten, er könne in Schwierigkeiten geraten, von der Polizei aufgegriffen werden, frieren und hungern. Wir unterstrichen unseren Wunsch, ihn zu beschützen, wiesen aber darauf hin, das könnten wir nur tun, während er bei uns sei.

Harry prüfte wiederholt, ob diese Behauptungen auch wahr seien, und am Ende war er überzeugt, die Schule sei ein ziemlich guter Aufenthaltsort, wenn er sich auch immer noch sicherer fühlte, wenn er sich auf der Straße herumtrieb oder im Kino saß, als wenn er in irgendeinem Haus war. Im Lauf der Zeit betonten wir immer stärker, welchen Schutz und welche direkte Befriedigung die Betreuerin ihm bieten könnte, wenn Harry nur bei ihr bliebe. Wieweit seine Fähigkeit, seinen Fluchttrieb zu beherrschen, von seiner Beziehung zu diesem einen Menschen abhängig war, wurde eines Tages dramatisch verdeutlicht. Er rannte in höchster Eile davon, hielt aber sofort an, als zufällig seine Betreuerin auftauchte. Nachdem er ein oder zwei Sekunden lang absolut still dagestanden hatte, wirbelte er herum und rannte mit der gleichen Geschwindigkeit zurück in die Schule. Dort hockte er sich gemütlich auf die Stufen zum Eingang und wartete, bis die Betreuerin ankam. Als sie sich zu ihm auf die Treppe setzte, schmiegte er sich bereitwillig an sie und ließ sie wissen, er habe vorgehabt wegzulaufen, habe aber den Gedanken aufgegeben, als er sie gesehen habe.

Erfahrungen wie diese ermutigten uns, uns besondere Mühe zu geben, um ihn zu bewegen, bei uns zu bleiben und, wenn möglich, selbst eine Zeit festzusetzen, zu der er am Abend wieder zurück sein wollte. Schließlich beschloß er, er würde um Mitternacht zurück sein. Wir kamen nun mit ihm überein, bis zu dieser Zeit würden wir ihn beschützen, d. h., wenn er vor Mitternacht festgenommen würde (was häufig geschah, wenn er in Kneipen bettelte oder stahl), würden wir es so einrichten, daß wir ihn sofort abholen könnten, und dafür sorgen, daß ihm kein Ungemach daraus erwüchse. Aber wenn er zwischen Mitternacht und Morgen von der Polizei gefunden würde, könnten wir keine Hilfe bieten, und Harry müsse die Folgen einer gebrochenen Übereinkunft tragen.

Wie gewöhnlich mußte er die Zuverlässigkeit unseres Versprechens nachprüfen. Früher war es ein ziemlich vergnügliches Erlebnis gewesen, wenn er von der Polizei aufgegriffen worden war. Die Polizisten amüsierten sich über die phantastischen Geschichten, über seine kindliche Anziehungskraft und über die Haltung des »großen Angebers«, die bei einem so kleinen und reizenden Kind leider viele Erwachsene bezauberte. Deshalb wurde Harry auf dem Polizeirevier gewöhnlich gefüttert und gastlich behandelt, und er kehrte, als er noch zu Hause lebte, oft mit großem Pomp zu seinen Eltern zurück — im Polizeiauto mit Sirenengeheul. Das alles verlieh dem aufregenden Abenteuer Glanz und trug zu seinem Größenwahn bei.

Jetzt sollte es anders werden. Eines Nachts, kurz nachdem wir unser neues Abkommen geschlossen hatten, wurde Harry um drei Uhr aufgegriffen. Als die Polizei anrief und bat, wir sollten ihn holen, schlugen wir folgende Maßnahmen vor: Wir erklärten unsere Gründe und baten den Beamten, Harry in das Fürsorgeheim für Jugendliche zu schicken, mit der Maßgabe, wir würden ihn dort am nächsten Tag abholen [11]. So geschah es, und Harry teilte uns wütend mit, daß er keine angenehme Zeit gehabt habe, daß er sich im Fürsorgeheim gelangweilt habe, das Bett sei unbequem gewesen und keineswegs so gut wie sein Bett in der Schule, und was das Essen anging, habe es nicht viel gegeben, und das sei miserabel gewesen. Wir sagten, wir bedauerten sein unerfreuliches Erlebnis, aber wir könnten ihm keinen Schutz vor der Polizei bieten, wenn er sich nicht an unsere Abmachung halte und nicht rechtzeitig heimkomme. Er müsse verstehen, daß die Polizei und das Fürsorgeheim nicht dazu daseien, ihn gut zu unterhalten, sondern um ihn von schlechtem Benehmen abzuhalten. Wir warnten ihn ganz entschieden, das nächste Mal werde er nicht nur die eine Nacht, sondern zwei volle Tage im Fürsorgeheim bleiben müssen.

In den nächsten Nächten kam Harry lange vor Mitternacht in die Schule zurück. Aber die Erfahrung nutzte sich ab, und er ging wieder dazu über, bis in die frühen Morgenstunden auszubleiben. Nachdem er dies mehrmals getan hatte, ohne erwischt zu werden, wurde er wieder von der Polizei aufgegriffen und ins Fürsorgeheim gebracht.

Wie wir ihm schon gesagt hatten, mußte er diesmal zwei volle Tage dort bleiben. Bei seiner Rückkehr in die Schule wollte er eine große Sache daraus machen, wie wir ihn im Stich gelassen hätten, aber wir wiesen seine Anklagen nüchtern ab. Zugleich wurde er ernsthaft gewarnt, das nächste Mal werde sein Aufenthalt im Fürsorgeheim vielleicht noch länger dauern. Obwohl er uns drängte, ihm zu sagen, wie lange — zwei oder drei Tage, eine Woche oder einen Monat —, legten wir uns nicht fest und sagten ihm, wir wollten ihn absichtlich nicht wissen lassen, was er in dieser Hinsicht zu erwarten habe. Er lernte offensichtlich seine Lektion. Harry wurde nie wieder von der Polizei aufgegriffen.

Vielleicht noch wichtiger als das Vermeiden jedes weiteren Zusammenstoßes mit der Polizei war ein Erlebnis, das Harry kurz nach seinem zweiten Aufenthalt im Fürsorgeheim hatte. Er war wieder weggelaufen und war bis Mitternacht nicht zurückgekommen. Darauf wurden wir sehr besorgt. Ihn ein drittes Mal im Fürsorgeheim bleiben zu lassen, hätte nicht viel Sinn gehabt. Das letzte Mal war er zwei Tage dort geblieben. Wenn wir ihn wieder zwei Tage dort ließen, wüßte er, daß dies die maximalen Folgen waren, die wir für seine Eskapaden planten, und wir fürchteten, es könnte in Zukunft nicht mehr als Abschreckung genügen. Ihn andererseits mehrere Tage dort zu lassen, wäre eine echte Strafe, und wir wollten vermeiden, bei ihm den Eindruck zu erwecken, wir wollten ihn bestrafen, weil er gegen unsere Wünsche handelte, anstatt ihm nur eine warnende Lehre zu erteilen. Wir hatten gehofft, zwei Tage im Fürsorgeheim würden genug Eindruck auf ihn machen, ohne daß er auf den Gedanken käme, wir versuchten, uns an ihm zu rächen, weil er uns Ungelegenheiten machte. Nun schien es, als habe dieser Plan nicht funktioniert, und wir wußten nicht, was wir als nächstes tun sollten. Wir diskutierten stundenlang, ob wir ihn mehrere Tage lang im Fürsorgeheim lassen sollten, aber wir entschieden uns dagegen.

Als es immer später wurde, begannen wir auch zu fürchten, Harry sei etwas passiert, da wir zu wissen glaubten, er wünsche rechtzeitig zurückzukommen. Als es vier Uhr wurde, waren seine Betreuerin und ich, die auf ihn warteten, müde, voller Sorgen und aufgebracht. Dann erschien er endlich kleinlaut an der Tür. Als ich sie öffnete, fühlte ich mich von einem Gefühl der Verzweiflung mitgerissen, was ich wohl getan hätte, wenn er wieder von der Polizei aufgefunden worden wäre, und von äußerster Erleichterung, daß er sicher wieder zurückgekommen war. Ich hielt ihm eine schöne Strafpredigt, die ihm offenbar klarmachte, wie besorgt wir um sein Wohl gewesen waren, wie sehr wir im Zweifel gewesen waren, was wir hätten tun sollen, wenn er von der Polizei aufgegriffen worden wäre, wie unruhig wir gewesen waren, während wir auf ihn warteten (dies wurde ihm recht ausführlich geschildert), und wie erleichtert wir waren, ihn gesund (wenn auch nicht munter) wieder zu haben. Als ich fertig war, richtete er sich auf; der besorgte Gesichtsausdruck wich einem glücklichen Lächeln, und er sagte: »Ich hab gar nicht gewußt, daß euch so viel an mir liegt.«

In diesem Augenblick war er überzeugt, daß unsere Sorge um ihn groß und aufrichtig war. Dies und die warnende Erfahrung seines Aufenthalts im Fürsorgeheim veranlaßte Harry, sich von nun an von sich aus zu bemühen, das Weglaufen sein zu lassen. Unsere Hoffnung, er werde dies tun, hatte hinter dem Plan gestanden, ihn im Fürsorgeheim zu lassen. Uns war nicht klar, daß er erst diesen Plan und unsere Sorge um ihn als ausreichenden Beweis für unsere echte Anteilnahme an seinem Schicksal deutete, einen Beweis, den jedes für sich allein noch nicht gegeben hatte. Wir hatten gemeint, es sei unklug, einen einschränkenden Einfluß auszuüben, bevor Harry selber den Wunsch danach verspürte, und wir erwarteten, er werde keinen solchen Wunsch verspüren, bis er mit den harten Realitäten der bestehenden Sozialordnung konfrontiert worden wäre. Das allein hatte noch nicht genügt, aber als unsere Sorgen um ihn dazukamen, wurde das erhoffte Ergebnis erreicht.

Wenn wir versucht hätten, Harry am Weglaufen zu hindern — was nicht anders möglich gewesen wäre als durch Einsperren oder Wegnehmen seiner Kleider —, hätte er entweder wegen des Strafcharakters des Eingesperrtwerdens einen Haß gegen uns entwickelt, oder er hätte sich wegen seiner Fähigkeit, unsere Bemühungen mit List zunichte zu machen, überlegen gefühlt — oder beides. Außerdem hätte er das Gefühl gehabt, er werde ohne gute Gründe daran gehindert, einen Abwehrmechanismus zu benützen, der ihm in der Vergangenheit gute Dienste geleistet hatte. Darum konnten wir erst, als Harry selbst den Wunsch bekam, sein Weglaufen einzuschränken, etwas nachdrücklichere Versuche unternehmen, ihn zum Dableiben zu ermutigen.

Derartige Ermutigung und, falls nötig oder wünschenswert, sogar eine gelegentliche verbale Einschränkung, mußte von mir ausgehen. Mittlerweile hatte Harry mich in gewissem Maß als Vaterfigur akzeptiert. Er mußte mich so sehen, da ich die Person war, die seine Kontakte zu seinen Eltern regelte und infolgedessen auch ihren Einfluß auf sein Leben. Er konnte sich nur sicher fühlen, wenn sie keine wesentliche Macht mehr über ihn hatten. Und nicht nur in bezug auf seine Eltern, sondern auch innerhalb der Schule stellte ich die Autorität dar und war der Vermittler zur Außenwelt (der Hilfsorganisation, der Polizei). Kurzum, ich repräsentierte jene Instanz von »Recht und Ordnung«, mit der Harry fortwährend in Konflikt kam, aber ohne die er auch völlig ungeschützt war. Um sich sicher fühlen zu können, mußte er einen Weg finden, mit mir auszukommen.

In dieser Hinsicht und in vielen anderen repräsentierte ich für ihn, wie für viele unserer Kinder, ein äußeres Über-Ich. Deshalb konnten und mußten Zwang oder Tendenzen der Beherrschung von mir ausgehen. Besonders in Harrys Fall war es wichtig, daß eine konsequente Aufsicht über seine Handlungen — damit sie in den Grenzen des sozial annehmbaren Verhaltens blieben — von einem Mann ausging, der zwar Mitgefühl für Harrys Bedürfnisse hatte, ihm aber nicht gestattete, die Befriedigung seiner Bedürfnisse auf destruktive Art zu suchen, weil er wegen der unerwünschten Folgen besorgt war, die dies für Harry selbst haben würde. Bisher war der größte Teil der Beherrschung Harrys — einschließlich seiner Schuldgefühle wegen seiner asozialen Handlungen — auf die strengen Forderungen seiner Mutter zurückgegangen. Sie waren also eher die Folge von Ablehnung gewesen als von Sorge um sein Wohl. Das Verhalten seines Vaters andererseits hatte in Harry die Vorstellung erzeugt, Männer hätten keine starke, einschränkende Beherrschung und kümmerten sich nicht um eine Anpassung an die Gesellschaft, sondern folgten nur ihren Triebimpulsen, selbst wenn sie destruktiv seien. Darum schien es wichtig, daß Harry lernte, daß auch Männer sich nach Normen des sozialen Verhaltens richten und daß nicht alle Frauen hart und strafend sind.

Harrys Rehabilitierung erforderte, daß er innere Steuerungsmöglichkeiten erwarb, die seine Handlungen lenken und an die Stelle seiner diffusen und irrationalen Schuldgefühle treten konnten. Seine Fähigkeit, ein starkes Ich und ein vernünftiges Über-Ich zu entwickeln, hing davon ab, daß er zu der Überzeugung gelangte, Selbstbeherrschung könne sich nicht nur mit angemessener Es-Befriedigung vertragen, sondern bleibendes Wohlbefinden hervorbringen. Deshalb übernahm seine Betreuerin, die ihm viel näher stand als ich, gemäß einer Teilung der Funktionen, die für unsere Arbeit ziemlich typisch ist, die Rolle eines wohlwollenden und beschützenden *alter ego;* sie befriedigte, wo immer es sich machen ließ, alle Triebforderungen, die ohne geradezu destruktive Folgen erfüllt werden konnten. Sie versuchte, keine Forderungen an Harry zu stellen, sich nicht über sein Verhalten zu ärgern und, was von entscheidender Bedeutung war, aus Gründen, die sowohl in ihrer Persönlichkeit als auch in ihrer Beziehung zu Harry lagen, ärgerte sie sich tatsächlich kaum jemals darüber. Es tat ihr wirklich leid, daß er es ihr durch sein Weglaufen unmöglich machte, mit ihm zusammenzusein, mit ihm zu spielen, ihn zu füttern, und sie ließ es ihn wissen. Während ich Versprechungen, er werde sein Benehmen bessern, deren Einhaltung ihm wahrscheinlich möglich war, ermutigte und akzeptierte (wie das, jede Nacht zu einer bestimmten

Zeit zurückzukommen), und solche nicht akzeptierte, die über seine Kräfte gingen (wie z. B., nie wieder wegzulaufen), sagte ihm seine Betreuerin, sie wolle weder Versprechungen hören noch akzeptieren. Sie wolle, daß er sich sein Leben so einrichte, wie es ihm am besten gefalle — er sei nicht hier, um ihr zu gefallen —, aber sie hoffe sehr, er werde sich so einrichten, daß seine Betätigungen ungefährlich und vergnüglich seien, und ihr wäre es am liebsten, wenn sie recht viel Zeit miteinander verbringen könnten.

Als Harry das Gefühl bekam, er sollte sein Weglaufen einschränken, bat er, man solle die Türen des Schlafraum-Gebäudes von innen zuschließen, damit er nicht hinaus könne, wenn er wolle. Die Unterwerfung unter einen von außen auferlegten Zwang schien ihm zu dieser Zeit leichter zu fallen, als sich selbst einzuschränken. Diese Forderung spiegelte etwas von seiner früheren Verzweiflung, er könne nie lernen, sich zu beherrschen, und auch seinen Größenwahn in dem Gedanken, die Lebensumstände der ganzen Anstalt sollten allein um seines Wohls willen verändert werden. In Reaktion darauf betonte ich, wir würden unsere Türen niemals von innen verschließen, denn wir seien der Ansicht, nur eine persönliche Entscheidung — niemals Türschlösser — solle jemand daran hindern, die Schule zu verlassen.

Da die Schule keinen physischen Zwang liefern wollte, versuchte Harry als nächstes, ihn sich selber zu schaffen. Er hatte sich stark mit einem Stoffhund identifiziert, den er mit an die Schule gebracht hatte. In der Anfangsphase seines gewaltsam selbstzerstörerischen Verhaltens pflegte er dieses kleine Tier zu schlagen, es herumzuwerfen, es nach Leuten zu schleudern und es am Hals aufzuhängen. Jetzt band er es an einen Bettpfosten, »damit er nicht wegläuft«. Kurze Zeit später schenkten wir ihm einen Teddybär. Jeden Abend band er den Teddy an seinem Arm fest und befestigte den Bären am Bett, um sich selbst am Weglaufen zu hindern. Aber es war ein langsamer und ermüdender Prozeß, das alte Verhaltensmuster des Weglaufens vor Schwierigkeiten aufzugeben und sich mit ihnen auseinanderzusetzen; es war ein ständiges Hin und Her zwischen vielen Rückfällen und vielen neuen Versuchen. Und da »Teddy« ihn nicht weglaufen lassen sollte, konnte man »Teddy« die Schuld geben, wenn Harry sich aus dem Staub machte; der Bär war schuld, weil er ihn nicht hier zurückhielt, und Harry konnte nichts dafür.

Schließlich wirkten die relativ große Geborgenheit, die die Schule bot, und die Befriedigung der körperlichen und emotionalen Bedürfnisse, die sie ihm gab, zusammen, um Harrys irrationale Ängste zu lindern. Sie trieben ihn nicht mehr unwiderstehlich, einer Fata Morgana des Glücks nachzustreben, die ihm immer weiter entschwand, je mehr er ihr nachlief. Statt dessen trat an die Stelle des früheren allmählich ein neues Muster des Weglaufens. Harry lief nicht mehr in erster Linie weg, weil unbewußter innerer Druck ihn dazu trieb, aus Angst, daß ihm etwas Unerwartetes und Schreckliches passieren könnte. Immer öfter lief er nun vor wirklichen Ereignissen davon, die er auch als Gründe für sein Weglaufen erkannte. Er lief nur noch fort, wenn ein greifbares Motiv vorhanden war.

Natürlich hätte das, was Harry als reale und ausreichende Gründe ansah, wie Angst vor Vergeltung oder Frustration, nicht genügt, um andere Kinder zu ängstigen. Jede Versagung irgendeines Wunsches, selbst des unvernünftigsten, war ihm, wenn sie nicht sofort behoben wurde, unerträglich. Und er fürchtete ebensoviel Vergeltung für die Zerstörung irgendeines kleinen Dinges ohne Bedeutung, als wenn er jemand ernstlich verletzt hatte. Trotzdem war es ein bedeutsamer Fortschritt, daß er jetzt wußte, was ihn zur Flucht trieb, und es uns sagen konnte, denn je mehr Harrys Weglaufen mit der Realität zu tun hatte, desto zugänglicher wurde es für Abwandlung und Beherrschung.

Die nächste Entwicklung setzte nach etwa zwei weiteren Monaten ein. Bis dahin war Harry immer nach einem aggressiven Akt weggelaufen anstatt vorher. Nun machte er sich davon, um sich selber daran zu hindern, seine Wut in aggressiven Handlungen zu entladen. Und nach einiger Zeit war er auch hier imstande, nach seiner Rückkehr anzugeben, warum er weggelaufen war, indem er auf die Ursache seines Verdrusses hinwies. Es war ein »roter Tag im Kalender«, als er zugab, er sei weggelaufen, um einen Stuhl nicht zu zerbrechen, über den er beim Spielen gestolpert war. Ein andermal sagte er, er sei weggelaufen, um einen Jungen nicht zu schlagen, der ihn beschimpft hatte.

Als seine Spannungen abnahmen, und damit seine Fähigkeit wuchs, sie zu integrieren, wurde es Harry möglich, einen zeitlichen Abstand zwischen Impuls und Handlung zu legen. Er beklagte sich, daß die Jungen ihn neckten: »Ich werde das nicht gern haben. Wenn es nicht aufhört, passiert was. Ich werde weglaufen — du sorgst besser dafür, daß es aufhört.« Er machte oft Drohungen dieser Art, aber als er erst einmal anfing, seine Absichten anzukündigen, wurde es leichter, ihm die Ausführung auszureden. Wenn er frustriert war, pflegte er ins Freie zu flitzen, wiederzukommen und dann wieder hinauszulaufen, womit er den Konflikt überdeutlich ausdrückte, den er empfand. Ein andermal lief er weg, blieb aber zögernd in der Nähe des Hauses, anstatt zu versuchen, so schnell und so weit wie möglich wegzukommen, wie er es früher getan hatte. Ein Angebot zusätzlicher Befriedigung, z. B. einer Süßigkeit oder eines neuen Spielzeugs und schließlich einfacher Zuwendung, genügte am Ende, um seine Spannung auszugleichen, so daß er darauf verzichten konnte, wegzulaufen. Das erfolgreichste Mittel, um Harry zum Bei-uns-Bleiben zu bewegen, zeigte seine weiterentwickelte Reaktion auf echte Zuneigung. Zuerst waren nur materielle Dinge wie Geld oder Spielzeug wirksame Überzeugungsmittel. Später beruhigten ihn die Süßigkeiten weniger als die Gesinnung, in der sie ihm angeboten wurden. Während er zunächst nur bestochen werden wollte, fand er schließlich alles beruhigend, was er als ein Zeichen von gutem Willen und Zuneigung erkennen konnte.

Als Harrys Weglaufen nicht mehr täglich, sondern nur noch gelegentlich vorkam, begann er mit Symbolen der Beherrschung zu experimentieren und einige der mit dem Weglaufen verbundenen Ängste zu agieren. Er machte, wie wir schon angedeutet haben, z. B. einen Schneemann und gab ihm seinen eigenen Namen. Er sprach mit ihm — oder vielleicht sollte ich lieber sagen, mit sich selber — und sagte: »Du bist ein böser Junge, du läufst immer weg. Ich werde dich ohrfeigen und schlagen.« Darauf verprügelte er den Schneemann voller Wut. Dann fuhr er fort: »Jetzt werd' ich dir deinen Penis abreißen«, und führte diese Drohung pantomimisch aus.

Harrys Bemühungen, seinen Drang zum Weglaufen zu bemeistern, nahmen nicht immer so aggressive Formen an. Einmal brachte er mir seinen liebsten Teddybär und bat mich, ihn für ihn aufzubewahren. Ich spielte einen Augenblick mit dem Teddy, um mein Interesse zu zeigen, gab ihn aber dann Harry zurück und sagte, er sei sein Spielzeug und er solle ihn behalten. Ein Paar Stunden später gab er zu, daß er kurz vor dem Weglaufen gewesen sei, fügte aber hinzu: »Wie kann ich, wenn niemand für Teddy sorgt, während ich fort bin?« So war Befriedigung (in diesem Fall das Besitzen von Spielzeug) wieder der entscheidende Faktor.

Etwa zu dieser Zeit wurde ihm eines Abends eine Bildergeschichte vorgelesen. Es ging dort um ein Küken, das zufällig mit ein paar Entchen zusammen ausgebrütet wurde. Die Geschichte handelte von der Rückkehr des Kükens zu seinem eigenen Hühnerhof und zu seinen Artgenossen. Das Küken hatte viele Abenteuer und Ängste zu bestehen, während es auf dem Weg über den Hügel zum Hühnerhof war, aber das letzte Bild zeigte das Küken in Gesellschaft einer ganzen Gruppe von Küken, die ihm genau glichen. Als die Betreuerin an diese Stelle kam, schaute Harry das Bild an und rief entzückt: »Er ist zu Hause! Da sind sie, all die anderen sind genau wie er. Er ist jetzt bei ihnen.«

Harry bat immer wieder, man solle ihm diese Geschichte vorlesen. Sie war lange seine Lieblingsgeschichte, und er hörte erst auf, sie sich zu erbitten, nachdem er praktisch aufgehört hatte, wegzulaufen. Für ihn bedeutete es offensichtlich, daß wie bei dem kleinen Küken die lange Reihe seiner furchterregenden Abenteuer vorbei war und er sicher zu Hause war, bei Menschen, zu denen er gehörte.

Nach einem Jahr lief Harry nur fort, wenn er gute Gründe hatte — Ursachen für Angst oder Wut, die selbst normale Kinder aus dem Gleichgewicht bringen würden. Zum Beispiel erwies sich ein gefürchteter Besuch beim Zahnarzt als mehr, als er ertragen konnte, obwohl er vorher zwei Monate lang nicht weggelaufen war. Er lief fort, aber eine Stunde nach dem Termin beim Zahnarzt kam er zurück. Bei diesen Gelegenheiten, die jetzt selten waren, versuchte er bei seiner Rückkehr sein schlechtes Benehmen wiedergutzumachen. Wenn er eine Schulstunde versäumte, bat er um zusätzliche Aufgaben, um die verlorene Zeit auszugleichen; wenn er sich nach dem Unterricht entfernte, bat er bei der Rückkehr um zusätzliche Aufgaben, um die verlorene Zeit auszugleichen; wenn er sich nach dem Unterricht entfernte, bat er bei der Rückkehr um zusätzliche Arbeit, wie z. B. Aufräumen seines Schlafraums. Natürlich ließen wir uns nicht auf so einfache Methoden zum Loswerden des Schuldgefühls ein, das er nach unserem Wunsch entwickeln sollte, da es die einzige Garantie war, daß er sich in Zukunft zusammennehmen würde. Wir sagten ihm, da sei »nichts zu machen« — wenn er seine Schularbeit machen wolle, solle er beim Unterricht dasein —, es gebe keine zusätzlichen Aufgaben nach der Schulzeit, weder für ihn, noch für irgend jemand anders. Die Schlafräume würden von den Hausmädchen besorgt. Der Zweck des Aufräumens sei es, einen hübschen Ort zu haben, um darin zu leben, nicht, sich von Strafe freizukaufen oder Schuldgefühle zu vermindern.

Das Stehlen brachte Harry zwar am häufigsten in Schwierigkeiten mit der Polizei, aber es war für ihn selbst in Wirklichkeit von untergeordneter Bedeutung. Hier waren keine unbewußten oder sonst komplexen Emotionen wirksam. Obwohl er, wenn er »unterwegs« war, ziemlich regelmäßig stahl, tat er es vor allem, um sich durchzubringen, um den Eintrittspreis fürs Kino zu bekommen, wenn er sich nicht hineinschmuggeln konnte. Gewiß, bevor er zu uns kam, hatte er sich an Diebstählen beteiligt, bei denen eingebrochen wurde, aber er hatte es nur getan, um seinen Status in der Bande aufrechtzuerhalten. Er hatte keiner bestimmten Gruppe angehört; dafür war sein Leben viel zu desorganisiert gewesen. Seine Räubereien waren die Folge der Tatsache, daß er sich zufällig anderen Verwahrlosten angeschlossen hatte, die ihn meistens wegen seiner Kleinheit dazu veranlaßten, durch Oberlichtfenster oder andere kleine Öffnungen einzusteigen. Deshalb war es relativ einfach, mit diesem Symptom fertig zu werden, das nicht nur keine psychologisch komplizierten Ursprünge, sondern für Harry auch keine symbolische Bedeutung hatte, wie z. B. seine Herausforderung des Schicksals durch selbstzerstörerisches Handeln. Er beging nur kleine Diebereien, weil es der einfachste und direkteste Weg schien, das zu bekommen, was er wollte. Wenn seine Bedürfnisse erfüllt wurden, hatte er nicht den Wunsch, zu stehlen. Daher nahmen Harrys Diebstähle ab, sobald seine Überzeugung wuchs, wir würden ihm selbstverständlich die Dinge geben, die er vorher hatte stehlen müssen — Nahrungsmittel, besonders Süßigkeiten, und die kleine Menge Geld, die er brauchte, um sich seine Wünsche zu erfüllen.

Um ihn von den Vorteilen der »Domestizierung« zu überzeugen, wie auch um eine persönliche Beziehung herzustellen, verwöhnten wir ihn recht lange. Diese »Überfütterung«, dieses Geben von mehr, als er verlangte, führte bei ihm zu keinem Mißbrauch, wie er oft bei anderen Kindern vorkommt. Harry behandelte uns nie wie Leute, die ausgenützt werden wollen. Im Gegenteil, unser Entgegenkommen verminderte allmählich sein Bedürfnis zu stehlen. Nach etwa neun Monaten dieser Behandlung gab Harry gewohnheitsmäßig alle verlorenen Besitztümer, die er fand, zurück, darunter auch Geld und Schlüssel, deren »Wert« oft den seiner Belohnung weit überstieg.

Aber obwohl das Aufgeben des Stehlens relativ einfach war, war es ein langer, schwieriger Prozeß, ein so komplexes und tief verankertes Symptom wie das Weglaufen aufzugeben. Als regelmäßig auftretendes Symptom verschwand es fast völlig nach etwa anderthalb Jahren, aber die Gründe für dieses Verhalten blieben viel länger bestehen, und Harry war immer noch in Versuchung, in Zeiten großer Belastung auf dieses Symptom zurückzugreifen. Harry lief auch während des ganzen zweiten Jahres gelegentlich fort, aber um die Mitte seines dritten Jahres bei uns hatte er ganz aufgehört wegzulaufen [12].

Noch lange, nachdem Harry das Weglaufen aufgegeben hatte, mußte er innere Kämpfe mit sich ausfechten, um diesen einfachen Ausweg zur Vermeidung der Auseinandersetzung mit emotionalen Problemen nicht mehr zu ergreifen. Die Bekämpfung dieser Tendenz blieb noch über ein Jahr lang, nachdem er das Weglaufen aufgegeben hatte, das immer wiederkehrende Zentralthema seines Lebens, und auch danach war sie noch eine wichtige Sorge. In Spieltherapiesitzungen agierte er fortwährend sowohl die Versuchung, wegzulaufen, als auch seine Abwehr gegen sie. Er lenkte viele Gespräche so, daß er reichlich Lob dafür erntete, daß er bei uns blieb. Später interessierte er sich dafür, warum andere weglaufen wollten; das führte zu einer Auseinandersetzung mit den »Sauftouren« seines Vaters und mit seiner eigenen Geschwisterrivalität, die, wie sich herausstellte, ein weiterer Faktor gewesen war, der zu seinem Weglaufen beigetragen hatte. Einige Beispiele mögen Harrys spontane und wirksame Bemühungen veranschaulichen, der Versuchung zum Weglaufen zu widerstehen.

Ein Kind hatte die Schule verlassen. Das verstärkte Harrys Furcht, er werde auch eines Tages fortgehen müssen, und seine Unsicherheit, was ihm dann geschehen werde. Es erschien ihm einfacher, gleich wegzulaufen, als die Spannung des Wartens auszuhalten, bis wir ihn in die Welt hinausschicken würden. Aber er wappnete sich dagegen, indem er eine Geschichte erfand, die ihm die großen Gefahren lebendig vor Augen führte, die außerhalb der Schule auf ihn warten könnten. Seine Geschichte ging so:

Es war einmal ein kleiner Maulesel, der immer weglief. Schließlich wurde er das Eigentum eines kleinen Jungen namens Harry. Der Maulesel war viel geprügelt worden und war froh, ein gutes Zuhause gefunden zu haben. Harrys Vater sagte, er könne das Maultier behalten, wenn es nicht weglaufe. Aber eines Nachts lief der Maulesel fort, und Harry lief ihm nach, um ihn zu suchen. Er kam nicht zurück, und Harrys Vater ging ihnen nach und fand sie, wie sie am Fuß einer Klippe saßen, das Maultier in Harrys Schoß. (Hier fügte Harry hinzu: »Es war ein sehr kleiner Maulesel, und beide schliefen fest.«) Eine Zeitlang ging alles gut, aber dann lief der Maulesel wieder weg, und Harry folgte ihm. Diesmal war es eine sehr kalte Nacht, und die Suchmannschaft suchte und suchte, konnte sie aber nicht finden, und schließlich sagten sie es der Polizei, und die Polizei suchte sie, und dann fanden sie sie am Fuß der Klippe, und der Maulesel und Harry waren tot.

Als er dieses Ende seiner Geschichte erreichte, erklärte Harry traurig: »Weißt du, Harry bin in Wirklichkeit ich[13].« Es schien, als könne nur der Tod Harry zu diesem Zeitpunkt daran hindern, uns zu verlassen.

Sich die Gefahren des Weglaufens vorzustellen, war eine Methode, seine Neigung zum Weglaufen zu bekämpfen. Eine andere bestand darin, sich echte Hindernisse in den Weg zu legen. Als man Harry sagte, ich werde auf eine kurze Reise gehen, machte er als erstes seine Schuhe unbrauchbar. Zur Erklärung behauptete er, in dem einen Schuh sei ein Nagel, so daß er die Schuhe sowieso nicht tragen könne. Als die Betreuerin, ohne zu erkennen, was er zu tun versuchte, darauf hinwies, daß in keinem der Schuhe ein Nagel sei, begann er sie noch wilder zu zerstören. Wie der ausgedachte Tod in der Geschichte dazu diente, ihn am Weglaufen zu hindern, so hätte nun vielleicht ein eingebildeter Nagel im Schuh ausgereicht. Aber da die Wirkung dieser imaginären Vorbeugung dadurch zerstört wurde, daß die Betreuerin selbst angesichts bedrängender seelischer Nöte auf der objektiven Realität bestand, mußte Harry zu noch drastischeren Mitteln greifen, um sein Gefühl der Verlassenheit und seine Furcht zu zeigen, in Abwesenheit einer schützenden und lenkenden Figur werde niemand dasein, um ihm die Befriedigungen zu verschaffen, die er so sehr brauchte. Er legte sich hin und beugte den Kopf auf die Brust, so weit er konnte, während er mit dem Mund Saugbewegungen machte. Die Betreuerin fragte ihn, was er da mache, und er antwortete, er sauge an seiner Brustwarze. Nun erkannte sie seine Verzweiflung und die Tatsache, daß beide Verhaltensweisen ein Ausdruck seiner Angst über die Abreise einer für ihn wichtigen Person waren: Die Zerstörung seiner Schuhe war ein Versuch, sich selber davor zu bewahren, sich in asoziale Abenteuer zu stürzen, während sein Versuch, sich selbst zu stillen, eine Bemühung um die Beruhigung war, er werde selbst in meiner Abwesenheit gut ernährt werden. Die Besprechung der ganzen Sache mit ihm — in der freundlichsten und beruhigendsten Weise — ermöglichte es ihm, seine Angst zum Ausdruck zu bringen, der Zug, mit dem ich fuhr, könnte vielleicht entgleisen, und weitere ähnliche Ängste zu äußern.

Harrys Handlungen zeigten, daß er jetzt — wenn auch noch auf sehr primitive Weise — eine gewisse Selbstbeherrschung aufbringen konnte, so daß er selbst in einer Krise nicht wegzulaufen brauchte. Noch wichtiger: er konnte erkennen, daß zwei verschiedene psychische Erfahrungen notwendig waren, um ihn vom Weglaufen vor Schwierigkeiten abzuhalten: erstens äußere und innere Steuerung und zweitens die Gewißheit, daß die Befriedigung all seiner zentralen Bedürfnisse trotz aller Krisen bewerkstelligt werden würde.

Beherrschung der Aggression

Zugleich mit der Beherrschung seines Weglaufens lernte Harry auch, seine Aggression in den Griff zu bekommen. Da er weniger häufig weglief und nur noch kürzere Zeit abwesend war, war er angsterregenden Erlebnissen weniger ausgesetzt und hatte weniger Schuldgefühle. Außerdem hatten wir mehr Gelegenheit, ihm angenehme Erlebnisse zu verschaffen. Wir konnten seinen physiologischen Bedarf an Nahrung, Wärme und Ruhe regelmäßiger und reichlicher befriedigen, und er gewann die Sicherheit, die aus dem sicheren Wissen entspringt, was zu einer bestimmten Zeit geschehen wird, und aus dem Gefühl, es werde befriedigend sein. Dies alles trug dazu bei, seine Gespanntheit und Feindseligkeit weiter abzubauen [14].

Als Harrys Rehabilitierung einen gewissen Stand erreicht hatte, erschien es ratsam, ihn in eine andere Gruppe zu versetzen [15]. Er hatte in einer Gruppe von Jungen gelebt, die mehr oder weniger im gleichen Alter waren wie er, und er hatte angefangen, sie systematisch zu terrorisieren. Es hätte ihm gelingen können, eine absolute Herrschaft über die Gruppe zu etablieren, die er sogar hätte aufrechterhalten können, nachdem seine gewalttätigen Ausbrüche auf ein handhabbares Maß herabgesetzt worden waren. Deshalb beschlossen wir, ihn in eine Gruppe zu versetzen, in der einige Jungen zweieinhalb Jahre älter waren als er. Diese Jungen konnte er nicht »unterkriegen«. Ursprünglich hatten wir es nicht für wünschenswert gehalten, Harry in diese Gruppe zu tun, weil er in den Anfangsstadien seines heftigen Agierens fähig war, Kinder jeden Alters zu überwältigen, da kein Kind sich mit Erfolg dagegen wehren kann, wenn z. B. Stühle durchs Zimmer geworfen werden. Wir fürchteten, wenn wir Harry in eine ältere Gruppe täten, würden seine megalomanen Machtgefühle nur noch dadurch verstärkt, daß er Jungen mit Erfolg terrorisieren könnte, die doppelt so groß waren wie er [16]. Nun, da er nicht mehr explosiv gewalttätig war, übten diese älteren Jungen auf Harry einen wohltuenden Einfluß aus und halfen ihm, seine Ausbrüche von Aggression im Zaum zu halten. Solche äußere Steuerung wurde nur deshalb wirksam, weil sie mit seinen eigenen Bemühungen um innere Beherrschung zusammenfiel und diese so unterstützen konnte.

Etwa zur gleichen Zeit änderte Harrys Betreuerin ihre Haltung ihm gegenüber und setzte an die Stelle des umfassenden Gewährenlassens eine aktive Unterstützung seiner Versuche, sein gewalttätiges Verhalten einzuschränken. Er konnte nun ihre Hilfe bei seinen Versuchen der Selbstbeherrschung annehmen, weil sie ihm in der Vergangenheit so große Dienste erwiesen hatte und es noch immer tat, und weil er anfing, aus dieser Beziehung Sicherheit zu gewinnen. Die Betreuerin versuchte Harry zu zeigen, daß er seine Feindseligkeit abführen konnte, ohne Situationen zu schaffen, die ihn in Gefahr bringen oder ihm Schuldgefühle verursachen würden. Wie dies möglich sei, wurde ihm z. B. im Zusammenhang mit seiner Neigung beigebracht, in Wut mit Gegenständen um sich zu werfen. Wenn Harry in nervöse Spannung geriet — gewöhnlich für uns das einzige Zeichen, daß er sich frustriert fühlte —, während er auf der Straße oder im Park spazierenging, ermutigte ihn seine Betreuerin, Steine auf Bäume zu werfen, anstatt zu warten, bis seine Frustration ein so unbeherrschbares Maß erreichte, daß er in der Wut auf Vorübergehende Steine warf, nur weil sie irgendeinem gefürchteten Individuum ähnlich sahen. Die Betreuerin spielte auch fast täglich Steinwerfspiele mit ihm. Schließlich kam eine Zeit, in der Harry, der früher versucht hatte, Leute absichtlich zu treffen, ebenso absichtlich begann, sie zu verfehlen.

Zunächst war dies nur möglich, wenn er mit seiner Lieblingsbetreuerin zusammen war und guten Kontakt zu ihr hatte. Das zeigte sich eines Tages ziemlich dramatisch. Er hatte mit Steinen nach einem fremden Kind geworfen und schickte sich gerade an, den nächsten zu schleudern, als er plötzlich seine Lieblingsbetreuerin erkannte, die auf ihn zukam. Die Wurfbewegung, an der sein ganzer Körper beteiligt war — eine Bewegung, die man nur schwer mittendrin unterbrechen kann — hörte ganz plötzlich auf. Sein Körper erstarrte in seiner Stellung, aber seine Hand wurde schlaff, und der Stein entfiel ihr.

Es war noch ein langer Weg bis zu dem Punkt, wo Harry es auch unterlassen konnte, mit Steinen nach anderen zu werfen, wenn seine Betreuerin nicht physisch gegenwärtig war und nur ihr Vorstellungsbild seinen Handlungen Einhalt gebot. Aber schließlich erreichte er in Versuchen auch diesen Grad der Beherrschung. Nun wurden Steine durch Bälle ersetzt — wieder zunächst nur dann, wenn er mit der einen Person zusammen war, an die er eng gebunden war, später aber auch bei anderen. Danach war Harry so weit, daß er an organisierten Ballspielen oder an halb-aggressiven Spielen wie dem Werfen nach einer Dose teilnehmen konnte.

Vorher hatte man solche Spiele immer vermieden, weil Harry, der weder das Verlieren ertragen noch die Frustration aushalten konnte, zu warten, bis er an die Reihe kam, den übrigen Spielern gegenüber heftigste Aggressionen bekam. Daß er fähig wurde, an solchen Spielen teilzunehmen, war ein bedeutsamer Schritt, denn es ging über eine bloße Sozialisation seiner Aggressionstriebe hinaus. Er war ein Mensch geworden, der bereit war, Regeln zu beachten, um die Gesellschaft anderer genießen zu können.

Die allmähliche Sozialisation der Aggressivität Harrys zeigte sich auch in anderen Verhaltensweisen. Zum Beispiel hatte sein Übergang zu einer höheren Integrationsstufe auch zur Folge, daß er infantile Verhaltensweisen wie das Einnässen aufgab. Zuerst machte Harry sein Bett regelmäßig naß, und während dies hauptsächlich auf eine Kombination passiver, weiblicher Tendenzen zurückzuführen gewesen sein mag, zu denen sich nur ein geringer Grad von aggressiven Tendenzen gesellte, ist kaum an dem phallischen, feindseligen Charakter seines

Urinierens im Lauf des Tages zu zweifeln. Wenn Harry wütend wurde, urinierte er mit großer Zurschaustellung seines Penis auf den Fußboden und machte laut auf seinen Urinstrahl aufmerksam. Wenn er sich über ein bestimmtes Kind ärgerte, urinierte er auf dessen Bett. Dies wurde, nachdem er etwa vier Monate an der Schule war, schließlich unterbunden, aber nicht, bevor eine Zwischenstufe bewältigt war, auf der es Harry gelang, den Fußboden oder die Möbel mit einer Flüssigkeit zu benässen, wenn er wütend war, aber nicht auf sie zu urinieren. Er pflegte z. B. absichtlich das Bad unter Wasser zu setzen — ein Verhalten, das zwar sozial akzeptabler war, aber oft mehr Schaden anrichtete und den Mitarbeitern viel schwerere Arbeit auferlegte als das Urinieren. Harry zeigte also, daß er die Fähigkeit erworben hatte, die unmittelbare Reaktion auf Frustration aufzuschieben, aber noch nicht, in sozial annehmbarer Weise auf sie zu reagieren oder sie ohne Agieren zu bewältigen. Er hatte auch gelernt, daß er sich aus der Gegenwart der Person entfernen mußte, die ihn ärgerte, da er sie sonst alsbald heftig angreifen würde; dem versuchte er nun zuvorzukommen, nicht, weil er nicht einen anderen Menschen verletzen wollte, sondern weil er nicht von den wenigen Menschen, die für ihn Bedeutung gewonnen hatten, also von seinen Betreuerinnen oder von mir, wegen seiner Gewalttätigkeit kritisiert werden wollte.

Ein Beispiel mag das verdeutlichen. Eines Tages ärgerte ihn beim Essen im Speisezimmer ein Junge. Ein paar Wochen vorher hätte Harry in einer solchen Situation die Schüsseln herumgeworfen, oder er hätte vielleicht sogar versucht, den Eßtisch umzuwerfen, dann wäre er fortgelaufen und erst nach vielen Stunden zurückgekommen. Diesmal lief er aus dem Speisezimmer und ging in seinen Schlafraum. Dort nahm er eine Büchse zum Wäsche-Einsprengen, füllte sie immer wieder und goß das Wasser auf den Fußboden des Badezimmers. Dann verträgte er Wasser auf den Korridoren und durch den Schlafraum bis zum Bett des Kindes, das ihn wütend gemacht hatte. Schließlich machte er mitten im Bett dieses Kindes eine Pfütze.

Gemäß dem primitiven Charakter (wieder der *lex talionis* ähnlich) seiner Schuldgefühle und seiner selbstzerstörerischen Tendenzen tröpfelte Harry nun manchmal Wasser auf sein eigenes Bett, wenn er sich schuldig fühlte oder wütend auf sich selber war, wenn er auch diese Selbstbestrafung nicht so weit trieb, daß sein Bett ungemütlich wurde — er ließ sich von seiner Betreuerin die nassen Laken gegen trockene austauschen, bevor er ins Bett ging.

Erst nachdem Harry seinem unabsichtlichen Bettnässen zuerst das absichtliche, aggressive Urinieren am Tag und dann das Wasser-Vergießen an Stelle des Urinierens hinzugefügt hatte, nahm die Häufigkeit seines nächtlichen Einnässens ab. Als er sechs Monate bei uns war, war er gelegentlich einmal eine Nacht trocken. Am Ende eines Jahres wurde das Bettnässen ziemlich selten, und während seines dritten Jahres bei uns verschwand es ganz.

Die Selbstbestrafung durch Benässen des eigenen Bettes war ein großer Schritt zur Mäßigung, verglichen mit den anfänglichen Selbstmordversuchen, zu denen ihn seine Schuldgefühle getrieben hatten. Harry versuchte jetzt seine Gewissensbisse auf weniger schwerwiegende Art zu beschwichtigen; ein weiteres Beispiel dafür war die Zerstörung seiner Lieblingsspielsachen.

Diese wurden sofort ersetzt. Das Zerbrechen von Spielzeug als Mittel der Selbstbestrafung war so viel wünschenswerter als destruktive Handlungen gegen die eigene Person, daß wir jede mögliche Rückkehr zu den letzteren vermeiden wollten. Er hätte dies vielleicht getan, wenn er kein Spielzeug mehr gehabt hätte, oder wenn seine Wut über dessen Verlust seine bestehende Frustration noch verschlimmert hätte. Außerdem hätte sich Harry, wenn er die Erfahrung gemacht hätte, durch den Verlust von Spielzeug könne er für seine Aggressionen bezahlen, vielleicht von aller Schuld frei gefühlt, während wir, wenn möglich, eine Situation schaffen wollten, in der er sich ausreichend schuldig fühlen würde, um sein Verhalten beherrschen zu wollen, aber nicht so sehr, daß er unangemessen litte. Darum hinderte man ihn daran, das Selbstmitleid wegen des Verlusts seiner Habseligkeiten als nachträgliche Rechtfertigung für seine Feindseligkeit zu benützen. Die Ersetzung seiner Spielsachen diente sowohl dazu, seine Schuldgefühle mäßig zu verstärken, als auch dazu, wieder einmal unseren guten Willen und unseren Wunsch zu zeigen, ihn die für ein Kind seines Alters normalen Freuden genießen zu lassen.

Wir meinten auch, wenn man Harry nach einem Ausbruch von Gewalttätigkeit ohne Spielzeug lassen würde, würde ihm dies beweisen, daß er ein »böser« Junge sei, ein Junge, der nichts zum Spielen hatte. Daß wir ihm zum Ersatz für das von ihm zerstörte Spielzeug neues gaben, deutete er als einen Beweis dafür, daß wir ihn, entgegen seinen eigenen Befürchtungen, als einen im Grunde »guten« Jungen ansahen. Worten dieses Sinnes hatte er zu mißtrauen gelernt; Taten sah er bereitwilliger als echten Ausdruck unserer wahren Gefühle an. Wenn wir ihn für einen potentiell wertvollen Menschen hielten, einen, der neues Spielzeug verdiente, selbst wenn er »böse« gewesen war, wollte er, wenn irgend möglich, dieses Image bewahren, und dies war ein weiterer Antrieb für seinen Versuch, sich besser zu benehmen.

Harrys letzter ernsthafter Versuch, sich selber etwas anzutun, ereignete sich, nachdem er etwa neun Monate bei uns war. Zu diesem Zeitpunkt funktionierte sein neues Gewissen schon, wenn auch mit Schwierigkeiten. Eines Tages, auf einem Ausflug, warfen Harry und ein anderer Junge namens Dick mit Steinen. Ein dritter Junge wurde zufällig getroffen und verletzt — wenn auch nicht ernstlich. Den »fatalen« Stein hatte Dick geworfen. Harry wußte jedoch, daß er das Werfen mit Steinen angeregt hatte. Nachdem Dick den Jungen verletzt hatte, kam Harry zu seiner Betreuerin und sagte, es sei seine Schuld, weil er das Spiel angefangen habe. Die Betreuerin versicherte ihm, es sei keineswegs seine Schuld, aber auf der Heimfahrt im Trolleybus schnitt sich Harry an einem zufällig zerbrochenen Fenster absichtlich in den Finger und beschmierte sich das Gesicht mit Blut von dem Schnitt. Auf die Frage, warum er das getan habe, sagte er nur: »Ich hab' mich auch geschnitten.« Es war klar, daß Harry ein Gewissen erworben hatte, das ihn kritisierte und ihn zwang, nach Bestrafung zu suchen, wenn er aggressiv gehandelt hatte.

Dies war jedoch nicht die Art von Gewissen, die er nach unseren Wünschen haben sollte. Es war unvernünftig streng und mehr daran interessiert, für jede Missetat Strafe herbeizuführen, gleichgültig, welche Motive dahinterstanden, als Befriedigungen zuzulassen, die ein Fehlverhalten weniger wahrscheinlich machen würden. Es war auch ein Gewissen, das mehr darauf aus war, Fehlverhalten zu verhindern, als Schritt für Schritt Fernziele des sozial gebilligten und erfolgreichen Verhaltens zu erreichen. Dennoch ist ein überstrenges Gewissen oft eine unerwünschte, aber unvermeidliche Stufe in der Rehabilitierung von Verwahrlosten; es ist eng verwandt mit der vorübergehenden Neurose, die wir erwähnt haben als eine notwendige, zeitweilige Entwicklung in ihrer Sozialisation. Auch in Harrys Fall zeigte das Auftauchen dieses Gewissens, daß er auf dem Weg war, zwar noch nicht zur echten Integration seiner Persönlichkeit, aber zum Aufgeben des delinquenten Agierens.

Und in diesem Stadium brauchte Harry ein überstrenges Gewissen. Besonders in Zeiten der Belastung wurde er noch immer von der Tendenz zu heftiger Feindseligkeit geschüttelt. Zum Beispiel war für ihn, nachdem er schon mehr als ein Jahr bei uns war, eine kurze Abwesenheit seiner Lieblingsbetreuerin immer noch ein traumatisches Ereignis. (Das war in gewissem Sinn ein gutes Zeichen, denn es zeigte, wie wichtig ihm wenigstens ein Mensch geworden war.) Eine solche Entbehrung rief sofort starke Aggressionsimpulse wach. Einmal, als ihm gesagt wurde, sie werde eine Woche lang fort sein, attackierte er, trotz aller

Erklärungen der Notwendigkeit der Reise, beruhigender Versicherungen über den Tag ihrer Rückkehr und des Versprechens, er werde dann ein Geschenk bekommen, gewalttätig und wütend eine Wassermelone, die seine andere Betreuerin ihm als besondere Gabe mitgebracht hatte. Während er sie mit einem Messer in Stücke schnitt, rief er: »Dies ist Gayle!« (so hieß seine Lieblingsbetreuerin). Aber nach einer Weile beruhigte er sich etwas und sagte mit leiser, gedämpfter Stimme: »Nein, es ist eine Wassermelone, und dies ist ein Messer. Dies ist überhaupt nicht Gayle.« Diese Stimme der Vernunft war noch schwach und konnte sich erst Gehör verschaffen, nachdem Feindseligkeit abgeführt worden war, aber sie war schon stark genug, um physische Aggressivität herabzusetzen (wie sie bei einer früheren Gelegenheit auftrat, als er tatsächlich ein Messer nach ihr warf), so daß sie symbolische Form annahm.

Diese beiden Vorfälle, bei denen er gegen die gleiche Person ein Messer aggressiv benützte, beim ersten Mal in der Realität, beim zweiten symbolisch, zeigen, welche Entfernung Harry zurückgelegt hatte. Diesmal konnte er sich trotz schlechter Behandlung durch einen Erwachsenen (die Betreuerin verließ ihn), die immer noch starke Feindseligkeit wachrief, infolge der vielen Befriedigungen, die sie ihm in der Vergangenheit verschafft hatte, beherrschen. Aber seine Fähigkeit, befriedigende Erlebnisse zu genießen, war noch immer abhängig von einer entsprechenden Fähigkeit, sie als einen Menschen zu erkennen, der für ihn wichtig war. Selbst das beste Essen oder das teuerste Spielzeug wird, wenn es ohne die persönliche Gefühlstönung gegeben wird, nicht wirklich genossen und befriedigt oft nichts, nicht einmal den physischen Hunger. Darum erhöhte alles, was Harry an der Schule erlebte, bestenfalls sein physisches Wohlbefinden, bis zu dem Augenblick, in dem seine Betreuerin für ihn als Person bedeutsam wurde.

Solange jedoch Harrys Fähigkeit zur Selbstbeherrschung noch von der Gegenwart und vom Einfluß nur eines Menschen abhängig war, konnte er keine wirkliche Beherrschung erreichen. Das wurde noch mehr verdeutlicht, als seine Lieblingsbetreuerin etwa ein Jahr später wieder für kurze Zeit fortging. Während ihrer ein paar Tage dauernden Abwesenheit benahm sich Harry musterhaft. Bei ihrer Rückkehr war er sehr froh, sie wiederzusehen, und sagte ihr sofort, er habe sie sehr vermißt. »Ich hab' die ganze Zeit von dir geträumt, von all dem Spaß, den wir gehabt haben und noch haben werden, wie Radfahren und so.« Obwohl er über ihre Abwesenheit wütend war, konnte er sich nicht mehr an ihr rächen. Aber als ein paar Tage später eine andere Betreuerin, die eine enge Freundin seiner Lieblingsbetreuerin war, auf Urlaub ging, stieg Harry eine Feuerleiter hinauf, zerbrach ein zum Zimmer dieser Betreuerin führendes Fenster, stahl eine kleine Kamera und einen Geldbeutel, in dem etwa ein Dollar war, und machte sich davon. Später, bei seiner Rückkehr, steckte er schuldbewußt das gestohlene Geld unter der Tür seiner Lieblingsbetreuerin durch und machte ein Geräusch, damit sie ihn auch bestimmt hörte. Als sie die Tür öffnete, gab er ihr den Geldbeutel und die Kamera. Er erklärte, er habe dies getan, weil er so wütend auf Leute sei, die die Schule verließen, daß er den Wunsch nicht habe unterdrücken können, es ihnen heimzuzahlen.

Noch konnte Harry sich nur bei denen beherrschen und gut benehmen, die er gern hatte; andere waren für ihn noch keine Menschen mit eigenen Rechten, sondern nur gute Objekte, an denen er seine Wut abreagieren konnte. Selbst die besten Erfahrungen, die man Harry bot, konnten für ihn erst wirklich befriedigend werden, nachdem er entdeckt hatte, daß andere, wenn sie auch in einer weniger engen Beziehung zu ihm standen, auch Menschen waren, und als er diese Welt damit als einen freundlichen Ort ansehen konnte und sich selbst als einen ihrer Bürger.

Persönlichkeitsintegration
Die Entdeckung des Menschen

Als Harry an die Schule kam, wußte er im psychologischen Sinn nicht, was Menschen waren. Einige seiner Bemerkungen machten das deutlich.

In einem Gespräch kurz nach seiner Ankunft sprach Harry von niemand außer sich selbst. Es gab keine anderen Menschen in seiner Welt, nur dämonische Gestalten, die seine Welt im Wachen wie im Schlafen bevölkerten. Er erzählte von unheimlichen Träumen, in denen ein Gespenst ihn wegtrug, und »dann nahm ich ein Messer und stach es ihr in den Bauch. Sie war ein weibliches Gespenst«, fügte er hinzu, als müsse er es erklären. Er stach das Messer »in den Kopf, wenn es ein männliches Gespenst war«. Auf die Frage, ob er auch angenehme Träume habe, sagte er, ja, das komme vor; es seien Träume, in denen er bei seiner Mutter schlafe, was er gern tue. Er schlafe besonders gern auf der Couch bei ihr. Da wir wußten, daß Harry in Wirklichkeit bei seiner Mutter geschlafen hatte, fragten wir ihn, ob dies gute oder schlechte »Träume« seien, und Harry antwortete, es sei ein guter Traum, wenn sein Vater seine Mutter nicht mit Füßen stoße. Aber wenn sein Vater sich betrinke und die Mutter schlage, bekomme er Angst und laufe weg. Ereignisse in der Realität — das Schlafen bei seiner Mutter, die Angst,

409

wenn der Vater betrunken nach Hause kam, und das Weglaufen —, dies alles und noch mehr wurde als Traum erlebt und hatte das gleiche Gewicht wie jene anderen Träume, in denen dämonische Gestalten ihn forttrugen und von ihm erstochen wurden.

Ein paar Wochen später sagte Harry zu der Psychiaterin, sie trage eine »abscheuliche, gemeine Maske«, und er begann an ihrem Gesicht zu kratzen, um sie herunterzureißen. Aber dann beschloß er, ihre Maske sei an ihrem Kopf angenäht und könne nie mehr entfernt werden. Als sie ihn fragte, ob andere auch Masken trügen, sagte er, jeder tue das — auch ich trüge eine Maske, aber meine könne ab und zu abgenommen werden. Als sie ihn bat, diese Masken zu zeichnen, zeichnete er etwas, das dem Gesicht der Psychiaterin ähnelte, und rief aus: »Es ist abscheulich!« Dann zeichnete er meine Maske. »Sie ist nicht so schlimm, nicht so schlimm wie deine.« Auf erneutes Befragen sagte er beharrlich, er sei absolut sicher, daß wir alle Masken trügen. Dann erbot er sich spontan, ein Gesicht zu zeichnen. Es war das seiner Betreuerin. »Sie ist meine Betreuerin. Ich mag sie.« Ein paar Wochen des engen und in geringem Grad befriedigenden Kontakts mit seiner Betreuerin, während deren sie ihn beschützt und gefüttert und für seine Missetaten nicht bestraft hatte, hatten genügt, um sie in einen Menschen mit einem eigenen Gesicht zu verwandeln. Also wurde die schreckliche Maske dadurch entfernt, daß er sich von einem Menschen geliebt fühlte und in gewissem Grad diese Zuneigung erwiderte.

Erst viel später begannen wir zu verstehen, daß Harry die Methode, Menschen mit Masken zu versehen und sie als Gespenster zu erleben, auch benützte, um andere und sich selbst vor den Folgen seiner mörderischen Wut zu beschützen. Er träumte davon, seinen Eltern und Schwestern ein Messer in den Leib zu rennen; er hatte in der Realität seine Mutter mit einem Messer angegriffen. Er fürchtete, diese Wünsche und Drohungen könnten jeden Tag, entweder für seine Angehörigen oder für uns, die wir ihren Platz eingenommen hatten, Wirklichkeit werden. Wenn wir nur Gespenster wären, die sowieso tot sind, oder Masken, dann würde, selbst wenn er uns erstäche, kein wirklicher Schaden geschehen. So erschienen ihm seine feindseligen Phantasien weniger destruktiv, wenn er uns nicht als Menschen sah.

Daß diese Deutung möglicherweise richtig ist, scheint durch die Tatsache untermauert zu werden, daß für ihn ein Mensch um so mehr ein Gesicht zu haben schien, je mehr er ihn gern hatte. (Ich sollte eher sagen, je weniger er einen Menschen haßte, da es noch weit über seine Möglichkeiten ging, irgendjemand gern zu haben. Er mag bestenfalls das gern gehabt haben, was einige von uns für ihn taten.) Aber sobald

Harry anfing, sich vor jemand zu fürchten, oder jemand haßte, was für ihn zu dieser Zeit kaum getrennte Gefühle waren, trug dieser Mensch eine Maske und wurde zum Gespenst. Auf diese Weise schienen, da man ein Gespenst nicht töten kann, seine destruktiven Wünsche etwas ungefährlicher und annehmbarer.

Ein weiterer Hinweis darauf, daß Harry den Selbstschutzmechanismus benützte, die Realität in Träume zu verwandeln, ist vielleicht in seiner Bemerkung über gute und schlechte Träume zu finden. Seine Mutter begann, mit ihm auf der Couch zu schlafen, als sie beschlossen hatte, keine sexuellen Beziehungen mehr mit ihrem Mann zu haben. Wenn man bei seiner Mutter schläft, besonders nachdem sie das Bett ihres Mannes verlassen hat, ist das sehr bedrohlich, um so mehr, wenn man einen zu Mißhandlungen neigenden Vater hat, der jeden schlägt, der seinen Wünschen zuwiderhandelt. Aber selbst ein gutes Kind, ganz zu schweigen von einem bösen, darf ungefährdet davon träumen. Deshalb erklärte Harry, diese reale Situation sei nur ein Traum gewesen, da er sich sicherer fühlte, wenn er dies glaubte. Und wenn dies schon bei seinen wenigen »guten« Erlebnissen nötig war, war es das um so mehr bei den schlimmen. Es ist entsetzenerregend, seinen Vater betrunken zu sehen und zu sehen, wie er die Mutter schlägt. Es ist viel ungefährlicher, das nur zu träumen. So machte es Harrys Leben nicht bedrohlicher, wenn er die Realität in Albträume verwandelte und Gesichter in abscheuliche Masken, sondern weniger bedrohlich. Es war besser, wenn man die albtraumhafte Wirklichkeit als bloßen Traum ansehen konnte; darum konnte Harry die Realität erst als solche erkennen, nachdem er zu der Überzeugung gekommen war, die Realität sei auf die Dauer viel ungefährlicher für ihn als Albträume. Es dauerte viele Monate, bis er diesen Punkt erreicht hatte. Aber inzwischen bevölkerte sich seine Welt langsam mit Menschen anstatt mit Gespenstern.

Innerhalb von drei Monaten fiel sogar die Maske der Psychiaterin. »Die Masken sind von allen Gesichtern verschwunden«, sagte er zu ihr, allerdings mit mehr Prahlerei als innerer Überzeugung. Dieses neue Vertrauen in die Existenz von Menschen löste sich sofort auf, sobald er seine Sicherheit bedroht sah. Dann verwandelte sich die Welt wieder in ein von dämonischen, angsterregenden, unmenschlichen Gestalten bevölkertes Feld. Denn eine Welt, die einem Kind keine Sicherheit bieten konnte, war keine menschliche Welt.

Als Harry neun Monate an der Schule war, konnte er frei über seinen Glauben an Masken sprechen. Als er die Psychiaterin traf, die an diesem Tag mit einem anderen Kind ihre Zeit zugebracht hatte anstatt mit ihm, schrie er sie an, sie trage eine häßliche Maske. Darauf blieb sie stehen und sprach eine Zeitlang mit ihm, um ihm zu versichern, daß sie nicht das Interesse an ihm verloren habe und bald kommen werde, um mit ihm zu spielen. Dann fragte sie ihn, warum er wieder glaube, sie trüge eine Maske. Er erwiderte: »Du trägst eine Maske. Aber ich sage: ›Willst du mich nicht besuchen [mit mir spielen]?‹ und du versprichst es, und dann trägst du keine [Maske].« Wenn also jemand seine Hoffnung auf Liebe enttäuschte, wie es die Psychiaterin getan hatte, indem sie einem anderen Kind ihre Aufmerksamkeit zuwandte und nicht ihm, verwandelte sich diese Person sofort wieder in ein Gespenst.

Aber nicht nur die Enttäuschung über Menschen ließ sie Harry als unmenschlich erscheinen. Das gleiche passierte, wenn irgend etwas geschah, was seine Ängste vermehrte, selbst wenn keine bestimmte Person daran schuld war. Harry mußte z. B. wegen einer Erkältung einmal in die Krankenstation gebracht werden. Ängstlich und wütend wegen seiner Krankheit sagte er zu seiner Betreuerin, sie sehe aus, als trage sie eine Maske. Dann fügte er spontan hinzu: »Weißt du, wenn ich wütend oder ängstlich bin, glaube ich, daß die Leute Masken tragen.« Als sie Harry versicherte, er sei nicht sehr krank, und sie werde ziemlich viel Zeit an seinem Bett zubringen, bat er sie, ihm jedesmal, wenn sie fortginge, genau zu sagen, wann sie zurück sein werde. Dann bat er sie, ihm ihre Uhr zu bringen, so daß er die Zeiger beobachten könnte, bis sie die Zeit ihrer Rückkehr anzeigten. »Es ist deine Uhr, und sie tickt so laut, daß ich mich nicht allein fühle, wenn ich sie höre.« Inzwischen reichte eine symbolische Vertretung der Person, die er jetzt liebte, durch ein Ding, das ihr gehörte, aus, um ihm Sicherheit zu geben.

Harry konnte sich nun von seinen Ängsten so weit distanzieren, daß er verstand, seine wahnhafte Verzerrung der Wirklichkeit, sein Eindruck, Menschen seien dämonische Gestalten mit Masken, gingen auf seine Furcht vor dem Verlassenwerden zurück. Und was noch wichtiger war: Er konnte spontan Methoden erfinden, um diese Angst zu überwinden und sich sicher an die Realität zu binden. Er konnte seine Ängste mit Hilfe selbstgewählter Symbole (der Uhr) bemeistern, die ihm die beruhigende Gewißheit gaben, daß seine Beziehung zu seiner Betreuerin selbst während ihrer zeitweiligen physischen Abwesenheit weiterbestand.

Ich habe gesagt, daß das Geben von Dingen, wenn keine wechselseitige Beziehung besteht, oft wenig oder gar nicht befriedigt; jetzt muß ich hinzufügen, daß ein Kind, je jünger und emotional unreifer es ist, um so weniger in der Lage ist, persönliche Beziehungen herzustellen, ohne daß ein Erwachsener ihm großzügig Zeit, Interesse, positive Gefühle, zärtliche Fürsorge und Gegenstände gibt. Die extreme Abhängigkeit des Säuglings macht es ihm unmöglich, eine Beziehung einzugehen, wenn er sich nicht ganz sicher fühlt, daß er von dieser einen Person, gewöhnlich seiner Mutter, immer zärtlich versorgt werden wird. Und wegen der primitiven Organisation seiner Persönlichkeit kann man ihm diese Sicherheit am leichtesten vermitteln, wenn die angemessenen Gefühle von greifbaren Beweisen ihrer Existenz begleitet sind.

So hängt in all unserer Arbeit der Erfolg davon ab, ob wir dem Kind zärtliche Fürsorge so anbieten können, daß es sie annehmen kann, und es überreden können, unsere Angebote zu nutzen — ob es sich nun um Zeit, Interesse, Dienste oder Geschenke handelt —, nicht als Dinge an sich, sondern als angemessenen Ausdruck unserer echten Gefühle. Das Kind, das zu uns kommt, ist über so lange Zeit aufs schwerste enttäuscht worden, daß es nicht bereit ist, an unsere guten Absichten zu glauben. Zu oft ist es bestochen worden, damit es das tat, nicht, was für es selber am besten war, sondern was für den Geber am bequemsten war; zu oft ist es versorgt worden, nicht damit sich sein Wohlbehagen steigerte, sondern damit die Schuldgefühle der Eltern oder die Kritik eines Nachbarn beschwichtigt wurde. Zu oft war es dem Wunsch eines Elternteils ausgesetzt, es solle zu einem Menschen heranwachsen, der ersatzweise die frustrierten Wünsche des Erwachsenen befriedigen sollte anstatt seine eigenen Wünsche. Aus diesen und vielen weiteren Gründen kann das Kind, das an die Schule kommt, das, was wir ihm anbieten, nicht als echt akzeptieren. Je mehr wir für es tun, desto mehr ist es überzeugt, daß wir versuchen, seine Kritikfähigkeit einzulullen, es zu verführen, es zu überreden, etwas zu tun, was wir wünschen und was zu seinem Schaden sein wird.

Während seiner ersten Wochen an der Schule war es auch für Harry sehr schwierig, sich zu gestatten, irgendeine Befriedigung seiner aus der Abhängigkeit stammenden Bedürfnisse anzunehmen. Er pflegte seiner Betreuerin nicht einmal zu gestatten, ihn zu beschützen, weil er fürchtete, man würde ihn für schwach halten. Er mußte seine Schau des »zähen Burschen«, des »großen Tiers« um jeden Preis aufrechterhalten, denn er fühlte sich nur sicher, wenn er andere einschüchtern konnte. Einmal, als einige Jungen wutentbrannt waren über sein Verhalten und drohten, ihn zu verprügeln, versuchte seine Betreuerin, ihn zu beschützen. Selbst in dieser bedrohlichen Situation schrie Harry sie an: »Ich will nicht, daß du dich vor mich stellst! Ich hau' dich, ich tret dich in den Hintern, wenn du versuchst, mir zu helfen!«

Wenn jemand Harry Süßigkeiten anbot, bedrohte er ihn äußerst grob, was er ihm alles tun würde, wenn er nicht sofort die Süßigkeiten hergäbe, obwohl dies sowieso ganz deutlich seine Absicht war. Er mußte, zumindest sich selbst gegenüber, die Fiktion aufrechterhalten, was er bekomme, werde ihm nicht freiwillig und in Freundschaft gegeben, sondern weil wir ihn fürchteten.

Wie erwähnt, hing die erste Befriedigung, die Harry akzeptieren konnte, mit seinem Weglaufen zusammmen. Wenn er nachts zurückkam, war er immer so vollständig erschöpft, daß er entweder sofort auf sein Bett fiel und einschlief, oder keinen Widerstand mehr dagegen leisten konnte, sich füttern zu lassen. Nach einigen Wochen dieses beruhigenden Fütterns ließ er es zu, daß man ihn auszog. Aber er war so müde, daß er zwar seinen Widerstand aufgab, aber das Ausziehen kaum als einen Akt der Freundlichkeit erkannte, oder doch nur ganz verschwommen. Nach zwei Monaten erlaubte er seiner Betreuerin, ihm ein warmes Bad zu bereiten, bevor er ins Bett ging. Er erlaubte ihr noch nicht, ihn anzufassen, wenn er sie auch schließlich bat, bei ihm sitzen zu bleiben und mit ihm zu reden oder ihm eine Geschichte vorzulesen, während er das rein physische Vergnügen des warmen Bades genoß. Es dauerte volle sechs Monate, bevor er es nicht nur widerwillig zuließ, daß sie ihn wusch, sondern sie sogar bitten konnte, es zu tun.

Bevor dieser Punkt erreicht war, etwa zu der Zeit, als Harrys Lieblingsbetreuerin ihre »Maske« für immer verloren hatte, wurde es ihm allmählich möglich, einige andere Befriedigungen der Abhängigkeit von ihr anzunehmen. Selbst dann offenbarten sich jedoch noch die Natur und der Grad seiner früheren Entbehrungen sowohl in seinem Widerstand gegen als auch in seiner Reaktion auf Gelegenheiten, sich zärtlich versorgen zu lassen. Sein Widerstand war gut »eingefahren«, als er kam; er legte großen Wert auf die Pose des »großen Tiers«. Aber dies war eine Schule, an der Kinder es leicht hatten, sich wie »kleine Tiere« zu benehmen, und wo man sich alle Mühe gab, sie ihre Kindheit als Kinder genießen zu lassen. Jeden Tag — außer wenn er weggelaufen war, wurde Harry Zeuge solchen Verhaltens bei anderen. Er widerstand dieser unbetonten Überredung etwa einen Monat lang und fing dann mit einigen Umwegen an, seinen Anteil zu fordern. Zunächst beschränkte er sich darauf, Situationen zu manipulieren, bei denen er das Gefühl hatte, das Annehmen von kindgemäßer Fürsorge sei so legitim, daß keiner erraten werde, daß er in Wirklichkeit Kindheitsfreuden genoß oder seine Härte anzweifeln würde.

Einmal verletzte er sich am Fuß oder behauptete es wenigstens, und die Betreuerin trug ihn in den ersten Stock. Als er nun erlebt hatte, wie wohl es tat, von ihr getragen zu werden, ohne daß er dies im geringsten vor anderen zugab (und wahrscheinlich auch nicht sich selbst gegenüber), behauptete er noch mehrere Tage danach, er könne nicht gehen und müsse überallhin getragen werden. (Wenn seine Lieblingsbetreuerin nicht da war, um ihn zu tragen, hatte er keine Schwierigkeiten beim Spielen aktiver Spiele oder beim Herumlaufen.) Nachdem ein paar Tage vergangen waren, an denen er weiter auf diese Weise Nutzen aus seiner »Verletzung« gezogen hatte, sagte seine Betreuerin zu ihm, sie wolle ihn gern tragen, auch wenn sein Fuß nicht weh tue, und sie tat es auch. Aber erst einige Wochen später bat er sie spontan, ihn auf dem Arm zu tragen, ohne irgendeine Bemerkung über seine große Müdigkeit oder seinen schmerzenden Fuß zu machen.

Danach reagierte Harry bereitwilliger auf Situationen, die es ihm erlaubten, seine primitiven Bedürfnisse nach Abhängigkeit zu äußern und Befriedigung für sie zu suchen. Nach anfänglichem Zögern begann er gierig wie ein Wolf zu essen; dann fing er an, an Dingen zu saugen. Zum Beispiel begann er damit, die Tropfen vom Wasserhahn über der Badewanne mit offenem Mund aufzufangen; später begann er am Wasserhahn zu saugen und zu lecken. Lange machte er regelmäßig aus seinem Waschlappen eine Art primitiven Schnuller, an dem er voll Wonne saugte. Bei den Mahlzeiten zeigte er eine deutliche Vorliebe für Nahrungsmittel (Obstschnitze z. B.), die man in die Hand nehmen und an denen man lutschen konnte. Wenn er ausgeführt und wenn ihm eine Erfrischung angeboten wurde, lehnte er den Eisbecher oder die Schokoladenmilch ab, die Kinder seines Alters gewöhnlich bevorzugen, und wählte statt dessen zwei oder mehr »Lollis«. Je mehr Selbstvertrauen und Vertrauen zur Welt er gewann, desto mehr benahm er sich bei seiner Lieblingsbetreuerin wie ein ganz kleines Kind. Er ließ sich nicht nur von ihr baden und anziehen, wie oben beschrieben, sondern wollte auch von ihr gefüttert und gehätschelt werden.

Daß Harrys Fortschritt aufs engste mit dieser einen nahen Freundschaft zusammenhing, wurde auch an seiner Verwendung von Spielzeug deutlich. Er hatte nie gelernt, wie man mit Spielsachen spielt, aber er beneidete andere Kinder, die sich an solchen Spielen erfreuen konnten. Seine Eifersucht auf diejenigen, die wie seine Schwestern relativ friedlich spielen konnten, und seine Frustration darüber, daß er selbst dazu unfähig war, die noch verschlimmert wurde, wenn er anderen zusah, weckten in ihm den Wunsch, alles Spielzeug zu zerstören. Am liebsten biß er es entzwei, wenn das irgend möglich war. Es war gleichgültig, ob die Spielsachen ihm oder einem anderen Kind gehörten. Das allererste Spielzeug, das er nicht kaputtmachte, sondern im Gegenteil lange mit sich herumtrug, war eins, das seine Betreuerin in seinem Beisein für ihn gemacht hatte. Und danach akzeptierte er eine Zeitlang nur Spielsachen, die sie gemacht hatte. Dies war wahrscheinlich auf seine früheren Erfahrungen mit Befriedigungen zurückzuführen — Bewirtungen, Spielzeug, physische Pflege —, die er nicht um seiner selbst willen erhalten hatte. Er war zu überzeugt, daß, wenn ihm etwas Hübsches angeboten wurde, dies eher zum Wohl des Erwachsenen und nicht zu seinem eigenen getan wurde. Seinen Eltern war es wichtiger gewesen, zum Dank für ihre Geschenke Ausdrücke der Liebe und Dankbarkeit zu bekommen, ob sie echt waren oder nicht, als dafür zu sorgen, daß Harry selbst Freude daran hatte.

Das wurde durch einen Vorfall beleuchtet, der sich ereignete, als Harry etwa zwei Monate bei uns war. Harry kam zu mir und beharrte darauf, ich müßte ihm fünfzig Cents geben, damit er eine Schachtel Pralinen für den Geburtstag seiner Mutter kaufen könne, der noch einige Wochen entfernt war. Ich sagte ihm, ich sähe keinen Grund, warum er ihr ein Geburtstagsgeschenk kaufen sollte, da er sie an ihrem Geburtstag nicht sehen werde. Ich betonte, ich würde ihm gern das Geld geben, damit er es für sich selbst verwende, aber nicht für andere. Ich wollte zwar, er solle Süßigkeiten haben, wenn er sie wollte, aber ich war nicht im mindesten daran interessiert, mein Geld für seine Mutter auszugeben, oder daran, daß er es für sie ausgäbe. Darum hielt ich ihm 50 Cents hin, die er nehmen konnte, wenn er sich bereit erklärte, sie für sich selbst auszugeben.

Als er sich einer solchen Versuchung ausgesetzt sah, wurde Harry sehr aufgeregt und fing an zu schimpfen. Er beschuldigte mich, ich hielte ihn davon ab, zu seiner Mutter nett zu sein, und er war voll gerechter Empörung darüber, daß ich glauben könnte, er würde gern das Geld für sich ausgeben, anstatt für sie. Er schrie vor Wut, hatte Tränen in den Augen und bekräftigte laut seine Liebe zu seiner Mutter. Ich versuchte ihm zu versichern, ich zweifelte nicht an seiner emotionalen Bindung und an seinen guten Absichten, aber ich, wie die übrigen Mitarbeiter, hätte Harry sehr gern und würde seine Mutter kaum kennen. Deshalb sei es ganz verständlich, wenn wir wünschten, er solle Geld, das wir ihm gäben, für sich und nicht für sie ausgeben. Harry schien in diesem Augenblick unfähig, dies anzunehmen. Seine Aufregung nahm zu, darum hielt ich es für das Beste, ihm ohne weitere Umstände die fünfzig Cents zu geben. Aber ich sagte ein letztes Mal, er könne zwar das Geld so ausgeben, wie es ihm am liebsten sei, aber mir wäre es am allerliebsten, wenn er es für sich selbst ausgäbe, anstatt für andere, wer sie auch sein möchten. Darauf legte sich seine Erregung, und er verließ mein Büro ganz ruhig.

Durchs Fenster konnte ich sehen, wie er langsam das Haus verließ. Die Aufregung, die er nur einen Augenblick vorher an den Tag gelegt hatte, war vorbei. In anscheinend sehr konzentrierter und nachdenklicher Verfassung ging er über die Straße und machte noch ein paar Schritte. Dann hielt er an, und nachdem er eine Weile nachgedacht hatte, ging er zielstrebig zu einem Kanalisationsgitter und ließ bedachtsam die zwei Münzen hineinfallen. Als er dies getan hatte, wurde seine ganze Haltung wieder sehr lebhaft. Er lief zum Haus zurück und stürmte in mein Büro; er sagte, er habe das Geld verloren, und verlangte mehr. Ich sagte ihm, ich würde ihm noch einmal 50 Cents geben, aber diesmal nur, wenn er sie für sich selbst ausgäbe und für niemand anders. Er stimmte zu, lächelte froh, nahm das Geld an und gab es für Süßigkeiten aus. Danach erzählte er mir betont, wie gut es geschmeckt habe.

Diese Episode veranschaulicht seine ambivalente Beziehung zu seiner Mutter und die Art, wie er die Absichten der Schule auf die Probe stellte. Unsere Versicherung, wir zögen es vor, wenn er sich etwas Gutes antue (indem er das Geld für sich selbst ausgab), anstatt eine Schaustellung guten Benehmens zu geben (indem er Geld für seine Mutter verwendete), benützte Harry, um nicht nur unsere Aufrichtigkeit zu prüfen, sondern auch unsere Bereitschaft, ihm bei der Lösung eines ambivalenten Konflikts zu helfen. Es schien, als könne Harry zu diesem Zeitpunkt nur ein Vergnügen haben, nachdem er seine Schuldgefühle beschwichtigt hatte, indem er symbolisch seine Mutter versöhnte. Er hatte ihr das Geld zugedacht, und er konnte es trotz unserer Ermutigung nicht für sich selbst ausgeben. Aber unser Verständnis für seine stärkeren Wünsche reichte aus, um es Harry zu ermöglichen, sein Problem zu agieren, d. h. Geld für seine Mutter auszugeben (was seine Schuldgefühle milderte und seinen positiven Gefühlen für sie entsprach), aber so, daß sie kein Vergnügen daran haben konnte (was seinen stärkeren, negativen Gefühlen ihr gegenüber entsprach). Er verhielt sich wie seine Eltern, die »Geld verloren«, wenn sie Spielzeug kauften, an dem Harry sich nicht freuen konnte, weil es nicht wirklich zu seiner Freude bestimmt war. Das mögen einige der Motive gewesen sein, die Harry veranlaßten, das Geld in einen Abwasserschacht zu werfen[17].

Viele solche Erfahrungen, die ähnlich in ihrer psychologischen Bedeutung sind, wenn auch völlig verschieden in ihrer Aktualität, sind nötig, bevor die Prüfung, der das Kind uns und unsere Absichten unterzieht, es überzeugt, daß ihm an der Schule um seiner selbst willen Befriedigungen geboten werden, und nicht aus äußeren oder hintergründigen Überlegungen unsererseits — wie z. B. der Rücksicht auf unsere augenblickliche Bequemlichkeit oder unseren Wunsch, es nach einem vorgefaßten Bild zu formen, wie seine Persönlichkeit sein solle. Harry war keine Ausnahme. Er prüfte uns immer und immer wieder, und da er gewöhnlich nicht von uns enttäuscht wurde, veränderte sich allmählich seine Ansicht von der Welt.

Als Harry acht Monate bei uns gewesen war, hatte er ziemlich viele Spielsachen angesammelt, darunter auch Plüschtiere, die er nicht mehr in Stücke riß. Als nun die Jungen seiner Gruppe einen Phantasie-Zoo von Plüschtieren einrichten wollten, konnte er bei ihrem Spaß mitmachen. Jeder Junge präsentierte seine Tiere nach eigenem Geschmack. Harry fing mit seinem Elefanten an. Er machte einen Käfig für ihn, an dem er ein Schild anbrachte, auf dem es hieß, er sei das größte aller Tiere, der König aller Elefanten. Als nächstes kam ein Käfig für den Teddybär, seinen Liebling; diesem zog er seine eigenen Kleider an und schrieb auf das Schild, »Tapsi, ein Bär, der erst sieben Jahre alt und noch manchmal täppisch ist«. Auf Tapsi folgte Hoppy, ein faules Kaninchen, das »nur Karotten tötet«. Zuletzt kam sein Hund Lollipop, so genannt, »weil er Lollis liebt und die ganze Zeit welche ißt«.

Wenn man sich die Abfolge ansieht, in der er die Tiere anordnete, scheint es, als habe Harry aussagen wollen, zuerst habe er versucht, in der Idee Schutz zu finden, er sei der Stärkste und der Größte, das kraftvolle »große Tier«, der König der Tiere, weil der wehrlose und unzulängliche, »täppische« Junge, der er in Wirklichkeit war, sich nur so sicher fühlen konnte. Hinter all dieser Angeberei und Unbeholfenheit, von der er nun erkannte, daß sie für ein erst sieben Jahre altes Kind normal war, war der wirkliche Harry verborgen — ein Junge, der überhaupt nicht täppisch, sondern wehrlos war, wie ein Kaninchen, dessen einzige Sicherheit darauf beruht, daß es immer auf der Hut vor potentiellen Feinden ist, und das, sobald es einen erspäht, wegläuft, so schnell es kann, ohne abzuwarten, ob die Gefahr echt oder eingebildet ist. Aber Harry wollte kein ängstliches Kaninchen sein, sondern ein faules, das an seinem Platz blieb und nicht mehr Schaden tat, als Karotten zu »töten«, wenn es auch vielleicht für Harry von symbolischer Bedeutung war, daß selbst dieses Kaninchen »tötet«. Ganz kindlich war Lollipop. Er lief weder fort, noch tötete er, sondern er genoß lediglich die infantilen Vergnügen des Essens und Lutschens.

Ein paar Monate später, an Ostern, teilte Harry mit seinem Osterhäschen sein neuerworbenes Wissen um die Kunst des richtigen Benehmens. Er ermahnte es: »Benimm dich wie ein richtiger kleiner Junge und krabble nicht herum und klettere nicht auf Dächer. Wenn du das tust, werden die Leute denken, du bist ein Affe, und dich wie einen Affen behandeln, und du willst doch nicht, daß das passiert.« Der faule und sorglose Lollipop wurde langsam durch einen verantwortlichen Bürger ersetzt, der erkannte, daß Weglaufen und Böses tun eines menschlichen Wesens nicht würdig waren, und daß es zum Teil dies »affen«-ähnliche Verhalten war, das andere veranlaßt hatte, ihn zu behandeln, als ob er ein Tier wäre.

Die Entwicklung eines Gewissens

Harrys Wunsch, sich verantwortlich zu benehmen, hatte sich im Verlauf eines Prozesses entwickelt, in dem ein vernünftigeres Über-Ich an die Stelle eines primitiven, selbstbestrafenden Schuldgefühls trat. Harrys selbstzerstörerische Handlungen waren die Folge seiner Schuldgefühle und seiner Überzeugung gewesen, er verdiene Strafe. Ursprünglich mag er von magischem Denken folgender Art motiviert gewesen sein: Er forderte das Schicksal heraus, ihn zu zerstören, und als das Schicksal ihm in dieser Hinsicht nicht entgegenkam, schloß er optimistisch, seine Missetaten seien ihm vergeben worden oder seien von vornherein nicht so schlimm gewesen, oder pessimistisch, er sei diesmal verschont worden, nur um beim nächsten Mal um so entsetzlicher zerstört zu werden.

Es ist ein weiter Weg von einem solchen magischen Denken bis zur Herstellung echter innerer Steuerungsinstanzen. Es dauerte fast ein Jahr, bevor es Harry gelang, diese Integrationsaufgabe zu erfüllen. Die Identifizierung mit seiner Lieblingsbetreuerin, das Annehmen ihrer Maßstäbe infolge seiner sehr befriedigenden Beziehung zu ihr (was durch andere Mitarbeiter unterstützt wurde) und nicht zuletzt der Umstand, daß er die Wertvorstellungen der Schule zu seinen eigenen machte, weil sie durch den Schutz und die Befriedigung, die sie gewährten, ihren Wert bewiesen hatten — dies alles erlaubte es Harry, die physische Selbstbestrafung aufzugeben, die wir mißbilligten, und an ihre Stelle Gewissensreaktionen zu setzen, was wir förderten. Wir wollen diesen Prozeß nicht in Einzelheiten nachzeichnen, sondern ihn durch ein charakteristisches Beispiel veranschaulichen — einen Vorfall, der ein wichtiger Wendepunkt in Harrys Haltung gegenüber Mitarbeitern und sich selber gegenüber war.

Wenn ein Mitarbeiter krank wird, Urlaub hat oder aus anderen Gründen ausfällt, nimmt ein Ersatzbetreuer vorübergehend den Platz eines Betreuers in einem Zweiergespann von regulären Betreuern ein. Mitarbeiter dienen auch oft während ihrer ersten Ausbildungszeit als Stellvertreter. Harry war etwa neun Monate an der Schule, als ein junger Mann herangezogen wurde, um einen der regulären Betreuer von Harrys Gruppe zu vertreten. Bei Neulingen, deren Einstellung er auf die Probe stellen mußte, um sich sicher zu fühlen, zeigte Harry bezeichnenderweise sein schlimmstes Verhalten. Der Stellvertreter war zwar relativ unerfahren, war aber im großen ganzen recht gut im Umgang mit den Jungen und wurde von der Gruppe ziemlich gut aufgenommen. Trotzdem verlor er in einem Augenblick, aufgebracht durch Harrys schlimmes Benehmen, die Geduld und gab Harry ein paar symbolische Klapse.

Die Kinder wissen, daß jede Form der körperlichen Bestrafung durch Lehrer oder Betreuer untersagt ist, und einige Jungen kamen auf der Stelle zu mir, um mir zu berichten, was geschehen war. Sie bezweifelten kaum, daß Harry nur bekommen hatte, was er provoziert hatte, und sie genossen es wahrscheinlich, ihn bestraft zu sehen. Sie berichteten mir also nicht aus Mitleid für Harry darüber, sondern aus Sorge um ihre eigene Sicherheit, die davon abhing, ob sie dem Versprechen der Schule, daß sie keine körperliche Bestrafung zu fürchten hätten, vertrauen konnten oder nicht. So sehr ich körperliche Züchtigung an sich verabscheue, so waren doch meine Handlungen in diesem Fall zunächst mehr von meinem Wunsch motiviert, diesen Kindern zu zeigen, daß ich die Absicht hatte, meine Versprechen zu halten, als von meiner Sorge um Harry. Ich wußte, daß er die Geduld eines jeden überfordern konnte, und daß die Schule schon ein paar potentiell gute Mitarbeiter verloren hatte, weil sie während der angsterfüllten Zeit, in der sie als Stellvertreter, d. h. zukünftige Betreuer, fungiert hatten, Harry nicht hatten ertragen können. Am Anfang dieser Episode ahnte ich nicht, daß sie für Harry weitreichende Folgen haben würde. Als es mir klar wurde, führte ich meine Handlungen weiter, nicht mehr hauptsächlich um der anderen Kinder willen, sondern auch zu seinem Besten.

Jedenfalls ging ich sofort mit den Jungen zurück zu ihrem Schlafraum, und vor allen Kindern dieser Gruppe, darunter auch Harry, entband ich diesen stellvertretenden Betreuer von seinen Pflichten und bat einen unserer erfahrenen Betreuer, seinen Platz einzunehmen.

Dies zeigte Harry, ebenso wie den anderen Kindern, daß sofort etwas unternommen wurde. Kurze Zeit später, nachdem sich die Erregung gelegt hatte, besprach ich den Vorfall mit der Gruppe. Ich erinnerte die Kinder, daß ich ihnen, als sie an die Schule gekommen waren, Versprechungen gemacht hatte, von denen eine besagte, sie würden nie geschlagen werden. Deshalb hätte ich, sowohl weil ich ganz und gar gegen körperliche Strafen sei, was alle Mitarbeiter wüßten, und weil ich mein Versprechen halten wollte, den stellvertretenden Betreuer gebeten, aus den Diensten der Schule auszuscheiden. Ich fügte hinzu, angesichts der Prinzipien der Schule in dieser Hinsicht und angesichts meines Versprechens hätte ich nicht anders handeln können, aber ich selbst hätte das Gefühl, es sei trotzdem dem Stellvertreter gegenüber nicht ganz fair. Harrys Verhalten sei so aufreizend gewesen, daß es erheblich mehr als durchschnittliche Geduld erfordert hätte, und es sei verständlich, daß der junge Mann die Beherrschung verloren habe. Ich wandte mich an Harry und sagte, besonders er müsse verstehen, wie ein Mensch die Beherrschung verlieren könne, da es ihm ja fortwährend selber passiere. Andererseits werde kein Fehlverhalten eines Kindes an der Schule mit Gleichem vergolten, auch nicht durch Klapse.

Für mich war dies nur einer der unzähligen Versuche, Harry unsere Einstellung klarzumachen, ihn mit unseren Gefühlen zu erreichen, ihn zu überzeugen, daß das Leben an der Schule anders war als das, was er früher gekannt hatte. Entgegen meinen Erwartungen machte dies alles großen Eindruck auf Harry, und er fing heftig an zu weinen. An diesem Abend und bis in die Nacht hinein suchte er mich mehrmals auf und machte seinerseits überschwengliche Versprechungen, er werde in Zukunft brav sein, und heftige Drohungen, was er tun werde, wenn der Betreuer nicht wieder eingestellt würde. Ich sagte zu ihm, seine Gefühle seien verständlich und sogar lobenswert, aber jetzt sei nichts mehr zu machen. Ich sagte ihm, er habe gute Gründe, sich die Schuld für die Schwierigkeiten des stellvertretenden Betreuers zu geben, da er zunächst einmal die Situation provoziert habe.

Harrys Verhalten während dieser Episode zeigte uns zum erstenmal, daß sich sein Gewissen unverkennbar entwickelte. Seine Schuldgefühle wurden nicht durch einen direkten Gewaltakt verursacht, sondern durch seinen Beitrag zu einem Akt der Ungerechtigkeit. Von diesem Augenblick an handelte er nie wieder ganz so unverantwortlich wie vorher.

Harry war sich selbst ganz dessen bewußt, daß sein »Gewissen« eine Neuerwerbung war. Er empfand ein Bedürfnis, den Umstand zu rechtfertigen, daß er früher nie eins gehabt hatte. Als seine Betreuerin den Kindern die Geschichte von Pinocchio vorlas, bemerkte ein Junge, Pinocchio müsse sicher dumm gewesen sein, wenn er habe fragen müssen, was ein Gewissen sei. Darauf wurde Harry sehr defensiv und sagte: »Wie konnte er wissen, was ein Gewissen ist? Er war ja noch nicht einmal in die Schule gegangen.« Die Schule, an die Harry dabei dachte, war die Orthogenic School. Sie war der einzige Ort, den er kannte, wo man ein Gewissen erwerben konnte. Immer wieder verlangte er, man solle ihm die Geschichte von Pinocchio vorlesen, und er genoß besonders die Teile, die sich mit dem Problem des Gewissens und mit dem Umstand befaßten, daß Pinocchio erst dann ein wirklicher Junge werden konnte, als er den Unterschied zwischen Recht und Unrecht gelernt hatte.

Das wenige an schwachem Ich, was Harry besessen hatte, war seinem Es dienstbar gewesen; das hatte ihn nur noch mehr agieren lassen. Jetzt wurde sein Ich von seinem Über-Ich überwältigt. Leider war das Über-Ich, das er durch Identifizierung mit signifikanten Figuren an der Schule entwickelt hatte, nicht frei von früher erworbenen Elementen. Er hatte lange unter dem Einfluß einer strengen Mutter gestanden, deren Forderungen ihre Wirkung auf seine Persönlichkeit gehabt hatten. Zugleich hatten seine bösen Lebenserfahrungen in seinen Gefühlen und Handlungen große Gewaltsamkeit erzeugt. Diese Gewalttätigkeit war noch nicht gezähmt. Er agierte sie nicht mehr ständig, aber sie steckte noch in ihm, und nun verband sie sich mit seinem Über-Ich. Er hatte immer einen Großteil seiner Feindseligkeit gegen sich selbst gekehrt, wie man an seinen selbstzerstörerischen Handlungen sehen konnte. Aber diese hatten mehr oder weniger den Charakter roher Entladungen gehabt, nicht den von Gewissensreaktionen. Nun erwarb er nicht nur ein Gewissen, sondern ein gewaltsames, unvernünftiges Gewissen. Eine optimale Harmonie zwischen Es, Ich und Über-Ich war noch keineswegs erreicht. In Abwandlung einer Bemerkung von Freud könnte man sagen, wo Es gewesen war, war nun Über-Ich, ebenso leidenschaftlich und irrational.

Also verlangte Harry weiterhin mehr Strafen aller Art, weil er, wie er sich ausdrückte, »böse« sei. Wenn er verärgert oder frustriert war, empfand er immer noch seine alten aggressiven Wünsche, haßte uns und wollte uns nichts schuldig bleiben. Aber er konnte es sich nicht mehr leisten, sofort zu agieren, wenn er dafür keinen angemesseneren Grund hatte als ein Gefühl der Frustration. Also wünschte er, bestraft zu werden. Das hätte ihn aus seiner emotionalen Sackgasse geführt. Entweder hätte die Bestrafung als ein von außen auferlegter Zwang gewirkt, der ihn daran hinderte, zu agieren, und so den inneren Konflikt löste, oder sie hätte seine Wut in solchem Maß gesteigert, daß er sich gerechtfertigt gefühlt hätte zu agieren, und auf diese Weise hätte er ebenfalls seinen inneren Konflikt lösen können, zumindest für den Augenblick. Verzweifelt pflegte er seine Betreuerin oder mich anzuschreien: »Ich will dir weh tun, so daß du mir weh tust!« So drückte er seine aggressiven Wünsche und sein Bedürfnis offen aus, für sie bestraft zu werden.

Die nächste Stufe war, daß Harrys Über-Ich so streng wurde, daß er sich immer schuldig fühlte und Wiedergutmachungsversuche machte, wenn an der Schule irgend etwas Schlimmes passierte. Er schien als Gewissen für alle Kinder fungieren zu wollen. Eine vorläufige Erklärung dafür ist, daß Harry sein eigenes Gewissen durch Übernahme der Moral und der Sitten von Mitarbeitern erworben hatte, die für ihn in ihrer Totalität »die Schule« repräsentierten. Es war noch nicht sein individuelles Über-Ich, das auf seinen eigenen Normen beruhte und sein Verhalten steuerte. Eine derartige Individualisierung introjizierter Werte fand erst später statt.

Auch eine viel einfachere Erklärung ist möglich. Jeder, der gegen das verstieß, was Harry für die wünschenswerten Normen hielt, führte ihn in Versuchung, das gleiche zu tun. Wenn ein anderes Kind weglief, fühlte er sich versucht, auch wegzulaufen. Er war nicht so sehr daran interessiert, den anderen vom Weglaufen abzuhalten, als vielmehr daran, nicht in Versuchung geführt zu werden, selber wegzulaufen. Anders ausgedrückt: Um sich selber am Weglaufen zu hindern, mußte er andere daran hindern.

Die einfachste Lösung schien wieder darin zu liegen, von außen auferlegte Einschränkungen zu suchen. Er berichtete mir von den Plänen anderer Verwahrloster, wegzulaufen, und bat mich, sie einsperren oder der Polizei übergeben zu lassen. Als er schließlich begriff, daß ich beides nicht tun würde, erfand er ziemlich geschickte Methoden, um sein Ziel zu erreichen. Da er die Psyche des Kindes, das wegläuft, nur allzu gut verstand, wußte er, daß er ein symbolisches Weglaufen erlauben mußte, um das echte Weglaufen zu unterbinden. Er veranlaßte solche Kinder, mit ihm Spiele zu spielen, deren Ausgang darüber entscheiden sollte, ob sie weglaufen würden oder nicht. Auf diese Weise konnten sie sich vormachen, sie hätten das Weglaufen noch nicht aufgegeben, und nur der Zufall oder ein Verhängnis habe dagegen entschieden. Harry pflegte z. B. den anderen Jungen zu fragen: »Wie heißt die Antwort für morgen? Nein oder ja?«, d. h., sollten sie weglaufen oder nicht? Die Antwort hing davon ab, wer von ihnen zuerst ein vorher festgesetztes Ziel erreichte. Wenn der andere Junge den Wettlauf gewann, war die Antwort »nein«, und sie würden nicht weglaufen. Wenn Harry den Wettlauf gewönne, würden sie es tun. Harry wählte sich für dieses Spiel gewöhnlich einen größeren Jungen und schnelleren Läufer, damit jener gewinnen konnte. Dies war eine weitere Art, wie er versuchte, seinen inneren Konflikt nach außen zu verlegen, indem er eine äußere Lösung fand. Aber solche Methoden funktionierten nicht immer. Es gab keine Gewißheit, daß er nicht weglaufen würde, solange seine innere Kraft, dem Agieren zu widerstehen, schwach blieb. Diese Kraft war von dem Maß abhängig, in dem er sich denen nahe fühlte, die er gern hatte und von denen er geliebt werden wollte.

Ein paar Monate später verfiel Harry auf ein anderes Mittel, um sich vom Weglaufen abzuhalten. Voll Freude berichtete er, ein anderer verwahrloster Junge sei zehnmal weggelaufen, während er es im gleichen Zeitraum nicht einmal getan hatte. Jetzt könne er, selbst wenn er es wolle, nicht mehr weglaufen, denn das würde sein Erfolgsregister ruinieren, das er bis auf zweihundert Fälle steigern wolle, in denen er an der Schule geblieben sei, während andere Kinder weggelaufen seien. Auf die Frage, was er tun werde, wenn die Zweihundertermarke erreicht sei, dachte er nach und beschloß, er werde einfach seinen Erfolg immer noch mehr verbessern. Aber warum er denn diesen Rekord aufstellen wolle? »Weil ich mich dann wohl fühle.« Und er fügte hinzu, er freue sich schon auf einen Ausflug ins Chicagoer Museum für Naturgeschichte am kommenden Samstag. Bei uns zu bleiben, nur weil es richtig war, war noch kein ausreichendes Motiv; er mußte sich fortwährend der Vergnügungen versichern, die ihn als Belohnung erwarteten.

Wir haben schon gesehen, daß Harry auch eineinhalb Jahre nach seinem Eintritt in die Schule immer noch weglief und stahl. Letzteres geschah allerdings nur sehr selten, und auch nur dann, wenn seine Beziehungen zu denen, die ihm nahestanden, zusammengebrochen waren. Auch machte ihm jetzt, obwohl die Versuchung zum Stehlen noch zu groß war, als daß er es ganz hätte unterlassen können, sein Gewissen so viel zu schaffen, daß er es später wiedergutmachen mußte. Bei einer Gelegenheit hatte er Geld von einer Betreuerin gestohlen, die er nicht leiden konnte. Er hatte vielleicht die Absicht, es zurückzugeben, aber seine eigene Betreuerin entdeckte den Diebstahl, bevor er das Geld zurückgab. Gleich danach versuchte er, mich anzurufen, aber »ich antwortete nicht«. Er sorgte dann dafür, daß man mir eine Botschaft hinterließ, in der ich dringend gebeten wurde, Harry nicht von der Schule wegzuschicken.

Die Ankunft eines neuen Kindes an der Schule war für Harry immer bedrohlich. Voll Angst, der Neuankömmling könnte ihm etwas wegnehmen, auch wenn sie nicht in der gleichen Gruppe waren und nicht die gleichen Lehrer und Betreuer hatten, pflegte Harry zu versuchen, dem anderen zuvorzukommen, indem er etwas stahl und dann weglief. Während seines zweiten Jahres war Harrys Angst, ein neues Kind werde ihn um alles bringen (wie es seine Schwestern getan hatten), nicht mehr so akut, aber er fürchtete immer noch, er könnte vielleicht nicht genug bekommen. Darum verfiel er, anstatt wegzulaufen, in extrem infantiles Verhalten. Er behauptete, er sei ein kleines Baby, und forderte ununterbrochene Aufmerksamkeit.

Ein neues Mädchen war an die Schule gekommen, und wie gewöhnlich führte dieser Umstand Harry in Versuchung, wieder in die Delinquenz zurückzufallen. Die Bemühungen seiner Betreuerin halfen ihm, die Versuchung zu bekämpfen. Außerdem konzentrierte er sich darauf, an seinen Geburtstag zu denken und über ihn zu sprechen, obwohl er noch viele Wochen entfernt war. Er spielte seine Geburtstagsparty durch und sang sich sogar selbst »Happy Birthday« vor. Er erinnerte seine Betreuerin an die Geschenke, die er erwartete, und an ihr Versprechen, ihn zum Essen auszuführen. Er fragte sie, ob sie ihn in sein Lieblings-Eßlokal führen werde, das er nicht bei seinem richtigen Namen nannte, der »The Midway Huddle« war (etwa: »Treffpunkt am Midway«), sondern »The Midway Cuddle« (to cuddle = kuscheln); dann begann er den Schlager »Cuddle up a little closer« (»Schmiege dich noch näher an...«) zu summen. Er kuschelte sich an sie und ließ sich liebkosen und hatte nicht mehr das Bedürfnis wegzulaufen.

Natürlich waren Weglaufen und Stehlen nicht die einzigen asozialen Verhaltensweisen, von denen sich Harry in Versuchung geführt fühlte. Bei seiner inneren Gewalttätigkeit brauchten andere nicht viel zu tun, um ihn dazu zu bringen, an ihrer Stelle ihre Aggressionen zu agieren. Eine Zeitlang ging er auf jede Herausforderung ein, so sehr wir auch versuchten, andere davon abzuhalten, ihn herauszufordern, und ihn, die Herausforderung anzunehmen. Es wurde erst besser, nachdem er sein Gewissen erworben hatte, das, wie ich schon sagte, so streng wurde, daß es die ganze Schule zu umfassen schien. Einmal versuchte ein Junge, Harry zu veranlassen, ein paar Fenster einzuschlagen, und gab ihm sogar einen Stein in die Hand. Früher hätte Harry sich darauf eingelassen, aber nun hatte sich etwas geändert, und er wurde von Entsetzen erfaßt. Etwa zur gleichen Zeit warf ein Junge in einem Wutanfall im Schlafraum ein paar Stühle um. Harry kam zufällig in diesem Augenblick ins Zimmer, und ohne ein Wort zu sagen und ohne daß man ihn gebeten hatte zu helfen, fing er an, alle Stühle aufzuheben, die umgeworfen waren. An einem anderen Tag erzählte ihm ein Junge stolz, er habe vor, das Badezimmer unter Wasser zu setzen, was früher eine von Harrys Lieblingsheldentaten gewesen war. Aber als Harry jetzt von diesem Plan hörte, stürzte er ins Bad und drehte rasch die Wasserhähne zu.

Schließlich wurden Harrys Schuldgefühle wegen neuer und alter Missetaten so akut, daß er sich nicht einmal erlauben konnte, Befriedigungen zu genießen, die die meisten Kinder als selbstverständlich ansehen.

Als der Morgen seines Geburtstags, auf den er sich schon wochenlang gefreut hatte, endlich herangekommen war, schlug er voller Selbsttadel seinen Kopf an die Wand und schrie: »Ich verdiene keine Geburtstagsgeschenke.« In einem seiner häufig wiederholten Lieblingsspiele versuchten einige Gauner, in einem Auto zu flüchten. Sie hatten vor, sich zu bessern, »brav« zu sein, aber es war immer zu spät. Ihr Wagen ging zu Bruch, und sie kamen um. Dieses Spiel war der Ausdruck sowohl seiner Angst, es könnte auch für ihn zu spät sein, als auch seines Wunsches, auf dem rechten Weg zu bleiben, indem er sich die Gefahren asozialen Verhaltens vor Augen führte. Er war nicht mehr der Gefeite, dem nichts passieren konnte. Im Gegenteil, jetzt lebte Harry immer in der Furcht, wegen seiner Sünden vernichtet zu werden.

Das Durcharbeiten

Zwar besteht die Basis unserer Arbeit darin, daß wir die Bedürfnisse eines Kindes nach Befriedigung erfüllen und ihm gute menschliche Beziehungen anbieten, aber das allein ist nicht genug. Absichtliche Bemühungen, einem Kind bei seinen Schwierigkeiten zu helfen, bilden nur die Grundlage unserer Arbeit. In Harrys Fall befestigten wir die Möbel an den Wänden und Fußböden; wir versuchten, ihm das Weglaufen weniger lustvoll zu machen, indem wir ihn nicht vor der Polizei in Schutz nahmen, und wir versuchten, ihm das Dableiben anziehender zu machen, indem wir ihm Spielzeug und zärtliche Fürsorge gaben und strafende Kritik zurückhielten. Ohne solche Grundlagen könnte nichts erreicht werden. Aber andererseits verschaffen nur Grundlagen einem Kind nicht alles, was es für ein erfolgreiches Leben braucht. Zugleich mit der Errichtung des Fundaments — und hier bricht unsere Analogie mit einem Gebäude zusammen — muß der Überbau errichtet werden, den die komplexe, aber gleichzeitig integrierte Persönlichkeit darstellt. Da unsere Kinder mit einer eigenen Persönlichkeit zu uns kommen und keine *tabula rasa* sind, auf der wir die ersten Eindrücke hervorrufen können, ist unsere Arbeit um so schwieriger. Wir müssen krumme und gefährliche Mauern niederreißen, während wir zur gleichen Zeit neue errichten; aber wir dürfen das Kind nie ohne Mauern lassen, denn sie können seine Abwehr z. B. gegen Selbstmordtendenzen sein. Wir müssen vielleicht auch einmal sehr baufällige Mauern stützen, wie z. B. zwanghafte Abwehrmechanismen gegen Paranoia, damit sie nicht einstürzen und dabei den gerade begonnenen Bau zerstören oder mit ihren Trümmern auf Dauer verschütten, während er doch angemesseneren

Schutz gegen die Schwierigkeiten des Lebens bieten sollte. Wenn diese neuen Mauern — die adäquaten Hilfsmittel des Kindes zur Bemeisterung des Lebens — erst einmal fertig sind, dann erweist sich das Einreißen der alten möglicherweise gerade deshalb als schwieriger, weil wir sie vorübergehend verstärken mußten [18].

Man muß dem Kind nicht nur helfen, sein pathologisches Verhalten aufzugeben, was allein bestenfalls eine oberflächliche Anpassung zur Folge hätte, im schlimmsten Fall jedoch die dauernde Unterbringung in einer Anstalt; es muß sich auch von den Ursachen seines Verhaltens befreien. Es wäre zwar bei vielen unserer Kinder einfach, auf die Mängel der Eltern als kausative Faktoren hinzuweisen, aber es ist in Wirklichkeit so, daß die Kinder, wenn wir sie kennenlernen, selbständig Haltungen und Überzeugungen entwickelt haben, die der Herstellung von Beziehungen zu anderen Menschen und einer angemessenen Begegnung mit der Realität im Weg stehen. Diese Haltungen und Überzeugungen müssen berichtigt und, wenn nötig, ersetzt werden, oft durch ein völlig neues System innerer Einstellungen, Hoffnungen und Erwartungen; sonst — um zur Analogie vom Bau zurückzukehren — würden wir nur hübsche Stuckwände vor die alten schiefen und morschen Mauern setzen, die im Grunde ebenso wenig geeignet wären wie vorher, das Dach zu tragen und den Bewohnern behaglichen Schutz zu bieten.

Es ist leichter, von solchen Dingen in Gleichnissen zu sprechen als im einzelnen zu erklären, wie der Prozeß der Befreiung von den bösen Wirkungen der Vergangenheit vor sich geht und wie die Integrierung der Persönlichkeit erreicht wird. Es ist z. B. manchmal notwendig, daß ein Kind begreift, warum es sich asozial verhält und welche Einstellungen seiner Eltern seine neurotischen Reaktionen hervorgerufen haben, bevor es auf solches Verhalten verzichten kann. In anderen Fällen, häufiger bei kleineren Kindern, ist solche Einsicht in das, was in der Vergangenheit »schiefgegangen« ist, nicht nötig; eine Hilfe bei alltäglichen Lebenserfahrungen ohne Bezugnahme auf die pathogene Vergangenheit genügt, um das Kind zu einer fortdauernden Bewältigung seiner Schwierigkeiten zu bringen.

Aber bei einem muß man all unseren Kindern helfen: die Gegenwart als Gegenwart und die Vergangenheit als Vergangenheit zu erkennen. Als Harry z. B. mit Recht seine nächtlichen Ängste als einen der Gründe für sein Weglaufen nannte, erinnerten wir ihn daran, daß die Nächte in der Schule friedlich und ruhig sind — viel mehr als auf der Straße —, und daß ein zuverlässiger Erwachsener, von dem er wußte, daß er sein Freund war, bereit sei, ihn zu beschützen, falls irgendeine

Störung vorkomme. Wenn irgend möglich, wurde ihm gezeigt, daß sein eigenes Verhalten oder seine eigenen unrealistischen Anschauungen unangenehme Situationen schufen oder verschlimmerten [19].

Aber solche Erklärungen oder Deutungen kann man nur geben, wenn das Kind sie aufnehmen kann; sonst sind sie nur eine weitere Erfahrung des Herumgestoßenwerdens durch die Erwachsenen, die ihre überlegenen Verstandeskräfte dazu benützen, einem hilflosen Kind etwas vorzumachen. Oder, um die Reaktion eines Jungen auf eine Erklärung zu zitieren, für die er noch nicht bereit war: »Ich hoffe, daß es dir gut getan hat, mir all das Zeug zu erzählen, denn ich interessiere mich dafür nicht im geringsten.«

Über sechs Monate lang war Harry nicht im mindesten daran interessiert, mehr über sich selbst herauszubekommen. Er wollte lediglich sein früheres Leben ein wenig behaglicher weiterführen; es lag ihm nichts daran, sich zu ändern — und das gilt lange für all unsere Kinder.

Der Prozeß der Persönlichkeitsintegration hängt nicht von einem äußeren Rahmen ab; er wird aber erleichtert, wenn man sich auf ihn konzentrieren kann, ohne von absichtlich gesetzten oder zufälligen äußeren Reizen gestört zu werden. Darum wird er oft am besten in der Abgeschlossenheit eines Behandlungszimmers vollzogen, wenn auch keine tiefgreifende Veränderung in der Persönlichkeitsstruktur eintreten wird, falls die betreffenden Versuche allein auf die Behandlungssituation beschränkt bleiben. Es bleibt jedoch eine Tatsache, daß ziemlich viele Kinder ihre ersten Versuche zur Umstrukturierung ihrer Persönlichkeit dort machen, während es anderen besser in Gruppensituationen oder in realen Lebenssituationen gelingt; diese benützen die Abgeschlossenheit des Behandlungszimmers eher dazu, sich von solchen Anstrengungen zu erholen und für den nächsten Versuch Energie zu sammeln.

Viele agierende Verwahrloste können die Eingrenzung eines Behandlungszimmers nicht ertragen; andere empfinden die implizierte Intimität mit einem Erwachsenen als zu überwältigend für ihre begrenzten Fähigkeiten, Beziehungen herzustellen. Es ist eine schwierige Aufgabe, physische und emotionale Nähe bei solchen Kindern richtig zu dosieren. Um von diesen allgemeinen Überlegungen zu Harry zurückzukehren, möchte ich anmerken, daß wir erst, nachdem wir mehr als sechs Monate mit ihm zusammengelebt hatten, vorzuschlagen wagten, er solle Einzel-Spielsitzungen mit seiner Lieblingsbetreuerin beginnen. Bis dahin hatte er es nicht aushalten können, in einer Situation, die irgendeine emotionale Forderung implizierte, mit einem Erwachsenen im gleichen Raum zu sein. Und selbst nach Beginn der Spielsitzungen kam er nur sehr unregelmäßig, und auch nur, wenn seine Betreuerin sehr spezielle Bemühungen unternahm, um ihn zum Kommen zu bewegen.

In den Sitzungen wagte Harry es nicht, seiner Phantasie die Zügel schießen zu lassen, sondern benützte diese Zeit hauptsächlich, um ganz fundamentale Befriedigungen zu erlangen: ruhig zu essen, sich auf dem Schoß der Betreuerin zusammenzurollen, sich etwas vorlesen zu lassen. Es dauerte einige Monate, bis er die Sitzungen zu genießen begann, und noch länger, bis er das, was ihm auf der Seele lag, durch Zeichnen, die Verwendung von Spielzeug usw. agieren konnte. Dennoch gewann er lange die ihm möglichen Einsichten mehr aus aktuellen Situationen, wie z. B. seinem Verhalten anderen Kindern gegenüber, als aus den Spielstunden, in denen er symbolisches Material wie Puppen und Puppenhaus benützte. Trotzdem begann er schließlich eines Tages mit dem Aufführen von Szenen.

Warum er so lange brauchte, um das zu agieren, was ihn bedrückte, warum er solche Angst davor hatte, es nachzuschaffen und es sich vor Augen zu stellen, wurde deutlich, als er mit Puppen zu spielen begann. Der erste Gebrauch, den er von dem symbolischen Spielmaterial machte, bestand darin, daß er eine Szene wiederaufführte, in der ein Vater betrunken nach Hause kam und die Einrichtung zerschlug, während ein kleiner Junge übers Dach entfloh. Diese Grundszene wiederholte er viele Male und mit relativ wenigen Abwandlungen. Erst viel später begann er damit, Soldaten kämpfen, Flugzeuge Bomben abwerfen, Autos zusammenstoßen zu lassen usw., um seine Ängste und seine Feindseligkeit in allgemeinerer und kindgemäßerer Form zu agieren. Diese Spielstunden verliefen weitgehend gemäß den Prinzipien der Kinderpsychoanalyse. Deren Vorgehen ist schon ausreichend beschrieben worden, so daß es unnötig erscheint, hier einen detaillierten Bericht darüber zu geben. Wir möchten jedoch betonen, daß diese Sitzungen zu Harrys Rehabilitierung nur einen ergänzenden Beitrag leisteten; diese war hauptsächlich die Folge des Lebens in einer Umwelt, die durch ihren Gesamteinfluß Harrys Persönlichkeitsintegration förderte [20].

Einen Großteil seiner Einsicht gewann Harry spontan. Einmal wurde ihm eine Geschichte vorgelesen, in der es um einen kleinen Biber ging, der an einen neuen Ort ging, um sich dort ein neues Heim zu bauen. In der Geschichte wurde erzählt, daß die Eltern des Bibers, sein Bruder und seine Schwester bei ihm wohnen sollten, sobald das neue Heim fertig wäre. An dieser Stelle unterbrach Harry plötzlich: »Ich wette, ich weiß, was passiert. Wenn er zurückkommt, um sie abzuholen und sie mit in das neue Heim zu nehmen, findet er, daß seine Mutter, sein Vater und seine Schwestern alle tot sind.« (In der Geschichte wurden Bruder und Schwester genannt, aber Harry selbst hatte nur zwei kleine Schwestern.) Dann, nach einem Augenblick, fügte er ganz leise hinzu, als spräche er eher mit sich selber als mit der Betreuerin: »Darum hatte ich Angst, heimzugehen, wenn ich weggelaufen war.« Sein Wunsch, sie zu töten, hatte ihn zum Weglaufen getrieben, aber während er fort war, blieb der Wunsch selbst bei denen, gegen die er gerichtet war, und er fürchtete, der Wunsch könnte selbst während seiner Abwesenheit tödlich gewirkt haben [21].

Erheblich später brachte Harry in einer anderen Spielstunde die Hoffnungen ans Licht, die er früher einmal mit den betrunkenen Exzessen seines Vaters verbunden hatte. Wieder führte er mit Puppen und Puppenhaus die vertraute Szene auf: Der Vater kommt betrunken heim und schlägt seine Frau und seine Kinder. Aber diesmal stieß der Vater die Mutter und die Schwestern »endgültig« aus dem Haus und bat den kleinen Puppenjungen, »immer« bei ihm zu bleiben. Nachdem Harry diese Szene mehrmals wiederholt hatte, fügte er die Erklärung hinzu: »Ich hab gehofft, daß er das tun würde.« Und danach wurde diese spezielle Sequenz nicht mehr wiederholt.

Ereignisse an der Schule dienten oft dazu, ein besseres Verständnis für bestimmte Motive seines früheren Verhaltens zu wecken. Einmal, als ein Neuling weglief, ähnlich wie Harry es getan hatte, erklärte er: »Er läuft weg, teils um anzugeben, teils weil er Angst hat« — und auch diesmal begriff er, daß dies auch Gründe für sein eigenes Weglaufen gewesen waren.

Aber vorübergehende Ereignisse führten nicht immer zu besserer Einsicht und besserem Verständnis. Die neuen Situationen, in denen Harry sich fand, riefen auch neue Abwehr, neues Leugnen und neue Entstellungen hervor. Eines Tages, als er darüber sprach, wie lange er schon bei uns sei, sagte er, es seien sechs Jahre — das war in Wirklichkeit die Anzahl der Jahre, die vergangen waren, seit seine ältere Schwester zur Welt gekommen war und seit sein Vater wieder zu trinken angefangen hatte. So versuchte er zu leugnen, daß die traumatischen Jahre zu Hause jemals existiert hatten. Er schien vergessen zu wollen, daß zwischen der ersten Phase seines Lebens, in der er, wenn schon nicht Liebe, so doch ein gewisses Maß an Geborgenheit erlebt hatte, und der jüngsten Phase, die mit seiner Aufnahme in die Schule und dem daraus folgenden Neubeginn eines geordneten und gefahrlosen Lebens begann, eine lange Periode schlechter Erfahrungen gelegen hatte. Nachdem Harry die Puppen und das Puppenhaus ziemlich lange benützt hatte, um seine Ängste zu agieren, gab er dieses Spiel für viele Monate auf. Etwa zwei Jahre später wandte er sich diesen Spielsachen noch einmal zu. Früher hatte er sie benützt, um in der Vorstellung seine traumatische Vergangenheit noch einmal zu durchleben. Jetzt stellte er das Verhalten einer guten Familie in Zeiten mäßiger Belastung dar (die Art, wie sich seine Eltern verhalten haben mochten, bevor sein Vater zum Alkohol zurückkehrte). Ein kleiner Junge (die Puppe, die Harry darstellte) machte die Art von Unfug, zu der kleine Kinder neigen. Schließlich warf der Junge einen Tisch um, was sowohl an das Verhalten des Vaters erinnerte, als auch an Harry zu der Zeit, als er zu uns kam. Dies ärgerte nach Harrys Worten den Puppenvater wirklich. Aber im Vergleich zum früheren Verhalten des wütenden Vaters ließ Harry ihn nun vernünftig und beherrscht handeln. Er ließ ihn nur sagen: »Ich bin wütend auf dich«, und damit war die Sache erledigt.

Das Spiel mit der Puppe muß Harry daran erinnert haben, daß die Dinge in seinem Elternhaus in Wirklichkeit nicht so gehandhabt worden waren. Dieser Gedanke machte ihn wütend, und er spielte wieder mit Soldaten Krieg, was ihm so lange als Lieblingsmethode gedient hatte, um seine tiefe Wut und Feindseligkeit auszudrücken. Aber jetzt versickerte das Spiel mit den Soldaten bald; er verlor das Interesse daran, bevor sich irgendeine gewaltsame Aktion abspielte. Statt dessen wandte er sich einem Spiel-Flugzeug zu. Bevor er das Flugzeug aufsteigen ließ, sagte Harry: »Ich muß dafür sorgen, daß das Flugzeug gute Bremsen hat. Das ist wichtig. Sonst könnte man die Gewalt über es verlieren.« Dann stattete er das Flugzeug mit Radar aus, denn »Ich muß sehen, was kommt«. Das Vergessen, Verleugnen der Tatsache, daß es jemals im Elternhaus schlechte Zeiten gegeben hatte, und die Vorspiegelung, der Vater habe nie mehr Gewalttätigkeit gezeigt, als bloß zu sagen: »Ich bin wütend«, waren einige der Notbremsen, die Harry sich selber geschaffen hatte, ebenso seine Angst vor übermäßiger Strafe und später sein Verlangen danach. Jetzt wurden jedoch diese Notmaßnahmen zur Beherrschung seiner asozialen Verhaltensweisen nicht mehr gebraucht. Am Ende dieser Spielstunde sagte er: »Ich will die Notbremse abstellen. Wir brauchen sie nicht mehr, denn der Krieg ist vorbei. Er ist wirklich vorbei, und zwar für immer.«

Dieser Ausreißer, dieser von Trieben besessene Junge war noch nicht ganz Herr seiner selbst, aber er besaß jetzt Bremsen, die er anwenden konnte, wenn er jemals wieder in Gefahr war, die Gewalt über sich zu verlieren. Er wagte es, in die Zukunft zu schauen (Radar), denn er war nun überzeugt, die Zukunft werde, anders als die Vergangenheit, nicht zu schrecklich sein, um ihr ins Gesicht zu sehen. Wenn er sich in diesem Vertrauen erst einmal sicher fühlte, würde Harrys Krieg mit der Gesellschaft vorbei sein.

Die Entwicklung einer neuen Persönlichkeit

All diese Prozesse — die Auflösung alter Verhaltensschemata, die Entwicklung eines Gewissens, die Bemeisterung einer traumatischen Vergangenheit —, die nur durch die Bildung und Stärkung echter persönlicher Beziehungen ermöglicht wurden, fanden gleichzeitig statt. Es ist schwer zu bestimmen, zu welch genauem Zeitpunkt Harrys neue Persönlichkeit die alte zu überlagern begann. Es dauerte ein ganzes Jahr, bevor die oberflächliche Anpassung sich in einem gesünderen Gleichgewicht zwischen Über-Ich und Es verankerte und ein gestärktes Ich sich erfolgreicher durchsetzen konnte.

Eines Tages kaufte sich dieser »neue« Harry in einem Drugstore ein Eis. Es kostete acht Cents, und er zahlte mit einem Vierteldollar. Er bekam neunzehn Cents heraus. Zunächst versuchte er, das zuviel herausgegebene Geld zu behalten, aber nach einer Weile wandte er sich zu dem Verkäufer und sagte: »Sie haben mir zuviel zurückgegeben«, und gab die Pennys zurück, die zuviel waren. Harry war sehr stolz auf sich, als seine Betreuerin ihn erfreut lobte. Er sagte: »Ich wollte ehrlich sein, und ich konnte es.« Er war nicht mehr fähig, fälschlich herausgegebenes Geld ohne ernsthafte Gewissensbisse zu behalten, was der Fall gewesen wäre, als er zuerst an die Schule kam, und er fühlte sich auch nicht mehr schuldig, weil er einen Augenblick lang versucht hatte, die Pennys zu behalten, was einer späteren Phase entsprochen hätte. Aber er konnte noch nicht mit Selbstverständlichkeit ehrlich sein. Es war etwas, worauf er stolz sein konnte, ebenso stolz, wie er es vorher gewesen war, daß er etwas stehlen konnte, ohne ertappt zu werden. Das Ehrlichsein war immer noch eine Verhaltensweise, die er nur beibehalten konnte, wenn er besonderes Lob dafür bekam, und das wurde ihm immer großzügig zuteil.

Da Harrys asoziale Wünsche weniger drängend wurden, waren sie leichter zu beherrschen. Weil er an der Schule lebte, wurde seine äußere Welt ordentlicher und infolgedessen auch seine innere Welt. Als dies erreicht war, wurden äußere Steuerungsmechanismen weniger notwendig. Selbst Lob, das ja letzten Endes auch nur äußere Steuerung ist, oder wenigstens äußere Unterstützung innerer Steuerung, war für seine wachsende Selbstbemeisterung nicht mehr so unentbehrlich. Andererseits beeinflußte die größere Ordnung in seiner früher chaotischen inneren Welt die Art der Erfahrungen, die Harry mit der Außenwelt machte, und half sie verändern. Da er nicht mehr in ernsthafte Konflikte mit der Gesellschaft getrieben wurde, übte die Gesellschaft nicht länger Vergeltung. Infolgedessen war er befreit von der Angst vor solcher Vergeltung. Damit wurde sein ganzes Bild von der Welt und vom Leben positiver. »Weißt du«, sagte er, »es sind nun nicht mehr so viele Polizisten unterwegs, weil nicht mehr so viele Halunken übrig sind.« Für den »bösen« Jungen war die Welt voll von Polizisten und Halunken, die für ihn beide gleich gefährlich waren. In einer Welt voller »böser« Menschen hatte sich Harry ständig bedroht gefühlt; wenn die »Polizisten« ihn nicht erwischten, würden ihn die Halunken übers Ohr hauen. Aber als er sich zum Besseren verändert hatte, folgte die ganze Welt ihm darin nach.

Außerdem brauchte Harry, da die Welt ein sicherer Ort geworden war, nicht länger ein großer »harter Bursche« zu sein, um sich schützen zu können. Er konnte froh sein, daß er noch jung war, mit reichlich Zeit, um noch weiter zu wachsen und sich zu ändern. An die Stelle seines angeberischen Verhaltens, als sei er ein »großes Tier«, traten echt kindliche Haltungen. Zum Beispiel machte einmal ein Fremder, wie es oft vorkam, ihm gegenüber ein paar »witzige« Bemerkungen; er sagte unter anderem auch: »Ich nehme an, du bist schon bald mit der Schule fertig.« Harry antwortete mit Abscheu: »Seien Sie nicht albern!« Eine Äußerung, die ihm früher gefallen und gut zu seinem Verhalten gepaßt hätte, erregte jetzt sein Mißfallen. Ein weiteres Beispiel seiner neuerworbenen Kindlichkeit und seines Wunsches, sie zu genießen, war sein Wunsch, aus der Gruppe der älteren Jungen, mit denen er zusammenlebte, wieder in die Gruppe seiner Altersgenossen zurückversetzt zu werden, in der er am Anfang gelebt hatte, und dieser Wechsel wurde mit großem Erfolg vollzogen.

Als Harry mit sieben Jahren zu uns kam, waren seine Schulleistungen auf Vorschulniveau, wenn er auch behauptete, er könne im vierten oder fünften Schuljahr mitkommen. Er prahlte auch, er könne alles lesen, wisse alles und habe es deshalb nicht nötig, die alberne und dumme Arbeit in der Schule zu tun. In Wirklichkeit war er, da er während des ersten Jahres an unserer Schule immer »unterwegs« war, nie im Unterricht und hatte keine Zeit zu lernen. Während des zweiten Halbjahrs akklimatisierte er sich langsam an das Klassenzimmer, da man ihm erlaubte, zu spielen, herumzulaufen, sich im Kamin zu verstecken usw., wie er wollte. Im ganzen ersten Jahr kam kein nennenswertes schulisches Lernen zustande. Erst nachdem Harry gelernt hatte dazubleiben, und nachdem die Welt angefangen hatte, ihm geordnet und verständlich zu erscheinen, konnte er die ersten Versuche machen, sie durch Lernen zu begreifen. Danach wurde er einer der besten und effektivsten Arbeiter in seiner Klasse. Nach einem Anfang, bei dem er in seinem ersten Jahr an der Schule fast nichts gelernt hatte, gelang es Harry während der nächsten acht Monate, fast das Programm von zwei Schuljahren zu bewältigen. Dazu kam es zum Teil, weil ihn während dieser Zeit sein überstrenges Gewissen zwang, ungewöhnlich hart zu arbeiten.

Die Veränderung in Harrys Verhalten und Persönlichkeit wurde auch in seiner Erscheinung sichtbar. Der angespannte, gequälte Ausdruck verschwand aus seinem Gesicht, und die künstlichen Grimassen wichen eine Zeitlang einer übermäßig ernsten, besorgten Miene, dann schließlich einem kindischen Grinsen. Der Junge, der immer zu gespannt und beunruhigt gewirkt hatte, als würde er jeden Augenblick zusammenbrechen, begann ganz solide auszusehen. Physische Entwicklung und Integration begleiteten seine emotionale und intellektuelle Entfaltung. Während der ersten zehn Monate an der Schule wurde er 5 cm größer und nahm zehn Pfund zu. Dann kam die Periode, die wir später besprechen wollen, in der übermäßige Beherrschung einen Spannungsstau in ihm herbeiführte, als Schuldgefühle seiner inneren Energie strengen Zwang auferlegten, was eine Starrheit des Körpers zur Folge hatte. Während dieser neun Monate wuchs Harry nicht weiter und nahm ab (insgesamt acht Pfund). Dann trat an die Stelle des Spannungsstaus in seinem Körper ein ausgeprägtes somatisches Symptom, und mit dieser Konzentration der Spannung auf ein Symptom schien es, als könne sich sein Körper wieder lockern. Harry begann wieder zu wachsen und nahm in vier Monaten zehn Pfund zu. Als sich dieses Symptom langsam auflöste, was gleichzeitig mit der Auflösung seines neurotisch strengen Gewissens eintrat, wuchs Harry in elf Monaten um 9 cm und nahm entsprechend an Gewicht zu.

Somatische Symptome: der letzte Aufruhr

Schon lange bevor Harry begann, unbewußt ein körperliches Symptom zu benützen, um mit einem scheinbar unlösbaren Konflikt fertig zu werden, hatte er echte oder vorgespiegelte körperliche Gebrechen benützt, um zu rechtfertigen, daß er kleinkindgemäße Befriedigungen annahm und genoß. Schließlich entwickelte Harry, wie viele andere verwahrloste Kinder, ein relativ lange anhaltendes körperliches Symptom. Dieses trat während jener Phase seiner Rehabilitierung auf, als seine

Hauptabwehr gegen asoziales Verhalten sich aus der Angst, seine Beziehung zu einer bestimmten Person könnte Schaden nehmen, wenn er agierte, allmählich in ein inneres Schuldgefühl verwandelte. Es war die Phase, in der ein zeitweiliges Unterlassen unerwünschten Verhaltens, das nur möglich war, weil ein geliebter Mensch anwesend war, durch dauernde Zurückhaltung ersetzt wurde, die durch innere Beherrschung zustande kam [22].

Ziemlich lange versuchte Harry, auf einer Kompromißbasis zu leben. Er nahm sich zusammen in Gegenwart von Personen, die ihm wichtig waren, um sich ihre Zuneigung und die greifbaren Vorteile, die ihm das Leben an der Schule bot, zu erhalten. Dies wurde am besten verdeutlicht durch den Vorfall, wo er den Stein fallen ließ, den er gerade werfen wollte, weil er seine Lieblingsbetreuerin auf sich zukommen sah. Aber wenn er außerhalb der Reichweite der wenigen Personen war, die er gern hatte und achtete, kehrte er zu seinem agierenden Verhalten zurück oder war zumindest sehr versucht, es zu tun. Er war in einer Sackgasse, als die Zahl und Bedeutung derjenigen, zu denen Harry positive Beziehungen hergestellt hatte, so zunahm, daß er immer von wichtigen Personen umgeben war — oder jedenfalls von seiner Vorstellung von ihnen. Damit wurden unsere Billigung und unsere Kritik für ihn noch wichtiger, und er wünschte noch öfter, der starken Versuchung widerstehen zu können, die ihn immer noch zum Agieren verlockte.

Ein Ausweg aus dieser Sackgasse war die Somatisierung, das Krankwerden. Wenn man krank ist, kann man nicht weglaufen oder aggressiv handeln. Es wird viel leichter, den Forderungen der Erwachsenen nachzukommen. Reize von außen werden eingeschränkt, so wird die Versuchung zum asozialen Verhalten herabgesetzt. Außerdem kann man, wenn man krank ist, extrem abhängig werden, ohne die Selbstachtung zu verlieren, die man aus der Selbstgenügsamkeit bezieht. Auf diese Weise kann man seine vorgebliche Unabhängigkeit bewahren, während man in Wirklichkeit vollständige Abhängigkeit genießt.

Aber da aggressive Selbstgenügsamkeit Harrys Hauptabwehr gegen sein großes Bedürfnis und seinen großen Wunsch nach Befriedigung in der Abhängigkeit gewesen war, blieb er verletzlich zurück, als er sie aufgab. Darum suchte er Zuflucht in körperlicher Krankheit. Kranksein macht zwar verletzlich, aber wenn man sicher sein kann, gut versorgt zu werden, ist solche Verletzlichkeit nicht sehr gefährlich. Körperliche Krankheit ermöglichte es Harry auch, große Forderungen an uns zu stellen, Forderungen, die er früher einmal ganz einfach hatte erheben können, die ihm jetzt aber, da er von Schuldgefühlen geplagt wurde, nicht mehr möglich waren. Wenn er übertriebene Ansprüche an uns stellte, hatte er auch ein Ventil für seine Feindseligkeit. Also konnte Harry, wenn er krank war, Aggressivität mit einer Forderung nach Versorgung in der Abhängigkeit kombinieren, ohne Status zu verlieren oder Schuldgefühle zu bekommen.

Wie er die körperliche Krankheit benützte, um sich selber am Agieren zu hindern, mag durch das Verhalten verdeutlicht werden, das er eines Tages zeigte, als er ein paar Küchenmesser aus der Küche in sein Bett im Schlafraum geschmuggelt hatte. Sofort danach klagte er über Magenschmerzen, versicherte beharrlich, er habe Fieber, und wollte aus dem Schlafraum ins Krankenzimmer gebracht werden. Auf diese Weise versuchte er zu verhindern, daß er eine Möglichkeit bekäme, die Messer gegen irgend jemand zu gebrauchen. Nachdem man ihm viel Aufmerksamkeit und Fürsorge gewidmet hatte, gestand er, daß er die Messer gestohlen hatte, brachte sie aus ihrem Versteck ans Licht und gab sie seiner Betreuerin. Sobald die Messer fort waren, fühlte er sich nicht mehr krank.

Welche Art von Krankheit ein Kind unter solchen Umständen bekommt, hängt sowohl von physiologischen Faktoren als auch von seiner Lebensgeschichte ab. Wir haben es bei ziemlich vielen Verwahrlosten erlebt, daß sie Erkältungen oder Bronchialasthma bekamen, um sich zum Dableiben zu zwingen, während sie zugleich dafür sorgten, daß sie gut gepflegt wurden. Andere gehen so weit, sich einen Zeh oder sogar einen Arm zu brechen. Auch Harry experimentierte eine Zeitlang mit Magenschmerzen und Erkältungen. Er gab sie unter anderem deswegen auf, weil bei Magenschmerzen eine Diät erforderlich war, und weil man mit einer Erkältung im Bett bleiben mußte. Wenn er sich einer Diät hätte unterziehen müssen, hätte er sich der Lust des Essens beraubt, auf die er nicht verzichten wollte oder konnte; wenn er im Bett geblieben wäre, hätte er sich der Möglichkeit beraubt, durch Mobilität Spannung abzuführen, wie z. B. beim Sport; aber er brauchte diese Abfuhr, um sich auf anderen Gebieten beherrschen zu können.

Aus diesen und vielen anderen komplexen Gründen litt Harry während kurzer Perioden an Allergien, Neuro-Dermatitis und Fußpilz. Schließlich bekam er eine Flechte, die sehr lange anhielt [23]. Es schien, als habe sich die beim kleinen Kind so oft beobachtete wiederholte und dringliche Forderung nach sorgsamer Behandlung realer oder eingebildeter Verletzungen und sein Stolz auf Pflaster und Verbände in eine reifere Form der Hauterkrankung verwandelt [24].

Zuerst beschuldigte Harry uns heftig, seine Flechte verursacht zu haben; wir hätten sie »erfunden«, um ihn z. B. vom Schwimmen in unserem Schwimmbecken abzuhalten. Man kann darüber spekulieren, in welchem Grad dies auf Einsicht zurückging: Ohne unsere Versuche, ihn zum Einsatz innerer Steuerung zu veranlassen, und ohne unser Angebot, ihm Befriedigung in der Abhängigkeit zu verschaffen, wäre diese Krankheit vielleicht unnötig gewesen; sie wäre gewiß unbemerkt oder wenigstens unbehandelt geblieben. Er beschuldigte uns oft, nicht gut für ihn zu sorgen oder nicht zu wollen, daß er gesund werde. Zugleich klammerte er sich an seine Krankheit, als ob es ums Leben ginge.

Nachdem er viele Monate lang aus seiner Krankheit viel hergemacht hatte, beschloß Harry schließlich, er wisse, wie er die Flechte erworben habe. Es sei im Kino gewesen, während er einen Robin-Hood-Film sah. (Diese Behauptung hatte in der Realität keine Grundlage, und es hatte auch niemand angedeutet, dieser Vorfall sei vielleicht die Ursache seiner Infektion gewesen.) Nach Harrys Darstellung hatte Robin Hood keine Eltern, nur Freunde, die ihm beim Kampf gegen alle halfen, wie Harry gegen alle gekämpft hatte, während er sich in den Straßen herumtrieb. Am Morgen, nachdem er den Film gesehen hatte, sagte er, habe sein Kopf zum erstenmal gejuckt. Er fügte hinzu: »Alle wären viel glücklicher, wenn es keine Kinos gäbe und die Leute nicht in Filme gehen müßten.« Seit er Robin Hood gesehen habe, »muß ich mir zweimal am Tag den Kopf baden und salben lassen«, sagte er, »und das ist sehr fein«. (In Wirklichkeit wurde in seiner Behandlung sein Kopf nur einmal am Tag gebadet, aber zweimal gesalbt.) Er fügte hinzu, es sei ihm gleich, ob er die Krankheit jemals loswürde. Die Krankheit war also eine Warnung, das Ins-Kino-Gehen, das Weglaufen und Stehlen, die er alle mit Robin Hood in Zusammenhang brachte, seien gefährliche Unternehmungen.

Soviel über einige der psychischen Faktoren, die in Harry den Wunsch weckten, krank zu sein, und die seine Krankheit verschlimmerten und ihn veranlaßten, sich an sie zu klammern. Während dieser Phase seiner Rehabilitierung veränderte sich, wie schon erwähnt, sein Körpertonus in einer Weise, die darauf schließen ließ, daß Spannung gestaut wurde. Harry, der früher vorzüglich koordiniert gewesen war, wahrscheinlich infolge seines fortwährenden Körpertrainings durch sein Ausreißerdasein, wurde unbeholfen und sogar langsam in seinen Bewegungen. Er fühlte dies selber, da er, wie erwähnt, eins der Tiere, mit denen er sich identifizierte, »täppisch« nannte und das andere »faul«. Sein Gang, der rasch und geschmeidig gewesen war, wurde bleiern und niedergedrückt, als seien seine Glieder ihm zu schwer. Zwar war der ganze Körper beteiligt, aber am meisten betroffen waren seine Beine; er klagte, er fühle sich immerzu müde.

Harrys Krankheit berechtigte ihn, obwohl sie überhaupt nicht schmerzhaft war, sich zusätzlich zärtliche Fürsorge gefallen zu lassen; er erlaubte sich nun, sie ohne weitere Rechtfertigung zu genießen. Das äußerte er ganz offen. Während der Dauer seiner Infektion regredierte er aufs nächtliche Einnässen. Deshalb wurde das übliche abendliche Bad durch etwas ersetzt, was er für »etwas Besonderes« hielt: ein Bad am Morgen. Dieses Bad und die Behandlung der Flechte nahmen ziemlich viel Zeit in Anspruch; in dieser Zeit widmete unsere Krankenschwester sich ganz seiner Pflege. Er genoß dies sehr. In der Wanne benahm er sich wie ein kleines Kind, versuchte ganz unterzutauchen, spielte lange mit kleinen Spielsachen, dem Waschlappen oder der Seife. Einmal erklärte er plötzlich: »Letztes Jahr bin ich viel hingefallen und war immer voller Kratzer, und ich mußte zu dir laufen und mir Pflaster holen, aber dies ist viel besser.«

Aber dann, mitten in Harrys zweitem Jahr an der Schule, als er noch nicht neun Jahre alt war, ereignete sich eine bedauerliche Reihe traumatischer Vorkommnisse. Die Scheidung seiner Eltern wurde endgültig vollzogen. Das Verfahren war verlängert worden, während die Eltern um das Sorgerecht für die Kinder stritten. Harry wurde von der Scheidung seiner Eltern genau zu einem Zeitpunkt in Kenntnis gesetzt, als sein überstrenges Gewissen ihm die Schuld an allem aufbürdete, was »schief ging«. Er hatte das Gefühl, an ihrer Trennung und an ihrer Streitsucht vor Gericht schuld zu sein. Er war überzeugt, er habe nicht nur die Scheidung der Eltern verursacht, sondern es sei ihm auch gelungen, sie zu beseitigen, wofür er verdiente, vernichtet zu werden. Als er die Nachricht bekam, seine Eltern seien geschieden, sagte er: »Ich hab' keine Eltern mehr.«

Kurz darauf machte er mehrere Versuche, sich selber zu zerstören. Er versuchte, seine Hand in einen elektrischen Ventilator zu stecken. Er ging an den Küchenherd, blies die Zündflamme aus und drehte alle Gasbrenner auf; seine offene Erklärung war, er habe sich töten wollen. Später nahm er einen aufgeblasenen Autoschlauch und rollte ihn einen Abhang hinunter, dann rannte er ihm voraus und ließ ihn über sich hinwegrollen: »Dies ist ein Auto, das mich überfährt.«

Wenn er nicht wegen der Scheidung wütend auf sich selber war, war er wütend auf seine Mutter. Wochenlang danach pflegte er, wenn er eine Frau die Straße hinuntergehen sah, die im Körperbau seiner Mutter ähnlich war, mit Schneebällen nach ihr zu werfen, denn er haßte, wie er sagte, alle Frauen.

Schließlich überredete ihn seine Betreuerin, die Schneebälle auf Plakate zu werfen, auf denen Frauen dargestellt waren, anstatt nach wirklichen Menschen. Dann gab Harry als Grund für seine Handlungen an: »Sie mögen mich nicht.« Als man ihn darauf hinwies, daß er seine Schneebälle entweder auf Fremde werfe, die ihn nicht kennen könnten, oder auf Bilder auf Plakaten, die kein Gefühl hätten, erklärte er: »Aber ich meine die doch gar nicht, ich meine meine Angehörigen. Sie sind böse auf mich.«

Er weigerte sich lange, den Ausdruck »geschieden« (divorced) zu akzeptieren, und bestand darauf, seine Eltern seien »umgekehrt« (reversed) worden. Er hatte seine Mutter immer als die Stärkere empfunden, trotz der Gewalttätigkeit des Vaters ihr gegenüber. Die Scheidung schien die Rollen endgültig »umgekehrt« zu haben, vielleicht, weil die Mutter das Sorgerecht für die Schwestern bekommen hatte, während das Gericht ihn dem Vater zugesprochen hatte. Diese gerichtliche Anordnung wurde ihm gegenüber von der Mutter zwar übermäßig betont, aber das bewirkte wenig mehr als eine Befestigung seiner alten verzerrten Anschauung von den Rollen seiner Eltern, die auf viel früheren Erfahrungen beruhte. Sie vermehrte seine Verwirrung in bezug auf die Geschlechter und verstärkte seine Überzeugung, seine Mutter sei, zumindest für ihn, nie eine Mutter gewesen.

Die Dinge wurden noch dadurch verschlimmert, daß es seiner Mutter, vor der er solche Angst hatte, gelang, heimlich mit ihm zusammenzutreffen. Sie wartete gewöhnlich in einem geparkten Auto in der Nähe der Schule. Wenn sie Harry erspähte, pflegte sie herauszuspringen; dann drückte sie ihm etwas Geld in die Hand (Geld zu haben war für Harry immer eine Versuchung, wegzulaufen) und sagte ihm, sie würde die Entscheidung des Gerichts niemals akzeptieren, sondern kämpfen, um ihn zurückzubekommen. Ihr Plan werde gelingen, versicherte sie ihm, denn sie werde einen Polizisten heiraten, der es dann vor Gericht so einrichten würde, daß Harry ihr zurückgegeben werde[25]. Dies zerschmetterte Harry völlig. Ein Polizist war für ihn eine höchst bedrohliche Gestalt — sein eigener Gegner beim Streunen und die Personifikation des schlimmsten Feindes seines Vaters. Einmal hatte die Mutter den Vater festnehmen lassen, als er die Wohnung zertrümmerte. Der Vater griff in Harrys Gegenwart die Polizisten an und wurde von ihnen schwer verprügelt. Jetzt plante seine Mutter, einen Mann zu heiraten, der seinen und seines Vaters gemeinsamen Feind repräsentierte.

Am Tag nach diesem Vorfall bekam Harry einen schweren Ausbruch von *verruca plana juvenilis,* die noch zu seiner Flechte hinzukam. Wir verhielten uns seinen Schwierigkeiten gegenüber noch entgegenkommender und versuchten alles nur Mögliche, um ihn zu beruhigen und es ihm behaglich zu machen, einmal wegen des bestürzenden Erlebnisses mit seiner Mutter und zum anderen wegen der Unannehmlichkeiten der Warzenkur. Bezeichnenderweise erschienen die Warzen am Fuß (eine weitere Vorbeugung gegen das Weglaufen, das noch bedrohlicher geworden war, seit angeblich ein Polizist als Ehemann seiner Mutter die väterliche Gewalt über ihn bekommen sollte) und an der Hand, in die ihm seine Mutter das verbotene Geld gedrückt hatte (Harry wußte, daß wir solche Geldgeschenke nicht billigen). Unter der Behandlung, mit der wir unsere Beruhigungsversuche kombinierten, verschwanden die Warzen innerhalb von zwei Wochen. Dann, als hätte dies alles noch nicht genügt, bekam Harry, kurz nachdem die Warzen verschwunden waren, Besuch von seinem Vater. Dieser teilte ihm mit, er habe unter dem Einfluß von Alkohol den Wagen seines Chefs zu Schrott gefahren und habe deshalb seine Stellung verloren. Verbände zeigten, wie schlimm der Unfall gewesen war. Und dies alles zu einer Zeit, in der Harry versuchte, die Ambivalenz zu meistern, die unter seiner positiven Beziehung zu seinem Vater schwelte. Harry hatte z. B. von seiner Hoffnung gesprochen, sein Vater könnte vielleicht das Geschäft, in dem er arbeitete, ausbauen; er hatte aber auch gesagt, er, Harry, habe vor, es ihm wegzunehmen, wenn er erst einmal groß sei. Nun schien es, als habe der Vater nicht nur »sein Geschäft« verloren, sondern sei auch noch im Einklang mit dem, was wir als Harrys weiterreichende aggressive Wünsche erschließen, verstümmelt worden.

Interessant war, daß er auf die Begegnung mit seiner Mutter, bei der sie ihm von ihren neuen Heiratsplänen erzählt hatte, mit einem Symptom reagierte, das ihm Schmerzen brachte und ihn lähmte, als habe sich ihre frühere punitive Wirkung auf ihn neu belebt. Auch die Drohung mit einem Polizisten als Ehemann mag Harry beeinflußt haben, seine Wut und Angst zu somatisieren. Seine Reaktion auf den Besuch und den Unfall des Vaters war jedoch genau das Gegenteil: Er begann wieder zu agieren. Er lief für zwei Stunden fort und griff in dieser Zeit einen kleinen Jungen ernsthaft an, sowohl aggressiv als auch sexuell. Sein Opfer erlitt mehrere schlimme Schnittwunden, die genäht werden mußten. Als Harry zurückkam, war er gedämpfter Stimmung und versuchte, es uns recht zu machen. Er wußte nicht, warum er den Jungen angegriffen hatte, außer, daß er so wütend war, daß er nicht anders konnte. Ängstlich und voller Schuldgefühle zog er sich noch weiter von der Welt zurück, als es ihm seine Krankheit ohnehin schon ermöglichte. Durch eine kurze Phase von Agoraphobie versuchte Harry, sich dagegen zu sichern, noch einmal zufällig seiner Mutter zu begegnen oder in der Wut andere zu verletzen.

Eine viel weiter reichende Folge der wiederholten heimlichen Begegnungen mit seiner Mutter war die, daß der koordinierte Prozeß der Auflösung von Verwahrlosungssymptomen und der Entwicklung einer integrierten Persönlichkeit aus dem Gleis geriet.

Die nächsten zwei Lebensjahre Harrys waren überschattet von dem üblen Gespenst des Kampfes, den seine Eltern um ihn führten. Jede heimliche Begegnung mit der Mutter, jeder offiziell verabredete Besuch jedes Elternteils war ein traumatisches Erlebnis, und Harry brauchte jeweils Wochen, um sich davon zu erholen. Ein Großteil unserer Arbeit mußte darauf konzentriert werden, Harry dabei zu helfen, jedesmal, wenn seine Integration durch eine Zusammenkunft mit seiner Mutter zerschlagen wurde, die Scherben wieder zusammenzusammeln. Glücklicherweise wurde ihm der Umstand, daß er dies jedesmal konnte, auf die Dauer zur Stärkung und Beruhigung.

Es erscheint wenig sinnvoll, das wiederholte Auf und Ab wiederzuerzählen, das durch die Art zustandekam, wie die Eltern Harry immer wieder auseinanderrissen; im Grunde war es nichts als die Folge des gleichen Agierens, das Harry schon in seiner frühesten Kindheit gehindert hatte, ein normales Leben zu führen. Wir waren uns klar, welchen destruktiven Einfluß das Verhalten der Eltern ausübte, aber wir konnten wenig tun, abgesehen davon, daß wir Harry, so gut wir konnten, gegen die Folgen schützten. Vor der Scheidung hatte die Hilfsorganisation den Eltern die Möglichkeit psychiatrischer Behandlung angeboten. Die Eltern konnten diese Gelegenheit nicht nutzen. Selbst eine lockere Form der psychotherapeutischen Betreuung (casework) war ihnen zu bedrohlich. Die Scheidung und der Umstand, daß Harry infolgedessen wieder mehr agierte, motivierten die Hilfsorganisation, sich erneut zu bemühen, etwas für Harrys Eltern zu tun. Sie konnte lediglich erreichen, daß die Mutter den Psychiater der Organisation zweimal aufsuchte. Aber sie reagierte mit heftigem Haß und war nicht zu bewegen, noch einmal hinzugehen. Der Vater kam nicht einmal so weit. Entweder, weil das Agieren den Eltern zuviel Befriedigung bot, oder aus anderen Gründen waren sie unfähig, irgend etwas zu tun, um selbst ins Lot zu kommen.

Die Eltern hatten weiterhin Kontakte mit einem Therapeuten (caseworker), aber unregelmäßig, und meistens nur, um die Hilfsorganisation in ihre Streitigkeiten untereinander hineinzuziehen. Sie konnten es einfach nicht aufgeben, um Harry zu kämpfen. Ihre emotionale Bindung, wenn auch höchst ambivalent und überwiegend negativ, wurde durch die Scheidung keineswegs aufgelöst, auch durch ihre Wiederheirat nicht. Die Mutter richtete sich nach ihrer zweiten Heirat oberflächlich in der Achtbarkeit der Mittelschicht ein, die sie sich immer gewünscht hatte. Aber damit ging eine noch größere Erstarrung in ihrem Gefühlsleben einher, und sie fühlte sich der Erregung und Farbigkeit beraubt, die sie als Kind durch ihren trunksüchtigen Vater und später durch ihren trunksüchtigen Ehemann kennengelernt hatte. Begegnungen mit ihrem früheren Ehemann oder Auseinandersetzungen über ihn waren die erregenden Momente in ihrem sonst nach der Scheidung eintönigen Leben. Harry war der angebliche Grund für ihre fortgesetzten Kontakte. Und Harry wußte das. Er wußte, daß er im gleichen Maß, wie er der Grund für die Scheidung seiner Eltern gewesen war, nun die Ursache ihrer fortbestehenden Beziehung war.

Jeder Elternteil erzählte ihm bei jeder Zusammenkunft ausführlich von ihren Streitigkeiten und ihren Versuchen, zu erreichen, daß Harry jeweils nicht beim anderen lebe. So zerrte jede Begegnung an Harrys geringer Sicherheit. Gewiß, er mochte den Vater lieber, aber er fürchtete, bei ihm würde er vielleicht ins Agieren und Weglaufen zurückfallen. Er mochte die Mutter nicht, aber sie schien mehr Schutz gegen seine Verwahrlosungstendenzen zu bieten, eine Steuerung, von der er meinte, er habe sie noch mehr nötig als einen Vater, der ihn akzeptieren und möglicherweise lieben würde. Die Dinge wurden noch mehr kompliziert durch den Umstand, daß die wirtschaftlichen Verhältnisse der Mutter zu dieser Zeit angespannt waren. Harrys Vater trug zu seinem Unterhalt bei. So klein die Summe war, schien sie doch der Mutter im Vergleich ein erhebliches zusätzliches Einkommen zu bieten, so daß sie auch aus wirtschaftlichen Gründen wollte, Harry solle bei ihr leben.

Harry wurde in all diese Konflikte hineingezogen. Nach einem Besuch berichtete er uns: »Meine Mutter hat mir gesagt, als ich sie sah, daß sie versuchen wird, mich hier herauszubekommen. Sie sagte, ich solle es niemand sagen. Aber ich denke die ganze Zeit darüber nach und mache mir Sorgen. Ich will nicht von hier fortgehen, aber ich fürchte, sie wird mich herauszerren.«

Er fragte sich, warum seine Mutter das Sorgerecht für beide Mädchen bekommen hatte, aber nicht für ihn. Er beklagte sich, bei jeder Begegnung: »fragt mich meine Mutter, wann ich meinen Vater sehen werde, was er gesagt hat, wie er lebt, was ich mit ihm machen werde, und ob ich ihn sehen möchte. Ich zieh' mich gewöhnlich aus der Affäre, indem ich sage, ich wüßte es nicht«. Er fühlte sich sehr unglücklich darüber. »Es ist nicht recht. Meine Mutter sagt mir immer, mein Vater behandle sie und die Mädchen nicht richtig.«

Die Mutter teilte ihm in allen Einzelheiten mit, welche Pflichten der

Vater habe, zum Unterhalt der Mädchen beizutragen, und beklagte sich, der Vater sei mit den Unterhaltszahlungen für die Kinder im Rückstand.

Der Druck, den die Mutter auf ihn ausübte, er solle ihre Partei gegen den Vater ergreifen, ihre Drohungen, ihn aus der Schule herauszunehmen — dem einzigen Ort in der Welt, wo er Geborgenheit gefunden hatte —, und ihre Kritik an allem, was er tat und gern hatte, belebte Harrys alte Ängste aufs neue. Besonders seine Kastrationsängste wurden jedesmal, wenn er mit seiner Mutter zusammen war, intensiviert. So lebhaft war seine Vorstellung von der unbewußten Aggresivität ihm gegenüber, daß er unmittelbar nach einem Weihnachtsbesuch von ein paar Tagen bei ihr ernsthaft glaubte, er sei am Penis operiert worden, ein Teil davon sei abgeschnitten worden. Beruhigung fruchtete nichts. Wenn es noch nicht geschehen war, war er überzeugt, es werde bald passieren. »Ich hab' Angst, irgend jemand wird meinen Penis abschneiden«, sagte er. »Ich hab' Angst, irgend jemand wird mit einem Beil oder was kommen und ihn abschneiden.« Er hatte wieder Albträume, von denen er ziemlich lange befreit gewesen war. Und er nannte sie wieder seine »nächtlichen Besuche bei meinen Eltern«. Von einem dieser bösen Träume erzählte er uns: »Ich hatte letzte Nacht einen Traum, daß ich einen elektrischen Penis hatte.« In Beantwortung unserer Frage, was er meine, fuhr er fort: »Ich hatte einen elektrischen Penis. Jemand kam und schnitt meinen Penis ab. Sie steckten eine elektrische Birne in das Loch, wo der Urin herauskommt und schalteten sie ein.« Mehrmals agierte er, er schneide sich den Penis ab und lege ihn in eine Schublade, um ihn dort sicher aufzubewahren. Erst viel später erfuhren wir, daß er dies an den Tagen tat, an denen seine Mutter ihm gesagt hatte, sie werde irgendwo bei der Schule warten, um ihn heimlich zu treffen.

Durch den Druck, den die Mutter auf ihn ausübte, wurde er in tiefe Angst gestürzt, und es war zu erwarten, daß er versuchen würde, sich durch die alte Methode, durchs Weglaufen, genügend große Erregung zu verschaffen, um »alles zu vergessen« und um nicht daran denken zu können, wie unsicher sein Leben wieder geworden war. Er widerstand der Versuchung jedoch mannhaft und fiel nicht wieder in verwahrlostes Verhalten zurück. Er erinnerte sich, daß er einmal, als er von zu Hause weggelaufen war, weil er Angst vor dem hatte, was seine Mutter ihm vielleicht antun würde, so wütend gewesen war, daß er eine dicke Katze mit einer Limonadeflasche getötet hatte, »eine Mutterkatze, die Babys kriegen sollte. Die Babys waren noch in ihr drin«.

Nun mußte er seine Zuflucht dazu nehmen, sich selber in Träumen so zu erschrecken, daß er in den Stunden des Wachens nicht weglaufen würde. Er träumte, er laufe weg und werde in ein Fürsorgeheim gebracht. »Es war sehr unheimlich. Ich war furchtbar froh, als ich aufwachte und merkte, daß ich noch hier war.« Und wie vorher tat er sich wieder mit einem anderen früher verwahrlosten Jungen zusammen und erfand Spiele, in denen einer dieser beiden Ausreißer als Gewissen für den anderen diente. So konnte jeder Junge sich in Zeiten großer Belastung gefahrlos Phantasien vom Weglaufen hingeben und sogar planen, es zu tun, während jeder zugleich sicher sein konnte, daß der andere Junge, der die Rolle des Gewissens spielte, dies verhindern würde.

Harrys tiefer Wunsch nach einem ruhigen Leben infantiler Befriedigung, dem sein ebenso großes Bedürfnis entgegenstand, hart zu sein, um dem Druck, dem er von seiten seiner Eltern ausgesetzt war, zu widerstehen, der ihn in Versuchung führte, wieder zur Delinquenz zurückzukehren, wird vielleicht durch ein Beispiel veranschaulicht. Einmal, als das Leben eine Zeitlang friedlicher gewesen war, weil er seine Eltern eine Weile nicht gesehen hatte, konnte er es sich leisten, mit Fingerfarben zu malen, was er bis dahin nie zu versuchen gewagt hatte. Harry war sehr zufriedener Stimmung, und als er sich im Zimmer umsah, blieb sein Blick an dem Fingerfarben-Gemälde eines anderen Kindes hängen. »Ich will die Art von Farbe, die man mit den Händen herumschmiert«, sagte er. Seine Betreuerin brachte ihm Gefäße mit lauter verschiedenen Farben, aber er suchte sich Braun aus und begann sofort, die Farbe mit beiden Händen herumzuschmieren. Dann mischte er ein wenig Grün hinein und sagte: »Ist das nicht herrlich langweilig?« Er schüttete das Gemisch auf Papier und schmierte es überall herum, und dann fing er an, mit der Farbe Muster zu machen. Nach einer Weile begann er sich dafür zu interessieren, das Papier zu falten. Er faltete es mehrmals auf verschiedene Weise. Nichts schien ihn zu befriedigen, bis er es schließlich genau wie eine gebrauchte Windel gefaltet hatte. Seine Betreuerin machte eine Bemerkung über die Ähnlichkeit. Harry antwortete nicht, faltete aber das Papier auseinander, nur um es wieder auf die gleiche Art wie eine Windel zusammenzufalten. Dann sagte er: »Dies ist das schönste Muster, das ich jemals gemacht hab'! Dies möcht' ich behalten.«

Ein paar Minuten fuhr er ganz vertieft mit diesem Spiel fort, dann hörte er aber plötzlich auf, ergriff eine Tasse, die auf dem Tisch stand, und stürzte aus der Tür des Behandlungszimmers. »Ich will ein bißchen Whisky holen.« Er kam zurück, die Tasse mit Wasser gefüllt. Er stolzierte herum und tat so, als sei er betrunken, und spielte den

»zähen Burschen«. Er ging zum Puppenhaus, warf die Möbel herum und rief: »Ich könnte jemand umbringen, wenn ich in diesem Zustand bin!« Nachdem er sich ein paar Minuten so gebärdet hatte, fragte die Betreuerin: »Wie fühlt sich ein kleiner Junge dabei, Harry?« Daraufhin ließ er die Schaustellung völlig fallen, kam zu ihr herüber und sagte: »Gar nicht gut, Gayle.« Damit krabbelte er auf ihren Schoß und ließ sich versichern, daß er noch lange an der Schule bleiben werde.

Er brauchte immer solche Beruhigung, damit er es aufgeben konnte, den »harten Burschen« zu spielen, und es sich erlauben konnte, infantile Lust zu genießen. Aus Bemerkungen, die er später in verschiedenen Zusammenhängen machte, ging hervor, daß anscheinend das Spiel mit der Windel, die er gemacht hatte, und das Vergnügen daran ihn an die zwanghaften Forderungen der Mutter erinnert hatten, sich nach ihren streng erzwungenen Maßstäben der Ordnung zu richten, wogegen er nur eine Abwehr kannte, die auch sein Vater einsetzte — delinquentes Agieren.

Gegen Bedrohungen seiner neugewonnenen Integration, die ihren Ursprung sowohl in den wiederholten Erfahrungen mit seinen Eltern hatten als auch in der Angst, er müßte vielleicht zu Vater oder Mutter zurückkehren, wehrte Harry sich, indem er seine jüngst erworbene Eigenschaft, sein Über-Ich, verstärkte. Er kehrte all die durch die traumatischen Begegnungen mit seinen Eltern erzeugte Frustration und Feindseligkeit gegen sich selbst. Da er unfähig war, seine Feindseligkeit entweder zu integrieren oder abzuführen (was seine jetzt übermächtigen Steuerungsmechanismen verboten), versuchte er zunächst, sie um so mehr in seinem körperlichen (psychosomatischen) Symptom zu speichern, an das er sich nur noch mehr klammerte. Aber das war nicht mehr so einfach. Je mehr er an seiner Flechte litt, desto mehr zärtliche Fürsorge erfuhr er; aber je mehr er dies genoß, desto größer wurde seine Angst vor der Möglichkeit, sie zu verlieren. Also versuchte er, hart gegen sich zu sein, wie es seine Mutter immer gewünscht hatte. Er fühlte sich schuldig für jede Missetat, von der er hörte; er fürchtete, jedes Verbrechen, von dem er las, habe er begangen oder er habe irgendwie etwas damit zu tun. Er kasteite sich streng für das geringste Fehlverhalten, das an der Schule in Wirklichkeit völlig zulässig gewesen wäre, aber nicht zu Hause bei seiner Mutter — für dieses Leben versuchte er sich zu rüsten.

Zu dieser Zeit klammerte Harry sich noch verzweifelter an sein Symptom und brachte es nun ausdrücklich mit »brav sein« und »böse sein« in Verbindung. Eines Tages, als er zum Dermatologen gebracht wurde, machte er eine Äußerung, die zeigte, daß er wußte, er mache sich eine unechte Krankheit zunutze, um seinen Wunsch zu untermauern, als hilfloser Kranker an der Schule zu bleiben und sich Kleinkind-pflege zu sichern. Er wandte sich mit realer Angst an die Kranken-schwester, die sich ihm während der vergangenen Monate fast aus-schließlich gewidmet hatte, und sagte: »Der Doktor wird sagen: ›Das ist alles Schwindel und unecht, dir fehlt nichts‹.« Zu anderen Zeiten erkannte er auch, daß er dieses Symptom so lange brauchte, wie er nicht wirklich »brav« war, und daß es verschwinden würde, sobald er »gut« sei. In Erwartung eines anderen Besuchs in der Klinik bemerkte er, der Dermatologe werde wohl sagen: »Du bist so brav gewesen, daß alles verschwunden ist.«

Wie wir schon gesagt haben, war das Problem der Identifizierung mit seinem Vater und mit Vaterfiguren eins der größten psychischen Pro-bleme Harrys. Die Nachricht vom Unfall seines Vaters und seine Angst, der Vater könne sterben, verliehen Harrys Flechte eine neue Be-deutung. Sein Vater trug gewöhnlich eine Matrosenkappe, die einzige Erinnerung an seine Zeit in der Marine. In dieser Phase waren Harrys Erinnerungen an seinen Vater, unter dem Einfluß seines eigenen an-strengenden Kampfes gegen seine Verwahrlosung, mit Ausnahme des angeblichen Heroismus des Vaters bei der Marine (aus der der Vater in Wirklichkeit, wie erwähnt, in Unehren entlassen worden war), uner-freulich. Der Vater pflegte Harry prahlerisch Geschichten von seinen Heldentaten bei der Marine zu erzählen, und in solchen Augenblicken erschien er dem Jungen als Held. Wegen der Behandlung seiner Kopf-haut trug Harry immer eine Matrosenkappe auf dem Kopf, so daß durch das Symptom die Identifizierung mit dem Vater indirekt er-leichtert wurde. Er gestand aber auch, daß er fürchtete, er könne we-gen der Infektion kahl werden (die Röntgenbehandlung hatte ihn wirklich vorübergehend kahl gemacht), so kahlköpfig wie ich —; ich war zu dieser Zeit für ihn die Verkörperung aller Über-Ich-Forderun-gen.

Die Identifizierung mit einer Vaterfigur hatte immer noch erschrek-kende und schützende Nebenbedeutungen. Dies ließ ein Traum ver-muten, den Harry eines Morgens der Krankenschwester erzählte, als sie ihn badete und seine Kopfhaut behandelte. Er hatte geträumt, ein anderer Junge (mit dem er weggelaufen war, und dessen fortdauernde Verwahrlosung für seine eigene neuerworbene Beherrschung eine große Bedrohung bedeutete) sei weggelaufen und habe alle anderen Kinder und die Mitarbeiter, auch mich, veranlaßt, mit ihm wegzulaufen. Nur Harry und die Krankenschwester, die ihn versorgte, blieben zurück.

Zur Belohnung bekam er viele Geschenke. Dann lief schließlich auch die Schwester weg, und er war ganz allein. Auch Harry war schon drauf und dran, fortzulaufen, als eine Stimme ihn warnte, er werde all seine Geschenke verlieren, wenn er es tue. Er beschloß also zu bleiben. Gerade in diesem Augenblick kam ich zurück. Aber ich war ein Gauner geworden; ich hatte alle übrigen ermordet, »aber der Polizist hat ihn erwischt«. So hatten sich in seinem Traum, wie bei seinen Versuchen der Über-Ich-Bildung, die beiden Vaterfiguren — die beschützende, Befriedigung gewährende und die delinquente — vermischt, und beide wurden vom »Polizisten« verhaftet. (Dieser Traum tauchte auf, als er die Behauptung der Mutter glaubte, sie werde einen Polizisten heiraten.)

Weil Harrys Mutter unsere Arbeit fortwährend störte, entwickelte sich seine Integration viel langsamer, als es unter günstigeren Umständen möglich gewesen wäre. Er machte jedoch Fortschritte, und damit änderten sich die psychischen Nebenbedeutungen seines körperlichen Symptoms. Er brauchte es nicht mehr, um sich zärtliche Fürsorge zu sichern. Er vertraute darauf, daß an der Schule Bedürfnisse befriedigt würden. So wurde das körperliche Symptom und alles, was mit ihm zusammenhing, zu einer Behinderung bei den einer reiferen Stufe entsprechenden Betätigungen, nach denen sein Über-Ich und sein Ich drängten. Harry wünschte nun, die Flechte solle verschwinden. Um den Prozeß zu beschleunigen, setzte er sich im Zusammenhang mit den fortgeschritteneren sportlichen Betätigungen, die er oft mit seiner Lieblingsbetreuerin genossen hatte, ein bestimmtes Ziel. Dieses Ziel war wirklich selbst gesetzt — es war eins, von dem er sicher war, er könne es erreichen. Er bat sich z. B. aus, wenn seine Flechte verschwunden sei, zu bestimmten Ballspielen gehen zu dürfen, und lange Fahrradfahrten sollten alle Woche regelmäßig stattfinden. Er konzentrierte sich also auf Betätigungen, bei denen seine früher unintegrierten Weglauftendenzen in einer integrierten, sozial akzeptablen Form befriedigt werden konnten, die auch eine sozial akzeptable Befriedigung seiner alten Wünsche nach Werfen und Schlagen erlaubten. Man einigte sich auf diesen Plan, und die infektiöse Flechte verschwand und kam nicht wieder.

Harry verläßt uns

In seinem dritten Jahr bei uns hatte Harry sich von seiner tiefsitzenden Charakterstörung befreit; er war kein Verwahrloster mehr. Und als nun auch sein körperliches Symptom verschwunden war, brauchte Harry nur noch ein gut beschütztes, ruhiges Leben, frei von ernsthaft traumatischen Ereignissen, um ungestört den Prozeß der Selbstfindung fortführen und eine reife Persönlichkeit entwickeln zu können. Er war zwar neurotisch, aber nicht schwer. Wenn man ihm zu diesem Zeitpunkt ein gutes Zuhause hätte verschaffen können, hätte er die Schule verlassen können. Leider stand für Harry ein solches Zuhause nicht zur Verfügung, da weder Vater noch Mutter sich mit dem Gedanken befreunden konnten, Harry in einer Pflegefamilie unterzubringen. Es schien also am besten zu sein, wenn er bei uns blieb. Der größte Teil unserer Arbeit bestand darin, ihm bei der Bewältigung der Schwierigkeiten zu helfen, die seine Eltern schufen. Von diesem Zeitpunkt an bis zu seinem Ausscheiden aus der Schule war es unsere Hauptaufgabe, die Zeit, in der er unter ihrem Schutz leben konnte, soweit wie möglich zu verlängern.

Während der nächsten beiden Jahre, nach denen Harry fast zwölf Jahre alt war, wandten wir einen Großteil unserer Zeit dafür auf, ihm bei der Bewältigung von Problemen zu helfen, die normalen Kindern seines Alters begegnen. Er arbeitete z. B. daran, seine Männlichkeit zu akzeptieren und seine Angst vor weiblichen Tendenzen zu bekämpfen. Ein anderes Problem, das er nicht ganz gelöst hatte und auf dessen Lösung er sich nun konzentrierte, war seine Neigung, das Verhalten anderer zu kopieren, anstatt eine eigene integrierte Persönlichkeit zu entwickeln. Viele seiner Gedanken beschäftigten sich mit seiner Zukunft. »Ich denk' viel darüber nach, was mit mir geschehen wird. Ich mach' mir keine Sorgen darüber, ich denk' eben einfach die ganze Zeit daran. Weißt du, ich denk' wirklich gern an die Zukunft. Ich nehm' an, es hängt von mir ab, ob es eine glückliche wird. Ich hoffe natürlich, daß es so wird.« Bei seiner Arbeit in der Schule war er sehr ernsthaft und studierte fleißig. Er wollte sich in der High School gut bewähren, damit er Pilot werden konnte. Das schulische Lernen beanspruchte den größten Teil seines Interesses und seiner Energie; er holte wirklich verlorene Zeit auf und hatte, als er uns verließ, das Niveau seiner Altersgenossen erreicht.

Er lernte, die Eheschwierigkeiten seiner Eltern realistisch zu sehen und die Tatsache zu akzeptieren, daß er nicht an ihnen schuld war. Er wurde sogar fähig, die Scheidung der Eltern nüchtern zu betrachten. »Ich hab' immer gedacht, meine Eltern würden wieder heiraten. Lange hab' ich so getan, als seien sie nicht geschieden und als würden sie wieder zusammensein. Aber jetzt mach' ich mir nichts mehr vor. Aber ich wünschte, dies alles wäre nicht geschehen.« In der Erkenntnis, daß seine Eltern aus ihrer Ehe ein Chaos gemacht hatten, wollte er, seine eigene sollte anders sein. »Ich will ein glückliches Leben führen, für mich und auch für meine Frau. Ich werde nicht trinken. Wenn ich wütend werde, werd' ich's jemand sagen. Ich werde nicht versuchen, nur durchs Trinken wegzulaufen.« Er war überzeugt, daß das, was die Alkoholiker tun, ein Weglaufen durch Trinken ist.

Als typischer Junge in der Vorpubertät interessierte er sich immer mehr für das Zusammensein mit gleichaltrigen Jungen. Im großen ganzen war es eine Zeit der ruhigen Expansion, wenn die traumatischen Einflüsse der Eltern sie nicht unterbrachen. Vor allem wollte er nicht: »hier herauskommen, wie ich hereingekommen bin. Als ich kam, bin ich wie ein Betrunkener gegangen, aber wenn ich hinausgehe, will ich ein achtbarer Mensch sein. Wenn ich heirate, weiß ich, daß man nicht zusammenlebt, indem man sich die ganze Zeit streitet, und, wenn ich in die High School gehe, werd' ich dem Direktor sagen, was ich werden will, damit er mir hilft, die richtigen Kurse auszusuchen. Wenn ich dann Pilot bin, werd' ich natürlich überhaupt nicht trinken, weil man, wenn man in der Arbeitszeit trinkt, einfach seine Stellung verliert. Natürlich könnte ich einmal in einer langen Zeit etwas trinken, denn das ist es, was die meisten Leute tun, die mal was trinken. Aber ich will nie trinken und betrunken werden. Tatsächlich glaub' ich nicht, daß ich überhaupt trinken werde.«

Gegen Ende seines fünften Jahres bei uns drohte ein neuer Prozeß zwischen den Eltern über die Frage, bei wem er leben würde, wenn er von uns fortginge. Ich entschied mich dafür, anstatt Harry vor Gericht erscheinen zu lassen, ihm anheimzustellen, uns zu sagen, welche Wahl er treffen würde. Nach langem Nachdenken entschloß er sich, zu seiner Mutter zu gehen; er schien sich bewußt hauptsächlich an die großen Versprechungen zu erinnern, die sie ihm gemacht hatte, und an den Umstand, daß seine Schwestern bei ihr lebten, während es im Haus seines Vaters keine Kinder gab. Auch zeigte, und das war eine Tatsache, sein Stiefvater viel größeres Interesse an ihm als seine Stiefmutter. Unbewußt wurde sein Entschluß von seiner alten Angst motiviert, sein Vater könnte wieder zu trinken anfangen.

Nachdem die Entscheidung gefallen war und er wußte, daß er uns bald verlassen werde, um bei seiner Mutter zu leben, rief er sich wiederholt seine Vergangenheit ins Gedächtnis. »Ich war früher böse; ich lief weg und stahl Sachen. Ich bin die ganze Zeit in eine Menge Filme gegangen. Wie kommt es, daß ich jetzt ohne sie auskommen kann? Noch lange, nachdem ich hier an der Schule das Weglaufen aufgegeben hatte, hab' ich immer noch dran gedacht. Aber später hab' ich anders darüber gedacht. Ich hab' mich so komisch gefühlt, daß ich einfach nicht ausreißen konnte. Ich hab' an meine Fortschritte gedacht und daß ich wieder von vorn anfangen müßte, und ich war doch so lange standhaft geblieben. Ich konnte mir einfach nicht vorstellen, daß ich das alles ruinieren sollte. Aber manchmal wurde ich doch so wütend, daß ich weglaufen wollte, aber ich konnte einfach nicht. Ich wurde so wütend auf Dr. B., daß ich mir dachte, ›wenn ich mal groß bin, werd' ich dich ohrfeigen‹. Und dann dacht' ich mir später, wie albern, auf Dr. B. so wütend zu werden. Er hat mir immer nur Gutes getan. Ich hatte eine höllische Menge Schwierigkeiten, ich weiß das jetzt. Jetzt möcht' ich die Schule fertigmachen, und dann werd' ich eines Tages ein Flugzeug fliegen.« Er dachte auch daran zurück, wie er sich selber zu bestrafen pflegte. »Wenn ich was Böses getan hatte, wünschte ich mir immer, ich würde krank. ›Alle anderen verletzen sich, warum verletze ich mich nicht? Habe ich mich gefragt. Dann hab' ich mich selber verletzt. Ich tu es heute nicht mehr wirklich, aber ich denk' immer noch viel daran. Ich bin früher jedesmal hergegangen und hab' mich verletzt, wenn irgendwas passiert ist. Viele Male hab' ich mich selber verletzt. Ich fand vielleicht ein Stück Glas und schnitt mich damit in den Finger. Es ist nicht das gleiche, an etwas zu denken und es zu tun. Ich würde es nicht mehr wirklich tun. Ich hab' früher gedacht, es würde was helfen und alles wiedergutmachen, wenn ich mich nur verletzen könnte. Jetzt glaub' ich nicht mehr, daß das hilft.«

Trotz so ernsthafter Gedanken sprudelte Harry wirklich vor Vitalität und guter Laune über. Er war nie vorher so glücklich gewesen, und man sah es ihm an. Er akzeptierte die Tatsache wirklich, daß viele Erwachsene ihn gern hatten; er ging sehr frei von einem zum anderen und konnte mit ihnen allen ein gutes Einverständnis aufrechterhalten — mit Männern, mit Frauen und vor allem mit Jungen seines Alters.

Auf seiner Abschiedsparty hielt Harry vor der versammelten Schule eine kleine Ansprache. Als er sich erboten hatte zu sprechen, hatte ich ihn gebeten, uns von sich und seinen Erfahrungen bei uns zu erzählen, aber er zog es vor, hauptsächlich über mich zu sprechen. Die wichtigste Aussage, die er machte, lautete: »Dr. B. ist ein sehr vorsichtiger Mann. Weil Dr. B. nicht will, daß irgend jemand verletzt wird oder sich selber oder andere verletzt.« Vielleicht ging er in seiner Identifizierung mit mir ein wenig zu weit, aber in gewisser Weise faßte es zusammen, was er erreicht hatte. Harry, der ein heftig agierender Verwahrloster gewesen war, wollte nun ein ungefährliches und friedliches Leben haben. Er wollte sich gut schützen, und er wollte nicht verletzt werden oder andere verletzen.

Harrys Entschluß, bei seiner Mutter zu leben, war nicht einfach gewesen. Er hatte große Angst davor gehabt, die Schule zu verlassen, und viele Bedenken in bezug auf das Leben mit seiner Mutter. Er war nicht ganz sicher, ob er die richtige Entscheidung gefällt hatte. Aber als er erst einmal bei ihr war, versuchte er sein Bestes, um ihr zu gefallen. Es gelang ihm nicht. Unseren Warnungen zum Trotz begann sie sofort, aus Angst, Harry könnte wie sein Vater werden, ihm eine viel zu strenge Disziplin aufzuerlegen. Außerdem zwang sie ihn zu Tätigkeiten, die für seine kleinen Schwestern geeignet sein mochten, ihm aber verhaßt waren.

Innerhalb eines Jahres, nachdem Harry zu seiner Mutter gegangen war, trat mit seinem Vater eine plötzliche Veränderung ein. Er erkrankte an invalidisierenden Allergien und Asthma und mußte seine Stellung aufgeben. Er konnte zu Harrys Unterhalt keinen Beitrag mehr leisten. Die Mutter, die mit dem Beitrag des Vaters gerechnet hatte, beklagte sich bei Harry bitterlich darüber. Es ist schwer zu beurteilen, in welchem Maß sie auch das Interesse an Harry und an dem Bindeglied verlor, das er für sie zu seinem Vater war, als dieser ihr keine Erregung mehr verschaffte, weil er sich aus einem agierenden gewalttätigen Menschen in einen farblosen und abhängigen Kranken verwandelte. Wie dem auch sei, mit der Einstellung der Unterhaltszahlungen durch den Vater und dem daraus folgenden Einkommensverlust für sie steigerten sich die Schwierigkeiten zwischen ihr und ihrem Sohn, und sie hatte kein Interesse mehr daran, Harry bei sich zu behalten. Sie ermutigte Harry, seinen Vater zu bitten, ihn bei sich aufzunehmen, und als der Vater sich dazu bereit erklärte, stimmte sie dem Wechsel bereitwillig zu. Also zog Harry, nachdem er eineinhalb Jahre bei seiner Mutter gelebt hatte, zu seinem Vater, und zur Zeit dieser Niederschrift war er schon über zwei Jahre bei ihm.

Harry verließ die Mutter, weil sie ihn fortwährend kritisierte, obwohl er sich in der Schule und im Y.M.C.A. sehr gut bewährte. Er sagte, er könne einfach die vielen Auseinandersetzungen über sein Benehmen und ihre ständigen Klagen über seinen Vater nicht aushalten. So wurde Harry, der als kleines Kind weggelaufen und zum Delinquenten geworden war, um den Auseinandersetzungen seiner Eltern zu entkommen, im Haus seiner Mutter nur wieder Auseinandersetzungen ausgesetzt.

Solange Harry bei seiner Mutter war, lebte sie in einer armseligen, heruntergekommenen Gegend. Aber sobald er fort war, kauften sie und ihr Mann ein neues Haus in einer hübschen Gegend, wo die Mit-

451

telschicht den Ton angab, und zogen dorthin. Harry war bitter enttäuscht darüber, daß sie, als er bei ihr lebte, in einer verwahrlosten
Gegend wohnte, deren Versuchungen er fürchtete, nur um, sobald er
fort war, in eine angenehme Mittelklasse-Umgebung zu ziehen — womit
sie das hübsche Heim, nach dem er sich sehnte, und das sie ihm versprochen hatte, nicht ihm, wohl aber seinen Schwestern verschaffte.
Harry war auch tief verletzt, weil die Mutter, die solche ungeheuren
Anstrengungen gemacht hatte, um ihn zu überzeugen, er müsse bei ihr
leben, nicht mehr daran interessiert war, ihn bei sich zu behalten, sobald der Vater seine Unterhaltszahlungen einstellte.

Etwa zwei Jahre danach, als er bei einem seiner ziemlich häufigen
Besuche in unserer Schule darüber sprach, war er immer noch von
großer Bitterkeit erfüllt. Er wiederholte, sein Entschluß, zu seiner
Mutter zu gehen, habe auf ihrer glühenden Beschreibung des wunder-
vollen Lebens beruht, das sie ihm bereiten würde. Er war immer noch
zornig auf sie, weil sie seine letzten Jahre an der Schule dadurch ver-
dorben hatte, daß sie ihn aufstachelte, nicht auf das zu hören, was wir
sagten, und weil sie versucht hatte, ihn zu überzeugen, die Schule wolle
nichts weiter, als ihn ihr vorzuenthalten. Ihm war die Erkenntnis
schmerzlich, daß sie, nach allem, was sie ihm über das elende Leben
erzählt hatte, das sein Vater angeblich führte, bereit war, ihn in solche
Verhältnisse zu schicken.

Im Rückblick auf seine Erfahrungen mit seiner Mutter aus einer Distanz von zwei Jahren sagte Harry: »Sobald ich bei ihr wohnte, konnte
ich nichts tun. Ganz plötzlich hörte alles Spielen für mich auf. Das
einzige, was sie mich machen ließ, war, ins »Y« zu gehen, aber ganz
plötzlich wurde alles andere verboten. Ich war immer die ganze Zeit
im Haus eingesperrt. Und immer gab es Streit. Mit meinen Schwestern
und meinem Stiefvater bin ich ganz gut ausgekommen — eben einigermaßen —, aber meine Mutter, die hat immer Streit angefangen. Immer
hab' ich irgendwas falsch gemacht.« Dann erinnerte er sich daran,
wie er sie verlassen hatte. »Ich hab' oft darüber nachgedacht, warum
sie mich so leicht hat gehen lassen. Ich dachte, na, nun werden wir
wirklich sehen, ob sie mich will oder das Geld. Ich nehm' an, es sah
wirklich so aus, als ob sie das Geld wollte, denn eine gute Mutter
würde ihr Kind nicht einfach so gehen lassen, ohne etwas zu sagen. Es
ging mächtig schnell, und zu der Zeit hatte sie sich nach einem Haus
umgesehen. Ein Haus mit zwei Schlafzimmern wäre viel billiger als
eins mit drei Schlafzimmern — ein paar tausend Dollar billiger.«
Glücklicherweise konnte er trotz der Krankheit des Vaters sagen: »Seit
ich bei meinem Vater bin, ist es besser. Er setzt eine Zeit fest, zu der

ich nach Hause kommen muß, aber ich kann rausgehen und spielen, und er ließ mich mit den Kameraden zusammenkommen, und ich konnte so was machen.«

Als Harry uns dies alles erzählte, waren vier Jahre vergangen, seit er die Schule verlassen hatte — vier Jahre voll Schwierigkeiten für ihn. Aber er hatte sie gut hinter sich gebracht. Er hatte gerade sein erstes Jahr in der High School mit guten Noten abgeschlossen. Er hatte immer noch vor, Pilot zu werden, und arbeitete hart, um dieses Ziel zu erreichen. Er wußte, er würde gute Noten in Fächern wie Algebra brauchen, und in diesen bekam er die höchstmögliche Bewertung. Außerdem hatte er während der letzten beiden Jahre täglich zwei oder drei Stunden gearbeitet, um zu seinem eigenen Lebensunterhalt beizutragen [26].

Harry nahm seiner Mutter die Art übel, wie sie bei seinen gelegentlichen Besuchen bei ihr fortfuhr, seinen Vater schlecht zu machen. Sie pflegte zu sagen, seine Krankheit geschehe ihm recht. »Das hat er nun vom Trinken. Er ist ein miserabler Vater.« Harry fügte hinzu: »Immer, wenn ich sie sehe, redet sie die ganze Zeit von dem Geld, das mein Vater ihr schuldet. Jedesmal, wenn ich sie sehe, klagt sie über das Geld, und ich mag nichts sagen, damit es keinen Streit gibt.«

Aber trotz dieses schwierigen Lebens arbeitete Harry weiter für eine bessere Zukunft für sich selbst. »Na ja, bis jetzt mein' ich, ich komm' ganz gut vorwärts. Ich krieg' mit niemand Schwierigkeiten. Ich lauf' nicht weg oder sowas. Aber eins muß ich sagen, wenn ein Paar sich scheiden läßt, sind nicht sie es, die leiden, sondern die Kinder. Ich hab' das schon herausgefunden. Selbst meine Schwestern leiden, wie sie so von einer Schule in die andere gesteckt werden. Wenn ich jemals Kinder habe, wird ihnen das nicht passieren.« Nachdem er uns verlassen hatte, war Harrys Leben äußerst schwierig gewesen. Aber da er nun wußte, daß es Menschen gab, denen sehr viel an ihm lag, war er trotz aller Mühen fähig, sein Leben zum Erfolg zu wenden.

Epilog

Der Bericht wäre unvollständig, wollte man nicht etwas eingehender diejenigen erwähnen, die Harry an der Schule halfen — die Mitarbeiter und die Kinder. Die Arbeit an der Schule baut auf persönlichen Beziehungen auf, die ihrer Definition nach wechselseitig sind. Harrys Fortschritt war nur deshalb trotz aller Schwierigkeiten so stetig und so rasch, weil die intensiven Bemühungen verschiedener Mitarbeiter durch die tiefe Befriedigung angefeuert wurden, die sie bei jedem Schritt empfanden, den Harry in Richtung auf seine Sozialisierung machte. Dies ist für einen Erfolg in unserer schwierigen Arbeit so notwendig, daß wir ein Kind nur behalten können, wenn mindestens zwei, besser aber noch mehr Mitarbeiter sich fähig fühlen, nicht nur für es zu sorgen, sondern auch eine wirklich positive Beziehung zu ihm herzustellen.

Bei Harry wurden tiefes Mitempfinden und ein starker, positiver Rapport durch den Umstand verstärkt, daß mehrere von uns in seinem gewalttätigen und wirklich bedrohlichen Verhalten eine Herausforderung für unsere therapeutischen und erzieherischen Anschauungen sahen. Hier war ein Kind, das offensichtlich der physischen Einschränkung zu bedürfen schien, sollten Mitarbeiter und andere Kinder ungefährdet bleiben. Andererseits war unsere Anschauung jedem physischen Zwang entschieden abgeneigt. Es war uns jedoch klar, daß wir ernste Risiken eingingen, wenn wir Harry überhaupt nicht zügelten. Daß unser Zusammenleben trotz unserer eigenen Befürchtungen und der Warnungen anderer ohne ernste Zwischenfälle verlief, war für alle, die mit ihm arbeiteten, höchst befriedigend.

Auch die Kinder waren, nachdem Harrys erste gewalttätige Zeit vorüber war, sehr stolz auf seine Fortschritte und spielten so eine wichtige unterstützende Rolle. Als Harry anfing, nach dem Weglaufen sehr bald wiederzukommen, und als er im Unterricht zu lernen begann, war ihre Freude unverkennbar. Aus dem Beobachten und Mithelfen bei der Besserung eines so schwer gestörten Kindes gewannen sie selber Kraft zur Bewältigung ihrer eigenen Probleme. Im Vergleich mit seinen Schwierigkeiten wirkten ihre eigenen oft geringfügig.

In ähnlicher Weise wurden Harrys Lehrerin und seine Betreuerinnen durch das Vergnügen ermutigt, das ihnen jeder Fortschritt in seiner Rehabilitierung bereitete. Es gab ihnen die Kraft, die nächste Bedrängnis auszuhalten, die Harry mit so großer Gewißheit hervorrufen würde. Jeder Schritt vorwärts erschien uns allen als ein weiterer Beweis, daß unsere Grundannahmen stimmten, daß wir wirklich ein Milieu schufen, das durch die Gesamtheit der Tätigkeiten und persönlichen Beziehungen, die in ihm Platz hatten, therapeutisch wirkte. In diesem Sinn war Harrys Leben für uns die Validierung unserer Theorien, der Beweis, daß sie praktisch anwendbar waren. Mit jedem Erfolg gewannen wir mehr Kraft, weiterzumachen und noch mehr zu probieren, und diese Kraft übertrug sich auf Harry. Dies alles war für uns besonders wichtig, weil es zu einer Zeit geschah, in der wir die Schule nach vorläufig fast unerprobten Überzeugungen aufbauten.

Dies galt zwar für alle Mitarbeiter, aber einzelne erhielten ihre starke, positive Beziehung zu Harry trotz Prüfungen und Mühen aus persönlichen Gründen aufrecht. Manche schienen einen Ausgleich für ihre eigene unglückliche Kindheit zu schaffen, indem sie einem Kind, das einmal unfähig zu sein schien, Glück zu erleben, eine glückliche Kindheit verschafften. Andere fühlten sich ursprünglich von Harry angezogen, weil er es wagte, delinquente Wünsche zu agieren, die sie in sich selber unterdrücken mußten. Aber als das Bild sich langsam entwirrte, erfuhren sie, um welchen Preis von Angst und Unglücklichsein solche delinquente Tollkühnheit erkauft wird. Das beruhigte sie über den Umstand, daß sie durch die Beherrschung ihrer eigenen delinquenten Wünsche nichts Wünschenswertes aufgegeben hatten. So ließ der Druck auf ihr Ich nach, und das machte es ihnen möglich, die ständige Anspannung der Arbeit mit Harry zu ertragen und diese Arbeit sogar mit Freude zu tun.

Es sollte nun auch deutlich geworden sein, warum der Autor fähig war, seine positive Bindung an den Jungen aufrechtzuerhalten: Ich wollte, Harry sollte fähig sein, ein relativ glückliches Leben zu leben, denn das bedeutete auch für mich Selbstverwirklichung durch meine frei gewählte Arbeit.

[1] Eine erste, vorläufige Erörterung der Art, wie bestimmte Sitten unserer Gesellschaft die Entwicklung seelischer Gesundheit beeinflussen, findet sich in: B. Bettelheim, Mental Health and Current Mores, The American Journal of Orthopsychiatry, 22 (1952), S. 76—88.

[2] Unsere Gebäude sind 1952 modernisiert worden; ein neuer Flügel mit Schlafräumen wurde errichtet, der die Bildung kleinerer und besserer Gruppen in viel größeren Schlafräumen erlaubt. Die Kinder und wir haben reichlichen und bequemen Lebensraum, und die Modernisierung erleichtert auch in manch anderer Hinsicht unsere Arbeit.

[3] L. Kanner, Autistic Disturbances of Affective Contact, The Nervous Child, 2 (1943), S. 217—250.

[4] B. Bettelheim, Harry — A Study in Rehabilitation, The Journal of Abnormal and Social Psychology, 44 (1949), S. 231—265.

[5] Alle Reinigungsarbeiten im Haus, Bettenmachen und Aufräumen in den Zimmern, werden von den Hausmeistern und Hausmädchen erledigt, das Kochen und Anrichten der Mahlzeiten besorgt das Küchenpersonal.

[6] Eine nebenbei auftretende, aber oft signifikante Therapiehilfe folgt aus dieser Freiheit. Manche stark gestörten Kinder offenbaren zuerst dadurch, was in ihnen vorgeht, daß sie Bilder von ihrer Wand herunterreißen, daß sie irgendwelche ihrer persönlichen Besitztümer wegräumen oder fortwerfen oder plötzlich das ganze Arrangement ändern. Dies geschieht oft lange bevor die Kinder fähig sind, die ihrem Handeln zugrundeliegenden Gefühle durch ihren Gesichtsausdruck, im Spiel oder mit Worten auszudrücken. Solche Veränderungen in den Gefühlen gegenüber einem Objekt sind sehr nützlich, um Einsicht in das zu gewinnen, was in dem Kind vorgeht, so daß wir ihm bei der Verarbeitung seiner Gefühle helfen können. Diese Handlungen sind besonders hilfreich bei der Beurteilung der Gefühle von Kindern, die nicht sprechen oder autistisch in sich zurückgezogen leben. Sie sind aber auch bei Kindern hilfreich, die sich in emotionell weniger gespannten Situationen gut ausdrücken können. Z. B. nahm einmal einer unserer Jungen die Bilder von seiner Wand ab und ersetzte sie nicht. Erst nachdem wir ihm gesagt hatten, daß uns dies andeute, er habe Angst, er müsse die Schule bald verlassen, konnte er über sein Gefühl sprechen, nichts in seinem Leben werde jemals von Dauer sein. Als er seine Angst erkannte, konnte er begreifen, wie er darunter litt, daß er sich selbst des Vergnügens beraubte, seine Sachen nach seinem Belieben anzuordnen, wenn er die Möglichkeit dazu hatte.

[7] Wenn ein Kind über den Zaun steigt, sagt man ihm, je nach der Situation

besorgt oder lachend, es scheine einem seltsam, daß es vorziehe, über den Zaun zu steigen, da doch das Tor immer weit offen sei. Es sei nicht notwendig, daß es riskiere, sich zu verletzen, indem es über einen Zaun steige, wenn es jederzeit hinausgehen könne. Erst nachdem ein Kind die Zuverlässigkeit unserer Versicherung, es könne zu jeder Zeit, wie es wünsche, fortgehen, und es werde bei der Rückkehr nicht bestraft, wiederholt auf die Probe gestellt hat, bekommen die Zäune, die Sicherheitsgitter und die gegen die Außenwelt verschlossenen Türen die Bedeutung beschützender und nicht hemmender Maßnahmen.

[8] Menschliche Beziehungen können nur dann einen positiven Beitrag zur Geborgenheit eines Kindes leisten, wenn sie relativ permanent sind. Die Mitarbeiter, die unmittelbar mit den Kindern arbeiten, waren zwischen 1948 und 1953 im Mittel drei bis vier Jahre bei uns. Das ist für menschliche Beziehungen keine lange Zeit. Aber da die Kinder im gleichen Zeitraum im Mittel etwa drei Jahre lang bei uns waren, konnte ein Kind den größten Teil seiner Zeit bei uns (wenn nicht sogar die ganze Zeit) mit den gleichen Personen zubringen.

[9] Siehe auch Johns Geschichte.

Zweiter Teil: Paul, ein Fall von Heimschädigung

[1] Einige Jahre, nachdem Paul das Waisenhaus verlassen hatte, wurde auch dieses wegen seiner unzulänglichen Führung geschlossen.

[2] Zu jener Zeit war unsere Altersgrenze 14 Jahre. Seit der Bau eines neuen Schlafraumflügels uns mehr Platz verschafft hat, können wir Kinder über dieses Alter hinaus bei uns behalten.

[3] Diese Organisation hat während Pauls Aufenthalt bei uns ausgezeichnet mit uns zusammengearbeitet und verdient dafür volle Anerkennung. Sie führte auch die schwierige Arbeit mit seiner Mutter weiter; schon daß man ihr Eingreifen verhindern konnte, ist eine große Leistung, die hoch zu schätzen ist. Schließlich hat die Organisation auch Pauls Ausscheiden aus der Schule geplant und hat sich seitdem um ihn gekümmert (siehe S. 144).

[4] Die Untersuchungen von W. Goldfarb, Infant Rearing and Problem Behavior, American Journal of Orthopsychiatry, 14 (1944); Psychological Privation in Infancy and Subsequent Adjustment, ebd., 15 (1945), und: Variations in Adolescent Adjustment of Institutionally Reared Children, ebd., 17 (1947), haben gezeigt, daß solche Behinderungen im Sprechen und in anderen Arten der Kommunikation für alle heimgeschädigten Kinder kennzeichnend sind. Seine Schilderung von Jugendlichen, die die Lebensjahre vom zweiten bis zum sechsten in Waisenhäusern zugebracht haben, passen sehr gut auf Paul, wie er war, als er zu uns kam. Goldfarb glaubt, diese Menschen könnten ihre Behinderung niemals überwinden. Pauls Entwicklung an der Schule erlaubt eine viel hoffnungsvollere Beurteilung, vorausgesetzt, daß diesen Kindern in der richtigen Weise geholfen wird.

[5] Hierin und auch in manch anderer Hinsicht glichen Pauls Verhalten und

seine Reaktionen den »Schutzmechanismen«, die nach Goldstein bei Patienten zu beobachten sind, die unter »Katastrophenbedingungen« leben (K. Goldstein, The Effect of Brain Damage on the Personality, Psychiatry, 15 (1952), S. 257 ff).

⁶ Die Ansichten von Mitarbeitern werden oft durch das verzerrt, was uns über die Vergangenheit eines Kindes erzählt wird, gewöhnlich aus dem gleichen Grund: weil wir unseren Narzißmus füttern wollen. Z. B. kann uns das Wissen, daß ein Kind unerfreuliche Erlebnisse mit seinen Eltern gehabt hat, dazu veranlassen, die guten Erfahrungen zu übersehen, die es mit ihnen auch gemacht hat. Seine eingestandene Abneigung gegen seine Eltern oder seine Vorliebe für bestimmte Mitarbeiter wird auf Grund dessen, was wir schon über die unbefriedigenden Beziehungen des Kindes zu seinen Verwandten wissen, für bare Münze genommen. Aber ein Kind macht solche Aussagen manchmal in einer bestimmten Situation, um seine wahren Gefühle zu verdecken. Ähnlich können die Fortschritte, die ein Kind in der Therapie macht, leicht nur als Ergebnis der Bemühungen der Mitarbeiter gesehen werden, und wir übersehen vielleicht die lustvollen und positiven Erfahrungen, die das Kind früher mit seinen Angehörigen gemacht hat, die sich aber erst später auswirken.

⁷ Wir fördern solche erwachsenen Arten des Gefühlsausdrucks nicht: wir geben den Kindern keinen Gutenachtkuß und lassen uns auch keinen von ihnen geben. Aber in Augenblicken großer Belastung wie diesem lassen wir Ausnahmen zu.

⁸ Der Tag der Arbeit und der Nationalfeiertag, die an unserer Schule auch große Feste sind, hatten ihm keinen Eindruck gemacht; als sie sich ereigneten, war für ihn noch ein Tag wie der andere, leer und nicht von irgendeinem anderen zu unterscheiden, weil ihm keiner eine positive emotionale Bedeutung vermittelte.

⁹ Oder versuchte er, seine eigenen mörderischen Wünsche durch eine lebhafte Darstellung der Vergeltung von seiten anderer zu beherrschen? Aber schließlich ist die Angst vor Vergeltung ein wichtiger Faktor in der Entwicklung von Schuldgefühlen und eines Über-Ichs, also würde jede der beiden Erklärungen mit der zentralen Aufgabe übereinstimmen, mit der Paul damals kämpfte.

¹⁰ Bei anderen Kindern an der Schule tauchen Spekulationen über die Motive anderer Menschen auf, wenn sie erkennen, daß es uns nichts ausmacht, wenn sie sich schmutzig machen, oder wenn wir ihrer Fähigkeit vertrauen, die Welt zu verstehen und zu bemeistern, oder wenn sie erkennen, wie wichtig für uns ihr körperliches Wohlbefinden ist usw.

¹¹ Ich habe schon erwähnt, daß Paul erst über die Gedanken und Gefühle, vor deren Erkenntnis er sich so sehr fürchtete, zu sprechen wagte, nachdem er sich selber seine Sublimierungsfähigkeit bewiesen hatte (durch die Malerei), ebenso die Fähigkeit, in Gegenwart einer Mutterfigur primitive Lust zu genießen (durch Schmieren). Das Auftauchen sowohl destruktiver als auch selbstzerstörerischer Phantasien (über die er beim Spielen mit einer breiigen

Masse eine gewisse Herrschaft bekommen konnte) weist auf den Fortschritt Pauls von der autistischeren oralen Entwicklungsphase zur nächsthöheren, der analen Phase, hin. Auf dieser Stufe erkennt das Kind deutlicher die Forderungen der Umwelt und reagiert auf sie. Vorher war Pauls Angst vor der Vernichtung vor allem in Form von Angst vor dem Verhungern oder dem Vergiftetwerden aufgetaucht, während sein wütendes und unersättliches Verschlingen von Nahrung in sich selbst sehr destruktive Eigenschaften hatte. Als er nun mit den Fingerfarben spielte, erschien seine Vernichtungsangst zum erstenmal im Zusammenhang mit dem Herumschmieren. Vielleicht drückte er nicht nur die Ressentiments und die destruktiven Phantasien aus (und versuchte sie zu bemeistern), die ursprünglich beim Füttern entstanden waren, sondern auch jene, die ihr Zentrum in seiner Reinlichkeitserziehung hatten. Dies können wir aber nur vermuten, denn dieser sprechgehemmte Junge gab nicht genug von seinen Gedanken preis, um solchen Spekulationen festen Boden zu geben.

[12] Dies war übrigens eine scharfe Beobachtung der Fähigkeit eines Mitarbeiters, verblüffende Stärke, Voraussicht und Energie einzusetzen, sobald eins seiner (ihrer) Kinder sie dringend braucht. Das sind Eigenschaften, die die Mitarbeiter unter normalen Umständen nicht in diesem Maß besitzen. Aber ihre emotionale Anteilnahme ermöglicht es ihnen, in Augenblicken psychischer oder physischer Krisen aus Kraftquellen zu schöpfen, die ihnen unter normalen Umständen nicht zur Verfügung stehen.

[13] Diese Episode ist auch insofern bezeichnend für Paul, als sie das historische Element zeigt, das an seinen depressiven oder megalomanen Äußerungen beteiligt war — seine Clownerie und seinen Wunsch nach Beachtung.

[14] Ich schulde der Organisation, dem Jewish Children's Bureau of Chicago, und besonders ihrer Leiterin, Mrs. Mary Lawrence, Dank für die Erlaubnis, aus diesem Bericht zu zitieren.

Dritter Teil: Mary, ein schizophrenes Mädchen

[1] Dem Jewish Children's Bureau of Chicago, das nicht nur Mary in unsere Schule einwies und dann dazu beitrug, daß sie dort bleiben konnte, sondern während ihres ganzen Aufenthalts ausgezeichnet mit uns zusammenarbeitete und die gelegentlich recht schwierige Arbeit mit ihren Verwandten durchführte, kommt ein besonderes Verdienst zu. Diese Organisation sorgte auch für eine spezielle Unterbringung, als Mary uns verließ, was ihren Wiedereintritt in ein weniger beschütztes Leben ermöglichte.

[2] Angesichts der Vorgeschichte Marys, der Schwere ihrer Symptome und der beunruhigenden Diagnose hatten wir beschlossen, auf die üblichen Eintrittsuntersuchungen zu verzichten, damit das Kind so bald wie möglich aus seiner alten Umgebung herausgenommen werden konnte.

[3] Da die Fähigkeit von Kindern und Erwachsenen, Marys Geschrei ohne zuviel Gegenmaßnahmen zu ertragen, so entscheidend wichtig war, möchte ich erwähnen, wie sie zustandekam. Wie so oft war es die Gruppe, die zuerst

half, diese Schwierigkeit zu ertragen, dann, sie zu lösen. Immer, wenn Mary anfing, ihrer Frustration oder ihrer Feindseligkeit Luft zu machen, taten die Betreuerinnen ihr Bestes, ihre Forderungen zu erfüllen und es ihr behaglicher zu machen, und einige Kinder schlossen sich diesen Bemühungen an. Wenn dies nichts zu helfen schien oder wenn es Mary nur noch wütender machte, was häufig vorkam, nahmen die Betreuer ihre Tätigkeiten mit den anderen Kindern wieder auf; versuchten aber immer wieder, Kontakt mit Mary aufzunehmen, und sie ihrer Anteilnahme und des Wunsches zu versichern, ihr zu helfen. Indessen war weder die Aufmerksamkeit der Betreuer, noch die der Kinder völlig auf Mary und ihr Geschrei konzentriert. Es gab also kaum eine Zeit, zu der sie nur Marys Ablehnung erlebten.

Für die Betreuer wurde die Situation auch etwas durch die konstruktiven Dienste erleichtert, die sie anderen Kindern leisteten; sie wurden so davor bewahrt, sich völlig überflüssig und frustriert zu fühlen. Und die gleichen Dienste halfen den Kindern, Marys Ausbrüche zu übersehen. Es war immer jemand da, auf den Mary ihre Feindseligkeit abladen konnte; das war es ja, was sie wollte. Man ließ sie nie in der Isolierung schreien. Aber diese Menschen wurden nicht so aus dem Gleichgewicht gebracht, daß sie den Kontakt zu ihr verloren oder, noch schlimmer, versuchten, Vergeltung zu üben oder um der Selbsterhaltung willen ihren Wutausbrüchen ein Ende zu setzen.

Es wäre jedoch falsch, wollte man den Eindruck erwecken, Marys Verhalten hätte die emotionalen Kräfte ihrer Betreuerinnen nicht bis zum Äußersten erschöpft. Um diese schwere Prüfung zu bestehen, mußten sie Gelegenheit haben, nach ihren Arbeitsstunden mit Mary ihr Unbehagen abzuladen, oft sofort und mehrmals hintereinander, und durch Kontakt mit anderen und durch narzißtische Befriedigung ihre Libido wieder aufzufüllen. Hierbei war die Arbeit im Mikrokosmos einer Anstalt eine große Hilfe. Es half den Betreuerinnen, alles auszuhalten, daß sie über ihre Leiden sprechen konnten, daß sie sagen konnten, sie »könnten es nicht mehr ertragen«, daß sie geistesverwandte und oft bewundernde Zuhörer für ihre Klagen fanden, und daß man ihnen erwiderte, wie wichtig es für Marys Rehabilitierung sei, daß sie es weiter »durchständen«. Die Versicherungen anderer, sie hätten einen bestimmten Ausbruch von Feindseligkeit nicht aushalten können, verschaffte Marys Betreuerinnen das tröstliche Bewußtsein, sie versagten nicht in ihrer Aufgabe, und forderte sie heraus, weiterhin zu beweisen, daß sie es durchhalten konnten.

Gelegentlich sagten die Betreuerinnen sogar zu Mary, sie könnten ihre heftigen und aggressiven Ausbrüche nicht länger aushalten, und sie könnten ihr nicht gute Dienste leisten, wenn sie damit unvermindert so fortfahre. Zwar konnte Mary den rationalen Teil dieses Arguments wahrscheinlich zuerst nicht verstehen, aber die Tatsache, daß sie jetzt solche Macht über wichtige Erwachsene ausüben konnte (während sie es vorher immer notwendig gefunden hatte, sich ihren Wünschen unterzuordnen), mag ihr sogar narzißtische Befriedigung verschafft und das Gefühl ihrer eigenen Bedeutung verstärkt haben; in diesem Sinn kann es therapeutisch gewirkt haben.

Wenn die Betreuerinnen während Marys Geschrei den Kontakt zu ihr verloren hätten, hätte man ihre Isolierung nicht mehr durchdringen können; wenn sie verzweifelt wären oder Vergeltung geübt hätten, hätte Mary mit Recht angenommen, ihre Wutausbrüche seien ein wirksames Mittel, um uns zu beherrschen, und wenn sie versucht hätten, aus Eigeninteresse oder um anderer Kinder willen, den Ausbrüchen ein Ende zu machen, wäre Mary überzeugt gewesen, selbst in unserer Schule sei das zeitweilige Behagen anderer wichtiger als ihre eigene Verzweiflung.

4 Was Mary wahrscheinlich meinte, war das jüdische Gericht *grieveness* (Grieben).

5 Ich habe mich ziemlich ausführlich mit unserem Fehler befaßt, der darin lag, daß wir Marys rasche Fortschritte akzeptierten, weil wir ihn nur durch unsere Erfahrungen mit ihr und einigen ähnlichen Fällen erkennen lernten.

6 »Dr. B.« ist mein Spitzname.

7 Wir kamen erst Jahre später, als wir Marys Entwicklung bei uns wieder überdachten, auf den Gedanken, daß dies etwa die Jahreszeit war, in der ihr Vater gestorben war und ihre relativ glückliche frühe Kindheit plötzlich endete. Der Jahrestag dieses Ereignisses mag etwas mit Marys »Auseinanderfallen« zu tun gehabt haben. Aber da wir von ihr kein Material bekamen, das diese Theorie unterstützte, ist sie mit Vorsicht zu betrachten.

8 War sie »als Mensch gestorben«, als vor neun Jahren, etwa um diese Zeit des Jahres, ihr Vater plötzlich gestorben war und ihre Mutter ihre Gefühle von ihr zurückgezogen hatte?

9 Es ist bei uns Weihnachtsbrauch geworden, daß jedes Kind zusätzlich zu seinen anderen Geschenken ein hausgemachtes Stofftier bekommt. Diese Tiere entstehen in einer Gemeinschaftsanstrengung aller Mitarbeiter und haben für die Kinder eine besondere Bedeutung, weil sie wissen, daß wir sie selber machen und sie nicht nur kaufen.

10 Natürlich war diese Forderung auf einer tieferen Ebene ganz begreiflich. Es war ihre Art, uns zu sagen, nur das Unmögliche könnte sie befriedigen: wenn man ihre Mutter wieder zum Leben erweckte und wenn sie mit ihr noch einmal eine glückliche Frühkindheit erleben könnte. Die boshaft provokante Art, mit der Mary solche Äußerungen machte, und wie sie durch diese Äußerungen unseren aufrichtigen Wunsch verspottete, ihr alles zu geben, was sie sich wünschte, frustrierte uns. Dies wiederum hinderte uns, zu verstehen, wie echt und tief empfunden ihre Wünsche nach dem Unmöglichen waren, die sie symbolisch durch das Verlangen nach runden Quadraten ausdrückte.

11 Rorschach-Auswertung von S. J. Beck.

12 Auf den Selbstporträts, die sie während dieser Zeit machte, waren die Augen weit offen und sahen die Welt mit einem leeren, verschlingenden Starrblick an. Der Mund lag noch auf der Grundlinie des Gesichts, so daß kein Raum für ein Kinn blieb, und der Hals war ziemlich »zusammengedrückt«. Im Grunde waren die Gesichter nur Mund und Augen, Körper begleiteten sie niemals.

[13] Ihre Randbemerkungen zu ihrer Betreuerin sind in Klammern angegeben.

[14] Dies war übrigens ein zusätzlicher Grund für Marys Festhalten an der Vorstellung, sie sei am Tod ihrer Mutter schuld. Nur als Bestrafung für eine solche Missetat konnte sie sich ihre auseinanderklaffenden Erlebnisse erklären.

[15] Dies bringt noch ein wenig mehr Licht in die Frage, warum es für Mary schwierig gewesen sein mag, mit ihren Lieblingsbetreuerinnen über dieses Problem zu sprechen. Wir haben schon erwähnt, daß diese Lieblinge für sie Mutter und Schwester repräsentierten. Ihr Widerstreben, mit einer Mutterfigur über ihre Angst zu sprechen, von ihrem Vater geschwängert worden zu sein, ist ganz verständlich. Andererseits hatte ihr Glaube an ihre Schwangerschaft seine direkte Ursache in ihrer Rivalität gegenüber ihrer Schwester, was sie daran gehindert haben mag, dieses Problem mit der Betreuerin zu besprechen, die am meisten Frances repräsentierte.

Vierter Teil: John, ein Junge mit Anorexie

[1] Dies alles geschah während der Frühzeit der Reorganisation der Schule. Seither kommen solche Spiele nicht mehr in Frage.

[2] Vieles in Johns Verhalten, seine Ursachen im Säuglingsalter und die Stadien der oralen Fixierung, die er im Verlauf seiner Jahre bei uns durchlief, könnte man heute mit Hilfe der theoretischen Modelle der infantilen Sexualität und der Modalitäten viel besser erklären, die Erikson entwickelt hat (E. H. Erikson, Kindheit und Gesellschaft, Stuttgart 1965). Ich habe das nicht getan, weil wir Eriksons Modelle noch nicht kannten, als wir von 1944 bis 1950 mit John arbeiteten, und weil unser Denken, Planen und Handeln auf den psychoanalytischen Konzepten beruhte, die uns damals vertraut waren. Ich würde diesen Bericht verfälschen, wenn ich heute andere theoretische Modelle verwendete, um John zu erklären, als die, nach denen wir uns bei unserer Arbeit mit ihm richteten.

[3] Dies war einer der vielen Fälle, in denen wir erlebt haben, daß so schwer gestörte Kinder selbst komplizierte Aufgaben leichter lernen, wenn vor ihrem Eintritt in unsere Schule niemand versucht hat, sie ihnen beizubringen; einfachere Leistungen bleiben ihnen unerreichbar, wenn die Eltern auf ihr Erlernen Druck ausgeübt haben. Daß Johns Eltern ihn gedrängt hatten, so viele Dinge zu lernen, machte es uns schwerer, ihm zum Erfolg zu verhelfen, denn zu seinem Mangel an Geschicklichkeit und zu seiner Angst trat trotziger Widerstand hinzu. Oder anders ausgedrückt: Als wir John das Rudern lehrten, war sein höchster Wunsch, die Aufgabe zu lösen, um uns zu gefallen und sich und anderen zu beweisen, daß er dazu in der Lage war. Angesichts dieser psychischen Lage konnte er in gewissem Maß seine großen Behinderungen überwinden: Mangel an Muskeltonus und Koordinationsfähigkeit. Beim Treppensteigen stand ihm nicht nur das Trauma seines Unfalls im Weg. In dieser Situation wollte er vor allem dem Wunsch seiner Eltern trotzen, dies zu meistern. Solange sein Wunsch, seine Selbständig-

keit ihnen gegenüber durchzusetzen, stärker war als der, allein die Treppe hinauf oder hinunter zu gehen, brachte er es nicht fertig, trotz der Unbequemlichkeit, die dies für ihn bedeutete.

4 Von A. A. Milne, erschienen in New York bei E. P. Dutton & Co. 1924.

5 Siehe R. A. Spitz: »Hospitalism«, in: The Psychoanalytic Study of the Child, 1 (1945) und »Anaclitic Depression«, ebenda, 2 (1946). (Deutsch in: Erziehung in früher Kindheit, München 1968, S. 77—104.)

6 Das ist wieder etwas, was wir heute kaum noch tun würden. Die Kinder dürfen zwar Spielzeugpistolen besitzen, aber wir fördern dies nicht mehr, indem wir allen Kindern welche geben.

7 Solche Reaktionen der Kinder und noch mehr unsere Beobachtung, daß in der Rehabilitierung dieser schwer gestörten Kinder bei einem Programm wie dem unseren ausnahmslos raschere Fortschritte zu erzielen sind, wenn man die allwöchentlichen oder allmonatlichen Besuche im Elternhaus abschafft, führten etwa zu dieser Zeit bei uns zu einer veränderten Einstellung zu ihnen. Wir beschlossen, es sei besser für die Kinder, ein-, zwei- oder höchstens dreimal im Jahr einen Besuch zu Hause zu machen, jeden von relativ längerer Dauer, so daß Kind und Eltern ein reales Zusammenleben neu erfahren könnten, was in einer Zusammenkunft von nur ein paar Stunden oder über ein Wochenende nicht möglich war. Häufige Besuche in regelmäßigen Abständen machten es nach unserer Erfahrung dem Kind schwer, sich irgendwo zu Hause zu fühlen. Die acht Jahre seit der Einführung dieser Verfahrensweise haben unsere Meinung bestätigt, daß sie vorzuziehen sei.

8 In vieler Hinsicht zeigte Johns Verhalten die Merkmale dessen, was Erikson etwa zehn Jahre später als die »negative Identität« beschrieb (E. H. Erikson, Identity and Totality, Human Development Bulletin, Fifth Annual Symposium, University of Chicago, 1954). Er könnte von John sprechen, wenn er schreibt: »Eine Mutter, deren erstgeborener Sohn gestorben ist, und die (vielleicht wegen komplizierter Schuldgefühle und Phantasien) nie fähig war, ihren späteren überlebenden Kindern die gleiche Menge an religiöser Hingabe zuzuwenden, die sie gegenüber der Erinnerung an ihr totes Kind aufbringt, kann sehr wohl in einem ihrer Söhne (auf Grund besonderer innerer und äußerer Umstände) die Überzeugung wecken, krank oder tot und begraben zu sein, sei eine bessere Sicherung des ›Anerkanntwerdens‹ als wenn man gesund und vorhanden sei«. Wenn man Eriksons Konzept der negativen Identität, das er hauptsächlich an Beispielen von Jugendlichen entwickelt hat, auf ein Kind wie John anwendet, könnte man sagen, daß er, da er durch gute Leistungen für sich keine deutlich abgehobene Person werden konnte, sich eine individuelle Identität dadurch zu schaffen suchte, daß er unzulänglicher war als irgend jemand sonst. Sein Verhalten hierin war dem des jungen Mannes ähnlich, den Erikson so zitiert: »Ich will lieber ganz unsicher sein als ein wenig sicher.« Da sich Eriksons Darstellung der negativen Identität so gut auf John anwenden läßt, möchte ich Erikson noch einmal zitieren: »Die gewählten negativen Identitäten sind verzweifelte Versuche, eine Grundlage für einen neuen Anfang zu finden. Ich habe dies

bei einer anderen Gelegenheit dadurch ausgedrückt, daß ich sagte, der ältere Jugendliche möchte lieber niemand oder jemand Böses oder wirklich tot sein — und dies total und aus freiem Entschluß — als nicht ganz jemand.« Das Beispiel Johns und noch einer ganzen Reihe anderer Kinder, die wir beobachtet haben, läßt darauf schließen, daß dieses Phänomen nicht auf Jugendliche beschränkt ist, sondern auch bei Kindern vorkommt, wenn es auch andere äußere Formen annimmt.

[9] Zu dieser Zeit war John das einzige Kind an der Schule, das jede Woche seine Eltern besuchte.

[10] Die Rechen- und Schreibmaschine gehören zur Büroausstattung, mit der die Kinder häufig spielen, wenn sie in mein Büro kommen.

[11] Zu dieser Zeit nannten Kinder die Schule, wenn sie mit ihr unzufrieden waren, häufig »Orthogenic Jail« (orthogenisches Gefängnis).

[12] Wir wissen nicht, warum er Booth in eine Frau verwandelte. Tat er es, weil nach seiner Vorstellung nur eine Frau große Verbrechen begehen konnte? Es kann aber auch einen anderen Grund für die Verwandlung gegeben haben. Mittlerweile bemühte sich John, sich mit männlichen Gestalten und mit Vätern zu identifizieren, und Lincoln ist gewiß ein Supervater. Nach Johns Erfahrung trugen Frauen unweigerlich über Väter den Sieg davon. Aber solche Siege erschienen ihm nicht mehr wünschenswert — im Gegenteil, sie waren schlecht —, darum mußte eine Schauspielerin schon verrückt sein, um einen Vater zu töten.

[13] Einige unserer Kinder beginnen, ihr Interesse an der Außenwelt und ihre Bereitschaft, sie zu erforschen, zuerst dadurch auszudrücken, daß sie mit Kaleidoskopen spielen. Diesen Kindern, die zu große Angst hatten, »die Welt anzuschauen«, bereitet es unendliches Vergnügen und Erstaunen, die eingelegten wirklichen Gegenstände mit den durch die Drehung des Kaleidoskops vielfältig sich bildenden Mustern zu vergleichen. Die Tatsache, daß Gegenstände so verwandelt werden können, und die Gewißheit, daß man ungefährdet bleibt, wenn man nur hinschaut, scheinen zum Teil die Faszination zu erklären, die es in diesem Stadium der Welterforschung ausübt. Der Betrachter kann auch leicht in jeder Richtung zwischen den Objekten und ihrem verwandelten Erscheinungsbild Vergleiche anstellen. Vielleicht ist es auch beruhigend für die Kinder, wenn sie erfahren, daß diese Gegenstände, obwohl sie so viele sich wandelnde und komplexe Muster bilden, in Wirklichkeit einfach und unverändert bleiben. Andeutungsweise bekommen sie so vielleicht eine erste Ahnung davon, daß z. B. ihre Ängste, die in stets sich wandelnden und überwältigend komplexen Formen auftreten, in Wirklichkeit aus einfachen und verständlichen Erlebnissen entstanden sein können, genau wie die komplizierten Muster, die man im Kaleidoskop sieht, aus wohlbekannten einfachen Objekten bestehen.

[14] Diese Äußerung bedarf vielleicht der Erklärung. Daß ein Kind einen Ausflug nicht mitmachen muß, wenn es nicht will, versteht sich. Aber John sprach von etwas anderem, nämlich davon, daß wir die Kinder gegen ihr eigenes Gefühl beschützen, sie müßten gewissen Erwartungen oder sozialen

Regeln entsprechen, selbst wenn sie es nicht wollen. Viele Kinder fürchten sich vor bestimmten Geisterbahnen oder Karussells oder dergleichen auf Rummelplätzen, aber entweder erwartet man von ihnen, daß sie sie gern haben, oder sie haben Angst, als feige angesehen zu werden, wenn sie ihre Furcht zeigen. Sie behaupten also, sie wollten mit diesen Gefährten fahren, aber wenn wir merken, daß sie sich fürchten, lassen wir es nicht zu. Also wollte John sagen: Wenn ich einen Ausflug nicht mitmachen will — selbst wenn ich aus irgendeinem Grund, wie z. B. um meinen Status nicht zu gefährden, behaupte, ich wolle doch mitgehen —, wird mich die Schule daran hindern. Vielleicht wollte er besonders das Dilemma ausdrücken, in dem er sich im Elternhaus befand: Um seine Unzulänglichkeiten oder Ängste zu verdecken oder um seinen Eltern einen Gefallen zu tun, mußte er so tun, als gefielen ihm bestimmte Betätigungen, aber das bedeutete, daß er Dinge tun mußte, die er nicht tun wollte, nach denen er aber verlangt hatte.

15 Kinderspiel, das mit einem Satz kleiner Gegenstände gespielt wird, die man wirft, fängt und in verschiedenen Figuren bewegt. (Anm. d. Übers.)

Fünfter Teil: Harry, ein verwahrloster Junge

1 Obwohl ihre Ehe mit Harrys Vater angeblich wegen seiner Trunksucht scheiterte, wählte sie sich als zweiten Mann einen Schankwirt, allerdings sorgte sie später dafür, daß er seinen Beruf wechselte und Versicherungsvertreter wurde.

2 Zur zweiten Ehe wählte er eine dominierende Frau, die erheblich älter war als er, änderte sein Leben und wurde ein solides Kirchenmitglied. Aber diese sozial annehmbare Verhaltensweise bezahlte er mit entkräftenden Allergien, die immer schlimmer wurden, so daß er am Ende kaum noch arbeiten konnte. Er wurde völlig von der Versorgung durch seine Frau abhängig; sie wurde zum hauptamtlichen Ernährer der Familie, und er behandelte sie, als sei sie seine Mutter.

3 Später, in seiner zweiten Ehe, wurde der Vater selbstzerstörerisch krank, aber zu diesem Zeitpunkt hatte er das Agieren aufgegeben.

4 Nach der Übereinkunft mit dem Gericht mußten gelegentlich Zusammenkünfte mit jedem Elternteil ermöglicht werden. Diese fanden in Abständen von sechs Monaten oder mehr statt. Bei diesen Besuchen machten beide Eltern auf Grund ihrer Schuldgefühle wegen der Vernachlässigung ihres Kindes dem Jungen Versprechungen, die nicht gehalten wurden. An diesem Tag rief die Beruhigung, der erhoffte, aber auch gefürchtete Besuch werde nicht stattfinden, bei Harry Erinnerungen an frühere Erlebnisse zu Hause wach und brachten ihn zu der Erkenntnis, daß seine gegenwärtigen Ängste eng mit seiner Vergangenheit zusammenhingen.

5 Sein Verhalten war dem seines Vaters ähnlich, der im Rausch drohte, seine Frau zu schlagen oder die Möbel zu zerschlagen, die sie am liebsten hatte, falls sie nicht aufhöre, ihn zu beschimpfen, und seinen Wünschen nicht' nachgebe. Wenn sie nicht sofort einlenkte, führte er seine Drohungen aus

und setzte so ein Beispiel für Harry, wie man durch Gewalttätigkeit zu seinen Zielen gelangen konnte.

[6] Das war in unserem alten Haus vor dem Umbau und dem Anbau des neuen Schlafsaaltrakts. Erfahrungen wie diese lehrten uns, offene Treppenhäuser abzuschaffen und unsere Gebäude mit anderen Einrichtungen zu versehen, die es unnötig machen, sich über die Sicherheit Sorgen zu bereiten oder die Kinder aus Sicherheitsgründen einzuschränken. Zum Beispiel machen unsere Sicherheitsgitter die Flucht über Dächer unmöglich und das Spielen am Fenster ungefährlich. Diese Gitter geben den Kindern nicht das Gefühl, eingesperrt zu sein, da keine unserer Türen von innen verschlossen werden kann.

[7] Eine Zeitlang nach diesem Vorfall mußte die Schule ohne diese Art von Mülleimern auskommen.

[8] Es ist interessant, daß dieser Prozeß, nachdem er bei Harry begonnen hatte, auch bei seinem Vater eintrat.

[9] Die entscheidenden Erlebnisse, die ihn davon überzeugten, waren unter anderen der Umstand, daß er die Möbel an Wand und Fußboden festgeschraubt fand, und die Erkenntnis, daß der Vorfall, bei dem er das Messer warf, seine Betreuerin nicht einschüchterte.

[10] Diese Angst hatte ihren Ursprung wahrscheinlich in seinen Erlebnissen im Elternhaus. Der betrunkene Vater kam oft herein, nachdem Harry eingeschlafen war, und weckte ihn unsanft, während er die Familie beschimpfte.

[11] Wir hatten für diesen Fall eine Abmachung mit der Sozialarbeiterin des Fürsorgeheims getroffen. Sie wußte, daß die Hoffnung auf Harrys Anpassung von der Zusammenarbeit zwischen Polizei, Fürsorgeheim und Schule abhängig war. Die Sozialarbeiterin machte es möglich, daß Harry mit anderen Insassen überhaupt nicht in Kontakt kam, so daß unnötige traumatische Erlebnisse vermieden wurden, sorgte aber dafür, daß er im übrigen streng nach der üblichen Routine behandelt wurde, so gut, wie es die Vorschriften erlaubten, aber ohne besondere Vergünstigungen. Dank ihrer Mitarbeit war die schlimmste Erfahrung, die Harry dort machte, daß er sich langweilte.

[12] Bis zur Zeit dieser Niederschrift war Harry niemals wieder fortgelaufen, obwohl er nach dem Verlassen der Schule kein einfaches Leben hatte.

[13] Weil es so eigenartig ist, darf ich vielleicht erwähnen, daß Harry diese Geschichte erfand, kurz nachdem ich eine erste Skizze dieses Manuskriptes fertiggestellt hatte, in dem ich an Stelle seines richtigen Namens das Pseudonym Harry verwendet hatte. Er hatte keine Möglichkeit zu erfahren, daß ich diesen Namen gewählt hatte; außerdem gab es keine Person dieses Namens, die in irgendeiner Weise mit der Schule zu tun hatte, ebensowenig mit seinem früheren Leben.

[14] Auch dies war ein langwieriger Prozeß, und die Milderung seiner Aggressivität verlief, wie das Abklingen seines Weglaufens, gleichzeitig mit der Herstellung persönlicher Beziehungen, deren Folge sie auch war. Davon später mehr.

15 Das meinten wir damals. Zwar waren die Gründe, Harry von einer Gruppe in eine andere zu versetzen, gute Gründe, aber wir haben seitdem gelernt, daß die Vorteile eines Gruppenwechsels letzten Endes mit einer Unsicherheit in bezug auf die Dauerhaftigkeit menschlicher Gemeinschaft bezahlt wird, auf der die Bildung persönlicher Beziehungen beruht. Dies ist ein zu hoher Preis. Wenn wir aber unsere Gruppen relativ permanent halten wollen, wie wir es heute tun, müssen wir bei der Aufnahme neuer Kinder viel größere Sorgfalt walten lassen, um sicherzustellen, daß jeder Neuankömmling wirklich in seine Gruppe paßt. Auf Grund dessen, was wir aus dem Fall Harrys und anderer gelernt haben, neigen wir heute dazu, ein heftig agierendes Kind von Anfang an in eine Gruppe zu tun, in der es einige ältere und physisch stärkere Kinder gibt.

16 Die vorhergehende Fußnote erklärt, warum wir heute nicht mehr so denken.

17 Die mögliche symbolische Bedeutung der Geste, Geld in einen Abwasserschacht zu werfen, legt nahe, daß Harrys schlechte Beziehung zur Mutter vielleicht teilweise auf die Art zurückging, wie sie ihn bei der Reinlichkeitserziehung behandelt hatte. Da Essen und Ausscheidung eng zusammenhängen, und da im Gefühl des kleinen Kindes das Aufgeben von Faeces oft mit dem Geben eines Geschenks gleichgesetzt wird, war der Wunsch Harrys, seiner Mutter Süßigkeiten zu kaufen, vielleicht Teil eines emotionalen Gesamterlebnisses, das er hier agierte.

18 Das mag erklären, warum unsere Arbeit oft so langsam vorangeht und warum manche Kinder im Verlauf des Rehabilitierungsprozesses »schlimmer« werden müssen oder wenigstens dem Beobachter von außen so erscheinen. Das ist nicht nur deshalb so, weil die vorher teilweise verborgene Pathologie ans Licht gebracht werden muß, sondern weil sie gelegentlich vorübergehend auch verstärkt werden muß.

19 Eine Angst in bezug auf seine Sicherheit stellte für Harry ein schwieriges Problem dar, da sie reale Möglichkeiten barg. Er fürchtete, seine Eltern könnten die Absicht haben, ihn zurückzuholen. Daß er ein Mündel des Gerichts war, war ein zu schwerwiegendes Konzept, als daß es ihm voll verständlich gewesen wäre oder ihm echte Sicherheit geboten hätte. Außerdem können Eltern, indem sie Bittschriften an das Gericht schicken, gewöhnlich Besuchserlaubnis bekommen, die sie manchmal dazu mißbrauchen, dem Kind zu versprechen, sie würden ihm wieder ein Elternhaus bieten. Dieses Versprechen wird selten gehalten. Bei der Rehabilitierung schwer Verwahrloster wäre es wünschenswert, wenn die Jugendgerichte Eltern, die unbeeinflußbar bleiben, auf die Dauer von Besuchen bei ihrem Kind abhalten und so diese Bedrohung der Rehabilitierung des Kindes unterbinden würden.

20 Natürlich hingen, gemäß den Anschauungen und der Struktur der Schule, diese Spielstunden eng mit dem zusammen, was in Harrys täglichem Leben geschah, während Einsicht in drängende Probleme, die während der Einzelsitzungen gewonnen wurde, einen unmittelbaren Einfluß auf die Art hatte, wie sein ganzes Leben an der Schule gehandhabt wurde.

[21] Harry war von der Geschichte vom kleinen Biber so beeindruckt, daß er immer wieder bat, man solle sie ihm vorlesen, und später, als seine Gruppe beschloß, sich einen anderen Namen zuzulegen, war es seinem Einfluß zuzuschreiben, daß sie sich darauf einigten, sich »Biber« zu nennen.

[22] Hier stellt sich die Frage, warum es dem normalen Kind im Verlauf der Über-Ich-Bildung gelingt, auf die unmittelbare Abfuhr von Spannung zu verzichten, ohne daß es seine Zuflucht zu körperlicher Krankheit oder zu ausgesprochenen somatischen Symptomen nehmen muß, obwohl auch es über »Wehwehchen« klagen kann oder häufig müde und apathisch ist. Die Erklärung für das relative Fehlen von ausdrücklichen und beobachtbaren somatischen Begleiterscheinungen der Über-Ich-Bildung beim normalen Kleinkind und ihr häufiges Erscheinen bei der Rehabilitierung verwahrloster Kinder in der Latenzzeit mag im Unterschied des Reifegrades zu finden sein. Das Kleinkind verläßt sich in bezug auf alle Lebensnotwendigkeiten völlig auf seine Eltern; darum ist die Zuneigung der Eltern für es absolut notwendig, damit es sich ausreichend geschützt fühlen kann. Zugleich ist jeder drohende Entzug der elterlichen Liebe ein überwältigendes Erlebnis, das das Kind um jeden Preis vermeiden muß; es ist also gezwungen, sich elterliche Forderungen unverzüglich einzuverleiben.

Im Vergleich dazu ist das verwahrloste Kind ganz unabhängig, sowohl wegen seiner größeren Reife als auch wegen seiner Verwahrlosung. Harry z. B. hatte im Alter von fünf oder sechs Jahren einen verblüffenden Grad von Selbstgenügsamkeit. Um den Preis von Bestrafung oder der Angst vor ihr hatte er gelernt, seine kritischsten Bedürfnisse zu befriedigen und, wenn nötig, auf bestimmte Wünsche zu verzichten, so auf den nach regelmäßigen Mahlzeiten oder nach einem bequemen Bett. Er konnte seinen Hunger unabhängig von seinen Eltern stillen, indem er um Eßbares oder Geld bettelte oder es stahl; ein Keller oder eine leere Garage bot genügend Schutz. Im Vergleich zur Abhängigkeit des Kleinkindes stand er unter keinem gleich starken Druck, sich um jeden Preis nach den Forderungen der Erwachsenen zu richten.

So erscheint Kindern wie Harry der für die Entwicklung innerer Steuerung und die Bildung eines Über-Ichs notwendige Aufwand lange Zeit hindurch unnötig.

[23] Diese Flechte blieb fast zwei Jahre lang. Sie verschwand fast völlig in emotionell ruhigen Zeiten, flackerte aber wieder auf, wenn die Spannung auf Grund einer Störung von seiten der Mutter zunahm. Während dieser Periode reagierte die Flechte nicht auf die Behandlung, trotz zweimal wiederholter erfolgreicher Röntgen-Epilation und höchst sorgfältiger ärztlicher Behandlung. (Es ist sehr ungewöhnlich, daß die Flechte unter solchen Bedingungen, wenn sie regelmäßig von einem Dermatologen kontrolliert wird und außerdem täglich von einer Krankenschwester behandelt wird, und wenn man die Möglichkeit der Neu-Infektion ausschließt, nicht verschwindet.)

[24] Einer Beobachtung Fenichels zufolge kann man sagen (O. Fenichel, The Psychoanalytic Theory of Neurosis, New York 1945, S. 256), daß Derma-

tosen besonders geeignete Symptome sind, weil sie zum Ort sowohl der Spannungsabfuhr als auch des Spannungsstaus werden können.

25 Wie erwähnt, heiratete die Mutter später einen Mann, der eine Kneipe besaß und führte. Wir haben nie herausbekommen, ob sie wirklich die Absicht hatte, einen Polizisten zu heiraten, wie sie Harry sagte, oder ob sie die Geschichte nur erfand, um Harry den Eindruck zu geben, der Gerichtsbeschluß, durch den sein Vater das Sorgerecht für ihn bekommen hatte, bedeute nicht viel. Das letztere erwies sich tatsächlich als wahr, denn kurz nach ihrer Wiederverheiratung stellte die Mutter beim Gericht den Antrag, man solle ihr das Sorgerecht für Harry übertragen, und nach einigem Rechtsstreit erklärte sich Harrys Vater, beeinflußt von seiner zweiten Frau, mit dieser Änderung einverstanden.

26 Da der Vater, wie erwähnt, nur zu unregelmäßigen Zeiten arbeiten konnte, versuchte er, als Taxifahrer sein Brot zu verdienen.

[1] In einer Fußnote wird in der amerikanischen Originalausgabe daraufhinge-
wiesen, daß üblicherweise in diesem Abschnitt des Buches eine Auflistung der
folgenden Art erwartet wird: Abhängigkeit, Aggression, Ambivalenz, Analität,
Angst, Beziehungen, Delinquenz, emotionale Störungen, Es, Familien der Kinder, Ich, Identifizierung, Identität, Infantilismus, Integration, Kontrolle, Ma-
sochismus, Masturbation, Mitarbeiterstab, ödipale und orale Probleme, die
Orthogenic School und ihre Methoden, phallische und urethrale Störungen,
Phantasien, psychoanalytische und psychotherapeutische Behandlung, Reinlichkeitserziehung, Regression, Schuld, Selbstbehauptung, Sexualität, Sicherheit,
Spiele, stationäre Behandlung, verschiedene therapeutische Wege, Über-Ich,
Verzweiflung, Wutanfälle, zerstörerische und selbstzerstörerische Tendenzen
und emotionale Schwierigkeiten und Bindungen jeder Art. Das Register zur
amerikanischen Ausgabe bringt nur einige dieser Stichworte und verweist nicht
auf alle Seiten, die das entsprechende Wort bringen oder auf denen der ge-
meinte Sachverhalt berührt wird. Das Register zur Übersetzung folgt in etwa
der Auswahl des Originals.